# 国家社科基金后期资助项目
# 出版说明

后期资助项目是国家社科基金设立的一类重要项目，旨在鼓励广大社科研究者潜心治学，支持基础研究多出优秀成果。它是经过严格评审，从接近完成的科研成果中遴选立项的。为扩大后期资助项目的影响，更好地推动学术发展，促进成果转化，全国哲学社会科学工作办公室按照“统一设计、统一标识、统一版式、形成系列”的总体要求，组织出版国家社科基金后期资助项目成果。

全国哲学社会科学工作办公室

国家社会科学基金后期资助项目
（批准号：13FFX017）

国家社科基金
GUOJIA SHEKE JIJIN HOUQI ZIZHU XIANGMU
后期资助项目

# 贱讼与健讼

## 清代州县诉讼的基本结构

# Suppressing Litigation and Litigious Practice:
## the Structure of County Litigation in the Qing Dynasty

邓建鹏　著

上海三联书店

感恩先慈

# 目　　录

导论　1
第一节　固有研究的成就与不足　1
第二节　个案研究与逻辑漏洞　16
第三节　史料运用的问题与应对　29
第四节　命题选择与研究局限的超越　41

第一章　诉讼的分类　63
第一节　引言　63
第二节　清代诉讼分类的框架　71
第三节　诉讼分类对社会的影响　77

第二章　审前行为的控制　86
第一节　研究缘起　87
第二节　《状式条例》的源流与规范　90
第三节　《状式条例》的适用　98
第四节　《状式条例》的功能与价值观　104

第三章　官代书的职责　114
第一节　官代书的制度沿革　114
第二节　内容与特征　117
第三节　职责与制度规范　128
第四节　实质与近代走向　137

第四章　诉讼代理机制　143
第一节　诉讼代理机制的“前世今生”　143
第二节　抱告适用的资格与责任　147

第三节　抱告制度的流变及其功能　160

第五章　健讼与证据规则　166
第一节　应对健讼的经验与不足　167
第二节　证据制度对健讼的回应　176
第三节　证据规则价值观与古今对比　184

第六章　诉讼的程式　189
第一节　“诉讼语言”的选择偏好　189
第二节　诉讼请求正当化的方式　199
第三节　诉讼方式承载的制度信息　205

第七章　讼师的规制　216
第一节　讼师与诉讼缘起的认知　216
第二节　官员规制讼师的方式　222
第三节　讼师业务与社会需求　232
第四节　规制讼师的反思　241

第八章　裁判的模式　248
第一节　黄岩县诉状裁判的概况　249
第二节　案件受理与批示逻辑　254
第三节　律例功能与官员的考量　264
第四节　纠纷解决与规则之治辨析　277
第五节　裁判特征的再思考　291

第九章　积案与上级监督　302
第一节　案件积压与制度应对　302
第二节　上级司法监控的实效　311
第三节　监督失效的多维分析　329

第十章　诉讼结构的再思考　359
第一节　贱讼考量与诉讼正当性理念　359
第二节　支配诉讼体制的因素　375
第三节　诉讼结构研究的思路总结　395

**结论** 402

**附录一** 410

作者发表的本主题相关论文 410

**附录二** 412

参考文献 412

# 图表目录

图一 《红楼梦》"葫芦僧判断葫芦案" 23
图二 讼师秘本《新镌透胆寒》封面 79
图三 《圣谕像解》 112
图四 道光五年巴县刘正现等状式复印件(局部) 126
图五 民国十四年购贴司法印纸用纸 139
图六 乾隆二十七年二月徽州歙县余阿王、余阿张卖田红契 169
图七 乾隆二十一年徽州祁门县王、叶两姓订立的山凭执照 170
图八 《补注洗冤录集证》附"尸图仰面" 174
图九 光绪二十八年五月山西万泉县解如松"纳户执照" 179
图十 《萧曹遗笔》"序"首页 197
图十一 "妇女拶指" 243
图十二 "疯人诬妇" 263
图十三 "拐匪站笼" 279
图十四 光绪三年署理浙江绍兴府萧山县左堂签行的信票 381
图十五 民国十八年版《刀笔诉状菁华》 408

表一 杜凤治初任广东广宁知县放告日收呈统计表 56
表二 杜凤治初任广东四会知县放告日收呈统计表 57
表三 杜凤治再任广东广宁知县放告日收呈统计表 61
表四 道光六年巴县官代书姓氏统计表 121
表五 道光七年巴县官代书姓氏统计表 121
表六 规范官代书的条款数据统计表 132
表七 《状式条例》证据要件统计表 177
表八 证据规则概况统计表 179
表九 证人人数限定规则统计表 181
表十 四字珠语与起诉案由对应表 195

表十一　《清稗类钞》所见讼师活动区域表　234
表十二　黄岩知县批示结果与理由表　249
表十三　嘉庆年间各地积案数据表　304

# 导　论

清代州县官的各类日常政务中，听讼是为维护当事人具体利益而提供的最重要的“公共服务”。清人曾谓：“官之所取于民者甚多，民之所仰望于官者，惟讼案为最”①；“欲得民心，全在听讼”②。同治年间，广东四会知县杜凤治对绅士黄秋史称：“作令有四大要：学校、缉捕、催科、听断最不可忽，伊笑谓中堂（时任两广总督瑞麟）只言二字，谓最者缉捕，听断亦急。”③瞿同祖在经典研究《清代地方政府》一再强调，州县官首要职责是维护治安，其次是征税和司法④，治安与司法、听讼息息相关。每一案件均关涉当事人特定利益，官员及时公正审案，可让当事人在个案中感受到具体正义，收获民心。司法作为社会矛盾化解的“最后一道防线”，清代官僚对其重要性有着清晰认识。随着州县司法档案日渐开放，清代基层诉讼研究受学界瞩目，逐渐成为中国法律史领域的显学，近年研究热度持续不减。不过，其中也存在一些问题，有深化研究的必要。本书“导论”在把握近年研究基础上，概述本主题的重要学术成就；其次，分析既有研究存在的主要不足；最后，尝试提出超越现有研究的思路和文献运用方法。

## 第一节　固有研究的成就与不足

### 一、海外研究概况

在20世纪90年代以前，中国的法律史学者对清代州县诉讼与司法实

① （清）甘小苍（编）：《从政闻见录》卷中《已准呈词必宜速讯》，焚香山馆藏板，同治六年刻印。

② （清）方大湜：《平平言》卷二《得民在听讼》，光绪十八年资州官廨刊本。

③ 《杜凤治日记》（第二册），邱捷（点注），广东人民出版社2021年版，第628—629页。杜履任广宁、四会知县时，再度强调以“学校、催科、听断、缉捕为首务。”同上书第833页。为节省篇幅，后续引用同一历史文献仅注明书名、页码及册数。引文括号中文字均为引者据上下文补充。

④ 瞿同祖：《清代地方政府》，范忠信等（译），法律出版社2003年版，第31、60、248、334页。

践的关注较有限。郑秦曾作过开拓性研究[①],但是此领域未成为那个时代学界关注热点。个别历史学者初步探讨了清代诉讼的一部分[②],总体而言,有关清代州县诉讼的研究在此前的法律史学界中少见。相较之下,美国与日本法律史专家更多、更早地关注律例文本之外的州县法律实践。美国以黄宗智[③]为主导,包括苏成捷(Matthew H. Sommer)[④]、麦考利(Melissa A. Macauley)[⑤]、艾马克(Mark A. Allee)[⑥]、罗斯·布洛克曼(Rosser H. Brockman)[⑦]、宋格文(Hugh T. Scogin, Jr.)[⑧]等人的研究;日本方面则以滋贺秀三[⑨]等为主导,包括寺田浩明[⑩]、夫马进[⑪]等人的研究。两国专家重视选取反映清代丰富司法图景的历史文献。清代巴县档案、宝坻县档案及台湾淡新档案为上述学者频繁引证。另外,美国与日本专家大量采用清代民间契约记录、地方官从政手册(官箴书)、判牍文集和讼师秘本等,作为清代州县诉讼与司法实践研究的重要素材。中国学者瞿同祖在

① 郑秦:《清代司法审判制度研究》,湖南教育出版社 1988 年版;郑秦:《清代法律制度研究》,中国政法大学出版社 2000 年版。

② 吴吉远:《清代地方政府的司法职能研究》,中国社会科学出版社 1998 年版。

③ 黄宗智的系列研究,参见[美]黄宗智:《清代的法律、社会与文化:民法的表达与实践》,上海书店出版社 2001 年版;[美]黄宗智:《法典、习俗与司法实践:清代与民国的比较》,上海书店出版社 2003 年版。上述清代州县审判的英文版专著 1996 年出版。

④ Matthew H Sommer, *Sex, Law, and Society in Late Imperial China*, Stanford University Press, 2000.

⑤ Melissa A. Macauley, *Social Power and Legal Culture: Litigation Masters in Late Imperial China*, Stanford University Press, 1998.

⑥ Mark A. Allee, *Law and Local Society in Late Imperial China: Northern Taiwan in the Nineteenth Century*, Stanford University Press, 1994.

⑦ Rosser H. Brockman, "Commercial Contract Law in Late Nineteenth-Century Taiwan," *Essays on China's Legal Tradition*, edited by Jerome Alan Cohen, R. Randle Edwards and Fu-mei Chang Chen, Princeton University Press, 1980.

⑧ Hugh T. Scogin, Jr, "Civil 'Law' in Traditional China: History and Theory," *Civil Law in Qing and Republican China*, edited by Kathryn Bernhardt, Philip C. C. Huang, Stanford University Press, 1994, pp. 13 - 41.

⑨ [日]滋贺秀三:《中国法文化的考察——以诉讼的形态为素材》《清代诉讼制度之民事法源的概括性考虑——情、理、法》《清代诉讼制度之民事法源的考察——作为法源的习惯》,均载[日]滋贺秀三(等著):《明清时期的民事审判与民间契约》,王亚新等(编),法律出版社 1998 年版;[日]滋贺秀三:《清代州县衙门诉讼的若干研究心得》,姚荣涛(译),载刘俊文(主编):《日本学者研究中国史论著选译》(第八卷),中华书局 1992 年版。

⑩ [日]寺田浩明:《权利与冤抑:寺田浩明中国法史论集》,王亚新等(译),清华大学出版社 2012 年版。

⑪ [日]夫马进:《明清时代的讼师与诉讼制度》,载[日]滋贺秀三(等著):《明清时期的民事审判与民间契约》,王亚新等(编),法律出版社 1998 年版。

数十年前亦曾以英文撰著《清代地方政府》并在美国出版[①]。在这本经典著作中，瞿同祖使用大量清代地方官的从政记录、手册等历史文献，勾画出清代地方基层权力运作的立体图象，其中一小部分涉及对民事司法审判的初步探讨。滋贺秀三、寺田浩明等专家对州县诉讼深入研究，取得代表性成就，自 20 世纪 90 年代以来，对中国同行产生巨大影响。

另外，近年翻译的同类重要作品还有唐泽靖彦的《清代的诉状及其制作者》[②]、苏成捷的《清代县衙的卖妻案件审判：以 272 件巴县、南部与宝坻县案子为例证》[③]、黄宗智、尤陈俊主编的《从诉讼档案出发：中国的法律、社会与文化》[④]、白德瑞（Bradly W. Reed）的《爪牙：清代县衙的书吏与差役》[⑤]等等。这些作品多以巴县诉讼档案为出发点，由作者提炼档案案情内容，从诉状撰写方式、诉讼语言的选择、审判结果与法渊问题等作多方面、多层次研究，部分沿袭黄宗智的学术风范，对中国的法律史学者亦产生较大影响。

一些日本同行潜在地以西欧法秩序类型为参照物，注意辨析其与清代法的差异。美国学者注重从大量档案史料中抽象出一对或某些具有理论意义的概念，比如"表达—实践""第三领域"，尽管这些明显受到西方影响的概念，如"市民社会与政治国家"，引起了中国一些法律史学者的不同意见，其中一些观点或许值得商榷[⑥]，但均深层次地拓展了州县诉讼研究的理论深度。

## 二、国内研究概况与反思

进入 21 世纪以来，国内出版的同类研究有徐忠明[⑦]、里赞[⑧]、张小也[⑨]、

---

① See T'ung-tsu Ch'u, *Local Government in China Under the Ch'ing*, Harvard University Press, 1962.

② [日]唐泽靖彦：《清代的诉状及其制作者》，牛杰（译），《北大法律评论》（第 10 卷第 1 辑），北京大学出版社 2009 年版。

③ [美]苏成捷：《清代县衙的卖妻案件审判：以 272 件巴县、南部与宝坻县案子为例证》，林文凯（译），载邱澎生等（编）：《明清法律运作中的权力与文化》，台北联经出版公司 2009 年版。

④ [美]黄宗智等（主编）：《从诉讼档案出发：中国的法律、社会与文化》，法律出版社 2009 年版。

⑤ [美]白德瑞：《爪牙：清代县衙的书吏与差役》，尤陈俊等（译），广西师范大学出版社 2021 年版。

⑥ 徐忠明：《清代民事审判与"第三领域"及其他》，《法律史论集》（第 3 卷），法律出版社 2001 年版，第 588—607 页。

⑦ 徐忠明：《案例、故事与明清时期的司法文化》，法律出版社 2006 年版；徐忠明：《情感、循吏与明清时期司法实践》，译林出版社 2019 年版。

⑧ 里赞：《晚清州县诉讼中的审断问题：侧重四川南部县的实践》，法律出版社 2010 年版。

⑨ 张小也：《官、民与法：明清国家与基层社会》，中华书局 2007 年版。

吴欣[①]和李艳君[②]等人的著作,相关论文数量众多[③]。其中,徐忠明的研究主要基于文学作品、官箴书及判牍文集,探讨当事人的诉讼方式与官方审判。张小也则部分基于地方调查、传统文献探讨清代州县诉讼。里赞以四川南部县及巴县司法档案为基础,分析当时的审断问题。吴欣与李艳君则基于宝坻县(属顺天府)档案、冕宁县(属宁远府)档案及少量巴县档案(属重庆府)探讨当时自理词讼的类型或诉讼与审判实践。

不过,司法档案众多,导致史料运用上的一些困惑。有研究者指出,有学者看似注重史料的征引,但存在的问题之一是"堆砌史料"。史料却不加采择,囫囵吞枣,眉毛胡子一把抓,将材料成段成段往上堆砌,看似材料很丰富,却没有重点。甚至诸多材料之间存在互相矛盾之处,却不加辨别,生硬地搬上来,拿成堆的史料"唬"人。这样写出来的法史文章或著作,真正是与读者为难[④]。基于档案的州县诉讼和司法审判研究,为读者呈现了关于州县诉讼的更多细节,但一些研究主要是描述与概括清代诉讼的类型;个别著作甚至只是简要参考那思陆《清代州县审判制度》等作品结构基础上,拟定论著框架,并从一些州县司法档案中举出若干案件以资填补和证明。枚举的这种案件在当时是否具有普遍性或规律性,能否说明清代诉讼的一般性现象及基本特征,尚值探讨。

有论著基于南部县档案,研究"清代县域民事纠纷"。然而,位居四川偏远地区的清代南部县档案,何以反映/代表"清代中国"的县域纠纷或所谓法律秩序这一宏大主题?该专著多为南部县司法档案的简单排列与堆砌,观点与论题不甚明了,却入选哲学社会科学成果文库,当值反思。近年,个别研究者指出:一些利用司法档案撰写的研究成果,以清代州县司法的程序性制度规定为框架,再填充一些具体的档案材料,往往予人以颇为相似之感。一些论著在仅仅利用局部司法档案的基础上,就得出"清代司法或民国司法如何"之类的宏大判断,存在以偏概全的逻辑漏洞。例如,一些论著运用乾嘉时期《巴县档案》的一些案例,就概括出清代州县司法的所谓特征。殊不知,不同时期《巴县档案》反映的司法运作情况常常存在很大差异[⑤]。上述质疑引出了两个值得探索的问题:其一,清代各州县司法实

---

① 吴欣:《清代民事诉讼与社会秩序》,中华书局2007年版。

② 李艳君:《从冕宁县档案看清代民事诉讼制度》,云南大学出版社2009年版。

③ 以下论文集收录一些南部县档案的研究,《近代法评论》(第1卷),法律出版社2008年版。

④ 孙家红:《关于"子孙违法犯教令"的历史考察:一个微观法史学的尝试》,社会科学文献出版社2013年版,第248页。

⑤ 尤陈俊:《司法档案研究不能以偏概全》,《中国社会科学报》2015年1月19日版。

践存在空间上的差异;其二,清代各州县司法实践存在时间上的流变。然而,这两个层面似乎尚未引起学界的高度关注。

## 三、空间要素的欠缺问题

清自入关到覆灭,帝国版图广及蒙古、西藏、新疆及内地十八省等地,这些区域差异带来了丰富的民族多样性、文化多样性及法制多样性。在清王朝不同的管辖空间,清朝法制和司法既有某些一以贯之之处,同时也呈现极大差异。比如,蒙古、西藏、新疆及苗疆等地适用地方民族法规,部分区域不适用甚至完全不适用《大清律例》,法制风景多姿多彩。但是,长期以来,有关诉讼领域的研究往往忽视上述空间的差异性。州县诉讼史被一些研究者压缩成缺乏空间感的点,这个点又被学者不假思索地等同于或代表了"清代中国"的法制实践。此如论者所述,研究中国的法律和经济等问题时,中国作为"大国"的空间性往往被视若无睹,仅仅被作为无需赘言的背景衬托,而对其在社会各层面的深刻影响概未之见①。

不少法律史学者投入巨大努力,使用某个州县或某几个州县的数百个的案例。然而,对于清代中国约一千五百个县级单位,案例使用无论如何也是有限的。某个或某些州县的有限案例,在何种程度上能够代表整个"清代中国"的地方诉讼与司法实情?现存司法档案零星残缺,只能看出极少数几个地区在某一段时间内的情形,据此概论清代所有州县诉讼与司法实践,未必妥当。如论者总结道,目前一些号称主要利用司法档案展开研究的中国法律史论著,在具体的档案材料选取上存在"代表性"问题,尤其是可能只选取了对自己论著结论有利的一些档案材料②。

与之类似,有的研究者仅选取某位幕友的著作(如汪辉祖的《病榻梦痕录》、万维翰的《幕学举要》),或某个官员的判牍文集(如董沛的《汝东判语》),或某个官员的官箴书(如刘衡的《庸吏庸言》)为基础,探讨清代中国诉讼与司法史。同样的问题是,单一的幕友作品、判牍文集或官箴书何以等同甚至代表 / 反映了整个清代州县诉讼与司法实情?

近年涉及州县诉讼与司法的研究者,视野局限于便利接近的那些司法档案,如淡新、宝坻、巴县和南部县档案。可是,如果我们稍微"放宽历史的视界",从当时中央王朝视角来看,这种有限的地方性研究,不要说冠以"清

---

① 张世明:《法律、资源与时空建构:1644—1945 年的中国》(第一卷),广东人民出版社 2012 年版,第 27 页。

② 尤陈俊:《批评与正名:司法档案之于中国法律史研究的学术价值》,《四川大学学报(哲学社会科学版)》2020 年第 1 期。

代中国”,就算代表内地十八省的州县诉讼与司法也很是勉强。毕竟,这些局促的空间仅构成清代中国版图的微小部分。涉及清代中国州县诉讼与司法的研究以有限的几个州县档案为基础,不作任何空间局限问题的交代、说明或论证,那么,当著作冠以诸如“清代民事诉讼”“清代县域司法”之类的主题时,实质是空间感极度残缺的研究。在从“个案扩展至一般”的过程中,存在着巨大逻辑跳跃。[①] 针对此种问题,研究者应扩大资料利用广度,理论上作更完善的论证,谨慎避免因过度强调少数州县司法档案的利用,导致研究的面过于狭小,结论以偏概全,以一棵树代表大片森林。研究者如何在有限几棵树与整片森林之间构建关联,尚需深思。此正如史学家钱穆所述:“不先求其大者,而先把自己限在小的上,仅能一段段一项项找材料,支离破碎,不成学问。大著作家则必有大间架,而大间架则须大学问。”[②]

## 四、时间要素的欠缺问题

有清自入关始,存续时间长达两百六十多年(1644—1911)。在这期间,其法制与司法程序存在重大变化。有学者谓,在乾隆以后至清末修律改革之前,存在六大变革[③]。但是,在这两百多年长时段间出现的种种诉讼或司法变化,往往被绝大多数研究者所忽略了。被冠以“清代县域诉讼”或“清代县域司法”之类的研究,并不特别标注其所研究的时间段,在不作任何说明的前提下,这些研究相当于潜在的认同,晚清法律改革之前清代任一时间片段的诉讼实践都是一样的,因此任一时间片段均可代表整个清代的诉讼或司法实践。这种实质上视时间停滞为前提的静态研究显然不符合事实。“史学区别于其他学科的主要特色是时间性。”[④]这种忽略时间要素的重要研究至少可上溯至民国时期。瞿同祖在早年名作《中国法律与中国社会》“导论”称:

> 为了免除读书的误会,还有一点于本结构及方法上的问题,或有声明的必要。读者略一涉阅便会发现本书不但缺乏朝代的划分,更缺

① 对此批评,参见邓建鹏:《“化内”与“化外”:清代习惯法律效力的空间差异》,《法商研究》2019 年第 1 期。

② 钱穆:《中国史学名著》,生活·读书·新知三联书店 2018 年版,第 100 页。

③ 张世明:《法律、资源与时空建构:1644—1945 年的中国》(第一卷),广东人民出版社 2012 年版,第 22 页。

④ 罗志田:《见之于行事:中国近代史研究的可能走向》,《历史研究》2002 年第 1 期。

乏历代法律不同之处的描述。这种将秦汉以至晚清变法以前两千余年间的事实熔于一炉的态度是基于一个基本信念——认为这一长时间的法律和整个的社会政治经济一样,始终停滞于同一的基本形态而不变(即在异族统治的时代亦鲜例外,以汉法治汉人几为各朝一贯的统治原则)。①

瞿同祖除了在时间上将秦汉以至晚清变法前两千余年压缩成一个时间片段外,这本冠名"中国"的作品在空间上也有意无意地将汉族地区以外的地方排除出研究视野。瞿同祖的学术进路基于其社会学的类型化研究视角,与史学、法律史学存在重大差异。这种功能与类型学的进路在社会学领域或被普遍接受与认可②,置于史学研究领域则容易产生误导,或引发质疑。

近年来,类似学术进路与法律史领域对接,忽略法律制度及诉讼实践在时空间的流变,已引起一些学者的有益反省③。夫马进指出,滋贺秀三所阅读的《淡新档案》恐怕只是光绪时期的资料,民事纠纷时时伴随着暴力行为,很可能只是某一特定时期的偶然现象。就巴县而言,从同治期上溯一百年,即乾隆嘉庆时期,这里的诉讼和审判与百年之后的情况大相径庭。这时以皇帝名义赴任的知县的统治还是卓有成效的④。遗憾的是,这些反思未能在清代诉讼研究领域引起足够反响。黄宗智在研究中具体运用了四川巴县、直隶宝坻县、台湾淡新等地清代档案。他最后致力的却是整个清代中国民事审判的研究⑤。这种研究如何能以有限的某些时间片段,涵盖两百多年整个"清代"的法制实践？以及又是如何能从有限的几个空间区域,涵盖整个"中国"的民事审判？黄宗智本人没有作基本说明、交代或

① 瞿同祖:《中国法律与中国社会》,上海书店 1989 年影印版,"导论"第 2 页。另参见林端:《儒家伦理与法律文化》,中国政法大学出版社 2002 年版,第 137 页。此表述在该书于 1980 年代以后中国大陆再版时删去。

② 类似思路,费孝通:《乡土中国　生育制度》,北京大学出版社 1998 年版。对该书和瞿同祖著作比较分析,邓建鹏、刘雄涛:《假设、立场与功能进路的困境——对瞿同祖研究方式的再思考》,台北《法制史研究》(第 23 期),2013 年 6 月。

③ 陈景良:《反思法律史研究中的"类型学"方法——中国法律史研究的另一种进路》,《法商研究》2004 年第 5 期;孙国东:《功能主义"法律史解释"及其限度——评瞿同祖〈中国法律与中国社会〉》,《河北法学》2008 年第 11 期。

④ [日]夫马进:《中国诉讼社会史概论》,载[日]夫马进:《中国诉讼社会史研究》,范愉、赵晶等(译),浙江大学出版社 2019 年版,第 110 页。

⑤ [美]黄宗智:《清代的法律、社会与文化:民法的表达与实践》,上海书店出版社 2001 年版。

者理论论证,这种静态研究在滋贺秀三及寺田浩明等人的论著中亦有典型表现①。流风所及,近年一些中国大陆学术作品的类似问题甚为突出。

### 五、参与主体要素的欠缺

此外,清代中国诉讼参与主体及其支配性影响大多被研究者忽视。夫马进、龚汝富和邱澎生等有限的学者对司法参与者之一——讼师作过较集中研究②,个别学者对差役与书吏作过专题研究③。但州县诉讼与司法实践参与主体繁多,除此还包括对整体司法体制具有支配力的皇帝、大臣,在日常生活中将大量细故纠纷推进司法流程的双方当事人,协助州县官完成听讼的成百上千名幕友④,对审案发挥决定性作用的正印官及其僚属,等等。

诉讼过程是形形色色的具有主体思维和行动的人参与的"复合游戏"——包括君臣在司法体制设计上的考量、动机与缺陷,上峰在督促州县官及时审结案件中的措施与效果,地方官在听讼过程中的思维与自身偏好,幕友作为法务助理时的职业操守,差役与书吏在推动诉讼进程中的利益选择,官代书在提供诉状书写服务时的语词表达,当事人"打官司"时背后的功利算计,等等。但是,所有这些诉讼参与者的学识、专业素养、目的、偏好、动机和缺陷等人性的展示在现有研究中均不足⑤。现今关于清代诉讼的研究多少都受瞿同祖、滋贺秀三或黄宗智等法律史前辈潜移默化的影

---

① 海外出版的一些同主题专著注重与同上述美、日专家交流对话,无形中深受其研究风格影响——忽略州县诉讼与司法实践的时空要素及对诉讼主体意图的分析,参见 Linxia Liang, *Delivering Justice in Qing China: Civil Trials in the Magistrate's Court*, Oxford University Press, 2007。

② [日]夫马进:《明清时代的讼师与诉讼制度》,载[日]滋贺秀三(等著):《明清时期的民事审判与民间契约》,王亚新等(编),法律出版社 1998 年版;邱澎生:《以法为名:讼师与幕友对明清法律秩序的冲击》,《新史学》2004 年第 15 卷;龚汝富:《明清讼学研究》,商务印书馆 2008 年版。

③ [美]白德瑞:《爪牙:清代县衙的书吏与差役》,尤陈俊等(译),广西师范大学出版社 2021 年版。

④ 诉状由幕友代州县官拟批,州县官未及时聘到合适幕友,直接影响案件审理。如同治七年,杜凤治任四会知县不久,"廿三、廿八两卯呈词,幕友未到,暂搁。予将两卯新呈检出自批共十三纸,明日誊发"[《杜凤治日记》(第二册),第 578 页]。早在清初,由于司法工作压力巨大及司法机制复杂化,就算是有经验的官员也不可避免向训练有素的幕友求助,参见 Li Chen, "Regulating Private Legal Specialists and the Limits of Imperial Power in Qing China", in *Chinese Law: Knowledge, Practice and Transformation, 1530s to 1950s*, Li Chen and Madeleine Zelin ed, Brill Press, 2015, p. 256。

⑤ 近年零星研究,徐忠明、杜金:《清代司法官员知识结构的考察》,《华东政法学院学报》2006 年第 5 期。

响:主要表现为一种功能的研究,一种对制度在实践中效用的分析[①]。“清朝的统治支柱之一就是以皇帝为顶点的官僚制度”[②]。然而,在此种研究中,各类诉讼参与者,尤其是对基层诉讼起决定性因素的官僚群体这一主体的研究非常有限。一些重要研究的极端表现,便是在论著中“看不到参与者”,司法成为“没有主体”的机械运行流程。

美国大法官卡多佐(Benjamin N. Cardozo)曾深刻指出,法官意识的深层还有其他一些力量,喜爱和厌恶、偏好和偏见、本能、情感、习惯和信念的复合体。人们想把法官提升到一种纯粹理性领域,高于并超越那些令人不安和令人偏斜的力量之约束,喜欢想象司法过程是一个冷静客观和非个人化的过程[③]。近年学者称,有严格证据表明多种案外因素影响法官决定,法官对被告的主观感受可改变其决定。法律现实主义者和行为学者使用轶事、观察、数据和统计证明,法官作出决定常受个人和政治动机驱动,法官与普通人一样易受许多情感和行为偏见影响[④]。官员受情感或偏见影响实例,如同治年间广东四会知县杜凤治堂讯“生员徐廷槐、监生徐彬等控黄添福等开坑基不由旧坑淹没伊田利己损人一案。传经投绅士刘、李等不到,生气不讯”[⑤]。杜审梁柏香控叶有庸争屋案时,断定梁柏香“私心自用、目无官长”,“本亦可审,今偏不审”[⑥]。杜凤治“初出署,见署前剃头铺门口一人跷脚高坐,手执长烟筒旁若无人,颇怪人,叱役拿交值日馆,候回署讯问,此为比差,回署亦提讯,乃三坑人,名张亚海。三坑岂有好人?来此必非好事,安知不为此地有戏而来探路径乎!责式百板,收祠”[⑦]。在当事人无任何违法证据的前提下,杜仅因其是三坑人,即施以重刑,已然是偏见支配下的酷吏行径。

卡多佐所批评的这种想象与学术偏好在清代诉讼研究中尤其突出。滋贺秀三一些重要论文研究诉讼的民事法源或其他主题,但仍不免涉及对清代地方官听讼的评判:“情理中浓厚地体现出来的是,给予眼前的每个当

① 邓建鹏、刘雄涛:《假设、立场与功能进路的困境——对瞿同祖研究方式的再思考》,台北《法制史研究》(第 23 期),2013 年 6 月。

② [日]山本一:《从督抚人事任命看清王朝统治的一个侧面》,孟烨(译),《法律史译评》(第八卷),中西书局 2021 年版,第 372 页。

③ [美]本杰明·卡多佐:《司法过程的性质》,苏力(译),商务印书馆 1998 年版,第 105—106 页。

④ See Zhuang Liu, “Does Reason Writing Reduce Decision Bias? Experimental Evidence from Judges in China”, *The Journal of Legal Studies*, Volume 47(1), January 2018.

⑤ 《杜凤治日记》(第二册),第 659 页。

⑥ 《杜凤治日记》(第二册),第 692 页。

⑦ 《杜凤治日记》(第二册),第 986 页。

事人各自面临的具体情况以细致入微的考虑及尽可能的照顾”①。他的类似论断对中国同行影响巨大，其见解甚至已然不证自明。有论者谓，衡平理念支配下的中国传统社会的司法审判，实质上是司法官作为“公正无私的人”，尽其可能地权衡他所面临的所有社会条件，而作出的能够最大限度地达到和谐与均衡的判断的过程②。

寺田浩明同样提出，地方官受理人民的诉讼，是提示一定的解决方案来平息争执，进而谋求双方互让及和平相处。官员作为拥有儒家教养的知识分子，不仅考虑眼前具体事态，也顾及人生一般生存状态这种具有普遍性的侧面。作为审判主体的国家居于“公”（公共和平）的位置上，对人们之间推来挤去时发生的各种过分行为给予惩处纠正，从而构成审判制度最重要的一个部分。法官作为没有“偏私”的主体，从“公平”立场出发，指出并谴责有过分之处的当事人“欲之有失”，帮助重新树立互让共存的状态。清代审判就是被理解为具有这样内容的工作，也是在这样的理解下运作的③。这种见解代表了清代地方官司法实践的群像，抑或是来自判牍文集/官箴书的理想表达？地方官普遍是没有“偏私”的主体，司法普遍从“公平”立场出发的吗④？

寺田浩明还指出，有心的地方官在那样复杂的困难情境中总是尽力追问什么才是恰如其分、合情合理的解决。这些一个个成功的案例，一个个优秀地方官的故事有时被记录下来，鼓励着同僚和以后的审判人员。作为促使人们去确认和肯定这种审判形态拥有的可能性与正统性的媒介，当时的社会里流传着许多这样的美谈。滋贺氏所描绘的以“情理”为中心的审

---

① ［日］滋贺秀三，《清代诉讼制度之民事法源的概括性考察——情、理、法》，范愉（译），载［日］滋贺秀三（等著）：《明清时期的民事审判与民间契约》，王亚新等（编），法律出版社1998年版，第35页。

② 顾元：《中国传统衡平司法与英国衡平法之比较——从“同途殊归”到“殊途同归”》，《比较法研究》2004年第4期。

③ ［日］寺田浩明：《权利与冤抑：寺田浩明中国法史论集》，清华大学出版社2012年版，第210、234、241、265页。

④ 这样的假设无论如何也是缺乏充分依据的。相反例子汗牛充栋，论者以乾隆年间浙江巡抚卢焯审理绅士王家及费氏争产案收受巨额贿赂一事指出，绅士与知县、知府及巡抚的关系使得官员审理案件时可以不公正或不依法行事，因为他们相互间受复杂的社会、经济与政治网络关系约束，参见 Janet Theiss, “Elite Engagement with the Judicial System in the Qing and Its Implications for Legal Practice and Legal Principle”, in *Chinese Law: Knowledge, Practice and Transformation, 1530s to 1950s*, Li Chen and Madeleine Zelin ed, Brill Press, 2015, p. 143。学者谓，18世纪清官员收受陋规、敲诈勒索等腐败无所不在，已成为严重问题，参见 Nancy E. Park, “Corruption in Eighteenth-Century China”, *The Journal of Asian Studies*, Vol. 56, No. 4 (Nov., 1997): 968。

判图式,如果作为当时的当事者们把什么视为理想的审判,而地方官努力想达到的又是怎样一种境界等问题的说明,确实是具有充分说服力的[①]。当时有心和优秀的地方官占比多少?有多少司法案例成为社会流传的美谈,而非令民众听而生畏的事件?这种基于"先进典型"及他们的判牍文集而提出的见解,是否可以反映地方官听讼的整体像?

在清代公开出版的判牍文集或官箴书中,确能找到大量案例,证明一些地方官(如汪辉祖、董沛等)据公平正义的感觉("情理"),恰到好处地审结各种案件,周全地考虑到案件相关人的各种利益。道光年间,曾任四川巴县知县的刘衡甚至称:"天下无不爱民之官,然爱民之政往往不能下逮者,良由蠹役内外勾连,从中扞格,而爱民者或至于厉民。"[②]作为道光朝著名循吏,刘衡"爱民"或许无太多疑问,但爱民之官属于少量例外,还是地方官僚群体的常态?这种高调的言说必然等同等于举措?这种官僚组织机制下的地方官必然普遍爱民吗?刘衡认为天下官员皆爱民,爱民之政不能惠及民众,乃因差役从中阻碍,实令人生疑。

以同治年间曾任广东南海县知县的杜凤治及其同僚为例,他在下乡催征田赋时,采取的手段包括威胁羁押欠户、封黄姓祠堂[③];封禁张姓大宗祠及分支宗祠三所[④];"有蔡、黄、昌、户、黄姓花丁躲匿不出,潘升由城来此亲带差往催,不见的丁,反为妇女多人持刀及粪秽物乱掷肆詈,……(杜凤治命令)焚烧其后进及厢房两间而归"[⑤];光绪元年(1875)杜凤治对村民"顺从纳粮即已,否则亦必焚毁其村也"相威胁[⑥]。杜凤治这样的知县在本地一些士绅看来,"父母官办事手辣,已允而翻者非一事"[⑦];"甚有辣手,反面无情,与其商事为所翻者累累矣"[⑧]。从政一年多后,上司道员却认为其"诸事从宽,从未敢操之太急,颇有以予太柔软见讥者"[⑨]。杜凤治记载其在南海县的两位前任陈京圃(即陈善圻)、赓飏征粮手段远超自己——"陈京圃征粮有能名,淋漓尽致,不怕血腥,其亲家谓其粮固征得多,而为欠粮押死者

① [日]寺田浩明:《权利与冤抑:寺田浩明中国法史论集》,清华大学出版社 2012 年版,第 252 页。
② (清)刘衡:《庸吏庸言》卷上《严禁蠹役札》,同治七年楚北崇文书局刊本。
③ 《杜凤治日记》(第六册),第 3146 页。
④ 《杜凤治日记》(第七册),第 3727 页。
⑤ 《杜凤治日记》(第七册),第 3727 页。
⑥ 《杜凤治日记》(第八册),第 4285 页。杜威胁抗粮村民,将烧其住房或祠堂的事例,另参见上书第一册第 422 页。
⑦ 《杜凤治日记》(第一册),第 356 页。
⑧ 《杜凤治日记》(第一册),第 359 页。
⑨ 《杜凤治日记》(第一册),第 353 页。

亦累累,真不怕罪辜。(陈)京圃声之坏半由此。呼之谓‘陈三皮’,谓:‘括尽地皮、剥尽人皮、不要脸皮也’。……赓(飏)亦能收旧粮,往往出于孤儿、寡妇、绝户、穷丁。……陈、赓征旧粮有法,如有其人桁杨严逼,如无其人则令粮差择其同姓之有钱者,指为伊名下欠,不容置辩,押之梏之,至病剧将死犹不肯释,此已死又提一人逼之,如此有不多征乎!”①杜凤治在广宁县的前任张柳桥“催粮严酷,不得民心,且有满载而归之言,……此行宦囊充实,本地不称之流,不无觊觎之心”②。同治八年(1869),据“府札内奉粮宪详奉两院批准各州县七年省米全解奖励记功”名单,顺德知县赓飏、四会知县杜凤治等四员记大功一次,南海知县陈善圻等七员记功一次③。由此推导,杜凤治催粮“业绩”绝不亚于赓、陈两人,至少比陈善圻“更上一层楼”,只是他叙述自己时过于“谦虚”而已。虽说民众按时纳粮是法制规定的义务,但官员焚烧村民房屋无论如何也无律例上的依据。诸多州县官直接对待民众的残酷手段与“爱民”形象相差十万八千里,令今人看了也禁不住倒吸一口凉气。催科本为州县官履行的法定职责,本身并无可指摘之处,但是众多官员使用的手段、超过法定额度的“浮收”行为,则显然背离了“爱民”的形象。

具体到听讼过程,同治六年(1867)八月初六日,杜凤治曾审结冯时业、邓传业等控苏元才等争山界、山木一案,“判令经投绅监黄、李二人将山木为之均分,山界立碑划定,两造具结完案”。但是邓姓后来不遵断,同月初十日,杜凤治“断将山及山木归公,两造为头一名押收,余交差,经缴价领山及木,给与印照”④。此案最后知县竟将“山及山木归公”,不仅没有任何律例依据,也远超出当事人的预判。一方当事人坚决不愿遵守第一次的断结,致使案件再次讯断,估计杜凤治认为其权威受到了冒犯,他的裁决很难说居于“公平”心态,就事论事。这种将私产充公的裁决,当是知县盛怒之下意气用事和个人恣意。

清代曾任州县官的袁守定,在其官箴书《图民录》中具体阐述了在行政举措与司法技艺方面的“爱民”理念⑤。不过,袁守定的论述是否表明他在为政实践中真的贯彻?他的理念是否可以推而广之,比方清代地方官员是

---

① 《杜凤治日记》(第五册),第2718—2719页。

② 《杜凤治日记》(第一册),第106页。

③ 《杜凤治日记》(第二册),第959—960页。

④ 《杜凤治日记》(第一册),第201—202、204页。

⑤ 相关研究,徐忠明:《清代中国的爱民情感与司法理念——以袁守定〈图民录〉为中心的考察》,《现代哲学》2012年第1期。官员在官箴书等出版物中关于“爱民”“仁心仁政”“爱民盛心”等公开言论的概述,参见徐忠明:《情感、循吏与明清时期司法实践》,译林出版社2019年版,第18页。

否普遍具有“爱民情感”，并构成了传统中国司法场域中“情”的内涵之一？结合本书后文所述，实不容乐观。地方官熟读儒学经典著作，是否必有所谓父母慈爱之心，友善对待民众，临机处断，简便得宜，从而实现每个案件的公正或“情法两尽”？地方官群体是否实现了宋明理学倡导的“存天理、灭人欲”？还是说作为一个整体，他们的公开言论与实际行为可能南辕北辙？

晚清长居于中国的美国传教士明恩溥（Arthur H. Smith）称，县官“就与民众的关系而言，他们是中国最重要的官吏。面对他们脚下的民众，他们就是老虎；面对他们的上级，他们又是老鼠。……许多的县令对自己所从事的公务一点兴趣都没有，只一门心思想着自己如何从中捞取油水”[①]。亲历者的观察或能证明袁守定等人的公开言论并不等同于常态化的真实举措。论者谓，过去两个多世纪以来，西方评论者经常误解、误传或故意歪曲中国法律传统及司法实践。这一系列错误认知是在鸦片战争前形成的。这些受到歪曲的关于中国传统法律的表达，深深地铭刻在西方的大众想象、智识话语和政治修辞之中[②]。为避免这种可能的误导，本书尽可能引用对传统社会具有同情感的西方人士的评价，如明恩溥与卫三畏（Samuel Wells Williams）。后者在清末广东等地生活了四十余年，是对中国持同情感的美国早期著名汉学家。

当一些论者津津乐道于诸如循吏汪辉祖等人具有儒学教养，是没有“偏私”的主体，从“公平”立场出发时，多忽略了他曾深刻指出司法的另一面相——“然民间千金之家，一受讼累，鲜不破败”[③]；“其累人造孽，多在词讼。……谚云：‘堂上一点朱，民间千点血’”[④]。乾隆五年（1740），河南巡抚雅尔图要求本省地方官“自理事件，当随到随审，庶小民不致废时守候。且就事审结，则无节外生枝。今各属准理词讼，动隔数月，一任经承捺搁，州县官从不查催，以致胥役勒索，原被守候，且事久生变，牵缠不清，愈难完结，往往一讼方完，原被俱已家破”[⑤]。雅尔图的类似批评至少在乾隆四年

① ［美］明恩溥：《中国人的性格》，陶林等（译），江苏文艺出版社 2018 年版，第 173 页。

② ［美］步德茂：《“淆乱视听”：西方人的中国法律观——源于鸦片战争之前的错误认知》，王志希（译），《法律史译评》（2013 卷），中国政法大学出版社 2014 年版，第 272—273 页。

③ （清）汪辉祖：《学治续说》之《宜勿致民破家》，同治十年慎间堂刻汪龙庄先生遗书本。

④ （清）汪辉祖：《佐治药言》之《省事》，同治十年慎间堂刻汪龙庄先生遗书本。

⑤ （清）雅尔图：《檄示》，载杨一凡等（编）：《中国古代地方法律文献》（乙编第十册），世界图书出版公司 2009 年版，第 381 页。

(1739)就发布过一次[1]。公私文献表明,地方官在听讼中表现的残酷真相远比诸如作为"没有'偏私'的主体,从'公平'立场出发"这样的预设更为普遍。学者探索现代中国县域治理时认为,需要厘清县域环境中发挥不同作用的多种"能动者"角色。只有充分剖析县城权力江湖中的官员、商人、混混、"钉子户"、普通民众等能动者之间的权力碰撞、利益结盟和力量对比,才能把握县域治理症结[2]。将"能动者"纳入考察县域治理的重心,这个观点颇具洞察力,为清代州县诉讼研究提供启发。日本法律史专家作出缺乏充分历史依据的假设,不免令人遗憾。

另比如,在涉及清中期以后广东地方官关于英国东印度公司(EIC)与本土行商间的纠纷处理中,研究者谓,大班违反天朝律例或冒犯官员,广东行商和通事必受惩罚,二百余年无一例外。犯法夷商免受追究,守法行商代人受过,这样的法律实在是一种无法理喻的倒行逆施。在中英贸易中,清政府一贯穷凶极恶地逼迫行商清偿债务,从来没有为行商向东印度公司追讨过一次债务。清政府非但不会为了行商的利益去和英国政府交涉,只要东印度公司抱怨行商,清政府就充当严厉管教子女的家长,必定将行商折磨得死去活来[3]。在这项经典研究中,广东地方官的"喜爱和厌恶、偏好与偏见、本能和情感"被深度揭示,为深化今人的历史认知提供洞见。

## 六、反思与小结

法律史专家忽略时空要素及参与者要素的静态研究,恐怕无法回应一些更为宏大和更为重要的问题,比如,清王朝最终无法存续这个事实,与诉讼及司法审判间的欠缺存在一定联系吗?如果地方官是没有"偏私"的主体,从"公平"立场出发,帮助重新树立互让共存的状态,或者说审判的主要功能是保护当事人权利,这样的诉讼体制理应得到广大民众支持,则如何解释不少当事人"千方百计上京城"?地方官何以是没有"偏私"的主体,难道他们不食人间烟火,毫无自利倾向,还是说上峰的司法监督异常有效?地方官真的受儒家思想影响,是集道德之大成者?

中国法学院法律史的"学术生产"不应堕落于"自娱自乐"的无尽深渊,自满于梳理文献,陶醉在事件描述,而应是解释性的——尝试对一些重大

---

① (清)雅尔图:《檄示》,载杨一凡等(编):《中国古代地方法律文献》(乙编第十册),第269页。

② 欧阳静:《治理体系中的能动者结构:县域的视角》,《文化纵横》2019年第2期。

③ 方流芳:《公司词义考:解读语词的制度信息——"公司"一词在中英早期交往中的用法和所指》,《中外法学》2000年第3期。

问题的追问与理论阐发，从错综复杂的历史叙事中，掌握内在因果联系及在不同时空发挥关键作用的机制，深化今人对当时制度或实践的理解，为当代制度优化提供学术智慧，这样的"学术生产"与本土法学学术风格才更为匹配。若乾嘉学派，只会"争治诂训音声"，"锢天下聪明智慧，使尽出于无用之一途"（魏源评论），令人扼腕！本书进路大致涉及如下步骤：首先，叙述清代州县诉讼领域发生了什么，从微观（具体行为）与宏观（制度框架）层面解读当时诉讼基本面貌与多样性；其次，总结和归纳州县诉讼现象，提炼出其中的关键要素；分析州县诉讼中各重大问题／特征的成因，辅以大量个案剖析，探寻其间的因果关系，分析诉讼史中的内在机理。

无论古今，把决定案件结果的主体想象成冷静客观和非个人化，进而无视参与主体的利益算计、行为偏好与思维倾向，不切实际，不合事实。经济学家曾批判新古典经济学假定偏好、资源和技术都是给定的，每个人一样的聪明并且无所不知，在这样的假设下，企业家毫无用武之地。新古典增长理论强调技术进步是外生的，与企业家的行为无关[①]。新古典经济学理论模型中的参与者是没有任何社会性的虚拟人物，这样的新古典经济学显然是可笑的。具体到清代诉讼场景中，二百多年的人口暴增与案件数量的剧增对正印官的冲击，官员考核重点与州县官的政务角色等因素，对当时案件的受理与判决结果起决定性影响，受这些制度化因素影响或支配，诉讼参与者有自身的偏好和算计，进而形塑州县诉讼的特征，研究者不可不细察。统治者的意识形态决定了制度的框架，制度影响了不同主体的具体行为，不同主体还受自身动机、文化与经济等因素影响，且主体间的行为相互影响。为此，本书在表层探询具体行动，诸如诉讼策略（当事人）、作状技巧（讼师）与裁决思路（州县官）等；中层探究影响与支配具体行动的制度逻辑，如上级的监督、审转复核或官僚任命与考核机制；深层追问支撑、影响或扭曲国家法制的文化意识形态与经济诱因[②]。

---

① 张维迎：《市场的逻辑》，西北大学出版社 2019 年版，第 381 页。

② 基于表层及中层的研究较多，比如梁林霞详述具体诉讼行为及州县官如何批呈词，将清代息讼思想渊源上溯至孔子，参见 Linxia Liang, *Delivering Justice in Qing China: Civil Trials in the Magistrate's Court*, Oxford University Press, 2007, p. 249 - 258。但对造成息讼／贱讼的深层客观原因（经济层面与官僚组织层面等），多数学者未作更深入的追问。当然，也有个别例外，比如 Thomas Buoye, *Manslaughter, Markets, and Moral Economy: Violent Disputes over Property Rights in Eighteenth-century China*, Cambridge University Press, 2000。该书深入讨论 18 世纪清代中国经济及人口变迁同财产权利纠纷引发过失杀人间的关系。该书亦指出，在西方史学界，从经济与社会发展研究这种颇具洞见的视角理解中国史并不流行，参见上书第 221 页。

## 第二节　个案研究与逻辑漏洞

### 一、“个案”真实性与代表性疑问

论者以源自《折狱龟鉴》的“摸钟辨盗”为例,认为古代社会普遍存在的神灵信仰及其运用借助激励兼容约束的满足,为甄别只为枉行者自己所知、不为包括裁判者在内的外部人所知的私人信息设立了一个有效的自我暴露机制,在一定程度上改变了侦破过程中博弈各方的信息不对称状况,为已逝事实发现手段的匮乏提供了一个相当重要的替代。作为对古代司法实践高昂信息费用的适应,神灵信仰于一般情况下限制了人们获取信息的空间,又在特定的语境中拓宽了人们的信息边界①。除了“摸钟辨盗”,该文作者举出蒲松龄的《聊斋志异・胭脂》和许奉恩的“张静山观察折狱”等类似例子。

以“摸钟辨盗”获取真实信息的司法技艺在宋代以降的日常司法实践中非常罕见,至于《聊斋志异》的案例具有浓厚文学色彩,或基于原作者道听途说的故事加工,这类司法技艺无论在司法档案、判牍文集或私人日记中都极罕见,难以同历史文献(尤其是司法档案)相互印证。以稀见的例外与真实性存疑的个案,推导“古代社会普遍存在的神灵信仰及其运用借助激励兼容约束的满足,……为已逝事实发现手段的匮乏提供了一个相当重要的替代”,说服力不足。有学者研究城隍神的司法审判②,但在州县官日常堂审中,同样极难看到司法与此类宗教因素互动的实例。城隍神代表了一些人对正义追求的**理想**,远非常态化的司法**实践**。文献中的报应信仰与宗教信仰毋宁说是现实中正义与公正秩序缺失时的民众吁求,如同传统社会司法公正高度稀缺时,民众普遍转而对包公/青天的呼唤。

另有论者谓,在审理案件适用法律时,清代司法机关一般都是认真仔细的,这应当是清代司法运作的主流,审判衙门的腐败之风仅是清代司法实践的一个侧面③。该见解以《汝东判语》等为基础文献。这种判牍文集为时人自撰出版的“优秀裁判文书”,展示州县官听讼极其有限的一个侧

① 吴元元:《神灵信仰、信息甄别与古代清官断案》,《中国社会科学》2006年第6期。

② 张守东:《城隍神的构造原理:法律与宗教互动的古代中国经验》,《财经法学》2020第2期。

③ 何勤华:《清代法律渊源考》,《中国社会科学》2001年第2期。

面。过度倚重"优秀裁判文书"，则洞察史实的慧眼易被遮蔽。如一位投资专家所述：在思考方法上做到谨从科学方法，客观理性，以事实、逻辑立论，只求做到准确、全面、中立、实事求是，尽量避免情感因素、意识形态、宗教或文化信仰等对思考客观性的影响①。这种思路是避免"片面的深刻""致命的自负"之良途。

学者谓，研究清代刑部官员律学水平时，举一些杰出例证，这种方法通俗一点可称为"掐尖法"。其选取的无一不是最优样本或样本中最优部分，据此得出的刑官律学素养是峰值水平，而非常规水平②。一些学者研究州县官听讼实践，仅采用判牍文集为基础文献，如择取《清代名吏判牍七种汇编》，不作任何文献辨析，即提出通过该书 242 个"真实判例"研究发现，清代基层官员依靠"礼（儒家伦理）、情（案情、常理）"断案③。这种研究方式如论者批评，"我们只重视自己已知的，却忽视自己未知的，因此我们对自己的信念过度的自信"④。有的仅以某一官员的判牍文集为基础，将其裁判个案不假思索地扩展为"清代中国"司法实践一般情况。但是，这类文献多少潜藏作者自吹自擂的成分，从个例推导出司法裁判常态，这种个案扩展的逻辑鸿沟如何弥补？

基于判牍文集的研究有两个问题值得追问：其一，特定判牍文集反映的司法案例是否具有普遍代表性？其二，特定判牍文集是否与司法实践的常态存在较大背离？有学者研究晚清聂亦峰的判牍文集时，提及聂亦峰为晚清著名地方官，历任广东多处知县和知府，判决了不少疑难案件，人品为曾国藩所欣赏⑤。民国时期名士瞿宣颖称聂亦峰"所至勤求民瘼，循声卓著，为时名宦"，与此同时，据称其他州县官则自乾嘉以来"习于颟顸蒙蔽不恤民事，专务持禄养交，以致闾阎疾苦，壅不上闻"⑥。当时官场，似唯独聂亦峰处污泥而不染。此论若属实，与其视聂亦峰司法裁判为清后期普遍代表，不如说乃当时之"异数"。

---

① 李录：《文明、现代化、价值投资与中国》，中信出版社 2020 年版，第 36 页。

② 陈灵海：《〈抱冲斋诗集〉所见清代刑官生涯志业》，《学术月刊》2018 年第 11 期。不同见解，参见徐忠明：《写诗与读律：清代刑部官员的法律素养——与〈"抱冲斋诗集"所见清代刑官生涯志业〉作者商榷》，《上海师范大学学报（哲学社会科学版）》2019 年第 3 期。

③ 任海涛：《中国古代"礼情司法"模式及启示——以清代基层司法判牍为材料》，《兰州大学学报（社会科学版）》2012 年第 6 期。

④ [美]丹尼尔·卡尼曼：《思考，快与慢》，胡晓姣等（译），中信出版社 2012 年版，第 234 页。

⑤ 李启成：《"常识"与传统中国州县司法——从一个疑难案件（新会田坦案）展开的思考》，《政法论坛》2007 年第 1 期。

⑥ （清）聂亦峰：《聂亦峰先生为宰公牍》，梁文生等（校注），江西人民出版社 2012 年版，第 280 页。

同此类似，清后期曾任湖广总督的端方给熊宾（熊峻阁）的判牍文集《三邑治略》写的序称："上下沦弊，举世混浊，国与民乃交受其毒，……若熊峻阁大令则不然，曩者余抚鄂，察其能历任三邑，治绩灿然。"[①]此论如属实，则以此"异数"等同当时常态，实为以偏概全。再比如，乾隆朝晚期曾任浙江知县的李赓芸，正史称其"尽心抚字，训士除奸，邑中称神明"。巡抚阮元称他是"浙中第一良吏"[②]。同治十年（1871）的进士张楷，"治汾州七年，考绩为山西最。……治狱多平反"[③]。正史记载的这些循吏们听讼时多被颂为神明，甚至青天在世。但是，《清史稿》记载的循吏仅116人，他们在当时两百多年里数万名州县官群体中占比极小，无论如何其所作所为也不可视为司法的一般实况[④]。

汪辉祖的言行多被法律史专家所援引，甚至被视作有代表性的司法官员[⑤]。不过，多年前张伟仁就指出，汪辉祖生前虽被誉为良幕、循吏，但地位不高，影响不大。在同侪中，也不算十分突出，据他自己所说，到乾隆后期，幕道仕风日趋低下，像他这样学识操守的人就少见了[⑥]。因此，在乾隆朝晚期之后，作为小有名气的幕友和县令，汪辉祖高尚的司法操守属于优秀典范与例外，不具普遍性。

而汪辉祖本人审理的一些案件，在当时并未全都得到认可。张伟仁指出，汪辉祖舍律用礼的案件，所受非议更多。有的案件受到知府斥责，有的案件受到巡抚怀疑而亲自理核。更有问题的是汪辉祖用礼也不严谨，他不

① （清）熊宾：《三邑治略》，载杨一凡等（主编）：《历代判例判牍》（第十二册），中国社会科学出版社2005年版，第3页。

② 《清史稿》卷四百七十八《循吏三》。

③ 《清史稿》卷四百七十九《循吏四》。

④ 诸如循吏刘衡对差役的管控业绩说明，他属于当时同僚中的"异数"，邓建鹏：《清代知县对差役的管控与成效——以循吏刘衡的论说和实践为视角》，《当代法学》2022年第2期。

⑤ ［日］滋贺秀三：《清代诉讼制度之民事法源的考察——作为民事法源的习惯》，载［日］滋贺秀三（等著）：《明清时期的民事审判与民间契约》，王亚新等（编），法律出版社1998年版，第64—65、68—69页；［日］寺田浩明：《对清代审判中"自相矛盾"现象的理解——评黄宗智"表达与实践"理论》，海丹（译），载邓建鹏（主编）：《清帝国司法的时间、空间和参与者》，法律出版社2018年版，第239—245页；徐忠明：《清代中国司法裁判的形式化与实质化——以〈病榻梦痕录〉所载案件为中心的考察》，《政法论坛》2007年第2期；［法］巩涛：《失礼的对话：清代法律和习惯并未融汇成民法》，邓建鹏（译），载邓建鹏（主编）：《清帝国司法的时间、空间和参与者》，法律出版社2018年版，第219—222页；［美］黄宗智：《清代的法律、社会与文化：民法的表达与实践》，上海书店出版社2001年版，第6、194—195、197—198页。

⑥ 张伟仁：《良幕循吏汪辉祖——一个法制工作者的典范》，《中西法律传统》（第6卷），北京大学出版社2008年版，第376页。

得不承认桐城学者胡虔的批评“其言甚正”[①]。然而，汪辉祖上述负面行为却很少被学者分析。张伟仁认为，明清之时有不少从事司法工作之人，写下不少著作，颇能补充立法之不足，所以并无统一性，也没有为司法者普遍地接受。大多数因为知识不足，财力有限，靠刑讯来迫使当事人和证人吐实[②]。作为优秀州县官典范，汪辉祖一类人的司法裁判代表个人风格，可视为大时代下的例外。

以判牍文集为研究对象，相应结论必须高度限定，不可由个案轻易扩展到一般。如经济学家指出，如果以极其少见，甚至诡谲无比的案例，作为法学理论的主要基石；等于是以特例来建构通则，以异常作为标杆。说得极端一点，这好像是以精神病患的行为为材料，发展出一套解释，甚至是规范其他一般人的行为规范！由逻辑和常情常理的角度看，都说不过去[③]。法国汉学家魏丕信（Pierre-Etienne Will）指出，从司法角度看，蓝鼎元的《鹿洲公案》所述案例，不是原始资料，而是如他自己所说的“稍异”案件[④]。探讨州县官司法裁判的整体，却仅关注个别典范官员的裁判，将“稍异”当作“普遍”，易一叶障目。

魏丕信的研究主要使用张五纬（嘉庆年间曾在江西任地方官）的《讲求共济录》和樊增祥（光绪年间曾在陕西任知县）的《樊山批判》。他认识到，这类判牍文集出版最常见的理由，是作者想要为他的同僚特别是那些初出茅庐还缺乏经验的官员提供范例。作者们暗里想要将自己塑造成官员典范，多数情况中，他们的首要动机是想要抬高自己，展示自己业务上的优秀、才干、仁慈等[⑤]。嘉庆二十三年（1818），皇上指出，山东省“和舜武、程国仁分任藩臬时，地方积案渐清，京控亦少。迨尹二人升任后，臬司张五纬不能称职”。皇帝后来指责“张五纬因循废弛，实难辞咎”[⑥]。在上级视野中，张五纬远没有自撰文集中表现得那么好。有趣的是，魏丕信虽明知文集作者们存在这些倾向，本应得出有限度和谨慎的结论，但最终不自觉地也滑向了同样的陷阱——把判牍文集表达的司法理念视作实践，并将个案

① 张伟仁：《良幕循吏汪辉祖——一个法制工作者的典范》，《中西法律传统》（第6卷），北京大学出版社2008年版，第312—313页。

② 张伟仁：《中国法文化的起源、发展和特点（下）》，《中外法学》2011年第1期。

③ 熊秉元：《正义的成本：当法律遇上经济学》，东方出版社2014年版，第137页。

④ [法]魏丕信：《止争与训民：19世纪判牍文集中的几个例子》，徐小薇（译），载陆康等（主编）：《罪与罚：中欧法制史研究的对话》，中华书局2014年版，第69、71页。

⑤ [法]魏丕信：《止争与训民：19世纪判牍文集中的几个例子》，徐小薇（译），载陆康等（主编）：《罪与罚：中欧法制史研究的对话》，中华书局2014年版，第69、71页。

⑥ 《清实录》（第32册），中华书局1986年版，第516、646页。

推而广之，殊为遗憾！

据《日本国大木干一所藏中国法学古籍书目》[①]《中国法制史书目》[②]《伝統中国判牘資料目録》[③]《官箴书集成》《历代判例判牍》《古代判牍案例新编》《清代判牍案例汇编》（甲、乙编）统计，大约71位清代州县官撰写过76部判牍文集。其中，董沛撰写4部，潘彬撰写2部，程龢撰写2部。就算著者统计可能忽略少量判牍文集，以及少部分文献可能在近百年来遗失，撰有判牍文集的州县官人数，大致也不会超过120位。

有学者抽样调查内地18省437部地方志，共记载了42602位知县、4439位散州知州[④]。此项研究由于“资料残缺”，属不完全统计。据此估算，则有清州县官人数也不应少于47041人[⑤]。即使以47000员州县官作保守估算，则撰写过文集的州县官占所有州县官的比例，也不过2.5‰左右。撰写判牍文集的州县官，就算其文集所述听讼业绩属实，这种比例也实在是少之又少，他们只是当时罕见的司法裁判个案，属于极少数“先进典型”。

判牍文集的真实性与完整性很值得追问。光绪年间，聂亦峰之子重刊该书时，目的之一为“庶几先大夫体国勤官之志，积久而弥彰”[⑥]。他希望借此书重印，传播聂亦峰“体国勤官”的光辉形象。综此，与其他判牍文集一样，该书以呈现作者的正面形象为宗旨。咸丰年间，聂亦峰任广东石城等地知县时，自称“本县随到随传，随审随结，无不虚衷判断，一秉至公。如有得受赃私，枉法殃民者，天地神明，定加诛殛”。“心若冰清，情同火烈，爱民如子，嫉恶如仇，言出法随。”[⑦]诸如“一秉至公”“爱民如子”的绝对正面形象与事实是否完全相符？我们需要更多证据。同治八年，聂亦峰任广东新宁县知县，处理余、李两姓因械斗而死亡一千多人的重大命案。据《大清

① 《日本国大木干一所藏中国法学古籍书目》，田涛（编译），法律出版社1991年版，第31—38页。

② 张伟仁（主编）：《中国法制史书目》（第二册），“中央研究院”历史语言研究所专刊之67，1976年版，第804—815页。

③ ［日］三木聰等（编）：《伝統中国判牘資料目録》，東京汲古書院2010年版。

④ 李国祁、周天生、许弘义：《清代基层地方官人事嬗递现象之量化分析》（第1册），台北“行政院国家科学委员会”丛书第七种，“行政院国家科学委员会”1975年印行，第22页。

⑤ 李国祁、周天生、许弘义：《清代基层地方官人事嬗递现象之量化分析》（第1册），台北“行政院国家科学委员会”丛书第七种，“行政院国家科学委员会”1975年印行，第35页。

⑥ （清）聂亦峰：《聂亦峰先生为宰公牍》，第282页。

⑦ （清）聂亦峰：《聂亦峰先生为宰公牍》，第6、9页。

律例》相关条文,该案首犯当处死罪[①],同时聂亦峰应将案件向上级审转覆核,其子事后也认为,“照刑事处分,亦必杀首祸两造各数人方能了案”。但是,聂亦峰“令余姓给李姓贫苦身死安厝费银五百两,并由余姓另辟一途,以资李姓,永远出入,免酿后祸而息争端”。两广总督批评聂亦峰的案件处理方式是“优容滥纵”,聂亦峰的儿子亦认为总督“四次批驳,然按法律亦振有词”。颇有深意的是,作者未详载此案于文集,而是由其子事后转述[②]。这个事例表明,作为公开出版物,作者不大可能宣扬自己在政法实践中违法的“丑事”。

从《名公书判清明集》到《清代名吏判牍七种汇编》[③],这类判牍文集为时人精心编选的“优秀裁判文书”。多年前郑秦指出,清代的批语、判词一般都非常简短,二三字、十几字而已。刊行《判牍》,大都是文人学士居牧令者,自觉才华无处施展,于是就在判词上大显身手,揣度人情物理,畅所欲言,不受正式公文限制[④]。判牍文集内容精挑细选,至多反映某一司法侧面,远非真实司法实践的完整展示,在研究中应作有限度地采信。论者称,总的来说,明清州县细故审理呈现以下实质性的特征:(1)普通的财产归属类、财产交易类案件,在契约的约束力原则下,审理工作以审查契约的真实性、合法性等为主;(2)身份以及与身份相关的财产案件,以提炼和参考法律规则和伦理原则为主;(3)适用法律规则不妥当时,通过说理论证来获得上司衙门和社会的可接受性。论证的妥当性因人而异,以能够照应情、理、法之关系者为佳。当然,以上所述都是清代州县官正常处理细故案件的情况,如果有贪腐受贿等“心偏”的情况,则不属于本文讨论的范畴[⑤]。其不得不强调:“州县官的下判是谨慎的,说理也尽可能充分”是以知县正常处理细故案件为前提。这些当年公开出版的“优秀裁判文书”外,还存在诸如《道咸宦海见闻录》[⑥]《杜凤治日记》等重要私人文献,这类文献展现了州县官审判存在令人触目惊心的另一面,两人的亲见亲闻无论如何都不能说是个别现象。

不过,不同时代名公们在判牍文集中展示的“司法实践”,似乎更易引

---

① 《大清律例》“谋杀人”律及“斗殴及故杀人”条例,《大清律例》,田涛等(点校),法律出版社1998年版,第420、430页。

② (清)聂亦峰:《聂亦峰先生为宰公牍》,第275—278页。

③ 金人叹等(编):《清代名吏判牍七种汇编》,海峡文艺出版社2003年版。该书收录于成龙、袁子才、张船山、胡林翼、曾国藩、端午桥和李鸿章七位名吏判牍。

④ 郑秦:《清代法律制度研究》,中国政法大学出版社2000年版,第125页。

⑤ 俞江:《明清州县细故案件审理的法律史重构》,《历史研究》2014年第2期。

⑥ (清)张集馨:《道咸宦海见闻录》,杜春和等(点校),中华书局1981年版。

起一些学者的兴趣,甚至被视为司法实践代表。有学者谓,宋代民事审判,坚持书证为裁判田宅交易纠纷重要证据、同一类案件适用同一类规则、剖判曲真则依条法的三大原则。法官处理民事纠纷时,分清是非,以法律条文及法意为依据判决是其首要准则[①]。基于清代判牍文集得出的近似观点,在近年国内大量研究中屡见不鲜,以至"甚嚣尘上",缺乏应有反思。一些研究直接将制度规定等同于司法实践,或者将精英官员的司法理念和理想等同于普遍的行为实践。海外宋史专家对大陆学者的如下观点:"宋代的士大夫注重保护当事人私有财产的合法权益;注重狱讼,关心民间疾苦;受商品经济影响,带有明显的功利主义及个人意识;通晓法律,工于吏事;审判时带着批判时弊的精神和德性原则;怀著忧国忧民的悲愤意识"等,提出委婉质疑——"所论有时过于美化,思想史的成分重于司法史"[②]。

有学者认为,晚明以来判牍多为各级司法官员以私人名义将经手得意案件的审语结集传世。此外,还有一些书商将著名法官审理的趣味案件出版牟利。虽然文字上的润饰在所难免,但绝大部分判牍皆反映了法庭上的真实情况,因为有关法官多有意展示自己成功的司法表现,以争取在"推知行取"中受上级青睐。故而,他们出版的案例必须反映现实,好备查证及欣赏[③]。这种解读存在内在悖论。判牍文集收录的为官员"得意案件",当有"不得意的案件"未被收录;展示"成功司法表现",则或有"不成功的司法表现"未被纳入。文集内容经过严选与修饰,所余个案裁判"一秉至公",则谈不上反映了司法实况整体。

判牍文集中确能找到官员合乎情、理、法"保护"当事人利益的判决。就此得出当时州县官司法裁判的特征是以情理听讼,或"听断以法",或者审判以保护当事人权利为主旨,则属草率。除却正面宣传,几乎没有官员在此类文献叙述自己"葫芦僧判断葫芦案"的经历。就算此类文献中记录的案件裁判是真实的,也经过作者或出版商精细剪裁,远离司法实践的一般状态。

---

① 陈景良:《宋代司法传统的叙事及其意义——立足于南宋民事审判的考察》,《南京大学学报(哲学·人文科学·社会科学版)》2008 年第 4 期;陈景良:《宋代司法传统的现代解读》,《中国法学》2006 年第 3 期。

② 柳立言:《宋代的社会流动与法律文化:中产之家的法律?》,《唐研究》(第十一卷),北京大学出版社 2005 年版,第 120—121 页。

③ 谭家齐:《晚明判牍与小说资料所示的刑讯原则及效用争议》,载陆康等(主编):《罪与罚:中欧法制史研究的对话》,中华书局 2014 年版,第 261 页。

（图一　《红楼梦》“葫芦僧判断葫芦案”。晚清孙温绘。衙门口悬挂“叫之谓民之父母”牌匾，适与“葫芦僧判案”形成讽刺意味。）

## 二、言说、举措与个案扩展的反思

与上述“优秀裁判文书”不同，近年个别研究者采信第三方观察者记录作为佐证，如伍跃指出，在明朝万历二年（1574）七月，朝鲜使团路过京东蓟州，主人告诉使者新任知府是个“要钱”的。咸丰初年曾经担任四川学政的何绍基上奏指称，四川各“州县中文理明通者甚少，致词讼拖延不结”。同治初年曾担任给事中的赵树吉在上奏中亦有类似表述①。在晚清英租威卫，中方当事人诉讼时经常私自向行政官的下属付费。英方行政官庄士顿（Johnston）在1904年的报告中曾抱怨这种风气：“此前年报显示要让中国民众相信英国司法不是市场化的商品是多么困难。行政官部分最大的警觉是无法确保没有金钱从原被告给到他的中国下属手中，要让当事人理解行贿在行政官的判决过程中没有一丁点影响是不可能的。”②庄士顿的年报无意中以外国人的视野透露州县衙门司法腐败传统的延续。第三方观察者的记录可补正前述文献的许多不足。

① 伍跃：《必也使有讼乎——巴县档案所见清末四川州县司法环境的一个侧面》，《中国古代法律文献研究》（第七辑），社会科学文献出版社2013年版，第383页。伍跃仔细分析了四川巴县知县与衙役、书吏等人在诉讼过程中的主观动机和利益诉求，他们在个案中对当事人敲诈勒索的细致表现。深入探讨司法支配者（作为一个群体）的上述主观意图和偏好，就很难得出清代州县司法主旨是为了保护当事人权益这种结论。

② See Carol G S Tan, *British Rule in China: Law and Justice in Weihaiwei 1898-1930*, Wildy, Simmonds & Hill Publishing, 2008, p. 187.

作为第三方观察者，张集馨（道光至咸丰年间曾在数省任知府至布政使等多种职务）私人年谱中记载了许多发现。道光十九年（1839），张集馨接任山西雁平道道员一职后，发现“历来前任从不问案，尘牍甚多”①。他还发现前任“口钝言涩，狱不能折。斯幕（即幕友斯为盛）伪作点单，捏写供词，具详完结”②；在福建，张集馨认为“幕友无不卖法者。省城大吏，原未必尽不识字，大约皆惮于用心，来文约略流览，稿件莫辨是非，幕友遂得高下其手”③。同治年间，广东按察使的幕友孙石泉为邓权惠案向杜凤治请托，后来孙石泉又因欧天彩控刘亚同强奸案，找杜凤治为刘亚同说情④。杜凤治任广宁知县时，所聘幕友顾小樵“说广宁黄、潘争山案判归黄，外间说伊得二百金”⑤。杜再次忆及顾小樵时，对之痛恨不已——“深恨夫己氏（暗指顾小樵）之误人不浅。受人重禄，狂纵骄盈，实无把握识见，一味鸱张，为其所误，可以得大过者不一而足，直是杀有余辜，此人从此不必想吃此碗饭矣，岂尚有人敢请乎”⑥！杜凤治致仕后，听说其朋友、幕友戴芸墀去世，其死前据称“家中闹鬼，……为此人言藉藉见神见鬼。其实渠虽刑名，而久就藩馆，何孽可作？其中偶就州县馆，而其人非作孽之人，……广东幕友，我所知者尽有作孽之人，而往往牖下善终，且现尚存者亦不少，天道茫茫，何处问之”⑦？杜一方面为曾任幕客的亡友辩护，一方面指出在他所熟知的广东官场，作孽的幕友为数不少。在浙江山阴县老家，杜凤治私下认为知县“俞振岩糊涂虫并不留意，任听幕友所为，闻其钱友手甚长，无批不卖”⑧。这些见闻与前述张伟仁的研究中指出“乾隆后期，幕道仕风日趋低下”的观点相佐证。瞿同祖亦引用汪辉祖晚年的观点：幕友诚实品质衰退，十个人当中只能找到两三个诚实的人，王植则认为只有1%到2%的幕友诚实而有能力⑨。学者基于公开出版物研究幕友之道或幕友职业道德理想，承认不排除有很多幕友或地方官在司法实践中并未完全遵行⑩。

① （清）张集馨：《道咸宦海见闻录》，第45页。

② （清）张集馨：《道咸宦海见闻录》，第45页。

③ （清）张集馨：《道咸宦海见闻录》，第276页。

④ 《杜凤治日记》（第六册），第2830、2984页。

⑤ 《杜凤治日记》（第二册），第572页。

⑥ 《杜凤治日记》（第二册），第604页。

⑦ 《杜凤治日记》（第十册），第5295页。光绪年间广东巡抚至府县衙门的幕友“卖批受贿”，参见龚汝富：《明清讼学研究》，商务印书馆2008年版，第89页。

⑧ 《杜凤治日记》（第十册），第5409页。

⑨ 瞿同祖：《清代地方政府》，范忠信等（译），法律出版社2003年版，第189页。

⑩ 陈利：《帝制中国晚期的法律专家与地方司法运作》，白阳等（译），邓建鹏（校），载邓建鹏（主编）：《清帝国司法的时间、空间和参与者》，法律出版社2018年版，第196页。

从《杜凤治日记》等文献来看，幕友不过是极其商业化的职业，很难谈得上道德理想之类的高尚追求。

道光二十八年(1848)，四川犍为县已撤县令被查出巨额财政亏空，其扬言历任各级官员等均收受贿赂，且手握证据，迫使总督琦善仅以降职从轻处分[①]。从道光至咸丰年间，张集馨在山西的前任们从不主持审判，积案如山；在四川，词讼相关证人被关押于卡房，不胜苦痛；川省官员对罪犯行刑往往由喜怒任情决定，有的县令对自理词讼“一概高阁”[②]。张任四川按察使时，发现遂宁县知县办理盗案差点陷人于凌迟重罪；仁寿县知县概行监毙十五位无辜者；犍为、金堂、南川等县知县“以非盗为盗”[③]。杜凤治在日记中载，同治七年(1868)，广东清远县知县宋西堂“为监犯连毙十七名……据禁卒供均由剜目、炙背、剔筋、碎髁而死，非由自毙”，但这位官员有前任巡抚关照，未受处罚[④]；同治八年，惠来县原知县陈幼笙自称“办土匪甚认真，就地正法及拿到即杀者共有二十余名”[⑤]；四会知县乌廷梧任内，“监中逸去一犯即林建也……嗣将林建拿到，一顿乱棒打死，(另一被捕的逃犯)李志亦将于监中饿死，报病死了案”[⑥]。四会知县杜凤治“提周年、周德研讯，究不认供，……其劣迹凿凿可据，毫无疑义，既不承认，本拟立笼站死，兹候另办”[⑦]。大量第三方观察表明，司法过程中的酷刑、腐败与枉法裁判绝非个例。

在广东新会任上，聂亦峰称“词讼愈繁，兼之积案如山，概为清理断结；且有悬至三数十年无从质讯，而竟皆一鞫即服，两造俱甘者，良由本县讯断各案，……唯知准情酌理，一秉大公”[⑧]。与聂亦峰这种“一秉大公”的表述不同，杜凤治称“新会一缺，自聂亦峰起，于卸事前减价收钱粮，名曰放炮，每当春季，即将本年钱粮减价收竣，完户贪便宜，靡不踊跃。……大减大收乃聂亦峰作俑也”[⑨]。离任前减价以征收更多钱粮这种“不堪示人”的举措，无论如何也不会出现在聂亦峰自编文集中吧。杜凤治还私下记录聂亦峰为保住新会知县职位，耗费巨资——“聂初欲回新会任，口称此番入闱费

① (清)张集馨：《道咸宦海见闻录》，第103—104页。
② (清)张集馨：《道咸宦海见闻录》，第45、95—97、101、104、112页。
③ (清)张集馨：《道咸宦海见闻录》，第98—100、114页。
④ 杜凤治称：“久知宋于东处有前抚谆嘱，故护之。”《杜凤治日记》(第二册)，第589页。
⑤ 《杜凤治日记》(第三册)，第1206页。
⑥ 《杜凤治日记》(第四册)，第1656页。
⑦ 《杜凤治日记》(第二册)，第600页。
⑧ (清)聂亦峰：《聂亦峰先生为宰公牍》，第41页。
⑨ 《杜凤治日记》(第九册)，第4560页。

去万五千金”[①]。

聂的类似表述在判牍文集中常见,甚至出现在皇帝本人的话语中。如乾隆帝自称:“朕临御六十年,办理庶务一秉大公至正,于诸臣功过权衡轻重,赏罚从公,宽严悉当,从不稍事苛求。”学者谓:皇帝用一些光明正大的说法巧饰对他人家产的侵占,又用“赏罚从公,宽严悉当,从不稍事苛求”体现自己的仁慈,真有些掩耳盗铃了[②]。清前期曾任浙江金华知府的李之芳在《棘听草》“叙”,自称“凡所承断,余心凛若,一秉大公”[③]。面对这些君臣上下自我颂扬的套话,研究者宜从海量文献中洞察真相,否则容易上古人的当!比对其他类型文献,聂知县等人“一秉大公”之类的表述或有“自卖自夸”之讥,实难全信。聂亦峰在文集中还提到,他发现两位前任知县(陈令和邱令)未重视田土“细故”,对实地踏勘仅走个形式,胡乱判案。其中,前任邱令“翻新强断,不无丘壑在胸;胡任之照旧复详,未免葫芦依样”[④]。文集侧面说明,在他前任任内当地积案严重,甚至有数十年未曾质讯的案件,并且前任们对自理词讼胡乱下判。结合正史等文献,陈令和邱令的做法在当时更具一般性。

《清史稿》记载,多名循吏上任不久,即滞狱一空。如康熙五十一年(1712)举人叶新任泸州知州时,“讼者至,立剖决,滞狱一空”[⑤]。乾隆十八年(1753)举人朱休度荐授山西广灵知县,“尤善决狱。……数年囹圄一空”[⑥]。嘉庆十九年(1814)李文耕为邹平知县,“听讼无株累,久之,讼者日稀”。道光七年(1827),李文耕“擢湖北按察使,复调山东。……数月,积牍一空”[⑦]。郑敦允在道光八年(1828)为湖北襄阳知府,“长於听断,积牍为空”[⑧]。从这些正史中循吏业绩反向推导可知,在极其有限的循吏积极听讼背后,折射的是广大庸常官吏面对大量积案(滞狱、数年囹圄、积牍等)或无动于衷,或无能为力。

聂知县记录的现象可以得到其他旁证支持。在嘉庆年间,朝廷指出:

---

① 《杜凤治日书》(第一册),第 252 页。

② 云妍、陈志武、林展:《官绅的荷包:清代精英家庭资产结构研究》,中信出版社 2019 年版,第 169 页。

③ (清)李之芳:《棘听草》,载杨一凡等(主编):《历代判例判牍》(第九册),中国社会科学出版社 2005 年版,第 3 页。

④ (清)聂亦峰:《聂亦峰先生为宰公牍》,第 109 页。

⑤ 《清史稿》卷四百七十七《循吏二》。

⑥ 《清史稿》卷四百七十七《循吏二》。

⑦ 《清史稿》卷四百七十八《循吏三》。

⑧ 《清史稿》卷四百七十八《循吏三》。

“闽省巡抚衙门未结词讼至有二千九百七十七案之多，可见该省吏治废弛已成积习”[①]。大致同一时期，山东一位童姓按察使在任一年，审结此前二十余年积案千余起，并审结本任内积案一千八百起[②]。这些记录表明，吏治废弛与积案乃当时较普遍的现象，其与判牍文集呈现巨大反差，两者可信度当高下立判！除自理词讼外，结合第三方观察者记录，州县官是否按时公正审理刑事重案也很成问题。光绪年间，曾在湖北三个县任知县的熊宾，自称“历任以来，事必躬亲。凡一切禀牍文件，皆斟酌再三而稿始定，堂判则当堂书写。每讯一案，必反覆开导，使其输服具结，是以民无上控”[③]。恰在光绪九年(1883)，湖北按察司发布通告：

> 照得命盗等案，一经获犯，例有定限，不容稍涉迟逾。乃近阅各州县详解案件，率多迁延。或以犯供游移，或以要证外出，难以定谳。多方设法详请展限。且闻有正凶已获，久羁囹圄，并不审办。仅按限开参，或俟其瘐毙，含混了事。甚至报案之后，冀其和息，不缉正凶，图省招解。以致民不知法，往往轻于杀人，是尤敝之大者。[④]

在湖北按察司看来，本省各州县官审理命盗重案时，或“俟其瘐毙，含混了事”，或“冀其和息”，能否依法审判，自令人怀疑。熊宾自述就算属实，亦难视作湖北司法常态。此种司法违例并不仅出现于晚清，至少在明朝就已较为普遍。从第三方观察者的视角，我们可以发现诸多佐证。比如，明朝后期不同的葡萄牙人在中国不同监狱看到相似情况——有的罪犯严刑拷打后投入监狱，一位葡萄牙人亲眼看到60多人死于饥寒；一位葡萄牙人认为监狱就像养殖场，每天都有很多人饿死冻死；一位葡萄牙人认为所有因偷盗或杀人而被捕的罪犯，不是在牢狱中饿死，就是死于每年复审案子时的打板子，在被判死刑前因缺乏生活必需品而死去的人多于在被判死刑后死的人；甚至有位葡萄牙人听说有的监狱每年有两千个左右的犯人死去[⑤]。这可同著名文学家方苞在康熙五十一年亲历刑部监狱的见闻《狱中

---

① 《清实录》(第30册)，中华书局1986年版，第397页。

② (清)陈康琪：《郎潜纪闻初笔二笔三笔》(下)，中华书局1984年版，第341页。清中期以后基层积案数据参见本书第九章。

③ (清)熊宾：《三邑治略》，载杨一凡等(主编)：《历代判例判牍》(第十二册)，第4页。

④ 《清臬署珍存档案》第1册，全国图书馆文献缩微复制中心2004年版，第3页。

⑤ [葡萄牙]费尔南·门德斯·平托等：《葡萄牙人在华见闻录》，王锁英(译)，海南出版社1998年版，第48、53、115、123、119页。

杂记》参酌互证[①]。至道光年间，仍有御史朱潮奏称：

> 刑部总管狱囚者，名曰牢头，帮同看守者，名曰所头。牢头半系重辟罪犯充当。是役称为掌柜，操纵在手，或索诈不遂，或受人贿托，辄置人于死。……每一犯至勒索重贿，昼则形同炮烙，夜则杂处厕溷。[②]

然而，刑部回复皇帝时则称不存在御史所说的弊端，此事估计不了了之。晚清小说《官场现形记》中，仍描述刑部监狱主管向官犯索要巨额贿赂，甚至高达三千两银子已无法满足其要求[③]，恰可与朱潮的奏称相印证。马戛尔尼勋爵在其私人日志里记载，他在18世纪末出使中国时，一个有更多条件了解司法的人向他透露："众所皆知，在他们法庭上金钱万能，钱多的总是有理。而及时送礼行贿在其他各部也奏效。没有钱就得不到接待，就办不成事。"[④]乾隆五年，雅尔图指出：

> （河南）每每将轻罪人犯混行监禁，亦有将命盗案内干连之人不行细讯即系狱底者，殊干滥禁之例。且不严查禁卒，任其需索凌虐，克减口粮，污秽并不打扫，刑具并不洗涤。现据各属报病故之案，每日不下五六起，深可痛恨。[⑤]

综合各类文献互证，可知各地监狱腐败，当属较普遍的现象。由此可知，第三方观察的上述情况在清前后期并无显著变化。不少官方文件亦可与此类第三方观察相佐证，比如前引浙江按察司在乾隆二十一年（1756）指出本省"各属尚有未结之案，屡经严催，不过以空文率覆"[⑥]。一些法律史专家评判州县官听断以法时，对各省枉法与司法腐败完全视而不见，后者

---

① （清）方苞：《方望溪全集》，世界书局1936年初版，第252—254页。

② 《刑案汇览续编》，载杨一凡（总主编）：《〈刑案汇览〉全编》，法律出版社2007年版，第1474页。

③ （清）李宝嘉：《官场现形记》，张友鹤（校注），人民文学出版社1957年版，第473页。

④ ［英］乔治·马戛尔尼、［英］约翰·巴罗：《马戛尔尼使团使华观感》，商务印书馆2013年版，第29页。

⑤ （清）雅尔图：《檄示》，载杨一凡等（编）：《中国古代地方法律文献》（乙编第十册），第371—372页。

⑥ 《治浙成规》卷五《犯审结若实在难以先审亦须届期详明请示并轻罪人犯囚粮不许短给》，（不著撰者），道光十七年刊本。

似乎只是司法程序上的问题，与实体法适用是两回事，但也是在司法上未严格依法执行而出现的严重问题。

晚清樊增祥任陕西布政使时，在《樊山政书》中多次批评州县官在词讼册中故意少报案件、胡乱判案[①]。樊增祥指出这种行为在该省已成普遍现象，这适与其在《樊山批判》等判牍文集展示勤于听讼的正面形象成巨大反差[②]。与《樊山批判》相比，《樊山政书》中樊增祥所谴责的大量州县官，其所作所为更具普遍性与真实性。无论是基于州县官自撰的判牍文集，还是基于个别州县司法档案的研究，实质上属于个案性质的研究，无法摆脱个案何以代表"一般"的追问。

因此，学者研究清代州县诉讼与司法实践常态，不能纯以名吏判牍之类的"优秀裁判文书"或主要反映官方理念与价值追求的官箴书为研究对象。然而，近年来一些学者将传统中国典范型官员的"平""情法两尽""情理法融合"等司法理念视同实践（常态／常识），混淆了公开言说与真实举措的差异。其次，基于特定州县司法档案的研究，容易出现从个案到个案扩展之间（"个别"⇒"一般"）的鸿沟，出现明显逻辑断裂。针对上述两个问题，需要采取更有价值的史料运用方法，经由理论建构和研究命题之确立，加以适度应对。

## 第三节 史料运用的问题与应对

### 一、史料运用的反思

数十年来，涉及清代官员司法审判的重要研究中，一些研究者的见解差异很大，除了方法差异，关键是他们所用文献各有千秋，产生不同解读结果。滋贺秀三一些极具影响力的研究多基于大量公开出版的判牍文集与官箴书，包括邱煌《府判录存》、戴肇辰《学仕录》、张治堂《讲求共济录》、沈衍庆《槐卿政绩》、董沛《吴平赘言》《汝东判语》、钟体志《柴桑庸录》、熊宾《三邑治略》、卢见曾《雅江新政》、桂超万《宦游纪略》、李钧《判语录存》、方大湜《平平言》、徐士林《徐雨峰中丞勘语》、胡秋潮《问心一隅》、孙鼎烈《西

① 樊增祥的相关批评参见本书第九章。

② 该文集是作者在陕西渭南等地任知县时完成，参见（清）樊增祥：《樊山批判》，载杨一凡等（主编）：《历代判例判牍》（第十一册），中国社会科学出版社2005年版。

四斋决事》、蒯德模《吴中判牍》等①,黄宗智主要基于巴县等地司法档案,何勤华则主要基于《汝东判语》《吴中判牍》等判牍文集②,张伟仁则基于清代档案与地方官审判记录的整体判断,高鸿钧则基于中外宏观法制与历史的把握③,等等。徐忠明曾指出,日美学者关于清代州县司法性质的争论,既涉及档案史料的解读,又关乎研究范式的运用④。不过,徐忠明侧重讨论研究范式,未深入分析文献问题。苏成捷指出,县官的官箴书、判牍文集及《刑案汇览》等资料倾向于反映国家对司法运作的理想化表达,与从司法档案原件里发现的具体实践间存在明显差异⑤。

史料文献多种多样,有直接史料文献,也有间接史料文献;有同一时间记录的史料文献,也有事后追忆的史料文献;有当事人记录的史料文献,也有第三方记录的史料文献;有刻意记录的史料文献,也有无意中记录的史料文献。不同史料文献受记录者观察能力、视角维度、理解程度、主观意图、记载手段、叙述方式和追忆时间等因素影响,其反映史实的程度有云泥之别。通常直接史料文献价值高于间接史料,当时记录的史料文献价值高于事后追忆的史料文献,无意中记录的史料文献价值高于刻意记录的史料文献。因此,州县诉讼与司法裁判相关文献的可信度必须具体情况具体分析。

法律史研究首先在于求真,研究者所采择的文献支配了他们的视野和结论。不过,一些法律史专家似未曾认识到采用单一文献存在问题,司法上的"应然"和"实然"差异甚少得到辨析。黄宗智曾批评滋贺秀三之所以没有区别法官的"听断"和民间的"调处",是因为他把理念等同于实际操作⑥。史料不等同于史实,性质单一的文献天然自带视角偏差,至多展示司法的某个侧面。因此,基于文献多样性,研究州县诉讼与司法裁判方益于去除此类局限,使结论接近史实。这些文献应体现不同时间、不同地区和不同类型的多样性,经研究者识别出官方司法理念、国法规定与体制要求间的差异。如论者谓,在概念层次上辩难,可能各说各话;不如让证据来

---

① [日]滋贺秀三:《清代诉讼制度之民事法源的考察——作为民事法源的习惯》《清代诉讼制度之民事法源的概括性考察》,载滋贺秀三(等著):《明清时期的民事审判与民间契约》,王亚新等(编),法律出版社1998年版,第74、19—53页。

② 何勤华:《清代法律渊源考》,《中国社会科学》2001年第2期。

③ 高鸿钧:《无话可说与有话可说之间》,《政法论坛》2006年第5期。

④ 徐忠明:《清代中国司法类型的再思与重构——以韦伯"卡迪司法"为进路》,《政法论坛》2019年第2期。

⑤ See Matthew H Sommer, *Sex, Law, and Society in Late Imperial China*, Stanford University Press, 2000, pp. 23-24.

⑥ [美]黄宗智:《清代的法律、社会与文化:民法的表达与实践》,上海书店出版社2001年版,"重版代序"第11页。

说话，看看真实世界里的正义[①]。

此外，有的研究过于仰赖现代西方的法制标准或参照模式，如以马克思·韦伯的司法理想类型作为基准，以评价清代州县官的司法实况[②]。这种潜在的“西方中心主义”，实以“现代西方”/“现代法治”评价“传统中国”，内含不同时空的非对称比较，是否合理？著者心存困惑。学术研究不妨直接从多样文献着手，“就中国论中国”，更有益于进入当时的司法世界。

## 二、文献多样性与史实追寻

涉及清代州县诉讼与裁判的文献至少可分为如下六种：州县司法档案；官箴书；判牍文集；官员的私人文献；第三方观察者评论；国家典章制度。前贤谓，提供史料的客观原因、背景与提供者的主观意图，从史料内容可反映出来，弄清这些主、客观原因，将有助于分析史料的真实性与价值[③]。据此，著者试对不同文献与史实的关系进行分析。

### （一）州县司法档案

近年，在学术上被引用的清代州县司法档案，主要有台湾淡新档案等十来个地方档案[④]。这些档案是当时州县官审案后遗留的第一手文献，包含了代书撰写的状纸、当事人提出诉讼、承发房收受诉状、州县官签行信票、衙役传讯当事人、当事人的口供记录、知县在状纸上草拟的判决、双方当事人的甘结以及当事人的强制执行申请等各种文献。档案史专家谓，历史档案文件比较一般历史著作的史料价值更大一些。这不仅因为历史档案是原始的材料，少经篡改、歪曲和文饰，还因为大多数档案文件是原国家机构或个人在日常工作中所形成的，在其开始，主要只为供这些机关或个人处理事务或工作的参考或依据，未必就意识到将来会被作为史料。因此，能够比较真实地反映出某些官府和人物的活动和历史事件的原委经

---

① 熊秉元：《正义的成本：当法律遇上经济学》，东方出版社 2014 年版，第 116 页。

② 比如林端：《中西法律文化的对比——韦伯与滋贺秀三的比较》，《法制与社会发展》2004 年第 6 期；[日]寺田浩明：《权利与冤抑：寺田浩明中国法史论集》，清华大学出版社 2012 年版，第 357—393 页；Bradly W. Reed, “Bureaucracy and Judicial Truth in Qing Dynasty Homicide Cases,” *Late Imperial China*, Volume 39, Number 1, June 2018, pp. 67 - 105。

③ 石泉：《浅谈史料学》，载陶德麟等著：《思维空间·切入点·构筑——学术论文写作指导》，武汉大学出版社 1986 年版，第 89 页。萧公权研究传统中国乡村时，对官方记载、地方志、私人文献与 19 世纪洋人在华见闻等不同资料作了细致辨析，参见 Kung-Chuan Hsiao, *Rural China: Imperial Control in the Nineteenth Century*, University of Washington Press, 1967, pp. vii - ix。

④ 司法档案介绍及其汇编整理出版信息，尤陈俊：《中国法律社会史研究的“复兴”及其反思——基于明清诉讼与社会研究领域的分析》，《法制与社会发展》2019 年第 3 期。

过[①]。这些文献对学者理解州县诉讼与官员司法裁判提供丰富素材,是研究的极佳文献。

不过,司法档案也经文献制作者(官员或书吏)或内容提供者(当事人的口供)适当剪裁,不可能在文献中面面俱到,不大可能将一些不合时宜的信息(如主审官员贪腐)保留。直接文献不意味着记录的信息完全真实,比如巴县司法档案中有夸大其词的现象[②],需要使用者考订核实,检验其真实程度。论者谓,并不是说凡是档案,史料价值就必然优于图书文献,也不是说凡是原始资料就必然胜于第二手第三手的资料,我们既要根据史料研究历史,也必须根据历史事实鉴定、评价和决定对史料的取舍。我们应保持清醒的头脑,重视而不轻信,既要用档案来订正和补充图书文献的不足或不确,也要用图书文献来订正和补充档案的不足或不确[③]。

清代州县司法档案中保留的官员草拟判决,大都寥寥数字,很难从中详细理解官员审案时的深思熟虑,或台前幕后的交易,比方他人请托。特定州县司法档案可能具有当地特殊性,从个案到一般,需要恰当的逻辑建构。诚如学者谓,个案研究面临着特殊性与普遍性以及从微观到宏观的问题。个案研究如何摆脱微观场景的限制,迈向宏大景观?即如何走出个案?方法之一是个案研究中,分析性概括必须相当谨慎,并尽可能运用较多的信息相互参校才能避免过度外推的问题[④]。

(二)判牍文集

清代不少地方官在任或退休后,自撰判牍文集出版,此类文献遗存甚丰。大量判牍文集记录每个案件概况、官员详细的判决结果及其判决思路,部分内容则涉及具体审案的操作建议,法律适用的理由,官员向上级汇报案情的公文撰写方式。这些文献为弥补司法档案不足提供重要补充。近数十年来,田涛、刘俊文和杨一凡等前贤汇编整理出版的文献是其典型[⑤]。如前所述,

① 韦庆元:《档房论史文集》,福建人民出版社1984年版,第435—436页。

② See Yasuhiko Karasawa, "Between Oral and Written Cultures: Buddhist Monks in Qing Legal Plaints," *Writing and Law in Late Imperial China: Crime, Conflict, and Judgment*, edited by Robert E. Hegel and Katherine N. Carlitz, University of Washington Press, 2007, pp. 64-80.

③ 韦庆元:《档房论史文集》,福建人民出版社1984年版,第467—468页。

④ 卢晖临、李雪:《如何走出个案——从个案研究到扩展个案研究》,《中国社会科学》2007年第1期。

⑤ 官箴书集成编纂委员会(编):《官箴书集成》,黄山书社1997年版;杨一凡等(主编):《历代判例判牍》,中国社会科学出版社2005年版;杨一凡(主编):《古代判牍案例新编》,社会科学文献出版社2012年版;杨一凡(主编):《清代判牍案例汇编》(甲、乙编),社会科学文献出版社2019年版。

此类文献与司法实践存在较大差异，应引起高度注意。如杜维运认为，大凡名流的回忆录，公家的宣传册子，以及特意颂扬或诋毁的一类文字，史料作者蓄意存留某一部分往事，多属有意史料。无意史料则为不知不觉中的表现，没有预定目的、周密的计划，只是自然流露出来。有意史料的价值，远在无意史料之下[①]。判牍文集中的案件审理多由作者亲身主持，其亲历亲闻似相当可信，因之，近年以判牍文集为单一文献的研究蔚然成风。史学家陈垣指出，探究到了史源，找到最早记载，也未必可靠，原因之一是作者记载时为自己的利害爱憎所左右[②]。作者出版此类文献，多刻意为之，颂扬自己，流芳百世，或配合王朝道德教化与“普法工作”“送法下乡”的治理需要，或作为同僚实践参照的典范。

有研究者认为，判牍文集是特定区域学者型官僚价值观的意识形态化载体[③]。近年此类文献汇编出版者提出，担负审判工作的官员对本人撰写的判牍进行整理，撰者大多是政绩突出的地方官吏，为了彰扬自己的治绩，或者显示自己的文采，及总结经验以利后人[④]。这些文献作者作为儒学背景的官僚，深受儒家“文以载道”思想影响，文献宗旨多强调教诲，希望告诉其他官员或民众应该怎么行为，这对当时行政治理，自然有益，但内容过于单一，缺乏丰富性。文献表达的理念与追求，如张伟仁所述，并“没有为司法者普遍地接受”[⑤]，与司法常态有很大距离。

（三）官箴书

明清时期州县官员撰写有大量官箴书，其重要内容之一涉及综合处理民间纠纷与诉讼的思路与技巧[⑥]。比如有的官箴书提出为任一方，应及时调查本地风俗，教民息讼，减少纠纷；有的官箴书提出严厉打击讼师，减少诉讼案发量；有的官箴书提出严控衙役和书吏，防止他们向诉讼当事人敲诈勒索；有的官箴书提出勘验证据的技巧，防止当事人伪造证据；有的官箴

① 杜维运：《史学方法论》，北京大学出版社 2006 年版，第 111—114 页。

② 陈智超：《史料的搜集、考证与运用——介绍陈垣的治学经验》，《人民日报》1980 年 3 月 27 日第 5 版。

③ See Ann Waltner, “From Casebook to Fiction: Kung-an in Late Imperial China,” *Journal of the American Oriental Society*, Vol. 110, No. 2 (Apr.-Jun., 1990), p. 289.

④ 杨一凡等（主编）：《历代判例判牍》（第一册），中国社会科学出版社 2005 年版，“前言”第 4 页。

⑤ 张伟仁：《中国法文化的起源、发展和特点（下）》，《中外法学》2011 年第 1 期。

⑥ 官箴书整理出版的代表性文献，参见《官箴书集成》，黄山书社 1997 年版。官箴书分类研究与详细介绍，[法]魏丕信：《明清时期的官箴书与中国行政文化》，李伯重（译），《清史研究》1999 年第 1 期。

书提出及时公正审结案件的方法,等等[①]。这些官箴书为研究州县诉讼提供了重要素材。不过,官箴书本质上大都是"为政经验谈",部分涉及典范型官员的为政实践,部分表达官员为政的理念或追求,或仅限表达官员良法善政的一面。比如,戴兆佳《天台治略》一书,时人认为记录作者"宰天台之政绩也。……凡前令之所怠弛与他邑令方所不能且视为不必者,无不次第整饬"[②]。这类文献政绩展示仅表明地方官政法实践有限的侧面,甚至不能排除其中有夸大成分,或者其内容仅为表达官方的为政理想,与真实完整的政法实践可能大相径庭。论者谓,官箴的作者多为"有心之士",其为"官箴"多有留名青史之意,故其内容之选择以"有意"者多。若无相应的印证材料(如档案),则当慎用。如官箴代表性作者刘衡在其《理讼十条》中谈到理断问题时便相当明确地表示:"状不轻准,准则必审。审则断,不许和息也。"然而,将这段材料与南部县或巴县档案相对照就会发现,情况并非如此简单。因此,若仅以官箴书材料便证得结论,不免有轻信之嫌[③]。

官箴书作为当时公开出版物,多表达官场在公开领域的教化、宣传及正统意识形态,成为上级官员向下属传播为政理念的重要文本。比如同治年间,杜凤治拜见广东巡抚,对方赠予《从政遗规》二本、《陈文恭公手札》三本,几天后杜在家"静坐看抚宪所贻《陈文恭公手札》及《从政遗规》"[④]。这种场合下的"话语"与官员内心的真实想法或具体举措是否完全一致?需要多重论证和辨析。论者称,清代文化人使用了三种不同的"话语":一种是在公众社会中使用的"社会话语",它是一本正经的,未必发自内心但人人会说的话语,尤其通行在官场、文书、礼仪、社交场合;一种是在学术圈子里使用的"学术话语",它是以知识的准确和渊博为标准的,只在少数学者之间通行,由于它的使用,这些学术精英彼此认同,彼此沟通,但它并不是一个流行的话语;还有一种是在家庭、友人之间使用的"私人话语",人人会说但不宜公开,满足心灵却不可通行,最多形之诗词。其中,终极而空洞的道德说教尽管已经成了反复絮叨的、令人乏味的车轱辘话语,但正是这反复絮叨却使它成了一种司空见惯日用不知的当然,这种道德说教一方面渗入生活,一方面凭借权力,成了一种"社会话语",人们在公开的场合、在流

① (清)潘月山:《未信编》卷之三《刑名上》、卷之四《刑名下》,康熙二十三年刊本;(清)戴兆佳:《天台治略》卷之六《严饬代书事》《严禁刁讼以安民生事》《晓谕词讼票给原告自拘事》《遵例晓谕停讼事》,清活字本,作者康熙六十年序。

② (清)戴兆佳:《天台治略》"朱轼序"。

③ 里赞:《晚清州县诉讼中的审断问题:侧重四川南部县的实践》,法律出版社2010年版,第21—22页。

④ 《杜凤治日记》(第一册),第97、100页。

通的文字中总是使用这种类似于社论或报告式的“社会话语”[①]。在这三种“话语”中，除去基本不在本书研究范畴的“学术话语”，“社会话语”与官箴书及多数判牍文集内容大致契合，它是官僚群体未必发自真心，但在官场、文书等场合基本人人会说、反复絮叨的话语——爱民如子、打击讼师、劝民息讼正是官箴书及多数判牍文集反复流行的话语。“私人话语”则同以下两类文献密切相关，“满足心灵却不可通行”，因此，下述文献传达的信息具有独特价值。

（四）私密文献

这类文献数量较少，包括官员撰写的日记、年谱和幕友办案的秘本，等等。此类文献作者无意公之于众，不必借之流芳百世，亦无意用以教导后进官员，更无借出版以营利的企图。作为私密文献，作者不必考虑公众阅读的感受，故能够秉笔直书，大胆记录自己在司法场域的所见所闻与所思。作者仅对自己负责，几乎不必有任何政治或其他因素的忌讳，直抒胸臆，内容少有删减与刻意剪裁，因此，此类文献真实性极高，大大弥补了司法档案特别是判牍文集与官箴书的不足。不过，这些文献当时未曾公开出版，若干年后由于某种偶然因素被学者拾获而整理出版，因此数量稀少。近年引起知名学者重点关注的文献，以张集馨私撰年谱《道咸宦海见闻录》和曾任广东广宁、新会与南海等地知县的杜凤治私撰《杜凤治日记》等为代表。

《道咸宦海见闻录》的作者本无意公之于众，新中国建国后手稿付之史家，点校整理出版。该书记录了作者多起涉及的违法违规事件，这与官箴书或判牍文集截然不同。比如林则徐在升任云贵总督时，拒收其他官员的贺礼，仅收下张集馨送的燕窝与高丽参各四斤。林则徐私下违例向张集馨泄露其将升迁的机密信息。两个月后，张集馨果然升为四川按察使[②]。张集馨与四川总督琦善交情很好，道光二十九年(1849)琦善向军机大臣的汇报中，认为四川布政使陈士枚在清理款项方面不如张集馨能干，事后，琦善将此密奏私下向张泄露[③]。

《杜凤治日记》的作者写作时无所忌讳。论者认为，这部日记并非为印行与示人，作者没有必要造假骗自己。他关于上司指示、同僚间的言谈、事件过程以及自己催征、审案时的严酷手段，对上司的馈送等记述，当大致可信[④]。整理者还指出，作为史料，这种“为写而写”、保持了“原始状态”的日

① 葛兆光：《中国思想史》(第二卷)，复旦大学出版社 2019 年版，第 352 页。
② (清)张集馨：《道咸宦海见闻录》，第 85 页。
③ (清)张集馨：《道咸宦海见闻录》，第 107 页。
④ 邱捷：《晚清官场镜像：杜凤治日记研究》，社会科学文献出版社 2021 年版，第 460 页。

记通常更具可信性①。它要比记录同一案件的刑科题本来得更真实、更可靠，可以成为研究的第一手资料。与之相比，编撰成书的公牍以及官箴书类著作，隐讳、加工的情况就更多了②。这种官员私人文献透露的司法场域信息与判牍文集等公开出版物有显著差异。具体而言，论者指出，杜凤治处理的三起命案中，其前任王柳渔未验未报被杀三命尸身，也未查勘所称"凫水而死"的原凶罗亚水尸身，致案件复翻，"难于措手"。杜凤治审理三起代表性命案时，对士绅弄权欺罔，尽量予以回护，甚至助士绅开脱，含糊结案了事。在"冯黄氏控冯彩纶砍死冯李氏案"，杜凤治明明认为，冯氏一女流，"前则控之"，后忽情甘自认"误听妄控"，恐有情弊；对"罗亚水杀三命案"，杜凤治审出有"贿和情事"，已将原告、线人、绅耆再度交差收押候审，但后均不做深究，命具结开释③。在私秘文献中作者方有可能将严重违法裁判或错判的经历详述在册。如杜凤治记载"前日讯断欧圣焕案，误将山断与曾姓，因当日堂事争山田案多，心烦意乱，遂至牵连，误将该山及山木一切断归曾姓，今申坐堂传提两造改正"④。这恰为判牍文集等文献所缺乏。他们亲见亲闻比判牍文集与官箴书等公开出版物更具可信度。结合其他文献以及这些私人记录来看，张集馨、杜凤治远算不上循吏，治理才干在当时的同僚间当属中等偏上，且并非典型的贪酷之吏。因此，杜凤治等人的听讼实践，更接近当时司法实践常态。

（五）第三方观察者记录

当然，私人文献未必完全客观。如杜维运认为，当事人的记载，往往有极浓厚的主观色彩，无意中混淆事实。同时人的记载，则较客观、超然⑤。当事人的记录以自我颂扬为主，并有意无意地隐去负面信息，这在前述判牍文集及官箴书中最为典型。因此，结合第三方在同一时间的记录进行比对，将更为真实。不过，这类文献大都是作者正面记述自己的事情时，无意中描述他人的言行。它是一种侧面的、客观的，同时是无意中的记录。与前几种文献不同，第三方观察者记录多夹杂在不同官员的文集甚至各类官方公文里，纯粹的第三方观察者记录，遗存的比较少。

比如《三朝名臣言行录》记载，北宋欧阳修被贬官至夷陵后，他无意中

---

① 《杜凤治日记》（第一册），"前言"第 3、5 页。

② 徐忠明：《台前与幕后：一起清代命案的真相》，《法学家》2013 年第 1 期。

③ 张研：《清代知县杜凤治对于三件命案的审理——读〈杜凤治日记〉之三》，《清史研究》2010 年第 3 期。

④ 《杜凤治日记》（第一册），第 166 页。

⑤ 杜维运：《史学方法论》，北京大学出版社 2006 年版，第 111—114 页。

观察到前任们"以无为有,以枉为直,违法徇情,灭亲害义,无所不有",由此推论"大宋乌鸦一般黑"——"天下固可知"①。这与南宋《名公书判清明集》中名公们的司法表现迥然不同。观察者与被观察对象间若无私人恩怨等因素影响,则这种记录比刻意编选的文献更可信。道光年间,曾任湖南省永顺知府的张修府,在一年多里观察到当地大量越控现象。他认为其原因"半由讼棍教唆,半则县断稍偏,或书役诈害所激,非尽民之无良也"②。张修府认为越控之案至少一半是由判决不公(县断稍偏)或司法腐败(书役诈害)所致。这或表明判决不公与司法腐败的严重性,与官箴书等文献及今人一些看法差异甚大。

清代州县官司法中的违例,在诸如晚清文学作品《活地狱》亦有鲜活反映③,这与前述一些法律史专家的见解大异其趣。涉及公案或司法裁判的清代文学作品多为时人对司法实践的侧面描述或评价,也可部分视作第三方观察者记录。不过,此类文献表达作者对司法批评之宗旨。为引起读者关注和兴趣,此类文献的情节难免有背离事实的虚构、戏剧性情节渲染甚至极端化表述。其中一些过于极端的司法实践细节的叙事,未必能视为当时普遍的司法实态,引证此类文献应细加辨析,以其他类型的文献杂以参考,方是学术稳健之路。

在决定是否采信此类文献,我们应评估第三方的观察是否受记录者主观好恶影响,他们是否刻意剪裁信息,影响此类文献的客观、中立和真实,如果答案是否定的,那么此类文献基本可作为信史。除少数第三方观察者记录独立成稿,此类记录多夹杂在其他类型的文献中,要仔细识别并将之从其他文献中分离出来,颇费研究心力。

(六)典章制度

在形式上,清代国家法规定了州县官员应及时受理告状,依法判决,保证国法与政令权威,维护皇权政治。《大清律例》规定:"凡断罪,皆须具引律例,违者,笞三十。"④不仅如此,清律"官司出入人罪"条还要求追究枉法裁判官员的法律责任⑤。不少省级官员制定各类指示、命令,要求州县官

---

① (宋)朱熹:《三朝名臣言行录》卷二之二,二十一—二十二页,《四部丛刊·史部》,上海涵芬楼借海盐张氏涉园藏宋刊本影印。

② (清)张修府:《谿州官牍》丁集《谿州记略》(民风),同治四年刊本。

③ 徐忠明:《法学与文学之间》,中国政法大学出版社2000年版,第117—145页。

④ 《大清律例》,田涛等(点校),第595页。唐宋时期国家法相关规定,刘俊文:《唐律疏议笺解》,中华书局1996年版,第2063页;《宋刑统》,薛梅卿(点校),法律出版社1999年版,第549页。

⑤ 《大清律例》,田涛等(点校),第579—587页。

及时审结案件、平息纷争。这类规范性文件见于诸如《治浙成规》《晋政辑要》《西江政要》《江苏省例》等清代地方法规文献集中。然而，卫三畏在其名著《中国总论》（*The Middle Kingdom*）中指出：清代地方官僚发表的各种告示、指令等法规表现出中国人的无知、自负和荒诞假设的若干特征，每一段都渗透着论证和命令的结合，连哄带吓，暴露了当权者的真正虚弱。从他们的措辞来看，可以说每一命令都万无一失地得到实施；一旦公之于众，人们就会一体遵行；其实，命令的写作者和老百姓双方都知道，大多数命令不过比废纸略胜一筹。命令一公布，写作者的责任就完成了，效果非其所知。服从的通常导向就是按私利行事；对上瞒骗，对人民压迫，就是官员的行动法则；他们发布的命令显示了虚弱无知，更显著地表现出虚伪和自欺。大多数善意的官员也意识到他们的全部努力会被衙门里薪俸不足、肆无忌惮的衙役、雇员所抵消；此类因素使他们的干劲受挫①。诚如美国著名大法官霍姆斯所云："法律的生命不是逻辑，而是经验。"②上述纸面上确立的司法格局只是皇权政治与典章制度的要求，纸面上表述的制度与实践中司法格局是否完全一致？卫三畏断言当时"大多数命令不过比废纸略胜一筹"，此论是否过于绝对，还是说确有实据？同治年间，杜凤治二度任广东广宁知县时，其侄来信针对时任两广总督拟定新的"词讼积案功过章程"，认为"此等章程日久必成具文"③。这一时间节点距卫三畏在广东生活时间非常接近，表明卫三畏的论断大致可信，因此。单纯的典章制度梳理远无法满足今人对当时司法世界的认知。

## 三、文献应用的方法自觉与典范

在早年，张伟仁对汪辉祖的深度研究显示出法律史学者在文献应用上少有的方法论自觉，至今仍极具启发。他将涉及汪辉祖的文献类型化：第一类是汪辉祖自己的著作，第二类是他人所作与汪辉祖有关的文书。以上二类资料都可能失于偏颇，但细读汪辉祖自传，可见他是律己极严、不好虚誉的人，他的记述不至于过分夸张不实。阮元、洪亮吉等一代名臣大儒，不至于对一个区区幕友、知县滥事阿谈④。大致而言，这些资料可以采用，但

---

① ［美］卫三畏：《中国总论》，陈俱（译），上海古籍出版社 2014 年版，第 327—328 页。

② 原文为：The life of the law has not been logic: it has been experience. See O. W. Holmes, Jr. *The Common Law*, Boston: Little, Brown, and Company, 1881, p. 1.

③ 《杜凤治日记》（第四册），第 1878 页。

④ 此言恐未必，官场间互相吹捧，甚至上级为知县阿谈并非没有，前述晚清湖广总督端方给知县熊宾的判牍文集《三邑治略》作序多有称颂。

须要细心过滤，剔除溢美之辞，以免受其所惑。为进一步了解汪辉祖的观念和态度，还须利用成为他思想背景的资料，包括儒家经典和民俗宗教著作①。不过，张伟仁认为仍不够——虽然汪辉祖自己的著作和他人记述不至于背离实情太远，但不免有许多溢美之辞，利用时须要谨慎分析过滤②。此实为名家极富启发价值的言论！但这种方法未引起后来学人普遍重视。

近年学者研究州县诉讼与司法实践时，注重应用司法档案。张伟仁认为，清代有一千多个州县，现存此类档案零星残阙，据此而概论清代司法程序，是不妥当的。他建议，要想全面地探究司法制度，必须从典章入手，先弄清楚一般案件"法定"处理程序；其次应多读当时司法人员的著作、两造涉讼经历的陈述及地方志、稗史、小说中对重大案件的描绘，然后才看档案。司法档案内容多经剪裁，许多实情皆已略去，如要见到一代司法制度概要，必须依赖上述各类资料补充才行③。张伟仁的建议与"众端参观"的主旨近似。

在使用多样性文献，确保研究接近当时真实历史方面，法国杰出史学家和政治家佩雷菲特的名著《停滞的帝国》堪称典范。为研究马戛尔尼访华事件，佩雷菲特选择的文献包括沙皇亚历山大一世的外交部长恰尔托雷斯基收藏的游记，有随马戛尔尼访华的斯当东与巴罗写的有关中国之行的书；佩雷菲特从 1980 年至 1988 年六次访华，参观马戛尔尼使华走过的主要地方，搜集了 1.2 万多页原始资料，在故宫研究了清廷有关接待英使的所有文献；他至英国、法国、美国、日本、南非等地，阅读大量未发表的内部档案；佩雷菲特还使用四份汇报、卫兵霍姆斯的日记、大使跟班安向逊的日记、当时"天文学家"丁维提和马戛尔尼访华的两本纪行；佩雷菲特还使用了诸如见习侍童的日记——小托马斯天真地记载了父亲和大使由于外交上的原因而掩饰的事情，他当场揭露了成人叙述中的不准确之处；1817 年第二个使团——阿美士德率领的使团的纪行。作者差不多有 15 位经历过英国使团访华的种种曲折的见证人；作者将英国人的看法与其他西方人的看法加以比较；作者摘取了 1928—1929 年间中国档案馆编印的《掌故丛

① 张伟仁：《良幕循吏汪辉祖——一个法制工作者的典范》，《中西法律传统》(第 6 卷)，北京大学出版社 2008 年版，第 279—280 页。本文原载于《台大法学论丛》第 19 卷第 1—2 期，1989 年 6 月、1990 年 1 月分别出版。

② 张伟仁：《良幕循吏汪辉祖——一个法制工作者的典范》，《中西法律传统》(第 6 卷)，北京大学出版社 2008 年版，第 371 页。

③ 张伟仁：《学习法史三十年》，《清华法学》(第四辑)，清华大学出版社 2004 年版，第 284—285 页。

编》，里面有若干这个使团的诏书；有关阿美士德使团的全部宫内文书①。作者用这些不同文献互相补充和印证，对同一历史事件比对不同人士的看法，修正单一文献带来的视野偏差与有意无意的遮盖。文献多样性的运用是该书享誉学林的基础。

众所周知，每类文献通常只反映历史事件某一侧面，若过度倚重，可能如“盲人摸象”，结论“片面的深刻”，严重者则偏离史实，贻笑大方。《停滞的帝国》成为史学名著，得益于作者汇集和比对多样文献，从不同视角，探索历史事件的发生过程，解析其原因和背后的真相。近年，陈利的《帝国眼中的中国法律》一书为分析欧美国家对中国法律和社会认知形成过程，使用中外官方档案、大量游记、外交官和政要私人日记或信函、西方知识界名流和传教士的著作、水彩画或明信片和照片，目的之一是希望改变过去专注于官方档案或其他一两种类型史料的研究倾向，把握西方对中国法律文化的理解及想象是在什么样的话语体系中和复杂动荡的国际关系条件下形成并演变的。在考虑不同声音和观点的同时，该书希望观察上述材料所反映和催生的中国形象以及中西异同的观点在西方如何传播，对西方不同社会阶层带来何种影响。所以该书分别从档案、知识界、大众和官方政府的角度来展开分析，多维度、多切面地探讨一组相互关联的理论问题②。这些代表性的文献应用方法为今人研究州县诉讼与司法实践提供典范。

本书专注研究真实世界里清代普遍性的诉讼行为模式与司法裁判，综合参验各类证据，此一方式，著者视之为“众端参观”。如韩非所论，“众端参观”原指君主应经多方面验证臣下言行，以获取真相，否则，“观听不参，则诚不闻；听有门户，则臣壅塞”③。著者借用此词，认为研究者应注意摆脱单一文献制约，比对验证不同文献，开阔视野，使结论更接近史实。官方主导编写的文本或官员个人公开出版的文献与基层法制实践的私下记录存在非常大的疏离。只有将两者及其他文献的解读结合起来，才有可能接

① ［法］佩雷菲特：《停滞的帝国——两个世界的撞击》，王国卿等（译），生活·读书·新知三联书店2013年第4版，“译者的话”第2页，第1、6—9页。佩雷菲特对史料运用的细腻处理令人震憾！不过这并不意味著者完全同意他的所有观点，学者谓：“佩雷菲特的著作因其对中国文化所持的本质主义观点以及他那难以令人接受的‘停滞的帝国’的观点理所当然地受到了非议，但就他对使团叙述本身的准确性而言，则几乎没有微词。”［美］周锡瑞：《后现代式研究：望文生义，方为妥善》，载［美］黄宗智（主编）：《中国研究的范式问题讨论》，社会科学文献出版社2003年版，第50页。

② 陈利：《史料文献与跨学科方法在中国法律史研究中的运用》，《法律和社会科学》（第17卷第1辑），法律出版社2019年版，第33页。

③ 《韩非子·内储说上》，上海书店出版社1986年版，第158页。

近真实历史的全貌。史家陈垣谓:“考史者遇事当从多方面考究,不可只凭一面之词。”[①]历史地理学专家石泉曾指出,搜集史料,应多多益善,解决“量”的问题。搜集来的史料,必须经过鉴定,去伪存真,以便运用这些史实作为研究问题的依据,解决“质”的问题[②]。获取多样文献,是“量”的要求;众端参观,乃“质”之实现。

## 第四节　命题选择与研究局限的超越

### 一、贱讼与健讼的结构化矛盾

多年前,有学者认为,在“非讼”的社会氛围中,古人非不得已不肯轻启讼端。即便一旦鼓足勇气走上公堂,其心理上的道德压力远甚于对法律本身的恐惧,随之而至的社会舆论的劝阻甚至责难,更令当事人陷入了众矢之的窘境之中,从而丧失勇气和决心[③]。类似认识甚至影响一些民事诉讼法学者的看法:我国传统社会和法律文化以“无讼”为其理想,讲求“礼仪伦理教化”,人们的内心和观念中普遍深藏着“以讼为耻”“讼终凶”,而这些文化特质和民族心理直至现今仍然根深蒂固于人们的内心和行为之中,有形或无形地影响或阻碍人们行使诉权。因此,有人把我国归属于息讼型社会,而非健讼型社会[④]。

事实上,好讼之风在宋元以降日益严重,时人称之为“健讼”。“健讼”一词最初源自《周易》“讼卦”之“险而健,讼”。宋人洪迈以为是后人误将“健”“讼”连读而致误[⑤]。随着好讼现象剧增,“健讼”一词频繁出现在当时历史文献中。以著者目力所及,正史中“健讼”首见于《金史》:“县豪欲尝试维翰,设事陈诉,维翰穷竟之,遂伏其诈,杖杀之,健讼衰息。”[⑥]在其他史料中,则至迟在宋代,“健讼”一词即为时人使用。如江南东路的歙州(徽州)

---

① 陈智超:《史料的搜集、考证与运用——介绍陈垣的治学经验》,《人民日报》1980年3月27日第5版。

② 石泉:《浅谈史料学》,载陶德麟等著:《思维空间・切入点・构筑——学术论文写作指导》,武汉大学出版社1986年版,第69—70页。

③ 马作武:《古代息讼之术探讨》,《武汉大学学报(哲学社会科学版)》1998年第2期。

④ 江伟、邵明、陈刚:《民事诉权研究》,法律出版社2002年版,第316页。

⑤ 徐传武:《〈周易〉成词例说》,《文史哲》1995年第1期。洪迈的辨析,参见(宋)洪迈:《容斋随笔》,上海古籍出版社1996年版,第722—723页。

⑥ 《金史》卷一二一《忠义传一・王维翰传》。

有民众喜习法律与好讼之风的记载[①]。“健讼”有争讼、缠讼、好讼或喜讼之意，被官方视为道德败坏的行为。论者谓，元代文本中有关江南地区“好讼”的书写，表面虽是描述民风好讼喜争，真正要强调的实是由此带来的狱讼压力。出现“滞讼”根本原因是地方理讼能力无法满足现实诉讼需要，这在人多事繁的江南显得尤为突出。这些文本多出自旁观者之手，其用意主要是论证为政之难，很多时候其实是一种“模式化的书写”。至于民风是否真的好讼，或许并非文本作者真正关心的问题[②]。

著者在此前研究中论及，远在宋代就出现了一些区域性的健讼之风[③]，但清代健讼之风显著加剧，远胜前朝。清健讼现象在中国东部以及南部区域最为显著[④]。在经济发达的苏南一带，健讼被称为江南之最[⑤]。早在康熙年间，吴宏在徽州休宁县为幕时，认为健讼之风“从未有如休邑之甚者。每见尔民或以睚眦小怨，或因债负微嫌，彼此互讦，累牍连篇，日不下百十余纸”[⑥]。乾隆年间，据江西抚州府等地官员称：“江右民俗，刁悍好讼。喜争以小事架大题，以风影为实事，任意织罗，牵累无辜。及至准理，票据不遵投审。或藏匿要证，或临审自逃，经年累月，……被告枉罹牵累，守候无期。”[⑦]汪辉祖曾记载湖南宁远县一带的健讼风气：“向在宁远，邑素健讼。”[⑧]徽州健讼之风直到清末仍未曾停息，时任知府刘汝骥认为“徽州健讼之风本甲於皖省，而差役之玩疲亦为他处所未有”[⑨]。清中后期山东省“章邱距会垣一程，绅富所聚，尚气好讼”[⑩]。晚清于湖北任官的罗迪楚认为“监利民风强横，向颇健讼”[⑪]。光绪年间在广东任官的杨文骏亦有类

---

① （宋）欧阳修：《欧阳修全集》，李逸安（点校），中华书局2001年版，第907页。

② 郑鹏：《文本、话语与现实——元代江南“好讼”考论》，《中国史研究》2018年第1期。

③ 邓建鹏：《健讼与贱讼——两宋以降民事诉讼中的矛盾》，《中外法学》2003年第6期。

④ 元明清时期区域性健讼现象的代表研究，参见郑鹏：《文本、话语与现实——元代江南“好讼”考论》，《中国史研究》2018年第1期；方志远：《明清湘鄂赣地区的“讼风”》，《文史》2004年第三辑。

⑤ 清人记载“江以南多健讼者，而吴下为最。”（清）沈起凤：《谐铎》卷五《讼师说讼》，刘颖慧（注），陕西人民出版社1998年版。

⑥ （清）吴宏：《纸上经纶》，载郭成伟等（点校整理）：《明清公牍秘本五种》，中国政法大学出版社1999年版，第219页。

⑦ （清）凌燽：《西江视臬纪事》卷二《刁讼拖累完粮积弊、临春夺耕议详》，乾隆八年剑山书屋刊本。

⑧ （清）汪辉祖：《学治臆说·治地棍讼师之法》，同治十年慎间堂刻汪龙庄先生遗书本。

⑨ （清）刘汝骥：《陶甓公牍》卷十《禀详》“徽州府禀地方情形文”，宣统三年安徽印刷局排印本。

⑩ （清）包世臣：《齐民四术》，潘竟翰（点校），中华书局2001年版，第118页。

⑪ （清）罗迪楚：《停琴余牍·词讼》，百甲山堂丛书，光绪庚子年刊本。

似感受："窃查广东民风好讼，各县皆然。凡地方之刁生劣监以及无业游民稍知舞文者，即以唆讼代人顶替扛帮为谋生之具。"[①]

清代中后期，好讼之风向四川、黑龙江、山东、河南和陕西等其他非核心地区扩散。比如光绪年间阿勒楚喀（今黑龙江省阿城地区）副都统上任后即曾抱怨当地民众好讼、擅投呈词——"兹因本副都统新莅此任以来，所有因事涉讼旗民人等竟自擅写白头呈词，投辕呈控。究其所控情节，多与呈词歧异。若非挟制，即系捏词渎控，判断殊难清厘。即如本副都统于年前赴署之次，此项白呈颇多，不但字多错误，而且擅行任意填砌，实属刁逞已极"[②]。

清代健讼风潮表现为以下几方面：

其一，数量极为庞大的状纸被呈递到州县官府。清代官员收受诉状数量之大，时人有所记载。如蓝鼎元曾记载潮州的健讼风俗："余思潮人好讼，每三日一放告，收词状一二千楮，即当极少之日，亦一千二三百楮以上。"[③]据蓝鼎元的叙述，按照该衙门放告日平均收到一千五百份诉状、每月十天放告、一年八个月（假定在清中期以前蓝鼎元执行自理词讼自四月初一至七月三十日停止放告）计算，则一年内衙门将收到约120000份诉状，这个数目显然令人不可思议。清代中后期山东"章邱例单日放告，月十五期，新旧事至二百纸"[④]。即使按照这个比率，章邱县衙一年也将收到24000份诉状。庄纶裔任官山东泰安时提及："照得泰邑词讼繁多，新旧案件每期不下百纸"[⑤]。据此，则庄纶裔一年得处理4800份状纸。柳堂任官于广东时认为当地"民情好讼，每逢三八放告期，呈词多至六七十张，少亦四五十张。不必果有冤抑，即田产细故口角争执，缠讼不休"[⑥]。以平均每次收受诉状60份计算，则一年将收到2880份以上的诉状，即使这个数字，也足以令州县官员疲于应付。嘉庆年间张五纬在湖南省任知府时曾云："忆二十年前各府县事简民淳，词状无几，案牍亦少……今则每期呈词百余，每日公牍盈尺，官事既加数倍前，而司事幕友则仍如前定。"[⑦]论者统

---

① （清）杨文骏：《公牍偶钞》卷上《禀捐建候保馆办法》，光绪年间刊本（序乙未年）。

② 东北师范大学明清史研究所、中国第一历史档案馆（合编）：《清代东北阿城汉文档案选编》，中华书局1994年版，第95页。

③ （清）蓝鼎元：《鹿洲公案》，刘鹏云等（注译），群众出版社1985年版，第5页。

④ （清）包世臣：《齐民四术》，第118页。

⑤ （清）庄纶裔：《卢乡公牍》卷二《谕书差整顿词讼条告文》，（序）光绪三十年。

⑥ （清）柳堂：《宰惠纪略》卷一，光绪二十七年笔谏堂刊本。

⑦ （清）张五纬：《风行录续集》，载杨一凡等（主编）：《历代判例判牍》（第八册），中国社会科学出版社2005年版，第363页。

计，暂不考虑放告月份限制，乾隆年间浙江松阳县一年收呈量可达 5000 份以上①。若按张五纬每逢三、八告期收受呈词一百份计算，一年也将收到 4800 份以上的呈词。另据夫马进统计，嘉庆二十一年（1816）仅有 23366 户的湖南宁远县居然在一年间提出了约一万份诉讼文书，乾隆年间湖南湘乡县一年间约收受了 14400 至 19200 份呈词，道光年间任山东省邱县知县代理的张琦仅一个月就收到诉讼文书 2000 余份，康熙末年曾任浙江省会稽知县的张我观在 8 个月内收到约 7200 份左右的词状。这种情况不能不说确实是“好讼”“健讼”②。但上述数据多源自官员在各类官箴书等公开出版物的描述，受贱讼思维影响，这些描述带着明显的情绪化宣泄，与实况存在距离③。

为此，著者选取杜凤治日记中的相关数据，这些状纸数据是他收呈当日随手记录，仅供私人备案之用，无刻意夸大或情绪化宣泄的必要，数据真实性超过上述记载。杜凤治任知县期间严格贯彻“三八放告”，每个月放告六天。他在广东广宁县知县的首次任期上，明确记载的放告日总共收到各类诉状 460 件，其中在同治五年十月二十八日首次放告日记载为“三十余张”，著者取其中位数，以 35 件统计。除去其中收到的拦舆 18 件，这段时间他收到状纸计 442 件，分布在 18 个正式放告日，平均每个放告日收到约 24.5 件状纸。杜凤治在四会县的任期内，总共收到诉状 1191 件，除去非放告日所收拦舆 6 件，他收到诉状计 1185 件，分布在 88 个正式放告日，平均每个放告日收到约 13.5 件状纸。杜凤治第二次广宁任上始于同治九年（1870）闰十月初，至同治十年二月十九日调署南海县止。他总共收到各类诉状 500 件，分布在 19 个放告日，平均每个放告日收到约 26.3 件状纸。详情参考本章末尾附录“杜凤治初任广东广宁知县放告日收呈统计表”“杜凤治初任广东四会知县放告日收呈统计表”“杜凤治再任广东广宁知县放告日收呈统计表”。据杜凤治的日记，当时每年十二月中旬至第二年正月

---

① 于帅：《清朝官代书的戳记与写状职能再探——以浙南诉讼文书为中心》，《清史研究》2021 年第 5 期。

② ［日］夫马进：《明清时代的讼师与诉讼制度》，范愉等（译），载［日］滋贺秀三等著：《明清时期的民事审判与民间契约》，王亚新等（编），法律出版社 1998 年版，第 392—394 页。

③ 这些数据估算对后来者的研究生产生误导。有论者谓，18 世纪湘乡县知县每个放告日收呈达四百份，假定该县有三至五名官代书，每名官代书代写的状子在 80 至 133 份之间；宁远县官代书在放告日代写 40 份状纸（假定五名官代书）到 66 份状纸（假定三名官代书），由此推论状纸书写需求超过官代书的服务供给。See Melissa A. Macauley, *Social Power and Legal Culture: Litigation Masters in Late Imperial China*, Stanford University Press, 1998, p. 78.

中旬为封印日，例不收呈，因此一年有十一个月放告[①]。据此测算，假定每个放告日杜凤治不下乡催粮，不下乡缉匪，不上省城同上司交际，身体持续健康，没有受任何额外的情绪影响，在一年66个放告日中，他于广宁初任知县时，理想状态下一年最高将收到1617件状纸；他任四会知县时，一年最高将收到891件状纸；他再度任广宁知县时，一年最高将收到1735件状纸。以上是理想状态下杜凤治在不同县域、不同任期一年内可能收到的状纸峰值。这是目前著者所接触到的各类文献中，最接近当时实况的最高数据。相比之下，前述状纸数量的统计被作者严重夸大。考虑到"一人政府"的背景下杜凤治要处理这么多状纸，亦绝非易事。特别是在杜凤治再度任广宁知县时，曾提及"广宁人情好讼，讼狱繁多，外州县刁生劣监望风趋附唆耸煽惑、图利图财，听其舞弄者虽至家亡产绝而不悔，以故有一案数十年不能结，亦有既结复翻者，并有屡结屡翻者"[②]。

另外，四会与广宁同属肇庆府，两县放告日平均收到的状纸数量有显著差距，原因何在？其根本原因在于两县风俗迥异。杜凤治调任四会知县后，他在四会的前任雷达夫前一年曾告诉他，"四会民风醇朴，讼狱稀疏"[③]。他与候补知府张崇恪交流时，被问及"四会民情好否？"答以："安静，讼狱亦少。"[④]杜在写给同僚的信提及，"（广宁）民风刁悍，抢劫频仍，绅士贪骄重财好讼，四会风气较醇，较之吾乡风气柔弱、绅民畏官，易治难治之分不啻天渊之隔"[⑤]。杜认为广宁与四会县相比，"风气大殊，竟隔天渊。余且勿论，即如银米一项，非官自驻乡沿门亲催不肯完纳，故予任（广）宁时一年，实有半年在乡催征"[⑥]；"催科宁邑（广宁）最难，民情刁狡，宽猛皆难。知若辈知畏不知感，故从严厉。会（四会）则绅民半知廉耻，亦颇怀德，性情驯良，迥与宁异。……入冬以来每日无事，欲找事坐堂而实无案可审。亦有未结之案，此乃原、被告图告不图讯者，可作了论，永不到矣。门清如水，真有囹圄草长、讼庭花落景象"[⑦]。广宁诉状数量是四会的两倍，知县近半年时间忙于催科，据之推算，知县听讼的紧张程度当是四会任上的三四倍。

---

① 乾嘉之际以降，"农忙止讼"的律例限定逐渐放松。学者使用道光朝宝坻县档案时亦称，没有一例案件仅因农忙季节呈交而被拒。See Linxia Liang, *Delivering Justice in Qing China: Civil Trials in the Magistrate's Court*, Oxford University Press, 2007, p. 31.

② 《杜凤治日记》(第四册)，第1700页。

③ 《杜凤治日记》(第二册)，第485页。

④ 《杜凤治日记》(第二册)，第507页。

⑤ 《杜凤治日记》(第二册)，第660页。

⑥ 《杜凤治日记》(第二册)，第782页。

⑦ 《杜凤治日记》(第二册)，第833—834页。

因此,四会与广宁可以视作清代诉讼量多与少(及知县听讼忙碌程度)两个极端的代表。考虑到知县听讼一人负责制,听讼仅是其政务之一,就算四会知县,也只是比广宁知县压力小一些而已。

当然,上述诉状数据并不等于案件数。众所周知,围绕同一起案件,可能涉及原告告状,被告诉状,原告续呈的告状,被告续呈的诉状以及各类非正式禀状,等等。清代内地十八省各州县,每年新收案件数量,在不同时空相差甚远。有论者统计不同学者的研究数据,认为当时各县每年所收新案从几十件至一千多件不等。若从巴县诉讼案件数看,中国社会似乎比较"健讼";若从宝坻《词讼案件簿》与《樊山政书》所反映的案件数看,当时根本不存在什么"健讼";若从湖南诉讼情形看,中国既不是"无讼"的社会,离"健讼"也有一定差距。到底哪种诉讼规模最能反映中国多数县的主体特征,我们不得而知[①]。著者认为,健讼并非单纯指某一州县每年案件数量绝对的巨大,而是指从时人眼光观之,案件数量远超出正印官的听讼能力和州县衙门能提供的审判资源。论者谓,明中前期纠纷主要在以里老裁判为中心的乡治体系中得到解决,这是纠纷解决的主力。明中期后,里老裁判呈衰败之势,纠纷多被诉至衙门,裁判权逐渐回归州县衙门。但乡治力量仍扮演重要角色,里老常以地方官代理人身份参与纠纷解决[②]。与之不同,清代律例要求一县之中,正印官一人全权负责听讼,州县官听讼压力剧增。州县官公务繁杂,不要说听讼,就算是捕盗这种上级高度关注的事务,也时常有心无力。乾隆初年,雅尔图在河南巡抚任上称,"地方官公务殷繁,不能专心访缉,以致盗风日炽,小民不能安忱"[③]。论者指出,无论是从1812年(304起案件)到1824年(673件),还是从1824年到1908年(1391件),巴县人口由20多万最后增加到90多万,案件数亦随着人口增长而增长[④]。虽然当地案件增加与人口增加似不成比例,但对司法上负有独立审判责任的知县而言,在数量上其审案压力增加至四倍!

其二,在官方视野中,大量讼民夸大其词、混淆黑白、诬告不断,屡断屡翻。健讼指的是大量当事人为使案件得到审理,或引起州县官重点关注,往往诉诸一些超越常规的手段,比如夸大其词,引发州县官对当事人道德

---

① 唐仕春:《北洋时期的基层司法》,社会科学文献出版社2013年版,第287—288页。

② 孟烨:《明代地方纠纷解决模式的历史变迁——以徽州裁判文书为考察对象》,《复旦学报(社会科学版)》2021年第5期。

③ (清)雅尔图:《檄示》,载杨一凡等(编):《中国古代地方法律文献》(乙编第十册),第319页。

④ 黄艺卉:《诉讼人口比与清代诉讼实态——以巴县为例》,《法律和社会科学》(第17卷第1辑),法律出版社2019年版,第72页。

败坏等方面的遣责，大量当事人被视为“健讼之徒”。这类虚假诉讼本质上严重妨害了司法秩序。吴宏在休宁代拟的公文称：

> 及细阅情节，又并无冤抑难堪。本县逐加裁决，有批示不准者，亦念尔等不过一朝之忿，且冀少逾时日，则其气自平，诚欲为尔民省争讼，以安生理之至意。不料尔等嚣竞成风，无论事情大小，动称死不离台，固结仇连，不准不已，风何薄也。①

在官方看来，多数当事人并无任何冤抑，却夸大其词以图获审的现象甚为普遍。康熙年间，著名文学家李渔认为当事人：

> 且侥幸于未审之先，作得一日上司原告，可免一日下司拘提。况又先据胜场，隐然有负隅之势，于是启戟森严之地，变为鼠牙雀角之场矣。督抚司道诸公，欲不准理，无奈满纸冤情，令人可悲可涕。又系极大之题，非关军国钱粮，即系身家性命，安有不为所动者。及至准批下属，所告之状，与所争之事绝不相蒙。②

李渔指出，当事人的争讼不过为了“鼠牙雀角”等细微小事，却往往谎称事关国家钱粮等大事。这种风气在清朝长期存在。乾隆初年，雅尔图发现河南：

> 有一种健讼之徒，或男女口角，即捏称强奸；或索取债负，即指为局赌；亲族无嗣，即争分其产；……兄弟析财，每阴谋多取，不念手足之参商；久卖之地，非曰暂当，即称折准，以图翻卖找价；已结之案，不曰徇情，即称受贿，以冀变乱是非；图人妻女，犹以活割赖婚为词。……满纸奇冤，及批发审理，毫无影响。③

清代州县官司法审判的有限精力始终停留在影响社会统治秩序的命盗大案上。为引起官府足够重视，当事人很自然地夸大民事纠纷或案件的

---

① (清)吴宏:《纸上经纶》,载郭成伟等(点校整理):《明清公牍秘本五种》,第219页。

② (清)李渔:《论一切词讼》,载贺长龄(辑):《皇朝经世文编》,台湾文海出版社1972版(影印),第3340页。

③ (清)雅尔图:《檄示》,载杨一凡等(编):《中国古代地方法律文献》(乙编第十一册),第46页。

危害/严重程度,甚至将普通民事讼案说成是极具危害性的刑事重案。甚至杜凤治这样的致仕官员,家中铜锡器被窃约七八十斤,其撰写的禀状草稿却称"被窃去铜锡百余斤"①。各类"细事"案件往往变得耸人听闻,此类叙事方式与讼师业务的兴起关系密切。如学者所述,清代许多包揽词讼者凭借自身在言词及法律方面娴熟的技巧,能够将一份简单的诉状转变成案件更为复杂、严重的状纸,以引起对民事讼案漠不关心的官员的注意,并促使他们对纠纷作出公断②。黄宗智认为,因为民事案极少用刑,捏造事实可以让衙门面对杂乱的情节而无所适从③,这一定程度纵容了"健讼"之风。学者另谓,在明清时期,官员们据以断定一些地方有"健讼之风"的主要证据,除了衙门所收词状数量众多之外,还包括当地一些民众在较长的一段时间内反复到同一衙门当中打官司,所谓健讼之徒缠讼不已。这些人缠讼常以一起讼案在同一衙门先后经历多位州县官之手而仍不肯罢休④。

其三,在县衙初审判决后,一些当事人争相上控,各级衙门面临积案的巨大压力。在清前期,李渔曾谓:

> 小民之好讼,未有甚於今日者。往时犹在郡邑纷呶,受其累者不过守令诸公而已。近来健讼之民,皆以府县法轻,不足威摄同辈,必欲置之宪纲。又虑我控於县,彼必控府,我控於府,彼必控道,我控於道,彼必控司控院,不若竟走极大衙门,自处於莫可谁何之地。⑤

在清中后期,山东章邱县的"五署书吏走书请托,使长官不得举其职。负者复不甘,上控五署,犄摭官吏短长无虚日。甚者蓦越入都"⑥。大量讼民最后甚至涌向北京告御状,冲击了最高权力机构的正常运作与政治秩序

---

① 《杜凤治日记》(第十册),第5459、5461页。

② See Melissa A. Macauley, "Civil and Uncivil Disputes in Southeast Coastal China, 1723－1820," *Civil Law in Qing and Republican China*, edited by Kathryn Bernhardt, Philip C. C. Huang, Stanford University Press, 1994, pp. 93－94.

③ [美]黄宗智:《清代的法律、社会与文化:民法的表达与实践》,上海书店出版社2001年版,第153页。

④ 尤陈俊:《官不久任与健讼之风:州县官实际任期对明清地方衙门理讼能力的影响》,《社会科学》2022年第4期。

⑤ (清)李渔:《论一切词讼》,载贺长龄(辑):《皇朝经世文编》,第3340页。

⑥ (清)包世臣:《齐民四术》,第118页。

稳定[①]。乾嘉以降,中国东部和南部省份历年积案累累[②],其引发的京控令乾隆、嘉庆和道光等皇帝苦恼不已。麦考利发现,在乾隆帝以及高层官员的督促下,至 1759 年为止福建省的新旧案件中有 18092 件得以结案。然而,尚有 4708 件等待处理的案件被推给下一年的官员负责。从县、府到省级衙门中悬而未结的大量案件困扰清代中国每一个省。在 1807 年湖南巡抚上报的仅省级衙门未曾审结的案子就达 3228 件,两广总督及广东巡抚上报广东省未结案件则为 2107 件[③]。实际上,未审结的案件数量很可能要高于正式公布的数字。

清代一些州县积案极其严重的现象在时人记述中亦得到印证。如包世臣(清中后期著名学者、曾于江西任县令)云:"而臣闻江浙各州县,均有积案千数,远者至十余年,近者亦三五年,延宕不结。"[④]在整个浙江,积案不容乐观的陈述出现在官方记载中。浙江按察使在乾隆二十一年曾描述本省大量积案现象屡禁不绝:

> 本司前因各属积案甚多,业经禀明勒限完结在案。今查各属尚有未结之案,屡经严催,不过以空文率覆,非曰逸犯未获,则曰证佐未齐,玩不遵办。以致现获之犯久羁缧絏,淹毙囹圄者不可胜计。[⑤]

有论者谓,这种"诉讼社会"成为严重的社会问题,具体表现在于滥讼、缠讼、渎讼现象。其中,滥讼是轻率诉讼、恶意诉讼、虚假诉讼和诉讼欺诈泛滥;缠讼是指诉讼程序混乱,民事纠纷与刑事案件交织不清,越级上告时常发生,诉讼无休无止、难以终结;渎讼是指当事人在诉讼中不尊重事实,也不尊重法律、情理和官府权威,以抬尸闹丧、寻死觅活等手段搅乱事实和是非,等等[⑥]。另有论者谓,健讼一般包括诬告、缠讼、迭次诉讼、越级诉讼

---

① 参见[美]欧中坦:《千方百计上京城:清朝的京控》,谢鹏程(译),载高道蕴等(编):《美国学者论中国法律传统》,中国政法大学出版社 1994 年版;李典蓉:《清朝京控制度研究》,上海古籍出版社 2011 年版。

② 参见赵晓华:《晚清的积案问题》,《清史研究》2000 年第 1 期。

③ See Melissa A. Macauley, "Civil and Uncivil Disputes in Southeast Coastal China, 1723 - 1820," *Civil Law in Qing and Republican China*, edited by Kathryn Bernhardt, Philip C. C. Huang, Stanford University Press, 1994, p. 87.

④ (清)包世臣:《齐民四术》,第 246 页。

⑤ 《治浙成规》卷五《犯审结若实在难以先审亦须届期详明请示并轻罪人犯囚粮不许短给》。

⑥ [日]夫马进:《中国诉讼社会史概论》,范愉(译),《中国古代法律文献研究》(第 6 辑),社会科学文献出版社 2012 年版,第 35—53 页。

以及讼师唆讼，与现代社会的滥诉具有高度相似性[1]。滥讼、缠讼和渎讼成为健讼的整体特点。检视文献，这并不意味着所有当事人皆有上述三种现象，而是大量州县诉讼多混杂着上述行为。

对此，官方普遍以贱讼的方式予以应对。所谓贱讼，即官员持诉讼负面观点，通过教化民众，压制诉讼启动，试图实现少讼或无讼的理想。如潘月山（康熙中期知名儒士）认为，“讼为民间大害，不但农桑之候，灾眚之时，以及岁终例应停止放告，即平日要多方劝戒，谆切示谕，俾心气和平，各思省事，尽力耕织，保身家以培国本”[2]。潘月山另提出：“照得讼告一事，最能废业耗时。愚人不知，其于轻试，无论呈状，一入公门，每为贪墨居奇。即清官廉吏，听断无私，而提解待审，道路之跋涉，居停之守候，断不能免。”[3]多数官员以消极姿态看待诉讼，甚至置民间争讼于不顾，以追求无讼为目的。这种贱讼行为及其思想有深远历史渊源。学者研究《周易·讼卦》时提出，“讼”卦认为：讼是“终凶”的事情，能够忍受则忍受，不要轻启讼端。争讼招来祸患是咎由自取。即使争讼获胜受到赏赐，也不受人尊敬，可见由讼卦的“畏讼”“轻讼”观念发展出了《易传》的“贱讼”“耻讼”观念。儒家的提倡使“无讼”思想成为我国传统法律文化的重要价值取向[4]。在这种贱讼思维下，官方对策之一是严厉打击健讼之徒，比如朝廷专设“教唆词讼”律例。雅尔图提出：

> 所有健讼多事之（监）生，合行设簿稽查。……凡生监有不干己事，妄行呈控者，或并非身经目击，扛帮硬证者；或非亲非故，挨身和事，作中作保者；或借公事为由，挟制官长者；或垂涎盐、当商人，寻衅吓诈者；或假兴利除害之名，以图损人利己者；或装点虚词，混准拖累者。如本案应拟满杖以上及应褫革者，仍照律问拟外，其罪轻不致褫革者，俱记过一次，登记簿内。[5]

雅尔图要求，告状必须与当事人有直接利害关系；当事人亲眼目睹案件的发生；为一方当事人作中人、保证人，必须与之有亲友关系等，否则对

---

① 章光园：《传统社会中的健讼规制及其当代启示》，《法律适用》2020 年第 8 期。

② （清）潘月山：《未信编》卷之三《刑名上·放告》。

③ （清）潘月山：《未信编》卷之三《刑名上·饬禁刁讼并饬拿讼棍示》。

④ 黄震：《商周之际的社会思潮与法律变革——对〈周易·讼卦〉的一种法律文化读解》，《法制与社会发展》2000 年第 2 期。

⑤ （清）雅尔图：《檄示》，载杨一凡等（编）：《中国古代地方法律文献》（乙编第十一册），第 197—198 页。

好讼之徒给予严惩。比如据咸丰三年(1853)六月巴县书差汪廷英记录的口供,简登祥供称怀疑三个雇工"有侵吞情事,就捏说私收董清泉银一百五十余两,就把冯玉成们具控案下。……今蒙覆讯,监生不应捏词具控,应责从宽,陈世元、谢瑞丰不应从中健讼,把他们掌责"①。不过,针对健讼之风蜂起,官僚集团整体上很少深入探讨其产生的深层社会经济原因及诉讼是否应具有正当性,而是普遍地将大量争讼简单归因于当事人道德水平下降。官员多认为,争讼使当事人坏产破家,冤冤相报,永无穷尽,冲击了既有社会伦理,威胁社会固有秩序。官员常把健讼者与道德败坏联系起来而予以严惩,为政重在移风易俗,邻里和睦。晚至光绪年间,官方发给州县官的为政参考书仍称:"州县为民父母,上之宣朝廷之德化,以移风易俗;次之奉朝廷之法令,以劝善惩恶。听讼者所以行法令而施劝惩者也。"②早在明朝,朱元璋于《教民榜文》提出:"若年长者不以礼导后生,倚恃年老生事罗织者,亦治以罪。务要邻里和睦,长幼相爱。如此,则日久自无争讼。"③

在官方贱讼意识下,诉讼在主流社会缺乏正当性,以健讼为代表的民间纷争解决需求与以贱讼为代表的官方对民众安分守己、秩序稳定的追求相悖。与此相对应,地方官广泛推行贱讼策略,对社会施以道德教化之类的"普法工作",想方设法抑制健讼产生④,包括"官批民调",批令宗族或乡保等人调处,避免直接审结案件;抬高证据门槛;限制大量人群参与诉讼;限制有权势的人直接与讼;打击讼师为当事人提供法律服务;对诉讼文书提出苛刻的形式及内容要求;责令官代书对诉讼内容预先实质性审查;大大限缩受理案件的时间;等等。为此,贱讼与健讼长期成为清代不同州县诉讼的矛盾性结构。

## 二、研究命题的确立及本书架构

数十年过去,是反思与尝试消解州县诉讼研究困境的时候。时空与参与主体是清代诉讼研究的关键要素。法律史研究基于历史细节的建构,避免相关研究趋于宏大、抽象和空泛。但是,如果在相关研究中充分吸纳上述要素,一方面客观条件限制,成为不可能完成的任务。比如清代近1500

① 巴县档案号6—4—5836。巴县档案,四川省档案馆藏。

② (清)田文镜:《钦定训饬州县规条·听断》,光绪元年仲夏月湖南省荷花池书局刊行。

③ 刘海年等(主编):《中国珍稀法律典籍集成》(乙编第1册),科学出版社1994年版,第635—645页。

④ 相关内容,参见(清)凌燽:《西江视臬纪事》卷四《再禁健讼》;(清)郭磊(纂修):《邑令告示条约十一则》,载杨一凡等(编):《中国古代地方法律文献》(乙编第十二册),世界图书出版公司2009年版,第369页。

个州县,其中仅有10余个州县的残缺司法档案遗存至今。另一方面,专著总是篇幅有限,无论研究者如何努力,均不可能对两百余年的州县诉讼史面面俱到。面对成千上万的诉讼实例,研究者容易长于资料积累与梳理,陷于平铺直叙、单纯的资料堆砌和剪裁,看不到研究的法学问题意识和命题之提炼,难以实现从个案到一般的升华,最后在文献的海洋中陷于迷惘,不得要领。为免于此风险,研究者基于对现实社会的观察、长期亲身体悟及文献资料阅读的比对,对清代诉讼实践基于一定的"历史情景"之想象,提升古今法制问题的细致考察、链接和问题意识的敏感度,进而将之融合到研究中。

清代海量诉讼文献使研究者面临巨大挑战:基于特定地方司法档案的研究,存在"地方性知识"理论化的危险;个案的有限研究通过何种方式扩展与论证,才能上升为一般,合乎逻辑,自圆其说?论者谓,将具体案例事实作为证据和将统计数据作为证据的用途一样,目的不仅是为了讲故事或展示数据,而是力求通过这些具体信息,挖出对一些基本关系类别、基本特征表象、基本行为范型的认识①。我们可以换一种更有效的研究思路或"问题意识",追问清代内地十八省,在不同州县和不同时间段以及不同参与主体,是否长期普遍存在一种结构性的因素和行为模式,广泛影响甚至决定了整个诉讼与裁判过程?

近年来,个别明清司法实践的著作近似论文集汇编,全书缺乏一以贯之的"问题"与统一的切入视角。有论者谓,要在既有的基础之上有所创新,实现认识论意义上的进步,首先要在"问题意识"方面有所突破,这有利于寻找学术前沿、减少浅表层次的重复,有利于促进论点的提炼与思考的深入。所谓"问题意识",是指研究者需要通过思考提出问题,把握问题,回应问题。"问题"决定于眼光和视野,体现出切入角度和研究导向,寓含着创新点。突出"问题意识",就要以直指中心的一系列问题来引导并且组织自己的研究过程。这样的研究,才会致力于探索事物发展的实在逻辑②。"贱讼"与"健讼"是清代广泛存在的结构性因素,也是著者形成的"问题意识",可以之作为有效命题,即贯穿本书的中心论题③。"贱讼"与"健讼"界定了州县诉讼的基本要素,有自身特殊内容和价值取向。在二百多年间清

① 张静:《案例分析的目标:从故事到知识》,《中国社会科学》2018年第8期。

② 邓小南:《祖宗之法:北宋前期政治述略》,生活·读书·新知三联书店2014年版,第3页。

③ "命题"概念,参见刘南平:《法学博士论文的"骨髓"和"皮囊":兼论我国法学研究之流弊》,《中外法学》2000年第1期。

代不同州县诉讼中,官方的“贱讼”在思想、理念与具体司法实践中,均有充分而普遍的体现。贱讼有深厚的历史文化传统影响,深受官僚考核机制和州县官群体的功利算计支配。贱讼理念与举措长期存在,当事人则通过种种方式抗争,以使案件得到官方审理。在生计日益严峻的情况下,不同地区的当事人为维护自身利益,以各种各样的“健讼”方式,让案件突破贱讼的层层阻碍。

从现代称之为民事诉讼的金钱借贷或土地纷争,到杀人、偷盗等刑事案件,都会不时出现这种捏造事端、向他人嫁祸责任的诉讼。一旦原告这样做,被告往往也会以其人之道还治其人之身。尽管在现代社会,无论美国还是日本,也存在这种“架词诬控”或“欺诈诉讼”,然而在清代中国,这种诉讼无论是数量,还是性质上,所显示的问题都更为深刻。“在明末清初大量出版的讼师秘本中,无一不是教人在制作诉状时必须采用夸大其词和刺激的表述方式,也说明当时的诉状确实充满了夸大其词和耸人听闻的不实之词。然而,为什么非要采用这种夸大其词的表述方式甚至谎言呢?从根本上是因为倘若不如此,反而可能不被受理的缘故。”[①]康熙朝有官员指出:

> 照得妨时耗财,唯讼为最。下车以来,即以好讼为戒。除人命剧盗之外,既多不准,所不准者,仍将刁捏之情,与可以不告之处批示,以使省悟。无非欲尔民平情守理,归于无讼,化浇俗为厚俗也。今虽刁词稍简,而可已之词,犹日见告,此虽尚气好胜之故习难移。[②]

在官员的理念中诉讼“妨时耗财”,没有什么积极意义,因此命盗之外的案件多不予受理。似乎只要经他开导,当事人就可归于无讼。殊不知官方压制诉讼,可能引发更多性质看似更加严重的诉讼。因为只有把平常案件也叙述成“人命剧盗”,才可能引起官方重视。贱讼事实上刺激/制造了健讼,在双方当事人及听讼官员三方之间,“官—民”两者不仅有对立、争斗的关系,而且官员借助幕友、书吏及差役,当事人借助官代书、讼师及亲友,双方的行动与理念互相支配,交互影响——贱讼理念与行动刺激更多的健讼行为和花样,而健讼又招致官方更加严苛的诉讼管制——变本加厉的贱讼。

---

① [日]夫马进:《中国诉讼社会史概论》,范愉(译),《中国古代法律文献研究》(第六辑),社会科学文献出版社 2012 年版,第 17 页。

② (清)施宏:《未信编二集所载告示》,载杨一凡等(编):《中国古代地方法律文献》(乙编第九册),世界图书出版公司 2009 年版,第 307—308 页。

这一命题有助于深层接近复杂的州县诉讼实践,是对大量复杂历史文献的提纯。清代州县诉讼因为时空因素、参与主体和个案特殊性而复杂多样,“贱讼与健讼”是在探寻复杂现象中,试图提取与把握的具有一般性意义的命题。论者谓,案例分析的目标是产出知识,而不是“故事本身”。在透过对经验现象的整理和分析,认识事实中具有相对稳定及一般意义的东西,比如(某类)行为特征,(某种)因果关联或(某项)规范原则。案例研究关心一般性知识的积累,以及特定知识与一般知识的关系①。贱讼与健讼在清代复杂多变的社会中稳定存续,两者背后有着日渐固化的理念与行为模式支撑。

著者尝试把握这两个对立面及其交互联系,对诉讼的不同阶段不同面相的制度设计和行为模式深描。考虑到中国传统法制有着很强的继承性,一般而言,清代基层诉讼传统可上溯至明朝及更早时代,其特征则往下至少延续至民国北洋政府时期。但是,“贱讼”与“健讼”这一对立结构在清代却格外突出。与清朝(尤其是乾嘉以降)相比,明朝人口少,常态下的诉讼量自然更少。同时,明朝基层民事案件与轻微刑事案件通常要求先由里甲、老人审理,当事人不服裁判后再由州县官审断。清代州县正印官是合法受理初审案件的唯一官员。明代地方官没有清代同行那么大的审案压力。此外,晚清之后开始推行司法改革,专业的司法机构及审判人员开始大量出现,民国北洋政府时期结案量大大提高。有学者统计,1914—1923年全国地方厅民事案件的总结案率都在90%以上②。清中期以降基层严重的积案基本一扫而光。随着诸如民、刑事诉讼法的颁布,诉讼本身在法律上获得了正当性与合法性,当时的司法系统失去普遍“贱讼”的制度基础和理念支持。当诉权逐渐成为法定权利之后,当事人也不必再频繁诉诸清代常见的诉讼行为模式,“健讼”之风不再凸显。

因此,至少在清代内地十八省的不同时空,贱讼与健讼成为州县诉讼过程中普遍且稳定的结构。论者谓,所谓“结构”一般指构成事物本身的各种要素及这些要素相互结合相互作用的方式。作为诉讼程序的结构,把不同程序阶段理解为相互影响规定的机制,大概可属一种最为直接的结构分析。以此为基础,可进一步深入到更为抽象、更为根本和深层的要素上去,考虑这些要素间的关系、相互作用机制及由此给整个程序带来的基本特征,以说明这样的结构为何被需要或得以形成。对更深层次上基本结构的

---

① 张静:《案例分析的目标:从故事到知识》,《中国社会科学》2018年第8期。

② 唐仕春:《北洋时期的基层司法》,社会科学文献出版社2013年版,第302页。

分析考察，有益于理解特定诉讼程序内在价值指向、运行动力机制以及可能的作用①。另有学者谓，“结构”的基本要素是行动者、规则和资源，其形成是行动者在一定时间与空间内反复运用规则与资源，实现社会关系稳定再生产的过程。规则包括明确规定的规范和不能轻易表达和说明的、在人与人的“互动的行动流”中逐渐感受和理解的规范。行动者运用自己对互动规范的知识和理解采取适当行动，测试和确认其行动所牵涉的规则。资源是行动者用来处理事务的能力，包括物质分配（配置性资源）和命令（权威性资源）。权力就是行动者对资源的支配能力②。

参考上述论说，本书所谓“结构”，是行动者（官员、当事人、讼师及代书等）重复运用当时正式制度与非正式制度，实现诉讼行为模式与对待诉讼的理念不断重现的过程，也是在清代法律框架和司法观念等因素影响或支配下，所被塑造的长期稳定的行为模式。这种行为模式主要源自州县官和双方当事人间的冲突、利用和支配等因素的交互影响。清代州县诉讼可能存在不同的地方特征或时代特色，比如，黄宗智注意到，清代民事审判制度是在相对简单的小农社会基础上形成的，它颇易对付诸如 19 世纪宝坻那样的地方，却不易应付像 19 世纪晚期的淡水—新竹那样较复杂的社会，诸如 18 世纪福建地方官为词讼而不堪负重③。但是，地方性知识背后隐藏着一般性知识，贱讼与健讼这对结构性矛盾普遍存在，既代表了诉讼当事人与州县官双方间的持久对立，也反映了当事人与地方官僚群体间的交互影响，在内地十八省的不同州县不同时间持续存在。

本书以此为命题，贯穿分析州县诉讼的各个层面，以及该命题在各层面的影响和表现，这包括：①清代诉讼的分类；②审前程序的规则控制；③官代书机制；④清朝的“诉讼代理”；⑤证据规则对健讼之风的回应；⑥当事人诉讼的模式；⑦讼师秘本与清代诉状的表述风格；⑧讼师的官方控制；⑨州县官的裁判模式；⑩州县官司法审判的上级监控；⑪州县诉讼结构的整体思考。其中，①～⑤分析诉讼程序与规范及其内含的贱讼价值观；⑥～

---

① 王亚新：《对抗与判定：日本民事诉讼的基本结构》，清华大学出版社 2002 年版，第 50—51 页。

② 吴英姿：《“调解优先”：改革范式与法律解读——以 O 市法院改革为样本》，《中外法学》2013 第 3 期。

③ ［美］黄宗智：《清代的法律、社会与文化：民法的表达与实践》，上海书店出版社 2001 年版，第 160 页。清人对南北诉讼数量 / 诉讼风气显著差异的叙述，参见（清）袁守定：《听讼・南北民风不同》，载（清）徐栋（辑）：《牧令书》卷二《政略・咨询地方利弊谕》，道光二十八年刊本；（清）万维翰：《幕学举要・总论》第三页，光绪十八年浙江书局刊本；（清）李方赤：《视己成事斋官书》卷十一《访拏讼棍衙蠹示》，道光二十八年刊本。

⑧分析当事人诉讼的表现及其诉讼技艺；⑨～⑪从官僚组织结构、儒家意识形态与紧缺财政角度分析诉讼结构之形成。“贱讼与健讼”这对命题有益于把握清代州县诉讼实践及其背后的深层结构，通过整体上论述这种基本结构，分析清代诉讼程序运作与审判实践中的技术细节，以及在官方司法理念和制度支配下当事人的行为特征。本书结合州县司法档案中的审判实例，探寻个体行为背后共享的制度逻辑，以及制度逻辑所受地方官任命与考核机制、经济因素（特别是财政方面）和儒家意识形态之制约，推导在上述因素相互作用下，州县诉讼结构何以成形，这一矛盾化结构反过来对特定个体行为如何产生支配性影响，以及个体行动对该结构的反作用。本书对诉讼参与者行为特征的影响从制度、经济及思想因素层面提出更为清晰的解释，在个体行为模式与制度逻辑及意识形态之间探索关联性。

**表一　杜凤治初任广东广宁知县放告日收呈统计表**

| 收呈数量 | 放告日期 | 备注 | 信息来源 |
|---|---|---|---|
| 三十余张 | 同治五年十月廿八日 | 广宁县首次放告，十月廿四日接印视事 | 第一册第 106 页 |
| 四十二张 | 十一月初三日 | | 第一册第 108 页 |
| 无数据 | 十一月初八日 | 自收呈词，未统计 | 第一册第 111 页 |
| 廿九张 | 十一月十三日 | | 第一册第 113 页 |
| 无数据 | 十一月十八日 | 下乡催粮 | 第一册第 117 页 |
| 三十四张 | 十一月廿三日 | 下乡催粮、诉状廿五日送到 | 第一册第 122、124 页 |
| 廿一张 | 十一月廿七日 | 下乡催粮、诉状差人送到 | 第一册第 125 页 |
| 无数据 | 十一月廿八日 | 下乡催粮，之后至同治六年五月，第二本日记缺失 | 第一册第 127 页 |
| 五张 | 六月初一日 | 拦舆四纸、呈词一纸 | 第一册第 141 页 |
| 无数据 | 六月初三日 | 收呈但未统计 | 第一册第 144 页 |
| 廿九件 | 六月初八日 | | 第一册第 148 页 |
| 廿五件 | 六月十三日 | | 第一册第 153 页 |
| 四件 | 六月十五日 | 拦舆呈词四件 | 第一册第 156 页 |
| 廿一张 | 六月十八日 | | 第一册第 158 页 |
| 廿五纸 | 六月廿三日 | | 第一册第 161 页 |
| 廿七张 | 六月廿八日 | 因平民用抱告掷还二张 | 第一册第 165 页 |
| 廿四张 | 七月初三日 | | 第一册第 168 页 |
| 无数据 | 七月初八日 | 下乡剿匪 | 第一册第 173 页 |
| 无数据 | 七月十三日 | 下乡，诉状署中十四日送批 | 第一册第 181 页 |

续　表

| 收呈数量 | 放告日期 | 备注 | 信息来源 |
| --- | --- | --- | --- |
| 十六件 | 七月十八日 | 下乡，诉状署中二十日送批 | 第一册第 188、192 页 |
| 无数据 | 七月廿三日 | 本日至廿八日，下乡催粮 | 第一册第 190 页 |
| 十七件 | 八月初三日 | | 第一册第 200 页 |
| 廿九件 | 八月初八日 | 在大堂收呈 | 第一册第 204 页 |
| 无数据 | 八月十三日 | 祀文昌后殿，偕文武二官同祀帝君 | 第一册第 206 页 |
| 两纸 | 八月十五日 | 回衙收拦舆二纸，刑案 | 第一册第 207 页 |
| 十四件 | 八月十八日 | | 第一册第 209 页 |
| 无数据 | 八月廿三日 | 下乡剿匪 | 第一册第 214 页 |
| 廿二纸 | 八月廿八日 | | 第一册第 221 页 |
| 无数据 | 九月初三日 | 下乡催粮 | 第一册第 225 页 |
| 无数据 | 九月初八日 | 委捕厅代收呈 | 第一册第 233 页 |
| 无数据 | 九月十三日 | 本日至十月初八日至省城或返回船上 | 第一册第 236—281 页 |
| 七纸 | 十月十一日 | 连日出门，回署收拦舆七纸，久未放告 | 第一册第 287 页 |
| 无数据 | 十月十三日 | 本日至十月廿八日，外出下乡催粮 | 第一册第 288—323 页 |
| 无数据 | 十一月初三日 | 傍晚收呈，数据不明 | 第一册第 330 页 |
| 十九纸 | 十一月初八日 | | 第一册第 337 页 |
| 无数据 | 十一月十三日 | | 第一册第 342—360 页 |
| 十三张 | 十一月二十八日 | | 第一册第 373 页 |
| | | 至同治七年二月初一四会县上任，无数据 | |

**表二　杜凤治初任广东四会知县放告日收呈统计表**

| 收呈数量 | 放告日期 | 备注 | 信息来源 |
| --- | --- | --- | --- |
| 廿四件 | 同治七年二月初八日 | 收呈词共廿一件，当堂补三件；二月初一到任 | 第二册第 478 页 |
| 两件 | 二月初九日 | 大堂外收一拦舆，又有一拦舆呈 | 第二册第 478 页 |
| 十四件 | 二月十三日 | 上午前呈，批发 | 第二册第 481 页 |
| 无数据 | 二月十八日 | 本日至三月初三，外出 | 第二册第 485 页 |
| 四张 | 三月初八 | 在大堂收拦舆四张 | 第二册第 525 页 |
| 二十张 | 三月十三日 | | 第二册第 530 页 |

续 表

| 收呈数量 | 放告日期 | 备注 | 信息来源 |
|---|---|---|---|
| 十四张 | 三月十八日 | | 第二册第 535 页 |
| 卅件 | 三月二十三日 | | 第二册第 539 页 |
| 廿四件 | 三月二十八日 | 内抢案三起 | 第二册第 544 页 |
| 十四件 | 四月初三日 | | 第二册第 549 页 |
| 廿四件 | 四月初八日 | | 第二册第 554 页 |
| 无数据 | 四月十三日 | 本日至四月十八日,外出 | 第二册第 558 页 |
| 十八张 | 四月廿三日 | | 第二册第 573 页 |
| 无数据 | 四月廿八日 | 生病,请典史谢鹤汀代收呈词 | 第二册第 577 页 |
| 十件 | 闰四月初三日 | | 第二册第 582 页 |
| 十九张 | 闰四月初八日 | | 第二册第 587 页 |
| 十三件 | 闰四月十三日 | | 第二册第 593 页 |
| 十五件 | 闰四月十八日 | | 第二册第 598 页 |
| 二十张 | 闰四月二十三日 | | 第二册第 603 页 |
| 无数据 | 闰四月廿八日 | 外出 | 第二册第 607 页 |
| 廿三纸 | 五月初三日 | | 第二册第 617 页 |
| 无数据 | 五月初八日 | 外出 | 第二册第 618 页 |
| 十八件 | 五月十三日 | | 第二册第 624 页 |
| 十九件 | 五月十八日 | | 第二册第 627 页 |
| 十四件 | 五月廿三日 | 身体不舒服 | 第二册第 630 页 |
| 十九件 | 五月廿八日 | | 第二册第 634 页 |
| 十八张 | 六月初三日 | | 第二册第 638 页 |
| 十八张 | 六月初八日 | | 第二册第 643 页 |
| 十七张 | 六月十三日 | | 第二册第 647 页 |
| 八张 | 六月十八日 | | 第二册第 651 页 |
| 十三张 | 六月廿三日 | | 第二册第 655 页 |
| 十二张 | 六月廿八日 | | 第二册第 659 页 |
| 十五张 | 七月初三日 | | 第二册第 665 页 |
| 十三件 | 七月初八日 | | 第二册第 670 页 |
| 十八件 | 七月十三日 | | 第二册第 675 页 |

**续　表**

| 收呈数量 | 放告日期 | 备注 | 信息来源 |
|---|---|---|---|
| 十九件 | 七月十八日 | | 第二册第 679 页 |
| 七件 | 七月二十三日 | | 第二册第 692 页 |
| 十八件 | 七月二十八日 | | 第二册第 696 页 |
| 二件 | 八月初一日 | 收拦舆二呈 | 第二册第 697 页 |
| 无数据 | 八月初三日 | 祀至圣先师 | 第二册第 708 页 |
| 十二件 | 八月初八日 | | 第二册第 716 页 |
| 十一件 | 八月十三日 | | 第二册第 722 页 |
| 十二件 | 八月十八日 | | 第二册第 728 页 |
| 十一件 | 八月廿三日 | | 第二册第 736 页 |
| 十件 | 八月廿八日 | | 第二册第 741 页 |
| 两纸 | 九月初一日 | 收拦舆两纸 | 第二册第 743 页 |
| 十五件 | 九月初三日 | | 第二册第 744 页 |
| 十五件 | 九月初八日 | | 第二册第 749 页 |
| 十六件 | 九月十三日 | | 第二册第 755 页 |
| 十四件 | 九月十八日 | | 第二册第 758 页 |
| 七件 | 九月廿三日 | | 第二册第 762 页 |
| 七件 | 九月廿八日 | | 第二册第 767 页 |
| 十七件 | 十月初三日 | | 第二册第 771 页 |
| 八件 | 十月初八日 | | 第二册第 776 页 |
| 八件 | 十月十三日 | | 第二册第 780 页 |
| 七件 | 十月十八日 | 收呈七件，发还一件 | 第二册第 792 页 |
| 十七件 | 十月廿三日 | | 第二册第 803 页 |
| 十七件 | 十月廿八日 | | 第二册第 808 页 |
| 八件 | 十一月初三日 | | 第二册第 813 页 |
| 二件 | 十一月初八日 | | 第二册第 817 页 |
| 无数据 | 十一月十三日 | 圣祖仁皇帝忌辰 | 第二册第 820 页 |
| 无数据 | 十一月十八日 | 祀神，祭祖 | 第二册第 824 页 |
| 十二件 | 十一月廿三日 | | 第二册第 827 页 |
| 八件 | 十一月廿八日 | | 第二册第 831 页 |

续 表

| 收呈数量 | 放告日期 | 备注 | 信息来源 |
|---|---|---|---|
| 六件 | 十二月初三日 | | 第二册第 838 页 |
| 十一件 | 十二月初八日 | | 第二册第 844 页 |
| 七件 | 十二月十三日 | | 第二册第 851 页 |
| 十件 | 十二月十八日 | | 第二册第 856 页 |
| 无数据 | | 同治七年十二月廿三日至同治八年正月廿三日 | 第二册第 862—888 页 |
| 卅一件 | 正月廿八日 | | 第二册第 895 页 |
| 十二件 | 二月初三日 | | 第二册第 900 页 |
| 十四件 | 二月初八日 | | 第二册第 904 页 |
| 十八件 | 二月十三日 | | 第二册第 907 页 |
| 十四件 | 二月十八日 | | 第二册第 912 页 |
| 十件 | 二月廿三日 | 今日收呈,因心中愤恨,不坐堂令其送进 | 第二册第 917 页 |
| 九件 | 二月廿八日 | | 第二册第 921 页 |
| 九件 | 三月初三日 | | 第二册第 925 页 |
| 十四件 | 三月初八日 | | 第二册第 930 页 |
| 七件 | 三月十三日 | 今日收呈,挂号三件,因不坐堂,令其送进,又添四件 | 第二册第 937 页 |
| 十二件 | 三月十八日 | | 第二册第 940 页 |
| 十一件 | 三月廿三日 | | 第二册第 944 页 |
| 七件 | 三月廿八日 | | 第二册第 950 页 |
| 十二件 | 四月初三日 | | 第二册第 952 页 |
| 十件 | 四月初八日 | | 第二册第 957 页 |
| 十七件 | 四月十三日 | | 第二册第 959 页 |
| 十七件 | 四月十八日 | | 第二册第 968 页 |
| 十件 | 四月二十三日 | 委捕厅代收呈词。湛郭氏奸案奸夫李亚兴之弟控兄死不明,将呈掷还 | 第二册第 977 页 |
| 十六件 | 四月二十八日 | | 第二册第 990 页 |
| 七件 | 五月三日 | | 第二册第 995 页 |
| 十一件 | 五月初八日 | 谢大隆遣抱,词不收,令其子谢辉到堂亲递 | 第二册第 998 页 |

续　表

| 收呈数量 | 放告日期 | 备注 | 信息来源 |
|---|---|---|---|
| 九件 | 五月十三日 | | 第二册第 1005 页 |
| 十五件 | 五月十八日 | | 第二册第 1011 页 |
| 二十件 | 五月二十三日 | | 第二册第 1018 页 |
| 无数据 | 五月二十八日 | 本日至六月初三日，外出 | 第二册第 1026 页 |
| 十二件 | 六月初八日 | | 第三册第 1048 页 |
| 六件 | 六月十三日 | 一无戳，胡安禀也。又二件罗姓当堂呈递 | 第三册第 1057 页 |
| 十六件 | 六月十八日 | | 第三册第 1064 页 |
| 无数据 | 六月二十三日 | 生病，下午委捕厅代收呈词 | 第三册第 1073 页 |
| 三件 | 六月二十八日 | | 第三册第 1079 页 |
| 九件 | 七月初三日 | | 第三册第 1086 页 |
| 十三件 | 七月初八日 | | 第三册第 1090 页 |
| 十四件 | 七月十三日 | | 第三册第 1093 页 |
| 无数据 | 七月十八日 | 四会县任期至同治八年七月十八日止 | 第三册第 1099 页 |

**表三　杜凤治再任广东广宁知县放告日收呈统计表**

| 收呈数量 | 放告日期 | 备注 | 信息来源 |
|---|---|---|---|
| 八十七纸 | 同治九年闰十月初三日 | 新呈不过四五件，第二次广宁任上首次收呈 | 第四册 1668 页 |
| 三十四纸 | 闰十月初八日 | 外出，捕厅代收，十七日阅讫 | 第四册 1694 页 |
| 无数据 | 闰十月十三日 | 外出。“初三卯呈词八十七纸，师爷初九日方批出，十一日赍来，今日始看，尚未竣也，至四更呈词看完始睡” | 第四册 1688 页 |
| 廿三纸 | 闰十月十八日 | | 第四册第 1695 页 |
| 三十一纸 | 闰十月二十三日 | 至收呈时予又出堂自收 | 第四册第 1701 页 |
| 廿二纸 | 闰十月二十八日 | | 第四册第 1707 页 |
| 十四纸 | 十一月初三日 | 发廿三日呈批卅一纸 | 第四册第 1710 页 |
| 卅三纸 | 十一月初八日 | | 第四册第 1717 页 |
| 卅三纸 | 十一月十三日 | | 第四册第 1724 页 |

续 表

| 收呈数量 | 放告日期 | 备注 | 信息来源 |
|---|---|---|---|
| 无数据 | 十一月十八日 | 太太生日,十二月二十一日起封印一个月 | 第四册第 1731—1732 页 |
| 卅四纸 | 十一月二十三日 | 收呈词卅三纸,晚严凤生代呈一纸,亦收之 | 第四册第 1740 页 |
| 无数据 | 十一月二十八日 | | 第四册第 1750 页 |
| 二十纸 | 十二月初三日 | | 第四册第 1763 页 |
| 十八纸 | 十二月初八日 | | 第四册第 1771 页 |
| 廿四纸 | 十二月十三日 | | 第四册第 1782 页 |
| 二十一纸 | 十二月十八日 | | 第四册第 1792 页 |
| 三十纸 | 同治十年正月二十四日 | 二十三日孝圣宪皇后忌辰,故第二天点卯放告 | 第四册第 1848 页 |
| 二十一件 | 正月二十八日 | 薄暮收呈二十一件 | 第四册第 1854 页 |
| 十五纸 | 二月初三日 | | 第四册第 1856 页 |
| 廿三纸 | 二月初八日 | | 第四册第 1866 页 |
| 八件 | 二月十三日 | | 第四册第 1874 页 |
| 九件 | 二月十八日 | | 第四册第 1891 页 |
| | | 二月十九日起调署南海县 | 第四册第 1893 页 |

# 第一章　诉讼的分类

法律史学者评价清代以致整个传统中国法律体系的特征时，多以“诸法合体、民刑不分”（或者“诸法合体、民刑有分”）之类的通说概括之[①]。这样的评论若隐若现地以近代以来欧陆法律体系分类标准为基础，其与清代法律家与统治者对法律体系的自我认知与分类标准不完全一致。清代存在一定程度的诉讼分类，尽管其中的理念与西方法制存在差异，但这种分类对诉讼实践影响巨大。本章重点探讨清代诉讼分类的框架及其对社会的影响。[②]

## 第一节　引言

### 一、研究概况

有学者谓，国内外法学家往往从法文化的角度批评中国传统法律重刑轻民、民刑不分，殊不知近代以前的西方同样没有真正达致严格的民刑分离[③]。然而，在晚清法律改革过程中，甚至连沈家本都认为当时中国的诉讼存在民刑不分的缺陷：

> 查中国诉讼断狱，附见刑律，沿用唐明旧制，用意重在简括。……泰西各国诉讼之法，均系另辑专书，复析为民事、刑事二项。凡关于钱

① 杨一凡：《对中华法系的再认识——兼论“诸法合体，民刑不分”说不能成立》，载倪正茂（主编）：《批判与重建：中国法律史研究反拨》，法律出版社 2002 年版，第 145—199 页。

② 本章部分内容，亦可参见 Jianpeng Deng, “Classifications of Litigation and Implications for Qing Judicial Practice,” *Chinese Law: Knowledge, Practice and Transformation, 1530s to 1950s*, edited by Li Chen and Madeleine Zelin, Brill Press, 2015。

③ 张世明：《法律、资源与时空建构：1644—1945 年的中国》（第一卷），广东人民出版社 2012 年版，第 23 页。

> 债、房屋、地亩、契约及索取、赔偿者，隶诸民事裁判；关于叛逆、伪造货币官印、谋杀、故杀、强劫、窃盗、诈欺、恐吓取财及他项应遵刑律拟定者，隶诸刑事裁判。……中国旧制，刑部专理刑名，户部专理钱债、田产，微有分析刑事、民事之意。若外省州县，俱系一身兼行政司法之权。[①]

事实上，以上不如说沈氏为促进当时的法律改革，特意以当时西方诉讼分类及其标准，批评古代中国诉讼不分的欠缺。他所认为的清代"微有分析刑事、民事之意"的判断，其实不完全准确。若不加辨析地以西方概念衡量清代中国法制，见解有可能偏离真相。虽然学术研究摆脱西方话语几无可能，但尽量从清代自身法律体系、官方司法话语与实践出发，更有助于我们接近真实的诉讼世界。清代诉讼实践虽无现代民事案件与刑事案件以及对应的民法、刑法和民事诉讼法及刑事诉讼法的分类，不过，官方对于性质显有差异的诉讼出台了某些分类机制，以应对蜂拥而至的当事人。这种诉讼分类机制涉及不同法律体系以及司法实践。在这种机制之下，不同性质的案件，其诉讼与上级覆核程序各有不同，是否必须依法而判方面亦存在显著差异。

诉讼分类方面的专题研究则长期为诸多研究者忽视，致使一些相关见解存在误导或一些不必要的争论。比如，艾马克（Mark A. Allee）认为，对清代法庭而言自理词讼只是"细事"，其审理程序与刑事案件区别不大。所有的案件均由一种法律制度予以处理（除了那些涉及官员被控渎职的案件）。"民事"审理程序通常和"刑事"审判没有大的差别，衙门的审理甚为一致[②]。这种见解也影响了巩涛（Jérôme Bourgon）[③]。黄宗智提及，清代州县手册在证明当时理论上不存在民事与刑事之明确划分的同时，却又显示在实践上两者是分开的[④]。

张小也提出，"词讼"与"案件"在清代体现为"国家与社会层面的适度

---

① 《修订法律大臣沈家本等奏进呈诉讼法拟请先行试办折》，载《大清光绪新法令》第 19 册《附录・法典草案・诉讼法》，商务印书馆宣统元年印行，第 1 页。

② Mark A. Allee, *Law and Local Society in Late Imperial China: Northern Taiwan in the Nineteenth Century*, Stanford University Press, 1994, p. 4.

③ Jérôme Bourgon, "Rights, Freedoms, and Customs in the Making of Chinese Civil Law, 1900 - 1936," *Realms of Freedom in Modern China*, edited by William C. Kirby, Stanford University Press, 2004, p. 91.

④ [美]黄宗智：《清代的法律、社会与文化：民法的表达与实践》，上海书店出版社 2001 年版，第 206 页。

分离”。“词讼”包括户婚、田土等案件以及一部分轻微刑事案件，“案件”则多属命盗重案。“词讼”与“案件”两者之间是一种以刑罚轻重为基础的层级关系，在一定程度上贯穿着以刑统罪的传统。而“词讼”与“案件”之间的分界则具有一定的灵活性，由地方官员把握①。里赞认为，清代诉讼分为“重情”与“细故”。两者并未形成明文的制度规范。其区分仅在于州县官主观上对案件的轻重把握②。里赞还认为，清代法律以“重情”与“细故”这两个较为模糊的概念来区分案件种类并设计审级。“细故”中有涉伤害和盗窃等案件，就民刑划分而言当属刑事而非民事③。

有日本学者提出“州县自理”审判和“命盗重案”审判的概念。“州县自理”审判是指那些经过州、县级行政长官审理并作出判决后，除非当事人不服上诉，便不需要再报送上级官府复审的案件，换句话说，就是州、县级官员可以终审的案件，主要包括自理词讼和轻微的刑事案件；而“命盗重案”审判则是指那些经过州、县行政长官审理并作出判决后，无论当事人是否上诉，都必须将案件报送上级官府复审的案件。在“命盗重案”审判中依据的是正式的成文法，而在“州县自理”审判中，裁判者据以裁判的根据却是“情”和“理”④。但同时他们又认为，无论围绕土地边界的矛盾、金钱借贷的争议、家产分割或婚约不履行的纠纷还是种种斗殴伤害或杀人案件的诉讼，全都先不分种类而直接向行政区划基层的官员即州、县的地方官提诉，然后再根据情况向上级移送⑤。

## 二、学者之争的思考

上述看法各有差异，甚至相互矛盾。如果我们重新仔细检视法律史文献，上述学者关于诉讼问题的见解可能致生如下困惑：在清代法庭中，民事案件与刑事案件的审理真的区别不大吗？“词讼”与“案件”间是否确实没

---

① 张小也：《从“自理”到“宪律”：对清代“民法”与“民事诉讼”的考察——以〈刑案汇览〉中的坟山争讼为中心》，《学术月刊》2006年第8期。

② 里赞：《刑民之分与重情细故：清代法研究中的法及案件分类问题》，《西南民族大学学报(人文社科版)》2008年第12期。

③ 里赞：《中国法律史研究的方法、材料和细节》，《近代法评论》(总第2卷)，法律出版社2009年版，第184—185页。

④ [日]寺田浩明：《日本的清代司法制度研究与对“法”的理解》，王亚新(译)，载[日]滋贺秀三(等著)：《明清时期的民事审判与民间契约》，王亚新等(编)，法律出版社1998年版，第112页。

⑤ [日]寺田浩明：《日本的清代司法制度研究与对“法”的理解》，王亚新(译)，载[日]滋贺秀三(等著)：《明清时期的民事审判与民间契约》，王亚新等(编)，法律出版社1998年版，第115页。

有严格的界限?"重情"与"细故"间的法定标准是否仅限于处罚结果,而与案件本身的构成要素无关?自理案件与命盗重案是不分种类直接向州县官员起诉么?清代州县手册是否不存在对诉讼案件的区分?

此外,近年来围绕传统中国(尤其是清代)司法实践中官员是否依法审判问题,日本学者滋贺秀三、寺田浩明与美国学者黄宗智等多有争论。在2006年,张伟仁、贺卫方及高鸿钧等学者针对传统中国的司法判决是否具有确定性同样引起众人关注[①]。如果忽略"传统中国"这种超越具体时空的宏大叙事,以清代为具体例证,则上述学者关于清代官员依法判决或依情理裁决的结论未充分考虑清代诉讼分类制度。

诉讼分类问题颇有深入探讨的必要,这不仅有利于更准确地解答上述争论、疑问或某些误解,还将为我们重新理解诉讼结构提供重要线索。本章首先通过典章制度及官员处理日常司法事务的文献,探讨其中所反映的诉讼分类概念、基本框架与制度;其次,本章将分析官方针对不同类型的诉讼采取的不同应对策略、造成的社会影响及其原因;最后,分析不同类型的诉讼在是否要求依法判决上的差异性,以及为何产生这种差异。本章一方面注重从法律体系与官方司法文献梳理诉讼分类框架,另一方面结合司法档案探讨这种分类机制的运行及其影响。

## 三、先秦两汉时期诉讼分类雏形

区分不同诉讼类型的初步做法在先秦时期就已存在。仁井田陞认为,在中国,自古以来审判就被称为狱讼。狱讼虽然不一定能够被明确地区别为民事审判和刑事审判两个系统,但如果要强加分别的话,则狱也就是断狱,相当于刑事审判;讼也就是听讼、诉讼,相当于民事审判[②]。先秦名学学派中存在"类"的观念,注重对不同事物进行分类。类的观念影响了后来法律活动与法学思维。有学者认为,春秋时期人们已能用"类"的范畴察辨事物同异。战国时期,法典体例由"刑名之制"改为"罪名之制"。"罪名之制"是按"罪名"编纂法典,为此,要抓住各罪名本质的内在联系,必须先做到逻辑学上的"审名""辨类",通过分析各"罪名"的涵义给它下一定义来确定它的位置,明确其界限,进而找出各"罪名"的差别,将其归为不同的类[③]。这个时期与法律思想相关的分类观念,主要是战国时期李悝等人对

① 对上述学者争论的概括,参见本书第八章。

② [日]仁井田陞:《中国法制史》,牟发松(译),上海古籍出版社2011年版,第81页。

③ 高恒:《论中国古代法学与名学的关系》,载杨一凡(总主编):《中国法制史考证》(乙编第三卷),中国社会科学出版社2003年版。

罪名的区分，远未涉及诉讼分类。

之后的文献，《周礼·秋官·司寇》称："以两造禁民讼，入束矢于朝，然后听之。以两剂禁民狱，入钧金，三日乃致于朝，然后听之。"东汉末年经学大师郑玄注：讼，谓以财货相告者。狱，谓相告以罪名者。《周礼·地官·大司徒》还提出："凡万民之不服教而有狱讼者，与有地治者听而断之。其附于刑者，归于士。"郑玄注云：争财曰讼，争罪曰狱。郑玄所谓的"讼"类似于今日财产纠纷性质的民事案件，"狱"类似于今日定罪量刑的刑事案件。按照郑玄的说法，《周礼》反映出周朝出现初步区分不同诉讼类型的观念。

对此，有学者提出不同见解。周时无论民事争讼还是刑案争辩，青铜铭文中都称为"讼"，狱、讼并非区分民、刑程序的标志。在传世文献中，狱、讼在东周以前相通，至少二者不能代表民、刑两种不同的诉讼程序。西周时土田、财货之诉也有称为狱的。汉代刑诉程序不见"讼"字，"狱"才代表了刑事程序，当时涉及田债纠纷等的经济类案件以"讼"相称。郑玄正是以汉代狱、讼的不同用法来注解《周礼》。因此，西周诉讼制度远不如秦汉系统，当时的民、刑诉讼恐怕并没有区分。在礼仪社会中，"出礼入刑"使依礼断狱成为必然，这使得民刑标准淡漠[①]。这说明，在汉代，时人以讼、狱两类诉讼自身性质的不同，来区分涉及财产的诉讼与涉及判定罪名的诉讼。以今日标准来看，这种诉讼分类略显粗疏，且主要用于司法实践中对不同诉讼的称谓，传世文献尚未见到当时在立法上对之作出的明确界定，亦不明了当时两种诉讼在司法程序上有何不同。

## 四、唐宋元时期的诉讼分类

与前代相比，唐朝对不同诉讼作了更明确的区分。据《唐六典》记载，唐代府设置的户曹与州设置的司户参军掌管"剖断人之诉竞，凡男女婚姻之合，必辨其族姓，以举其违。凡井田利害之宜，必止其争讼，以从其顺"；法曹与司法参军"掌律令格式，鞫狱定刑，督捕盗贼，纠逖奸非之事，以究其情伪，而制其文法，赦从重而罚从轻，使人知所避而迁善远罪"[②]。唐代法制尽管没有专门区分民刑事诉讼，案件最后决定权属州府行政长官，但案件具体审理机构已有近似民事（婚姻田土）、刑事（盗贼重罪）分工。这种做法为后世延续。此外，《唐律》律条还有"大小事"之分，法条注解认为："大

---

① 南玉泉：《狱讼程序辨析及告制探源》，载霍存福等（主编）：《中国法律传统与法律精神》，山东人民出版社2010年版，第178—186页。

② （唐）李林甫等（撰）：《唐六典》，陈仲夫（点校），中华书局1992年版，第749页。

事,谓潜谋讨袭及收捕谋叛之类”,立法者以谋反、大逆、谋叛等为“大事”,“小事”则为谋反、大逆、谋叛以下罪①。对“大事”“小事”的分类以立法者自身利益及政治安全为标准,这种区分标准及上述惯用做法影响了后世。

南宋时,朱熹在任内为当地民众公布的诉讼规则《约束榜》提及:“今立限约束,自截日为始,应诸县有人户已诉未获,盗贼限一月,斗殴折伤连保辜通五十日,婚田之类限两月,须管结绝,行下诸县遵从外,如尚有似此民讼,亦照今来日限予决。”②朱熹将案件分为盗贼、斗殴(折伤)、婚田。前两类大致类似于今日的刑事重案与轻微刑事案件,后一类涉及范围大体属民事案件。和这种诉讼分类理念相关,朱熹规定,与盗贼等案件不同,婚田之诉结案时间长达两个月,由官方给当事人裁决文书(“结绝”)。不过,这种特定官员的规定期限与当时的法令不一样。宋代专门规定了民事纠纷结绝期限,比如南宋宁宗嘉定五年(1212)九月,有大臣引用庆元年间的令:“诸受理词诉,限当日结绝。若事须追证者,不得过五日,州郡十日,监司限半月,有故者除之。无故而违限者,听越诉。”③可见,庆元时期的令要求地方官员对“词诉”当日结案。当然这种“词诉”应为简易案件,否则官员不大可能在受理案件的当日就裁决完毕。

“词诉”(或“词讼”)这个概念在当时法律中尚未被准确界定范围。比如南宋绍兴十三年(1143)八月,礼部言:“……江西州县百姓好讼,教儿童之书有如《四言杂字》之类,皆词诉语,乞付有司禁止。国子监看详,检准绍兴敕,诸聚集生徒教辞讼文书杖一百,……今《四言杂字》皆系教授词讼之书,有犯,合依上条断罪。”④此处“词讼”(“词诉”)泛指一切诉讼。

元朝至元二十八年(1291)六月中书省奏准的《至元新格》规定:“诸论诉婚姻、家财、田宅、债负,若不系违法重事,并听社长以理谕解,免使妨废农务,烦扰官司。”⑤元朝法律将“婚姻、家财、田宅、债负”作为与“违法重事”对立的一类诉讼。与唐朝近似,元代官府设置不同机构处理不同案件。县衙门一般设六案(六房),分掌吏、户、礼、兵、刑、工。民事案件主要属户案(房),也与礼案、刑案有一定关系。刑事案件主要属刑案,有些与他案

---

① 刘俊文:《唐律疏议笺解》,第1619页。

② (宋)朱熹:《朱文公集》卷一百《约束榜》,载《名公书判清明集》“附录六”,中华书局1987年版,第640—644页。

③ 《宋会要辑稿·刑法》三之四十至四一。

④ 《宋会要辑稿·刑法》三之二六。

⑤ 《通制条格》,方龄贵(校注),中华书局2001年版,第452页。同样规定见于《元典章》五三“刑部”卷一十五“听讼类”。

(房)有关[①]。论者谓,元代《经世大典》与《元典章》中“诉讼篇”的出现,很大程度凸显古代“重实体轻程序”传统开始转变,昭示着诉讼制度在元代受重视。其主要表现之一,是不同类别案件在诉讼中进一步分离。户婚钱债与刑名词讼是统一在公权裁决下的轻重、大小之别,即元人所谓“轻罪过”与“重罪过”。元政府对“重罪过”要求严格依法审断,对“轻罪过”要求地方官员尽量自理,是否依法审断无特殊要求[②]。因此,学者认为元朝“民事与刑事诉讼,程序法与实体法已出现了初步分离的趋势”[③]。日本学者有高岩甚至认为:“元代关于诉讼明显地区别民事与刑事,这的确是较唐、宋更为进步的一个事实。”[④]

## 五、明朝的诉讼分类

在诉讼分类及分类标准方面,明朝初年稳定地继承了元朝的做法。洪武二十七年(1394),朝廷命令州县官员选择民间高年、公正的老人审理其乡间的争讼,凡是户婚、田宅、斗殴等纠纷,由老人会同里胥处理,较重大的案件方向官府禀报[⑤]。三年后,明太祖颁行《教民榜文》。《教民榜文》将几乎所有从王朝利益角度看来属于“细故”的纠纷——户婚、田土、轻微斗殴、争占、失火、窃盗、骂詈、钱债、赌博、擅食田园瓜果、私宰耕牛、弃毁器物稼穑、畜产咬杀人、卑幼私擅用财、亵渎神明、子孙违犯教令、师巫邪术、六畜践食禾稼及均分水利等在今天看来大都属于民事诉讼(少部分类似于今天的刑事自诉案件)范围的案件全部归之于里甲、老人予以处理,只有涉及奸、盗及诈伪等的重大案件方由官府直接受理。这种“诉讼分流”的方式有助于减轻官府负担。至少早在东汉,诉讼初审也曾交给县以下的行政机构。学者谓,“后汉大约一个县约设三个乡,一个乡设三四个亭,由于不仅乡,而且其下的亭也都能受理诉讼,这样,对于居住在乡村的人们来说,可以进行审判的官府实际上就近在身边。当时,多数诉讼首先在乡、亭受理”[⑥]。

---

① 陈高华:《元史研究新论》,上海社会科学院出版社 2006 年版,第 130 页。

② 郑鹏:《“轻罪过”与“重罪过”:元代的诉讼分类与司法秩序》,《江西社会科学》2019 年第 1 期。

③ 钱大群(主编):《中国法制史教程》,南京大学出版社 1987 年版,第 291 页。

④ [日]有高岩:《元代诉讼裁判制度研究》,载内蒙古大学历史系蒙古史研究室(编):《蒙古史研究参考资料》第 18 辑(1981 年),第 25 页。

⑤ 余兴安:《明代里老制度考述》,《社会科学辑刊》1988 年第 2 期。

⑥ [日]夫马进:《中国诉讼社会史概论》,范愉(译),《中国古代法律文献研究》(第六辑),社会科学文献出版社 2012 年版,第 22 页。

《教民榜文》特地规定，凡民事纠纷不经本管里甲、老人理断者，或里甲、老人不能决断，或已经老人、里甲处置停当而辗转告官，或自行越诉者均给予严惩，以确保这一规定得到实际贯彻和执行。里老听讼解纷的过程实际就是教化的过程。老人、里甲与当事人互为邻里，相比在城里开庭听讼的官员而言，其对当地“平日是非善恶，无不周知”，一些细小争端顷刻即可理断，不须费多大周折。即使要寻求证人、证据，往往可以就地解决。

据前引元朝《至元新格》，元朝已开始将户婚等细事交给里老、社长等人处理，明初与其做法类似。又据《明太祖实录》，洪武二十七年(1394)四月，明太祖“命民间高年老人理其乡之词讼。……命有司择民间耆民公正可任事者，俾使听其乡诉讼，若户婚、田宅、斗殴者，则会里胥决之，事涉重者始白于官，且给《教民榜》使守而行之”[①]。由《教民榜文》及《明太祖实录》可知，“乡间词讼”的诉讼起点为乡村高年老人，涉及户婚、田宅、斗殴等案件，由老人会同里胥共同处理；“事涉重者”诉讼起点为县衙，涉及奸、盗及诈伪等案件，由知县审理。论者谓，明代前期以老人为中心进行实质的“乡村审判”，有相当数量的纠纷以老人和里长为中心，不需向官府提诉，便在乡村得到处理。15 世纪，老人在受理当事人“投状”后，在纠纷处理框架中起着关键作用。16 世纪以降，纠纷和诉讼增加、激化，随之以老人、里甲制为中心的纠纷处理框架开始动摇，尤其是老人制在 16 世纪后半期失去其原有功能。于是，乡村社会中纠纷处理的主体多元化，里长、乡约、保甲、亲族、宗族组织、各类中见人、乡绅等多种主体承担包括诉状的受理在内的纠纷、诉讼处理责任[②]。

对不同诉讼类型，明朝后期出版的官箴书告诫官员审案时要有“大小事”之分，其程序、方式、是否关押被告及受理时间各有不同。嘉靖时期官员蒋廷璧提出，审理不同类型的案件时，“小事即时发落赶出，大事从容细审，不可一概将人收监”[③]。“人命强盗大事付房差人提，户婚斗殴小事即时审了”[④]。对于户婚等“小事”，官员可以即时审结，涉及命盗等“大事”的案件，则要细心研审。蒋廷璧还指出：

> 词状不可付房，吏就要告人钱，亦不可付佐贰，佐贰亦要人钱。不

---

① 《明太祖实录》卷二百三十二。

② ［日］中岛乐章：《明代乡村纠纷与秩序：以徽州文书为中心》，郭万平等（译），江苏人民出版社 2010 年版，第 112—113、259、285 页。

③ （明）蒋廷璧：《璞山蒋公政训》，载《官箴书集成》（第二册），黄山书社 1997 年版，第 3 页。

④ （明）蒋廷璧：《璞山蒋公政训》，载《官箴书集成》（第二册），第 3 页。

如将小事批里长户首。地方又知下情，不敢多取钱。[①]

词讼小事批抑里老拘审回报，大事准行亲提，或批送各衙问理，差人酌量地方远近，定立限期，拘勾犯人到官，先要研审所犯情节明白，方可拟罪。问完词讼卷宗并里老呈报批呈事件，查簿填销前件，发房收架备照。若有干系地方人命、强盗、假印重情，先行申达，合干上司。凡申上公文，著各房承行吏先查原发、原行、做稿、呈看，停当方许誊写施行。[②]

由上可知，其主张针对于婚户等诉讼，不如责令当地里长、户首负责传唤当事人。这一方面是为了避免衙役等人因“小事”而向当事人索要钱财，另一方面则是由于里长、户首对地方纠纷更为了解，有助于调查案情。这种观点为明朝曾任河南道监察御史的吴遵响应：“凡准词讼，勾摄不用公差，止批抑本图里长拘唤。”[③]对于命盗大案，疑犯有一定的危险性，则适合由衙役等公人拘传。吴遵认为，“除人命强盗奸骗外，其户婚田土愿和者，听”。与命盗要案审理方式不同，户婚等“小事”，官员可听凭当事人自行和息结案[④]，命盗要案则必须审结后申送上司。可以说，至明朝，诉讼分类观念及其不同司法实践基本固定下来。在语义上，“词讼”一词逐渐指户婚等民事案件，“案件”（或“大事”）则日趋指称命盗等刑事案件。

## 第二节　清代诉讼分类的框架

### 一、词讼与案件的分类及其内涵

清代诉讼大致分为“词讼”与“案件”两类，不过这种表述在不同法律文献中略有差异。据《大清律例》“越诉”律规定：“凡军民词讼，皆须自下而上陈告。若越本管官司辄赴上司称诉者，笞五十。注云：须本管官司不受理或受理而亏枉者，方赴上司陈告。”[⑤]此处“词讼”一词，据其上下文语境，泛

① （明）蒋廷璧：《璞山蒋公政训》，载《官箴书集成》（第二册），第3页。
② （明）蒋廷璧：《璞山蒋公政训》，载《官箴书集成》（第二册），第13页。
③ （明）吴遵：《初仕录》，载《官箴书集成》（第二册），第52页。
④ （明）吴遵：《初仕录》，载《官箴书集成》（第二册），第52页。
⑤ 《大清律例》，田涛等（点校），第473页。

指所有诉讼。这和明初《教民榜文》的“两浙、江西等处,人民好词讼者多,虽细微事务,不能含忍,径直赴京告状”[①]较接近。《教民榜文》中的“词讼”内涵,从前后文意思推论,既包括民事案件(“虽细微事务”,意即案涉细微的诉讼),又包括刑事案件。

但是,清朝取消了明初那种“诉讼分流”的机制。清代律例规定地方官必须全权审结诉讼事务,不得委托他人。乾隆三十年(1765)例文规定:“民间词讼细事,如田亩之界址沟洫,亲属之远近亲疏,许令乡保查明呈报,该州县官务即亲加剖断,不得批令乡地处理完结。如有不经亲审批发结案者,该管上司即行查参,照例议处。”[②]官员如将“词讼细事批委乡地处理完结”要罚工资一年[③]。但地方审判资源非常有限,这给地方官的社会治理造成巨大压力,地方官对此往往阳奉阴违,也是导致官方空前“贱讼”的客观因素。而在实践中,发生在管辖区内的户婚、田土、钱债纠纷通常都先由当地保甲长、族众调处,未经其调处径行报官者,官府往往批令先由乡保调处,调处不成方由官府受理。

《大清律例》还规定:“外省民人凡有赴京控诉案件,如州县判断不公,曾赴该管上司暨督抚衙门控诉仍不准理或批断失当,及虽未经在督抚处控告有案而所控案情重大事属有据者,刑部都察院等衙门核其情节,奏闻请旨查办。”此处“案件”针对命盗等刑事案件而言,因为接着乾隆三十四年(1769)三月都察院条奏定例又称:“其仅止户婚、田土细事,则将原呈发还,听其在地方官衙门告理,仍治以越诉之罪。”吴坛(乾隆朝曾官至刑部待郎)在该例后以“谨按”形式说明:以外省州县小民敢以户婚、田土细事来京控诉,必非安分之人,仅将原呈发还,无以示儆,拟于“听其在地方官衙门告理”下,添入“仍治以越诉之罪”一句[④]。由此可知,当事人若因“细事”赴京控诉,将被治以越诉罪,故排除在“案件”之外。同时,“细事”与“案件”的诉讼程序不同。循制度而言,“案件”当事人方可上控至京城,刑部、都察院才有可能受理、奏请皇帝查办,涉及“细事”的诉讼只能由地方官审理,京控者则要受到惩治。

“词讼”所涉范围,在清代影响甚广的地方性诉讼规则《状式条例》亦有

---

① 刘海年等(主编):《中国珍稀法律典籍集成》(乙编第一册),科学出版社 1994 年版,第 639 页。

② 胡星桥等(主编):《读例存疑点注》,中国人民公安大学出版社 1994 年版,第 686 页。

③ (清)姚雨芗(原纂)、胡仰山(增辑):《大清律例会通新纂》,文海出版社有限公司 1987 年版(影印),第 2945 页。

④ 马建石等(主编):《大清律例通考校注》,中国政法大学出版社 1992 年版,第 873 页。

体现。如晚清浙江黄岩县《状式条例》规定："词讼如为婚姻，只应直写为婚姻事，倘如田土、钱债、店帐，及命盗、为奸拐等事皆仿此。"①此处"词讼"主要指户婚田土钱债等案件，"命盗、为奸拐等事皆仿此"是与"词讼"并列的另一案件类型。再比如，嘉庆二十一年浙江巡抚依据《大清律例》，重申"照得例载词状止许一告一诉……以后除人命奸盗重情外，其余户婚田土钱债斗殴，一切寻常词讼，止许一告一诉"②。从语词用法上分析，此处将"人命奸盗重情"与"户婚田土钱债斗殴"等寻常"词讼"作为并列的两类诉讼。晚清《樊山政书》收录了作者对陕西各地知县上报的"自理词讼月报清册"的批复，其中"词讼"的表述泛指户婚田土钱债等纠纷③。

由于律例未对这两类诉讼类型完全统一明确命名，故其在不同场合的表述时有差异。比如在清中期，时人提及律例和"处分则例"开载："州县自理户婚、田土等项案件，定限二十日完结，仍设立号簿，开明已、未完结缘由。"④此处"案件"一词当系民事案件，其范畴在彼时实为"词讼"。似乎为了与刑事案件作区别，例条在"案件"之前加上限定词"自理"。可见"案件"一词有时包括刑、民事案件在内，并无特指，比如"向来问刑衙门承讯案件，完结各有定限。……凡有自理暨承审上控、京控案件，均须随到随讯"⑤就是此种情况。《大清律例》涉及"词讼"一词的条款主要包括："教唆词讼"律，规定惩处讼师教唆当事人健讼的为害扰民行为；"军民约会词讼"律，规定涉及人命、奸盗及户婚等案件的军人，由其主管机构约同民政机构一同会审；"官吏词讼家人诉"律，规定官员涉及婚姻、钱债、田土等事时由其家人告官对理⑥。除"官吏词讼家人诉"律中的"词讼"涉及的诉讼大致类似民事案件外，其他两条律文中的"词讼"一词均是泛称。

另外，时人也有把案件分为"简凡"和"繁剧"两类的。如在1756年，汪辉祖身为幕友（乾隆年间曾于湖南任知县），因病滞留于无锡府。当地官员的幕友就一起棘手案件，向汪辉祖咨询该案应当作为"简凡"（普通非法私

---

① 田涛等（主编）：《黄岩诉讼档案及调查报告》（上卷），法律出版社2004年版，第41页。

② 《治浙成规》卷八《词状被告干证佥发差票、细心核删不许牵连妇女多人》。

③ （清）樊增祥：《樊山政书》卷十一对陕西城固县、洛南县及山阳县等县令自理词讼月报清册的批复，宣统二年金陵刊本。

④ （清）包世臣：《齐民四术》，第252—253页。

⑤ 《大清法规大全》，台北考正出版社1972年影印版，第1659—1660页。

⑥ 《大清律例》，田涛等（点校），第490—493页。

通案件)来裁断,还是以“繁剧”(服制下的亲属间乱伦关系)来处理[①]。但这与“词讼”与“案件”这种诉讼分类命名相比,并不常见。

虽然两类诉讼的表述在不同场合略有变异,但其各自范畴基本确定。在清代诸多官方行文中,“词讼”主要涉及田土、户婚等民间利益纠纷。如雍正五年(1727)四川巡抚宪德奏称:“川省词讼,为田土者十居七八,亦非勘丈无以判其曲直。”[②]汪辉祖认为:“词讼之应审者,什无四五。其里邻口角,骨肉参商细故,不过一时竞气,冒昧启讼。”[③]这些表述均反映出,当时诉讼分类在律例与地方法规中多有制度性区别。

## 二、处理程序的差异

首先,诸如命盗等重情案件可随时呈告,自理词讼则通常遵循三、八放告日投交诉状。如刘衡规定:“寻常案件定于三八放告日当堂收呈,此外各日切勿滥收也。……至如命盗、斗伤、抢亲等案,则应各就地方情形择其尤要者,酌定十条或八九条,刊刻宣示,准其随时喊禀。”[④]同治年间,江苏青浦县知县陈其元也深受这一做法影响[⑤]。嘉庆二十二年(1817)浙江按察司发布法令:“除命盗重情随时呈告外,其余词讼事件只许按照告期投呈。”[⑥]光绪九年台北府淡水县衙所称“不遵俟放告日期报递者”,状纸不予受理[⑦]。《大清律例》未统一规定词讼的放告日,放告时间多由地方官员设定。因此,各地放告日各有不同,有三八放告,也有三、六、九放告,甚至有的主张每天都放告的。如雍正八年(1730)河东总督田文镜撰、雍正批准颁发各州县通行的《钦定训饬州县规条》规定:“州县放告不可拘三六九日期”[⑧],但州县官政务极其繁忙,此要求不切实际。《福建省例》则规定对当事人“不候放告日期”者要进行惩治[⑨]。

其次,诉讼分类不仅有法定区分与界定,涉及的惩罚与处理程序也各

---

① 参见[法]巩涛:《失礼的对话:清代的法律和习惯并未融汇成民法》,邓建鹏(译),《北大法律评论》(第10卷第1辑),北京大学出版社2009年版,第109页。清代偶有官员将叛逆案、人命案、盗劫案、乱伦案称为“繁剧”,将田债、房产、婚姻等民事案件称为“简凡”,大致是从案件审理的难度及社会危害性两个标准划分,但不常见。

② 《清史稿》卷二九四《宪德传》。

③ (清)汪辉祖:《佐治药言·息讼》。

④ (清)刘衡:《庸吏庸言》上卷《理讼十条》。

⑤ (清)陈其元:《庸闲斋笔记》,杨璐(点校),中华书局1989年版,第291页。

⑥ 《治浙成规》卷八《严禁书差门丁传词坐承坐差等弊》。

⑦ 淡新档案号22609-32,淡新档案缩微胶卷,美国哥伦比亚大学东亚图书馆馆藏。

⑧ (清)田文镜:《钦定训饬州县规条·放告》。

⑨ 《福建省例》,台湾大通书局有限公司1997版,第971页。

有差异。时人对此二者内涵作了较准确的阐明："窃照外省公事，自斥革衣项、问拟杖徒以上，例须通详招解报部，及奉上司批审呈词，须详覆本批发衙门者，名为案件；其自理民词，枷杖以下，一切户婚、田土钱债、斗殴细故，名为词讼。"[①]"案件"所处刑罚为杖徒以上，处理程序通常为上报至刑部，或奉上级衙门之命审理，且必须向该衙门详细回覆；"词讼"则由州县官自行审理，被告所处惩罚为枷杖以下，涉及案情包括户婚、田土钱债、斗殴细故。

再次，词讼与案件由衙门内部不同机构（房）承办或执行。清代州县效仿中央六部职能划分，在衙门设置吏、户、礼、兵、刑等房，视衙门事务繁简，不同州县房的名目设置略有不同，衙门各房处理与职能相对应的纠纷。比如，黄宗智发现晚清台湾新竹县"凡借贷、田土、婚姻等案即（由门房）移送钱谷幕友；窃盗、殴打、赌博等即移送刑名幕友审阅"；与此相应的行政划分便是衙门内的户房与刑房[②]。在清代巴县，"礼房承办祠堂庙宇，家庭债帐婚姻，杂货药材；刑房承办命、盗、抢、奸、娼、匪、飞、走、凶、伤；户房承办田房买卖、粮税、租佃与逐搬、酒税等案"[③]。由此可知，清代通常由户房（有时包括礼房）承办词讼，刑房承办案件。当然，"六房"差役承办案件经常有交叉，致使差役相互争夺案源以获得讼费而生争执[④]。

## 三、诉讼分类对幕友读物的影响

受诉讼分类机制影响，作为雇主私人的"法律助理"，代理州县官员草拟案件裁决的幕友亦有不同分工。幕友种类有多种，其中重要的分别为刑名幕友和钱谷幕友。前者主要协助州县官分管刑事治安案件、纲常名教重事等，后者主要协助州县官分管民事争讼[⑤]。不过，不同案件之间存在交叉现象。对此，乾隆朝中期著名法律专家王又槐指出，如果争讼标的仅为田地、房屋、债务、买卖产业、纳税验契等类纠纷，则交由钱谷幕友办理，如

---

① （清）包世臣：《齐民四术》，第 251—252 页。

② ［美］黄宗智：《清代的法律、社会与文化：民法的表达与实践》，上海书店出版社 2001 年版，第 206—207 页及第 206 页注释（1）。

③ 四川档案馆（编）：《清代巴县档案汇编》（乾隆卷），档案出版社 1991 年版，"绪论"第 2—3 页。

④ 比如，乾隆二十七年—三十年，巴县皂班、壮班争办差务引起争执，参见四川省档案馆（编）：《清代巴县档案汇编》（乾隆卷），第 227 页。另参见邓建鹏：《从陋规现象到法定收费：清代讼费转型研究》，《中国政法大学学报》2010 年第 4 期。

⑤ 高浣月：《清代刑名幕友研究》，中国政法大学出版社 2000 年版，第 36—40 页；Li Chen, "Legal Specialists and Judicial Administration in Late Imperial China, 1651 - 1911," *Late Imperial China*, Vol. 33, No. 1 (June 2012), pp. 3 - 4.

果争讼标的涉及斗殴、奸情、诈骗、争夺坟山、婚姻以及有关伦常纲纪、名分礼教以及命盗等案件,则由刑名幕友处理[①]。与此相关,当时流行着主要面向刑名幕友的幕学读物。比如《刑幕要略》一书详于办案、盗贼、人命、斗殴等方面的论述,户役、田宅、婚姻及市廛等方面则几乎一笔略过。《招解说》亦是地方官吏与刑名幕友针对审理刑事重案的经验心得。此外,诸如《琴堂必读》《办案要略》《幕学举要》等幕友读物均详于命盗等重案的处理,对民间细故案件的论述极简。其中,《琴堂必读》内容文字及各篇名实与《办案要略》大同小异,异者在于《琴堂必读》增加"断狱总要""验伤""办案疑要""揭参""论抚恤难番""论习幕"等篇[②]。对刑事重案的处理更事关官员考成,故相关幕友读本多见。以在幕友群体中颇具影响力的《办案要略》为例,该书除"序"外共十四篇,其中,"论命案""论犯奸及因奸致命案""论强窃盗案""论抢夺""论杂案"诸篇主要分析命盗等重案的侦查、审讯及法律适用等问题,而"论批呈词""论详案""叙供""作看""论作禀""论驳案""论详报""论枷杖加减""论六赃"等则主要涉及下级回应上级的程序性问题,对户婚、田土等自理词讼几乎没有论及。不仅如此,清代中后期开始,出现了大量经刑部审理的案件汇编著作,比如《例案全集》《成案汇编》《成案续编》《例案续增全集》《驳案成编》《驳案新编》《成案续编二刻》《成案备考》《成案新编》《刑部比照加减成案》[③]《驳案汇编》[④],和《刑案汇览》《续增刑案汇览》《新增刑案汇览》和《刑案汇览续编》四书[⑤]等等,这些作品均详细讨论司法机构处理命盗等重大案件时的法律适用问题,以供幕友研习或官员司法审判时参考。相比之下,专门以探讨如何审理词讼为主题的幕友读物则几近稀缺。

---

① (清)王又槐:《办案要略·论批呈词》,光绪十八年浙江书局刊本。

② 《刑幕要略》,不著撰者,光绪十八年浙江书局刊本;《招解说》载《明清公牍秘本五种》,郭成伟等(点校整理),中国政法大学出版社 1999 年版,第 551—644 页;(清)白云峰:《琴堂必读》,道光二十年嘉平月镌,芸香馆藏板;(清)万维翰:《幕学举要》;(清)王又槐:《办案要略》。论者谓,王又槐著《办案要略》主要内容源于白如珍撰《刑名一得》,《刑名一得》和《辨案要略》有各自传抄转录的流传途径,流传中增删,二者相互校补,形成新的幕学书。《琴堂必读》则是后来从《办案要略》辗转抄写而成。郭润涛:《〈办案要略〉与〈刑名一得〉的关系及其相关问题》,《文史》2014 年第 1 辑。

③ 以上书目相应信息、馆藏地址及简介,参见 Zhiqiang Wang, "Case Precedent in Qing China: Rethinking Traditional Case Law," *Columbia Journal of Asian Law*, Vol. 19, No. 1, Spring 2005 - Fall 2005, pp. 327 - 332。

④ (清)全士潮、张道源等(纂辑):《驳案汇编》,何勤华等(点校),法律出版社 2009 年版。本书为《驳案新编》《驳案续编》合刊本,以便司法者"引证比附之取资"。

⑤ 此四书参见杨一凡(总主编):《〈刑案汇览〉全编》。

## 第三节 诉讼分类对社会的影响

### 一、诉讼分类与官员司法偏好

听讼是上级对州县官业绩考核的指标之一。不过，上级机关对词讼与案件的考核与重视程度不同，因此州县官对词讼与案件所花时间与精力有异，以致深刻影响他们对待不同诉讼的审理方式与态度。张五纬的个人经验是："命盗事贵慎密，每在内堂或于别室问之。除经承原差外，虽本衙门之书役，亦不令其傍观看。盖是非曲直，民间不能即知。若词讼须示期听断，兼有早午晚堂之约。"[①]张经田（乾隆年间进士、曾官至贵阳兵备道）认为："亲民之官莫如州县官，以治民而其要归于爱民。凡于命盗案件，罪名出入，民命所关，皆知讲明切究，加意慎重，每于词讼辄轻心掉之，而不知累人造孽多在于此。"[②]张经田认为州县官对命盗案件"加意慎重"未必符合所有官员的所作所为，但是其指出对于自理词讼，官员往往掉以轻心，基本符合事实。此如刚毅（光绪年间曾任山西、江苏等地巡抚）所述：

> 州县自理词讼，不过户婚、田土，视为无关紧要，而小民身家即关于此。常见一纸入官，经旬不批，批准不审，审不即结。及至审结，仍是海市蜃楼，未彰公道。徒使小民耗费倾家，失业废时[③]。

这些论述可以与当时旁观者的观察相互佐证。包世臣观察与分析官方应对诉讼分类甚为深刻：

> 查外省问刑各衙门，皆有幕友佐理。幕友专以保全、居停、考成为职，故止悉心办理案件，以词讼系本衙门自理之件，漫不经心。……然州县莫不以获上为心，常有上司指为能员，而民人言之切齿者。此皆是词讼为无关考成，玩视民瘼；或以既得於上，反恣意朘削其民之

---

① （清）张五纬：《未能信录》，载杨一凡等（主编）：《历代判例判牍》（第九册），中国社会科学出版社2005年版，第504页。

② （清）张经田《励治撮要》，载《官箴书集成》（第六册），第55—56页。

③ （清）：刚毅《牧令须知》卷一《听讼（附告示）》，光绪十八年京师刊本。

故也。[①]

包世臣分析的上述现象在当时有一定的普遍性。案件需要经过一系列审转覆核机制,层层上报至巡抚、总督、刑部甚至皇帝,在这个过程中,地方官的司法审判将受到上司监控,相关评价与考核为决定其仕途升降的因素。包括省级官员在内的地方官一旦拟判有错,很可能受上级严厉批评,甚至送交吏部处分,严重者则将承担刑事责任。比如,嘉庆年间,精通刑律著称的陈若霖任湖北按察使时,“勘办秋录,以失出十五案为部臣指驳。仁宗谕曰:‘陈若霖刑部老手,何至失出十五案之多?’坐降四品顶戴,拔去花翎”[②]。另据乾隆年间的惯例:“巡抚岁决狱,有失入者,部臣以轻重议罪;有失出者,议罚之。”[③]因此,作为地方官员的私人法律助理,幕友协助审理此类诉讼时更有可能全力以赴。而词讼由地方官自理,不必层层审转覆核,就算每月要向上级申报自理词讼清册,却有诸多机会瞒报、少报甚至不报词讼。比如晚清樊增祥在陕西按察使任上批评下属州县:“各属月报册大抵三两案居多。本司是过来人,岂不知某州某县每月当有若干报者?……更有庸猾州县,……不但少报,而且直头不报。”[④]虽然高层官员以爱民的口号指令地方官悉心对待词讼,但是,精审词讼并非决定仕途升降最重要因素。因此,高层官员赏识的那些勤于处理案件的官员,因疏于审理词讼,正可能是民众切齿痛恨的对象。

## 二、官员司法偏好对当事人的影响

官员审理案件与词讼时的态度与方式各不相同,特别是词讼不易得到衙门的认真审理,迫使词讼当事人采取某些应对方式。明代即有人称:“词状不准小事,人气不过,寻大事来告,或又去上司告理。又人多以小事诈作大事,欲官府听当,仔细审之。”[⑤]在这种诉讼分类与官员不同偏好影响下,民众私人间的利益纠纷为律例与司法机制漠视。但是,对自身利益的维护源自人的本能,词讼当事人一方面夸大其词,甚至将单纯的自理词讼作刑事化叙述,以此吸引主审官员的眼球;另一方面,当事人则以“泣求讯追”

① (清)包世臣:《齐民四术》,第 252 页。

② (清)陈康祺:《郎潜纪闻四笔》,中华书局 1990 年版,第 138 页。

③ (清)陈康琪:《郎潜纪闻初笔二笔三笔》(下),第 680 页。

④ (清)樊增祥:《樊山政书》卷十二《批石泉县词讼册》。类似批评参见该书同卷《批宁羌州赵牧自理词讼月报清册》。

⑤ (明)蒋廷璧:《璞山蒋公政训》,载《官箴书集成》(第二册),第 12 页。

“求提讯追”“乞恩提究”“叩求提究”“迫求拘办”“哀求严办”“垂怜作主追究”等表述[①]，以低三下四的姿态向官员呈上诉状，乞怜州县官员“恩赐”受理状纸。这种哀怜式语言表述固然因官民悬殊的等级身份所致——当事人在诉状中一般自称虫、蚁或窃[②]，但同时也是官方不愿受理或限制受理词讼，招致当事人苦苦哀求的结果。此类表达及其针对不同案情的使用方式，在当时讼师秘本中有详细收录[③]。讼师秘本的这些内容，是回应对诉讼当事人市场化需求的产物。讼师业务与讼师秘本指导词讼当事人以夸大其词的方式撰写诉状，亦与此种司法环境相关。

与幕友作品或读物有显著差异的是，讼师秘本并不仅限于详细论述命盗类案件诉状的撰写方式，提供详细诉讼技巧，其对自理词讼类诉状的撰写方式与诉讼技巧亦同样提供细致说明。比如，《萧曹致君术》除了详论人命类案件的诉状撰写外，还对婚姻类、斗殴类、债负类、产业类、继立类、坟山类等有详细论述[④]。同样，另一本清代颇有影响的讼师秘本《透胆寒》中，内容除涉及首淫类、

（图二　讼师秘本《新镌透胆寒》封面。所谓“湘间补相子”“本衙梓行”，皆非真实作者姓名或出版机构，目的是为了避免律例关于打击讼师秘本作者、出版商的规定）

① 类似表述，参见田涛等（主编）：《黄岩诉讼档案及调查报告》（上卷），法律出版社 2004 年版；《万承诉状》，王昭武（收集）、韦顺莉（整理），广西人民出版社 2008 年版，第 3 页。

② 英国人威妥玛收录的清代状纸样式中，当事人有自称为“蚁”的表述。参见 Thomas Frances Wade, *WEN CHIEN TZU-ERH CHI*（文件自迩集），*A Series of Papers Documentary Chinese*, Kelly and Walsh, Limited, 2end edition, 1905, p. 56。该书 1867 年首版。

③ 卧龙子（汇编）：《萧曹致君术》卷一，本衙藏板；《新刻法笔惊天雷》，载杨一凡（主编）：《历代珍稀司法文献》（第十一册），社会科学文献出版社 2012 年版，第 247—248 页。

④ 卧龙子（汇编）：《萧曹致君术》，本衙藏板。

贼盗类、叛逆类、人命类等命盗重案外,还涉及坟山类、房屋类、婚姻类、田土类等词讼[①]。这些讼师秘本均或多或少指导词讼当事人叙述案情时作适当夸张,目的只有一个:引起承审官注意。讼师秘本的这种特征及词讼当事人的做法,实为其对官府消极处理词讼而无奈的制度性回应。

## 三、上级考核重心对官员司法偏好的影响

州县官由上级任命,在层层向上级负责的专制集权政治体系下,官员考核标准首先基于王朝的统治稳定出发。《大清律例》“告状不受理”律文明定官员未及时受理谋反、叛逆类案件,处刑杖一百、徒三年;未受理恶逆类案件,处刑杖一百;未受理杀人及强盗类案件,处刑杖八十;官员未受理斗殴、婚姻、田宅等案件的,各减犯人罪两等,最高刑仅为杖八十[②]。与词讼相比,命盗、谋反、叛逆及凶杀等案件严重威胁统治秩序,地方官对此类案件的审理业绩成为朝廷考核重点,也是考察官吏绩效的重要指标。律例对官员违规处理不同诉讼的惩罚存在显著差异。与明代规定自理词讼应先由里甲、老人理讼不同,清代律例规定,州县官如“词讼细事批委乡地处理完结,罚俸一年;若命盗案内紧要情节及重大事件滥批乡地查覆,降三级调用”[③]。官员倾向于对待词讼漫不经心、草草了事。

《大清律例》“告状不受理”律雍正三年(1725)定例声称“如该地方官自理词讼,有任意拖延使民朝夕听候,以致废时失业,牵连无辜,小事累及妇女,甚至卖妻鬻子者,该管上司即行题参”[④],但是在实践中,地方官员对词讼含糊了事的态度向来无法避免,仅因未按时及公正审理词讼而被上司问责或处罚的地方官较为罕见。根据学者的大数据量化分析可知,清代地方官造成升调的治绩因素,第一是吏治,第二文教,第三刑名。在刑名方面,基层地方官之治绩均以锄奸除暴(即捕缉盗贼、严惩刁猾)为最多,听断明允次之。造成知县降革的原因中,排名第一的则是钱粮,第二是吏治,第三是忤上官,第四是军务,第五才是刑名[⑤]。由此观之,刑名事务,尤其是公正处理自理词讼与轻微刑事案件并非影响州县官前途的重要因素。与刑事重案相比,词讼当事人启动诉讼多有限制。除限定放告日,各地诉讼规

---

① 《湘间补相子原本新镌透胆寒》,大业堂梓行,或所谓“本衙梓行”,版本不一。

② 《大清律例》,田涛等(点校),第 478 页。

③ (清)姚雨芗(原纂)、胡仰山(增辑):《大清律例会通新纂》,第 2945 页。

④ 《大清律例》,田涛等(点校),第 479 页。

⑤ 李国祁、周天生、许弘义:《清代基层地方官人事嬗递现象之量化分析》(第 1 册),台北“行政院国家科学委员会”丛书第七种,“行政院国家科学委员会”1975 年印行,第 46—49 页。

则对词讼当事人提交状纸的数量亦作了限制。这种对审前诉讼行为的种种规制与防范,均主要针对词讼而言,至于案件,则甚少此类限制。

近年,有海外学者重新反思韦伯关于传统中国法律的论述,认为中国官员司法判决中的恣意所受制约远比韦伯声称的严格,判决恣意受限并非主要是因为"神圣传统",而是因为成文法典中关于司法审判义务的规定。事实上存在比韦伯认识到的更多的法律技能,当事人也并不仅是专横制度被动的受害者[①]。这种见解主要基于传统中国成文法典的相关表述,比如《大清律例》确有许多约束司法官员恣意的限定[②],的确表明了清律的高度理性和法制文明。但在司法实践中,官员审讯与判决中表现出的恣意绝非罕见。比如前文所述,张集馨在山西、四川等地发现大量州县官听讼时严重违法违规[③]。基于张集馨在山西、陕西、福建、四川和贵州等多省丰富的仕宦经验,我们有理由认为张集馨的发现在道光与咸丰时期更具普遍性。

## 四、处罚与裁判依据的差异

有学者早期曾认为,清律中关于户婚田土的法律规范,绝大部分应属民事法律规范,但统治者不分刑、民,这些条文,除了规定用经济手段制裁外,几乎全部附带有严苛的刑罚手段,最轻也要笞一十。在全部民事法律规范中,仅有两三条不受刑[④]。仔细考察清代司法档案可知,州县衙门对单纯民事纠纷的处理甚少采取笞杖等刑事惩罚。尤其这些民事纠纷间当事人不存在殴打辱骂、以下犯上、赌博、诬告或欺诈等严重违背正统道德或伦理纲常的行为时,知县并不对当事人进行责惩。黄宗智研究清代州县审判时指出,当时在实践中认定细事争端的处理鲜用刑罚[⑤]。比方,道光六年(1826),巴县卢楚传欠王恒茂债务高达银二百六十六两,且卢楚传多次违背知县限定还钱的时间,但均未受到刑事责惩[⑥]。此类民事纠纷的审理并不像《大清律例》给我们的那种印象:绝大多数民事纠纷都将伴随着刑事责惩。

总体而言,词讼与案件分类既与案情本身的性质与构成要素有关,同

① See Robert M. Marsh, "Weber's Misunderstanding of Traditional Chinese Law," *American Journal of Sociology*, Vol. 106, No. 2 (September 2000), p. 298.

② 《大清律例》,田涛等(点校),第 579—602 页。

③ (清)张集馨:《道咸宦海见闻录》,第 45、95—97、101、104、112 页。

④ 曹培:《清代州县民事诉讼初探》,《中国法学》1984 第 2 期。

⑤ [美]黄宗智:《清代的法律、社会与文化:民法的表达与实践》,上海书店出版社 2001 年版,第 147、208 页。

⑥ 巴县档案号 6-3-6164。

时也与事后判决结果及量刑轻重相连，词讼为枷杖以下，案件为徒罪及以上。这两类诉讼裁决时的依据各有不同，如后文所述，自理词讼的裁决主要以官员对情理、习俗和对公平正义的理解与把握为依据，以息事宁人为主要目标；命盗案件进入审转覆核体系后，其裁决则主要以律例为依据（“断罪引律例”）。当然，公平正义和情理习俗等因素与当时的法律规范未必截然两分或对立。毕竟，《大清律例》涉及民商事纠纷的条文虽常以刑罚相威胁，但其要旨一定程度亦本源于当时的公平正义和情理（reason）观念（比如“欠债还钱”“父债子还”），这同英美的民事侵权法（Torts）或合同法的或者相关判例法有近似之处。

然而，地方官员对情理、习惯或公正的理解及其具体内涵的把握，往往临时视词讼的具体案情而定，这与作为可先行预测并以之为案件裁判依据的律例有本质差异。诉讼分类理念影响司法制度与实践，在同一诉讼法制体系之下，官员对案件与词讼的审理存在差异。词讼与案件的界线在州县官员于具体个案的审理中进一步清晰化。因此，诉讼分类依赖法制（文本）与审理（行动）的结合。其区分带有州县官员判断的主观性，但受法制及审理权限的制约，其界线与区别客观存在。

综上所述，无论是《大清律例》的表述，还是各级官员的论说与实践，词讼与案件的分野都有较为清晰的界定。划分词讼与案件的法定标准既包括处罚结果（基本以徒为界线），也包括案件本身的性质或构成要素（户婚、田土等案件与命盗等案件对立）。法律对诉讼分类有较明确界定，至少循制度而言，州县官员对诉讼按词讼还是案件来处理的自主性并不大，尽管在司法实践中未必如此。教导州县官为政的手册（官箴书）对民刑事案件的区分多有较明确的认识。诉讼分类也并非都贯穿着以刑统罪的传统。在清代州县司法实践中，对于词讼一般甚少处以刑罚。

## 五、自理词讼的漠视及其负面影响

涉及户婚田土等的诉讼称为“词讼”（或“自理案件”“细事”），把涉及谋反、命盗等的诉讼称为“案件”（或“重情”）。这种分类主要受朝廷和官僚群体自我利益因素的驱动——民事争讼主要涉及私人间的田土钱债纠纷，与官府没有直接利益关系，官方对民众参与词讼一般持否定态度。一旦诉讼与政治利益有关，如对于严重影响统治秩序的命盗重案，统治者的态度则截然相反。正如学者认为，每当事关统治者的根本利益时，法律非但不限制诉讼，反而加（百姓）以控告和（官府）受理之强制性义务，从而显示出国家政治秩序高于一切的价值取向；而其间有关诉讼时限的规定更是进一步强化这种价值取向[1]。受此影响的诉讼分类方式在清代偶被一些有识之士批评。张五纬认为:“人每重视命盗,轻视词讼,不知命盗为地方间有之狱,民词为贤愚常有之事。”[2]方大湜(咸丰朝以降曾在湖北等地任知县、知府)的看法与此近似:

户婚田土钱债偷窃等案,自衙门内视之,皆细故也,自百姓视之,则利害切己,故并不细。即是细故,而一州一县之中重案少,细故多。必待命盗重案而始经心,一年能有几起命盗耶?[3]

嘉庆十年(1805),狄尚絅(乾隆四十六年进士,曾先后任广东香山代理知县、江西南康知府)也曾指出:“人知命、盗巨案之当慎,不知婚姻、财产细务,尤不可忽。盖必原情度势,使可相安於异日,不酿成别故,斯为善耳。”[4]但是,地方官对婚姻、财产类案件的重视在当时并非主流。针对民众经常上控到知府衙门,魏锡祚(雍正年间曾任江西提刑按察司副使)认为:

无论本府职分不宜受理,纵极欲准,亦念一经本府批查,县官势必出差拘唤。差役持票,辄谓上司词件,遂肆虎威,锁囚炙诈,厌欲则投审,不厌欲则羁囚。……破家荡产者有之。迨至县审详覆本府批结,业已拖累多人,废时失事。言及此,尚忍轻准一词,轻批一笔耶?乃尔民不察,听信讼师,妄以睚眦之仇,雀角之怨,跋涉远来投词控告。及批不准,又无面目归见江东父老,不得不守候下期再告。……而舟车已费,旅食已艰,家有倚门之望。……嗣后凡系重大事情,果被冤枉,县不究理者,方许赴控。其余一切户婚田土钱债斗殴,以及争夺坟茔等事,俱各忍耐息讼。[5]

地方大吏认为,只有“重大事情”,确被冤枉,才可以赴控。官方视野中

---

① 胡旭晟:《中国传统诉讼文化的价值取向》,《中西法律传统》(第二卷),中国政法大学出版社 2002 年版,第 175 页。

② 张五纬:《未能信录》,载杨一凡等(主编):《历代判例判牍》(第九册),中国社会科学出版社 2005 年版,第 504 页。

③ (清)方大湜:《平平言》卷三《勿忽细故》。

④ 《清史稿》卷四百七十八《循吏三》。

⑤ (清)魏锡祚:《魏锡祚告示》,载杨一等(编):《中国古代地方法律文献》(乙编第九册),第 458—459 页。

的田土钱债,实如"鼠牙雀角",本属无关紧要。但是,对于大量穷民而言,此为当事人维持生存的重要资源,不可不告。当时司法制度存在巨大缺陷与诸多弊端(如魏锡祚所云差役"锁囚炙诈"等等),官员很少思考如何弥补制度的缺陷,却以制度本身的欠缺吓阻当事人涉讼。

在清代,恰因自理词讼起初不过关涉细故,为官方所忽视,最后酿成大案。道光年间,曾任新会县知县的聂亦峰经手勘得"赵祖勋与莫廷蕙等控争一案,其初不过区区一田土细故耳。而何以构讼数十年,历官八九任,田更数主,……以致五命告凶,八伤成废,诸嫠抢地,两造呼县,诉遍上台,委提下县"[①]。有论者谓,之所以出现这种严重的后果,一是官员未重视田土"细故",二是对实地踏勘仅走了个形式[②]。所谓"细事"是从官府角度而言,此类单纯的民间利益纷争与官府关系甚小,从当事人角度而言,却事关重大。词讼与案件的分类以及官府贬低词讼,实为官僚集团自利倾向的表现之一。这一分类机制如同其他类似制度(比如地方性诉讼规则《状式条例》)近似,预先过滤出官员认为不必要或与其自身利益关系不大的词讼,从而将司法方面有限的精力聚焦于案件。尽管张五纬等人的批评有现实依据,但在晚清法律改革以前从未动摇这一分类标准。

## 六、诉讼分类的近代终结

绝大多数自理词讼在州县一级结案。在一些商业发达的地方或宗族势力庞大的区域,争议标的巨大的词讼则有可能突破州县的审结,上升到府、省甚至到京城控诉。邱澎生认为,在诸如重庆等商业发达的城镇中,商业讼案(包括航运纠纷)更有机会超越"州县自理"层级,进而上升为府级以上官员承审的重大案件;所谓"钱债"案件一般多属"州县自理"的说法,并不适用于这些经济发达城镇中商业讼案的实际审理情形。将重庆这类经常发生商业诉讼的城镇法庭,等同于其他工商业较不发达的县级法庭进行司法审判的方式,其实是不合时宜的[③]。一方面清代法制与实践中,"词讼"与"案件"分类主要针对农业地区纠纷简单的环境,这种诉讼分类制度未顾及到时代变化、区域差异及适应商业发展等变数;另一方面,影响较大的诉讼(比如商业纠纷、坟山争讼)也可能上控甚至在京控时被中央司法部

① (清)聂亦峰:《聂亦峰先生为宰公牍》,第108页。

② 李启成:《"常识"与传统中国州县司法——从一个疑难案件(新会田坦案)展开的思考》,《政法论坛》2007年第1期。

③ 邱澎生:《国法与帮规:清代前期重庆城的船运纠纷解决机制》,载邱澎生等(编):《明清法律运作中的权力与文化》,台北联经出版公司2009年版,第329页。

门所接纳。比如学者指出，在清代坟山争讼案中，当事人之所以京控并且案件得到皇帝重视，一为诉讼当事人之一在刑部门前自刎身亡，词讼转化为人命案件；二为争讼标的为一片面积很大的山①。这侧面说明清代（尤其是中后期）诉讼当事人在努力突破王朝对词讼与案件的简单二分，尽管这种努力仅获得上级有限认可，且通常都是一些特殊词讼，并非常见“细事”。

至晚清法律改革之前，传统的诉讼二分并未改变。在晚清政府与英国列强签订涉及领事裁判权的《烟台条约》时，规定“至中国各口审断交涉案件”，如原告为英国人，被告为中国人，则英国领事有前往观审之权。此处的案件实指刑事案件。但在移植西法之前，中国并无近代西式的民、刑之分观念，复使列国观审权往往扩张至华洋混合民事案件②。受西法东渐影响，晚清关于诉讼分类的理念与制度方进一步明确化。在1907年，《各级审判厅试办章程》首次以法律的形式确立了民事案件与刑事案件的区别：凡审判案件，分刑事、民事二项，其区别如下：一、刑事案件：凡因诉讼而审定罪之有无者属刑事案件。二、民事案件：凡因诉讼而审定理之曲直者属民事案件③。这种区分终结了“词讼”与“案件”的分类基础与理念。

---

① 张小也：《对清代“民法”与“民事诉讼”的考察——以〈刑案汇览〉中的坟山争讼为中心》，《学术月刊》2006年第8期。

② 张世明：《法律、资源与时空建构：1644—1945年的中国》（第四卷），广东人民出版社2012年版，第379—380页。

③ 《各级审判厅试办章程》第一条，载《大清法规大全》，第1857页。

# 第二章　审前行为的控制

诸如《大清律例》这样的国家法典长期成为学者重点关注的对象。近年来，清代地方法规逐渐进入研究者的视野，但相关研究多综合论述省级法规（省例）的存世状况、其与国家法典的关系、省级法规的基本结构、性质特征和内容概述①。省级以下地方法规，如府、道及州县发布的具有约束力、针对本地不特定对象反复适用的告示、章程、禁令等规范性文件等，则尚未得到深入研究，结合地方法规对民众诉讼等某一方面进行专门的研究目前尤为少见②。近年，专题研究约束清代当事人行为的有关法规较为鲜见。这一方面或与学者自身的学术兴趣有关，另一方面同清王朝相关立法简陋有关。郑秦认为，以清代州县审判程序而言，遍查《大清律例》等清代法令类官书，也难以得到系统的概念③。本章专注州县官对当事人审前程序规范化的机制——《状式条例》，分析《状式条例》的渊源与流变；《状式条例》主要内容及其与律例的关系；《状式条例》的适用及其所反映的价值观。

---

① 这方面重要研究有［日］寺田浩明：《清代の省例》，载［日］滋贺秀三（编）：《中国法制史——基本史料の研究》，东京大学出版会 1993 年版，第 657—714 页；王志强：《清代的地方法规——以清代省例为中心》，载王志强：《法律多元视角下的清代国家法》，北京大学出版社 2003 年版；［日］谷井阳子：《清代省例则例考》，载杨一凡（总主编）：《中国法制史考证》（丙编第四卷），中国社会科学出版社 2003 年版；苏荣誉：《清代则例的编纂、内容和功能》，载 *Chinese Handicraft Regulations of the Qing Dynasty*: *Theory and Application*, edited by Christine Moll-Murata, Song Jianze, Hans Ulrich Vogel, München, 2005, pp. 105 - 107. 清代地方法律文献汇编参见杨一凡等（编）：《中国古代地方法律文献》（乙编），世界图书出版公司 2009 年版。

② 这方面研究，著者所见只有［日］谷井阳子：《清代省例的基本特征和对于工程的适用》，载 *Chinese Handicraft Regulations of the Qing Dynasty*: *Theory and Application*, edited by Christine Moll-Murata, Song Jianze, Hans Ulrich Vogel, München, 2005, pp. 127 - 148. Grant Alger, "Regulatory Regionalism during the Qing: River Transport Administration in the Fujian shengli"，同上书，pp. 465 - 488. 龚汝富：《清代保障商旅安全的法律机制——以〈西江政要〉为例》，载龚汝富：《清代江西财经讼案研究》，江西人民出版社 2005 年版。

③ 郑秦：《清代法律制度研究》，中国政法大学出版社 2000 年版，第 108 页。

## 第一节　研究缘起

### 一、国家法诉讼程序规范的欠缺

《大清律例》中虽有些条文涉及诉讼程序，但是较零散，既不系统也不全面，较缺乏条理及可操作性。至晚清朝廷模范列强法制，草拟或颁行的系列涉及诉讼的法规，如《大清刑事民事诉讼法草案》（1906 年）、《大理院审判编制法》（1906 年）、《各级审判厅试办章程》（1907 年）、《法院编制法》（1910 年）、《大清民事诉讼律草案》（1911 年）等等，始弥补这方面的欠缺。[1] 在晚清法制改革之前，国家法中涉及诉讼的部分大致在《大清律例》卷三十《刑律・诉讼》，试简述其内容如下：

（1）“越诉”，禁止越级上控，上级衙门不得滥行准理；（2）“投匿名文书告人罪”，禁止隐匿姓名告发他人，衙门不得受理此类诉讼；（3）“告状不受理”，规定原告就被告原则，衙门受理自理词讼的时间，地方各级衙门须对自理案件的处理意见及其结果按月造册，送上级查考，词讼细事须由州县官亲加剖断，不得批令乡、地处理完结；（4）“听讼回避”；（5）“诬告”，规定严惩诬告者，词状只许一告一诉，禁止波及无辜，否则从重治罪，且案件须与当事人有密切关系方许陈告；（6）“干名犯义”，晚辈告发长辈将给予惩处；（7）“子孙违犯教令”；（8）“见禁囚不得告举他事”；（9）“教唆词讼”，惩处教唆词讼为害扰民行为，严禁讼师秘本刊行；（10）“军民约会词讼”；（11）“官吏词讼家人诉”，民间词讼当事人有一方为官员的，由其家人告官对理；（12）“诬告充军及迁徙”。以上总计 12 条律，另外还附有历年的数十条例文为补充。

以上“诉讼律”中可供各级衙门受理与审判案件（尤其是细事类案件）的规范性依据、约束当事人诉讼行为的法条主要有：“越诉”律例；“告状不受理”律例；“听讼回避”律文；“诬告”律例；“教唆词讼”律例；“官吏词讼家人诉”律文。其他律例要么具有刑事实体法定罪量刑性质（如“子孙违犯教令”“见禁囚不得告举他事”等），要么在司法实践中不具有援引的普遍性（如“军民约会词讼”律）。

---

① 以上法规载陈刚（主编）：《中国民事诉讼法制百年进程》（清末时期第一卷、第二卷），中国法制出版社 2004 年版。

此外,上述律例的价值取向主要是为了保证王朝的权力安全及行政效率(如"诬告""告状不受理""越诉""教唆词讼"等律例),或维持伦理纲常(如"子孙违犯教令""干名犯义")。因此,对广大乡村日常生活中发生的大量与王朝权力安全、家庭伦理纲常或尊卑次序关系不大的纯私人间利益纠纷而言,上述律例难以成为当事人打官司过程中参照的完备诉讼规则。更重要的是,这些律例无法为各级衙门约束当事人的诉讼行为提供充分依据。在"健讼"风行之地,律法的空白给各地衙门带来巨大冲击。为此,地方衙门不得不颁行相应规则,弥补此类法律漏洞[①]。

## 二、《状式条例》对国家法的弥补

清代各地衙门深受健讼风潮冲击,尤其是中国东、南、中部及四川等人口密集、经济水平较高的省份[②]。《大清律例》缺乏体系化的诉讼法规约束当事人行为。作为对国家法典的弥补,地方衙门通常将《状式条例》印制在官颁诉状的末尾。比如黄岩诉讼档案中,每一份诉状末尾均附有《状式条例》,计 23 条,详细规范各类具体诉讼行为[③],成为当事人必知的地方性"诉讼法"。有国内学者引据滋贺秀三的见解,认为在清代起诉文书的最后,会用约全纸五分之一的篇幅来列举提交词状时应注意的内容,称之为"注意事项"(即本书所谓"状式条例")。这一部分因为没有实际意义,所以一般在形成档案之前被撕去而不予保留,今天所见留存在档案中的注意事项部分则可能是因为不注意而被遗留了下来[④]。以著者所见,清代诉状末尾保留的诉讼规则当时多称"状式条例","注意事项"则为民国时期状纸末尾规则的称呼[⑤],如结合巴县、黄岩县等地诉状实况,这种见解与事实不一致。这些规则名称在不同区域有所差异,如称为《状式条例》《词讼条款》《呈状

---

① 《大清律例》在证据方面的规定甚为简陋,地方衙门设定的证据规则部分对此作了详细补充。早期学者对清代证据问题较全面的研究,see Conner Alison Wayne, *The Law of Evidence During the Ch'ing Dynasty*, Cornell University, PH. D dissertation, 1979. 该研究主要限于清代刑事证据。

② 清代健讼区域性分布,参见邓建鹏:《财产权利的贫困:中国传统民事法研究》,法律出版社 2006 年版,第 178—196 页;侯欣一:《清代江南地区民间的健讼问题》,《法学研究》2006 年第 3 期;徐忠明、杜金:《清代诉讼风气的实证分析与文化解释——以地方志为中心的考察》,《清华法学》2007 年第 1 期。

③ 田涛等(主编):《黄岩诉讼档案及调查报告》(上卷),第 14 页以下。本书据整理者对每份诉状标注的编号征引,不另注明页码。

④ 孟烨:《幕友与明清州县裁判——从"副状"文书出发》,《交大法学》2021 年第 3 期。

⑤ 参见"小营村杨范氏诉夫兄杨绍新把持家产"卷宗,卷宗号:2:94(1916. 6. 14)。北京顺义县民国司法档案,美国斯坦福大学东亚图书馆藏复印件,黄宗智与白凯原藏。

条规》《刑律数条》《告状十四不准》《告状不准事项》《条示放告事宜》等[①]。其中当时最通行的名称是《状式条例》，有的简称"状式"[②]。随着官员不断调动或上级官员制定《状式条例》并通行所管辖的地方[③]，不同地方《状式条例》的交互影响使得它们间的雷同大于差异，主体内容近似，由于其在清代司法实践中具有重要作用，清代后期的律学著作（如《大清律例会通新纂》）及判牍文集（如《四西斋决事》）亦曾收录。

各地《状式条例》形式上具有体系化、齐一性和同质化特点，系统罗列了官方所禁止的诉讼行为种类；在时间与效力上，其异于人存政举式的某一官员发布的告示或禁令，内容与形式在当地长久而稳定。然而，仅有少数学者对这种重要的地方诉讼规则略有提及。如韩秀桃探讨了雍正年间徽州的两份"告状不准事项"，认为州县官也有可能受理那些不完全符合"状式条例"的状纸，同属徽州府的不同县，其"状式条例"也不尽相同[④]；夫马进提及，官府对民间百姓提出的诉讼文书设定了各种规格，这种相当于官府受理告状时的文书格式叫做状式。[⑤] 但受研究主题限制，他们未对诸如《状式条例》这样的诉讼规则作进一步研究。李艳君等人侧重于叙述有限的几种《状式条例》的某些内容，但未结合制度与司法实践及其源流作更详细的分析论证[⑥]。梁临霞简要分析了顺天府宝坻县的一份《状式条例》，但是存在某些误解（详下文）[⑦]。对《状式条例》的深入研究将有助于进一

① 本章参考规则如下：同治至光绪时期黄岩县《状式条例》；光绪四年南部县《状式条例》；宝坻县道光年间《状式条例》；巴县乾隆、嘉庆、道光、咸丰、同治、光绪年间《状式条例》；光绪年间台北府淡水厅《状式条例》；"光绪二十八年三月徽州黟县吴国年告吴宗伯、余金山一案诉状"所载《状式条例》；《呈状条规》；《刑律数条》；《告状不准事项》；《词讼条款》；《条示放告事宜》；山东省调查局宣统年间调查所得的《状式条例》。上述《状式条例》内容载邓建鹏（主编）：《清帝国司法的时间、空间和参与者》，法律出版社 2018 年版，第 144—158 页。

② 淡新档案有的诉状末尾印制的《状式条例》规定"不遵颁'状式'及双行叠写无副状不准"，参见光绪十八年陈源泰、陈明德诉状，淡新档案号 22107 - 1432。

③ 比如乾隆六十年福建巡抚姚棻将《状式条例》刊入省例，参见《福建省例》，台湾大通书局有限公司 1997 年版，第 970—971 页。

④ 韩秀桃：《明清徽州的民间纠纷及其解决》，安徽大学出版社 2004 年版，第 205—211 页。

⑤ [日]夫马进：《明清时代的讼师与诉讼制度》，[日]滋贺秀三（等著）：《明清时期的民事审判与民间契约》，王亚新等（编），法律出版社 1998 年版，第 395—396 页。

⑥ 李艳君：《从冕宁县档案看清代民事诉讼制度》，云南大学出版社 2009 年版，第 65—96 页；吴萃：《程序法视野下清代状式条例》，《诉讼法学研究》（第十五卷），中国检察出版社 2009 年版，第 379—391 页。

⑦ 梁临霞：《论批呈词》，载《法史学刊》，社会科学文献出版社 2007 年版；Linxia Liang, *Delivering Justice in Qing China: Civil Trials in the Magistrate's Court*, Oxford University Press, 2007, pp. 56 - 65.

步探讨清代的诉讼程序及其规制,揭示清代"诉讼法规"的基本结构。

## 第二节 《状式条例》的源流与规范

### 一、宋元明时期诉讼程序的规范

《状式条例》的源流至少可以上溯到宋朝。南宋朱熹向当地民众公布过的诉讼规则被称为《约束榜》。该《约束榜》内容涉及案件审限、书铺职责、诉状书写格式的规范[①]。南宋时期曾在抚州任官的黄震也曾颁布《词讼约束》,涉及诉状书写格式、不同区域的案件审理时间、案件审理顺序等[②]。以上规则涉及的诉状书写格式、书铺的职责等内容与清代《状式条例》部分重合。

至元朝,诉讼规则有些变化。元朝《至正条格》对各种民事案件规定:"其各处官司,凡媒人,各使通晓不应成婚之例,牙人,使知买卖田宅违法之例,写词状人,使知应告不应告言之例,仍取管不违犯甘结文状,以塞起讼之源"[③]。也许是由于其过于具体化、细则化,以致《至正条格》本身未再进一步规定什么是应告或不应告的内容,或由各地官员自行设定。当时一些民间日用类书收录过相关规则。如元泰定二年(1325)刊本《事林广记》记载"写状法式":

> 凡欲陈词,年七十已上、十五已下、笃废疾,法内不合加刑,令以次少壮人陈告。若实无代替,诉身自告。妇人若有身孕,声说分明。告人明记月日,指称端的去处,不得朦曈陈诉其间。陈理简当,官吏易察。[④]

"写状法式"要求老幼废疾及妇女应由壮年代告,诉状应记明月日、诉状用词简当,以便官吏阅读。这些"应告不应告言之例"或"写状法式"涉及对词状书写方式、诉讼当事人资格等的约束,和明清时期的《状式条例》接

---

① 载《名公书判清明集》,第640—644页。

② 载《名公书判清明集》,第637—638页。

③ 韩国学中央研究院(编):《至正条格》,Humanist出版社2007年版,第137页。现存元代《通制条格》没有类似规定,或为缺失之故。

④ 《元代法律资料辑存》,黄时鉴(辑点),浙江古籍出版社1988年版,第215、228页。

近。受元影响，明朝传承类似诉讼规则。明后期佘自强设定《自理状式》，涉及对诉讼当事人身份的限制、被告人数的限制、诉状书写格式的限定等[①]。明隆庆六年（1572）休宁县《状式条例》内容与此大体相同[②]。休宁县《状式条例》在实质内容上与宋元以来的《约束榜》《词讼约束》、"写状法式"有很强的继承性，但在形式上已从官方颁行的诉讼须知或告示类的公文发展为直接印制于状纸尾部，且形式条款化的诉讼规则，这为清代所继承。

## 二、清代《状式条例》概况与流变

从著者掌握的文献看，制订《状式条例》是否必须经上级授权许可，清代向无明确划一规定。有的《状式条例》由省级官员如按察使、巡抚或总督制定。如康熙年间汤斌任江苏巡抚时曾"酌定状式，颁行晓谕"[③]，该状式同州县衙门的《状式条例》内容与格式大体接近，但不清楚是否通行全省，抑或只在省城有效。乾隆年间福建曾制定通行全省的《状式条例》，但后来并未完全得到遵照，如福建台北府光绪年间颁行本地的《状式条例》[④]。相比而言，目前所见最多的是州县官员为本衙门辖下民众制定的《状式条例》。知县新调到某地，可能抄录之前在他处任官时制定的《状式条例》，禀请上司首肯后在当地颁行。如董沛（光绪年间在江西数地任知县）称：

> 卑职前任建昌，曾经刊发状式，尚无大谬。兹谨钞样，禀请大人察核可否，颁下各邑，令其照式重刊，示民遵守，或亦清减讼累之一端也。[⑤]

《状式条例》随着地方官调任或升迁传播到新任职地，扩大了影响与适用范围。一般而言，在一定时期内的同一个县内，《状式条例》内容相对稳定。现存黄岩诉讼档案所载《状式条例》时间跨度为同治十三年到光绪十五年（1874～1889），共 16 年，历经 5 任知县，内容完全一样。著者所见其他州县《状式条例》的内容在不同时期有所变化，这当与新官上任改订旧规章相关。如宝坻县道光四年（1824）五月与道光十二年（1832）五月《状式条

① （明）佘自强：《治谱》卷四《自理状式》，明崇祯十二年呈详馆重刊本。

② 该《状式条例》田涛收藏，田涛：《第二法门》，法律出版社 2004 年版，第 110 页。明代"状式条例"原件文书很少见，有学者抄录万历七年一份"状式条例"，与休宁县类似，阿风：《明清时代妇女的地位与权利》，社会科学文献出版社 2009 年版，第 204 页。

③ （清）汤斌：《汤斌集》，中州古籍出版社 2003 年版，第 552—553 页。

④ 淡新档案号 23204－1。

⑤ （清）董沛：《南屏赘语》卷七《重刊状式禀（广信府）》，光绪十二年刊本。

例》的内容，除最后一条分别为"呈词不许并行叠写，违者不准"和"呈词不许越格错落一空，两字双行叠写，以及添贴余纸，不准"外，其余均相同，且都是15个条款[①]。

但有的州县《状式条例》在不同时期有较大变化。以下内容为光绪五年(1879)十一月台北府淡水厅《状式条例》所有，但至光绪九年则消失了：告田土无管业契据，婚姻无婚约媒证，钱债无借单中保，争产无分产阄书者，不准；旧案不开递过呈词月日、不录前批及诉词不叙被控案由者，不准；命盗案不开起事年月日期，命案不开正伤，盗案不开失单，诈赃不开过付见证者，不准[②]。在这一段时间，淡水厅《状式条例》条款大致在十三条左右，至光绪十二年至十八年(1886～1891)则简化为十条[③]。

这种趋于简化的现象也出现在巴县。比如，乾隆五十六年(1791)至嘉庆十四年(1809)[④]，《状式条例》又称《告状十四不准》，共十四条款。但在道光二(1822)至三年(1823)，《状式条例》减少到十条[⑤]。而道光六年至十二年(1826～1832)间，《状式条例》条款数又增加到十九条[⑥]。至道光十四年(1834)，条款减至十七条。其中，道光十二年《状式条例》有如下条款不见于道光十四年："原告已投递词状，被告之人不候批示，不将被控情由声叙，辄朦混具控，希图以被告作原告者，代书责革；田土债负无地邻中保及不粘契券者，不准；遵用正副状式，无代书戳记及逾格双行密写，并式内应填字样不逐细填明者，不准。"道光十六年(1836)九月，《状式条例》又增加至十九条，其中两条为道光十四至十五年(1834～1835)所无："状式内不许双行叠写，违者不准，仍将代书责处；代书□□□将前来倩作呈词之人姓氏询明注入式内，如系自来之稿，亦即声明，凭稽查"[⑦]。道光十八年(1838)与咸丰元年(1851)，《状式条例》唯一不同为以下两条款顺序颠倒："绅衿妇女老幼废疾无抱告及虽有抱告而年未成丁或年已老惫者，不准；细事牵连妇女及现有夫男混将妇女装头者，不准"[⑧]。咸丰九年(1859)《状式条例》[⑨]

① 分别参见顺天府档案号28-2-96-012、28-2-96-045。

② 光绪五年《状式条例》，参见淡新档案号22607-3；光绪九年六月《状式条例》，参见淡新档案号22609-32。

③ 光绪十二年十月《状式条例》，淡新档案号21204-8；光绪十八年闰六月《状式条例》与此相同，淡新档案号22107-1432。

④ 分别参见巴县档案号6-1-1906、6-2-6062-7。

⑤ 巴县档案号6-3-17033。

⑥ 分别参见巴县档案号6-3-9832、6-3-6590-3。

⑦ 巴县档案号6-3-1104。

⑧ 分别参见巴县档案号6-3-242、6-3-9851-5。

⑨ 巴县档案号6-4-5797。

与同治八年《状式条例》[①]内容相同，条款数量均锐减至八条。与咸丰四年（1854）相比，同治八年的巴县《状式条例》少了以下一条："原告控案之后被告改名翻控希图拖累，代书不查虚实，除将该代书责革外，并将岐控之人重惩不贷"[②]。另外，咸丰四年《状式条例》中的一款"词内不录前批者，代书责处"至同治八年增改为"词内不录前批，或远近案件不录年月日者，代书责处"。至晚清法制改革时期，状纸格式有所变化。从著者所见四川状纸表明，宣统年间的该省状纸末尾一度没有诸如《状式条例》之类的内容[③]。至民国北洋政府时期，在司法部颁行的状纸格式中，原清代的《状式条例》变成了"注意事项"，后者已经不再是具有禁令性质的规范[④]。

各地不同时期《状式条例》的具体内容及表述存在种种差异，但《状式条例》基本规范大体雷同。《状式条例》字面上理解是规范当事人诉状书写格式。实际上，各地《状式条例》涉及诉讼行为的诸多实质内容。比如，大部分《状式条例》规定了案件的"诉讼时效"。光绪四年（1878）九月四川南部县《状式条例》规定："以赦前事及远年陈事摭拾混告者不准"[⑤]。该规定把朝廷大赦前的案件及远年旧事排除出起诉范围。不过，这种"诉讼时效"概念与现代诉讼法不同，所谓"远年"大都并无具体年限规定。

再比如，《状式条例》限制了老幼生监笃疾等特定人群的诉讼资格，并以抱告为其诉讼代理之人。抱告一方面保全了官员、生监、妇女等人的身份或体面，维持社会风化，避免官员利用权势干预司法；另一方面为老幼、妇女和废疾当事人向官府提供了可能的替代受罚者。抱告制度的关注点在于限制当事人的诉讼资格。有学者认为，清代法规限制或剥夺妇女等人参与诉讼及作证资格，是官员把追求案件真实让步于维持家族伦理的表现[⑥]。抱告制度强化代诉人的法律责任，但对其他复杂的代理诉讼行为，如和解、认诺、舍弃、控告、上告、撤回、请求覆审、强制执行或领取所争物等等，是否要本人特别授权，《状式条例》基本付之阙如。

---

① 巴县档案号 6－5－933。

② 咸丰四年《状式条例》，参见巴县档案号 6－5－3350；同治八年《状式条例》，参见巴县档案号 6－5－3878。

③ 参见四川省南部县档案号 Q1－22－174－1－2；四川省冕宁县宣统三年的状纸，载李艳君：《从冕宁县档案看清代民事诉讼制度》，云南大学出版社 2009 年版，第 53 页。

④ 参见《民刑诉状样本》（计十六种），司法部制，无出版年代，据文中"民事诉讼条例"字样估计当由民国北洋政府时期出版。

⑤ 南部县档案号 Q1－7－598－2。当然，每个地方《状式条例》类似表述略有不同。如道光十二年五月宝坻县规定"凡赦前事翻断复控者，不准。"顺天府档案号 28－2－96－045。

⑥ 蒋铁初：《伦理与真实之间：清代证据规则的选择》，《中外法学》2008 年第 5 期。

## 三、证据与证人的规范

针对斗殴、强盗、婚姻、田土、赌博、钱债、奸情等不同案件，《状式条例》要求当事人提交相应的证据。《状式条例》规定当事人若不能提交对应的证据，状纸即不予受理。目前所见清代绝大部分《状式条例》严格限制证人人数和证人身份连带被告人数。这种限制至少在明代就已出现。明隆庆六年休宁县《状式条例》规定“被告干证人多者，不准”。至于案件涉及多少被告、证人时诉讼将不被受理，当时《状式条例》尚未具体限定。至清代，各地《状式条例》普遍对以上问题作了限定。

对户婚田土等自理词讼的被告与证人数量，《状式条例》中被告多限定在三人以下，最高数额为五人，人证大部分限定在三人以下，少的限定在二人。[①] 当时对书役而言，案件越多以及牵连的人越多，就越有收受陋规的机会。白德瑞认为，巴县书役为争夺案源以向当事人高收费而发生争执。[②] 浙江官员认为本省“各州县将牵告多人之案概行准理，已属违例。及传审时又不量为摘释，票列人证动辄数十名，一名不齐，即一日不审。差役人等挨家勒索，纵役害民，莫此为甚”[③]。因此有官员严厉反对“一案牵连数十人，借以拖累”[④]的现象。《状式条例》限定被告人与证人数，防止多人受案件所累。在乾隆四十七年(1782)十月，巴县蒲朝选等人因信天主教等事被关押于捕班卡房，其呈交的禀状称：“值兹隆冬，卧卡染疾，饥寒交迫，惨苦已极”[⑤]，这可与数十年之后张集馨在四川的所见所闻相互印证——道光年间，四川各州县私设卡房，将户婚、田土、钱债、细故被证人等拘禁其中，“苦楚百倍于囹圄”[⑥]。卡房长期拘押案件相关人，致使受牵连者废时失业，影响经济生产与社会稳定。因此，严格限制案件牵涉的被告与干证数量，有积极意义，但“一刀切”的做法给调查案情事实增加了难度，影响案件的合理判决。《状式条例》仅限制被告或案件牵连的证人人数，至于诉讼的发起人(原告)人数多少，向无规定。

---

① 在晚清四川诉讼习惯调查中也有反映：“川省习惯，各州县诉讼证人至多以三为率。”四川调查局(编)：《调查川省诉讼习惯报告书》第四项《证据》，李光珠(辑)，稿本1册。

② See Bradly W. Reed, “Money and Justice: Clerks, Runners, and the Magistrate's Court in Late Imperial Sichuan,” *Modern China*, July 1995, pp. 345 - 382.

③ 《治浙成规》卷八《严肃吏治各条》。

④ (清)张修府：《谿州官牍》丁集《谿州记略》(民风)。

⑤ 四川省档案馆(编)：《清代巴县档案整理初编·司法卷·乾隆朝》(一)，西南交通大学出版社2015年版，第64页。

⑥ (清)张集馨：《道咸宦海见闻录》，第95—96页。

## 四、诉状书写的规范

《状式条例》大多对状纸书写方式、字数及案情叙述方式作了限定。在案情叙述方式上，《状式条例》一般要求当事人开门见山、直奔主题、平铺直叙，不得蔓生枝节。黄岩县《状式条例》规定："词讼如为婚姻，只应直写为婚姻事，倘如田土、钱债、店帐，及命盗、为奸拐等事皆仿此"。据律例规定，状纸必须由官代书端正抄写、盖上官代书印章后，衙门方可收受。状纸书写违例，官代书应受惩罚。从康熙至光绪年间，《状式条例》涉及约束官代书的条款占《状式条例》条款总数的比例基本呈逐年递增趋势。就同一地区来看该趋势表现得尤为明显，反映官府日渐重视监控官代书抄写状纸[①]。

《状式条例》与状纸大都对呈词字数作了限定。《福惠全书》提出，为防止"善唆惯讼之人巧设虚局，并瞒代书，或代书虽据事以书，不限定字格，枝词蔓语，反滋缠绕。"因此严格规定"状刊格眼三行，以一百四十四字为率"[②]。潘月山提出"恐字多则易入无情之词，故宜定以字格"[③]。这种字数限制在许多地方都呈现差异。黄岩县《状式条例》规定："呈词过三百字者，不准。"淡新档案光绪四年三月的《状式条例》也规定"呈词不得过三百字"[④]。淡新档案光绪十二至十八年(1886—1892)《状式条例》虽没有这一条，但受状式空格所限，字数实际限制在320字内。状式空格有限，诉讼内容超出空格会被衙门驳回。如汤斌颁布的"状式"规定："字格逾式者，一概不准"[⑤]。状纸字格限制大都在三百字以下。

唐泽靖彦统计巴县在1797年至1881年间，标准诉状用纸字格数，最多的为375格(1832年)，最少的为150格(1856～1857年)，且基本呈逐年递减趋势[⑥]。晚清广西省"正本呈词之字数不得超越定限。字之多寡以呈之格式为准，广西各属呈式字数多寡未能一律。"各府县由二百六十字至五百七十五字不等，"如遇事实过多，非依定限字数所能说明者，则双行填写或于后数行叠写均可，但不得故为冗长溢出格式范围之外耳"[⑦]。

---

① 详细研究参见本书第三章。

② (清)黄六鸿:《福惠全书》卷十一《词讼·立状式》，康熙三十八年金陵濂溪书屋刊本。

③ (清)潘月山:《未信编》卷三《刑名上·准状》。

④ "业户"林祥记即林恒茂状纸，淡新档案号23204-1。

⑤ (清)汤斌:《汤斌集》卷九《苏淞告谕》，第552—553页。

⑥ [日]唐泽靖彦:《清代的诉状及其制作者》，牛杰(译)，《北大法律评论》(第10卷第1辑)，北京大学出版社2009年版，第29页。

⑦ 石孟涵(辑):《广西诉讼事习惯报告书》第三章《诉讼手续》第一节，铅印本，广西调查局，清宣统二年。

由于状纸字数的限制,有的当事人无法将较曲折复杂的案情叙明,反过来限制了诉讼的推进。比如,黄岩诉讼档案第60号诉状,知县批示童国栋与童斗池山地纠纷案“呈词未叙明晰。”《状式条例》限定呈词字数在三百字以内,且不得双行叠写,否则案件不予受理,但对日益复杂的民事生活与纠纷而言,区区三百字并不足以将所有案件情形表达清楚。黄岩诉讼档案中大部分呈词约在三百字左右,但也有一些呈词远远超过了三百字[①],甚至一格多字[②],仍然大都得到受理。这也许是知县迁就复杂现实所致。

传统社会城乡交通不便,来自乡村的当事人长途跋涉到衙门告状后,往往得投宿某些特定的旅舍,这些旅舍在当时被称为歇家,多与差役有往来,一般可以提供当事人不易获得的衙门内部诉讼与审判信息[③]。至少明代以来,许多《状式条例》都要求当事人注明歇家住址。夫马进认为,状式条例之所以规定必须写明歇家之名,是为了一旦官府需要传唤原告、被告时,可以据此取得联系。歇家还可应官府委托拘留被告,并可充当被判有罪的被告的保释保证人[④]。

明代佘自强要求“状中无写状人歇家姓名不准。审出情虚,系歇家讼师拨置者重责”[⑤]。这在清代得到进一步继承。如前引黄岩县《状式条例》明确要求“如歇家住址及有功名者必须实填,如有捏写者,代书记责。”云南武定彝族地区“刑律数条”及在江西任地方官多年的董沛制定的状式都提出,没有注明歇家住址的状纸不予受理[⑥]。

黄岩诉状格式都留有“歇家”一栏,留给当事人填注。不过,明确填写歇家的只有19号诉状“东禅桥饭店”、32号诉状“西街饭店”、37号诉状“林即中”(当是林姓开的旅舍,以下同)、51号诉状“叶郑风”、63号诉状“孙永光”、65号诉状“沈立中”、71号诉状“汪汝能”,其余诉状在“歇家”一栏内只是注明“奔叩”“饭铺”或“饭店”而已。有的则注明“本城”(如47号诉状),当事人为县城居民,不用另投歇家。清代巴县境内辽阔,东西长达二百余里。乡下民众赴县衙打官司,大都得住在歇家待审、打听消息或以便县令

---

① 如24号状纸正文长达531字(包括今人加注的标点在内,下同),8号状纸正文长达560字。

② 参见如下序号的黄岩县状纸:1、3、4、6、8、10、13、14、18、21、24、25。

③ 歇家与清代州县司法的关系,胡铁球:《“歇家”介入司法领域的原因和方式》,《社会科学》2008年第5期。

④ [日]夫马进:《明清时代的讼师与诉讼制度》,范愉等(译),载[日]滋贺秀三(等著):《明清时期的民事审判与民间契约》,王亚新等(编),法律出版社1998年版,第399—400页。

⑤ (明)佘自强:《治谱》卷四《自理状式》。

⑥ (清)董沛:《南屏赘语》卷七《重刊状式禀》。

签行信票。其呈交的诉状在“歇家”一栏大都注明了落脚的巴县县城的旅馆。同时,《状式条例》大都要求当事人就同一案件再次涉讼时,必须抄录之前官员的裁判,以备现审官员查考。

## 五、“一告一诉”与正副状纸的限定

早在南宋,抚州《词讼约束》就警告当事人“一状诉两事不受”。南宋《约束榜》规定“状词并直述事情,不得繁词带论二事”以及“一名不得听两状。”这到清代发展为要求每一诉状只能起诉一件事情,不得同时牵涉他事,双方当事人各自以一份告状与一份诉状叙明案情,不得另外以非正式状纸(如白禀)继续向县衙投状(当时被称为“陆续投词”),这称为“一告一诉”。比如乾隆五十六年至嘉庆年间,巴县《状式条例》规定:“告状只许一告一诉,如陆续投词,牵连原状无名之人者,不准”[①]。

清代有人认为,“好讼之民敢于张大其词以耸宪听,不虑审断之无稽者,以恃有投状一著为退步耳。原词虽虚,投状近实以片语之真情盖弥天之大妄。……在此请督抚严下一令,永禁投词。凡民间一切词讼止许一告一诉,此外不得再收片纸”[②]。“一告一诉”目的是避免当事人在其他形式的纸张上添油加醋,混淆视听,牵连过多人证。限制当事人陆续投交词状,避免多次投词使案情益渐复杂,增加官员审案的精力与难度[③]。一告一诉和黄岩县《状式条例》禁止“摭拾无关本案之事,胪列耸渎”相关,限制诬告及案情描述过于复杂。

此外,《状式条例》一般还要求当事人呈交正、副状式。清代徽州休宁《词讼条约》规定:“词内务要遵用新颁副状格纸,照式誊写,附入正词之内。正状批发,副状存宅,以便不时查阅,如无副状者,不准”[④]。正状抄录知县批语后发还给原呈状人,副状供知县后续审理时查阅参考之用。黄六鸿(康熙朝初年曾先后在山东郯城、河北东光等地任知县)曾解释过副状功能:

---

① 巴县档案号 6-1-1906。清代徽州休宁《词讼条约》、董沛颁行的《状式条例》及南部县、宝坻县等地《状式条例》有类似规定。

② (清)李渔:《论一切词讼》,载(清)徐栋(辑):《牧令书》卷十七《刑名上》。另参见卢崇兴对“一告一诉”的限定,(清)卢崇兴:《守禾日记》,载杨一凡等(主编):《历代判例判牍》(第九册),中国社会科学出版社 2005 年版,第 321 页。

③ 官方类似观点参见(清)张我观:《覆瓮集》卷一《颁设状式等事》,雍正四年夏镌,本衙藏板。

④ (清)吴宏:《纸上经纶》,载郭成伟等(点校):《明清公牍秘本五种》,第 219—220 页。

> 其正状之外，又须夹一副状。夫用副状者何？凡原告状准发房，被告必由房抄状。该房居为奇货，故意刁难，视事之大小，为需索之多寡。被告抄状入手，乃请刀笔讼师，又照原词，多方破调驭应。……今设副状，幅方一尺，并刊印板，止填注语及被证姓名住址，而其词不载焉。准状之后，止发副状落房出票拘审。该房无所庸其勒索，被告无所据为剖制。则彼此所云机锋各别，其真情自不觉跃然于纸上矣。①

黄六鸿的副状设计，主要是避免书吏借此向当事人收费，防止一方当事人知晓被控事由后，在讼师帮助下采取诉讼策略，造成案件不易审理。有学者认为淡新地区的地方诉讼法规亦要求当事人呈交的诉状有副本，采用官方印制的格式，这与清代其他地区相似②。据晚清广西诉讼习惯调查所知，该省大部分府县"呈递状词须具正副二本，正本发房存档，副本留内备查，此通常惯例。若无副本则为违式，斥不受理。""副本之格式较正本稍简，其呈词有照本全录者，有仅摘录案由者。全录者只将副本送稿拟批，不附送正本；摘录者则正副并送拟批"③。巴县《告状十四不准》亦要求当事人提交副状。著者查阅两千余件乾隆至宣统年间的巴县司法档案，曾见到三份道光六年的副状，字体较小且较潦草，只抄录有当事人姓名、词状内容、年月，没有状头填写当事人住址远近、年龄等事项，亦未盖有官代书戳记，状纸末尾没有《状式条例》，基本上只是正式状纸正文的抄录而已④。这与黄六鸿的设计有别，当为供知县后续审理时参考之用。

## 第三节　《状式条例》的适用

没有规矩，不成方圆。面对纷至沓来的讼案，地方衙门若无直接有效的诉讼规则，听讼秩序势必大乱，故各地官员努力推动《状式条例》适用乃

① (清)黄六鸿《福惠全书》卷十一《刑名部·立状式》。

② See Mark A. Allee, *Law and Local Society in Late Imperial China: Northern Taiwan in the Nineteenth Century*, Stanford University Press, 1994, p. 154.

③ 石孟涵(辑)：《广西诉讼事习惯报告书》第三章《诉讼手续》第一节。

④ 参见如下巴县档案号 6-3-9972-9；6-3-6144-3；6-3-6137-13。乾隆四十八年八月、九月乡约禀状的副状(又称"副词")形式与之类似，但抄录了知县的批复。参见四川省档案馆(编)：《清代巴县档案整理初编·司法卷·乾隆朝》(二)，西南交通大学出版社2015年版，第165、169页。

是必然。正如张修府述及："凡民间递词，本府原颁有正副状式，……乃近来人心刁诈，即寻常婚姻、田土、口角细故，动辄张大其词，纷纷上控，非但不用状式，并不用红白禀，竟以二尺余长之纸载满浮词，希图诳准，是代书戳记及正副状式几成虚设矣。此等恶习，断不可长。兹据喊禀、白呈，无论情之虚实，照例不阅，原词掷还。如果实有屈抑，著遵用状式，逢三八告期再递，以凭察核批示可也"①。

## 一、《状式条例》适用的例外

自乾隆朝以降，诉讼数量剧增，乡民不遵状式，衙门几乎无法有效快速审理结案，积案过多，反过来严重影响社会稳定。张修府面对当地民众不遵守《状式条例》、紊乱诉讼秩序的现象，强制要求以民众遵守《状式条例》为案件受理的前提条件。为了将诉讼秩序置于可控范围内，一些官员努力注意状纸是否符合《状式条例》各条款。黄六鸿提及其批词程序为："收过词状，本日即阅，先验堂封未动，方行折开，查不合状式者，即批明不合某式不准，彼知式非套设，则告状者自留心于合式矣。其合式者，亦宜详度事理，应准者判曰批准"②。

然而，《状式条例》并非绝对地得到执行。从现存巴县、淡新、宝坻县档案来看，大部分当事人呈交的都是官方正式印行的状纸，少数当事人呈交非正式状纸时，往往会受官员以"词不合式"为由的斥责。但是正式诉状对字数预先作了严格限定，复杂案情无法在有限的状纸内叙述完毕，随着诉讼过程中双方当事人的控诉、辩护和反诉的交锋，当事人总是存在需要另外投状说明案情原委的情形。因此，从现存清代州县司法档案来看，双方当事人违背"一告一诉"制度，多次呈交正式或非正式状纸(时称"白禀"或禀状)的情况绝非少见。

在牵连的证人人数上，道光六年巴县《状式条例》规定："案非人命及命案非械斗非共殴者，被告不得过三名，干证不得过二名，如牵列多人，除不准外，代书责革"③。而同一年陈中义控刘二等人诈财一案，状纸列有被告六人、干证两人，案件仍被县衙受理，知县也并未责革代书④。道光二年(1822)巴县《状式条例》规定"被告过五名，干证过三名，及事非奸拐，牵连妇女者，不准。"杨丰国的诉状所列被告分别为樊富顺等五人，干证为钟洪

① (清)张修府：《谿州官牍》丙集《批保靖县民马储骏告彭蠡渚等衿蠹专权事》。

② (清)黄六鸿：《福惠全书》卷十一《刑名部·批阅》。

③ 巴县档案号6-3-9832。

④ 巴县档案号6-3-6151。

荣等四人，超过《状式条例》要求，知县也未对此提出异议，只是批示："尔向钟应坤讨取借项，与樊富顺事无干涉，何至平空向尔凶毁滋事，其中显系另有别情，姑候差唤察讯"[①]。

在道光三年(1823)一财产纠纷案中，告状人何登荣列被告余光裕等十二人，干证为况文灿等四人[②]，知县批复当事人等候审讯，亦未依《状式条例》驳回当事人起诉。巴县道光二年十月的《状式条例》禁止"状不合式及逾格双行叠写"[③]，但是并非凡不遵状式者均被拒绝受理。如道光二年十二月在一起贩卖棉花欠花银纠纷案中[④]，禀状人郑全泰的诉状最后两行即为双行叠写，知县的批复是"候质讯"，并未拒绝受理。

## 二、司法档案所见《状式条例》的适用

上述例外并不能否认《状式条例》整体的实效。梁临霞统计宝坻县土地债务案件的受理后认为，案件不准理主要有如下几类：无情和／或无理；缺乏证据；案属细微；事不干己；案件已结；原告应就被告，等等[⑤]。而诸如凡缺乏证据、事不干己、案件已结的案件不予受理在宝坻县《状式条例》中均有明确规定。《状式条例》为案件当事人设定诉讼行为的具体框架，他们在这个框架内或在框架附近活动，基本可以获得官员的认可。若当事人太过分，远远背离《状式条例》设立的行为框架及贱讼价值观，易受到官方训斥以致责惩。光绪年间孙鼎烈于浙江任县令时，指出武生周士杰的状纸"词违式，并斥"[⑥]。樊增祥曾在一件民事上控案中批复："尔以紫阳县民，不远千里来省上控。而所控者，无非买卖田地钱财膠葛之事，辄敢指控被证九人之多，其健讼拖累已可概见。本应惩责押递，姑宽申饬"[⑦]。该案涉及被告及证人多达九人，涉及面太广，远超过目前所见《状式条例》的限度。从黄岩诉讼档案来看，如果当事人背离《状式条例》，描述纠纷起因时过分牵扯他事，状纸容易被知县判定存在虚构而驳回。如第 19 号状纸，知县认为当事人"控情支离"；第 20 号状纸，知县认为当事人"呈词支离"；第 23 号

① 道光二年《状式条例》及杨丰国状纸，参见巴县档案号 6－3－9828－1。

② 巴县档案号 6－3－9835－3。道光四年《状式条例》与二年同。

③ 巴县档案号 6－3－9821。

④ 巴县档案号 6－3－9825。

⑤ 梁临霞：《论批呈词》，载《法史学刊》，社会科学文献出版社 2007 年版，第 168 页。Also see Linxia Liang, *Delivering Justice in Qing China: Civil Trials in the Magistrate's Court*, Oxford University Press, 2007, p. 168.

⑥ （清）孙鼎烈：《四西斋决事》，载杨一凡等（主编）：《历代判例判牍》（第十册），中国社会科学出版社 2005 年版，第 532 页。

⑦ （清）樊增祥：《樊山政书》卷一《批紫阳县民马家骏控词》。

状纸，知县认为当事人“控情支离，显有捏饰”；均予以驳回。

《状式条例》大都规定赦前之事不得再行起诉。董沛任江西东乡县县令时，判定“吴贵俚案与本案毫忽无关，且系赦前已结之事，例不准其牵扯。该氏妄行填砌，尤属不合，并饬”[①]。道光六年巴县《状式条例》规定“前期不准后期复告，必将前批填载词面，如隐匿情节希图朦混者，代书责革”[②]。巴县状纸头部分别印刷有“初批、次批”两栏，要求当事人将之前县正堂对本案的批复抄列其下。不过，当事人一般在状纸正文中引述县正堂的批复。如道光六年十月陈先贵再次呈交的状纸正文写道：“蚁于二十八日着子陈绍唐赴辕以纠诱串诈呈禀在案。批：陈绍仁不务恒业，尔应严行管教，岂得任其潜匿？迁怒别人，率请跟究，殊属溺爱……”[③]。黄岩县状纸中则常另纸抄录历次批语，同时多数状纸正文简要重述批语。

州县诉讼档案反映《状式条例》较普遍得到实施。咸丰元年巴县《状式条例》规定：“无论告、诉、禀各词概用此式，违式及无代书戳记者，不准”[④]。同年该县江万顺投禀控诉焦喜、焦庚将牟启如殴打，知县批复“条禀违式并饬”[⑤]。咸丰二年(1852)六月二十日，张风轩用禀状以“挟控统凶、喊叩验究”案由起诉杨老二，知县批示“候验伤，唤讯察究，词不遵式，并饬”[⑥]。咸丰五年(1855)，周德元代理诉讼时未呈交正式的状纸，也受到县衙斥责：“词不遵式，并饬”[⑦]。光绪七年(1881)十月南部县县民赵正贵向知县控诉被差役敲诈勒索，赵正贵用的是禀状而非正式诉状，被县衙斥责“词不遵式”[⑧]。道光二十九年，王玉堂的控诉未经由代书抄写于正式状纸，巴县正堂觉罗详批：“词不遵式，并斥”[⑨]。以著者所见，只有宝坻县知县对违背《状式条例》的行为较宽容。如嘉庆二十三年二月，僧人广发的禀状末尾三行均系双行叠写，未受训斥[⑩]。同样，老人或孀妇参与诉讼而无抱告且未作特别声明时，案件可以得到县衙宽容的许可，在嘉庆至道光年间的土地

---

① (清)董沛：《汝东判语》卷三《刘严氏呈词判》，光绪十三年刊本。
② 巴县档案号6-3-9832。
③ 巴县档案号6-3-6166-5。
④ 巴县档案号6-3-9851-5。
⑤ 巴县档案号6-4-5792。
⑥ 巴县档案号6-4-5812。
⑦ 巴县档案号6-4-5872-12。
⑧ 南部县档案号Q1-8-387-3。
⑨ 巴县档案号6-3-9970-7。
⑩ 宝坻县档案号28-2-95-149。

债务案件中基本如此[①]。

## 三、判牍文集的实例分析

有的官员（如张修府）在其判牍文集中曾记录了大量当事人因不遵守《状式条例》导致案件被官员驳回、当事人受官员训斥的例子。若当事人的诉状在某一方面违反《状式条例》，虽然诉状未必被衙门驳回，但因其格式不符要求，官员也常斥责当事人[②]。有的呈状人因未填写写状人姓名而被斥责——“不填作词姓名，并饬”[③]。有的在诉状首行未填写所在乡里名称而受斥责——“词首漏填保里，特饬”[④]。有的当事人因自恃为女性而挺身争讼有受到责惩的风险——“且尔夫吕正祥现存何得？恃妇越辕违式喊禀，本应责惩，姑宽，不准”[⑤]。有的除当事人在诉状中把自己写成抱告被驳回外，代书也因混盖戳记检查不严受到衙门训斥——“词中妄填作抱，悖谬已极，不准。代书混盖戳记，并严饬”[⑥]。有的当事人虽有其他原因（如被官员认为放肆无忌）而被驳回，但同时又因诉状未曾盖代书戳记及不填写作诉状者姓名而受到官员斥责——“（张有万）公然指斥，肆口狺狺，小民无忌惮至此。本宜重惩，姑恕，不准。词未盖戳，又不填作词人姓名，并饬”[⑦]。

张修府的批示另表明，若当事人违背《状式条例》两个以上条款，状纸基本不予受理。如彭文光“违例越渎，率请亲提，殊为刁健。且词内牵涉远年旧案，情节支离，不准”[⑧]。当事人涉及越诉，在诉状中牵涉旧案，致案件被驳回。有的当事人未到法定年龄而混填抱告、未盖官代书戳记受训斥——“该民年仅五十，混填抱告，又不遵用戳式，并饬”[⑨]。有的诉状状首未注明时间，未盖代书戳记，未记载写状人的姓名，被衙门驳回——“词首

① 嘉庆十四、十七年、道光十二、十三、二十三、三十三年，六十岁以上平民无抱告情况，参见顺天府档案号 28－2－95－093、28－2－95－144、28－2－96－045、28－2－96－070、28－2－96－107、28－2－96－176；道光十六、二十二年孀妇或妇女无抱告情况，参见顺天府档案号 28－2－96－100、28－2－96－075。

② （清）张修府：《谿州官牍》丙集《批桑植县文童王士惠告彭光南等累违串吞事》。

③ （清）张修府：《谿州官牍》丙集《批永顺县监生宋光国告武生石金声纠抢庇抗事》。

④ （清）张修府：《谿州官牍》丙集《批永顺县民彭文溶等告彭文彬冒袭朦详事》。

⑤ （清）张修府：《谿州官牍》丙集《批龙山县民妇吕谢氏告余成宏等蠹丁弊夺事》。

⑥ （清）张修府：《谿州官牍》丙集《批桑植县民张万选告江忠等指官屠民事》。

⑦ （清）张修府：《谿州官牍》丙集《批永顺县民张有万告高登富等串拐弊漏事》。

⑧ （清）张修府：《谿州官牍》丙集《批永顺县民彭文光告李光炳等权滥蠹搁事》。

⑨ （清）张修府：《谿州官牍》丙集《批龙山县民熊士贵告黄福贞等贿搁极冤事》。

漏填年岁，又不遵用戳记，并不填作词人姓名，混填自稿。种种谬妄，不准”①。其在驳回熊士贵呈状的理由为“混填抱告，不遵用戳记”②。彭国魁因为“词称妖怪及靠天王等号，尤属悖谬。干证开列多人，亦违定式”③，状纸被驳回。驳回向文藻呈状的理由为：未分别抄录之前知县的批复，且“词后混载被告多名”④。

知府驳回陈一型呈状的理由为：混用骈语，满纸虚词，毫无实据，且未将控词及院批抄录，又不遵用状式，状纸被掷还⑤。还有一当事人控县原词及县批“又未据录呈，抱告不填年岁，词后干证不列姓名”⑥。之前知县对旧案的多次批复，一般也要求当事人在请求再审时一一抄录，否则当事人被认为有心朦混。张修府质疑当事人“前词称禀县七纸，兹仅录五纸，此外二纸何不录呈”⑦？“抄粘字迹潦草，且控词四纸，仅录一批。县谳两番，并无只字。……再该氏等既系王文正之妾，何得竟称为夫抱告，又不填年岁”⑧。“该生（谢钰）此词未遵状式盖用代书戳记，亦未将控县原词批语录呈”⑨。未提交关键性证据的案件自然也会被驳回，张修府申明：“凡告人命必先叙致死根由。该职员之妹符向氏究因何事起衅，如何溺弊，有谁见证，不能明白声叙。徒以身死不明惝恍无据之词希图耸听，此讼棍常技，不待言矣”⑩。孙鼎烈驳回一起通奸案，理由是“亲属捉奸，例须奸所登时男女并获，方为可信”⑪。这里的“例”，既是国家法典中的“例”，如董沛所云：“奸情暧昧，若无确证，律不准坐”⑫，同时还当指《状式条例》的类似规定。

各类司法文献表明，因不遵守《状式条例》导致状纸被驳回或当事人受训斥的情况比比皆是。呈词准理与否并非单纯由州县官斟酌案情自行决定，而是在考虑案情基础上以《状式条例》为依据或准或驳。各地《状式条例》在表述方面略有差异，甚至诸如证人与被告人数的限制都存在差异，但

① （清）张修府：《谿州官牍》丙集《批永顺县民妇杜丁氏告杜成高等占产埋冤事》。
② （清）张修府：《谿州官牍》丙集《批龙山县熊士贵告黄福贞等贿搁弊诳事》。
③ （清）张修府：《谿州官牍》丙集《批龙山县文童彭国魁告彭有松等屡害无休事》。
④ （清）张修府：《谿州官牍》丙集《批永顺县职员向文藻告陈一型等既诈复抢事》。
⑤ （清）张修府：《谿州官牍》丙集《批永顺县文生陈一型告向文藻等骗诈不甘事》。
⑥ （清）张修府：《谿州官牍》丙集《批龙山县民妇田王氏告彭光典等串弊冤沉事》。另一当事人也因控词批语全不录呈案件被驳回，同上书丙集《批永顺县民丁应成告田文灿欺诈图谋事》。
⑦ （清）张修府：《谿州官牍》丙集《批龙山县民妇田王氏再告彭光典等贿搁沈事》。
⑧ （清）张修府：《谿州官牍》丙集《批永顺县民妇王戴氏告王大钟等藐断复抢事》。
⑨ （清）张修府：《谿州官牍》丙集《批保靖县生员谢钰告包顺等玩盗索贿事》。
⑩ （清）张修府：《谿州官牍》丙集《批永顺县职员向成都告符时圭等藉诬挡荐事》。
⑪ （清）孙鼎烈：《四西斋决事》，载杨一凡等（主编）：《历代判例判牍》（第十册），第559页。
⑫ （清）董沛：《汝东判语》卷三《艾骡子呈词判》。

是基本规范及贯穿其中的主要原则大体一致。诉讼或准或驳，并非无一定规则。那思陆认为，州县官呈词之准理不准理并无一定规则，得斟酌案情，自行决定[①]，这不符合实情。大部分状纸在书写格式等方面基本符合《状式条例》大致要求，正说明《状式条例》有普遍的影响力。状纸书写方式高度程式化，原因之一是受制于《状式条例》的硬性规定，原因之二为深受当时讼师秘本及讼师的影响[②]。讼师秘本及讼师之所以指导当事人制作如此高度程式化的诉状，显然也受《状式条例》影响。

## 第四节 《状式条例》的功能与价值观

### 一、《状式条例》与国家法典的关系

其一为《状式条例》是对国家法的重述。《状式条例》作为“国家法外之法”，与律例有密切联系，表现如下：

《状式条例》部分条款实质上是对《大清律例》某些条文的重述。梁临霞分析宝坻县的“不准条款”后认为，其中很多内容来自《大清律例》，关于抱告的规定源于清律《越诉》门例文，状纸必须有官代书戳记源于《教唆词讼》门例文；告婚姻案件无婚妁婚书者不准源于《男女婚姻》律文，告田土钱债无中证契卷不准来源于《盗卖田宅》门例文[③]。此外，绝大部分《状式条例》首条规定“以赦前事及远年陈事摭拾混告者不准。”赦免前之罪不得告发，包括赦免之罪和赦免前之罪，不得告发。这也是对《大清律例》“常赦所不原”相关例文的重述[④]。该条款有久远的历史渊源。如《唐律疏议》规定：“诸以赦前事相告言者，以其罪罪之。官司受而理者，以故入人罪论。”据刘俊文考证，这一规定至少早在汉代既已出现[⑤]。明初的《大明令》规定“凡以赦前事告言人罪者，以其罪罪之”[⑥]。

大部分《状式条例》都要求当事人在状纸上注明案情发生具体时间。在历代法典中也有类似规定。如《唐律疏议》要求：“诸告人罪皆须明注年

① 那思陆：《清代州县衙门审判制度》，中国政法大学出版社 2006 年版，第 69 页。

② 相关研究，参见[日]唐泽靖彦：《清代的诉状及其制作者》，牛杰（译），《北大法律评论》（第 10 卷第 1 辑），北京大学出版社 2009 年版。

③ 梁临霞：《论批呈词》，载《法史学刊》，社会科学文献出版社 2007 年版，第 165 页。

④ 《大清律例》，田涛等（点校），第 96 页。

⑤ 刘俊文：《唐律疏议笺解》，第 1657 页。

⑥ 《大明令》，载刘海年等（总主编）：《中国珍稀法律典籍集成》（乙编第一册），第 41 页。

月，指陈实事，不得称疑，违者笞五十”[①]。《大明令》中亦规定：“凡诉讼皆须自下而上，明注年月，指陈事实，不得称疑”[②]。

《状式条例》的一告一诉制度，亦见于康熙年间朝廷颁行的《本朝则例全书》：“凡词状止许一告一诉。告状之人止许告真犯真证，不许波及无辜，亦不许陆续再行投词，牵连原状无名之人。如有牵连妇女另具投词，牵连无辜之人者，一概不准，仍从重治罪。承审官于听断之时，如供证已确，纵有一二人不到，非系紧要犯证，即据现在人犯成招，不得借端稽延，违者议处”[③]。至雍正年间，“一告一诉”纳入《大清律例》雍正三年定例[④]。这一规定在省例中也曾多次出现。如嘉庆八年(1803)十月，浙江巡抚要求本省“词讼案件止许一告一诉，不许波及无辜”[⑤]。至嘉庆二十一年，浙江巡抚重申：“照得例载词状止许一告一诉……以后除人命奸盗重情外，其余戶婚田土钱债斗殴，一切寻常词讼，止许一告一诉”[⑥]。

对于当事人起诉资格问题，《状式条例》大都规定纠纷必须与当事人有密切关系方可呈控。如果呈状人“事非切己”，则不得兴讼。此条源自清律康熙二十七年(1688)例的简化：“凡实系切己之事，方许陈告”[⑦]。道光十年(1830)修例时对此作了修订：“凡官民人等告讦之案，察其事不干己，显系诈骗不遂，或因怀挟私雠，以图报复者，内外问刑衙门，不问虚实，俱立案不行。若呈内胪列多款，或涉讼后复告举他事，但择其切己者，准为审理，其不系干己事情，亦俱立案不行”[⑧]。

平民身份的成年男性参与诉讼必须亲自呈交状纸，否则将被视为“无故不行亲赍”而受惩。明朝隆庆年间，《状式条例》已禁止“隐下壮丁，故令老幼残疾妇女出名抱告”[⑨]。《大清律例》例文规定：“军民人等，干己词讼，若无故不行亲赍，并隐下壮丁，故令老幼、残疾、妇女、家人抱赍奏诉者，俱各立案不行，仍提本身或壮丁问罪”[⑩]。《状式条例》虽未全都重述此条款，但在司法实践中，“隐下壮丁，故令老幼残疾妇女出名抱告”向被严禁。为

---

① 《唐律疏议》卷二十四《斗讼·告人罪须明注年月》。

② 《大明令》，载刘海年等(总主编)：《中国珍稀法律典籍集成》(乙编第一册)，第 38 页。

③ (清)鄂海(辑)：《本朝则例全书》之《刑部现行》卷下《诉讼·词讼不许牵连》，宽恕堂藏版，康熙五十五年刊本。

④ 《大清律例》，田涛等(点校)，第 484 页。

⑤ 《治浙成规》卷八《严肃吏治各条》。

⑥ 《治浙成规》卷八《词状被告干证佥发差票、细心核删不许牵连妇女多人》。

⑦ 《大清律例》，田涛等(点校)，第 484 页。

⑧ 胡星桥等(主编)：《读例存疑点注》，第 696 页。

⑨ 参见田涛：《第二法门》，法律出版社 2004 年版，第 110 页。

⑩ 《大清律例》，田涛等(点校)，第 475 页。

避免特定人员依恃“罪得收赎，恐故意诬告害人”，老幼残疾妇女都得由他人代理诉讼。绝大多数《状式条例》规定：“举贡生监年老有疾妇女幼孩无抱告者不准。”这和律条：“凡其年八十以上，十岁以下，及笃疾者，若妇人，除谋反、叛逆、子孙不孝，或己身及同居之内为人盗诈，侵夺财产及杀伤之类，听告，余并不得告”[①]的原则基本一致。

梁临霞根据宝坻县《状式条例》部分内容为对《大清律例》的重述，认为《状式条例》是依据清律完成的。她据康熙时期有的知县颁行诸如“诉讼条约”的告示，认为可能意味着比较完整的不准条款在当时尚未定型，否则应该不需要以告示的形式再加申明[②]。如前文所述，《状式条例》渊源至少可上溯到宋代，至明代定型。《大清律例》是对唐宋以来法典的传承，毋宁说《状式条例》也是对往昔相关诉讼规章以及历代法典的传承与发展，并至清朝成统一模式。知县以告示形式重申“诉讼条约”，不过是一种更大范围的公示，以让更多涉讼者知晓。

其二为《状式条例》是对律例的补充。若仔细对比《状式条例》与律例，将发现《状式条例》并非全依清律完成，一些条款为《大清律例》所无，一定程度填补了国家法典的漏洞。针对不同细故案件，当事人应当提交相应证据。比如，光绪四年南部县等《状式条例》规定：斗殴案件必须要有伤痕、凶器；告奸情必须在奸所获奸；人命盗窃等事必须有地邻牌保据呈；婚姻案件必须要有媒妁、婚书；田土债欠案件必须粘连契约、有中保见证；贪赃受贿案件必须有过付人[③]。《大清律例》并无如此全面系统的规定。又比如，《大清律例》无被告、证人人数及状纸字数的限制，而黄岩县《状式条例》要求当事人在状纸中不得涉及“违碍语”；大部分《状式条例》限定状纸字数。

其三为《状式条例》将《大清律例》的某些条款细化。据《大清律例》例文，官代书的职责主要是照当事人的供述据实誊写状纸，写完后登记代书姓名，再呈交衙门验明；官代书如有增减情节，照例治罪[④]。可见最初设置官代书主要是为当事人书写状纸。《状式条例》以此为基础，部分修正《大清律例》中某些内容。以黄岩县《状式条例》为例，其规定官代书职责如下：其一，状纸书写应主题（案情及诉讼请求）突出；其二，对一些特殊人名（比如上级官员）的称呼若不符礼制，代书必须随即更改缮写；其三，歇家住址及有功名者必须据实填写；其四，原、被两造姓名务必确查注明；其五，诉状

---

① 《大清律例》，田涛等（点校），第489页。

② 参见梁临霞：《论批呈词》，《法史学刊》，社会科学文献出版社2007年版，第166页。

③ 南部县档案号Q1-7-598-2。

④ 《大清律例》，田涛等（点校），第490—491页。

书写不许潦草，不得有蝇头细字；其六，旧案必须注明经手差役姓名；其七，如果诉状为他人所做，代书必须查问做状人姓名，并注明其确切姓名。官代书若违反上述要求，将受到惩处。上述细节明显未见于《大清律例》。

理念上，皇帝大权独揽，法自君出。清代政治制度没有必要、也不可能规定各级地方官员的立法权限。地方官的这种“立法权”，若严格从诸如法自君出之类的专制集权理念思考，无疑是对君上大权的威胁。但基于维护统治秩序与管理诉讼的需要，中央王朝实际上默许了地方官制定某些地方法规。同时，《状式条例》的实质内容乃是对国家法的重复、详解和补充，或者将既有的官方主流贱讼取向化为具体条款。此外《状式条例》也是宋代以来类似诉讼规则的传承与发展，《大清律例》本身也是对过去法典的继承。地方官制定这种融汇法典意志与历史传统的地方法规，具有合法性与正当性。

## 二、《状式条例》制定目的

周广远初步认为，《状式条例》的主要功能和目的是限制诉讼以及确保当事人控诉的真实性[①]。梁临霞则认为，《状式条例》是为方便诉讼人也是为提高官府的效率，这些条款很少真正被用来作为驳回呈词的理由，因为绝大部分呈词基本上是符合条款要求的，其功能并不是周广远所说是为了限制人们到衙门打官司[②]。综前所述，元朝颁行的“写状法式”从便利官方施政角度出发，“以塞起讼之源”“陈理简当，官吏易察”。清朝官员制定《状式条例》的目的，我们经由一些文献，从当时人的内部视角管中窥豹。乾隆六十年(1795)福建按察司官员认为该省民情剽悍，刁讼成风，滋害良善，颁行《状式条例》，可使闾阎小民、略知文义者照《状式条例》书写，不必求助讼师[③]。福建巡抚当时谈到公布二十种状纸书写格式以及《状式条例》目的时称：

> 本部院前在道府仟内，每逢放告之期，批阅呈状，非密行细字，即累幅粘单，或混加不美之名，各攻奸讳言之隐。文致被罪，几于罄竹难穷。……本部院志在禁遏刁风，先颁简明状式。……凡愚夫愚妇略知文义，即能照式书写，代书无从多索银钱，讼棍难以巧施伎俩，于民甚

① See Zhou Guangyuan, *Beneath the Law: Chinese Local Legal Culture during the Qing Dynasty*, PhD dissertation, University of California, Los Angeles, 1995, pp. 85 - 88.

② 梁临霞:《论批呈词》,《法史学刊》,社会科学文献出版社 2007 年版，第 163—166 页。

③ 《福建省例》,第 969—970 页。

> 便。饬大小各衙门一体责令令官代书照式填写。……为此示抑合省军民人等知悉:尔等……必须遵后开状式书写,状人姓名填入,不许妄告一人,不许捏告一事,违者所告俱不准理。[1]

董沛称"每有发审之案,信属各邑移送卷册皆所披览。查其状式,点画模糊,几无一字可辨。间有一二县字体尚存者,亦复条款无多,未能赅备。"因此,刊发状式以"清减讼累"[2]。综合封疆大吏与基层官员的言论推知,官方颁行《状式条例》主要目的为强制诉讼当事人遵照此规则,将争讼内容的叙事与状纸书写标准化,去除状纸书写密行细字导致官员审案困难,防止当事人捏告、牵连人数过多,确保争议真实,提高审案效率,实现官方对审前秩序的控制。

## 三、《状式条例》的核心功能

《状式条例》要求代书对状纸内容事先审核,确立了诸种审前违规诉讼行为将导致案件不被受理的大致范围。这些条款相当于要求当事人和官代书在审前对涉讼的案情内容、呈交的状纸先自行审查,即在案件尚未进入听讼程序前,当事人先自行"审核"状纸内容与格式是否合规。当事人严格遵守《状式条例》,表明状纸书写格式合法、案情真实,呈状人与案情关系密切。这正如周广远所述,《状式条例》限制了诉讼量,确保当事人控诉的真实性。

在知县年收各类状纸高达千份以上,且法理上知县一人必须处理所有状纸的时代,官方较有效的应对就是通过适用《状式条例》这一"制度过滤"方式,以一系列禁止性条款约束当事人的诉讼活动,限定诉状书写格式、确立代书职责、限制诉讼的主体、限定诉讼的标的、限制起诉的类型、限制证据种类以及限制(甚至剥夺)占人口一半的女性起诉的资格等方式,试图最大限度地减少诬告、抑制滥诉、减少普通纠纷呈交给衙门,促使纠纷交由村族解决(如调处结案),直到把许多本属于权力机构裁判的一般案件排除出诉讼过程。对衙门而言,《状式条例》是重要的审前行为过滤装置:将那些有可能存在虚构成份、牵涉被告与证人太多、案情千头万绪、争议标的琐碎、字迹模糊或有健讼取向的状纸批量地挡在衙门外。当然,其影响力主要施加于内地十八省。论者谓,由于地处偏远,晚清青海循化厅的状式、规

① 《福建省例》,第964页。
② (清)董沛:《南屏赘语》卷七《重刊状式禀(广信府)》。

格并不统一，字数、行数等也都较为随意。对此，循化厅同知在处理时并不苛全求备，只要基本内容完整即可[①]。因此，《状式条例》的适用是内地官方为了实现审前程序的控制，成为决定案件是否受理的重要依据。

《状式条例》具有规范诉讼程序的内容，作为禁令性质的规范，用例举一系列禁止性行为的方式，确定官方反对某些诉讼行为的大致范围。禁止性的法条不要求立法者具备高度抽象思维的能力。这种禁令性质的法条比较适用具有形象思维、具体思维偏向的中国传统社会。有学者指出，占主流的传统中国士人在观察和研究问题时，主要借助经验证明、直觉体验和简单类比罗列，超越逻辑演进过程，直接把握某种结果或真理。通过举例、类比、归纳，以证实符合经验的知识。这样的知识缺乏对法律现象的概括和法律规律的把握，不具有抽象性和普遍性，因此上升不到科学原理的层面[②]。在立法模式中，肯定性/授权性法律条款一般具有原则性、抽象性与概括性特点，这要求立法者在逻辑思维方面有较高抽象思维及概括的能力。

### 四、《状式条例》的“贱讼”价值观

以现代法学理论观之，以权利为核心内涵的制度具有外向型、扩张型趋势，以义务为主体内容的制度具有内敛型、抑制型特征。禁止性规范的立法模式以配置义务为特色，而不是以规范权利的行使为主导。内敛型、抑制型特征在《状式条例》中得到充分体现。《状式条例》的禁止性条款将当事人审前的诉讼行为约束在范围窄小的框架之内。这种诉讼规则首要目的不是为当事人提供行使及实现诉讼权利的行为模式，而是以禁令、义务及责罚为后盾，尽可能地将官方认为不必要的纠纷（主要是命盗重案以外的案件）排斥出可诉范围，与衙门贱讼理念密切相关。“诉讼法规”以义务、责任作为其唯一的主题，试图令所有当事人固守各自的边界，并趋于内向与消极。在当代，诉权种类的设定意味着相应的公权力必须承担相对的义务与职责。尽管中央或省一级曾制定了针对州县官员裁判自理词讼过程中应遵守的职责规范，但从现有历史资料反映的情况看，官员是否严格遵守这些规范令人怀疑。

清代诉讼法规主要是规范、确立诉讼当事人（包括代书）的义务。讼案

---

① 杨红伟、张蓉：《晚清循化厅民间“细故”的审理与调解》，《中国边疆史地研究》2020 年第 4 期。

② 张中秋：《传统中国律学论辩》，载《中国法律文化论集》，中国政法大学出版社 2007 年版，第 135 页。

当事人在实践中是否“有权利”请求司法保护这一问题,恒为立法空白。“有权利”将意味着衙门“有职责”审理案件。清代不存在基于“民事权益”为核心的立法或法律依据,当事人的权利主要是基于符合社会一般正义的认识和逻辑、在事实上正当性利益占有关系而产生。也就是说,私人权利不是基于律例上的“合法”性,毋宁是诉诸道德上的正当性(如“冤抑”)。尽管法律上规定了官员听讼的义务与职责,如《大清律例》“告状不受理”律文规定:“斗殴、婚姻、田宅等事不受理者,各减犯人罪二等,并罪止杖八十。”相应例文规定:“如该地方官自理词讼,有任意拖延,使民朝夕听候,以致废时失业,牵连无辜,小事累及妇女,甚至卖妻鬻子者,该管上司即行题参。”另外“告状不受理”其他例文均规定了州县官员受理自理词讼的责任范围[①],在实践中,知县是否乐于受理仅仅涉及私人间利益纷争的自理词讼,则是个大问题。结合民事讼案司法实践,我们才能了解法律的实效。

诸如《状式条例》之类的地方诉讼法规从未确定诉的利益,亦没有相应的法律确立拥有权利保护的利益,法规中缺乏关于请求诉讼救济的规定。哪些诉讼是必要的,没有一个大致明确的范围。缺乏这样的立法规范,当事人将诉状提交衙门时,难以确定纯粹私人利益纷争的解决是否有法律依据,涉及该纠纷的案件是否属于可诉范围。立法上以私人正当性/合法性利益受侵害作为决定诉权存在的条件,确立可诉与不可诉纠纷的各自范围,有助于将滥诉和非正当利益的保护加以排除。

现代民事诉讼理论认为,特定民事纠纷有运用诉讼救济的必要,亦即具有诉的利益,“无利益便无诉权”。这一要件要求:请求诉讼救济对于诉权主体必须具有必要性(即拥有权利保护的利益),亦即如果不请求诉讼救济就无从保护权益和解决纠纷[②]。与之不同,《状式条例》只是致力于为当事人确立一个不可诉的大致范围。除了将不符合官方利益与意志的自理词讼明确排除出可诉范围外,《状式条例》不存在对当事人正当诉讼利益的肯定性规定,为官员以各种理由拒绝审理自理词讼创造了机会。“告状不受理”律例明确规定了州县官不受理自理词讼所应承担的责任,这些规定未确立民事案件可诉范围。在实践操作中,对不打算审理这些案件的官员来说,可以提出无限的理由拒绝受理案件,甚至规避上司制裁。比如《状式条例》等规定事在赦前及年远者不准,所谓“远年”并没有给出明确期限,仅依官员自由酌量决定是否受理。

---

① 《大清律例》,田涛等(点校),第478—479页。

② 江伟、邵明、陈刚:《民事诉权研究》,法律出版社2002年版,第168页。

《状式条例》以案件不予受理为“要挟”，约束当事人审前行为，这样的“诉讼法”实质上等同于“案件受理规则”。对启动诉讼以后的系列行为，如质证与审问的程序、证据交换及当事人的辩护顺序、官员作出裁决的期限、当事人何种条件可以撤诉、何种条件可以和解、何种条件当事人应受羁押、羁押场地及期限的约束、何种条件可以上控及上控的期限与次数等几乎付之阙如。《状式条例》反映王朝对稳定审前诉讼秩序的关注，重点限定启动诉讼的条件以致过高地抬升诉讼门槛，在以王朝利益为轴心的基础上，排除其主观认为不必要或与自身关系不大的诉讼。其以官僚对待诉讼的主流价值为导向，对一些审前诉讼行为进行有限的禁止性枚举，但《状式条例》无法事先列举或预测出官方禁止的一切审前诉讼行为，因此并非所枚举事项之外的其他诉讼行为得到官方许可。故而，在《状式条例》禁止性规定之外的案件，官员未必都乐听其进入司法程序。黄岩县诉讼档案显示，不少状纸符合《状式条例》的各项规定，但官员仍可能以各种理由不受理案件。

现代诉讼法学者认为，世界上大体存在两种不同的纠纷观。一种认为纠纷是对秩序的违反或扰乱，这种行为不仅侵犯了他人权益，而且在规范或伦理道义上也值得谴责；另一种纠纷观把纠纷视为个人参加并促使秩序不断再形成的动态过程中的一环，强调纠纷本身也具有正面功能，这种纠纷行为并不一定侵害权益或违反规范，争议的目的只是在于使本来不清楚的权利义务归属关系得到明确①。另有学者认为，纠纷罪恶观的支配作用，使得立法及司法都必须在惩处纠纷制造者、惩处兴起诉讼者的理念下运作，加剧扼杀了疏导纠纷的社会机制，从而也就继续制造了中国社会的无权利状态的延续和繁盛②。传统时代的纠纷罪恶观——“贱讼”思维普遍流行。自宋代以来，官员普遍认为，诉讼“乃破家灭身之本，骨肉变为冤雠，邻里化为仇敌，贻祸无穷，虽胜亦负，不祥莫大焉”③。清代类似的代表性观点源自“普法”性质的权威读本——“圣谕广训”。“圣谕广训”向民众一一细数争讼将导致双方当事人耗财费时的种种害处④。学者认为，皇帝所言本身具有法律的意味，圣谕十六条同样如此。只不过这类圣谕比较抽

① 王亚新：《民事诉讼与发现真实——法社会学视角下的一个分析》，《清华法律评论》（第1辑），清华大学出版社1998年版，第161—162页；刘荣军：《程序保障的理论视角》，法律出版社1999年版，第17—21页。

② 刘荣军：《程序保障的理论视角》，法律出版社1999年版，第18页。

③ （宋）黄震：《黄氏日抄》，载《名公书判清明集》，第637页。

④ 《圣谕广训：集解与研究》，周振鹤（撰集）、顾美华（点校），上海书店出版社2006年版，第24页。

象和原则化，圣谕基本属于道德性箴言。将《圣谕像解》视为法律宣传的一种方式，是因为圣谕十六条的部分条款以及书中的某些故事和配图，与法律、犯罪和诉讼有关。各条圣谕涉及清代地方社会频繁发生的纠纷、诉讼与犯罪，以及州县衙门日常处理的法律事务，也基本涵盖了清代法律宣传的主要内容①。基层官员诸如刘衡发布劝民息讼的告示时，引之为据②。这种价值取向在《状式条例》得到充分体现——预先限制审前各种诉讼行为，压制当事人启动诉讼的可能。作为地方官整体，其相似治理经验及这种价值取向的共享，导致各地《状式条例》趋同，淹没了其地方性细微差异。

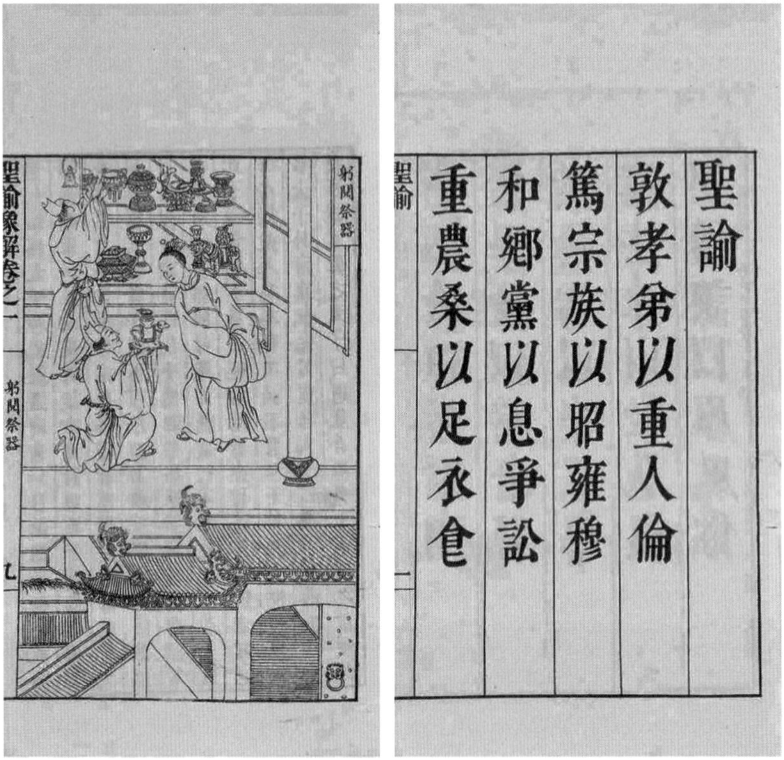


（图三 《圣谕像解》。清刊本，用图像方式解释“圣谕广训”的内涵，让老百姓看得懂圣上的意思。“圣谕广训”中重要一条即为“和乡党以息争讼”。）

具有高度格式化和影响力的《状式条例》遍及于各府州县，但朝廷并未将之全行纳入《大清律例》、避免法典在诉讼方面的漏洞。郑秦认为，《律

① 杜金：《故事、图像与法律宣传——以清代〈圣谕像解〉为素材》，《学术月刊》2019年第3期。

② 邓建鹏：《清末民初法律移植的困境：以讼费法规为视角》，法律出版社2017年版，第29—30页。

例》作为当时的基本法典，侧重在什么是犯罪，应如何惩罚上，也就是看重在定罪量刑的实体法方面。关于如何打官司、如何审判，即诉讼审判的程序法方面则少有明确规定。这是因为当时对立法者而言似无这种需要。国家只要规定了怎样定罪量刑，就足以惩恶扬善、约束百姓、维护统治秩序[①]。从清王朝角度而言，关注定罪量刑以致发展相关的司法技术（如比附援引）、打击重大犯罪维持统治秩序向来是帝国治理的核心，诸如对规范诉讼过程（尤其是涉及细故的案件）之类的“程序正义”问题，不是清王朝关心的重点而交由地方官自行处理。清朝历年修例，大都在重大犯罪案件基础上增删关于定罪量刑的实体法条款。这当为《大清律例》没有体系化的诉讼条款以及《状式条例》以地方法规这样的补充形式出现的主要原因。

《状式条例》虽非由朝廷统一制定与颁行，其借鉴参照了中国传统社会国家法典的基本价值理念、集权政治意识形态、正统伦理道德及贱讼思维，成为清王朝立法宗旨的延伸与具体化，是规范当事人诉讼行为最直接、最具影响力的“诉讼法”。至民国北洋政府时期，司法部印制的诉讼状纸末尾印有系列“注意事项”，要求当事人必须使用官颁状纸、填写原被告姓名、年龄、籍贯、争议标的数额等等[②]。这些事项要求及其排列形式与《状式条例》具有明显传承关系，但其实质内容与《状式条例》存在本质差异。“注意事项”只是为当事人提供状纸书写规范，以利审讯、确保诉讼的正常进行，并未规定若不符合“注意事项”要求的状纸不予受理。这种风格的转向，当与晚清以降民事诉讼获得正当性地位有重要关系。

---

① 郑秦：《清代法律制度研究》，中国政法大学出版社 2000 年版，第 108 页。

② 《民刑诉状样本》（计十六种），司法部制，无出版年代，据文中“民事诉讼条例”字样估计当由民国北洋政府时期出版。

# 第三章　官代书的职责

在律例及《状式条例》要求下，清代普遍存在与诉讼相关的重要职业——官代书。官代书是诉讼中官方设计的重要“装置”。本章重点分析官代书制度的内涵与特征；官代书对状纸语言风格的形塑；官代书制度在近代的走向。

## 第一节　官代书的制度沿革

### 一、代书职能的历代沿革

代书经官方考试录取，由衙门颁发印章，故称官代书，以为人抄写状纸营利。衙门考取代书的目的之一在于乡间民众识字率不高，“代书所以代民书状也。乡野愚民，孤嫠老弱，身负冤抑，不能书写，爰诉于代书以写状”[①]。薛允升（清末曾任刑部尚书）认为，“乡民不能自写呈词者颇多，觅人代写，则增减情节者，比比皆是矣”[②]。代人书写状纸这样的活动出现得很早，类似业务至少早在唐宋时期就受到法律规范。唐宋法律规定：“诸为人作辞牒，加增其状，不如所告者，笞五十”[③]。宋代类似行当及他们的店铺当时被称为写状书铺户、粥状人、书铺、书状人、书写人等。写状书铺户被官府赋予许多义务，其中最重要的是审查诉状内容。宋代李元弼《作邑自箴》“写状钞书铺户约束”对写状书铺的规范记述很详细：写状书铺户必须由三名本地人保举，无犯罪前科，经官府审查批准，“籍定”入册、发给营业执照和木印后，写状书铺户方可挂牌开张；如果写状铺户改行或死亡，要

① （清）觉罗乌尔通阿：《居官日省录》卷之一《考代书》，咸丰二年刊本。

② 胡星桥等（主编）：《读例存疑点注》，第 704 页。

③ 《宋刑统》，薛梅卿（点校），第 427—429 页。此律文沿袭唐律，参见刘俊文：《唐律疏议笺解》，第 1663—1665 页。

将木印子送官毁弃[①]。写状书铺虽非官设机构，但经官府审查许可，业务活动受官府严格控制：写状书铺户书写词状必须遵循法定格式，若违反法规，将会被毁劈木牌、印子，以后不得再开张。有学者认为，除了代人抄写状纸，南宋后期书铺在诉讼中担负了鉴定各种官私文书的责任，包括：辨验关书，辨验典、卖田契，辨验上手契书，辨验定亲帖子，辨验告身、批书。他们鉴定的结果，往往作为判案的根据[②]。戴建国引《昼帘绪论》《宋会要辑稿》认为，宋代书铺依当事人口供笔录成状，作为案件审理依据，表明书铺具有公证资格[③]。书铺代写诉状，同时兼带证据鉴定工作，但与公证行为无必然联系。

南宋朱熹颁布的《约束榜》也详细规定了写状书铺的职责：其一，书铺若触犯法规，或经手的诉状未曾盖印就令当事人呈交给衙门，导致紊烦官司，除对书铺惩处外，另吊销其营业执照（"毁所给印子"）；其二，凡是诉状未曾注明每一法定细节，如当事人不能出庭缘由、妇人有无疾荫、娠孕等等，首先提书铺是问；其三，若经书铺撰写的诉状事后发现与当事人无关，同当事人一并科罪；其四，书铺应严格依照规定的格式书写诉状，明确注明案件受理月日，否则被吊销营业执照，并同诉讼当事人承担连带责任；其五，书铺书写的状纸若未能真实反映案情，将受惩治[④]。与北宋《作邑自箴》相比，南宋《约束榜》对写状书铺户的规定大为细化。

代书业在宋元以来一直沿袭。元代衙门为"革泛滥陈词之弊，亦使官府词讼静简，易于杜绝"，对书状人与书铺的一些职责作了简要规定[⑤]。宫崎市定认为，元代状铺要得到政府的许可才可以营业，他们必须先分析案件是否值得提起诉讼，即所谓"应告""不应告"，然后才决定是否代笔[⑥]，这与宋代情况近似。陈智超认为，元代前期还存在书铺，大德年间以后改由官府派吏人充任写状人。自明至清，这种职业被改称为代书[⑦]。明朝初年，《大明令》规定了诉状的专责书写人："凡诉讼之人，有司置立口告文薄

① (宋)李元弼：《作邑自箴》卷二《处事》，民国二十年商务印书馆四部丛刊景刊宋淳熙本。

② 参见陈智超：《陈智超自选集》，安徽大学出版社 2003 年版，第 347—350 页。宋代书铺介绍，参见郭东旭：《宋代法制研究》，河北大学出版社 1997 年版，第 610—611 页。

③ 戴建国：《宋代法制初探》，黑龙江人民出版社 2000 年版，第 383 页。

④ (宋)朱熹：《朱文公集》，载《名公书判清明集》，第 640—644 页。

⑤ 《大元圣政国朝典章》，中国广播电视出版社 1998 年版(影印元刊本)，第 1900 页。

⑥ [日]宫崎市定：《宋元时期的法制与审判机构——〈元典章〉的时代背景及社会背景》，载杨一凡(总主编)：《中国法制史考证》(丙编第三卷)，姚荣涛(译)，中国社会科学出版社 2003 年版，第 87—88 页。

⑦ 陈智超：《陈智超自选集》，安徽大学出版社 2003 年版，第 356—357 页。

一扇,选设书状人吏一名。如应受理者,即便附簿发付书状,随即施行。如不应受理者,亦须书写不受理缘由明白,附簿官吏署押,以凭稽考”[1],这表明明初与元朝类似,由官府派官吏充任写状人,与清朝官代书制度大为不同。

## 二、清朝官代书的法律规范

据文献记载,清代官方对类似职业的法律规定,至少早在康熙年间的则例中就已出现:

> 照得衙门官代书之设,稽查匿名、杜绝谎状。是以《现行则例》内开:凡写状之人,令其写录告状人真情控告,若教唆词讼及为人作词状增减情罪、驾词诬告以致伤财害俗者,严拿治罪等语。[2]

此处所云《现行则例》当与康熙后期修订的《本朝则例全书》的规定有关——“凡写状之人,令其写录告状人真情控告。若教唆词讼及为人作词状增减情罪、诬告人者,并驾词越告,以致人伤财害俗者,令地方官严拿照律从重治罪”[3]。康熙五十四年(1715)刊刻的《大清律辑注》注解“教唆词讼”律文时云:“恶棍包揽词讼,与代书教唆词讼,皆有新例”[4]。是以至少早在康熙年间修例时已涉及对官代书的规范。雍正年间《大清律例》例文规定:

> 内外刑名衙门,务择里民中之诚实识字者,考取代书。凡有呈状,皆令其照本人情词,据实誊写。呈后登记代书姓名,该衙验明,方许收受。如无代书姓名,即严行查究,其有教唆增减者,照律治罪。[5]

吴坛认为,此条系雍正七年(1729)定例。查原例专指直省府州县而言。至雍正十三年(1735),又有在京刑名衙门设立代书之例[6]。嘉庆二十二年新增条例又规定:“凡有控事件者,其呈词俱责令自作,不能自作者,准

---

① 《大明令》,载刘海年等(总主编):《中国珍稀法律典籍集成》(乙编第一册),第41页。

② (清)戴兆佳:《天台治略》卷之七《告示·一件严饬代书示》。

③ (清)鄂海(辑):《本朝则例全书》之《刑部现行》卷下《诉讼·代写词状》。

④ (清)沈之奇:《大清律辑注》,怀效锋等(点校),法律出版社2000年版,第843页。

⑤ 《大清律例》,田涛等(点校),第490—491页。

⑥ 马建石等(主编):《大清律例通考校注》,第899页。

其口诉，令书吏及官代书，据其口诉之词，从实书写。如有增减情节者，将代书之人，照例治罪”①。

## 第二节　内容与特征

### 一、官代书的收费机制

清朝官代书抄写完状纸后，盖上官颁戳记，由衙门验明，方可收受。因此，状纸有无加盖官代书戳记为衙门决定是否受理状纸的前提。当然，也偶有例外，巴县档案存在少量无官代书戳记状纸亦被受理的情况。如，李郁的呈状（道光六年八月）无代书戳记，被知县受理②。这种特例在黄岩县和淡新地区也偶尔存在，但当事人可能被知县训斥。光绪元年十一月新竹县妇女郭何氏呈交的催呈由于没有官代书戳记等原因，受到衙门斥责：“妇女递呈，不列抱呈，又无代、保戳记，不阅掷还”③。又比如，黄岩县诉讼档案中的第 11 号诉状加贴“代书不敢用戳”，县衙批示“无戳特斥”；第 23 号无戳，知县批示“无戳不阅”④。

代书人为当事人的诉状盖戳记都要收取费用。78 件晚清黄岩诉状中，无代书戳记的共有 11 件，占总数的 14%（第 77 号诉状因卷残看不到是否有戳）。其中第 36 号诉状加贴“家贫如洗，无力用戳”和“戳盖前词，恩求免用”二纸，第 38 号诉状加贴“戳盖前词，恩求宥免”，第 64 号诉状加贴“家贫无力，求恩免戳在内”。孙鼎烈在一份当事人的呈词中曾作出批示：“（林加煊）词不盖戳，念其贫苦，恐代书有索费情弊，从宽受理”⑤。这均表明盖戳意味着呈状人要向官代书缴纳费用，个别无戳者多为付不起费用。

官代书收入来自为当事人抄写状纸。有的官员为官代书设立收费标准。如乾隆五十九年（1794），福建按察使认为院、司、道、厅衙门呈词少，提议官代书每次用戳收纸张、笔墨、饭食钱二十四文，府、州、县衙门词讼更多，官代书每次用戳，准受纸张、饭食钱十六文。巡抚姚收到禀报后答复如下：

---

① 胡星桥等（主编）：《读例存疑点注》，第 704 页。

② 巴县档案号 6－3－13087－2。道光七年正月的一份诉讼文书亦无官代书戳记，巴县档案号 6－3－3098－3。

③ 淡新档案号 22102－53。

④ 黄岩诉状内容，参见田涛等（主编）：《黄岩诉讼档案及调查报告》（上卷），法律出版社 2004 年版。

⑤ （清）孙鼎烈：《四西斋决事》，载杨一凡等（主编）：《历代判例判牍》（第十册），第 606 页。

如详刊入省例,通行各属遵照。至代书填写呈状用戳,并需用纸张、笔墨、饭食等项,院、司、道准其受钱三十文,其府、州、厅、县准受钱二十文,毋许额外多索,如违究处。余已悉。[①]

巡抚将府以上机构辖下的官代书收费提高到三十文,府及以下机构辖下的官代书收费为二十文。该标准随后通行全省。张修府也设定官代书的收费标准:"无论新旧词由,该代书拟稿、盖戳,准取笔资三百文,自稿盖戳一百文,毋许额外需索。倘敢贪取重赀,将无作有或代为包揽,夤缘种种,招摇撞骗者,照书役诈赃例酌定罪名"[②]。状纸全由代书拟稿书写的每份收费三百文,当事人自行撰写由官代书盖戳的,每份状纸收费一百文。但是,设定收费标准后,官代书是否遵照执行,尚是个问题。乾隆初年,江西按察使指出:

照得各衙门设立状式并代书图记,原以杜刁民之妄控。乃法久弊生,一纸状式,卖钱至数十文,而代书用记,又措钱数百文至百文不等。皆缘一班出入衙门之积棍承充顶补,遇有乡民情事迫切,即恣行勒索。[③]

在官方看来,原本一项便民的制度,演化为勒索当事人钱财的弊政。州县官及上级官员疏于约束,当属主要原因。与此不同,嘉庆八年张五纬对官代书的收费并未制定统一标准:(官代书)"其盖戳钱文,应听来人量给,亦毋居奇勒索,致干咎戾"[④]。相当于官代书收费视当事人的情况而定。对比湖南张修府制定的标准,福建官代书收费少许多。但在司法实践中,福建省官代书收费并未一直依据巡抚颁行的标准。戴炎辉认为,从清代后期台湾淡新档案反映的情况来看,代书的酬劳视事件的难易及委托人的贫富而定,少者四五毛,多者六七毛,甚至有达百余元者[⑤]。日本学者认为,官代书除了抄写状纸收费外,地方官颁定、商人印刷的状纸也由之贩卖。清代台湾纸商批发价纸之值约六分,而代书领价,在县一毛六分,府二

---

① 《福建省例》,第 970 页。

② (清)张修府:《谿州官牍》乙集《颁给代书条约示》。

③ (清)凌燽:《西江视臬纪事》卷三《禁代书包勒》。

④ (清)张五纬:《风行录》,载杨一凡等(主编):《历代判例判牍》(第八册),中国社会科学出版社 2005 年版,第 241 页。

⑤ 戴炎辉:《清代台湾之乡治》,台北联经出版事业公司 1979 年版,第 706 页。

毛,省五毛[①]。晚清日本法律学者织田万认为,代书人之酬金大抵告状一纸代书酬金在四五百文至六七百文之间,或时有数十圆以上。要之,依事件之大小、诉讼当事者之贫富而异者也。又,代书得卖告状用纸[②]。清后期曾任江苏巡抚的丁日昌调查曾发现,如皋县每逢告期"代书戳费五六百文至千余文不等"[③]。田涛在徽州发现的清代嘉庆朝诉讼材料中,意外地发现一簿"告状费用收支帐",其中记录了嘉庆朝"官代书"每写一状收费"写状银五钱"[④]。这个数目与前述丁日昌的调查发现类似。这说明官代书的实际收费一般要高于官定标准。

这种情况在晚清四川更是如此。根据晚清关于四川诉讼习惯的一项调查,该省代书费至少者一百文,至多者一千文[⑤]。从著者所见巴县档案来看,代书费大致在此范围内。如光绪二十五年(1899),巴县书吏陈厚泽私捏副取代书廖玉卿之名,每张呈词收取戳记钱二百文。据其他书吏称,至光绪三十一年(1905)秋,陈厚泽共获利数百两银子。光绪三十一年冬戳记费提公后,陈厚泽又私刻楷姓篆名小戳记,在"辛力写字钱"之外,每张呈词勒索钱一百八十文。从光绪三十一年冬至三十二年(1906)正月共三十九张呈词,陈厚泽额外收费七千零二十文。而按惯例,官代书每张呈词只能收辛力写字钱三百六十文。为此,知县批示对陈厚泽责掌锁手、革除卯名,廖玉卿戳记销毁[⑥]。据上可知,在光绪三十一年冬之前,巴县官代书的收费分为两项:"辛力写字钱"三百六十文,戳记钱二百文,共计五百六十文。不过,即使这个数额,也远远超过官定额度。光绪二十九年(1903)十一月至光绪三十年(1904)六月正堂傅在任期间,其颁行给李春华、魏光宗等人的官代书戳记明确注明:"每张给笔墨辛力戳记钱二百六十文,写字钱

---

① [日]白井新太郎:《台湾时清の司法制度》,转引自戴炎辉:《清代台湾之乡治》,台北联经出版事业公司1979年版,第720页(注二四)。

② [日]织田万:《清国行政法》,李秀清等(点校),中国政法大学出版社2003年版,第472页。

③ (清)丁日昌:《抚吴公牍》卷之三十六《饬裁如皋陋规、减复典当利息》,光绪年间刊本。

④ 田涛:《被冷落的真实——新山村调查手记》,法律出版社2005年版,第34页注释(1)。《歧路灯》记载讼师冯健建议其当事人找代书铺抄写呈状,"用个戳记,三十文大钱就递了"。(清)李绿园:《岐路灯》第七十回,栾星(校注),中州书画社1980年版,第674页。宫崎市定所引《元典章》表明元代有的代书收费为"钞四两",[日]宫崎市定:《宋元时期的法制与审判机构——〈元典章〉的时代背景及社会背景》,载杨一凡(总主编):《中国法制史考证》(丙编第三卷),姚荣涛(译),中国社会科学出版社2003年版,第88页。

⑤ 四川调查局(编):《调查川省诉讼习惯报告书》第十项《案费》。

⑥ 陈厚泽光绪三十二年二月十六日禀状,巴县档案号6-6-22164。

四十文,不准多索"[①],总共才三百文。当时代书一般戳记钱与写字钱一同收费。杜凤治在山阴县老家撰写的两份禀稿草稿,"交代书写并戳,两禀需钱五百数十文"[②]。

至光绪三十三年(1907)三月,刘南陛等人的禀状称:官代书吴慎修"每词一张勒取戳记钱四百六十文,辛力写字钱三百六十文"。这表明官代书收费曾一度高达八百二十文。后来知县指令由铁路局绅经理戳记,每盖呈词一张收费四百文充作为公款。正取代书作词除取"辛力写字钱"三百文以外,向当事人另多要一百八十文钱。为此,刘南陛等人请求知县增考代书,免致人少易生弊端[③]。宣统元年(1909)闰二月,杨玉发、刘海清曾给不法代书吴子良二千三百二十文钱,请其代作恳词,这是著者在巴县档案看到的代书收费最高纪录[④]。

此外,据晚清山东调查局所获信息,该省官代书收费分为两项:其一为代书费,每呈一纸京钱七八百文不等(每二文京钱合制钱一文,亦即三百五十至四百文不等);其二为印戳费,每纸京钱二百文[⑤]。因此,两项合铜钱四百五十至五百文。除了清政府治下的中国,在晚清山东省英租威海卫,官方允许有资格的代书向当事人收取的代书费为一元(墨西哥洋,一块银元折算为七钱二分银,即 0.72 两白银),但仍有代书向当事人额外勒索[⑥]。

## 二、官代书的员额

清朝每个州县同一时期存在多少官代书呢?囿于见闻,著者甚少见到清代中期及以前的相关文献记录,仅能据现存的州县司法档案作大致推断。如道光六年巴县正堂刘衡任内出现过的代书共有七名,相关信息如下表所示:

---

① 光绪二十九年十一状纸,巴县档案号 6-6-27581;光绪三十年六月状纸,巴县档案号 6-6-27643。

② 《杜凤治日记》(第十册),第 5412 页。

③ 巴县档案号 6-6-294。不过,刘南陛等人呈交禀状的目的,在于力陈现有官代书人数少,导致种种弊端,其所列举的收费标准或有夸大之嫌。

④ 巴县档案号 6-7-4346。

⑤ 《山东调查局民刑诉讼习惯报告书》第一章"诉讼费用"第一节,法制科第一股股员李书田(编纂),手稿本 1 册。

⑥ See Carol G S Tan, *British Rule in China: Law and Justice in Weihaiwei 1898-1930*, Wildy, Simmonds & Hill Publishing, 2008, pp. 188-190.

**表四　道光六年巴县官代书姓氏统计表**

| 姓名 | 巴县档案号 | 档案所属时间 |
| --- | --- | --- |
| 周流芳 | 6-3-13018-4 | 道光六年二月二十八日 |
| 王定邦 | 6-3-17040 | 道光六年十一月十八日 |
| 张继旭 | 6-3-13019-3 | 道光六年二月十三日 |
| 成之美 | 6-3-13020-2 | 道光六年二月十四日 |
| 严正义 | 6-3-13045-1 | 道光六年五月二十八日 |
| 曾廷椿 | 6-3-13088-18 | 道光六年十二月十八日 |
| 刘应贵 | 6-3-13017-2 | 道光六年正月二十三日 |

上述官代书大都由刘衡录取，而非沿袭自其前任正堂王如琯。道光七年，刘衡在巴县的继任者赵凝任内[①]，巴县出现过九名官代书，其中，仅有曾廷椿、刘应贵从前任继续执业到下一任知县[②]。相关信息如下表：

**表五　道光七年巴县官代书姓氏统计表**

| 姓名 | 巴县档案号 | 档案所属时间 |
| --- | --- | --- |
| 牟致和 | 6-3-16625-2 | 道光七年三月初十日 |
| 余昌言 | 6-3-16626-3 | 道光七年四月十三日 |
| 黄中理 | 6-3-16626-5 | 道光七年四月十六日 |
| 骆尚文 | 6-3-16628-4 | 道光七年五月二十四日 |
| 魏□辉 | 6-3-16630-1 | 道光七年七月十四日 |
| 张万椿 | 6-3-16631-8 | 道光七年九月二十四日 |
| 刘应贵 | 6-3-16634-5 | 道光七年七月十四日 |
| 曾廷椿 | 6-3-16628-8 | 道光七年又五月十二日 |
| 张敬修 | 6-3-16626-11 | 道光七年五月初八日 |

这大致说明，至少在巴县，知县新上任后重新招考代书。另外，官代书张敬修出现在刘衡前任王如琯时期，其戳记至少间断地在道光七年、十年以后的状纸中继续出现[③]。官代书牟致和也出现在王如琯任期[④]。官代书

① 刘衡在巴县前后任知县的信息，参见（清）霍为棻、王宫午（等修），熊家彦（等纂）：《巴县志》卷之二《职官》，四十六页，同治六年刊本。

② 曾廷椿的官代书戳记至少还出现在道光八年十一月二十三日的诉讼文书，巴县档案号6-3-16648-1。

③ 分别参见如下日期的状纸：道光五年四月十三日，巴县档案号6-3-16267(55-10)；道光七年五月初八日，巴县档案号6-3-16626-11；道光十年三月二十三日，巴县档案号6-3-13019-4。

④ 道光二年十月状纸，巴县档案号6-3-17445-2。

严正义曾间断地出现于道光二十九年县正堂祥任期、咸丰六年(1856)县正堂姚任期[①]。

根据光绪二十九年闰五月吴慎修等人的禀状,在当月孙必振病故之前,巴县正取代书为吴慎修、李春华、詹西垣、熊泽堂、犹明新、韩炳林、孙必振,共七名。光绪三十一年正月黄元善等人禀状也称:"正取代书原额七名。"但这个数字并非固定,如光绪三十一年五月杨善文禀状称:"(巴县)考取正取代书历系十名、十二名、八名,周主荣任,原充只有六名……光绪二十四年沈主荣任,考取正取十名,副取两名……张主荣任,亦考取正取十名,副取十名"[②]。清末吏治废弛,巴县招考代书一事遭搁置。如光绪三十四年(1908)三月初三日据前充代书林尚文等称,自从前任张知县招考录正副取代书二十名后,历年未再招考,只剩下五名代书。此时,知县收到许多人的禀状,强烈要求将自己招考为官代书,以免由于官代书过少而"办公不敷"、收费畸高及影响词讼[③]。以上说明,代书之名额多少由知县决定,正取代书多则十二人,少则五人;副取代书多则十名,少则两名。

同治、光绪年间,台湾新竹县有代书仅四人[④]。黄岩县档案的 76 份诉状中,以光绪十一年(1885)的最多,计 42 件,约占总数的 55%。这些状纸涉及包连升、严立治、童建中、方尚德、连捷升等五名官代书。42 件状纸远不是黄岩县一年状纸的全部,但这些状纸在同一年由数十名当事人在十二个不同日期呈交,对统计官代书名额有一定的可靠性。据此,黄岩县当时一年的官代书或许为五名左右。清代中后期的巴县一年内官代书大致在七至九名。巴县隶属重庆府,作为首府首县,县境辽阔,是川东政治、经济、军事和文化中心,在当时属人口大县,诉讼繁多[⑤]。因此,衙门需要更多官代书应对诉讼业务。依此而论,则九名大致是清代中后期全国大多数州县正式官代书名额的上限。

据巴县光绪三十一年四月黄元善禀状,正取代书在下一任知县考试时,有可能变为副取代书。据光绪二十九年至光绪三十二年的巴县档案反

① 分别参见巴县档案号 6-3-9970-3、6-4-5907-10。

② 以上均参见巴县档案号 6-6-282。

③ 巴县档案号 6-6-294。

④ 刘宁颜(总纂):《重修台湾省通志》,台湾省文献委员会 1990 编印,第 74 页。

⑤ 马小彬:《清代巴县衙门司法档案评价》,载李仕根(主编):《四川清代档案研究》,西南交通大学出版社 2004 年版,第 45—46 页。道光年间刘衡先后在四川梁山县、巴县、垫江县任知县,独提到巴县乃"极繁之缺"。参见(清)刘衡:《蜀僚问答》,载《官箴书集成》(第六册),第 152—153 页。刘衡认为应多考录官代书,巴县官代书名额在全国州县中算多的。

映，正、副取代书的名字虽有可能互换，但被新人大部分取代的现象则没有[①]。这与道光年间的情况很不一样。不过此时已至清代末期，不能代表官代书任期的一般情况。官代书有可能因其执业优势而多次考录，但并不完全保险。如光绪三十四年三月，前任代书彭寿南禀称，其曾在前任周知县时考取副取，次年补入正取，至周知县离任、耿知县到任之后均未考取[②]。

现存黄岩县诉状表明，代书黄蔼香最早出现于同治十三年(1874)十二月十八日(第1号状纸)，最晚出现于光绪二年(1876)二月十三日(第7号状纸)，是目前所见黄岩诉讼档案中在任时间最久的官代书，且只有他一人在两任不同的知县(正堂郑、正堂王)期间拥有官代书资格。清代县官在一县的任期一般为一至两年(甚至更短)，这与衙役、书吏在县衙长期任职大不相同。尽管官代书将来仍有可能考取的机会，但多年连任的情况不多。因此，官代书大都有任期短期化倾向。新官上任照例重新考取官代书，每位官代书的戳记都由现任官员颁发，故官代书任期大致与县正堂任期重合，近似于“一朝天子一朝臣”。

州县以上衙门有多少官代书，著者未曾检阅到足够文献。不过，如前引《福建省例》所言，与州县相比，府及以上的行政机构受理的讼案甚少，官代书名额自然要少多了。张修府曾在一份文件中提到：“照得本府考取代书饶德初、李及时两名，业经取具保结，颁给戳记”[③]。在另一份文件中他又提及：“现经本府秉公考取李遇春、张连陞二名”[④]。该知府衙门在同一时间考取的官代书可能仅两名，比巴县这种词讼繁多的县少多了。

## 三、官代书的类型与职能差异

刘衡在四川升任知府时，曾向上司汇报他任知县期间的经验：招考的代书分为当差与候补两种，凡当差代书责革后，“以记名候补之代书挨次充补”[⑤]。刘衡的上述措施至少在巴县得到长期实施。据光绪二十九年闰五月彭瀛州的禀状，巴县官代书有正取与副取两种，正取代书为正式代书，副取代书为候补代书。光绪二十九年闰五月，巴县副取代书有彭瀛州、黄文清、魏光宗、廖玉卿、杨善文等五名。正取代书病故或斥革开缺，则由副取代书顶替，原任戳记销毁。如光绪三十一年七月，正取代书吴春华等的禀

① 巴县档案号6-6-282。
② 巴县档案号6-6-294。
③ (清)张修府：《谿州官牍》乙集《谕饬代书示》。
④ (清)张修府：《谿州官牍》乙集《颁给代书条约示》。
⑤ (清)刘衡：《州县须知》，载《官箴书集成》(第六册)，第108—109页。

状称,光绪二十六年(1900),经前任张知县批准立案,正取代书病故后,由其他正取代书联名向知县禀明并将戳记呈交销毁。

据光绪三十一年正月黄元善等人禀状称,正取代书出现缺额时,“该副取(代书)挨次补充足额。”正取代书亡故,“所遗名缺应副取第一名”替补。但最终人选由知县决定。比如,光绪三十一年四月,彭瀛州在正取代书犹明新死后,其为副取第一名,请求“赏准顶补给戳”。彭的请求遭到另一名副取代书的反对,同年闰五月,魏光宗禀状称“正代书者历素朴直谙公,一身不当二役。”而彭瀛州是承科经书(承发房书吏),不应顶补。作为有利可图的行业,一旦正取代书出现缺额,副取代书往往互相争夺。此次“副取人等每迭词互相争补,攻讦不休。”于是,知县决定由副取代书黄元善“试办一月,如有违误,即行责革”,经过一个月试用期,黄最后被录用[①]。除此之外,著者还在光绪十五年(1889)九月陈子杨的一份非正式禀状上发现盖有一枚由正堂周颁发的“学习代书”吕永终的戳记,该戳记与正式代书的戳记外观一致,但尺寸更小[②]。著者在所阅的巴县档案中,仅见正堂周颁发有此类“学习代书”戳记,学习代书身份地位或与副取代书一致。

正、副取代书存在分工。作为候补人员,副取代书不能撰写正式的呈词,但可以为当事人撰写一些非正式的诉讼文书,比如禀状,以收取少量费用。据光绪三十四年三月胡作霜等禀称,前任张姓知县考取正、副取代书,正取代书验给大戳盖呈词格式,副取代书验给小戳盖条白小禀。但后来历任知县未再招考官代书,随着官代书的先后病故,最后只剩下五名正、副取代书,以致办公“不敷前额”,以大戳盖小禀,正副无分[③]。著者查阅到巴县副取代书彭瀛州分别于光绪二十九年(1903)十二月撰写的禀状[④]及光绪三十一年六月撰写的催呈状[⑤]。正堂傅颁给他的戳记右侧注明“代书彭瀛州”,而若是正取代书,则通常注明“官代书某某”。

官代书每次书写完状纸后都要盖上戳记,戳记由衙门颁发。一些文献表明官代书领取戳记时,甚至也得同差役一样向知县呈交陋规。晚清时文献记载:“州县到任,经管钱粮之书吏往往按照旧章呈缴陋规。官代书领戳、差役、保正点卯,亦间有送陋规者”[⑥]。刘衡在四川时亦听闻:“川省州

---

① 以上均参见巴县档案号 6-6-282。

② 巴县档案号 6-6-10370。在同一卷宗,光绪十四年六月初四日陈为堂提交的禀状盖有正堂周颁发的学习代书钟云钱戳记。

③ 巴县档案号 6-6-294。

④ 巴县档案号 6-6-27581。

⑤ 巴县档案号 6-6-38968。

⑥ (清)方大湜:《平平言》卷二《勿受书役陋规》。

县考代书,向有陋规之说”[①]。他认为,代书戳记钱出之民或牵涉讼案,属于必不可收的陋规[②]。光绪年间四川酉阳州“考取代书,缴费四百串”,州县官员将考取代书作为其致富的途径之一[③]。

## 四、官代书的戳记形制

著者所见巴县、黄岩县、宝坻县及淡新地区的戳记形状大致类似,多为上梯形与下四方形的结合[④],盖在诉状上呈红色印迹。但是也有个别例外,如道光八年九月二十日,巴县正堂傅给官代书骆□文的戳记为长方形[⑤]。光绪年间陕西紫阳县的官代书印章也盖在民众呈交县衙的禀文上,印迹呈黑色[⑥]。主流形状的来源,很可能与衙门前的照壁形状有关。田涛认为,明清衙门前照壁的功能之一是在上面张贴公告。照壁的形式影响了明清时期的公文:大部分公文都要在纸上用雕版印刷一个图案,上面是个梯形,就好像一个房檐,下面是个长方形,就好像一面墙壁。黄岩县所见的官代书押印也被刻意作成这种形状[⑦]。有的衙役的戳记与官代书戳记外形类似,表明官代书的戳记形制在一定程度上具有公权力象征色彩[⑧]。上方梯形框内注明戳记的颁发机构及长官的姓。比如同治九年郭何氏状纸上的官代书戳记上半注明“淡水分府陈”[⑨],说明该官代书的戳记由福建省淡水分府陈姓知府所颁。道光五至七年间(1825—1827),刘衡在巴县任内颁发的戳记则注明“县正堂刘”[⑩]。

与此稍异,黄岩县官代书戳记的上半部略写为“正堂某”。在四方形框内的中部,多为形迹缠绕复杂的印字符号。田涛认为,这些印字往往是官府书

---

① (清)刘衡:《州县须知》,载《官箴书集成》(第六册),第 109 页。

② (清)刘衡:《蜀僚问答》,载《官箴书集成》(第六册),第 154 页。

③ 鲁子健(编):《清代四川财政史料》(上),四川省社会科学院出版社 1984 年版,第 555 页。

④ 知府衙门颁发的官代书戳记也与此类似,参见道光八年六月状纸上的重庆府正堂文给代书刘秉南戳记,巴县档案号 6-3-10029-1,台北府分府官代书戳记,淡新档案号 22102-16。

⑤ 巴县档案号 6-3-10029-3。“□”表示该字缺。

⑥ 张若筠(主编):《清代紫阳县档案汇编》(下),西北大学出版社 2021 年版,第 255 页。该县有的乡约戳记与官代书戳记形制一样,同上书第 234、243 页。

⑦ 田涛:《被冷落的真实——新山村调查手记》,法律出版社 2005 年版,第 23 页。由此,官代书具有官方色彩。清代文献称,有官员审讯完退堂后,“即将谳语斟酌的当,次日贴于照壁。”(清)徐栋(辑):《牧令书》卷十八《刑名中·当堂定谳》。

⑧ 如光绪三年六月,淡水分府陈给三快班头役李禄的戳记与官代书戳记外形类似,淡新档案号 21101-4、21101-5、21101-6。

⑨ 淡新档案号 22102-16。

⑩ “直里七甲李光元以与他伙挖煤厂账项不清事控冉正等”(道光五年十月)状纸,巴县档案号 6-3-17040。

写的一个连体字，俗称“花押”。文字内容一般为“公生明”“平允”“正直无私”等，似乎是官府故意写成这样的形式，以便作为一种带有仿伪色彩的信证①。当然也偶有例外，比如巴县刘衡颁发的官代书戳记在该部位只是刻有“不许朦混声叙、增减情节”十字，此种情况甚为罕见②。如下图所示：

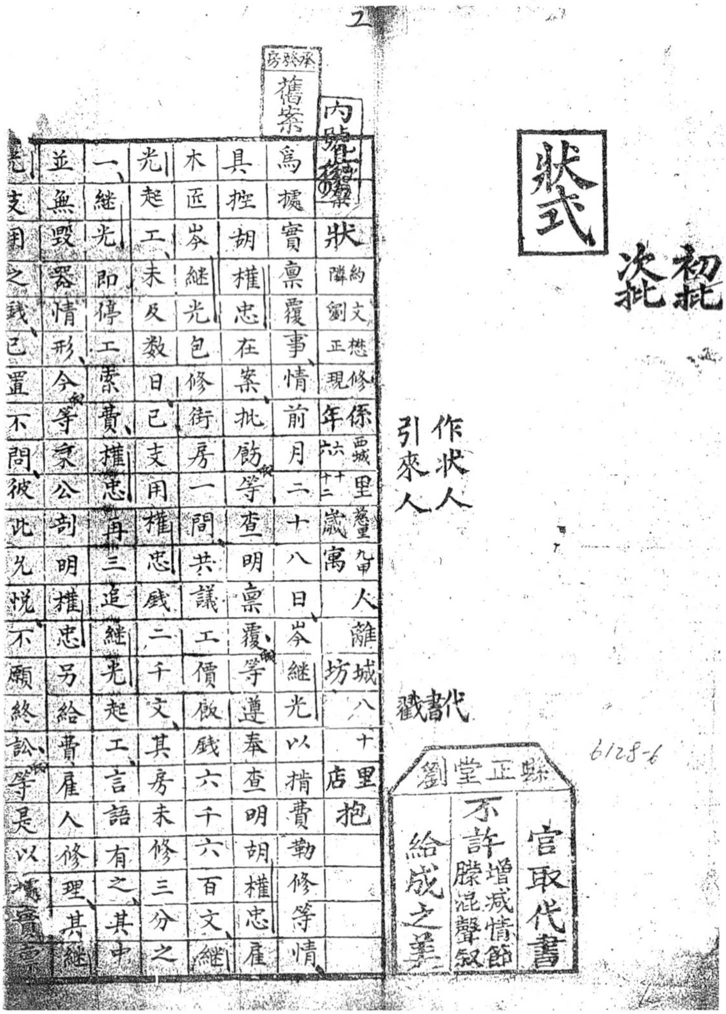
狀式
初批
次批
作狀人
引來人
代書戳
6128-6
縣正堂劉
官取代書
不許朦混聲叙增減情節
給成之美
承發房
舊案
內號
狀 隣約 劉文正 懋修 現係年六十二歲 西城里 寓 人 離城八十里 坊 店 抱
爲攄實稟覆事情前月二十八日岑繼光以措費勒修等情
具控胡權忠在案批飭等查明稟覆等遵奉查明胡權忠雇
木匠岑繼光包修街房一間共議工價飯錢六千六百文繼
光起工未及數日已支用權忠錢二千文其房未修三分之
一繼光即停工索費權忠再三追繼光起工言語有之其中
並無毀器情形今等家公剖明權忠另給費雇人修理其繼
光支用之錢已置不問彼此兌悅不顧終訟等是以據實

（图四　道光五年巴县刘正现等状式复印件（局部）。右下角是刘衡颁给代书成之美的戳记印章，天头承发房钤印“旧案”，加盖“内号”，印章原件为红色，状纸“初批、次批”两栏要求当事人呈交的状纸属“旧案”时，抄列之前县正堂对本案的批复，当事人一般在状纸正文引述批复，故这两栏多数空白。巴县档案号6－3－6128－6）

① 田涛等（主编）：《黄岩诉讼档案及调查报告》（上卷），第14页。

② 又比如咸丰六年五月，巴县官代书张斗垣的戳记刻有楷体“守拙”二字，巴县档案号6－3－9970－11。

四方形框内左右两侧一般注明拥有该戳记的官代书姓名。比如，刘衡颁发给严正义的戳记注明“官取代书，给严正义”①。道光五年（1825）三月，县正堂刘的前任正堂王则在颁发给张士元的戳记相应部位注明“考取官代书，张士元戳记”②。道光二十九年，巴县正堂详给严正义的戳记相应部位简化为“官代书，严正义”③。光绪二十九年十一月至光绪三十年六年正堂傅在任期间，颁行的官代书戳记右侧注明官代书及姓名，左侧则以小字双行注明官代书收费数额④，此种情况甚为特殊，相当于代书收费的公示制度。

同治、光绪时期，台湾民众多移居自福建、两广地区。台湾淡新地区的官代书多依籍贯加以区别。据《重修台湾省通志》记载，淡新地区官代书有泉、漳、粤籍人，而据《新竹厅志》，新竹县原有之代书人，泉籍二人，漳籍一人，粤籍一人，各自负责对同籍贯两造的呈诉状撰写与盖戳。此因同籍贯之代书，熟识同籍之两造故也⑤。新竹县衙还特别在颁给官代书的戳记上注明其籍贯，如前引同治九年郭何氏状纸上的官代书戳记被注明“给泉籍代书陈衷曲戳记”，说明该代书来自福建泉州。同治十年，一位代书的戳记上注明“给漳籍代书王安泰戳记”，表明其籍贯为福建漳州⑥。光绪四年一枚官代书戳记注明“给粤籍代书官杨清戳记”⑦，表明该代书来自广东。每位代书的戳记都由现任官员颁发，考虑到地方官在当地任期一般仅一至两年甚至更短时间，官代书戳记自然也不断更新。

## 五、官代书机制的例外

状纸必须由官代书盖上官颁戳记，但偶有特例。如道光二十五年（1845）九月十六日，宝坻县梁继孟呈交的状纸没有官代书戳记，仅手写“官代书朱士先”字样⑧，这或许是朱士先考取官代书后，执业时来不及刻戳所致。在道光二十八年三月二十三日的一份状纸上，才出现了朱士先正式的官代书戳记⑨。光绪十一年正月黄岩县徐牟氏的呈状（第 32 号状纸）上仅

---

① 巴县档案号 6－3－13045－1。

② 巴县档案号 6－3－9997－4。

③ 巴县档案号 6－3－9970－3。

④ 光绪二十九年十一状纸，巴县档案号 6－6－27581；光绪三十年六月状纸，巴县档案号 6－6－27643。

⑤ 刘宁颜（总纂）：《重修台湾省通志》，台湾省文献委员会 1990 编印，第 74 页。

⑥ 淡新档案号 21401－3。

⑦ 淡新档案号 17420－8。

⑧ 顺天府档案号 28－2－96－135。

⑨ 顺天府档案号 28－2－96－143。

有“代书包连升戳记”条状字样，该代书在之前或之后的状纸均盖有衙门正式颁发的戳记印章，或为该代书未及携带戳记所致。在嘉庆二十五年(1820)，“庄陈氏为其夫庄七被盗瓜贼朱某等党众十余猛殴伤呈请福建台北府淡水厅同知胡按法严究”诉状“状头”官代书通常盖戳记的位置，仅书写有“词控宪书，代书不肯盖戳”字样①，估计官代书害怕这起涉及控诉书吏的诉状对自己不利，而拒绝盖戳。

官代书承担为当事人书写诉状的任务，但从档案所揭示的情况来看，有些地区的许多状纸并非官代书撰写。比如，晚清四川的诉讼习惯为“代书起草，状面须盖戳记。若私人起草，则誊格后但注‘来稿’二字，仍由代书盖戳。自官代书裁革后，代人草状者均须署名，并注与诉讼人有何等关系”②。唐泽靖彦的研究说明，在淡新档案反映该地晚清案例材料中，百分之八十以上的词状(还有诉词、呈词)都是事先拟好稿子带到衙门的。在他所统计的二千九百八十二件民刑案中，最多的是在呈状前面空处注明是“自(来)稿”的(占百分之五十九)，另有百分之九注明是“自稿缮便”(即经衙门代书修改过的自来稿)——不同于“缮便”(即由衙门代书代拟)，还有约百分之十四是用非官定状纸呈递衙门的③。在目前所见的黄岩诉讼档案中，共有 53 份诉状标明了做状人(第 30 号之后的大部分诉状亦同时注明写状人)，占总数的 67.9%，少数诉状未曾标明做状人，只有第 3 号诉状明确注明做状人是代书。这说明绝大部分诉状当为官代书之外的其他人缮写，后经代书“审查”、抄录并加盖戳记。

## 第三节　职责与制度规范

### 一、官代书职责及其异化

律例涉及官代书制度的规定甚为简单，官代书的收费、官代书的戳记外形、官代书的执业要求等主要依赖地方规范与司法实践加以限定。根据前引《大清律例》，官代书的职责主要是照当事人的供述据实誊写状纸，登记代书姓名，再呈交衙门验明；官代书如有增减情节，将之照例治罪。因

---

① 淡新档案号 17301－33。

② 四川调查局(编)：《调查川省诉讼习惯报告书》第二项《起诉》。

③ ［日］唐泽靖彦：《清代的诉状及其制作者》，牛杰(译)，《北大法律评论》(第 10 卷第 1 辑)，北京大学出版社 2009 年版。

此，最初设置官代书主要是为当事人书写状纸。张修府称：“查代书一项，为小民传述情辞，关系颇重”[①]。

然而，官代书一开始就成为协助官员应对健讼的重要“装置”。黄六鸿早在康熙年间就说，“考定代书所以杜谎词也”[②]。类似观点在后来的官员中甚为普遍：“照得设立代书，给发戳记，原以杜讼棍包告代递之弊，伸庶民负屈受害之情，并有所稽查。而无情不经者莫得逞其私忿，法至善也”[③]。由此可见，官代书之设目的又包括“杜讼棍包告代递之弊”，即去除讼师唆讼、包讼。在官方视野中，讼师乃是诉讼产生的重要源头——“清讼累先清讼源，穷讼源当寻讼师。”[④]而这又与官代书的职责有重要关系。“有所稽查”相当于官代书替官府预先审查当事人的控诉内容。设置官代书乃是清理词讼的重要途径：“（官代书）察其事故，无甚紧要，即行劝止，一言之下，释嫌息讼矣。”这种设想看起来挺美，执行却困难千万重。官代书以撰写状纸获利，受利益驱动，反有可能教唆词讼，于是，制度预设目的与现实之间出现矛盾。

乾隆年间，福建巡抚认为：“闽省民多好讼，皆出一班讼棍遇事教唆，各属代书贪钱兜揽，遂至积习相沿，成为风气”[⑤]。讼师与官代书在为当事人书写状纸这一点上相似。不过，前者是饱受打击的非法职业，后者是合法行当。但这种界限在利益驱动下变得模糊，官代书的业务活动也可能向讼师职业趋同。以致方大湜认为，民间诬告不仅由于讼师教唆，而且也与代书从中协助有关——“民间词讼以小为大、增轻作重，甚至海市蜃楼，凭空结撰，非因讼师教唆，即由代书架捏”[⑥]。此与戴兆佳（康熙朝末期曾任浙江天台知县）在天台的认知相互印证——“今台邑百姓刁健成风，……此等恶习，固由小民刁健，亦由尔等代书架虚谎告”[⑦]。从这个角度而言，讼师是非法的官代书，官代书是合法的讼师。有官员谈到当地官代书“从前辄敢乱写呈词，以无为有，经本县一再惩治，此风稍戢”[⑧]。由此可见，官代书制度的设置虽有协助衙门清理诉讼这一重要目的，但该制度难免日久弊

① （清）张修府：《谿州官牍》乙集《颁给代书条约示》。

② （清）黄六鸿：《福惠全书》卷之十一《词讼·考代书》。

③ （清）张五纬：《风行录》，载杨一凡等（主编）：《历代判例判牍》（第八册），第 240 页。

④ （清）张五纬：《风行录》，载杨一凡等（主编）：《历代判例判牍》（第八册），第 282 页。另参见（清）庄纶裔：《卢乡公牍》卷二《谕各代书于呈词内书明来稿条告文》。

⑤ 《福建省例》，第 964 页。

⑥ （清）方大湜：《平平言》卷二《代书》。

⑦ （清）戴兆佳：《天台治略》卷之七《告示·一件严饬代书示》。

⑧ （清）庄纶裔：《卢乡公牍》卷二《谕各代书于呈词内书明来稿条告文》。

生,最后偏离立法目的。

官代书制度一方面确保了绝大多数呈词符合官方的形式要求,如书写工整、填注了历次批示、注明了作状人的姓名、注明了歇家地址、准确叙明案由及纠纷缘起,等等。另一方面,大量经官代书之手的状纸内容多少存在一定程度的夸大其词现象。据一部幕友秘本记录,针对张克礼告王奇山买娶伊妻田氏作妾一案,主审官员指出:"至克礼词称被殴重伤,绝无指证,又称皮袄草帽被抢,世无逃荒卖妻之人,身穿皮袄之理。此不过代书耸准之词,无庸深究"①。类似评判,在黄岩等地诉状中亦较为常见。这正如滋贺秀三阅读晚清台湾淡新诉讼文书时的总体印象——案件的真实情况究竟如何,通过档案一般很难准确把握。诉状中常常有夸张成分,还有不少是为了"耸听"而捏造的假象②。同一地区官代书间存在竞争性,为争夺案源,通过书写声情并茂甚至"耸听"的诉状以引起县官注意,使案件得到"耸准",进入有限的司法流程中,成为官代书努力方向。因此,官代书的工作毋宁是处在官员对状纸"耸听"容忍的底线与最大可能迎合客户需求之间来回摆动。官代书任期短期化,易造成其行为短视和投机心态,在撰写状纸时突破官员心理底线及法律约束。这种倾向早在元朝即有类似记载:

> (元大德年间,所在官司设立书状人)凡有告小事,不问贫富,须费钞四两而后得状一纸,大事一定半定者有之。两家争竞一事,甲状先至,佯称已有乙状,却又其所与之多寡而后与之书写。若所与厌其所欲,方与书写。③

对于违法官代书,清代有的官员认为应依照讼棍例惩治——(官代书)"撰拟词状,务须依口直书,不许增减一字。倘查有串唆诬陷情事,照讼棍例究办"④。由于职业关系,官代书与衙门书吏等人存在着千丝万缕的联系。如有人冒充官代书勒索钱财,光绪二十八年(1902)十二月,四川合州县民赵玉州至重庆府鸣冤,称其外甥萧禹门因讼事至重庆,被冒充代书的李萼辉串通差役、痞类私押店内三日不释。府衙捕获李萼辉后,对其重责

① (清)吴宏:《纸上经纶》,载郭成伟等(点校整理):《明清公牍秘本五种》,第219—220页。

② [日]滋贺秀三:《清代州县衙门诉讼的若干研究心得——以淡新档案为史料》,姚荣涛(译),载刘俊文(主编):《日本学者研究中国史论著选译》(第八卷),中华书局1992年版,第527页。黄岩县诉状类似情况的研究,参见本书第六章。

③ 《大元圣政国朝典章》,第1900页。

④ (清)张修府:《谿州官牍》乙集《颁给代书条约示》。

枷号示众[1]。为此,有官员认为应慎重考取官代书:

> 不但择其文理,还当觇其人品。或状貌善良,语言醇正,方许充当。又谕其遇有民间细故来讼,必先劝止,劝之不从然后书写,不得一字添捏。收呈之日,查问原告供词,若状纸中多属代书装点,即行斥革另换。[2]

如前所述,此见解在实务中存在悖论。如何判断官代书撰写的状纸违背"不得一字添捏"?什么标准判定官代书有"添捏"行为?官代书并非衙门雇用人员,并无固定收入,唯依靠写状纸维生,指望其劝说当事人息讼,则官代书如何盈利?这种不可思议的逻辑相当于"要求马儿跑得好,又要马儿不吃草"。对官代书考取方式,黄六鸿认为:

> 有在本治为人代书词状者,许赴本县,定日当堂考试。词理明通且验其状礼貌端良者,取定数名,开明年貌籍贯,投具认保状,本县发一小木印记,上刻正堂花押,下刻代书某人。凡系告诉状词,于纸尾用此印记。严谕代书,无论原被,止要据事明白直书,不许架空装点。[3]

黄六鸿声称,他在山东郯城、东光县任知县时,通过上述办法,当地没有人"捏虚告理",省却了许多心事。据此,则官代书录取标准大致为词理明通与相貌端良。关于官代书考试的具体内容,著者仅见到个别官员的文集中留有某些线索,如周石藩在《谕代书条约》中谈到:"本县昨甫下车,即以'止讼'二字分考尔等"[4],以官方对待诉讼的价值取向为题考录官代书。

## 二、官代书职责的限定

不少地方官员除慎重择取官代书外,还以《大清律例》为基础,对官代书的职责制定实施细则。这主要表现在两方面,其一为各地方诉讼规则——《状式条例》多涉及对官代书职责的规范;其二为许多官员对官代书制定专门条约或示谕。《状式条例》对违规官代书制定了惩罚措施,从康熙至光绪年间,著者所见《状式条例》涉及规范官代书的条款占《状式条例》条

---

① 巴县档案号 6-6-22654。
② (清)觉罗乌尔通阿:《居官日省录》卷之一《考代书》。
③ (清)黄六鸿:《福惠全书》卷三《考代书》。
④ (清)周石藩:《海陵从政录·谕代书条约》,道光十九年刊本,家荫堂藏板。

款总数的比例基本呈逐年递增趋势。在同一地区，该趋势表显得尤为明显，如下表所示：

**表六　规范官代书的条款数据统计表**

| 时间 | 《状式条例》来源 | 涉及官代书的条款数量 | 占《状式条例》条款总数比例 |
|---|---|---|---|
| 康熙年间 | 《福惠全书》"告状不准事项"① | 1 | 6.7% |
| 康熙年间 | 徽州休宁县《词讼条约》② | 2 | 33.3% |
| 乾隆年间 | 云南省武定县"刑律数条"③ | 1 | 8.3% |
| 乾隆二十年 | 徽州黟县《状式条例》④ | 3 | 25% |
| 乾隆五十九年 | 《福建省例》⑤ | 3 | 21.4% |
| 乾隆五十六年—嘉庆十二年 | 巴县《状式条例》⑥ | 1 | 7.1% |
| 道光三年 | 巴县《状式条例》⑦ | 1 | 10% |
| 道光四年—道光十二年 | 宝坻县《状式条例》⑧ | 1 | 6.3% |
| 道光六年 | 巴县《状式条例》⑨ | 6 | 31.6% |
| 道光十二年 | 巴县《状式条例》⑩ | 7 | 36.8% |
| 道光十六年—咸丰元年 | 巴县《状式条例》⑪ | 8 | 42% |
| 咸丰四年 | 巴县《状式条例》⑫ | 5 | 55.6% |

① (清)黄六鸿：《福惠全书》卷十一《词讼·考代书、立状式》。
② (清)吴宏：《纸上经纶》，载郭成伟等(点校)：《明清公牍秘本五种》，第219—220页。
③ 楚雄彝族文化研究所(编)：《清代武定彝族那氏土司档案史料校编》，第97—98页。
④ 田涛：《第二法门》，法律出版社2004年版，第111页。
⑤ 《福建省例》，第970—971页。
⑥ 乾隆五十六年状纸，巴县档案号6-1-1906；嘉庆十二年状纸，巴县档案号6-2-5992-30。
⑦ 巴县档案号6-3-17033。
⑧ 道光四年五月《状式条例》，参见顺天府档案号28-2-96-012；道光十二年五月《状式条例》，参见顺天府档案号28-2-96-045。
⑨ 巴县档案号6-3-9832。
⑩ 巴县档案号6-3-6590-3。
⑪ 道光十六年九月状纸，巴县档案号6-3-1104；咸丰元年状纸，巴县档案号6-3-9851-5。
⑫ 巴县档案号6-5-3350-17。

续　表

| 时间 | 《状式条例》来源 | 涉及官代书的条款数量 | 占《状式条例》条款总数比例 |
|---|---|---|---|
| 咸丰九年—同治八年 | 巴县《状式条例》① | 4 | 50% |
| 同治十二年—光绪年三十年 | 巴县《状式条例》② | 5 | 55.6% |
| 同治十三年—光绪十五年 | 黄岩县《状式条例》③ | 6 | 23.1% |
| 光绪五年 | 台湾淡新《状式条例》④ | 2 | 17% |
| 光绪九年 | 台湾淡新《状式条例》⑤ | 2 | 15.4% |
| 光绪十二年—十八年 | 台湾淡新《状式条例》⑥ | 3 | 30% |

以上变化趋势反映地方官府日渐重视规范官代书的职责。以同治至光绪年间黄岩县《状式条例》为例，官代书职责如下：其一，每份诉状应突出主题（案情及诉讼请求），“如为婚姻，只应直写为婚姻事”；其二，对一些特殊人名（比如上级官员）的称呼若不符礼制，代书必须随即更改缮写；其三，歇家（当事人落脚的旅店）住址及有功名者必须据实填写；其四，原、被两造姓名务必确查注明；其五，诉状书写不许潦草，不得有蝇头细字；其六，旧案必须注明经手差役姓名；其七，如果诉状为他人所做，代书必须查问做状人姓名，并注明其确切姓名。官代书若违反上述要求，将受到惩处。

在黄岩诉讼档案第 2、5、7、8、10、12、19 号状纸均注明“做状人”（设计诉讼内容者）姓名。自第 30 号诉状始，状纸格式有所变化，同时要求注明“做状人”“写状人”（书写状纸者）姓名。其中，仅有第 56、74 号状纸未注明“做状人”和“写状人”姓名，78 号状纸残破，无法辨别。之所以衙门要求官代书注明写状人或做状人姓名，康熙年间修订的《本朝则例全书》载：有的当事人妄言控告，到

① 咸丰九年状纸，巴县档案号 6－4－5797，同治八年《状式条例》同此，“渝城厘金局移请传讯本城行户罗天锡等禀甘义和等故违前断贩靛来城又不入行私卖以及朱永泰瞒漏厘金一案”，巴县档案号 6－5－933。

② 同治十二年闰六月二十六日杜宗美状纸所载《状式条例》，巴县档案号 6－5－6485；光绪三十年六月十五日王玉廷状纸所载《状式条例》，巴县档案号 6－6－27643。

③ 田涛等（主编）：《黄岩诉讼档案及调查报告》（上卷），第 14 页。

④ 淡新档案号 22607－3。

⑤ 淡新档案号 22609－32。

⑥ 载光绪十二年十月初三日蔡安诉状，淡新档案号 21204－8。另，光绪十八年闰六月初三日陈源泰、陈明德诉状所载“状式条例”也与此相同，淡新档案号 22107－1432。

审讯时则称此为“写状人恣意写的”，为此，官方要求以后“务必连写状人姓名写上控告。如不写实，词仍照前妄写重情，将写状人一并治罪”[①]。

乾隆后期至道光初年，巴县《状式条例》只规定状纸书写不遵格式及无代书戳记，不予受理，尚未涉及对官代书职责的具体规定。之后，巴县《状式条例》对官代书职责的规定逐渐细化，占《状式条例》规则总数的比例递增。相关规则的内容主要涉及：代书为当事人抄录状纸时必须查问实情；问明作状人姓名；普通案件不得牵连多人；凡属旧案代书必须将以前的知县批复填置状纸；状纸不得双行叠写，等。凡违背上述规定，官代书将受枷杖刑以至革除职位等严厉惩治。

徽州休宁《词讼条约》亦规定代书必须遵照既定格式书写诉状，同时“照依事情轻重，据实陈诉”，不得隐匿真情，移轻作重谎告，否则“审实拿代书严究”[②]。咸丰年间，聂亦峰任广东石城县知时曾要求：“业经本县严饬代书，嗣后遇有必须呈控之事，唯宜据实直陈”[③]。同治年间，甘小苍曾提出：“收词之际，即可查对保甲申册，并详问乡间情形，然后讯其所控之事。如供词支离，即究代书”[④]。这相当于要求官代书确保状纸内容的真实性。台湾淡新档案官方印制的一些诉状上方甚至预先注明：“双行叠写不阅不收，代书提责”[⑤]。著者查阅淡新档案时，很少发现淡新诉状中有双行叠写的情况，当与该规定有关。另外，淡新《状式条例》要求官代书抄录衙门历次对该案的裁决[⑥]，类似规定遍及清代各地。同治年间，淡水分府郭何氏的状纸未遵守这一要求，分府衙门裁决“词不录批，代书记责”[⑦]。光绪年间淡新《状式条例》规定“本身做呈□□及别人代作呈稿，该代书一一问明填注始用戳记，如违将代书革究。”还要求呈状人遵守《状式条例》，“违者，先将代书责革”[⑧]。为此，当地大多数状纸注明了制作来源，如“自来稿”“自稿缮便”等。

---

① (清)鄂海(辑)：《本朝则例全书》之《刑部现行》卷下《诉讼・代写词状》。

② (清)吴宏：《纸上经纶》，载郭成伟等(点校)：《明清公牍秘本五种》，第219—220页。

③ (清)聂亦峰：《聂亦峰先生为宰公牍》，第6页。

④ (清)甘小苍(编)：《从政闻见录》卷中《呈词必宜亲收》。

⑤ 光绪十四年二月二十九日郭春芳的诉状，淡新档案号23104-1。不过，更早一些的淡新档案诉状上方预先印有“双行叠写概不收阅”，未言及“代书责罚”，参见光绪二年十月初三日陈劭氏的诉状，淡新档案号22103-3。

⑥ 如“旧案……不录前批及诉词不叙被控案由者，不准。”光绪五年十一月二十八日王海诉状所载“状式条例”，淡新档案号22607-3。

⑦ 淡新档案号22102-16。

⑧ 光绪九年六月二十八日福建台北府淡水县周许氏状纸所载“状式条例”，淡新档案号22609-32。

## 三、官代书专规与惩治

《状式条例》对官代书的规范重点在于对状纸书写形式格式化与内容真实。官员对官代书制定专门性条约或示谕，对官代书的职责范围则有所扩张。在嘉庆八年，张五纬在湖南岳州任知府时对官代书职责提出如下要求："嗣后代写呈词务须询查本人确实情节，平铺直叙，不得捏词装点，故用怪悖字样骂人恶语。……至告状之人自有呈词，亦必令将作稿人姓名填注状尾，方准盖戳"[①]。裕谦（道光朝初年曾任湖北荆州、武昌等地知府）规定本府官代书逐一审查当事人的控诉[②]：向歇家查明呈状人是否为本人；如涉及多名当事人告状，须查明其住址；衙门听讼时若当事人不到，官代书受罚，则官代书无形中成为确保当事人到庭的保证人。官代书是依当事人之口代写还是当事人预先备有词稿，都应分别在状纸上注明。若是孀妇涉讼，应问明其有无子嗣，如遇举人、生监涉讼，应问明科举考试的年份或执照，并一一注明于状纸，以防捏冒。

张修府专门制定六条"代书条约"，规范官代书的各项职责：撰词状须依当事人口述直书，若有串唆诬陷情节，照讼棍例究办；字句必须简明，不得用一些不合适的字词；若当事人持有自来稿，则须问明作词人的姓名与住址；规定了官代书的收费标准[③]。他另一方面还示谕代书："如查有供呈不符者，除立拿讼棍等严办外，并提该代书讯明责革，原保之人连坐，决不宽贷，无违，特示"[④]。道光年间，周石藩亦曾为官代书制定十条"代书条约"[⑤]。除要求官代书凡遇放告日必须随堂侍立，以便查问外，其余内容与张修府制定的条约大致一样。

依据《大清律例》，官代书的主要职责在于抄写状纸，但在司法实践中，官员要求官代书承担辨验契约，并由之缮写呈交衙门。如庄纶裔认为"照得凡遇断结讼案，所有呈验分书、文约、地契以及账本均着由代书缮具。领状随结随领，同当日写好之结一并呈送本县"[⑥]。光绪九年，台北府陈知府针对周许氏告周玉树争夺家产案，裁决："该氏代书徐炳不即将抱告送案，率行盖戳渎呈，实属玩违。本即将代书提案究惩，故宽饬将此案抱告周春草立即提送听

---

① （清）张五纬：《风行录》，载杨一凡等（主编）：《历代判例判牍》（第八册），第240—241页。
② （清）裕谦：《谕各代书牌》，载（清）徐栋（辑）：《牧令书》卷十八《刑名中》。
③ （清）张修府：《谿州官牍》乙集《颁给代书条约示》。
④ （清）张修府：《谿州官牍》乙集《谕饬代书示》。
⑤ （清）周石藩：《海陵从政录・谕代书条约》。
⑥ （清）庄纶裔：《卢乡公牍》卷二《示谕整顿词讼案件积弊条告文》。

押,发到县查拘”[1]。这说明当地官代书有将特定当事人送案的义务,承担了部分类似今天司法警察的职责。因此,陈智超认为自明至清,代书回复到北宋初年的情况,只是为人代写状词[2],这一观点不完全符合历史事实。

清朝地方诉讼规则与基层官员的言论表明,衙门强制官代书分担了更多义务与受惩风险。有学者认为,如果官代书在案情细节的记述上出现差错,他可能因诬告而受责罚。使代书为其书写不合规的状纸负责,是减少错误起诉的途径,一些县、府据此确立这样的约束:所有自己草拟的诉状在得到受理之前都得经过代书检查与盖印。淡新档案证明代书有的时候只是检查原告自己书写的状纸以及附上他们的戳记,而不是重新写一份。官代书也许不仅仅为检查诉状及盖上印而负责。……有时官代书的工作像保证人甚至县衙的走卒一样[3]。

上述各地诉讼规则对代书职责的规定,成为律例的实施细则。这些地方法规在参照成文法的同时,作了诸多补充性规定。官代书违背律例或地方诉讼规则,轻则责令重新撰写状纸,重则枷杖直至责革。黄六鸿认为:“原告来具状,验状稍与式不合,问明原告,或系错误,唤代书重责改正”[4]。乾隆四十五年(1780)四月,针对巴县张仕庆田业、祖坟纠纷案,县正堂批:“准拘讯。如虚坐诬,代书并究”[5]。在黄岩诉讼档案第25号诉状,伍知县认定呈状人郑可舜“妄渎朦混,刁健可恶,”进而指责官代书汪承恩——“通同舞弊,本应吊戳斥革,姑宽记责。”

同治年间,张修府曾两度指责官代书李遇春违规:“小民多无情之词,该代书固难劝阻。然此词太不经矣,李遇春记大过一次”[6],“代书李遇春于此等荒谬状词率尔盖戳,并合严惩,姑宽,不准”[7]。光绪年间,董沛在建昌(今江西省永修县)任县令时,认定余陈氏“听人主唆,妄请给照”,以便“夫亡再醮”,“该代书妄行盖戳,并饬”[8]。孙鼎烈在光绪年间于浙江任县令时,提及“代书或因徇庇差役,不为盖戳,做状人姓名何以并不遵式填注?且察阅词中情节多袭讼棍故套,恐有从中唆使,着即邀同做状人自行投案,

---

① 淡新档案号22609-54。

② 陈智超:《陈智超自选集》,安徽大学出版社2003年版,第356—357页。

③ See Mark A. Allee, *Law and Local Society in Late Imperial China: Northern Taiwan in the Nineteenth Century*, Stanford University Press, 1994, p. 176.

④ (清)黄六鸿:《福惠全书》卷之十四《印官亲验》。

⑤ 四川省档案馆(编):《清代巴县档案汇编》(乾隆卷),第17页。

⑥ (清)张修府:《谿州官牍》丙集《批永顺县民王伦告尚文德等伪契索害事(加批)》。

⑦ (清)张修府:《谿州官牍》丙集《批保靖县民彭寿亭告彭世志等恃衿害良事》。

⑧ (清)董沛:《晦闇斋笔语》卷一《余陈氏等呈词判》,光绪十年刊本。

不得以拆字先生及嵊县人等饬词搪抵。仍候催差集讯察究”[1]。

## 第四节　实质与近代走向

### 一、介于公私之间

官代书之设虽便利不识字的当事人书写状纸，但官方目的在于通过官代书这一制度“装置”，保证状纸字体工整、字迹清楚，形式要件符合衙门要求，过滤谎讼或官方认为不必要的争讼，实现状纸书写格式化与内容真实，便于符合官府要求的有限案件进入诉讼领域。官代书并非如有的学者所述，为衙门雇用，[2]其并非书吏之类的衙门“办事人员”，更不从衙门领取俸禄，但要参加衙门组织的“资格考试”。在实践中，代书被衙门强行赋予查问做状人姓名、审查当事人身份、核实诉状内容真假等义务，而非如《大清律例》早先规定的那样，仅仅是代人书写状纸。

因之，衙门将行政权力运作延伸至官代书，或者说强制赋予官代书超越律例的义务，使官代书成为衙门对讼案的实质审查员甚至司法协助者，其成本则由代书分摊。如光绪九年九月，台北知府批饬代书将前来上控的抱告周春草送押，将之押解新竹县，照例严惩一百[3]。这表明官代书并非当事人单纯雇佣的私人性质的“诉讼服务者”。官代书作为并不领取衙门薪水的人员，除在代写状纸方面类似今天私人雇请的律师外，还被赋予庭前预先“立案审查”等司法义务，“立案登记”反而是衙门承发房的职责。

官代书一方面深受衙门节制，另一方面又要面向当事人服务，书写声情并茂的状纸，以吸引官员注意，为自己带来更多业务。地方官考取官代书，给其图记，原本是为杜讼之弊。但是，后来仍有“劣衿莠民”藐法唆讼，表面上假代书的图记，实为讼师的捏词。于是，国家又严饬代书务照本人情词据实书写，如有教唆词讼现象，应加倍治罪。建立官代书制度，目的之一是取代讼师业务，杜绝讼师活动及教唆词讼行为，限制当事人随意向衙门呈交诉状。官代书的身份介于公（代衙门预先审查状诉讼内容等等）、私（向当事人提供代写状纸服务等以获得收益）之间。作为前者，官代书被动

---

① （清）孙鼎烈：《四西斋决事》，载杨一凡等（主编）：《历代判例判牍》（第十册），第 521 页。

② ［美］白德瑞：《爪牙：清代县衙的书吏与差役》，尤陈俊等（译），广西师范大学出版社 2021 年版，第 72 页。

③ 淡新档案号 22609－35、22609－38。

成为协助司法权力正常运作的工具；作为后者，官代书乃是私人获得诉讼协助的途径。官代书“注册在案”，限于为当事人书写状纸，明面上一般不涉及或不得为当事人提供法律知识、诉讼与法庭辩论技术等“增值”法律服务。因此，社会长期存在对讼师业务的大量需求。

由于官代书“公”的性质，机制约束使当事人的需要不能完全得到满足。没有受过教育的当事人对设计与撰写诉讼文书（禀状或诉状等）的需求长期存在，这催生了大量民间代书人以至讼师的存续。除了黄岩诉状出现的“写状人”“做状人”外，光绪年间，浙江温州瑞安著名绅士张棡在日记中多次记录为当事人提供撰写诉讼文书的服务：光绪二十一年（1895）十一月，他“代张明斋撰失窃禀子”①；光绪二十六年闰八月，为了“速禀邑尊（即知县）饬拿”私自脱押的李汉球，他“转至饭店撰禀子一个交翼臣弟抄”②；光绪二十六年九月，他先后“撰控后李地恶禀子”“灯下为门人林麟如撰禀子”③；光绪二十六年十二月，潘茂弟为族人所欺凌，他调处未果后，“为茂弟撰呈”④；光绪二十八年五月，营兵闹事，以及他的船夫大姆被营兵殴打，他“拟具禀扭送请办。予因为撰一禀子，又代大姆撰一禀子，夹一名片，嘱他同阿康并送（刘协）”⑤。张棡不仅仅提供文书撰写服务，在光绪二十七年（1901）十二月二十一日，他因珏弟与老朱赎田致生诉讼，“是晚撰诉呈二纸，约鸡鸣始就枕”；为索取知县对老朱诉状的批示，他到县衙经承黄熙先处抄录，二十四日“改诉呈”，并写信寄给经承黄熙先，当是请黄关照此案；二十九日，他“写字寄黄熙先处取批”⑥。张棡撰写诉呈、找关系抄录知县批示及打通衙门关系，已超越民间代书人身份，和律例严禁的讼师业务非常近似。

## 二、官代书的近代转化

官代书的这种制度性质影响了其近代走向。晚清法制改革之际，1907年朝廷颁行的《各级审判厅试办章程》第九十条规定：“录事钞录案卷，每百字连纸征收银五分，作为录事办公费”⑦。同时期诸如《江苏各级审判厅办

---

① 《张棡日记》（第一册），温州市图书馆（编），张钧孙（点校），中华书局2019年版，第252页。

② 《张棡日记》（第二册），第549页。

③ 《张棡日记》（第二册），第554—555页。

④ 《张棡日记》（第二册），第603页。

⑤ 《张棡日记》（第二册），第786页。

⑥ 《张棡日记》（第二册），第729—731页。

⑦ 《各级审判厅试办章程》载《大清法规大全》，第1865页。

事规则》第五十条进一步规定:“凡来厅诉讼之人先赴地方检察厅购买状纸,再赴写状处,由写状书记写毕。”《江苏各级审判厅办事规则》的第十一章《写状处规则》和第十二章《收状处规则》分别设定了隶属于审判厅的“写状处”与“收状处”之职责。写状处由审判厅选派“文理清通、品行谨饬之人”充任,代为当事人抄写诉状、盖上戳记,并收取一定的费用。收状处负责审核当事人呈交的诉状,及委托诉讼代理人身份是否合法①。仔细分析,这相当于晚清审判制度改革时,清廷以写状处和收状处两个审判厅内部职能机构替代之前官代书制度。

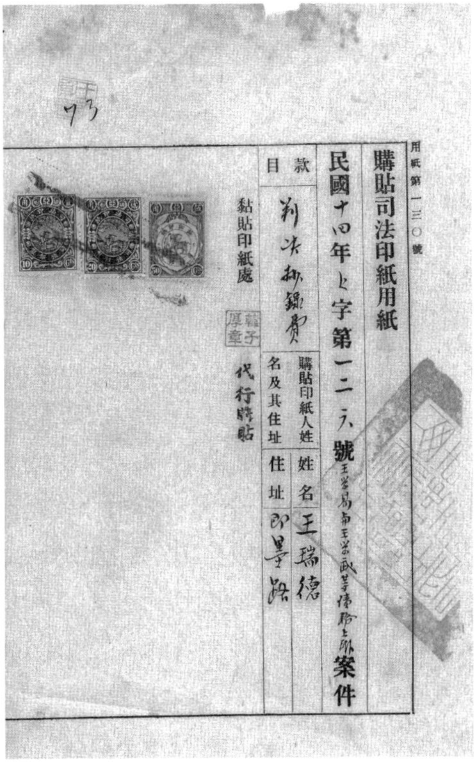
用紙第一三〇號
購貼司法印紙用紙
民國十四年上字第一二六號　案件
款目：判決抄錄費
購貼印紙人姓名及其住址：姓名　王瑞德；住址　即墨路
黏貼印紙處
代行購貼

(图五　“民国十四年购贴司法印纸用纸”。上字第一二六号工学易与工学武等债务上诉案件“判决抄录费”,左上角贴有三张被盖销的诉讼印纸。晚清法制改革方立法规范诉讼收费,并一直延续至今。)

① 《江苏各级审判厅办事规则》载《中华民国法学全书》,法学书局石印,印行时间约为民国初年。类似规定,另见《上海各级审判厅办事规则》,载汪庆祺(编):《各省审判厅判牍》,李启成(点校),北京大学出版社 2007 年版,第 363—364 页。《直隶省各级审判厅办事规则》规定各级审判厅设有“书记生”专司“缮写文牍,呈状、招录、供词”,同上书第 376 页。《直隶省各级检察厅办事规则》规定各级检察厅设有书记代写文牍、呈状、招录供词,书记生招考的条件是“文义通顺、字迹端整者”,同上书第 400 页。

清末上海地方审判厅发布的“受理民刑诉讼案件应征费用通告”提及：具控之人只须来厅口诉事实，自有书记生代为述写，并无丝毫浮费[①]。民国初年，上海华亭地方审判厅颁行的“设立写状处示”提及：凡诉讼人买状纸后，无论口述或来稿均应赴该处交写状生缮写。来稿过度冗长者得加删节，但不得更改事实，仍分别加盖“口述”或“来稿”字样，由本人及铺保捺印或的实保人签押亲投状处呈递。其携出缮写无写状生姓名戳记概不收受[②]。这种写状生的职责与清朝官代书甚有相近之处：删节来稿、加盖“口述”或“来稿”字样、没有写状生姓名戳记概不收受，体现了变革时期制度的稳定承继。晚至民国十年（1921），司法部《审查收受民刑诉状办法》要求：“各级审判、检察厅筹备处、审判处及兼理司法衙门收受民刑诉状，应先派员专司审查。审查所递状纸形式与状内事实不符时，应依状内事实代为更正，状面及其字样加盖戳记”[③]。专员审查状纸、更正状纸内容并加盖戳记的做法实为清朝官代书的功能，此时“官代书”这样的专有名词没有存在的必要了。

至此，官代书亦官亦民色彩及抄写状纸这一事务性工作被融入到各级审判厅的人员设置中。元朝与明初正是由官府派官吏充任写状人，晚清官代书的变化恰如制度上的回归。这种制度回归反映清朝官代书为公权力服务或本身就被赋予一定公权力的色彩。随着清末主流社会对诉讼态度的逐渐转变，诉讼逐渐被认可为正当性的行为，官代书庭前预先立案审查这一实为限制诉讼的工作不复必要。代之而起的，是更能适应当事人法律服务需求的律师行业，正大光明地出现于诉讼服务市场。

官代书转化为审判机构的内部职能之一，而非作为本土资源向近代律师演进。究其原因，官代书与源自西方的律师在法律素养方面差异很大。官代书录取的标准是“诚实识字”。对衙门而言，官代书并不需要法律素养。如果官代书“舞文弄法”，反而有因此而失业或受惩风险。这与诸如衙役、书吏等职位可长期由特定人群把持甚至继承、出租或转让有很大不

---

① 汪庆祺（编）：《各省审判厅判牍》，第 285 页。

② 华亭地方审判厅（编）：《华亭司法实纪》“示谕”第十七页，上海时中书局印行，民国元年六月出版。

③ 民国十年八月十一日司法部调令九五七号，载黄荣昌（编）：《最近修正大理院法令判解分类汇要》第三册《民诉之部》，上海中华图书馆印行，民国时期出版，具体年代不明，第 411 页。

同。[①] 官代书任期短期化也不利于培养专业法律素质。“诚实识字”，也即为人可靠、书法工整者都可充任代书，这种职业门槛过低及职业可替代性强，官代书无法满足当事人诉讼的专业需求。

光绪三十二年，沈家本、伍廷芳等拟定的《刑事民事诉讼法草案》规定的“律师”职责为“尽分内之责务，代受托人辩护”。这一自由职业需要很高的法律素养。伍廷芳认为，在律师人才一时短缺的情况下，“即遴选各该省刑幕之合格者，入学堂，专精斯业，俟考取后，酌量录用”[②]。通常，幕友需要历经十年左右的专业培训与见习方能独立执业。在时人眼中，具备一定法律素养以充律师后备人才的旧式“法律工作者”仅有刑名幕友这一高度专业化的司法工作者堪用。同样，由于仵作业务的专业化与长期化，清末东三省总督也曾提出对忤作强化法医学的训练，促使这一传统法医职业的近代化[③]。这说明仅凭官代书的浅层素养难以成为律师后备人才。沈家本向朝廷提出应设置律师，“用律师代理一切质问、对诘、复问各事宜。”[④]这些业务远非官代书可胜任。

广西提刑按察使司在宣统二年(1910)9 月拟订了《广西法院官代书章程》。广西拟设的“官代书”是沿用《大清律例》所定名称，而将其职责由单一的代撰诉状，进行“略与扩充，微寓律师之意”。有学者认为，这是近代广西由本省司法机关最早拟议的一部具有律师制度性质的法规。[⑤] 但是，该章程规定“官代书受地方检察长之监督，无论定期会、临时会，皆须将开会事项详告检察长”，这种“律师”制度实际上是官代书制度成为公权力延伸装置的继续，与清末民初引进的作为自由职业的律师性质对立。[⑥] 律师自由职业性质与官代书的行政监控色彩呈现很大反差。因此，官代书无法在晚清法制近代化背景下向律师转化，满足当事人的需求。取代官代书的分别是从近代西方全面引进的律师以及法庭内设的书记员(代书)，这种情况

① 清代衙役、书吏等职位的继承、出租或转让的初步探讨，参见戴炎辉:《清代台湾之乡治》，台北联经出版事业公司 1979 年版，第 632、641 页；邓建鹏:《财产权利的贫困:中国传统民事法研究》，法律出版社 2006 年版，第 148 页注释(2)。

② 《大清新编法令・奏折》，“修律大臣伍廷芳等奏呈刑事民事诉讼法折”，转引自徐家力:《中华民国律师制度史》，中国政法大学出版社 1998 年版，第 18 页。

③ 《抚部院准法部咨议覆东三省总督请改忤作为检验吏行司查照文》，《广西官报》宣统元年三月十三日第十三期。

④ 《修订法律大臣沈家本等奏进呈诉讼法拟请先行试办折》，载《大清法规大全》，第 1907 页。

⑤ 本书有关广西晚清官代书的内容，均参见韦学军:《浅析近代广西最早拟议的律师法规之特点及作用》，《广西教育学院学报》2004 年增刊。

⑥ 徐家力:《中华民国律师制度史》，中国政法大学出版社 1998 年版，第 152—153 页。

在新中国成立初期得到沿续。1950年12月《中华人民共和国诉讼程序试行通则》(草案)第七条规定:“人民法院应尽可能设代书,为确系不能书写书状者,代书书状。”①

综上,官代书职责原由律例规定,在基层则发生重要演化。原本一项便民措施,蕴含了取代讼师的目的,最后却完全成为代替衙门预先实质性审核当事人诉状的制度装置,预先为官府过滤他们认为不必要的诉讼,本质上成为抑制诉讼的手段。

① 司法部法学教材编辑部(编审):《民事诉讼法资料选编》,法律出版社1987年版,第248页。

# 第四章　诉讼代理机制

一些特定人群缺乏行为能力，无法正当地行使某种行为，这些人群上衙门"打官司"时，受自身行为能力或特殊身份制约，难以正常诉讼。为此，古今都有一些特殊机制，弥补这些人群的所受局限。在当代，这一机制称为诉讼代理，清代则称为"抱告"。清代"诉讼代理制度"除弥补特定人群行为能力的制约外，还内嵌诸多功能和价值观，与现代制度存在较大差异。在唐宋以降的传统社会，诉讼代理制度是诉讼实践中相当重要的环节，但大陆出版的中国法律史教材、大部分涉及传统诉讼与司法审判的专著和论文对其甚少论及[①]。本章主要基于清代诉讼法规与司法实践，探讨当时诉讼代理制度——抱告适用的对象、抱告的资格、抱告与当事人法律责任的分配方式，进而分析该制度产生与长期存在的深层原因。

## 第一节　诉讼代理机制的"前世今生"

### 一、明清以前诉讼代理机制的规范

在中国传统社会，一些特定身份的当事人参与诉讼时受到法律限制。通常，他们必须由人代理诉讼，这种诉讼代理历史久远。西周时期的诉讼代理，始见于《周礼·秋官·小司寇》："凡命夫命妇不躬坐狱讼"，《周礼疏》曰："古者取囚要辞，皆对坐。治狱之吏皆有威严，恐狱吏亵，故不使命夫命妇亲坐。若取辞之时，不得不坐，当使其属子或子弟代坐也。"表明贵族上

① 如[日]滋贺秀三(等著)：《明清时期的民事审判与民间契约》，王亚新等(编)，法律出版社1998年版；李交发：《中国诉讼法史》，中国检察出版社2002年版；张兆凯(主编)：《中国古代司法制度史》，岳麓书社2005年版；程维荣：《中国审判制度史》，上海教育出版社2001年版，等等。近年一些较重要的研究，参见徐忠明、姚志伟：《清代抱告制度考论》，《中山大学学报(社会科学版)》2008年第2期。

层人士可以请人或者命令其家臣代理参加诉讼。类似制度在《左传·僖公二十八年》亦有记载:"僖公二十八年(公元前632),卫侯与元喧讼,宁武子为辅,针庄子为坐,士荣为大士。"因卫侯为君,元喧为臣,卫侯遂派人代理出庭。学者认为,此后至唐宋,未见有关诉讼代理的成文法规定。平民的诉讼,除有条件的老废笃疾者以怜恤之外,是不准有诉讼代理人的[①]。有学者认为,正式的法律中规定代理制度首推元朝[②]。法律史研究前辈胡留元、冯卓慧亦认为诉讼代理正式规定于法典始于元代《大元通制》:"老废笃疾",非重大案件,允许家人亲属代诉,但"诬告者,罪坐代告之人"[③]。这一观点值得再探讨。

唐宋时期,法律规定除针对涉及维护国家统治及家庭伦理的特定案件,老幼笃疾等人可以告发外,其他一律禁止。《唐律疏议》:"即年八十以上,十岁以下及笃疾者,听告谋反、逆、叛、子孙不孝及同居之内为人侵犯者,余并不得告"[④]。法律禁止特定当事人告发特定案件,为后来诉讼资格受限者寻求代理诉讼留下途径。北宋太平兴国二年(977),朝廷重宣上引唐律之前,老人尚可参与诉讼,但不久即受限制。《宋会要辑稿》记载:"明年(乾德三年,965)六月三日,宋州观察判官何保枢上言:民争讼婚田,多令七十以上家长陈状,……自今应年七十以上,不得论讼,须令以次家人陈状如实。无他丁而孤老……不在此限。从之。"第二年六月,朝廷再次申明,凡七十以上的老人因婚田争讼,由家人陈状[⑤]。宋代法律由此确立老人应由家人代理自理词讼的规则。北宋后期一些地方法规对上述法律作了扩充。如成书于北宋徽宗政和年间的《作邑自箴》规定,百姓年七十以上或笃疾及有孕妇人,不得为状头[⑥]。该条款仅把女性中的"有孕妇人"排除在作为"状头"之外,与之后的规定有所差异。南宋抚州《词讼约束》规定:"非单独无子孙孤孀、辄以妇女出名不受"[⑦]。这些地方法规将诉讼资格受限的范围由老人、笃疾扩大到妇女。这些人涉讼(不限于户婚等细故案件)事实上得由他人代理诉讼。

---

① 陈刚(主编):《中国民事诉讼法制百年进程》(清末时期第二卷),中国法制出版社2004年版,第374—376页。

② 陈景良:《元朝民事诉讼与民事法规论略》,《法律史论集》(第2卷),法律出版社1999年版,第196页。

③ 胡留元、冯卓慧:《夏商西周法制史》,商务印书馆2006年版,第575页。

④ 《唐律疏议》,刘俊文(点校),中华书局1983年版,第441页。

⑤ 《宋会要辑稿》刑法三之一一,上海大东书局1935年影印版。

⑥ (宋)李元弼:《作邑自箴》卷八《写状书铺户约束》。根据宋代法律,身体残障分三个等级:残疾、废疾、笃疾,参见《宋刑统》卷十二《户婚律·脱漏增减户口》。

⑦ (宋)黄震:《黄氏日抄》,载《名公书判清明集》,第637—638页。

元代官吏的诉讼资格受限制。《元史·刑法志》“诉讼”记载：“诸老废笃疾，事须争诉，止令同居亲属深知本末者代之。若谋反大逆，子孙不孝，为同居所侵侮，必须自陈者听。诸致仕得代官，不得已与齐民讼，许其亲属家人代诉，所司毋侵挠之。诸妇人辄代男子告辨争讼者，禁之。若果寡居及虽有子男，为他故所妨，事须争讼者，不在禁例。”当时诸如“写状法式”、“告状新式”之类的诉状书写规则也有相似规定[①]。《元典章》专设“代诉”子目，条款包括：“老疾合令代诉”，“禁治富户令干人代诉”，“闲居官与百姓争讼子侄代诉”，“不许妇人诉”[②]，与《元史·刑法志》的陈述类似[③]。

与两宋相比，元代必须由他人代理诉讼的范围中增加了闲居官员，同时对代诉的规定也大大细化：除谋反大逆等刑事重案，或必须由当事人自诉的子孙不孝等家庭案件之外的普通案件，老人和残疾人只能让熟知案情的同居男性亲属代告；官员（或退休官员）由家属代告；妇女丧夫且其儿子因不可抗力无法参与诉讼时，方可出头诉讼。综上，在唐宋元时期，法规强制要求被代理的诉讼主体按如下范围逐渐扩大：老人⇒老人＋孕妇⇒老人＋孕妇＋官员⇒老人＋官员＋残疾人＋妇女。

## 二、明清时期抱告的法律规范

诉讼代理活动及代理制度在传统中国虽有久远历史，但以著者目力所及，作为传统时代诉讼代理的专业术语——“抱告”到明代方出现，在清朝成为频繁使用的法律词汇。抱告当时偶称“抱状”或“抱呈”，即怀抱状纸或呈状之意。明代《问刑条例》中有“故令老幼、残疾、妇女、家人抱赍奏诉”[④]。抱告在明代案例与州县颁行的《状式条例》也有所反映。嘉靖二十八年(1549)，四川马湖府侯添真(六十五岁)的“抱状”署名其弟侯堂[⑤]。隆庆六年徽州府休宁县叶贤诉状所载《状式条例》规定：“隐下壮丁，故令老幼残疾妇女出名抱告者，不准”[⑥]，禁止成年男性故意支使老幼、妇女等人出头代行诉讼活动。同样，明律禁止官员出面参与自理词讼，而由家人代诉：

---

① 《元代法律资料辑存》，黄时鉴(辑)，第215、228页。

② 《大元圣政国朝典章》，第1933—1936页。

③ 对元朝诉讼资格限制的初步探讨，参见陈高华：《元史研究新论》，上海社会科学院出版社2006年版，第121—122页。

④ 《大明律》，怀效锋(点校)，法律出版社1998年版，第425页。

⑤ 明代“四川地方司法档案”，载杨一凡等(主编)：《历代判例判牍》(第三册)，中国社会科学出版社2005年版，第200页。

⑥ 田涛：《第二法门》，法律出版社2004年版，第110页。

"凡官吏有争论婚姻、钱债、田土等事，听令家人告官理对，不许公文行移"[①]。同元朝相比，学者认为明朝缩小了官吏的诉讼代理范围（如限于婚姻钱债田土等），扩大了平民的诉讼代理范围（如"为同居所侵悔"不须亲陈），对诉讼代理人赋予严格的法律责任（如诬告反坐）[②]。

清袭明律，与抱告制度相关的法规更加细化。著者所见清代各地《状式条例》中多规定绅衿、生、监并妇女及老幼、废疾参与诉讼如无抱告，案件一律不准理。如，黄岩县同治至光绪年间的《状式条例》："凡有职及生、监、妇女、年老、废疾或未成丁无抱告者，不准"[③]。巴县不同时间颁行的《状式条例》内容略有变化，但关于抱告制度的基本规定一以贯之。如乾隆五十六年巴县《状式条例》："有职人员及贡、监生、妇女无抱告者，不准"[④]。有论者谓，"有职人员"是指在官府衙门中执掌具体事务的人员，一般都具备官员身份。黄岩诉讼档案中有职具呈者3宗，具有官员身份的人不能直接出头露面与平民打官司[⑤]。著者查阅巴县、宝坻县档案，甚少见到"职员"或"世职"身份的当事人。该规定尚没有明确把残疾人包括在内。至道光三年，巴县《状式条例》规定："举、贡、生、监、年老、有疾、妇女、幼孩无抱告者，不准。"[⑥]其强制适用代理诉讼的当事人范畴扩大。光绪四年九月十四日四川省南部县《状式条例》亦规定，"绅衿、老幼、残废、妇女无抱告者，不准"[⑦]。

抱告制度在孤悬海外的台湾也不例外。《台湾通史》记载："凡人民之赴诉者……缙绅、命妇可使家人代之，谓之抱告"[⑧]。台湾淡水、新竹地区光绪年间《状式条例》规定："绅衿、妇女及老幼、残疾无抱告者，不准"[⑨]。《清代六部成语词典》认为：清刑律规定，官吏、生员、绅衿、妇人及老幼、有

---

① 《大明律》，怀效锋（点校），第180页。

② 陈刚（主编）：《中国民事诉讼法制百年进程》（清末时期第二卷），中国法制出版社2004年版，第374—376页。

③ 田涛等（主编）：《黄岩诉讼档案及调查报告》（上卷），法律出版社2004年版。类似规定参见《清代武定彝族那氏土司档案史料校编》，中央民族学院出版社1993年版，第97—98页；（清）黄六鸿：《福惠全书》卷十一《词讼・立状式》。

④ 巴县档案号6-1-1906。嘉庆十三年三月巴县《状式条例》与此相同，巴县档案号6-2-6062-7。

⑤ 王宏治：《黄岩诉讼档案简介》，载田涛等（主编）：《黄岩诉讼档案及调查报告》（上卷），第50页。

⑥ 巴县档案号6-3-17030。这与道光十二年的"状式条例"相同，巴县档案号6-3-6590-3。

⑦ 南部县档案号Q1-7-598-2。

⑧ 连横：《台湾通史》，广西人民出版社2005年版，第151页。

⑨ 淡新档案号21204-8。类似规定在其他年份的淡新《状式条例》大都存在。

残疾者，准许他们派遣亲属或家丁代替诉讼。抱告分两种情况，无诉讼能力者，为须遣抱告。非无诉讼行为能力而身份特殊者，为得遣抱告[①]。不过，上述地方诉讼规则表明，特定人群直接出庭参与诉讼的资格受到严格限制，非无诉讼行为能力而身份特殊者（如监生、官员等）都必须遣抱告代理诉讼。

在晚清法律改革过程中，法部设计了十二种诉讼状纸，其中，刑事委任状为凡刑事原告之抱告及一切有委任权者于诉状外附用之。民事委任状为凡民事原告之抱告及一切有委任权者于诉状外附用之[②]。后来法部又规定了五种状纸，其中的委任状解释为："不论民事刑事其委任抱告者于诉状外附用之"[③]。抱告这一称谓深受本土传统制度影响。光绪三十三年清政府制定的《各级审判厅试办章程》第五十二条："职官、妇女、老幼、废疾为原告时，得委任他人代诉。"这一条款与传统社会必须适用抱告的当事人范围一致。学者认为，对比传统诉讼代理制度，此条颇有古风，是传统诉讼制度中的官吏不躬坐狱讼、老幼病残可代理之原则的延续[④]。

## 第二节　抱告适用的资格与责任

### 一、应适用抱告的当事人

结合前文所引清律及各地《状式条例》，清代抱告制度强制适用的对象大致涉及五类人：生监（及官员）、老、幼、妇女、残疾人。乾隆朝晚期，英使斯当东（George Leonard Staunton）游历中国后认为，根据清朝法律规定，在民事诉讼中无知识的人也要由他人代理参加诉讼[⑤]，这一说法当为误传，恐不合事实。据当事人因社会偏见、自身身体状况而诉讼行为能力受限，以及是否具有较高社会政治地位，上述必须由他人代理诉讼的当事人实质上可分为三大类：妇女；老、幼与废疾；生监及官吏。第二类人范围甚为广泛，包括当地有名望的乡绅，官员或已致仕的官员、生员、贡生、监生、

① 李鹏年等（编著）：《清代六部成语词典》，天津人民出版社 1990 年版，第 315 页。

② 《大清法规大全》，第 1845 页。

③ 《大清法规大全》，第 1856 页。

④ 陈刚（主编）：《中国民事诉讼法制百年进程》（清末时期第二卷），中国法制出版社 2004 年版，第 420 页。

⑤ ［英］斯当东：《英使谒见乾隆纪实》，叶笃义（译），上海书店出版社 2005 年版，第 463 页。

武生、尚未登仕途的举人或进士,有时甚至可能包括衙门当差的人员。前文所述的“有职人员”可能包括书吏、差役等人,这些人因其与当地司法审判有某种关联,有时被禁止直接涉讼。不过,光绪十二至十八年(1886(1892),台湾淡新地区规定,“齐民及胥役人等并非老幼残疾,辄令抱告投呈者,除不准外,将告人及抱告究处”①。“有职人员”大都具有较高社会政治地位。官员与残疾人在清代州县司法档案中出现频率甚少。未成年人案件一般由其长辈直接代为诉讼,由抱告代为诉讼的案例罕见。

与此不同,妇女参与诉讼的现象在州县司法档案中频繁出现。比如,光绪二十九年八月,针对七十岁的吴金氏为控李马生“串捏情亏、拦途阻掳”事的呈状,浙江龙泉县知县批示:“察核呈词,其中情节支离,显有不实不尽。该氏慎勿听人愚弄,恃妇呈刁,自取讼累。所呈不准”②。黄岩县 38 份由抱告代理诉讼的状纸中,当事人为妇女的有 21 人,占 55.3%③。张修府发现当地“郡民控案,多以妇出名,甚至家有夫男而公然恃妇逞刁拦舆喊禀”④。光绪初年一位知县也发出这样的感慨:“本县莅任以来,所收呈词,妇人出名者,十有三四”⑤,足见妇女涉讼之普及。为此,本节重点探讨抱告制度适用于妇女的情况。

妇女参与诉讼的问题,《大清律例》例文规定:“妇人有犯奸盗、人命等重情,及别案牵连,身系正犯,仍行提审;其余小事牵连,提子、侄、兄弟代审”⑥。雍正五年例补充规定:“(妇女)如遇亏空、累赔、追赃、搜查家产、杂犯等案将妇女提审,永行禁止。”《大清律例》又规定:“其年八十以上,十岁以下,及笃疾者,若妇人,除谋反、叛逆、子孙不孝,或己身及同居之内为人盗诈,侵夺财产及杀伤之类,听告,余并不得告”⑦。综合上述律例,妇女作为一般案件的被告,官府仅提讯其子、侄、兄弟代审;妇女、老、幼、笃疾及除重大刑事案件及必须自诉的特定案件外,当事人都不得告官。在司法实践中,妇女涉及自理词讼,若其丈夫已故,由父、兄、子等成年男性亲属代理诉讼和受审。以今天标准,抱告不仅仅适用于代理自理词讼,而且适用于代理犯奸、命盗等重大刑事案件之外的刑事案件。

---

① 光绪十二年蔡安状纸,淡新档案号 21204-8;光绪十八年“状式条例”类似规定,淡新档案号 22107-1432。

② 包伟民(主编):《龙泉司法档案选编》(第1辑·晚清时期),中华书局 2012 年版,第 30 页。

③ 77、78 号两份状纸具呈人、抱告人一栏残缺不清,据内容推测,当事人疑为中年男性。

④ (清)张修府:《谿州官牍》丁集《谿州记略》(民风)。

⑤ (清)潘江:《咸平记略·禁妇女告状示》,光绪六年序文。

⑥ 《大清律例》,田涛等(点校),第 600 页。

⑦ 《大清律例》,田涛等(点校),第 489 页。

上述律例与地方诉讼规则相辅相成。如同治至光绪年间的黄岩县《状式条例》规定，除命盗奸拐正犯而牵连妇女外，涉及“细事”的案件，一律不得牵连妇女。女性在诉讼中为原、被告或与讼案有关的第三人但无抱告代为出面，衙门不受理此案。同一州县的诉讼规则在不同时期具体内容发生变化，但其核心原则基本一以贯之。从乾隆五十六年至同治八年，巴县《状式条例》均规定：案非奸拐不得牵连妇女；如果夫男现在，不得令妇女诉讼；妇女诉讼必须由抱告代理[①]。徽州休宁《词讼条约》对妇人出庭诉讼作了更为严格与详细的限制——只有妇女确属丧夫无后，或儿子年幼，才可以自身名义参与诉讼，同时仍必须令亲族弟侄出面代为诉讼，自身不得亲自到堂受审或应诉[②]。上述地方诉讼规则与《大清律例》立法精神大体一致，只是在细节上作补充规定。

综上所述，清代通常若丈夫在世，仍由妻子出面诉讼，州县官员或拒绝受理案件，或指令传讯甚至惩治其夫。类似理念及律例对司法有直接影响。如樊增祥在“孔田氏呈词”中批示：“尔现有夫男，何得恃妇出头妄诉。著即敛迹回村，如有枉抑，令尔夫自来投案”[③]。董沛在一份裁判中曾写道：“该氏明有丈夫，匿不出名，胆以妇女主讼，尤干例禁。本应立提该氏从严究办，姑宽批斥。词无抱告，不合、并饬，抄粘掷还。”[④]针对陈程氏的呈词，董沛批示：“查例载军民人等，若无故隐下壮丁，故令妇女抱诉者，立案不行，仍提壮丁问罪等语。该民出头露面，匍匐公庭，有干例禁。”[⑤]对陈程氏的后续呈词，董沛批示“该氏孀居妇女，理宜避嫌，将来环质公庭，体面攸关，著仍遵照前批嗣后呈催质讯。一体概令氏子陈庆珍出名，该氏即速回家，以示本县体恤之意”[⑥]。

清代的道德观、意识形态与律例偏向于体恤老幼、妇女等人群。这类特殊群体的相对弱势，通常容易激发社会大众的同情心理。但是，一些当事人却钻空子“借刀杀人”，谎称自己是弱者，吸引(甚至“道德绑架”)逼迫知县及时审理案件。这种当事人实质上透支了弱者的公信力，因此，在清

---

① 乾隆五十六年《状式条例》，巴县档案号 6－1－1906；同治八年《状式条例》，巴县档案号 6－5－933。

② 《明清公牍秘本五种》，郭成伟等(点校)，中国政法大学出版社 1999 年版，第 219—220 页。

③ 樊增祥：《樊山批判》，载杨一凡等(主编)：《历代判例判牍》(第十一册)，第 273 页。

④ (清)董沛《吴平赘言》卷一《郭黄氏呈词判》，光绪七年刊本。与之类似，同治年间杜凤治收受呈词，“掷还二张，为其平民不亲到用抱告也。”《杜凤治日记》(第一册)，第 165 页。

⑤ (清)董沛：《吴平赘言》卷一《陈程氏呈词判》。

⑥ (清)董沛：《吴平赘言》卷一《陈程氏续呈判》。

中后期,我们看到大量知县在诉状上批示,对弱者"恃妇""恃老"之类行为给予严厉斥责。说谎者和诬告者的无耻恶行,让那些真正受害需要维护个人利益的弱者变得更加艰难。丈夫在世而令妻子出面诉讼,官员通常会认为当事人存在诬告或图赖的隐情。方大湜认为,"家有夫男,不亲身具控,而令妇女出头告状,明系捏词图诈,为将来审虚地步,无论有理无理,一概不准,仍将妇女掌责以儆。凡有夫男之家,自不敢令妇女轻于尝试"[①]。针对吴成氏代理其夫诉讼案,董沛作出如下批示:

> 乃氏(吴成氏)夫吴怡合明知窝贼败露,罪无可逭,遽因贼犯遁迹,辄敢听信王兆祥唆使,隐下男丁,恃妇健讼,希图反噬。似此狡诈之徒,若不严加惩创,则匪类可横行,良善何以安业……著即签拘吴怡合到案,传同绅保、邻佑、更夫人等研讯澈究,以儆刁顽。[②]

当然,上述情况也有例外。比如,道光六年六月,巴县陈中义被刘二等人绑架,陈中义着妻杜氏出面呈控到案。不过,其所呈交的状纸仍是陈中义的名字[③]。在以妇女出名告状的当事人中,现存78份清代黄岩诉讼档案,仅有47号诉状陈张氏丈夫在世以自己名义起诉,原因为"夫拙外出、无子",当属特例。其余女性当事人皆为孀妇。在司法实践中,淡新档案有关抱告的记录很多。光绪元年十一月新竹县妇女郭何氏呈交的催呈未列抱告等原因,受到衙门斥责:"妇女递呈,不列抱呈,又无代、保戳记,不阅掷还"[④]。受上述法律影响,有的官员提出避免妇女涉讼的途径。袁守定(雍正年间曾在湖南任知县)提出:

> 凡词讼牵连妇女者,于吏呈票稿内即除其名,勿勾到案。其有不待呼即至者,不许上堂,只讯男丁结案。其有大案待质者,只唤到一次,先取其供,即令归寓递解。妇女令于二门外听点,其犯奸尚在疑似者,亦免唤讯,只就现犯讯结。凡所以养其廉耻,亦维持风教之一端也。[⑤]

---

① (清)方大湜:《平平言》卷三《禁妇女出头告状》。

② (清)董沛:《晦闇斋笔语》卷一《吴成氏等呈词判》。

③ 巴县档案号6-3-6151。

④ 淡新档案号22102-53。

⑤ (清)袁守定:《听讼·勿令妇女上堂》,载(清)徐栋(辑):《牧令书》卷十七《刑名上》。

袁守定认为，只有大案与犯奸确证之案，方有限地传唤妇女。类似观点也反映在清代司法实践中。比如光绪九年前后，新竹县周许氏因财产纠纷多次翻控，先只是“逞刁上控”的抱告周春草因此被新竹县提讯、关押①。直至后来周许氏继续翻控，周许氏方被提讯、问供②。不过，司法实践中衙门传讯“细故”案件女性当事人的例子亦不少。如道光六年巴县的一起债务纠纷，被告债主之妻谭田氏被传讯③，同年巴县另一债务纠纷中，原告邵刘氏及抱告均被传讯④。

若当事人为孀妇且儿子已成年时，应以谁的名义出头起诉？少数地方诉讼规则对此作过规范。《大清律例会通新纂》载（自理）词讼条款规定：“妇女有子年已成丁，即令其子自行出名呈告，如仍以妇人出名，以其子作抱告者，不准”⑤。这意味着，寡妇的儿子成年后，她即失去以自己名义出头诉讼的资格。这一规则未明确载于著者所见的淡新档案，但衙门有的裁判与该规则相合。如光绪年间针对吴林氏出头控告儿媳藏匿母家纵奸，县正堂认为：“至该氏既有二十六岁之子吴来成，即氏媳之夫，不令出名呈控，反作抱告，而以该氏妇女涉讼，大殊不合，特斥”⑥！樊增祥在一个案件中也斥责当事人：“尔既有十八岁之子，何得隐藏不露，恃妇出头，显系挟嫌捏诬，毫无证据，著即敛迹回家。如必欲过堂，著尔子武林树投案候夺”⑦。有的学者也认为，寡妇的成年儿子应该成为诉讼的主体。⑧ 然而，事实未必如此。黄岩县诉状显示，在这种情况下，以孀妇名义进行诉讼而以儿子为抱告的多见，如第36、56、63、66号诉状。比方，第36号诉状鲍娄氏之子万庆虽成年，鲍娄氏以自己名义出头起诉，并以亲友王阿春为抱告⑨。这种情况在某些淡新档案及巴县档案中也出现过。如光绪十年(1884)新竹县周许氏呈交的具催状，以其子周春草为抱告⑩。

著者所阅大部分司法档案说明，抱告制度虽在当时较严格地得到实

---

① 淡新档案号22609－40。

② 淡新档案号22609－51、22609－52。

③ 巴县档案号6－3－6155－2。

④ 巴县档案号6－3－16281－5。

⑤ （清）姚雨芗（原纂）、胡仰山（增辑）：《大清律例会通新纂》，第2923—2924页。

⑥ 淡新档案号21207－1。

⑦ 樊增祥：《樊山批判》，载杨一凡等（主编）：《历代判例判牍》（第十一册），第179页。

⑧ 吴欣：《清代妇女民事诉讼权利考析》，《社会科学》2005年第9期。

⑨ 据状纸可知，鲍娄氏之子万庆已婚，鲍娄氏年龄五十岁，万庆当已成年，但鲍娄氏以自己名义出头起诉，状纸被准许。

⑩ 淡新档案号22609－59。道光五年巴县正里八甲“江奉氏告瞿国光屡次借索钱财复又踞凶索事”，江奉氏即以自己名义告状，以江在庆为抱告。巴县档案号6－3－6096－2。

施,但偶有例外,这在直隶顺天府宝坻县有充分表现。当地有的老人或孀妇呈交状纸或参与诉讼时,在诉状中特别声明未起用抱告的理由,状纸大都会获得县衙受理。如嘉庆年间孙张氏称“氏无子嗣,无人抱呈,合并声明”①。嘉庆二十二年三月,平民杨士花(八十三岁)称“身现系杨姓族长,不便令人抱呈”②。道光二年,孀妇薛纪氏称“氏孤寡绝嗣,无人抱呈,合并声明”③。道光十二年,平民潘顺(六十六岁)称“身年老无子,无人抱禀,合并声明”④。说明当事人很清楚本地《状式条例》关于“绅衿及妇女老疾无抱告者,不准”的规定⑤。老人或孀妇参与诉讼而无抱告且未作特别声明时,案件也可以得到县衙宽容与许可。在嘉庆至道光年间的土地债务案件中,至少基本如此⑥。

## 二、抱告的资格限定

对于抱告的资格,只有少部分地方诉讼规则作了粗略规定。道光六年至咸丰元年(1826—1851),巴县《状式条例》:“绅衿、妇女、老、幼、废疾无抱告,及虽有抱告而年未成丁或年已老惫者,不准”⑦。与之前巴县《状式条例》不同,这条规定提及抱告必须成年、未因年老而身心疲惫影响代理诉讼的行为能力。这在光绪年间的徽州也有所反映:“绅衿、妇女、老、幼、废疾无抱告及虽有抱告,年未成丁者,不准”⑧。清代东北阿城的“呈状条规”规定:“抱告必须亲丁至戚,如有他人擅行干预顶名驾讼者,不准理”⑨。

与上述此类规定相适应,有地方官提出,“凡绅衿及老幼、妇女、残疾告状应用抱告者,务要将抱告住址、年岁据实开明”⑩,衙门可据此审核抱告的资格。如同治年间张修府指斥代书李遇春撰写状纸时,“抱告不填年岁,

---

① 顺天府档案号 28-2-95-166。
② 顺天府档案号 28-2-95-124。
③ 顺天府档案号 28-2-96-001。
④ 顺天府档案号 28-2-96-036。
⑤ 顺天府档案号 28-2-96-012。
⑥ 嘉庆十四、十七年、道光十二、十三、二十三、三十三年,六十岁以上平民无抱告的情况,参见顺天府档案号 28-2-95-093、28-2-95-144、28-2-96-045、28-2-96-070、28-2-96-107、28-2-96-176;道光十六、二十二年孀妇或妇女无抱告的情况,顺天府档案号 28-2-96-100、28-2-96-075。
⑦ 巴县档案号 6-3-9832、6-3-9851-5。
⑧ “光绪二十八年三月徽州黟县吴国年告吴宗伯、余金山”状纸所载《状式条例》,该状纸田涛教授原藏。
⑨ 东北师范大学明清史研究所、中国第一历史档案馆(合编):《清代东北阿城汉文档案选编》,第 95—96 页。
⑩ (清)方大湜:《平平言》卷二《代书》。

并饬”[①]。与巴县、宝坻县等地诉状格式未要求当事人填写抱告的身份关系不同[②]，黄岩县当事人的状纸大都详细注明抱告与当事人的关系、起用抱告的依据及抱告的年龄等，比著者所阅清代其他区域的诉讼档案更为具体。在78份黄岩县状纸中，38份有抱告，占总数的48.7%。一定程度说明，当事人起用抱告的现象较普遍。其中，当事人为妇女的有21人，占使用抱告总数的55.3%；监生、职员有11人，占使用抱告总数的28.9%；年老者5人，占使用抱告总数的13.2%，其中最年轻的为35号诉状的辛光来，58岁。著者查阅州县司法档案时，极少看到官员派遣抱告代为参与诉讼的案例。出现此种现象的原因之一为，州县一级本来就很少官员涉及讼案，另一原因是，“官官相护”的传统使得基层的案件不必经过诉讼途径就可解决。不过，涉讼官员派家人代理诉讼，乃是强制性要求，这在州县以上的司法实例中有所显现。如嘉庆十三年(1808)，户部员外郎范重棨因亲人钱债细故涉讼，其身系职官，本应令家人到官对理。乃不待传询，自到衙门。后经审判官员再三开导，照例差传家人候质[③]。

抱告多为当事人的亲友、儿子、女婿及帮工等成年男性。上述黄岩县的38名抱告中，为当事人亲友的有18人(侄儿、女婿、族人、小叔、母舅、兄长、堂弟)，占47.4%；为当事人之子的共10人，占26.3%；为当事人帮工的有6人，占15.8%，道光年间小说《风月梦》记述武生包琼的抱告为雇仆李升，说明仆人也可作为主人的抱告，并不限定在狭义的亲属范围内[④]。另有4名抱告身份不明。在其他地方，女性当事人也有起用其父亲为抱告的，如巴县乾隆年间左辉山的女儿王左氏夫亡，请其作抱告[⑤]。有时由于抱告未到庭，出现当事人请其兄弟冒充抱告的案例[⑥]。结合清代诉讼实践可知，抱告作为平民百姓，主要是当事人的成年男性亲属，且身心智力正常。

直至晚清《各级审判厅试办章程》方对抱告资格作较系统性的规定。该章程第五十三条：“下列人等不得充当代诉人：一、妇女；二、未成丁者；三、有心疾及疯癫者；四、积惯讼棍。”第五十四、第五十六条规定，代诉人必

① (清)张修府：《谿州官牍》丙集《批保靖县民彭寿亭告彭世志等恃衿害良事》。

② 部分淡新档案也如此。如萧源(生员)同治十三年的状纸中注明抱告萧永安，年三十岁，无抱告与当事人关系一栏，淡新档案号23202-4。有的淡新状纸则要求注明抱告与当事人的关系、年龄、姓名，参见淡新档案号21202-1(21)。

③ 《清实录》(第30册)，第660—661页。

④ (清)邗上蒙人：《风月梦》，华云(点校)，北京大学出版社1990年版，第61页。

⑤ 四川省档案馆(编)：《清代巴县档案汇编》(乾隆卷)，第186页。

⑥ 四川省档案馆(编)：《清代巴县档案汇编》(乾隆卷)，第168页。

须提交委任状（祖孙、父子、夫妇及胞兄弟除外）。委任状应填写委任人及代诉人的姓名、籍贯、年龄、住所、职业；代诉人与委任人的关系，等等[①]。晚清之前的抱告虽不必提交诉讼委托书，但部分状纸要求注明当事人与抱告的关系、年龄、住所等事项，与此有相似处。上述新规定大体延续传统诉讼代理人制度并具体化。该章程颁行后，有的司法机构仍称诉讼代理人为抱告。如清末京师总检察厅对彭尧的批词——"该职不服该省高等审判厅判决，遣抱来京呈控"[②]。必须由抱告代理诉讼的当事人仅限于特定身份者。官员、举人、贡生、监生、妇女等人的身份较易识别，如裕谦曾要求官代书抄写状纸时，应按如下方式辨明当事人身份：

> 遇有妇人来府递呈，当即问明因何不听伊夫出名具告缘由。若系孀妇，亦须问明有无子嗣，其子现年若干。逐一于词内声叙明白，方准投递。至有顶带人员遇有呈控事件，进士、举人则须问明科分，生员、武生则须问明入学年分，贡监、职员则须问明系何项贡监、何项职员，何年月日报捐，执照是否带来或现存何处，俱于词首详细注明，以杜捏冒顶替等弊。[③]

与上述身份不同，许多地方诉讼规则未明确平民的老龄标准，以致老人由抱告代理诉讼时出现混乱。《大清律例》所指的老、小一般分别为七十岁以上、十五岁以下[④]，诸如咸丰年间巴县《状式条例》规定"仕宦、举、贡、生、监及年逾七旬之人或妇女出名具词，无抱告者或不应用抱告而混用抱告者，不准"[⑤]，也将老人标准界定在七十岁以上，但这在同一地点不同时间并未得到贯彻。如咸丰五年三月，巴县七十岁的平民景心广起用抱告（侄儿景开道）[⑥]。在同年另一诉状中，平民杨爵选（六十岁）起用了抱告杨通彩[⑦]。道光六年平民向林馥（五十八岁）的抱告为弟弟向林薰[⑧]。不过，

---

① 《大清法规大全》，第 1861—1862 页。

② 汪庆祺（编）：《各省审判厅判牍》，第 16 页。类似称呼另见该书第 27 页。

③ （清）裕谦：《谕各代书牌》，载（清）徐栋（辑）：《牧令书》卷十八《刑名中》。

④ 《大清律例》"老小废疾收赎"称：老、小为"凡年七十以上，十五以下。"《大清律例》"脱漏户口"云："若隐漏自己成丁"，注曰：成丁"十六岁以上。"《大清律例》，田涛等（点校），第 106、170 页。

⑤ 咸丰九年与同治八年巴县《状式条例》，巴县档案号 6-4-5797、6-5-933。

⑥ 巴县档案号 6-4-5874-5。

⑦ 巴县档案号 6-4-5875-3。同年，另有六十二、六十岁的两位平民起用抱告，参见巴县档案号 6-4-5901-3、6-4-5876。

⑧ 巴县档案号 6-3-6138-2。

该案起用抱告的情况特殊，当事人向林馥被胡国昶羁押无法脱身，着向林薰奔叩。抱告制度为当事人因人身自由受限无法呈控时提供补救机制。同年一位五十三岁的平民起用抱告，但另一位五十八岁的平民则无。[①] 而咸丰五年平民金无吉（五十九岁）则未起用抱告[②]。在“光绪二十八年三月徽州黟县吴国年告吴宗伯、余金山一案诉状”，耆民吴国年年届六十，抱告一栏空白[③]。黄岩县 61 号诉状具呈人郑大荣、72 号诉状具呈人金加丰均五十八岁，亦未曾使用抱告。那思陆认为，依淡新档案，原告满五十岁，即得遣抱。又原告未满十六岁，亦得遣抱[④]。《重修台湾省通志》亦云：据淡新档案，老年人遣抱以五十岁为最低年龄，幼年遣抱者在十四岁以下[⑤]。著者查阅淡新档案，并未见到满五十岁即遣抱告的实例和相关规定[⑥]。

不同地区对老龄标准的认同不一，各地诉讼规则甚少注明老年的界线。为此，有的当事人因不了解官方惯例起用抱告而受到训斥。张修府曾裁决——“该民年仅五十，混填抱告，又不遵用戳式，并饬”[⑦]；“且该民年仅三十八岁，何得擅填抱告”[⑧]？王宏治据黄岩诉状认为，19～58 岁年龄段的非有职及非生监的男性平民，是具有完全民事权利能力者，可独立行使自己的民事权利，不须“抱告人”出面代理。清代法定成丁年龄应是 16 岁，但若从起诉年龄看，则增至 19 岁。档案第 27 号，“具呈张所寿，年 18 岁”，有“抱告陈日新，年 44 岁，系本人之工”，说明 18 岁仍须有抱告方能起诉[⑨]。事实未必如此。清律规定 16 岁为成年，成年方有做抱告的资格。黄岩诉状中王继康（10 号诉状）、张奇有（45 号诉状）为抱告时均 18 岁，说明其已具备成年及抱告资格。一般而言 16 岁以上清代并不需要抱告，比如，道光

---

① 巴县档案号 6-3-6155-1、6-3-9976。

② 巴县档案号 6-4-5893。同样的情况，另参见道光六年平民卢楚传的状纸，巴县档案号 6-3-6164-3。

③ 该状纸田涛教授原藏。

④ 那思陆：《清代州县衙门审判制度》，中国政法大学出版社 2006 年版，第 270—271 页。

⑤ 刘宁颜（总纂）：《重修台湾省通志》卷七，台湾省文献委员会 1990 编印，第 73 页。

⑥ 如光绪十二年六月蔡安（五十岁）多次呈交状纸，未起用抱告，淡新档案号 21204-3。按清代通例，淡新地区当事人以六十岁左右遣抱告为常态，参见淡新档案号 21202-3、21204-5，等等。

⑦ （清）张修府：《谿州官牍》丙集《批龙山县民熊士贵告黄福贞等贿搁极冤事》。在巴县，此类情况偶有可能被受理，如道光六年平民陈先贵（四十五岁），由其子陈结唐为抱告，巴县档案号 6-3-6166-2，类似情况，参见巴县档案号 6-3-10032-4；淡新档案号 23204-1。嘉庆二十五年十一月，宝坻县商人义泰的盐被偷，起用吕成为抱告，知县“恩准”查缉，顺天府档案号 28-2-95-174。

⑧ （清）张修府：《谿州官牍》丙集《批保靖县孙大干告孙大经等故杀故出事》。

⑨ 王宏治：《黄岩诉讼档案简介》，载田涛等（主编）：《黄岩诉讼档案及调查报告》（上卷），第 49—50 页。

六年巴县有十六、十七岁的当事人无抱告[①]。黄岩诉讼档案中抱告年纪最小的为管汝桃(26号诉状),仅14岁,尚未成年,与张所寿起用抱告一样,当属特例。再比如,晚清广西的诉讼习惯为原被告年满六十以上时非用抱告呈诉不为受理。[②]

综上,在清代诉讼实践中,适用抱告代理诉讼的当事人老龄界线大致是六十岁左右。

## 三、法律责任与意思表示效力

抱告代理诉讼过程中,当事人是否就特别事项(如承认上控及放弃某项利益)对抱告书面授权,抱告超越当事人的授权是否具有效力,抱告所作的意思表示是否可以直接归责于当事人,理应由当事人受到的责惩何种条件下可由抱告代受,等等。这些在今天看来代理诉讼中重要的法律问题,清律对上述内容均无系统规定,只能结合部分法律条款、地方惯例及司法实践以窥一斑。

《大清律例》例文规定:"年老及笃疾之人,除告谋反、叛逆、及子孙不孝,听自赴官陈告外,其余公事,许令同居亲属通知所告事理的实之人代告。诬告者,罪坐代告之人"[③]。这一条例涉及代诉法律责任的承担问题:年老及严重残疾者除重大刑事案件外,其余案件应由同居亲属请其他人士代告。若事属诬告,则由代告者承担刑事责任。代告者不论自身是否存在主观过错,都将承担诬告责任以及其他法律责任。当事人不应用抱告而起用抱告时,也会受到责罚。《大清律例》例文规定,"军民人等,干己词讼,若无故不行亲赍,并隐下壮丁,故令老幼、残疾、妇女、家人抱赍奏诉者,俱各立案不行,仍提本身或壮丁问罪"[④]。官员、举人、贡生、监生、妇女、废疾和老幼等人必须由抱告代理诉讼,他们自然也不能成为其他当事人的抱告。

上述律例原则在部分地方诉讼规则中得到落实。如福建泉州一位官员施政时特地强调"故将老幼妇女抱告者,不准"[⑤];光绪十二年淡新《状式条例》规定"齐民及胥役人等并非老、幼、残疾,辄令抱告投呈者,除不准外,将告人及抱告究处"[⑥],可看作对律例的遵从。当事人不具备起用抱告的

---

① 巴县档案号6-3-10004-6、6-3-6150-1。

② 石孟涵(辑):《广西诉讼事习惯报告书》第二章《诉讼当事者》"一"。

③ 《大清律例》,田涛等(点校),第489页。

④ 《大清律例》,田涛等(点校),第475页。明代《问刑条例》有与此相同的规定,《大明律》,怀效锋(点校),第425页。

⑤ 《政刑大观款约·刑律·特颁状式(兴泉政略)》,刘邦翰彦威父选辑,清刊本。

⑥ 淡新档案号21204-8。光绪十八年《状式条例》与此相同,淡新档案号22107-14之2。

资格而起用抱告时，抱告将承担连带法律责任。宝坻县衙在告示（草案）有类似原则："州境有等刁民往往因讼□□纵妇告人，或拦舆或呼冤，然□称男夫患病，即云被逼无踪，种种伪情何等刁诈，嗣后无论事之大小，情之轻重，均不得妇女出头□……不许拦舆呼冤，倘敢再□，先责抱告，仍传夫男责押，以儆刁玩"[①]。这一告示草案将原当事人招致的法律责任转移至抱告，以此方式制约当事人违例使用抱告。

综上，抱告代理当事人诉讼时，面临因代理诉讼而受惩的风险，这在京控及地方司法实践中多见。乾隆三十年，巴县的汤徐氏控告差役勒索钱财的状纸上，知县批示："准提究。如虚，定将抱告重处"[②]。在乾隆三十五年（1770）王胡氏控告胡毓秀等人的状纸上，知县亦批示："准拘讯，（如）虚，究抱告"[③]。道光五年，直隶滦州绞犯李华遣抱告钱复初以挟嫌诬害、刑逼问抵等语京控，后经官员讯明钱复初受雇诬告，杖责后被处徒刑[④]。第二年，安徽霍邱县僧人寿福遣抱告僧人永兴京控"豪监纠众毙命"一案，经邓廷桢审讯系全诬，僧寿福发边远充军，永兴明知寿福诬告，在京扶同混供，照不应重律杖八十[⑤]。道光十四年，徐州府沛县张精一遣抱告蒋玉京控沛县强挖官堤一案，讯明系张精一诱令蒋玉等装伤喊验，蒋玉照不应重律杖责发落[⑥]。在一起恶奴代主妇抱告的案件中，县令三次严惩恶奴，导致"恶奴杖痕已重，复荷重枷，不旬日竟死"[⑦]。

光绪九年七月，代理新竹县知县向台北府知府汇报周许氏多次翻控，提出"如周许氏与抱告周春草倘再逞刁上控，并请押发下县讯办，实为公便"[⑧]。同年八月，代理新竹县知县签行信票，指令差役"立拘逞刁周许氏之抱告周春草……一并禀带赴县以凭讯究详办"[⑨]。一个月后，台北知府批饬代书将前来上控的抱告周春草送押，并将之押解新竹县，照例严惩一百[⑩]。翌年正月，针对周许氏遵而复翻，县正堂朱裁决"（周许氏）从宽不予

---

① "告示稿　乙巳补字第十四号"，顺天府档案号 28－4－129－015。

② 四川省档案馆（编）：《清代巴县档案整理初编・司法卷・乾隆朝》（二），第 118—119 页。汤徐氏以其侄儿汤某作抱告。

③ 四川省档案馆（编）：《清代巴县档案整理初编・司法卷・乾隆朝》（二），第 132 页。王胡氏以其孙侄王朝佐为抱告。

④ 《清实录》（第 34 册），中华书局 1986 年版，第 409 页。

⑤ 《清实录》（第 34 册），第 633 页。

⑥ 《清实录》（第 36 册），中华书局 1986 年版，第 819—820 页。

⑦ 陆林（主编）：《清代笔记小说类编・案狱卷》，黄山书社 1994 年版，第 84—85 页。

⑧ 淡新档案号 22609－35。

⑨ 淡新档案号 22609－36。

⑩ 淡新档案号 22609－38。

严究。仅将奉府宪押发抱告周春草笞责示儆"[①]。在道光六年巴县的一起债务纠纷中,刘理作为邵刘氏抱告,代为起诉邵正绅。邵正绅在诉状中痛陈"恶棍"刘理教唆词讼,情理难容。或许担心因邵正绅的指控受到衙门惩处,刘理审讯时避而不到,由邵大昌取代其抱告的位置[②]。

光绪年间,浙江诸暨知县倪望重在裁判中写道:"徐沛甘何得怀疑妄控?本应戒饬,并将抱呈徐德究惩,姑念临讯知非,与始终固执者有间,从宽免予深求"[③],"徐许氏尤咆哮公堂,可恶之至。本应将抱告楼继方责惩,特因……从宽申斥"[④]。上述抱告本应代当事人受惩,知县倪望重从宽处理而幸免受责。但另一案中抱告就没这么幸运:"周松林越砍树株,因其年老,从宽将抱呈周贤善笞责"[⑤]。清代有的文学作品曾记载抱告除代当事人承担责罚外,还经历诸如跪堂受审、暂时羁押以听候再审等遭遇。如《快士传》记载员外柴昊泉起诉路小五与门氏夫妇谋害自己性命,"丁推官准了状词,即将门氏并路小五及柴家抱告人都拘到案下";案件初审后,丁推官"且把路小五、门氏、宿积与柴家抱告人一并收监"[⑥]。

道光年间,四川仁寿县知县恒泰针对一起强奸案,"不加审察,将(被害人的)抱告重责,锁押溺桶旁"[⑦]。光绪十八年(1892),巴县吴静堂在蔡荣茂所开铺内帮工,王宝成与韩述堂争讼,王请蔡帮忙调停讼事,蔡叫吴抄批取稿,结果吴静堂被韩述堂诬为王宝成的抱告,"交差讯责锁押,讼累倾家"[⑧]。清代后期巴县档案有诸多上控的抱告受到衙门人身强制及押解回籍的记录。如同治四年(1865),四川总督指令将重庆府石柱厅上控抱告杨洪发押回[⑨]。同治八年,重庆府壁山县将本府江北厅上控抱告陈庆溶解回原藉[⑩]。同治十年,重庆府将之前看押的涪州游文鹏的抱告游成洪提案验明,派衙役"逐程递解至涪州衙门投收,取保备质"[⑪]。光绪七年,重庆府下令将本府押发合州县职员易肇贵等之抱告易心平"提案验明,照例拨干役

① 淡新档案号 22609-55。
② 巴县档案号 6-3-16281。
③ (清)倪望重:《诸暨谕民纪要》,载杨一凡等(主编):《历代判例判牍》(第十册),第 309 页。
④ (清)倪望重:《诸暨谕民纪要》,载杨一凡等(主编):《历代判例判牍》(第十册),第 409 页。
⑤ (清)倪望重:《诸暨谕民纪要》,载杨一凡等(主编):《历代判例判牍》(第十册),第 419 页。
⑥ (清)五色石主人:《快士传》,上海古籍出版社 1990 年版,第 300—301、311—312 页。
⑦ (清)张集馨:《道咸宦海见闻录》,第 109 页。
⑧ 巴县档案号 6-6-44614。
⑨ 巴县档案号 6-5-14932。
⑩ 巴县档案号 6-5-15304。
⑪ 巴县档案号 6-5-16781

二名逐程递解至合州衙门交投取保，严加看管”①。同年，川东兵备道指令巴县将抱告郎兴发押解回石柱厅收审②。同样，京控中的抱告也往往被衙门强制押解回乡。比如，道光元年(1821)，河南降补州同州判阮文焘京控捏欠冒豁。抱告阮圤由中央官员迅速解赴山东，带往备质③。道光四年，湖北黄州杜奠邦所遣抱告杜启国等由兵部递回原籍，交该地方官发放④。

据四川惯例，抱告到案，如供词支离或所供与所控不符，“必得本人到案，始能断结。”“抱告非本人许可，不能遵结”⑤。晚清山东调查局对本省诉讼习惯的调查亦发现，“多数州县虽有抱告，仍须具状人同赴公堂对质，以防挟嫌冒控之弊。”“若巨绅显宦则即付抱告以代质之权，对于发起诉讼及援引证据皆与亲到无异。惟案终具结，往往请命家长，不能专擅耳”⑥。晚清广西“习惯抱告虽有代审之权，亦必与本人同时赴案方可对质。至以抱告单独代审者必本人系废疾不能赴案或职绅不愿赴案者有之，非通例也”⑦。

台湾有的司法实践表明，抱告与当事人共同作出意思表示方有法律效力。如淡新档案光绪二年曾云坛告陈邵氏一案，陈邵氏起用抱告陈晴，并在“遵依结状”中均按有指纹，以示“合具遵依结状是实”⑧。光绪四年五月林恒茂与抱告庄安共同署名“遵依结状”后由庄安出具⑨，说明结状得到两人认可。类似情况，也出现在道光年间的巴县⑩。但在有的地区司法审判中，抱告的意思表示可独立生效。在孙鼎烈审结的一起案件中，“(周畏农)恳求销案前来。讯问两造抱属，均无异词，当堂饬具切结，准予详请息销”⑪。审讯时若抱告未到庭，知县可能不予审理。如孙鼎烈审案时，曾“饬传周屠氏抱呈，屡次避不到案，显恃迈泼老妪，希图抗违。……查，老幼妇女无抱告，词不准理。今周屠氏开列抱告屠茂林，传讯时并无其人，……

---

① 巴县档案号 6-6-40074。

② 巴县档案号 6-6-40188。同治、光绪年间其他类似案例，另参见巴县档案号 6-5-15184、6-5-15185、6-5-15268、6-6-40132、6-6-41155、6-6-41327、6-6-43643。

③ 《清实录》(第 33 册)，中华书局 1986 年版，第 335 页。

④ 《清实录》(第 34 册)，第 149—150 页。

⑤ 四川调查局(编)：《调查川省诉讼习惯报告书》第八项《讯断・十三》。

⑥ 《山东调查局民刑诉讼习惯报告书》第七章“诉讼当事者”第一、第二节。

⑦ 石孟涵(辑)：《广西诉讼事习惯报告书》第三章《诉讼手续》第四节。

⑧ 光绪二年十一月结状，淡新档案号 22103-13。

⑨ 淡新档案号 23204-8。

⑩ 比如，道光六年巴县陈怀书与抱告在同一份结状上画押，巴县档案号 6-3-6144。

⑪ (清)孙鼎烈：《四西斋决事》，载杨一凡等(主编)：《历代判例判牍》(第十册)，第 541 页。

著各释回,遵照堂谕自行理值了案”[①]。

## 第三节　抱告制度的流变及其功能

### 一、抱告与诉讼代理的古今差异

唐宋以来,法律大都严格限制老幼笃疾等人的诉讼资格,又对这些人亲自告发谋反、叛逆及子孙不孝等案件网开一面。这种限制蕴涵着统治者对自身统治秩序与控制司法流程的高度关注。宋以降,随着宋明理学成为正统思想,妇女也被纳入必须由他人代诉的范围。一方面,这涉及维持风化、避免礼教束缚下的妇女出头露面与体恤下情等考虑。主流观念认为,妇女到庭受审有伤风化,一登公堂便损一分廉耻。据前引《元典章》,“不许妇人诉”的理由是“妇道有伤风化”。清朝代表性观点,如汪辉祖提出:“妇人犯罪,则坐男夫,具词则用抱告,律意何等谨严,何等矜恤。盖幽娴之女,全其颜面,即以保其贞操,而妒悍之妇,存其廉耻,亦可杜其泼横”[②]。万维翰也说:“妇女颜面最宜顾惜,万不得已方令到官。盖出头露面,一经习惯,顽钝无耻,以后肆行无忌矣”[③]。这种做法保存了妇女的体面,杜绝妇女在公堂撒泼及其品性进一步恶化。另一方面,传统社会妇女不被视为“独立、完整的主体”,妇人被认为不具有充分的意思表示能力,类似于限制行为能力人,因此缺乏独立的诉讼资格。尽管在司法实践中,这种理念未必得到贯彻。如,道光六年陈中义告刘二等人诈财一案,陈中义的妻子陈杜氏(后来未到)即出现在六月十四日县正堂刘衡签发的传票上[④]。

中国本土诉讼代理制度对官员、生监等人而言,由特权逐渐演变为义务。西周时期贵族由家臣代理参加诉讼,体现周礼“礼不下庶人,刑不上大夫”的身份等级,以维护贵族和官吏特权。后世法律限制官吏、乡绅以及生员、监生直接出面诉讼,一方面固然有维持他们体面的因素。士人、缙绅等人被视为庶民表率,抱告制度保全了他们的体面以“养廉耻,而维持风教”。曹培认为读书人告状,屈膝公堂,实为辱没斯文,轻蔑礼义,“绅衿被责,体

① (清)孙鼎烈:《四西斋决事》,载杨一凡等(主编):《历代判例判牍》(第十册),第560页。

② (清)汪辉祖:《佐治药言・妇女不可轻唤》。

③ (清)万维翰:《幕学举要・奸情》。

④ 巴县档案号6-3-6151-3。同年谭春华与谭本诚等人间发生钱债纠纷,谭田氏被提讯问供,巴县档案号6-3-6155-3。

面攸关"[①]。另一方面制度顾虑到他们可能依恃身份仗势欺人、干涉审判，致使地方官徇私枉法。据前引《元典章》，"闲居官与百姓争论子侄代诉"的理由是避免官员持身份"侵扰不安"。清律与此一脉相承。清初律学家沈之奇认为，"听家人告理，所以存其体；禁公文行移，所以抑其私也"[②]。代诉制度有助于维持官府的权威及对司法秩序的掌控。

当然，代诉制度多大程度限制本地知名士绅影响官员听讼，还得具体情况具体分析。道光朝后期，杭州本地显贵乡宦"尤视地方官如弁髦，凡与人争讼，呈内必附一显贵名片，甚至本族以及亲友多借其名片夹附呈内，地方官每借词讼做人情，以鱼肉平民，而媚贵人"[③]。像杭州等浙江人文荟萃之地，显贵集中，一旦涉讼，地方官难免受其挟制，这时，代诉制度不大可能限制这些士绅干涉诉讼。比如，杜凤治致仕返乡后，为不肖族人盗卖鸡山澄溪公祭田而禀本县知县，请求县衙出示示谕禁盗卖等情，但批示未如所愿。于是杜直接面见山阴知县俞振岩，并言："不识师爷何意，批此等语。兹特续禀，仍请发示，务望批准，不可如前。"杜见俞毫无主见，又与密言请示："实系小事，无有干系，尽可大胆批准，倘再不准，于外面实不好看，惟有诣府请府示矣"[④]。此案中，杜利用自己致仕官员身份，半强制性地威胁现任知县据其意见出示批示，并最后实现了个人诉求——县中批语："澄、玱公祭户田批准立案示禁。""蓉公祭户田山批候出示严禁，粘单附"[⑤]。因此，抱告制度并未实现预设目标。

与抱告制度不同，源自西方的诉讼代理制度"分别是为了保护无能力者而设置代理人之情形与为了扩充、充实具有能力者的事业而设置代理人之情形"[⑥]。学者认为，在民事诉讼中，有的当事人由于没有诉讼行为能力，不能亲自进行诉讼；有的当事人因缺乏法律知识，不善于行使自己的权利，需要有人协助，代为实施诉讼行为；有的当事人因有某种事情不能出庭，或者由于其他原因不愿出庭。因此，通过诉讼代理制度，可以对无诉讼行为能力的当事人的权利进行救济，对其合法权益进行保护。对有诉讼行为能力的当事人，提供诉讼上的帮助[⑦]。

---

① 曹培：《清代州县民事诉讼初探》，《中国法学》1984 年第 2 期。

② (清)沈之奇：《大清律辑注》，第 846 页。

③ (清)段光清：《镜湖自撰年谱》，中华书局 1960 年版，第 10 页。

④ 《杜凤治日记》(第十册)，第 5395、5399、5409、5413 页。

⑤ 《杜凤治日记》(第十册)，第 5420 页。

⑥ [日]高桥宏志：《民事诉讼法：制度与理论的深层分析》，林剑锋(译)，法律出版社 2003 年版，第 174 页。

⑦ 章武生(主编)：《民事诉讼法新论》，法律出版社 2002 年版，第 190 页。

西方诉讼代理制度以特定人名义作出的意思表示，直接为该特定人和对该特定人发生效力。在代理权限范围内，诉讼活动的最终后果由被代理人承担。中国传统诉讼代理制度与特定人群参与诉讼受限关系密切，其责任承担方式及其机理与西方颇为不同。比方，北宋初期何保枢请求朝庭禁止七十以上的老人参与自理词讼，理由在于："民争讼婚田，多令七十以上家长陈状，意谓避在禁系，无妨农务，又恃老年，不任杖责，以此紊烦公法。"由于"老而不实者，不可以加刑"①。官府干脆否定老人参与自理词讼，改由其家人代理，以便利官府对代诉人——亦即成年男性量加惩戒。前据《元典章》"老疾合令代诉"条，理由也是老疾"诚恐诬枉，难以治罪"，因此应由同居亲属代诉。因此，传统代诉具有避免一些当事人借特殊身份规避责惩的内涵。

中国古代统治者常在司法中对老幼废疾人等"恤刑"，表明其"仁政"。元朝《至正条格》记载，元贞元年(1295)刑部议得："诸犯罪人，若年七十以上，十五以下，及笃疾不任杖责，理宜哀矜。每笞杖一下，拟罚赎中统钞一贯"②。元代《条格》明确规定："凡陈词年七十岁以上、十五岁以下，笃废疾，法度不合加刑，令以次少壮人丁代诉。……若有诬告，合行抵罪，反坐代告之人"③。这种法律思维在清朝甚为典型。沈之奇认为，由于八十以上、十岁以下及笃疾之人除特别重大的罪行外，犯罪勿论。妇人得免徒、流。难以反坐，因得诬告害人④。在裕谦看来，妇女若诬告，容易利用女性身份躲避法律惩罚——"妇人非有切己重情，不准告举他人之事，因其罪得收赎，恐有诬告害人情弊"⑤。所以应限制这些人的诉讼资格，同时为其代诉制度网开一面。沈之奇认为，"律不得告而例许代告者，恐实有冤抑之事，限于不得告之律，致不得申辩。故立此代告之例，则有冤者可以辩理，诬告亦得反坐，所以以补律之未备也"⑥。按照律例，老小、废疾犯流罪以下收赎⑦。由此可知，为避免老幼废疾妇女享有免罪、收赎及换刑处分的"恩典"，免其有恃无恐，诬告他人，律例设置罪坐抱告加以限制。因此，对

---

① 《宋会要辑稿》刑法三之一一，上海大东书局1935年影印版。

② 韩国学中央研究院(编)：《至正条格》，Humanist出版社2007年版，第138页。

③ 《元代法律资料辑存》，黄时鉴(辑)，第228页。《元典章》"不许妇人诉"条规定，寡妇可由其宗族亲邻代诉，如虚，"止罪妇人，不及代诉"，这种责任分配方式与后来不同。

④ (清)沈之奇：《大清律辑注》，第839—840页。

⑤ (清)裕谦：《谕各代书牌》，载(清)徐栋(辑)：《牧令书》卷十八《刑名中》。

⑥ (清)沈之奇：《大清律辑注》，第841页。

⑦ 《大清律例》"老小废疾收赎"律称："(老小废疾)犯流罪以下，收赎"；相应例文称："凡老幼及废疾犯罪，律该收赎者，若例该枷号一体放免，应得杖罪仍令收赎。"《大清律例》，田涛等(点校)，第106—107页。

那些故令老幼、残疾等人代诉的当事人，应追究其法律责任——“奸徒刁讼，希图害人，以老疾等人奏诉，讼而不胜，亦得收赎也。故立案不行，仍提壮丁问罪”[①]。必须由抱告代诉的当事人由于身份地位、社会偏见、身体状况或王朝衿恤，在普通案件中不宜跪堂听审或受笞杖刑，转由抱告代受责惩。在这种风险压力下，愿意为当事人作抱告的多为其近亲属。律例注重家庭为责任单位的传统时代，抱告代受或承担连带法律责任具有一定的合理性。

## 二、抱告制度的主要关注点

在客观效果上，抱告制度可能部分保护和实现妇女、老幼及残疾人的诉讼利益，在长途跋涉、“不怕贪官黑，告状到北京”的京控过程中，此类当事人对该制度尤为依赖。京城距离大部分当事人家乡悬远，涉讼的妇女、老幼及残疾人大都仰赖抱告代为诉讼。比如，乾隆四十五年（1780），山东寿光县民妇魏姚氏遣抱告魏万年赴京呈控知县挟嫌嫁祸，魏万年交官员就近解往质审[②]。但是传统禁令性质的立法本意主要不是对当事人利益的保护，而是体现统治者维持诉讼秩序的单一意志，因此对规范其他诉讼行为轻率简单处理。故而，诉讼代理制度的关注点在于强化抱告的责任，在试图过滤诬告等不必要诉讼的同时，限制原告进入司法领域。其无意考虑、规范诉讼代理现象中其他各种具体复杂的情况，如，抱告需何种资格，抱告的意思表示何种情况下具有法律效力，接受案件审结是否需要抱告与当事人共同意思表示，对于抱告的代理权限，如和解、认诺、舍弃、控告、上告、撤回、请求覆审、强制执行或领取所争物等等，是否要本人特别授权，律例与地方规则基本付之阙如。

道光三年，巴县“孀妇”邓罗氏的“抱告”邓谟坚称，邓谟立将母亲邓罗氏推倒在地。然而，另一呈状人邓春阳（邓谟坚、邓谟立兄弟的父亲）辩称，邓谟坚盗取其母邓罗氏之名、捏称其父已死而出告，以争夺弟弟邓谟立分得的家产[③]。这种以抱告身份盗取当事人名义提起诉讼应如何处置？法律无明文规定。当原被一方有多名当事人，若其中有“绅衿、生、监并妇女及老、幼、废疾”之一种身份，是否得由抱告代理诉讼？相关法规亦付之阙如，这在司法中却不可避免。如嘉庆二十二年四月宝坻县监生袁怡、生员

① （清）沈之奇：《大清律辑注》，第801页。

② 《清实录》（第22册），中华书局1986年版，第760页。此类记载在乾隆以后的《清实录》中常见。

③ 巴县档案号6－3－9838。

王怡、李谦光、平民刘辉远、袁体因为杨景震与杨景仁争执地亩起讼,他们所呈交的禀状无抱告[①]。道光六年巴县监生戴新盛、平民刘仕伟、萧天和共同呈交的状纸无抱告[②]。一方多名当事人均属平民的集体诉讼,是否可由抱告代理?律例也没有相关规定。巴县有的案件当事人两人以上时,存在起用一至多名抱告的现象。如咸丰五年平民周大川、杜洪福、包世泰、邓远舜等四人呈交的诉状上,注明"年不一岁",他们起用了两名抱告[③]。同年另一份诉状中,呈状人为傅姓、甲首许姓及两名街邻,四人"年不一岁",共起用了两名抱告[④]。同年另一份四人共同呈交的诉状中,当事人起用了四名抱告[⑤]。这些复杂的"集体诉讼代理人"问题,不大可能成为当时禁令模式的律例所考虑的对象。

作为基于扩张主体自治能力而设计的制度,近代以来的诉讼代理立法本意在于保护当事人的诉讼得以顺利进行,防止诉讼淹滞、维护本人权益而设。清末沈家本等人起草《大清民事诉讼律草案》第三章"诉讼代理人"时云:近世之社会,法律关系至为烦杂,非有法律知识及特别技能之人,不能达诉讼之目的。故各国咸认诉讼代理之制度[⑥]。传统社会老幼、妇女、残疾人在体能或智力上存在欠缺,正常的诉讼行为能力受自身所限,抱告制度客观上为他们提供必要的诉讼协助,扩充其意思自治的能力。不过其设定的原理乃在于朝廷对司法秩序的规制,比如对诬告者的惩罚转嫁到抱告身上,与近代以来的制度大为不同。1907 年《各级审判厅试办章程》这部调和传统与近代西方法律的诉讼法规中,尚保留传统诉讼代理制度——抱告的诸多痕迹,在 1910 年西化色彩浓厚的《大清民事诉讼律草案》中,则全部以近代欧陆法律中的"诉讼代理人"框架取而代之。

不过,《诉讼状纸通行章程》(宣统元年十二月二十三日,1910 年 2 月 2 日发布)仍有"民事(刑事)委任状,凡民事(或刑事)原告之抱告及一切有委任权者于诉状外附用之"[⑦],仍以抱告替代诉讼代理人一词。《司法部颁行诉讼状纸通行章程摘要》(民国元年)第三条亦规定"刑事委任状、民事委任

---

① 顺天府档案号 28-2-95-134。类似情况,参见顺天府档案号 28-2-95-132。
② 巴县档案号 6-3-308。
③ 巴县档案号 6-4-5892-6。
④ 巴县档案号 6-4-5897-2。
⑤ 巴县档案号 6-4-5898-6。
⑥ 陈刚(主编):《中国民事诉讼法制百年进程》(清末时期第二卷),中国法制出版社 2004 年版,第 58 页。
⑦ 青岛市档案馆(编):《中国司法印纸目录》,中国档案出版社 2001 年版,第 144 页。

状，凡刑事原告、民事原告之抱告及一切有委任权者，于诉状外附用之”[①]。民国元年《司法部颁行诉讼状纸通行章程摘要》第三条仍规定“刑事委任状、民事委任状，凡刑事原告、民事原告之抱告及一切有委任权者，于诉状外附用之”[②]。晚至民国初年，抱告这一传统制度方逐渐退出历史舞台。

① 青岛市档案馆(编):《中国司法印纸目录》,第 150—151 页。
② 青岛市档案馆(编):《中国司法印纸目录》,第 150—151 页。

# 第五章　健讼与证据规则

《大清律例》缺乏系统的证据规范，学界对清代证据问题的研究在一些专论中偶有涉及，专门研究则较为单薄。比如，在一本研究中国诉讼法通史的专著中，对证据问题仅略有提及[①]。有学者对证据问题虽略有述及，受研究主题所限未展开对证据问题的研究[②]。民国时期出版的《中国诉讼法溯源》一书第九章、第十章分别为“证据”“勘验”，但只简要述及清朝之前刑事案件的证据及其勘验法[③]。近年，一些关于古代证据方面的论文多为宏观论述，涉及清代证据方面的专题研究甚少，且较简略[④]。一些研究侧重于从官箴书等文献中剪裁与归纳若干事例，并视之为清代人证或物证等方面的证据规则。这类方式梳理总结的证据规则是否契合当时司法常态，有待深思。如前所述，清代诉状末尾大都附有《状式条例》，其中一部分内容类似于证据规则。这些证据规则要求当事人在不同讼案中提交相应类型的证据，以此作为诉状得到受理的前提，这是研究诉讼证据规则及证据功能的重要素材。针对健讼社会的大量伪证现象，本章首先分析官员辨别证据的经验与困境；其次，在比较各地诉讼法规的基础上，探讨证据规则对当事人的约束、规则的价值观偏向。

---

① 李交发：《中国诉讼法史》，中国检察出版社 2002 年版，第 123—125 页。

② 张晋藩：《清代民法综论》，中国政法大学出版社 1998 年版，第 284—286 页。

③ 徐朝阳：《中国诉讼法溯源》，商务印书馆发行，出版时间不明。徐朝阳在另一著作《中国古代诉讼法》第十一章“诉讼证据”中主要以《周礼》等经典概述古代证据制度，未探讨诸如清代民事证据及其规则。参见徐朝阳：《中国古代诉讼法》，商务印书馆发行，时间约为 1926 年。

④ 蒋铁初：《中国古代证人制度研究》，《河南省政法管理干部学院学报》2001 年第 6 期；蒋铁初：《清代证据制度初探》，载汪汉卿等（主编）：《继承与创新——中国法律史学的世纪回顾与展望》，法律出版社 2001 年版，第 554—562 页。

# 第一节　应对健讼的经验与不足

## 一、官员证据辨验技术的积累

综前所述，在官方视野中，清代许多区域充斥着健讼之风。健讼重要表现之一，是许多当事人伪造证据，或言过其实。大量诉状被呈递到官府后，只关涉"细故"的案件要引起官员有限注意，从而得到审理，需要当事人想方设法伪造证据，为其夸大其词以致颠倒黑白甚至诬告提供"事实依据"，最后让官员准审并作出有利于己的判决。在公开言说中，当事人在讼师协助下达到这一目的——"讼师伎俩，大率以假作真，以轻为重，以无为有，捏造妆点，巧词强辩；或诉肤受；或乞哀怜；或嘱证佐袒覆藏匿；或以妇女老稚出头；或搜寻旧据抵搪；或牵告过迹挟制；或因契据呈词内一、二字眼不清，反复执辨；或捏造、改换字据，形色如旧；或串通书吏捺搁；或嘱托承差妄禀，诡诈百出，难以枚举。"为此，官员必须"随事洞察，明晰判辨，庶使伎无所施，讼师不禁而自绝矣"[①]。不过，以结果观之，官方试图使"讼师不禁自绝"、彻底去除健讼行为中大量伪造证据等现象，只不过是一厢情愿。频繁出现的伪造证据行为对审判造成巨大冲击，促使官方及相应制度对此作出回应。

在所谓"无谎不成状"的健讼世界，部分官员的对策之一，便是在司法实践中努力积累证据辨验技术。有的官员依此著书立说，推广自己的经验心得。比如，对于人命私和案的处理，王凤生（嘉庆朝中期曾于浙江任知县）认为"访闻之案如人命私和，须先传地保严讯确情，再行按名查拘"[②]。对人命案件，官员应先传讯案发地的地保，了解案情真相，再查拘与案情相关的人员。因为相对于住在县城、甚少到偏远乡村的官员而言，地保更了解当地环境，有助于提供线索。王又槐提出对于轻生自尽命案，为防止"尸亲藉为居奇"，官员探查案情真相时可采取如下步骤："若非死者的亲之人出头控告，先须讯明因何首告实情，从重责处押带，再传尸属人等，核讯取具供结，酌量办理"[③]。当然，在司法实践中官员是否能遵照这方式，倒是

① （清）王又槐：《办案要略》，华东政法学院语文教研室（注译），群众出版社 1987 年版，第 70 页。

② （清）王凤生：《访案》，载（清）徐栋（辑）：《牧令书》卷十八《刑名中》。

③ （清）王又槐：《办案要略》，第 6 页。

个问题。总之，从大量官员的论述与举措中，我们无法找到类似《折狱龟鉴》“摸钟辨盗”那种获取案情真相的司法操作，更无法推导出诸如“古代社会普遍存在的神灵信仰及其运用借助激励兼容约束的满足，……为已逝事实发现手段的匮乏提供了一个相当重要的替代”这种高论。历史，不应成为法学理论家随意打扮的小姑娘！近年个别富有影响力的学者随意截取某一历史线索，缺乏充分文献印证即将结论无限推而广之，不可思议。

对于错综复杂的自理词讼，一些官员积累了诸多证据勘验的司法经验，并对这些经验初步“类型化”。如上引王又槐据案件内容不同（人命私和/轻生自尽）做出不同处理方式，这与官员证据辨证经验“类型化”有近似之处。另比如褚英提出：

> 告婚姻者，批查有无婚书、庚帖，媒妁何人，何年月日完婚；山场、田园、地土，令其呈验契据、绘图；注说帐目牵扯，问其有无合同、约据；争继霸产，饬其呈验族谱，昭穆是否相当，其有无关紧要之事，或批乡族老调处，或令地保查覆，酌量办理。惟坟山之案情弊最多，初呈先批绅耆约同坟邻查明，秉公调处，察看有无碑记、界址，兼询附近彼处之绅衿真情何如。[①]

王植（康熙六十年进士，雍正朝曾在广东新会等地任知县）在丰富的司法经验基础上，论述户田、坟山、券约帐簿、钱债借贷、财物买卖及婚姻等不同民事讼案在纠纷发生前存在相关证据，为此可采取相应的证据审核途径：

> 户田之讼，惟查印册。丈量有册，垦报有册，过户有册，实征有册。数册互参，核其年月；册皆有据，察其后先；土田淆混，核其四至；四至相类，核其形图；形图不符，勘其现田，此其法也。坟山之讼，问其户税。有官有私，阅其形图；相近相远，质之山邻；何时殡葬，经祭何人，就供问证，以图核词；勘其形势，以地核图；聚族之葬，他姓莫参；众姓错葬，略分界址，穿心九步，以为成规。粤中人满，变通以济，此其法也。券约帐簿，真伪间杂，字有旧新，纸有今昔，蛀痕可验，长短可比。如其伪契，数张同缴，年月远隔，纸张一色，必有赝契。如其伪帐，数年完欠，一笔写成，字迹浓淡，亦恒相近，必有赝约。加以面试，当堂授笔，纵有伪捏，可辨笔姿，此其法也。非买言买，非借言借，非偿言偿，则

① （清）褚英：《州县初仕小补》上卷《批阅呈词》，光绪十年森宝阁排印本。

当研审。立契何地，交银何色，成交何所，同见几人，隔别研讯，供必不符，再令同质，虚实难欺，此其法也。粤地婚媾，鲜用书启，庚帖所书，即云文定。媒证可问，爰问其详，隔别研讯，书帖何所，主婚何人，宴待何处，送礼何仆。如其伪者，必有参错，实情可得，罪有所归，此其法也。[①]

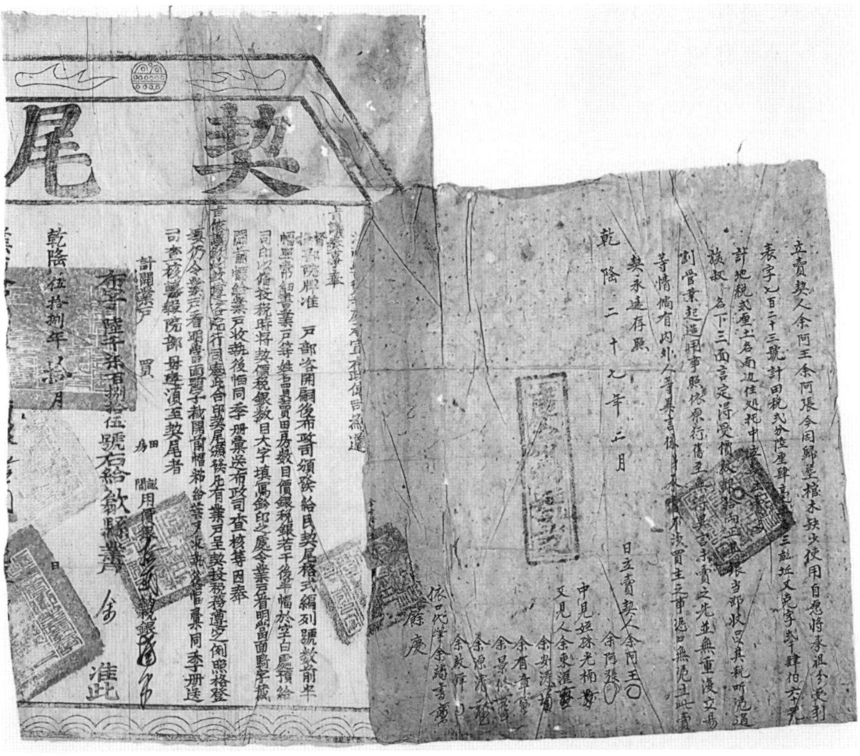

（图六　乾隆二十七年二月徽州歙县余阿王、余阿张卖田红契。田价、契尾颁发时间及两张纸据的骑缝处均盖朱红官印，两位立卖田契人、中见人画押，具有公示和防伪功能。两张粘连一起的纸时间相隔约三十年，纸质有异，色彩浓淡不一，是官员辨伪的重要依据。契尾相当于给业主投税收据，田业转移后赋税随之过割。）

王植所论述的案情真实的确定，主要来自对地亩印册、土地形图、婚姻庚帖、买卖契约、族谱、粮串、借据等书证的查核。他建议结合案情不同类型，与双方当事人、主婚人、中介、中证人等隔别研讯，互相印证，查出伪造证据的线索。由于伪造书证较易，清代一些健讼区域蔚然成风。要防止基

① （清）王植：《听断》，载（清）徐栋（辑）：《牧令书》卷十八《刑名中》。王植提及："告婚姻者，以媒妁聘书凭。……人命重在尸伤凶器。"（清）王植：《条谕乡民》，载杨一凡等（编）：《中国古代地方法律文献》（乙编第九册），第 604 页。

于伪造证据带来的诬告和冤抑，官员据笔迹确定书证真伪时须处处留神。方大湜提出据笔迹涉讼辨验证据的9种方式：防挖补；验纸色；对笔迹；查印信；考年月；辨界址；稽价值；核姓名；察情理①。在有的地方，据族谱辨验证据时同样要较细心。这里因为“以谱系家藏，不难假造也。广济（今属湖北）风俗，无一姓不立宗祠，无一祠不修宗谱。以谱证讼，真伪杂出。余宰济时，遇有因讼呈谱者，不特核其所载控争之处，而且从头至尾细阅数过，往往得其瑕处。就其瑕而攻之，辄俯首无辞”②。另外，方大湜还以历代个案说明查核、辨明证据的技巧③。

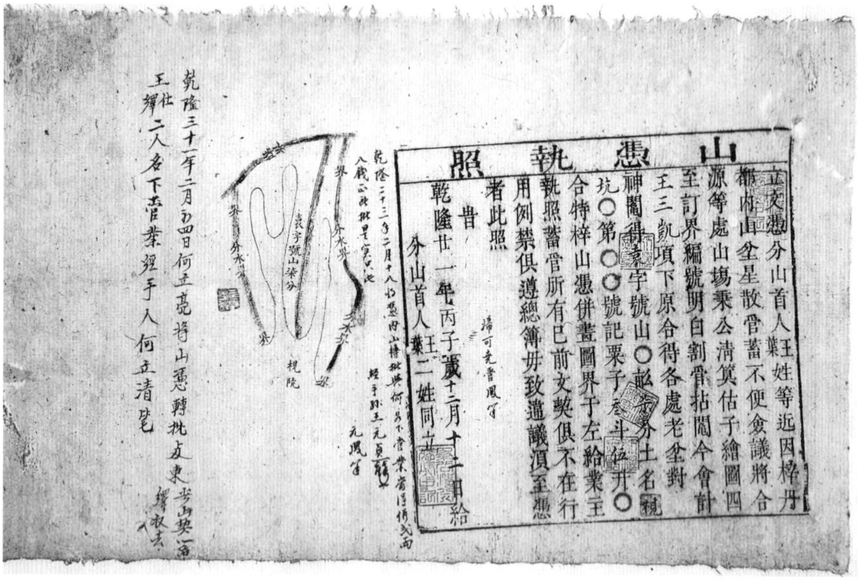
山憑執照
立文憑分山首人葉王姓等近因梓丹
都內山坌星散管蓄不便僉議將合
源等處山場秉公清算估子繪圖四
至訂界編號明白割管拈鬮今會酌
王三股頂下原合得各處老坌對
神鬮得□字號山○畝○分土名□
坑○第○○號記粟子叁斗伍升○
合特梓山憑併畫圖界于左給業主
執照蓄管所有已前文契俱不在行
用倒棄俱遵總簿毋致遺議須至憑
者此照
乾隆廿一年丙子歲十二月十二日給
分山首人葉王二姓同立

（图七　乾隆二十一年徽州祁门王、叶两姓订立的山凭执照。左边绘有山场四至、订界与编号，两姓约定此前相关契据不再行用，乾隆二十三年、三十一年该执照注明两度转让他人，前后构成“契约之链”，该执照是徽州地区特有财产分析契约，以雕版印刷形式将约定内容格式化，可作为土地纠纷案件的重要证据。）

对于田产坟山纠纷案件，王凤生进一步认为，此类案件仅凭双方当事人的供述难以判定，弄清田产坟山的地界往往需要官员下乡亲自勘丈，而地方官员公务繁忙，在自理词讼的审理多采取书面主义的情况下，此类案件不可轻易受理。若一旦受理，则应仔细查核出双方当事人所呈田产图

① （清）方大湜：《平平言》卷三《据笔迹涉讼须处处留神》。

② （清）方大湜：《平平言》卷三《据谱涉讼须细核》。

③ （清）方大湜：《平平言》卷三《无证之中寻出确证》《察情》等篇章。

册，找出其异同与破绽，作出判决。若经上述途径仍未使当事人心服，最后就只有到现场勘丈：

> 凡涉控争侵占之案，凭空审断固恐信谳难成，然亦未可轻易批勘。夫田房水利尚可勘丈，即明若风水，则易于影射牵混，山场则本无弓口，丈亦难施。且批勘以后，或因公冗无暇亲往，累月经时，必致又酿他故。惟须逐细核卷，先行示审。将两造所呈图说互异之处，核计鱼鳞串册，确询四至，设身处地，酌为定断，并讯之中证，是否允洽。如所断尚有未平，即令中证人等再为秉公妥议禀覆，或可由此息争。倘仍持之甚坚，不得已而示勘，则先令地保于两家管业四至处所插签标记，并密吊该业之四邻。契据令其勘日当面呈阅，然后履勘。就两造绘图，测以南针，认正方向，凡所争界址，疑似及出入路径均须一一亲历，再以所争契内之四至核对。其四邻契载是否相符，阅后抄存备案，登时给还。①

上述官员对证据勘验途径的叙述反映，其对于必须现场勘验的条件、勘验的技术、应该询问的证人、必须查核的各类证据等都了然于心。其他一些官员也认识到，积极到现场勘验此类案件，对弄清案件真实情形及堂审大有帮助。比如方大湜提出："踏勘山场、田地、坟墓等事不可草率。如遇途路崎岖，亦必亲身履勘，形势界址，踏勘时了然于心，庶堂审时了然于口，否则模模糊糊，无把握矣"②。但是，这些官箴书更多表达的是"应然"的司法追求，如果我们设身处地思考，不得不承认，这种追求很可能只是"看上去很美"。以同治年间广东四会知县杜凤治审理马德昌与胞婶马陈氏争田案为例，"（马）德昌契中笔迹似真，共田十七亩零，而陈氏及中人、族老、党正副等均谓德昌只买四分零之两丘田地，并无七十亩，捏造假契图谋陈氏之业。均难凭信，谕令马氏族中绅耆及近村亲友秉公呈禀。……候绅耆公禀再行判断"③。杜凤治审理"莫干卿、冯毓炳争山一案，两造各有契据，土名亦同，难以硬断，暂交差，饬该处公正绅士出来调处"④。在州县官视野下，鉴定契据真伪，或亲赴乡下踏勘"细故"，费时费力，真假难辨，得不偿失。州县官把其推给更为知根知底的亲友、绅耆弄清纠纷实情，既一定程度转化了矛盾，也是成本更小化的佳径。再考虑到"一人政府"模式下州

---

① （清）王凤生：《勘丈》，载（清）徐栋（辑）：《牧令书》卷十九《刑名下》

② （清）方大湜：《平平言》卷三《踏勘》。

③ 《杜凤治日记》（第二册），第764页。

④ 《杜凤治日记》（第一册），第357页。

县官政务极其繁忙,对自理词讼,多少官员是否真能常前往现场踏勘,实令人狐疑。至于前述学者论及的"摸钟辨盗",在城隍前发誓决案或神判等方式,在官员的常规经验谈中更是极少出现。

## 二、伪证与证据鉴定的困境

本为多数官员所轻视的自理词讼,夹带着源源不断的伪证与诬告,紊乱司法的运行。在缺乏有效科技协助的条件下,辨别各类证据真伪绝非易事。王德茂曾感叹当事人伪造契据层出不穷,花样日益翻新,给官员判案带来巨大困难。历经多年摸索,他总结了当事人伪造证据以及辨别书证真伪的技巧:

> 惟遇伪造契券字据之案,辨识辄能不爽。盖习业所存,於新旧纸墨,寝息最深。其年分远近,尝以神会故耳。近世情伪百出,凡茶叶栗壳荔皮诸汁染纸,与屋尘香灰擦墨,率皆新气浮勃,一目了然。若预置陈米堆内,一年可当十年,殊难辨识。须於晴日光中少曝,以物捶击,则见糠尘,是为确据。在任时,以此法讯明伪契伪字各案颇多。尝於米囤纸片悟出,实因钻研故业推之。至於对验本人笔迹,只令迅笔重写"年"、"月"、"之"、"也"十余字,自少至老,笔势不能改易,如工匠制造器具,各有定式定迹。他人喻之,不能自喻也。亦惟夙娴字学者,捷会其意,然则入官者居稽有素。旁通类及,何在不关治术哉。①

王德茂提及的当事人作伪证的方法,至少直到晚清仍然存在。比如,晚清云南初级审判厅在一份涉及"伪造契纸互占久荒地址"的判决中指出:"详审契纸,茶渍斑斓,尘垢涂抹,显系作伪乱真,藉图欺饰"②。缺乏科学的字迹鉴定等技术,上述种种明辨契据真伪的技巧主要来自某一官员在司法实践中长期的个人探索。有学者统计,同治年间杜凤治在广东广宁知县任上,其日记有记载的250天内,放告、收呈与审案的时间仅32天,仅相当于250天的十分之一强③。州县官以一人治一县,政务极其繁忙,能否有足够精力、按照上述官员标榜的细致程度审核证据、把讼案真相弄得水落石出,

① (清)王德茂:《伪造契券》,载盛康(辑):《皇朝经世文编续编》,台湾文海出版社1972年版(影印),第4575页。

② 汪庆祺(编):《各省审判厅判牍》,第83页。

③ 参见张研:《清代县级政权控制乡村的具体考察——以同治年间广宁知县杜凤治日记为中心》,大象出版社2011年版,第188—189页。

非常值得怀疑。通常，伪造字据现象在诸如山地田产之类的平常讼案中频繁发生。杜凤治审理廖凤朝与邓承源承山案，后者"争山起意为有破碎契纸上有山名，裱褙持此为券，本不足凭"①；"复讯欧翰明、冯和庆、税庆，两造各呈红契，必有一伪，应严究办"②；后来，杜凤治"讯冯和庆假契案，令其缴（契）尾无有，坐虚无疑，吊板登熬讯无供"③。这类案件徒耗官员大量听讼成本，令那些精明的官员或幕友也为之叫难。对此，汪辉祖深有体会：

> 寻常讼案，亦不易理也。凡民间粘呈契约议据等项，入手便须过目，一发经承，间或舞弊挖补，补之不慎，后且难辨。向馆嘉湖，吏多宿蠹，闻有绝产告赎者，业主呈契请验，蠹吏挖去"绝"字，仍以"绝"字补之，问官照见"绝"字补痕，以为业主挖改，竟作活产断赎，致业主负冤莫白。余佐幕时，凡遇呈粘契据借约之辞，俱于紧要处，纸背盖用图记，并于辞内批明，以杜讼源。至楚省，则人情虽诈，只知挖改绝卖为暂典而已。欲以笔迹断讼者，不可不留意。④

## 三、证据鉴定技术发展的局限

清代的证据鉴定技术很多仍沿用数百年甚至是上千年以前的已有经验，比如，南宋《洗冤集录》几乎一成不变地成为清代法医鉴定最重要的参考指南⑤。乾隆初年，"《洗冤录》一书，问刑衙门莫不奉为标准"⑥。道光年间，刑部称："相验之法，《洗冤录》所载极详"⑦。光绪年间重刊、发给各州县官参阅的为政参考书仍称："夫检验尸伤之法，备载《洗冤录》中，凡为牧令，悉当留心讲究熟习"⑧。中国古代有引以骄傲的"四大发明"，但这些"发明"基本属工艺技术，源自人们实践经验摸索，多无科学理论支持，如火药发明人未曾思考和研究其化学成分。

---

① 《杜凤治日记》（第一册），第154页。

② 《杜凤治日记》（第一册），第159页。

③ 《杜凤治日记》（第一册），第221页。

④ （清）汪辉祖：《学治臆说·据笔迹断讼者宜加意》。

⑤ 《大清律例》"检验尸伤不以实"律乾隆五年定例规定，各县培养仵作，"每名给发《洗冤录》一部，选委明白刑书一人，与仵作逐细讲解。"另参见该律文乾隆三十二年定例，胡星桥等（主编）：《读例存疑点注》，第867页。

⑥ 参见（清）雅尔图：《檄示》，载杨一凡等（编）：《中国古代地方法律文献》（乙编第十一册），第334—335页。

⑦ 《刑案汇览续编》，载杨一凡（总主编）：《〈刑案汇览〉全编》，第1476页。

⑧ （清）田文镜：《钦定训饬州县规条·验伤》。

北宋官员以赤油伞在正午时分覆盖尸伤,以勘验伤痕,此法为官员验尸伤时所常用[①]。清刊本《续增洗冤录辨证参考》依旧提及,若应勘验的尸体伤痕不明显,可以“将新油绢或油明雨伞覆欲见处,迎日隔伞看,痕即见”[②]。以现代光学原理分析之,这种方式实质上利用了近红外线的特殊功能。但是从北宋至清代,七八百年间从未有人研究覆伞验伤的奥秘何在,更无人对其背后的光学原理及太阳光光谱有任何研究的兴趣。古人关心天象,如日蚀、月蚀,但仅限客观记载,或想象其与君主政治的关系,如“天无二日,民无二主”之类的政治联想。历代雄文名篇,大量引经据典,充斥董仲舒式的类比论证,诸如“君臣、父子、夫妇之义,皆取诸阴阳之道”[③],却严重缺乏科学思维和逻辑推理,科学研究难以昌明。简单类比的思维延续千年,直至清代,并反映在当时法医学名著中。清刊本《续增洗冤录辨证参考》称:“人有三百六十五骨,应周天之数”[④]。此观点深受汉代董仲舒“天人合一”错误观点影响[⑤],无科学依据。事实上,成年人体仅有 206 块骨头。宋代以来包括法医学在内的证据鉴定技术,多为历代个人经验积累,而非在对科学原理的认识与突破基础上产生的飞跃。

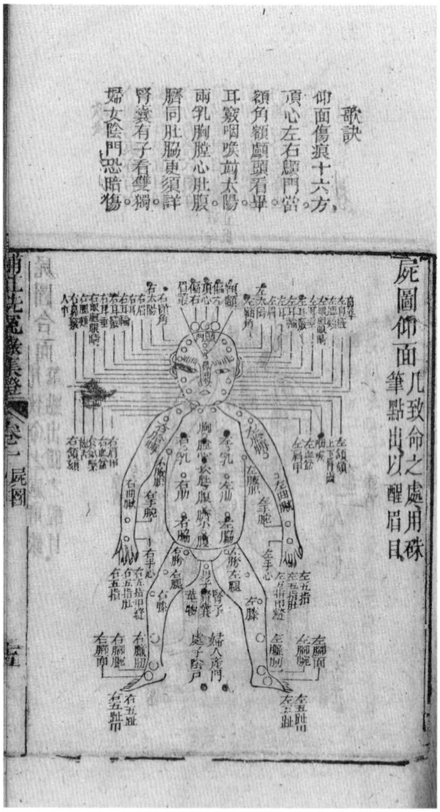


(图八 《补注洗冤录集证》附“尸图仰面”。清刊本,该书主要对南宋以来“洗冤录”相关文献的简单补正,与宋慈原著相比,无本质性飞跃。)

---

① 官员照伞验伤事例,(宋)郑克(编著):《折狱龟鉴选》,杨奉琨(选译),群众出版社 1981 年版,第 15 页。

② (清)李璋煜:《续增洗冤录辨证参考》,韦以宗(主校),北京科学技术出版社 2012 年版,第 21 页。

③ 邓建鹏:《中国法制史》,北京大学出版社 2015 年第 2 版,第 91 页。

④ (清)李璋煜:《续增洗冤录辨证参考》,第 226 页。

⑤ 董仲舒在《春秋繁露·人副天数》称:“天以终岁之数,成人之身,故小节三百六十六,副日数也。”政治哲学理念运用到自然科学,产生荒唐结论。

与清代证据鉴定技术不同，18、19世纪以来是西方产业革命和科学技术飞跃发展的时代。科技发展和人类认识水平的提高给诉讼制度带来的影响之一就是“证据法的革命”。物理学、化学、医学、生物学的发达带动了法医学、弹道学等与证据的科学鉴定直接关联的学科进步，使中世纪并不十分重要的物证成为诉讼中发现真实的最有力武器之一[①]。遗憾的是，这种科技飞跃及其对证据法的促进并没有发生在同一时期的东方。这种中西差异也经典般地反映到大致同一时代的中英著名文学作品中。清代一时流行的《包公案》《彭公案》《施公案》《刘公案》等通俗小说中，主人公往往依靠梦境或神灵显圣等方式获取案件线索，最终为被害人平冤。在《施公案》中，面对一起毫无头绪的凶杀案，主审官员施公梦见九只黄雀和七个小猪，即命衙役查找“九黄”“七猪”。衙役未能限期捕获人犯，施公激恼成怒，将其打得鲜血直流。两名衙役经再次访查，果然捕获凶手“九黄僧人”与“七珠姑姑”[②]。出生于1859年(清咸丰年间)的英国著名侦探小说家柯南道尔在其名著《福尔摩斯探案集》中，则充分展示了当时医学、化学和生物学的发展，作者把病理学与侦察案件结合起来，作品中的主人公还善于运用心理学和逻辑学，观察人们的心理活动，把心理活动与证据材料密切联系起来，进行周密的逻辑推理，梳理案情的脉络[③]。

中国传统社会的知识精英多为儒家经典的饱读之士。儒家经典重点论述人与人之间关系的学问，偶尔论及自然现象，也主要为人与人之间的关系提供合理化论证。比如《论语·为政》:“为政以德，譬如北辰。居其所而众星拱之。”这种类比／比附论证模式在经典中触目皆是，自然现象的科学研究缺乏独立价值和地位。长此以往，知识精英整体缺乏对科学研究、科学理论、逻辑推导与实验科学等领域的深厚积累。这种背景下的官员既非专职法律从业人员，更不具备专业的司法技能，要像诸如拥有数十年办案经验积累的汪辉祖这般，鉴定证据时时在意、处处留神自然难上加难。当时许多因伪造契据而导致田产争讼的案件或“屡诉不得直”，或“久不能辨”，实质反映出听讼仅靠某一官员经验摸索远远不够，如果最后不是某一具有过人才智的官员一展身手，这样的案件几乎难以理断。这意味着，司法实践无法经常性地依靠某一超乎常人的技能，否则相应的司法技术就缺乏普遍性意义。

---

① 王亚新:《社会变革中的民事诉讼》，中国法制出版社2001年版，第306页。

② 《施公案》，宝文堂书店1982年版，第1—4、47页。该书初刊于道光年间，内容在咸丰、同治年间得到发展，与《福尔摩斯探案集》出现的时间非常接近。

③ 王逢振:《柯南道尔与福尔摩斯》，载《福尔摩斯探案集》(一)，群众出版社1979年版，第5—6页。

## 第二节　证据制度对健讼的回应

### 一、证据规范的国家法欠缺

指望某些官员主动提高自身证据辨验技术,以求在健讼社会渡过难关显得捉襟见肘。健讼社会中伪证现象促使官方必须采取具有普遍意义的应对策略。即,通过制度层面的回应,而非仅仅依赖某一能吏的对策,大规模地抑制此种现象对衙门的冲击。在证据作伪层出不穷的情况下,制定、执行具有针对性的证据规则,在证据要件方面抬高当事人启动诉讼的门槛,最大限度地抑制当事人夸大其词、颠倒黑白,正是各州县衙门重要的制度回应方式。

证据是官员认定案件事实进而作出裁判的依据。然而,《大清律例》仅对命盗等刑事案件的证据问题作了某些简略规定[①]。对于涉及当时日益增加的户婚、田土及钱债等"细故"类案件,国家法缺乏完善的证据规则,以备官员执行。在著者有限阅读范围之内,只见到《大清律例》乾隆三十年例文对此偶有涉及:

> 凡民人告争坟山,近年者以印契为凭,如系远年之业,须将山地字号、亩数及库贮鳞册,并完粮印串,逐一丈勘查对,果相符合,即断令管业。若查勘不符,又无完粮印串,其所执远年旧契及碑谱等项,均不得执为凭据。即将滥控侵占之人,按例治罪。[②]

薛允升对此解释:"远年旧契恐有影射之弊,碑谱等项俱可伪造,故不得概以为凭也。如果与字号、亩数及册串相符,则更属确据矣"[③]。这一条例对于近年坟山应同山地字号、亩数、在县衙登记的簿册及完税后获得的凭证(印串)相互核对,符合者方可进行坟山权利的确定。近年的坟山印串、契据即可作为财产权利的凭证。但是该证据法规只涉及坟山争执案件,对确立近年与远年的标准未作说明。这一证据规则过于模糊,可适用

---

① 《大清律例》"故禁故勘平人""老幼不拷讯""检验尸伤不以实"等律文对获取罪犯证据而使用刑讯的条件与方式、检验尸体的方式等作了初步规定。《大清律例》,田涛等(点校),第560—561、573、591页。

② 胡星桥等(主编):《读例存疑点注》,第199页。

③ 胡星桥等(主编):《读例存疑点注》,第199页。

的案件范围有限。与现代中国民事诉讼证据规则类似，律例在证据规则方面没有详细规定，各地州县衙门为应对自理词讼的需要，制定与执行一些具体的诉讼规则，其中有一部分涉及证据。这些地方化的证据规则直接规范、约束本地民众的诉讼行为，具有直接的法律效力。

## 二、证据规范的地方化补充

诉讼法规将自理词讼主要区分为婚姻、田土、钱债、赌博、盗窃及斗殴等几种类型。这些法规针对不同类型的案件，规定了当事人在向衙门提交诉状时必须呈上相应证据，否则诉讼请求将被驳回，以抑制当事人滥讼。有地方官提出："呈状内叙事不详年月日者，多系已往之事，故隐其月日，以图朦混，收词时须加驳诘。婚姻无媒证，钱债无保人者亦应驳诘"[①]。各地证据规则均从否定性角度规定当事人若未提交相应证据，诉讼将被驳回或不予受理。这些地方性证据规则的具体内容，详见下表：

**表七　《状式条例》证据要件统计表**

| 案件类型 | 证据不足诉讼不予受理情况 | 诉讼规则来源[②] |
| --- | --- | --- |
| 婚姻 | 无媒妁、聘书 | 黄岩《状式条例》 |
| | 无媒妁 | "告状不准事项" |
| | 无媒妁婚书 | 《呈状条规》 |
| | 无媒妁日期 | 徽州《状式条例》 |
| | 不呈契约簿据查验 | 董沛制定的状式 |
| | 无媒证 | 《大清律例会通新纂》 |
| 田土 | 无粮号、印串、契券 | 黄岩《状式条例》 |
| | 无地邻、契纸 | 《告状十四不准》 |
| | 不抄粘契券 | "刑律数条" |
| | 无地邻债负，无中保及不抄粘契券 | "告状不准事项" |
| | 无地邻契据 | 《呈状条规》 |
| | 无地邻中保及不粘契券印串，无的实年月 | 徽州《状式条例》 |
| | 不呈契约簿据查验 | 董沛制定的状式 |
| | 无地邻 | 《大清律例会通新纂》 |

① (清)方大湜：《平平言》卷二《呈词朦混须驳诘》。

② 本书引用的状式条例详细内容，邓建鹏(主编)：《清帝国司法的时间、空间和参与者》，法律出版社2018年版，第144—158页。

续 表

| 案件类型 | 证据不足诉讼不予受理情况 | 诉讼规则来源 |
|---|---|---|
| 钱债 | 无票约、中证 | 黄岩《状式条例》 |
| | 无中保人,不粘契纸 | 《告状十四不准》 |
| | 不抄粘契券 | “刑律数条” |
| | 无中保券约 | 《呈状条规》 |
| | 无地邻中保及不粘契券印串,无的实年月 | 徽州《状式条例》 |
| | 不呈契约簿据查验 | 董沛制定的状式 |
| | 无中保及不粘连契据 | 《大清律例会通新纂》 |
| 赌博 | 无窝伙姓名,又不现获赌具 | 黄岩《状式条例》 |
| | 无赌具并在场之□…… | 《呈状条规》 |
| | 当场获有赌具 | 徽州《状式条例》 |
| 盗窃(强盗窃盗) | 无出入形迹 | “告状不准事项” |
| | 不投明地保验明出入情形,不开明确贼者 | 黄岩《状式条例》 |
| | 报强窃不开明被窃月日及出入情形,空治失单并无乡佐 | 《告状十四不准》 |
| | 无地邻只粘失单者 | “刑律数条” |
| | 告强盗无地邻见证,窃盗无出入形迹,空粘失单 | “告状不准事项” |
| | 告强盗无赃证,见窃盗无出入形迹 | 《呈状规条》 |
| | 未开明年月失单 | 徽州《状式条例》 |
| | 报窃盗无出入形迹,及首饰不开明分两、衣服不开明绵绫缎布皮绵单夹 | 《大清律例会通新纂》 |
| 斗殴 | 未开明启衅情由、致死伤痕、时日、处所、的确见证 | 黄岩《状式条例》 |
| | 不开明受伤部位,不指明某人殴伤,混列行凶姓名者 | 《告状十四不准》 |
| | 不开明伤痕凶器见证年月者 | “刑律数条” |
| | 不粘连“伤痕凶器谋助单” | “告状不准事项” |
| | 无伤痕者 | 《呈状条规》 |
| | 未开明伤状实据 | 徽州《状式条例》 |

上述证据规则具体内容及详略稍有差异,但其规范对象存在基本共性,要求当事人提交的证据类型大致相似。综合以上法规,我们可概述清代证据规则涉及的各个部分,见下表所示:

**表八 证据规则概况统计表**

| 案件类型 | 证据规则 |
|---|---|
| 婚姻 | 提交媒妁(人证)、婚姻聘书 |
| 田土 | 提交能证明土地权利的粮号、印串、契券、地邻,土地交易时的中人、保人 |
| 钱债 | 提交借据、中人、保证人、地邻,注明钱债关系发生时的确切时间 |
| 赌博 | 现场捕获赌具、赌博主持者的姓名 |
| 盗窃 | 注明盗贼进出室内的路线与盗窃痕迹、发生窃案的具体时间、列明失窃物品细表、投明地保验明盗贼出入情形、开明确切的盗贼姓名,强盗案件必须有地邻作为证人 |
| 斗殴 | 开明受伤部位,注明加害人姓氏及其所用凶器、确切无误的在场证人,列明验伤表格 |

证据规则初步将婚姻、田土、钱债、赌博、盗窃及斗殴六大类案件(后三类近似于今天的轻微刑事案件或刑事自诉案件,本书不作阐述)的相应证据"类型化":涉及婚姻类案件的证据为媒妁证言、婚姻聘书;土地类案件的证据为粮号、印串、地邻证人与契据。钱财债务类案件的证据为票约或字据、中人(或见证人)、保证人等等。这些证据类型反映了当时社会生活、交易活动的各种信息。传统社会正式结婚需媒妁之言、递交婚姻聘书。田主管业以平时缴纳税粮留下的粮号、印串等为凭据,田主纳税时官府发给的收据(完粮印串等)具有证明田主对某块土地拥有权利的功能。粮串是纳粮票证,百姓纳粮,官府开给完粮户收

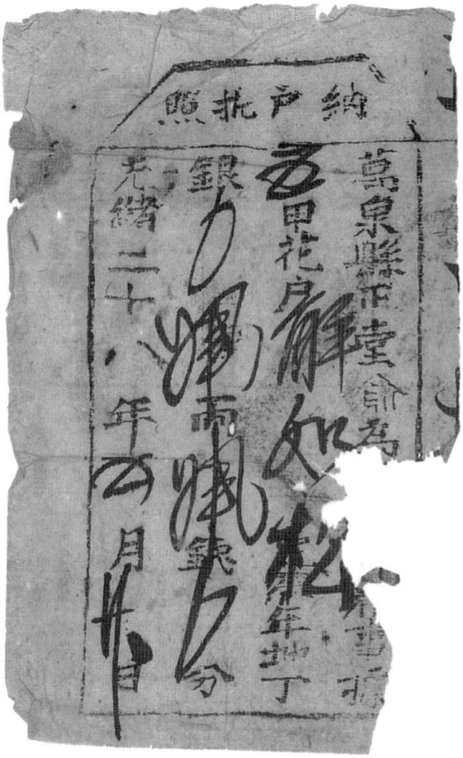

(图九 光绪二十八年五月山西万泉县解如松"纳户执照"。这相当于前述律例所称的"完粮印串"。地丁征收时的三联串票,一联存官府,一联存书差,一联业户作为收据,简称粮串,成为田产权利凭证之一,在打官司时成为当事人的有利证据。)

粮或收银折粮的凭据(如解如松的“纳户执照”)。

清代没有官方田宅登记与公示机制,此类凭据反向成为具有官方开具的权威田产权利凭证,以致有的人试图向官府缴纳不属于自己的土地赋税,谋夺他人土地[①]。江西地方法规《西江政要》就提到类似现象:“查民间田地祖遗旧业居多,历年久远,券约遗失,地界不能认清。佃户瞰其无据,顿炽阴谋,将田割坵换段,指出四至,潜赴州县报垦升利,久之则隐匿退字抗租不还。迨田主告官,该佃执有粮串为凭,报垦可据,田主反致一无质证,百喙皆虚,经年讦讼,波累无休”[②]。土地交易以卖方签下的私契(包括一系列上手老契)或经官府颁发的红契为凭;钱财借贷一般需要中人(常承担证人的作用)或保证人。当时,民间土地买卖及钱债借贷一般都要书写契约——“恐口无凭,立字为据”,证据规则是当时社会经济生活产物的表现。康熙年间出版的《福惠全书》曾云:

> 凡告户籍者,必以族长坟产为定;告婚姻者必以媒妁聘定为凭;告田土者必以契券地邻为据;至于强盗,重在明火执仗;窃盗重在出入踪迹,俱要粘连失单;人命重在尸伤凶器,亦要状后粘单。此其定式也。[③]

证据规则通过要求当事人针对不同案件必须提交相应证据,以此作为案件受理的前提,限制当事人随意将案件呈递给衙门,造成滥诉,避免诬告。因此,证据规则能在一定程度上减少健讼对官方带来的压力。

## 三、证人人数限定及规则的机理

在证据规则中,证人证言是重要的证据之一。与现代证据规则不同,当时的证据规则对证人人数以及证人身份都作了严格的限制。这种限制至少在明代就已出现。如“明隆庆六年休宁县叶贤诉状”所载《状式条例》规定“被告干证人多者,不准”。至于案件涉及多少被告、证人时诉讼将不被受理,明代《状式条例》尚未具体限定,可能取决于当地司法惯例。随着清代健讼风潮加剧,为规制民事争讼牵连多名被告、人证,致使受牵连者废

① 这方面细致研究,see Anne Osborne, “Property, Taxes, and State Protection of Rights,” *Contract and Property in Early Modern China*, ed. Madeleine Zelin, Jonathan K. Ocko, and Robert Gardella, Stanford University Press, 2004, pp. 120 - 158.

② 《西江政要》卷二《严禁佃户私佃并侵占报垦(乾隆十六年)》,清刊本,刊行时间不明。

③ (清)黄六鸿:《福惠全书》卷十一《词讼·考代书、立状式》。

时失业，影响经济生产与社会稳定，各地诉讼法规对民事讼案涉及的被告及证人人数作出明确限定，以此作为审核案件是否可以受理的前提之一。具体规定见下表所示：

**表九　证人人数限定规则统计表**

| 被告、证人人数限额 | 《状式条例》来源 |
|---|---|
| 被告不超过三人 | 《福惠全书》"告状不准事项"（康熙年间） |
| 被告及证人不得超过三名 | 江苏巡抚汤斌发布的状式（康熙年间）① |
| 被告不超过三人 | 云南武定县"刑律数条"（乾隆年间） |
| 事非命盗，被告不得过三名，干证不得过二名 | 徽州黟县《状式条例》（乾隆二十年） |
| 案件不得罗织多人 | 福建《状式条例》（乾隆六十年）② |
| 被告不超过四人，干证不超过三人 | 巴县《告状十四不准》（乾隆五十六年）③ |
| 被告不超过五人，干证不超过三人 | 巴县《告状十四不准》（嘉庆十二至十三年）④ |
| 被告不超过五名，干证不超过三名 | 巴县《状式条例》（道光二至三年）⑤ |
| 案非人命及命案非械斗非共殴者，被告不得过三名，干证不得过二名 | 巴县《状式条例》（道光六年至咸丰元年）⑥ |
| 被告不得过五人，干证不得过二人 | 巴县《状式条例》（咸丰四年至同治八年）⑦ |
| 被告、干证不得牵连多人 | 《大清律例会通新纂》（同治十二年） |
| 户婚田土细事案件人证不超过三名 | 黄岩县《状式条例》（同治十三至光绪十五年）⑧ |
| 见证不超过五人 | 《呈状条规》（光绪年间） |

① （清）汤斌：《汤斌集》，第552—553页。

② 《福建省例》，第971页。

③ 乾隆五十六年《状式条例》，巴县档案号6-1-1906。

④ 嘉庆十二年《状式条例》，巴县档案号6-2-5992-30；嘉庆十三年《状式条例》，巴县档案号6-2-6062-7。

⑤ 道光二年《状式条例》，巴县档案号6-3-9821-5；道光三年《状式条例》，巴县档案号6-3-17030。

⑥ 道光六年《状式条例》，巴县档案号6-3-9832；咸丰元年《状式条例》，巴县档案号6-3-9851-5。

⑦ 咸丰四年《状式条例》，巴县档案号6-5-3350-17；同治八年《状式条例》，巴县档案号6-5-3350-17。

⑧ 浙江法规《治浙成规》在嘉庆二十一年的规定与此存在差异："告实犯实证，被告不得过三名，干证不得过二名。"《治浙成规》卷八《词状被告干证佥发差票细心核删不许牵连妇女多人》。

续 表

| 被告、证人人数限额 | 《状式条例》来源 |
|---|---|
| 证佐不超过三名 | 董沛制定的状式(光绪年间) |
| 被告不超过五人 | 台北府《状式条例》(光绪四至五年)① |
| 事非命盗,被告不得过三名,应审干证不得过二名 | 徽州黟县《状式条例》(光绪二十八年)② |
| 被告不许过五名,干证不得过三名 | 山东省《状式条例》(宣统年间)③ |

证据法规对自理词讼涉及的被告均规定不得超过三名,有的法规对干连证人(干证)人数设定的最高限额为五名,有的则为二名。同时,大部分法规禁止当事人以一些特殊身份者(如监生、妇女或未成年人等)为证人。对妇女作证资格限制的原因,有人认为,明清时期宋明理学占据了伦理学的统治地位,妇女地位降低到了历史的最低点,她们在很大程度上甚至都不被当作法律主体看待,妇女犯罪,除涉及奸情及重大刑事犯罪,一般都不直接接受刑事审判,而是由其本夫作为诉讼代理人,目的就是避免妇女帷薄不修,竟公庭涉讼,大损家声④。

宋代以来,官员多认为自理词讼"乃破家灭身之本,骨肉变为冤雠,邻里化为仇敌,贻祸无穷,虽胜亦负,不祥莫大焉"⑤。如果自理词讼牵连过多被告、人证,这些人可能长期被关押在县城歇家等地方候审,废时失业,无异于"破家灭身"。织田万考察清代法律制度后认为,普通之诉讼事件,过三人时,不受理之,盖务矫健讼之弊也⑥。有人对当时法律限制出庭证人人数的主要理由作了更进一步的探讨,即避免更多的人被牵扯到官司中去,导致某些证人的生计受到不利影响。中国古代证人的地位得不到尊重,证人同原被告一起被关押、候审,因而证人一旦涉讼,则诸如农业生产将会被耽搁。农田事务季节性很强,一旦误了农时,损失往往无法弥补⑦。

① 光绪四年《状式条例》,淡新档案号23204-1;光绪五年《状式条例》,淡新档案号22607-3。在后来的淡新《状式条例》(至少适用于光绪十二至十八年)中,关于被告人数的限制条款未曾出现,或许另由衙门补充条款规定。光绪十二年十月《状式条例》,淡新档案号21204-8;光绪十八年闰六月《状式条例》,淡新档案号22107-1432。

② 记录该《状式条例》的状纸田涛教授原藏。

③ 《山东调查局民刑诉讼习惯报告书》第二章"诉讼手续"第二节。

④ 蒋铁初:《中国古代证人制度研究》,《河南省政法管理干部学院学报》2001年第6期。

⑤ (宋)黄震:《黄氏日抄》,载《名公书判清明集》,第637页。

⑥ [日]织田万:《清国行政法》,李秀清等(点校),中国政法大学出版社2003年版,第471—472页。

⑦ 蒋铁初:《中国古代证人制度研究》,《河南省政法管理干部学院学报》2001年第6期。

当时缺乏诸如证人权利保护及弥补证人作证而付出机会成本之类的规定。因此，官方制度尽量限制案件牵涉过多证人，严格限制当事人牵涉过多被告与证人。前引樊增祥曾基于上述原因，驳回一件涉及被告及证人多达九人的上控案件①。不同地区的证据规则虽略有差异，但是这种共性大于个性的法规反映了主流社会将户婚田土纠纷视为"细事"、漠视私人利益及证人利益保护、追求社会强制稳定的普遍倾向。

如果说，证据规则要求当事人提交相应的证据，便利官员确定案件事实，那么对被告、证人人数以及证人身份作一刀切式的限定，则从相反的方向为弄清案件事实增加了难度。《状式条例》等诉讼法规限制案件牵连的被告或证人人数，至于对诉讼的启动者——原告人数多少则在所不问。比如黄岩诉讼档案 5 号诉状涉及的原告分别为缪江耀、阮学春、缪金山等共计 10 人，该诉状被知县受理。嘉庆二十二年四月宝坻县监生袁怡等 5 人呈交的禀状②；道光六年巴县监生戴新盛等 3 人呈交的状纸③；咸丰五年巴县周大川等 4 人呈交的诉状④；同年另一份诉状中，呈状人为傅姓等 4 人⑤，此类状纸均被县衙受理。

证据规则主要限制原告牵连多人，抑制诉讼启动者对社会秩序的冲击。对于官员在什么程序上判断证据及其证明力、官员如何采信及确定证据与裁判之间的联系，当事人是否可以向衙门申请收集证据等等，所有证据规则对此均未涉及，在其他法律中也不存在这样的规定。似乎证据证明力的确定、证据的辨验等都是司法官员的特权，毋须法律明定。因此，如果我们把清代证据规则与大致同一时代的欧洲法定证据制度相比较，会觉得清代证据规则较特殊。论者谓，近代欧洲的法定证据制度的功能是，一方面限制法官在判断证据及其证明力问题上的专横武断；另一方面限制法官在采证问题上的专横武断⑥。清代证据规则关于限制官员在证据方面的专横是一片空白，证据采信与否，完全取决于州县官的"自由心证"，取决于州县官的责任心与专业素养。

证据规则针对户婚、田土及钱债等案件当事人规定应提交的证据，只是当事人请求县衙启动诉讼的必备但非充分条件。这个条件的满足并不

① (清)樊增祥：《樊山政书》卷一《批紫阳县民马家骏控词》。

② 顺天府档案号 28－2－95－134。类似情况参见顺天府档案号 28－2－95－132。

③ 巴县档案号 6－3－308。

④ 巴县档案号 6－4－5892－6。

⑤ 巴县档案号 6－4－5897－2。

⑥ 攀崇义(主编)：《证据法学》，法律出版社 2001 年版，第 29—31、38 页。

意味着衙门就会启动诉讼、作出有利于当事人的裁判。黄岩诉讼档案表明,尽管黄岩《状式条例》要求当事人提交案件时必须附上相应的证据,但是《状式条例》从未规定满足条件官员必须受理案件,依此作出判决。黄岩知县的批示表明,当事人即使依据《状式条例》提交了充分且必要的证据,知县也可能按照其他主观认定驳回当事人的起诉。很显然,这种证据规则的立法意旨及其实践体现出对当事人诉讼行为的启动限制,而不是在规范当事人的同时,约束司法官员的专断权力。这正如同其他研究所示,清代地方官员拥有全权拒绝或接受部分或全部证据的权力,这种做法的结果是,地方官员可能接受或拒绝所有或部分庭前的书面或口头证词。这种广泛的严格审问权力容易导致滥用①。在黄岩诉讼档案中,这一看法得到了验证。

## 第三节　证据规则价值观与古今对比

### 一、证据规则的价值观

对于试图公正审案,或从消极角度而言,希望不因错判而受上司惩处的官员来说,自然希望当事人能直接提供证明力最强的证据。为了最大限度防止诬告以及出于官方利益考虑,衙门频繁将诉前举证责任配置给原告,要求原告提供确实可靠的、可以确定案件事实的证据,最大限度地降低官员"事实审"的复杂程度,减少官员自己调查取证与判断,以及重构案件事实的难度。这一方面降低官员"事实审"付出的成本,把审判资源集中置于解决纠纷;另一方面促使原告面对举证责任的重重阻力而不得不撤诉,或因无法达到启动诉讼的条件而被驳回。与这种清代官员通过要求当事人诉前即提供确切证据、从而限制其启动诉讼的目的不同,现代民事诉讼过程中的诉讼证明责任制度的作用,是防止法官以事实真伪不明为理由拒绝对本案作出裁判。换言之,在事实真伪不明的情形下,法官应当适用证明责任完成裁判任务②。

在乾嘉以降,处于经费短少、人手紧缺局面的各级衙门尽可能地节约

① See Mark A. Allee, *Law and Local Society in Late Imperial China: Northern Taiwan in the Nineteenth Century*, Stanford University Press, 1994, p. 223.

② 左卫民、陈刚:《民事诉讼证明责任的法理与反思》,《清华法律评论》(第1辑),清华大学出版社1998年版,第172页。

有限的审判资源。正如黄岩《状式条例》规定:“告盗贼,不投明地保验明出入情形,不开明确贼者,不准。”这类地方诉讼法规塑造与约束了当事人的行为。比如,据第 74 号黄岩诉状,光绪十二年管黄氏家被盗后,“投地保验明出入情形”,并呈上失单。乾隆五十四年(1799)六月二十一日张廷闾的报状称:其妻发现家中失窃后,“彼即喊明地邻舒荣富等看明窃形,四找无踪。……为此开明失单,报恳恳究”[①]。相比居住于县衙的官员而言,地保对本地发生的盗窃案件更有条件迅速地查获实情,也有助于节约官员下乡调查的成本,赋予地保该职责,也可减少递交到衙门的争讼可能存在的诬告现象。

《状式条例》等涉及证据规则的法规将当事人的举证义务提前到审查起诉阶段,限止与阻碍当事人滥诉甚至合理诉讼。作为各地衙门回应当事人健讼行为的制度产物,证据规则约束了健讼者的行为,但并未有效规范官员的司法实践。因此,清代证据规则实质表现为诉讼制度形式上的粗糙及功能目的上的单一化。作为对国家法的补充,这些简陋的地方证据规则主要体现了一元化价值观念,即,通过对举证的苛刻要求,抑制健讼行为,加大当事人启动诉讼的难度。为此目标,包括证据规则在内的清代法规牺牲了其他诉讼中的价值,如人权价值、诉讼当事人或证人的人格尊严价值(当事人涉讼通常匍匐公堂)、及时解决案件的效率价值、程序公正价值等等。这种单极价值的追求导致了诸多弊端,如诉讼中的刑讯逼供,原被双方当事人长期羁押,案件久拖不决,官员权力视需要可在诉讼中无限伸缩或者扩张,证据的证明力及是否采信由官员全权决定,当事人对衙门可能的专断缺乏制约,等等。在州县官全权独任审判的诉讼中,他是否正确适用法律,是否遵从了证据规则的要求,大多数当事人要么缺乏相应权威,要么缺乏法律专业技能,因此事实上无法判断,更难以对判决产生法律专业上的质疑。

## 二、清代证据规则的古今对比

证据规则的上述某些特征并未在清代社会终结。现代民事诉讼法学者曾认为,同其他国家的民事诉讼法相比,我国的民事诉讼法对证据的规定总共才 12 个条文,大约是最简单笼统的了,过于简约的规定不仅与证据在民事诉讼制度中的重要性和复杂程度不相称,而且也远远不能满足诉讼实务的需要。为了填补法律漏洞和细化过于原则的条文,最高人民法院根

① 四川省档案馆(编):《清代巴县档案整理初编・司法卷・乾隆朝》(二),第 81 页。

据审判实践的需要作出了大量有关民事证据的司法解释。近年来,一些地方的高级人民法院、中级人民法院相继制定了适宜本辖区的民事证据规则,这虽然满足了审判实务的需要,并且为制定统一的证据规则积累了经验,但也制造了证据规则的地方化①。

1991 年通过的《中华人民共和国民事诉讼法》对证据制度的规定过于简单、抽象,缺乏可操作性,因此,最高人民法院不得不陆续出台诸如《关于适用民事诉讼法若干问题的意见》(1992 年 7 月)、《关于民事审判方式改革问题的若干规定》(1998 年 6 月)等数个司法解释解决上述相关问题。《关于民事诉讼证据的若干规定》(2002 年 4 月)首次对我国民事诉讼证明标准作出了正面规定。我国当前证据规则的种种欠缺,在其他学者的批评中也时有常见。有学者认为,我国现行法律对证据制度的规定十分简单,对于证据证明力的判断应由谁来进行,是否由判断者自由判断,何种证据具有证据能力等都没有进行明确的规定②。另有学者认为,2002 年 4 月最高人民法院通过的《关于民事诉讼证据的若干规定》也存在简单化、模糊化、矛盾化及笼统化等立法技术上的缺陷③。《状式条例》的特质与当代证据法规存在不可思议的相似之处。因此,在现代中国社会,传统法的某些品性并未全然远去,它们仍然值得令人认真审视。

中国当代民事诉讼法的证据种类主要有以下七种:(一)书证;(二)物证;(三)视听资料;(四)证人证言;(五)当事人的陈述;(六)鉴定结论;(七)勘验笔录④。其中的鉴定结论与勘验笔录主要来自司法相关机构主持的调查取证。清代证据规则规定的证据诸如粮号、印串、契券、借据、中人、保证人、地邻等都由当事人自行提供。这些证据主要属于两大类:书证与证人证言。这两类证据之所以成为州县衙门的首选,一方面受科技水平所限,如当时不可能存在视听资料这样的证据,另一方面与书证或证人证言的证明力有密切关系。

在现代大陆法系,书证是民事诉讼的证据之王。在英美法系,证人证言是民事诉讼的证据之王。现代证据法原理认为,书证记载的内容或表达的思想往往能直接证明有关的案件事实,对书证审查核实清楚了,案件事

---

① 李浩:《民事证据的若干问题——兼评最高人民法院〈关于民事诉讼证据的司法解释〉》,《法学研究》2002 年第 3 期。

② 樊崇义(主编):《证据法学》,法律出版社 2001 年版,第 292 页。

③ 汤维建、陈巍:《〈关于民事诉讼证据的若干规定〉的创新与不足》,《法商研究》2005 年第 3 期。

④ 《中华人民共和国民事诉讼法》(1991 年 4 月 9 日第七届全国人民代表大会第四次会议通过)第六章“证据”第六十三条。

实也就真相大白。因此，书证在诉讼中的证明作用很大。同其他证据相比，其证明力更强，证明作用发挥得更为充分。同时，书证的形成通常是在案件或纠纷发生之前，因此书证记载的内容或表达的思想通常情况下符合当时真实情况或当事人的思想状况。证人证言同其他证据相比，特别是同案件的其他言词证据比较，其客观性更强，同物证、书证等实物证据相比，对案件事实真相揭露得更为深入[①]。此外，在现代证据法学的分类中，以证据来源不同可分为原始证据和传来证据，前者为直接来源于案件事实或原始出处的证据，后者是从间接的非第一来源获得的证据材料。以此标准来看，清代证据规则确定的证据均属于原始证据。

另外，依据一个证据与案件主要事实的证明关系，证据又分为直接证据与间接证据，前者为能单独直接证明案件主要事实的证据，对案件主要事实的证明关系是直截了当的，无须借助于其他证据，就可以直接证明案件的主要事实；后者是不能单独直接证明、而需要与其他证据结合才能证明案件主要事实的证据[②]。据此，清代证据规则要求当事人提供的证据类型为能单独直接证明案件主要事实的证据，因此均属于直接证据。

以现代诉讼与证据制度的标准来看，清代证据规则对当事人提出了近乎苛刻的要求——全面约束当事人起诉时必须提交确凿的、明确有效的、与案情有直接联系的证据。这意味着清代证据规则对当事人，尤其是对启动诉讼的原告方，设定很高的证据门槛。清代诉讼法规将证据类型主要限于书证与证人证言这些直接证据或原始证据，此种否定性的证据条款，在事实上降低以致排除其他证据种类作为启动自理词讼的可能。这一苛刻的证据要求有助于官府在诉前将原告的诬告、滥诉甚至合理的诉讼排除出去，试图降低诉讼发生率，缓解健讼之风。由于原告是诉讼的启动者，清代一些文献提及专门抑制或打击原告以息讼："（地棍、讼棍）或首赌首奸全无凭据，或指实某事毫不干己。……惟专处原告，不提被告，使讼师土豪不敢肆其祷张。庶株蔓之风息，而无辜不致受累矣"[③]。

证据是司法官员在庭审过程中了解与构建案件事实的基础。在清代缺乏严格的、明确的诉讼程序及足够可资适用的民事法律的情形下，官员裁判案件时的大前提有时无法建立在既有的法律上。他们必须在事实与社会的常理中，寻求并抽象出某些可与案件相适应的"大前提（法律）"。清

---

① 攀崇义（主编）：《证据法学》，法律出版社 2001 年版，第 65、74 页。
② 攀崇义（主编）：《证据法学》，法律出版社 2001 年版，第 132—135、141—146 页。
③ （清）张经田：《励志撮要·专治原告》（不分卷），清钞本。

代与现代司法裁判方式存在很大差异。20 世纪 60 年代以来兴起了在利益衡量的基础上灵活采用民法解释学的各种方法,即利益衡量论,法官查清案情事实后,不急于寻找本案适用的法律规则,而是综合本案的实质,结合社会环境、经济状况、价值观念等,对双方当事人的利害关系作比较衡量,作出本案当事人哪一方应当受保护的判断。在这一实质判断基础上,再寻找法律上的根据。通过这种利益衡量的方式得出实质判断后,一定要找到法律根据,从法律规则得出判决,遵循裁判的逻辑公式①。清代官员作出裁判之前一般也要结合各种社会环境、流行的以及出自内心确信的价值观念(如情、理、法)等等对案件作出实质判断,但这种实质判断往往成为裁判的终结,官员很少进一步寻找法律依据。

---

① 梁慧星:《裁判的方法》,法律出版社 2003 年版,第 186—187、196 页。

# 第六章　诉讼的程式

在过去，有关州县自理词讼问题的研究多限于探讨诸如是否依法判决或法源等问题，以内部视角分析当事人的诉讼偏好与行为模式的研究比较有限，尤其是基于大量诉状，探讨当事人诉讼方式的研究更是罕见。通常，诉讼请求、法律（权利）依据、要件事实与证据主张四个层面组成了诉状的核心内容，也构成了司法审判时官员关注的焦点。本章将主要以黄岩诉状为基础，兼及其他州县的诉讼档案，探讨当事人诉讼的基本方式，涉及当事人如何选择某些特定语词指控对方，如何在社会共识、常理和一般道义基础上，为诉讼请求寻求法律（或正当性）依据，当事人起诉方式承载的诉讼制度的整体信息。此外，讼师秘本是指导代书、讼师或粗通文墨者撰写诉状最重要的“教材”。本章探讨清代讼师秘本有关撰写状词的特征，并同各地诉状的风格比较，分析其共性，探讨讼师秘本对诉状风格的影响及“冤抑型”诉讼本质的内涵。

## 第一节　“诉讼语言”的选择偏好

### 一、“弱者”身份之自称

黄岩诉讼档案表明，大部分呈状人首先陈述自身遵纪守法、愚拙易欺，以“弱者”身份控诉“惨遭”对方当事人“恃凶贪噬”等种种不法行为，为起诉的正当化寻找理由。如 43 号诉状呈状人郑杨氏自称“故夫鲁昌经纪守法，诚拙皆知”；28 号诉状呈状人陈梁氏指责同兴药栈王永基“明欺氏寡弱无援，希图累扰”；69 号诉状当事人王镇求自称“务农守拙，不干外事”；78 号诉状当事人自称“农种为业，毫非不染”；2 号诉状当事人赵增锡自称“世传农业，拙弱咸知”；27 号诉状当事人张所寿自称“世守法纪，毫不干预外事”；32 号诉状当事人徐牟氏自称“农樵度日，属守法纪”；76 号诉状当事人余国楹自称“务农为业,不染毫非”;5 号诉状的十名呈状人自称“俱系务农守拙,不染毫非”,对方当事人赵国有则“不谋正业,游赌无聊,惯肆闯祸,拐骗齐来。”19 号诉状当事人陶兴旺自称“窃兴贩卖苎麻生理,不染毫非”,对方石道舜则“平空饰词图噬,凶横已极”,因此,如果“不求宪天迅赐饬提究追,则兴小本经营,横遭□噬。生理莫做,冤屈胡伸”,54 号诉状当事人王庭淦自称“务农守拙,毫不干非”,对方当事人王黄氏则“学习堕胎,贻害生灵”;20 号诉状当事人蒋德赠指控“积棍吴显德,与弟配徒　逃回之吴显林,向来窝贼肆窃”。等等。

在指控对方侵犯自身具体正当利益之前,呈状人基本都要斥责对方贯有上述种种败德或不法行为。这些控诉充满如下固定套语:呈状人向来是具备“守拙”“怯儒”“尊法”“老实”或“易欺”等品性的“弱者”,对方则往往具有“恃强”“贪噬”“巨恶”或“咆哮”等强横行为的刁徒。若知县不及时讯究、惩办对方当事人,呈状人不仅衣食居住没有着落,甚至可能性命难保。

## 二、当事人“悲惨”境遇的辨析

当事人通常自称是“迈拙”,或“易欺”等,对方则总是那么的“强横”,或“巨恶”,有时甚至与凶猛动物联系起来,比如在广西万承被称为“饿虎”“毒虎”“毒类虎狼”“虎党”“虎衿”“乡虎”“虎恶”[①]。这些陈述背后的案情本身具有多大真实性呢?我们以黄岩县涉及同一田产纠纷的 50 与 67 号诉状作一分析。50 号诉状提交时间为光绪十一年三月十三日,时近农忙,呈状人张潘氏首先指责义子张仙顺一贯“好赌荡废,欺寡霸占。”张潘氏一家靠六亩田产的租税给养,张仙顺欺她寡弱子懦,企图强占田产。为此,张潘氏请求知县差人严提张仙顺,否则误过插秧季节将导致无法种作,全家面临糊口不敷、“情极惨烈”的可怕后果。

欧阳知县未完全满足张潘氏的诉讼请求,只是批示“着持批邀同亲族,妥为理明,如敢再抗,呈办提究。”知县的批示似乎起到一定的威慑效果。半个多月后,张仙顺向知县递交诉状。令人吃惊的是,面对张潘氏的指控,张仙顺提出截然不同的案情描述与控诉理由。从张仙顺的诉状来看,张潘

① 《万承诉状》,王昭武(收集)、韦顺莉(整理),第 67、71、75、107、109 页。庄士敦亦发现,在英租威海卫,一份典型的中国诉状包括,第一,全面呈现起诉人的“情况”,强调他对正义的天生热爱以及对破坏法律之人的极端厌恶;第二,对他的对手要不惜采取谩骂式语言将其说成是一个流氓或者干坏事的祸首。[英]庄士敦:《狮龙共舞:一个英国人笔下的威海卫与中国传统文化》,刘本森(译),江苏人民出版社 2014 年版,第 75 页。这种发现具有一般性。

氏很可能隐瞒了涉及田产纠纷的重要事实，即张家（曹家?）在同治四年曾挽同戚族议立盟据，所有房屋产业由两个儿子（即张潘氏亲子张仲鉴与义子张仙顺）[1]对半均分，另有田产六亩贮付张潘氏（张仙顺的庶母林氏），生为养膳之资，死作丧葬祭扫之费。分书经张潘氏收藏。这意味着，张潘氏对此六亩田产只有收益权利，无擅自处分、转让他人的权利。张仙顺指责张潘氏不顾公业，隐匿分书，欲将田产变卖。为进一步证明自己言之有据，张仙顺提出尚有嫡母舅林安木、嫡堂叔仙里等作为当时同立分书的见证人。同时，张仙顺还向知县提交了当年二月所立的盟据，证明张潘氏违背盟据，为此请求知县禁止张潘氏变卖田产，"以固公业"。

上述讼案双方围绕田产纠纷的指控互相矛盾，我们无法仅依据单方陈述确定哪一方的起诉属实。张仙顺作为张潘氏之（义）子，与其母对簿公堂，显然违反《大清律例》的规定："凡子孙告祖父母、父母，妻妾告夫及告夫之祖父母、父母者，杖一百、徒三年。但诬告者，绞。"[2]若严格依照清律，则张仙顺的诉讼行为涉嫌"干名犯义"，应受惩治。不过，欧阳知县很可能并不怎么相信双方的指控，只是简单地批斥其"率请提讯，致干名义"了结，更没有给予张仙顺定罪量刑的打算。

黄岩县当事人基于"弱者"身份的指控模式，在当时其他一些地区亦屡见不鲜。学者研究清代偏远地区（如贵州锦屏县文斗寨）的诉讼文书发现，呈状人都将自己说成是"良弱"之民、"弱朴易噬"，而对方则用"混棍""恶"或是"劣衿豪监""匪棍"甚至"恃蛮杀命"，除恃蛮恃横的"凶徒"，还有"恃尊欺卑"那样指某种身份上的优越地位[3]。

## 三、特定"诉讼语言"的选择

黄岩诉讼档案表明，呈状人很注意在诉状中对某些特定"诉讼语言"的选择与运用，这包括一些"法言法语"，也包括一些"珠语"。不过，对经常出现于自理词讼或民事习惯交往中的概念，当时少有律学家钻研，当事人的诉讼话语常为专业研究者忽视。论者谓，清代律学以律例为中心，侧重于整理或注释律例条文以便于司法实践中的运用，律学具有突出的技术性和

---

① 从两份诉状看，张潘氏夫家显为曹姓，母家当为林姓，其夫亡后似乎未曾改嫁，则仍应为曹林氏，不知何以称为张潘氏。这正如张仙顺在67号诉状所指责："不知捏何大题，化名张潘氏。"但是，既然张潘氏夫家为曹姓，则其亲子与义子二人又为何冠以张姓？殊不可解。

② 《大清律例》，田涛等（点校），第486页。

③ 梁聪：《清代清水江下游村寨社会的契约规范与秩序——以文斗苗寨契约文书为中心的研究》，人民出版社2008年版，第150—151页。

实用性特征[①]。另有论者谓，律学家除对律例中的刑事概念有过细致辨析外，对户律门、杂律门等涉及“细故”的解释相对粗疏简略。即使在户律门中，其注释时也着重与国家和社会经济生活联系密切、国家直接干预和控制的户役之类的条文进行注释，对纯属私人事务的一些法律注释却相对简约[②]。

梁治平研究清代习惯法时，曾对民事交往中经常出现的某些用词/用语作过初步探讨。他将习惯法上的“概念”和“术语”称为“法语”，习惯法上的“规范”称为“法谚”。“法语”“法谚”和契约中的“套语”皆是民间各种交往形式在长期实践中无数次重复的产物[③]。梁治平探讨的“法语”与“法谚”主要出现于民间交往习惯，很少直接被运用于司法层次。本章从连接当事人与衙门之间的诉状与知县司法裁判的文字记载中，选择那些频繁出现且在当时具有较强司法意义的词汇，分析当事人的词汇选择偏好。

考虑到当事人大部分没有受过文化教育，其对“诉讼语言”的选择当来自代书或讼师的帮助。在双方当事人相互的指控与知县的批示中，最经常出现的“诉讼语言”是“恃”与“挺”。作为行为动词，“恃”与“挺”在司法文件中并不独立地成为“诉讼语言”或具有独立的法律意义，二者都是通过与其他某些事件、条件或特定身份相联系，成为当事人用以指责他方或知县批示时获得具有社会共识意义的法律用语。与“恃”或“挺”相联结的某种条件或身份所组成的某一用语，并不只具有单纯的法律意义，其同时也具有道德上的意义（往往是负面的）。

“恃”的字面意思为依赖或仰仗，通常与其他能在意思上表达对方当事人利用某一形势、条件甚至身份，毫无道理地达到夺取呈状人利益的行为相联系，从而组成具有一定法律意义的用语，为当事人指控对方如何非法或违背常理，侵犯自身利益寻找依据。“恃”作为表示行为的单字，具有很广的适用性，成为讼案双方相互指责的常见用语。与“恃”联结的常见法律用语是“恃势”、“恃强”及“恃横”等等。

“恃强”，如 64 号诉状“高异生等恃强串霸”，“反被倚势恃横”；13 号诉状呈状人指责彭利富“强要将水塘车干，恃强寻衅”；23 号诉状阮宗标“恃强吞噬”；24 号诉状附件一“蔡钦俊恃强蛮横”；34 号诉状胡恩松“反恃强逞凶”；48 号诉状顾积富的弟弟“恃强负噬”；55 号诉状黄良业被郑开金“恃强

① 李明：《试论清代律学与经学的关系》，《清史研究》2020 年第 5 期。

② 何敏：《从清代私家注律看传统注释律学的实用价值》，载梁治平（编）：《法律解释问题》，法律出版社 1998 年版，第 342 页。

③ 梁治平：《清代习惯法：社会与国家》，中国政法大学出版社 1996 年版，第 40—43 页。

挺制勒写,藐玩已极。”宣统二年四月,在浙江龙泉县的刘焕新控刘加旺“恃强混占”[①]。“恃势”,如19号诉状石道舜“不惟分文不付,反敢恃势喷制。”“恃横”,如39号诉状王老瓮等“仗地恃横弗还”;19号诉状石道舜“恃横籍词,欲图□噬耳”。另外,73号诉状还出现过“恃自无赖”,43号诉状出现“始终恃凶欺异”,不过较为少见。

“恃强”“恃势”“恃横”及“恃凶”等“诉讼语言”被当事人频繁地用以斥责对方依仗人多势众、依势蛮横而强行从事不法/不道德的行为,诸如仗势欺人、骂詈、殴打当事人或借钱不还竟反诬当事人骗取钱财等等。另外,一些特殊身份或条件亦同“恃”联结起来,如48号诉状“(顾)积富同弟老二恃自财力”,为呈状人行为正当性及指控对方行为非法性提供合理依据。在礼俗社会,女性地位较为特殊,礼法中有男女大防、授受不亲、男人不得与其他女性有密切来往以免有伤风化等礼、法规定,这为某些“刁横”的妇女依此图赖/撒泼、乘机侵占他人利益创造可能。

在诉状中,常常有某些呈状人(主要是男性)指控对方依恃自己的女性地位、弱者或地位低下易受人欺侮、男女授受不亲等条件图赖,侵犯自己的利益。因此,“恃女”“恃妇”“恃泼”这些与女性有关的“诉讼语言”也出现在诉状中,如57号诉状“恃妇横占”及“突出李王氏恃妇阻止,不分皂白,恶声詈骂”;54号诉状王黄氏“恃泼串诈”,等等。类似表述在其他地方的官员批示亦曾出现。比如,咸丰四年六月,重庆府巴县民众李赵氏诉称李三等“仗充会首,擅改行规……。”知县批示:“毋得恃妇插渎”[②]。知县指责李赵氏仗着自己是妇人,在丈夫与他人发生争讼时,插手帮讼。

对妇女利用自身特殊身份侵犯他人利益的指责,亦出现在清代其他区域。如一位官员在发布禁止妇女赴他人田里拾麦的告示中提到:“一朝麦熟,(妇女)遂呼群引类,阡陌充盈,恬然不以为耻。且自恃女流,莫之敢拒,或偷或抢,酿成厉階。并自不顾死生,如蜂赴蜜,如蚁赴羶”[③]。只要是女性,就可以依仗这种身份,偷抢他人的粮食,田主不敢拒斥。这种叙事一方面或表明,升斗小民的生存境遇普遍颇为不堪,一方面或说明,只要能在法律或道德上寻求起诉正当性的“资源”,呈状人并不在乎对方所“恃”为何,甚至可以将对方具有的任何优势或弱势,控诉为据此打击自己或使自己处于受欺的条件。

---

① 包伟民(主编):《龙泉司法档案选编》(第1辑·晚清时期),第529页。

② 巴县档案号6-4-5859。

③ (清)周石藩:《共城从政录·禁拾麦》(不分卷),道光十九年重镌,家荫堂藏板。

类似表述在各地官民间当较为通用。比如在顺天府宝坻县,道光十二年闰九月孙维与孙纯兄弟为田产与钱物争讼。孙纯的呈状称对方“恃兄欺弟、讹赖捏控”①。道光二十二年(1842)五月初六日,宝坻县民黄福亭称黄李氏受杨永等窝唆,自伤头颅讹赖。知县批示:“如果黄李氏自伤讹赖,更属恃妇逞刁,着该乡保查明确实禀究”②。道光八年十月初八日,重庆府巴县陶长发的禀状称“本年三月,蚁以藐抗拖害、四月蚁以哀恳究追等事禀卷,沐批:‘萧太昌是否恃横赌控,即赴堂辕具禀’”③。咸丰二年七月,巴县民众夏万顺的告状称:“曾宪康恃横霸占,伊一人帮揽四字糕饼铺……”④。咸丰三年二月十八日巴县民众王长发和徐祥兴的禀状称“廷才恃刁,恶棍奸诡卸责,控以逼毙诬勒告案……”⑤。咸丰三年十二月,雷廷富告赵正魁赊买羊皮估骗钱文不给一案的诉状称,赵正魁同贺义泰之子贺广文到雷廷富的毛货铺买羊皮四件,欠银八两七钱,向之讨要,贺义泰邀赴东岳庙讲理众剖,赵正魁“仗恃刁棍,统冒衿丽三爷、恶痞易顺、汤姓在人扭发辨跌地,殴伤右肋……”⑥。在广西万承,当事人的诉讼珠语使用诸如“恃豪陷妻”“持势横行、掠取牛只”“恃众挟制”“恃其势恶”“恃富不仁”的表述⑦。

与“恃”的含义相近的另一个字是“挺”。“挺”在黄岩诉状中的含义一般指某人为持有某种利益而顽强顶住,或支使他人挺身而出,或依赖某人或某一对己有利的形势借机无理抵抗或无理取闹。其内涵的贬义性质与“恃”一样,成为呈状人用以指控对方的常见用语。如 71 号诉状称“宝栋、必善等藉势挺硬,欺凌莫已”;1 号诉状称张乘鳌“挺身逞凶”;55 号诉状称郑开金“挺凶勒诈”。另外还有 63 号诉状“图诈挺捏”及“挺母陈牟氏埋呈图诈”;65 号诉状“尤复挺母毛氏装伤侮赖”;70 号诉状“反敢挺父解岩仙哄家詈闹”。这几份诉状大都是呈状人起诉对方依赖母亲(因为是女性)或父亲(因为年老)而无理取闹,借机侵犯呈状人的利益。该“诉讼语言”也出现在司法裁判中。如在 44 号诉状的裁决中,知县指责石映霞“出头挺认捏情倒控”;在 58 号诉状的裁决中,知县斥责陈卢氏“辄挺卢英辅至家殴毁。”“挺”的这一特殊用法也出现在清代其他区域司法官员的叙事中,如道光年间曾于山西任知府的张集馨描述平定州讼师郭嗣宗“扶其七旬以外之母在

① 顺天府全宗号:28－2－96－063。
② 顺天府全宗号:28－2－96－104。
③ 巴县档案号 6－3－9832。
④ 巴县档案号 6－4－5815。
⑤ 巴县档案号 6－4－5829。
⑥ 巴县档案号 6－4－5848。
⑦ 《万承诉状》,王昭武(收集)、韦顺莉(整理),第 15、43、61、65、101 页。

旁挺撞，问官稍加声色，郭母即欲碰头寻死"[1]。在广西万承，当事人指控对方"广交书吏，精恋衙门，一家男女，挺身书门，执棍持刀赶杀"[2]。

## 四、诉状"珠语"的模式

在每份黄岩诉状的首行，均列有起诉时间、当事人（具呈人）姓名、起诉案由及诉讼请求，这相当于诉状的标题。其中，最值得注意的是绝大部分起诉案由为四字句格式。以1号诉状为例，首行为"同治十三年十二月十八日徐延燮呈为噬修被殴泣求讯追事"。该标题表明当事人徐延燮于同治十三年十二月十八日向衙门呈交诉状，起诉案由是"噬修被殴"，诉讼请求是"泣求讯追"。其中最值得注意的是绝大部分起诉案由为四字句格式。这种形式在当时被称为"珠语"。由于状纸在印刷时已经按四字珠语预留了字格，因此几乎所有诉状的起诉案由均使用了四字珠语形式。试将其中具有典型珠语特征的起诉案由及对应的纠纷内容例表如下：

表十　四字珠语与起诉案由对应表

| 诉状序号 | 纠纷内容 | 起诉案由 | 诉状序号 | 纠纷内容 | 起诉案由 |
|---|---|---|---|---|---|
| 1 | 债务纠纷 | 噬修被殴 | 2 | 财产纠纷 | 籍嫌侧诬 |
| 7 | 殴斗纠纷 | 拂赊毁殴 | 8 | 财产纠纷 | 霸噬肆蛮 |
| 10 | 归宗纠纷 | 听唆丧良 | 13 | 争水纠纷 | 强戽水塘 |
| 17 | 财产纠纷 | 霸吞继产 | 19 | 财产纠纷 | 恃势贪噬 |
| 21 | 财产纠纷 | 背据烹吞 | 22 | 债务纠纷 | 恃强负噬 |
| 23 | 财产纠纷 | 恃强霸吞 | 24 | 立继纠纷 | 唆讼霸继 |
| 28 | 债务纠纷 | 欺寡诬噬 | 31 | 债务纠纷 | 勒休负噬 |
| 32 | 殴斗纠纷 | 截路凶殴 | 33 | 嫁娶纠纷 | 逼嫁串抢 |
| 34 | 债务纠纷 | 恃强吞噬 | 36 | 嫁娶纠纷 | 图诈捏控 |
| 39 | 财产纠纷 | 刁告图噬 | 40 | 财产纠纷 | 强占倒诈 |
| 41 | 财产纠纷 | 藐抗锢噬 | 42 | 债务纠纷 | 吞公肆凶 |
| 43 | 债务纠纷 | 昧死噬款 | 46 | 债务纠纷 | 顽伙噬款 |
| 47 | 债务纠纷 | 丧良蓄噬 | 48 | 债务纠纷 | 恃强负噬 |
| 49 | 殴斗纠纷 | 忿理毁殴 | 51 | 房产纠纷 | 逞凶占殴 |

① （清）张集馨：《道咸宦海见闻录》，第41页。
② 《万承诉状》，王昭武（收集）、韦顺莉（整理），第7页。

续 表

| 诉状序号 | 纠纷内容 | 起诉案由 | 诉状序号 | 纠纷内容 | 起诉案由 |
|---|---|---|---|---|---|
| 52 | 遗产纠纷 | 因奸荡产 | 54 | 财产纠纷 | 恃泼串诈 |
| 55 | 房产纠纷 | 挺凶勒诈 | 56 | 嫁娶纠纷 | 朋谋贩卖 |
| 59 | 失窃案件 | 夤夜撬窃 | 60 | 地产纠纷 | 惑众阻葬 |
| 61 | 地产纠纷 | 强霸侧控 | 62 | 立继纠纷 | 悖命更继 |
| 63 | 财产纠纷 | 图诈挺捏 | 67 | 财产纠纷 | 图烹诬制 |
| 68 | 田产纠纷 | 霸占捏控 | 70 | 债务纠纷 | 负噬侧诬 |

在今人看来,上述诸如"图诈捏控""唆讼霸继""挺凶勒诈"等案由概述具有极强的视觉刺激,仅从这些案由概述判断,会令人误以为是发生了诸如抢劫、敲诈勒索等暴力侵犯私人财产的刑事案件[①]。然而,事实未必如此。比如,1 号诉状当事人的起诉案由是"噬修被殴",而事实上只是因学生家长欠缴学费而引起的债务纠纷。但是,该纠纷一经珠语形式的修饰性概括,便成了"严重的斗殴事件"。再以 55 号诉状为例,其起诉案由是"挺凶勒诈",从字面上看,会误以为对方当事人以暴力胁迫达到敲诈勒索的目的。事实上,在这整份诉状各种极富渲染力的文字表达背后,只不过是一件普通的房产纠纷。以极其严重的口吻,甚至是"恶毒"的人身攻击,呈现的文字表达与案件事实间有巨大差距,这种现象在其他诉状中都有不同程度的反映。

上述表达出自不同当事人的诉状中,起诉案由的表达形式高度一致并非偶然。田涛认为,明清时期的讼师秘本中收有各种珠语,并成为地方官府受理诉讼时官方认定案由撮要的专用表达。这些一般的民间纠纷,由于采用了"珠语",于是事由变成耸人听闻的重大案情。但如果仔细阅读告状的内容,则大部分不过是一些民间细故[②]。起诉案由的概括方式与讼师秘本传授的诉状书写技巧之间有着紧密联系,这种诉讼语言的表达模式是当时的常态。乾隆朝出版的著名小说《儒林外史》亦有类似表述。书中的安东县向知县坐堂,审理三件事,一是"为活杀父命事";二是"为毒杀兄命事";三是"为谋杀夫命事"[③]。实际上,事实与上述三件事的案由存在较大差异。

---

① 学者谓,明代讼师秘本的用语最大的特点是"刺激性""挑衅性",[日]谷井阳子:《为何要诉"冤"——明代告状的类型》,载[日]夫马进(编):《中国诉讼社会史研究》,范愉等(译),浙江大学出版社 2019 年版,第 220—222 页。当时秘本收录的撰写告状的方法与清代一脉相承。

② 田涛:《第二法门》,法律出版社 2004 年版,第 114—115 页。

③ (清)吴敬梓:《儒林外史》,张慧剑(校注),人民文学出版社 1958 年版,第 236—237 页。

夫马进认为，讼师秘本《萧曹遗笔》的六条珠语和分条珥语罗列各色各样的语言，大致用来攻击对方，诉说自己的悲惨境遇与蒙冤的无辜，有二字句、四字句、六字句等，以四字句最多。例如告词中的“谋夺生妻”和诉词的“违令诬骗”，“淫豪”和“望光上诉”。原告、被告都可以从中找到攻击对方最合适的语言[①]。巴县状纸中一般也预留四字格为当事人用以概述案由，当事人一般双行叠写为八字。如乾隆五十三年(1788)三月，巴县李忠因财产纠纷控告差役，其案由在四字格内的双行表述为：“乘外害惨，恳电拘讯”[②]。道光三年四月正里七甲孀妇邓罗氏以“逆凶灭伦、首恳法究”控告邓谟立推母亲邓罗氏倒地[③]。对比黄岩诉状案由的描述形式与讼师秘本收录的各种珠语或起诉案由，我们确能发现二者间存在诸多相似的痕迹。比如，在今天保存下来的讼师秘本《透胆寒》中，涉及房产纠纷的起诉案由就有“诬吞世业”“群恶抄家”；涉及婚姻类的起诉案由有“悖盟捏抢”“势谋惑捏”“贪心兽合”；涉及田土类纠纷的起诉案由有“重契鲸吞”“夺生憾死”“灭继斩

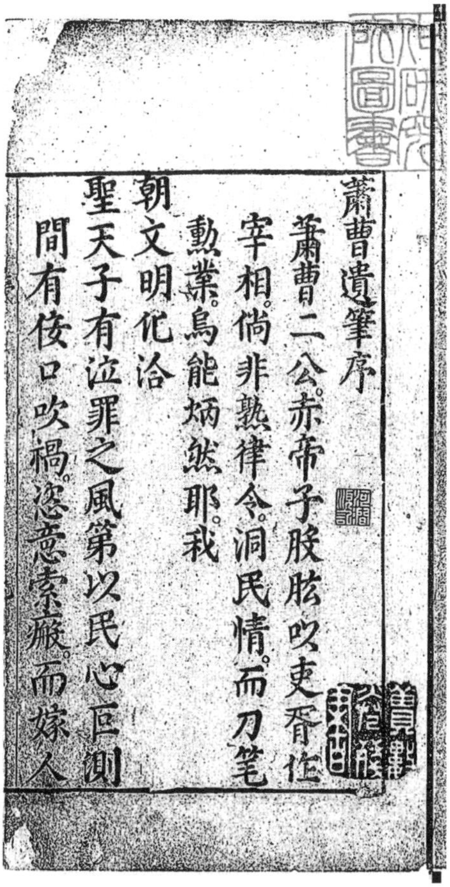
蕭曹遺筆序
蕭曹二公。赤帝子股肱吏胥佐
宰相。倘非熟律令。洞民情。而刀筆
勳業。烏能炳然耶。我
朝文明化洽
聖天子有泣罪之風第以民心叵測
間有佞口吹褐。恣意索瘢。而嫁人

(图十　《萧曹遗笔》“序”首页。讼师秘本假托西汉萧何、曹参之名，壮大声势。清代出现多种“萧曹遗笔”版本，表明社会对讼师秘本有着活跃的市场需求。早期《新镌萧曹遗笔》现存明万历年间刊本，作为当时非法出版物，原辑者“竹林浪叟”系化名，以避免官方打击。)

① [日]夫马进：《讼师秘本〈萧曹遗笔〉的出现》，载杨一凡(总主编)：《中国法制史考证》(丙编第四卷)，郑民钦(译)，中国社会科学出版社2003年版，第475页。

② 四川省档案馆(编)：《清代巴县档案整理初编・司法卷・乾隆朝》(一)，第207页。

③ 巴县档案号6－3－9838。

祀”“计割人肉，以充己饱”“大丧良心”等等[①]。但在今天看来，这些四字珠语形式的起诉案由都不过是涉及户婚田土钱债的普通案件，没有当事人描述的那样严重。另一讼师秘本《两便刀》收录的户部与礼部珠语有诸如“执占产业”“炒(抄)家欺孤”“立继乱法”“强取节妇”等[②]。

在《萧曹遗笔》中，弟弟告长兄霸业写成是“恃嫡吞孽”，长兄反诉弟弟则是“悖义殴兄”；叔逐父产被称为“夺继吞业”，侄告叔殴写成“吞业杀命”[③]。实际上，这些诉状涉及的内容只是财产纠纷，并没有出现任何人命杀伤现象。类似的，赚吞房屋被称作“鲸吞鸠夺”；田主起诉佃户抗租不还称为“欺弱负租”；佃户的答辩状则指控田主“虎噬民膏”；侄儿起诉堂叔侵夺产业称为“吞产杀命”；承租人未交房租被指控为“虎恶霸业”[④]；起诉对方悔婚则是“悔姻绝宗”，对方当事人则反诉请求“法究人伦”[⑤]；《惊天雷》记载有“强赘慕家”“谋赘吞业”“负聘重婚”“夺婚惨冤”“谋妻灭子”“逐婚嫁女”以及“刀夺发妻”等的婚姻类珥语(也即珠语)[⑥]。

一旦在相关纠纷中采用上述珥语(珠语)，在字面上看起来，这些纠纷似乎无不伴随着极为严重的暴力行为甚至杀伤事件。与此相似，黄岩婚姻类诉状中采用的起诉案由，诸如“逼嫁串抢”“图诈捏控”“听唆丧良”“朋谋贩卖”等等，也无不与暴力行为相连。这些高度格式化的起诉案由花样百出，看后令人心惊肉跳。很显然，针对即使很普通的自理词讼，讼师秘本存在故意夸大的表述，成为指导人们撰写诉状的主要特征。作为非法出版物，明清时期的讼师秘本迎合了市场，其叙事风格与大量诉状高度一致，说明这种地下出版物有广泛的需求，受到当事人及官代书的欢迎。

官民之间珠语产生着交互影响。四字珠语是清代讼师秘本中概括案由的通常格式。这种珠语在清代状纸中也颇颇出现。比如巴县官方颁印的状纸正文第二行预印“为……事”之间预留八个空格，当事人通常以两句珠语来概括其涉讼的案由。另外，诸如《政刑大观款约》这样的官箴书，列有状纸格式，供当事人或官代书书写时参考[⑦]。这份官颁状纸格式中，“为

---

① 《湘间补相子原本新镌透胆寒》卷六《房屋类》、卷七《婚姻类》和卷八《田土类》。

② 《萧曹雪案校正两便刀》卷一，上海广益书局发行，民国四年校正，第5页上端。

③ 《新刻校正音释词家便览萧曹遗笔》卷二《家业类》，上海广益书局发行，民国四年校正。

④ 《新刻校正音释词家便览萧曹遗笔》卷二《田宅类》，上海广益书局发行，民国四年校正。广西万承则有诸如“虎噬之心”“鲸吞之意”及“昧良鲸吞”类似表述，《万承诉状》，王昭武(收集)、韦顺莉(整理)，第111、115页。

⑤ 《新刻校正音释词家便览萧曹遗笔》卷二《婚姻类》，上海广益书局发行，民国四年校正。

⑥ 《新刻法笔惊天雷》卷二《婚姻珥语》，上海广益书局发行，民国四年校正，第10页上端。

⑦ 《政刑大观款约·刑律·特颁状式(兴泉政略)》，第144—145页。

……事”之间亦预留若干空格。这说明当时官方早已经许可当事人(或代书)采用讼师秘本介绍的某些表述方式。不仅如此,珠语也出现在官方的正式表述中。以道光六年二月吴国臣诉苏世才案为例。吴国臣于当年二月初八日呈交的状纸上的珠语为“藐批霸踞、恳唤讯逐”,在第二天知县签行的传票上,亦引用了“藐批霸踞”一语。[①] 这就说明珠语直接影响了官方司法语言的表述。珠语也可能是官民互动后产生的固定用语模式。早在康熙年间,山西省交城县知县赵吉士在向上级呈报的案件相关详文中,就多次使用类似珠语的表述方式,这包括“富杀贫命”“朦哄脱行”“借尸吓诈”“飞空串吓”“欺异串吓”“官蠹暴横”“凶殴良妇”等等[②]。

## 第二节 诉讼请求正当化的方式

### 一、诉求正当化与讼师秘本

完成指控对方种种无理行为后,呈状人随即提出各种诉讼请求,这构成黄岩诉状的另一重要部分。这一部分主要出现在诉状结尾,多数以四字格式为主,少部分是六字(或以上)格式。既有简单的词汇,如16号诉状“伸冤、肃法”;也有单句,如18号诉状“锄强援弱”;22号诉状“杜噬安良”;38号诉状“杜诬锄禁”;41号诉状“惩噬杜累”;46号诉状“杜噬安良”;47号诉状“杜噬援弱”;60号诉状“杜奸免患”;63号诉状“杜横扶弱”;78号诉状“存案杜害”。也有复句,如8号诉状“惩蛮横,安民业”;19号诉状“以杜贪噬,而援贫弱”;23号诉状“以杜吞噬,而正民业”;28号诉状“杜诬累以安寡弱”;30号诉状“杜后累,安家业”;58号诉状“杜凶噬而援弱寡”;70号诉状“杜刁噬以安农弱”等等。这些诉讼请求及其理由的主要特点是:当事人的诉求并不以(也不存在)类似于现代法的“权利—义务”为前提,而是直接在指控对方当事人严重危害性(存在夸大现象)基础上(即冤抑),请求衙门通过惩办对方,以除暴安良、扶弱锄强。其极端,则如万承诉状的一则表述:“不然,将见贪暴日炽,民等死亡立至矣”[③]!

对照讼师秘本,将会发现这种风格自有渊源。如《两便刀》收录了一系

---

① 巴县档案号6-3-6141-6。

② (清)赵吉士:《牧爱堂编》,郝平(点校),商务印书馆2017年版,第200—203页。

③ 《万承诉状》,王昭武(收集)、韦顺莉(整理),第47页。

列的诉条珠语概括其诉求:"仰天苏民""乞绝移陷""飞冤黑陷""恳天理拨""独行远害""昭屈启冤""恳宥恤孤""拨冤杜害"等等[①]。这些"诉条珠语"是讼师秘本指导当事人向衙门提出满足其诉讼请求和诉讼理由的套语,一般出现在诉状的中间或结尾。另外,《两便刀》收录的一些诉状,包括告状与对方当事人的诉状,在状纸结尾使用了诸如"天理奚容,投天急救"及"扶伦正罪,振扬风纪"等常见的套语[②],这与诉状的叙事风格基本一致。

## 二、诉讼请求正当化的依据

上述诉讼请求的提出并不仅仅基于呈状人成功指控了对方的某些"侵权"行为,还与呈状人注意寻求整个清代社会所能提供的一切法律制度、主导道德或思想观念等方方面面的有利资源,为其诉讼请求正当化提供最大限度的依据有关。这主要表现在以下几方面:

其一,将诉讼请求的正当化诉诸于法/王法。如 49 号诉状呈状人张汝嘉起诉"炳扬主硬,既理得翻,明以身孤姓易欺,假此仇理拷毁凶殴,殊属目无王法";27 号诉状呈状人张所寿诉称"似此光天化日之下,匪徒肆无忌惮,王法安在? 不求宪天迅赐严提法办,眼见后祸靡穷,心何甘抑";33 号诉状具呈人于周氏诉称"似此逼嫁串抢,不沐严提法办,则孀妇无从立足,王法安在";34 号诉状具呈人胡凤山"伏乞大老爷电赐立提讯明,究追法办,除凶噬以清债欠";36 号诉状具呈人鲍娄氏"思媳既不愿从夫殆终,犯上不法";57 号诉状具呈人李金固提出其诉讼请求的依据是王氏之子永凤"胆敢抹却尊长名分,犯上倒诬,抗不遵理,家法国法概等弁髦";62 号诉状具呈人陈吉南起诉罗承敬的理由是罗承敬"强霸变更,显悖先人之命,隐吞后嗣之产,法所不容";64 号诉状具呈人梁一松再次起诉的依据是高异生"诳称身住之屋,俱系伊业,实属目无法纪";69 号诉状具呈人王镇求诉讼请求的正当依据是"若不求粮号速推均照户,不但五十五年银米银钱一无所有,则子孙日后贻累无穷,尺法奚容? 为迫哀求伏乞大老爷电准推粮过户,追粮米银钱,除刁风,正法纪"等。

有人以《汝东判语》为例,认为清代官员处理案件时把"法"作为自己处断的根据和理由。其中,"法"在判语里是一种概指,它有时指"律",有时是指"例"[③]。黄岩诉状当事人指称的"法"或"王法"一般不是指具体的律例,

---

① 《萧曹雪案校正两便刀》卷二,第 8 页上端。

② 《萧曹雪案校正两便刀》卷四,第 20 页。

③ 李孝猛:《中国 19 世纪基层司法文化研究——以〈汝东判语〉为文本》,《法律史研究》(第一辑),中国方正出版社 2004 年版,第 5 页。

而是基于自身对王朝意志、最高权威的道德规则或公共秩序一般准则的模糊认识。这种模糊认识下的"法"或"王法"不具有客观外在的、众所周知的具体律例内容①。一般而言,官员及当事人援引的"法"并不概指法律条文(律或例),而是类似于情理的抽象观念。在审理"细故"纠纷时,当且仅当有必要以及存在相应的律例时,官员或当事人才援引法律条文。从黄岩诉讼档案来看,绝大部分当事人及知县提及的"法""王法"并非指具体的法律,当事人提及律、例禁或例时才表示援引具体的国家制定法。这种区别在清代其他区域官员的判牍中亦有所反映②。在基于个人对上述准则、意志的模糊理解基础上,当事人通过指责对方违背某些至高原则、公共秩序,完成自身诉讼请求的正当化。

其二,将诉讼请求的正当化诉诸于理(理法/情理/天理)。如 41 号诉状具呈人梁洪秋指控梁洪梅"尤敢串嘱场差,至身家倒拘未得,一面带差截路图拉,使身有路莫行,揆诸理法,两难容已";61 号诉状具呈人郑大荣控诉蔡景丰"图霸逞凶,理法难容";1 号诉状具呈人徐延燮提出诉讼请求的依据是"束修虽小,而情理难容,若不急求饬差严拘讯追,蒙师之业已废矣";36 号诉状具呈人鲍娄氏诉讼请求的理由是杨周氏"图诈不遂,听唆捏控,殊属横出理外,不求恩赐,饬传究诬法办,心何抑甘";38 号诉状具呈人林桂槐提出"不求饬提讯鞫法办,则被捆被勒,又完无业之粮,天理奚存";63 号诉状具呈人陈周氏自称被(陈法藐)凭空"挺母捏控,不求提案究惩,理法奚容"。

## 三、情理法的理解与当事人的不同选择

上述理法/情理/天理大致是当事人基于大众共同认知的公正感觉,有些也许是当事人基于自己固执的认识,包括人之常理、私下相互交往中理应遵守的习惯或正当性规则,不成文的、存在于人们头脑之中的事理或事情应如此处理的大致方式。这与当事人将诉讼请求正当化诉诸于法/王法并无本质区别。关于清人对"情理"之类的理解,我们可以参看方大湜的论述:"凡事必有情理,作伪者往往出乎情理之外。果能细心体察,虽不中,必不远"③。在方大湜看来,与作伪相对,情理主要指事实之常理、真实性、人

---

① 滋贺秀三认为,清代诉讼(如官员的判语)中言及的"法"是指国家制定法,判语中引照法律最明确的方式是以"律载""例载"为前置。[日]滋贺秀三:《清代诉讼制度之民事法源的概括性考察——情、理、法》,范愉(译),载[日]滋贺秀三(等著):《明清时期的民事审判与民间契约》,王亚新等(编),法律出版社 1998 年版,第 24 页。

② 如《陶甓公牍》卷四《批判・礼科》"歙县民妇黄许氏禀批"记述刘汝骥的评判:"殊不知买卖人口本干例禁。"

③ (清)方大湜:《平平言》卷三《察情》。

们对某一事物的正常及正当性共识。违背情理,如指责他人“殊出情理之外”“不合情理”或“无此情理”,意味着对方当事人有作伪、虚假或与社会约定俗成的道德共识相对立的行为。

关于清代情、理、法的研究,学者多有争论。滋贺秀三认为情理既有强行性公序良俗的意义,又作为被妥协分担损失的折衷手法而运用,又作为试图调解社会关系整体的原理而存在。因此,情理不是能够进行实证性论证的东西①。黄宗智认为滋贺秀三的观点主要是对官方表达的分析,有它一定的价值,但不能等同于法律实践和整个法律制度。他认为官方的“天理、人情、国法”与民间调解之中的“情理”不同②。

不过,黄岩诉讼档案反映,官方与双方当事人都在司法过程这一场景中争取/争夺对情、理、法的理解,或提供自认为更加权威、准确的阐释,为其他两方确立可以或应当接受的案件裁判的说理基础。情、理、法没有事先客观外在的、可以明确感知的具体内容,其本身有赖于诉讼参与者基于对具体案件的认知过程加以明确化。我们很难从中区分出泾渭分明的官方与民间(当事人)对情、理、法理解的不同层次。如果说官方与民间可能存在差别的话,这种差别主要是因为认识主体具有不同的权威程度,如德高望重与否或行政级别高低,从而影响甚至决定了他们对情、理、法解释的不同权力以及在司法过程中的不同效力。正如寺田浩明综述日本的清代司法制度研究时所述,官府审判与民间调解并不意味着国家与社会的区别对立,两者的差异只在于关于“情理”判断的高低以及作出判断的人物所享有的权威程度,还有这种判断的影响力大小等方面。关于是否合乎“情理”而作出判断的人们就像一个金字塔式的序列,在顶上是“天命所归”、集“有德”之大成的皇帝,以他为赋以权威的源泉从上至下排列着大大小小的官吏,在底部则分布着因其高低不等的道德修养而可能在各自居住的地域进行调解的绅士或一般人③。

当事人将诉讼请求的正当化诉诸于情、理、法,也是对知县惯常将裁判依据于情、理、法而形成的路径依赖。黄岩知县大量援引情、理、法作为裁判的依据。如黄岩县数任知县针对具呈人的诉状分别作出如下裁判:“(蒋

---

① [日]滋贺秀三:《清代诉讼制度之民事法源的概括性考察——情、理、法》,范愉(译),载[日]滋贺秀三(等著):《明清时期的民事审判与民间契约》,王亚新等(编),法律出版社1998年版,第34页。

② [美]黄宗智:《清代的法律、社会与文化:民法的表达与实践》,上海书店出版社2001年版,“重版代序”第11—12页。

③ [日]寺田浩明:《日本的清代司法制度研究与对“法”的理解》,王亚新(译),载[日]滋贺秀三(等著):《明清时期的民事审判与民间契约》,王亚新等(编),法律出版社1998年版,第134页。

金合)钱既不还纵敢恃强肆凶,无此情理”(42 号诉状);“(石映霞)乃为出头挺认捏情倒控,恐无如此情理”(44 号诉状);“(徐永宁)向讨欠款人之常情,岂能反颜相加,无此情理”(48 号诉状);“(张汝嘉)所称王加标同行嫉妬,事或有之,然何致因此纠人向尔斥骂,甚至不容分剖辄行扭殴?恐无如此情理”(49 号诉状);“如果背收非虚,该氏(陈卢氏)向讨亦事在情理,何致反被持械行凶。词不近情。仍不准”(58 号诉状)等。

作为民之父母的知县,相对于普通人而言,身份上处在更高位置,其对情理法的认知更具权威性的解释。知县裁判的权威影响了当事人诉讼请求正当化的论证。司法过程中抽象的情、理、法大量被援引,影响当事人诉讼请求正当化的选择方式。情、理、法既是当事人诉讼请求正当化的依据,也是知县裁判正当化的重要理由,因此官、民双方在司法过程中共同选择情理法并没有出现本质区别。

黄岩诉状显示,情、理、法包含了民间与官府对直觉正义、社会秩序和道德理念等各种原则的互动认识。这些理念包含官与民对公正、正义、公道或公平等模糊而在一定基础上具有相似的感觉。情、理、法某一具体内容的确定,通过当事人或知县结合某一个案来认知或再解释完成。缺乏足够的、可资援引的民事法律制度或民事判例制度,知县或当事人对某一纠纷的判断、定性,都主要倾向于综合了清代某些道德伦理或情、理、法的认知和再解释过程,并在各自追求利益最大化的情况下,将自身对情、理、法的理解试图置换为社会的共同认知,将自身对维护利益的诉求与社会对正当性的认识在表面上保持一致。这是情、理、法被频繁援引的原因,也是其在清代听讼过程中具体作用的大致表现。

寺田浩明认为:“清代的状子与近代民事诉讼中的起诉文书不同,并不是根据法律主张自己的权利和请求得到保护的书面”,“所谓打官司的过程,就当事者而言就成了使用各种方法从不同的侧面展示对方欺压的横暴和自己不堪凌辱的惨状”[①]。这个见解不完全准确。若当事人能在法律上找到明确依据,往往诉诸法律为准绳,以维护自身的利益。如 56 号诉状呈状人杨周氏指控对方贩卖妇女,此种行为在《大清律例》“收留迷失子女”律有严格规定[②],因此当事人认为“非求宪天提究追律办,不但氏许夫妇之女被卖,风化有关焉”;60 号诉状当事人应履廷指控对方“为此荒诞不经之

① [日]寺田浩明:《权利与冤抑——清代听讼和民众的民事法律秩序》,载[日]滋贺秀三(等著):《明清时期的民事审判与民间契约》,王亚新等(编),法律出版社 1998 年版,第 214、217 页。

② 《大清律例》,田涛等(点校),第 180—181 页。

举，实干左道惑众之例。为此情急迫叩，伏乞公祖大人电准饬差严提究办，杜奸免患。”“左道惑众”同样为清律所禁[①]。62 号诉状呈状人陈吉南指控对方改变先人立继遗愿，此种行为在《大清律例》中亦有严格限定[②]，因此当事人只字不提“情理”或“王法”，而是直接提出“不求宪仁按律追断，苦童在块继业，概被鲸吞，生难甘心，死难瞑目”。

以上事例表明，一旦当事人指控对方所犯不法行为在正式法律中有明确规定（往往附带有刑事处罚），则当事人大都请求知县“按律法办”或“按律追断”，或向知县提出对方行为触犯例文；如果所指控的案情在成文法律中存在立法漏洞或立法不明，则当事人的诉求往往揆诸天理人情，将诸如“王法安在”“天理奚容”或“理法难容”等等作为其诉讼请求正当化的依据。

以 75 号诉状为例，呈状人金桂芳之妻的棺柩被盗，在之前呈交的诉状中，倪姓知县表示“严缉究追”。不过，从当事人再度递交诉状推测，官府并未捕获盗贼。经原告自行“四处稽查”，访得“案匪”童汝松。但童汝松只是盗了金桂芳的邻居陈金渠母亲的棺柩。盗窃棺柩触犯《大清律例》，而且是较严重的刑事犯罪。“发塚”律文规定：“若塚先穿陷及未殡埋，而盗尸柩者，杖九十、徒二年半。开棺椁见尸者，亦绞。”“发塚”例文规定：“凡发掘常人坟塚，开棺见尸为从，与发见棺椁为首，俱发近边充军。如有纠众发塚，起棺索财取赎者，比依强盗得财律，不分首从，皆斩”[③]。为此，原告没有把其冤抑与诉讼请求诉诸于情理、王法之类泛泛的依据，而是直接请求知县“签拿童汝松到案研讯，究出同盗各匪，按律法办。……研讯余党[④]律办除匪党。”杜凤治在老家山阴县时家中失窃，窃案可能涉及窃贼阿齐、马快包庇，杜在写给知县的禀状称：“马快胆敢窝贼，知法犯法，罪更难逭，……定是阿齐伙窃、小宝窝藏。伏祈公祖大人严饬小宝交出阿齐，究追前赃，按律重办，马快更宜加等”[⑤]。在杜的禀状中，丝毫不提及王法、情理等抽象术

---

① 《大清律例》“造妖书妖言”律规定：“凡造谶纬、妖书、妖言及传用惑众者，皆斩。”另见“造妖书妖言”例文相关规定。《大清律例》，田涛等（点校），第 368—369 页。

② “立嫡子违法”律条及相应例文，《大清律例》，田涛等（点校），第 178—180 页。

③ 《大清律例》，田涛等（点校），第 408—410 页。对此案，知县同样没有太多追查盗匪的热情，估计案件最后也不了了之。对发塚类案件，尽管律例规定的刑事责任极为严厉，据《刑案汇览》，相关罪犯或被充军、流刑，或刺字，地方官则多为轻判，或官批民调，允许违法者以赔偿结案，或简单发出发塚禁令而未作进一步调查，see Wetting Guo, “Social Practice and Judicial Politics in ‘Grave Destruction’ Cases in Qing Taiwan, 1683 - 1895”, in *Chinese Law: Knowledge, Practice and Transformation, 1530s to 1950s*, Li Chen and Madeleine Zelin ed, Brill Press, 2015, pp. 87 - 88.

④ “党”，原文作“堂”，引者据文意改。

⑤ 《杜凤治日记》（第十册），第 5462 页。

语，而直接诉诸于具体法律，证成其诉求的正当性、合法性，其思路同升斗小民并无显著差异。

当事人诉讼请求正当化的理由从通常揆诸于情理、王法到偶尔诉诸于国家成文法律的转变，反映了不同当事人依据不同案情及法律规定作出的回应。对大部分当事人而言，这些法律知识当由讼师或其他法律从业人员提供。这种回应方式是在双方当事人利益竞争秩序中的力量对比、相关法律知识的掌握情况，尤其是知县裁判逻辑与价值取向影响等因素的作用下形成。在绝大部分黄岩诉状中，知县主要依据自身对状词的认识直接作出批示，这些批示除诉诸于情理外，极少援引具体的法律条文。其原因之一在于，除了刑事案件外，《大清律例》对自理词讼的禁止性规定主要限于家庭伦常婚嫁立继等内容。针对此类案件，知县才偶尔援引律例，以驳回起斥、实现息讼主旨。比如在 31 号诉状，欧阳知县裁决："查私和人命，**例**载治罪明文，诬告有反坐之条。据呈论罪，该氏得必居其一。本先将该氏研讯严究，姑念妇女无知，从宽驳斥。不准。"针对 62 号诉状，欧阳知县裁决："查**例**载：'子不得于所后之亲准其别立。'据称吉辉系尔之弟，何得因产相争。不准。"对于绝大部分田土钱债案件，知县则直接以不合情理等为由驳回起诉。

## 第三节　诉讼方式承载的制度信息

黄岩县讼案当事人的诉讼方式与清代整体州县诉讼实践之间，有着密切联系，试分析如下。

### 一、"弱者"身份与诉讼正当性证明

黄岩县的呈状人在诉状中通常描绘对方贯有的种种恶行，并叙述自己因此身陷"窘境"，不约而同地将自己打扮成"弱者"，此种叙事模式当时多为常态。在巴县，乾隆三十五年四月，甘杨氏的禀状称"恳怜无知"[①]。这些类似表述是当事人试图影响知县裁判和力求在讼争中获胜的努力。大部分自理词讼与律例规定之间没有紧密的应对关系，这些似乎与讼案本身不甚相关的基于"弱者"身份的指控，构成讼案双方自身行为正当性或合法性的证明：讼案当事人通过将个人处境或对方行为与父母官的意识形态联

① 四川省档案馆（编）：《清代巴县档案整理初编・司法卷・乾隆朝》（一），第 17 页。

系起来,证明自己向衙门呈交诉状,实为迫不得已,绝非无理取闹,比如,自称"迈拙之辈",言下之意不可能是"健讼之徒",从而将起诉行为纳入符合当时主流政治导向的叙事中。寺田浩明曾以淡新档案的一个事例为素材,概括清代(民事)诉讼基本模式为:将我方视为弱者并坚守道理,对方则不断有"欺压"行为;因此,给人的印象是,自己处于不当的、不得已的"冤抑"状态;然后请求地方官替天行道,惩罚这样的欺压之辈,为自己平反昭雪("伸冤")①。黄岩县讼案当事人的诉讼方式与此具有共通性。

但是,此类常态化的表述模式是否能收到预期目的,恐怕是个问题。在乾隆五十三年,重庆赵知府指出:"民间冤抑,原许控官伸诉,是以各衙门设立代书,据情直陈,按期投递。果有不平,地方各官断无不为伸理,岂容事出无端,平空扰累?乃渝郡地方往往有等无赖刁民串通胥役,朋比为奸,动辄假捏事故,赴署喊冤。各衙门见此迫不及待之状势,必事关重大,即行出单唤。试思命盗重情,尚须具呈控告,何以事无影响,反致呼吁?……本无受屈之情,岂有准理之案,不过藉名喊冤,实希索诈。……嗣后毋许混行喊冤出单拘唤,致滋忧累"②。这则公告有两点值得分析,其一,若如知府所云,只要有冤抑,地方官必为伸理,那么,当事人何必"动辄假捏"?恰恰是诉讼之门容量有限,多数当事人被迫采取健讼之策。其二,无论重情还是细事,"冤抑"表达为当事人的诉讼常态,反过来加深官员对当事人道德上的指责("朋比为奸""假捏事故"),使案件受理带来进一步障碍,造成更多当事人喊冤,更加引起官员的反感。

上述呈状人基于"弱者"身份提起诉讼,并不仅仅经由某个或某些当事人频繁运用而日渐成形。很大程度上,这种起诉套路也是官方意识形态或司法过程对弱者表现出的同情所作的回应。一方呈状人向知县倾诉自己为身陷悲惨处境的"弱者",如年老、身穷或愚拙等,有时可能引起主审官员的同情,如果违律的话,可能减刑或免刑,甚至因此实现部分诉讼请求,尽管这种请求并没有事实基础。比如,道光六年正月,贵州绥阳县民刘廷瑛控称,原藉江西的邓集详(又作邓集贤)卷逃其银两衣物,并扭送邓集详相识之同伴刘祖敏到案。巴县知县刘衡受理此案后,指令刘祖敏找寻邓集详。至二月初八日,刘祖敏呈状称"伊系共族祖孙,同在江北嫖娼一月之久。被娼剥去衣服数件,蚁乃小贸愚民,各寓一坊,与蚁何涉。蚁已遵法同

① [日]寺田浩明:《中国清代的民事诉讼与"法之构筑"——以〈淡新档案〉的一个事例作为素材》,李力(译),《私法》(总第6卷),北京大学出版社2004年版,第316页。

② 四川省档案馆(编):《清代巴县档案整理初编·司法卷·乾隆朝》(一),第78—79页。

差遍寻四野九日，无踪可觅。蚁衣卖尽，实难遍寻。为此恳恩怜释无辜。俾蚁不致累毙。"或许是刘祖敏所称的惨状让知县甚觉可怜。据此，知县准许释放刘祖敏①。

李钧（道光年间曾任河南洛阳知府）在"捏控工费事"一案中，批示"胡永法藉词刁控，本应重处，故念年逾七旬，又当热审，从宽将其子抱告胡建仁掌责示儆。石玉金挺身帮讼，尤属可恶，奈年老不堪受刑，曲从宽宥"②。晚清徽州知府刘汝骥审理一个案件时，认为受代书李正本讹诈的吴旺科因"系一乡愚老拙"而觉得其"堪怜"③。在另一案中，刘汝骥认为婺源县武生程仲沅"年已八十，孑然一身，仅恃此店租为养命之源，亦在可矜之列"④。当然，某一当事人的"弱者"身份能否得到主审官员的同情，取决于该官员是否具备悲天悯人的道德素养或恻隐之心。至少从现存黄岩诉讼档案来看，当事人似乎没有如此幸运。

在现实中呈状人不可能都是愚拙之辈，受指控的另一方也不会都是凶恶之徒。因此，上述基于"弱者"身份的控诉程式，令人很难仅依据单方陈述，就确定其所言属实。从某些围绕同一争议而双方递交的诉状来看，他们的陈述往往互相矛盾。这种情况在诉讼档案中多有反映。比如，黄岩县36号档案"附件一"收录了知县针对鲍娄氏于光绪十一年二月廿八日呈词作的批示，指责鲍娄氏所诉"具与杨周氏所呈情节悬殊"。同样情况，另可参见50、67号诉状。此类现象与滋贺秀三阅读晚清台湾淡新诉讼文书得出的初步印象一致。对淡新档案的另一个总体印象，往往有这种情况，读了某甲的诉状后会认为其对手某乙真是毒辣，然而读了某乙的诉状后，又会改变看法而为某甲之残暴大吃一惊⑤。通过运用某些特定词汇达到"耸听"效果的起诉传统，至少自宋代即已存在。南宋地方官胡石壁曾有如下亲身经历："每日受词，多是因闲唇舌，遂至兴讼。入词之初，说得十分可畏，及至供对，原来却自无一些事"⑥。这类叙事模式司空见惯，官员审阅诉状后，多大程度相信其所述属实，将是一个问题。

---

① 巴县档案号6-3-6142。

② （清）李钧：《判语录存》卷三《捏控工费事（道光十二年五月二十七日）》，道光癸巳刊本。

③ （清）刘汝骥：《陶甓公牍》卷二《批判・吏科》"代书李正本禀批"。

④ （清）刘汝骥：《陶甓公牍》卷三《批判・户科》"婺源县武生程仲沅呈批"。

⑤ ［日］滋贺秀三：《清代州县衙门诉讼的若干研究心得——以淡新档案为史料》，姚荣涛（译），载刘俊文（主编）：《日本学者研究中国史论著选译》（第八卷），中华书局1992年版，第527页。

⑥ （宋）胡石壁：《乡邻之争劝以和睦》，载《名公书判清明集》，第394页。

## 二、当事人互控“健讼”与官方贱讼思维

不少当事人在诉状中竞相指控对方具有健讼的行径，这么一种看似与原审官司目标不甚相关的内容，与官方贱讼价值倾向密切相关。官方视野下的健讼举止被看成严重违背道德或法律的恶行。黄岩讼案的裁判表明，一旦呈状人被知县指责为健讼，就首先在道德上处于下风，成为知县轻易驳回其诉讼请求的重要理由。对健讼的指责在黄岩知县的批示中多有出现，如64号诉状知县指责呈状人“率行续呈，实属健讼。”在一些批语中，知县甚至直接以强令呈状人毋庸兴讼/毋庸肇讼为由驳回起诉。与此相对应，许多呈状人竞相表白自身本非健讼之人。如7号诉状具状人徐增培自称“怕讼，曲忍遵理。”；20号诉状蒋德赠声称“宪天息讼安良，赠亦岂敢好讼”；46号诉状具状人鲍舜田自称“身商愚怕讼，无不曲从”；57号诉状李金固声称“沐恩批饬房族查理等谕，仰见息讼德意”；70号诉状陈福隆“仰见宪天息讼卹民之厚德”；6号诉状郑丙松更是向知县表示“焉敢不仰体　仁宪息讼安民之德意”；68号诉状当事人管翰敖则声称自己“沐批邀中妥理，何敢缠讼”。作为对官方贱讼价值取向的回应，呈状人自身明明为利而争，甚至本身多有健讼嫌疑，却指责对方健讼，同时向知县表白因遭受对方当事人的侵害行为，迫不得已请求知县主持公道、作出裁判。比如57号诉状李金固指控“王氏肆横无忌，抗理不遵，胆复健讼”；67号诉状张仙顺指责“庶母商谋健讼”，等等。

为和官方价值观保持一致，讼案双方竞相指控对方健讼，以图引起知县的“认同”“共鸣”与“共识”，从而成为呈状人寻求案件被受理及胜诉的途径之一。黄岩呈状人所面对的官方态度，与晚清英国在华殖民地的诉讼对策大相径庭。国外学者研究晚清山东威海卫地区英国法庭的华人民事诉讼时认为，英国的裁判官和清朝的地方官有一个重要区别就是他们对待诉讼的政策。清代地方官和诉讼当事人都视诉讼为麻烦事。庄士敦(英国裁判官)虽然对当地法庭工作负荷繁重慨叹不已，但仍视调查和聆讯真正的争讼为己任。英国殖民当局不仅降低了诉讼费用，而且不分昼夜，一年四季均可呈递诉状。威海卫的英国法庭成为广受欢迎的民事审判场所。裁判官制度的适用、求助裁判官之便捷、非正规化的程序、无高昂讼费以及适用中国法律和习惯等等，都是吸引人们纷纷走上法庭打官司的动因①。

---

① [马来西亚]陈玉心:《清代健讼外证——威海卫英国法庭的华人民事诉讼》，赵岚(译)，《环球法律评论》2002年秋季号。

在官方贱讼传统之下，户婚田土钱债等纠纷不易得到官方准理。以黄岩诉讼档案为例，在收录的 78 份诉状中，有 40 份诉状被明确驳回起诉，占总数的 51.3％；有 20 份诉状被批示自行处理或邀同族众调处，占总数的 25.6％；有 11 份诉状因证据不足或陈述不清要求遵饬另呈，占总数的 14.1％；第 26 号诉状所涉纠纷估计不属县衙专职，故裁决“赴盐场呈请核办”；同意当事人诉讼请求的只有 7 份诉状，仅占总数的 8.9％①。为使案件得到审理，呈状人在代书或讼师的帮助下，或借助讼师秘本作为诉状撰写指南，竞相指控对方当事人具有健讼恶习，将案件描述成耸人听闻的重大纠纷，以吸引知县的注意。此种诉讼方式成为官方价值取向下颇具代表性的应对策略。

## 三、诉状与讼师秘本的交互影响

当事人之所以选用极具视觉刺激感的词语描述起述案由，叙述对方种种“恶行”，以及各种讼师秘本之所以指导撰写者在诸如此类的风格下书写诉状，重要原因在于，在清代贱讼传统下，涉及户婚田土钱债的“细故”纠纷不易为官方准理。地方官员将司法裁判的精力主要集中在有限的命盗案件或事关风化伦常的大案要案之上。为此，纠纷一方或双方极力夸大案情的严重程度，以至将普通甚至细微的自理词讼说成是人命重案，也即自理词讼的“刑事化”叙述，以引起衙门的充分注意。

尽管《大清律例》“教唆词讼”律规定为人撰写词状时，必须如实叙述，不得增减情罪诬告他人，否则将受到刑事处置②。但是，夫马进研究后发现，清代许多代书书写的质朴无华的诉状导致衙门“多置勿理”“徒令阅者心烦，真情难达”③。明末官员吕坤任官山西时，曾针对不同类型的案件设计了二十多种标准化诉状格式，他要求“各府州县受词衙门责令代书人等俱照后式填写。如不合式者将代书人重责枷号，所告不许准理。”这些标准化诉状格式包括“人命告辜式、人命告检式、告辩盗状式、告奸情状式……告地土状式、告婚状式、告赌博状式……告财产状式、告钱债状式……”等等④。清代浙江按察司在乾隆年间也试图向民众推行诉状示范文本。这

① 其中 1 号诉状知县裁决“派役查理或邀人调解”，故同时计入“自行处理或邀同族众调解”部分。

② 《大清律例》，田涛等(点校)，第 490 页。

③ [日]夫马进：《明清时代的讼师与诉讼制度》，范愉等(译)，载[日]滋贺秀三(等著)：《明清时期的民事审判与民间契约》，王亚新等(编)，法律出版社 1998 年版，第 405—406 页。

④ (明)吕坤：《新吾吕先生实政录·风宪约》卷之六《状式》，明末影钞本。

些诉状范本形式简单,预留空格给当事人据实直书。如《谋杀人命呈式》:"具呈尸属某人为呈报事。窃某有亲父某人[或亲母、伯叔、兄弟、子侄等类照填]向与某人有何仇隙[或因奸盗等项止许简叙一二语],今于乾隆某年某月某日在某处地方被某人[止许开列实在同谋如下手,毋许牵扯无辜],如何谋害致死。有某人确证[止许开列确证,毋许捏开],事关人命,理合呈报。伏乞即赐验殓讯究。为此上呈"①。

这种标准化诉状并未在明末或清代得到广泛的推行。主要原因在于,这种朴实无华、据事直书的标准化诉状缺乏文采,难以引起官员有限的注意力,更难以打动官员,同时无法以短短篇幅叙明事情复杂的案件。这使得原告、被告都明知违法,但为了使案件得到受理和胜诉,却不得不寻求代书或讼师等人的帮助,借助讼师秘本作为写作指南,将起诉内容描述成耸人听闻的事件,以吸引知县的注意。黄岩县的《状式条例》要求"词讼如为婚姻,只应直写为婚姻事,倘如田土、钱债、店帐及命盗、为奸拐等事皆仿此,如敢不遵,仍前做造注语者,提代书重处。"但在档案收录的 78 份诉状中,没有一份诉状严格按照《状式条例》的规定依事直书,绝大多数起诉案由采用了极具视觉刺激的四字珠语形式,存在不同程度的夸大。这种撰写诉状的方式成为普遍性的风气后,法不责众,知县也从未依此重处代书。讼师秘本中有关撰写诉状的独特内容以及黄岩诉状"耸听"式的风格,实乃贱讼管制下产生的应对方式。

黄岩诉状中的这种将案件实情夸大的现象,在其他区域同样普遍存在。对于当事人为"耸听"而捏造假象的行为,许多亲历司法裁判过程的官员也深有体会。吴宏认为休宁县的当事人:"或因口角微嫌而驾弥天之谎,或因睚眦小忿而捏无影之词。甚至报鼠窃为劫杀,指假命为真伤,止图诳准于一时,竟以死罪诬人而弗顾。庭讯之下,供词互异……而且动辄呼冤,其声骇听。及唤至面讯,无非细故"②。这种"报鼠窃为劫杀,指假命为真伤"的"耸听"式表述,在各种讼师秘本的指导下,直接形诸于以文字表达的诉状中,其意图则为"诳准于一时",深层原因则是衙门对受理此类案件并无多大动力。

讼师秘本的流行以及讼师的作用适应了州县衙门在自理词讼中采取书面主义的主要方式。州县官主要直接依诉状作出准或不准的批示。因此,诉状本身首先要得到官员内心觉得可以受理的程度,比如争议确实急

---

① 《治浙成规》卷五《办案规则》。

② (清)吴宏:《纸上经纶》,载郭成伟等(点校整理):《明清公牍秘本五种》,第 221 页。

需解决，否则可能影响社会安定；原告处境很值得同情，被告宛如凶狠之徒，理应受到责罚，否则原告生命危在旦夕，等等。这样才谈得上接下来一系列诉讼活动的开启。同时，限于清代参与审判、勘验证据的官员总是极其有限，故而写出一篇颇有文采的诉状，在尽量不违法的范围内，适当夸大其词以引起法官的注意，乃是时代需求。清代讼师秘本内容丰富，基本上可以为不同案件的当事人提供攻击对方最合适的语言①。正如夫马进所述，清代流行的讼师秘本使得即使没有讼师这样的专业人员，当事人也可以写出讼师书写的一样的文书。而且讼师之类所谓的“隐秘”世界的语言及其技术也渗入到日用百科全书以及审判一方所使用的实用性书籍等所谓“公开”的世界里②。

对黄岩等地诉状的分析表明，诉状在起诉案由、诉讼请求及其理由等等都与讼师秘本的指导作用有关③。讼师秘本是当时人们撰写诉状最直接、最重要的“教材”，对黄岩诉状的撰写者以及诉讼过程具有广泛深入的影响。黄岩诉状夸张、“耸听”式的风格也可以视为整个清代中国诉状风格的缩影。

## 四、诉讼语言与贱讼的交互影响

论者谓，通过对法律修辞的历史加以考察，可以发现，中国传统社会的法律修辞侧重于文学性的积极修辞，现代社会的法律修辞则以理性化的消极修辞为主，与推理论证结合得更加紧密④。所谓消极修辞，即尽量加以严格的界定，消除意义的多样化，获得明确、通顺的含义，使之可以将意思平稳地传达给接受者⑤。不过，清代当事人及讼师秘本并非特别偏好积极修辞，而是形势比人强！在州县官听讼实践中，充斥着道德话语的评判，当事人状纸上的语言表达受其支配。状纸体现文学性的积极修辞模式，对于唯一说服对象——州县官而言具有重要意义。

论者谓，书面的表达而非口头的演说，文学色彩表现得更加浓重。这

---

① 讼师秘本内容分类，邱澎生以《折狱明珠》为例作过探讨，本书不再赘述。邱澎生：《真相大白？——明清刑案中的法律推理》，载熊秉真（编）：《让证据说话——中国篇》，台北麦田出版公司2001年版，第138—140、142—144、154—162页。

② ［日］夫马进：《讼师秘本〈萧曹遗笔〉的出现》，载杨一凡（总主编）：《中国法制史考证》（丙编第四卷），郑民钦（译），中国社会科学出版社2003年版，第475、489页。

③ 另参见白阳：《论讼师秘本对清代诉状的影响》，载邓建鹏（主编）：《法制的历史维度》，法律出版社2020年版，第201—259页。

④ 李晟：《社会变迁的法律修辞变化》，《法学家》2013年第1期。

⑤ 其与积极修辞的区分，陈望道：《修辞学发凡》，上海教育出版社1997年版，第45—52页。

种差别的形成,主要在于修辞面临的制度环境不同。中国古代言说者要说服的对象基本是个体或少数政治精英,这决定了在中国采取更具有文学色彩、更加精致和富于思辨的修辞是更有效率的,更能够引到说服效果。其强调的是艺术性和感染力[①]。状纸目标是为了打动州县官,这个群体所接受的智识训练和分享的思维方式较为同质化。当事人和州县官只有分享共同的诉讼知识背景,如“无讼”“君子喻于义”等儒家道德话语和公开言说,对健讼之徒表达厌恶,使官员有效地理解和接受当事人的积极修辞,才能使得交流变得顺畅。

呈状人对某些“诉讼语言”或珠语的选择在当时具有普遍性。比如,“恃”在司法中的运用并不局限于黄岩一地的民事讼案。乾隆年间的刑科题本载“刘蜚祥恃强辱骂,以致戳伤身死”[②]。道光年间巴县诉状亦载:“讵云升弟兄恃财欺弱”[③]。此处的“讵”亦为诉状常用字,用以表达话锋一转,接下来的控诉与前一表达有很大转折,往往出人意料,超出情理。如广西万承一当事人自称官方为造军器征收银两,其如数交纳后,“讵黄X欺官瞒民,瓜分充肠”;一当事人自称三兄弟原本承分祖业,各管各业,“讵意X年有X村奸恶X顿起不良,叨唆逆弟”,侵吞其产业[④]。作为清代民间诉状撰写的重要指南,讼师秘本也常常使用与“恃”有关的“诉讼语言”。如《萧曹遗笔》收录了一份弟弟起诉长兄霸业的状词中即有“恃嫡吞孽”,另一份“侵夺遗址”的诉状则指控对方“恃长欺幼”。[⑤] “恃”的这种用法在元、明两代亦出现,如明代小说《金瓶梅》载有西门庆之妻吴氏起诉女婿陈敬济逼死女儿一案的诉状,其中有“切思敬济,恃逞凶顽”[⑥]。元代法令记载江南豪富“专令子孙弟侄华裾骏马,根随省官,恃势影占”[⑦]。

寺田浩明研究清代民事法秩序时,亦曾提出告状者指控对方行径最常用的词就是“欺压”,并往往与“恃、倚、挟”(即以某种特定条件为后盾或依靠)等字组合起来使用。对方所“恃、倚、挟”的东西依场合不同而多种多样。既有单纯恃他个人的“强横”“财势”“威势”“武勇”的场合,也有如“恃

① 李晟:《社会变迁的法律修辞变化》,《法学家》2013年第1期。

② 《刘瑞祥戳伤强奸伊母之小功服兄刘蜚祥身死案(乾隆四十四年,四川)》,载郑秦、赵雄(主编):《清代“服制”命案》,中国政法大学出版社1999年版,第223—224页。

③ “道光八年正月二十八日生封文光告状”,载四川省档案馆、四川大学历史系(编):《清代乾嘉道巴县档案选编》,四川大学出版社1989年版,第9页。

④ 《万承诉状》,王昭武(收集)、韦顺莉(整理),第27、59页。

⑤ 分别参见《新刻校正音释词家便览萧曹遗笔》卷二《家业类》、《田宅类》,上海广益书局发行,民国四年校正,第10、12页。

⑥ (明)兰陵笑笑生:《金瓶梅》,王汝梅等(校点),齐鲁书社1987年版,第1462页。

⑦ 《通制条格校注》,方龄贵(校注),中华局部2001年版,第84页。

尊欺卑”那样指某种身份上优越地位的情况[①]。这种现象与黄岩诉状中“恃”的用法类似。

“诉讼语言”的形成是衙门与当事人之间通过司法活动互相影响,经长时期的互动而固定下来,成为当地社会以至全国通用词汇。诸如“恃”之类的“诉讼语言”,在官方裁判及律例中频繁出现。如“诬告”律雍正十三年例文规定:“直省各上司有恃势抑勒者,许属员详报督抚,即行题参”[②]。与“恃”有关的“诉讼语言”影响了知县的司法语言风格。在黄岩知县的裁判中,与“恃”相关的“诉讼语言”频繁出现。如26号诉状知县批示“不得恃女混渎,”38号诉状知县批示“明系恃系世职,倚势逞强”。40号诉状知县批复“族中婚娶借用房屋,迄今时阅二年,果被恃强霸占,何以先未呈,返(反)到谓私埋图诈。”42号诉状知县批复“钱既不还纵敢恃强肆凶”,44号诉状知县批复“安标恃强移设”,等等。此外,官方法律文书使用的某些表述与讼师秘本存在高度相似性。比如,在山西交城知县赵吉士向按察使呈交的详文中,使用了诸如“青天霹雳,黑海波涛。……岂期法网幸逃,凶锋愈炽,养虎山城,日肆吞噬”等表述[③]。这与当时讼师秘本中诸如“虎噬”“鲸吞”等耸动性的词汇的用法几乎如出一辙,令人高度怀疑秘本的部分内容是作者在网罗官方表述基础上加工而成。

这类“诉讼语言”被官方权威性地援引,自然受到讼师秘本编者及讼案双方当事人的重视,成为用以控诉对方种种“不法”行为的惯用词汇。与上述“诉讼语言”类似,“情理法”在自理词讼中被援引的程度相当高。呈状人诉讼请求的正当依据从频繁揆诸于情理法到偶尔诉诸于律例,似乎反映了他们对天理、人情和王法在民间实现的“追求”。不过,清代律例欠缺保护当事人诉权利益的主旨。很大程度上,呈状人必须依赖正式法律制度之外的其他路径,如天理、人情与抽象的王法等,作为提起诉讼及获取胜诉的正当理由和依据。寺田浩明曾概述清代裁判的如下特征:法庭的解纷框架是基于司法官员综合衡量当事人的利益及其直觉平衡的能力。一个成功的裁决被认为是公正的并与“情理”保持一致。“情理”是在官员成功了断纠纷的裁决中显现出来。法庭的裁决可被理解为获取双方当事人以及关注

---

① [日]寺田浩明:《权利与冤抑——清代听讼和民众的民事法秩序》,王亚新(译),载[日]滋贺秀三(等著):《明清时期的民事审判与民间契约》,王亚新等(编),法律出版社 1998 年版,第 216 页。

② 《大清律例》,田涛等(点校),第 485 页。

③ (清)赵吉士:《牧爱堂编》,第 128 页。

该案件的公众共同认知的过程[1]。在州县诉讼活动的理想状态中,“情理法”是讼案双方或司法官员推出自认为符合公众共同认知的道理或说法,成为民事法律缺位时的替代性依据,从而在当事人的诉讼请求正当化与官员的裁判中得到普遍援引。

通过上述方式,呈状人将个人的诉讼请求包装在“情理法”或主流意识形态中。比如,71号诉状呈状人童汪氏把诉讼请求上升到名节的层次:“复敢捏词污谤。名节攸关,心何克甘?”从而将对自身利益的竞争与维持夹杂在主流社会所许可的各种话语名下(“名节攸关”)。类似现象与宋代出版商寻求版权保护时所作的努力类似。在既无法律依据(如知识产权法)也无充分的权力资源保护私人版权的宋代,出版商通过强调随意盗印书籍的“重大”社会危害,将自身利益包装在王朝的政治利益下,借以引起司法机构对盗版现象的关注,间接借用法律的惩罚功能实现对版权的保护[2]。

因此,黄岩讼案诸多当事人采取“曲线救国”方式,将私人利益涂抹上与王朝利益一致的色彩,作为清代缺乏以民事权利为主导的法律制度以及缺乏司法救济渠道而产生的回应策略。这样的起诉方式成为“弱者”在威权主义之下“伸冤”的武器。论者谓:“(传统的)冤抑诉讼旨在伸冤,建立在将司法者视为可为其平冤的圣贤的认识基础上。其诉讼话语包括四大结构:原告道德自夸,被告恶劣品行,冤抑事实及渲染案件伤害。而权利诉讼旨在维权,建立在公民可以依法诉请作为公共机构的司法者提供法律救济的认识基础之上。其诉讼话语结构主要包括证明主体所拥有权利的合法性,证明侵害权利行为的非法性以及依法提出的诉求”[3]。

清代诉讼制度不存在“权利—义务”的法律框架,当事人没有足够的民事法律制度以资其诉讼参照。学者曾以宋、清两代地方官员是否依法裁判及引用法律数量的多少为例作过如下比较:对南宋地方官的判决汇编《名公书判清明集》的研究表明,南宋审判官的信念是应当根据制定法对当事人主张的是非曲直作出二者择一的判断,与此对应,在诉讼当事人方面,他

---

① [日]寺田浩明:《中国清代的民事诉讼与“法之构筑”——以〈淡新档案〉的一个事例作为素材》,李力(译),《私法》(总第6卷),北京大学出版社2004年版,第304—305页。

② 宋代出版商向国家寻求版权保护的研究,邓建鹏:《宋代的版权问题——兼评郑成思与安守廉之争》,《环球法律评论》2005年第1期。

③ 陈长宁:《民国四川基层社会诉讼话语变迁研究——以三台档案为依据》,《西华师范大学学报(哲学社会科学版)》2013年第4期。

们为了获得胜诉，会援用有利于自己主张的法律[①]。虽然律例规定了州县官的听讼义务与时限，但在实践中这并不意味着当事人被赋予了诉讼的权利。当事人乞求官员受理诉状，敦促官员“恩赐”讯追另一方当事人，表明诉状之受理与案件进入司法流程，实际上均属于州县官的赏赐。

与宋代诉讼和裁判不同，滋贺秀三探讨清代诉讼制度中的民事法源时认为，由于可成为民事法律渊源的国法条文数量极少，因此（判决）未提及国法便得出结论的案件更多。律例作为民间诉讼处理者的参考较有限。将两个朝代的判语合起来看，不能不得出较之清代，宋代的民事法规内容更加丰富[②]。清承明律，清代诉讼话语及其叙事模式稳定地继承自明朝。对于其背后的原理，有论者谓，民众的诉讼中，准许奏告的是备受重视的重大“冤抑”和作为其原因的官僚吏役的不法及与之勾结的土豪的横行霸道。只要称被告人为“豪恶”“刁恶”等，用“率众”“强霸”“持伊豪势”等类似的语句来点缀，引起官员对告状的注意，使案件得到受理[③]。随着乾嘉之际人口等社会因素的剧变，当事人的这类叙事方式有过之而无不及。当事人将起诉内容及诉讼请求正当化论述夹杂在选定的某些特定词汇中，力求与官方意识形态保持一致，完成起诉的过程。当事人采取的这类起诉方式展示出高度实用理性。

讼案双方的起诉方式在衙门威权主义下的司法制度中展开较量。面对官方在司法审判中的至高权威及有限的审判资源，双方当事人的较量显得微乎其微。然而，为了维持自身利益或从对方获取利益，较量双方在当时整个司法体制所允许的范围内，竭尽全力向衙门表达保护自身利益的迫切性或必要性。不管呈状人打扮成弱者、远离健讼的表白、选定某些“诉讼语言”、以四字珠语形式“制作”起诉案由，还是频繁将情理王法或偶尔将正式法律作为诉讼请求正当化的方式等等，其都是在整体司法环境下形成的颇显无奈的制度性对策，并在黄岩县以至其他区域长期存在。

---

① ［日］佐立治人：《〈清明集〉的“法意”与“人情”——由诉讼当事人进行法律解释的痕迹》，载杨一凡（总主编）：《中国法制史考证》（丙编第三卷），姚荣涛（译），中国社会科学出版社 2003 年版，第 472 页。另见孔学：《〈名公书判清明集〉所引宋代法律条文述论》，《河南大学学报（社会科学版）》2003 年第 2 期。

② ［日］滋贺秀三：《清代诉讼制度之民事法源的概括性考察——情、理、法》，范愉（译），载［日］滋贺秀三（等著）：《明清时期的民事审判与民间契约》，王亚新等（编），法律出版社 1998 年版，第 25—26、44 页。

③ ［日］谷井阳子：《为何要诉“冤”——明代告状的类型》，载［日］夫马进（编）：《中国诉讼社会史研究》，范愉等（译），浙江大学出版社 2019 年版，第 222 页。

# 第七章 讼师的规制

清代讼师参与诉讼活动受到严厉规制。律例和各地官员的政法实践大都表现出对讼师活动的根本否定。规制讼师是各级地方官司法行政活动中极其重要的内容，贯穿清朝始终。清代的讼师活动引起一些国内外学者的关注[①]。本章试图分析清代讼师受到官方规制的主要原因；其次，探讨官员规制讼师的基本方式；最后，分析官方规制讼师的效果及相应的社会问题。

## 第一节 讼师与诉讼缘起的认知

### 一、官僚群体对讼师的认知程式

涉及户婚田土钱债的讼案被官府视为民间细故。综前所述，大部分官员认为，讼案的缘起乃在于人心不古，世风日下。如潘月山指出，“世之不古，而有讼狱”[②]。因此必须对民众伦理道德教化，促使邻里、家庭自相慈爱，以“忍”为先，委曲求全，方可心底清静，相安无事，以免倾家荡产，亲友

① 邱澎生：《以法为名：讼师与幕友对明清法律秩序的冲击》，《新史学》2004 年第十五卷；梁治平：《寻求自然秩序中的和谐——中国传统法律文化研究》，中国政法大学出版社 1997 年版，第 302—306 页；霍存福：《唆讼、吓财、挠法：清代官府眼中的讼师》，《吉林大学社会科学学报》2005 年第 6 期；林乾：《讼师对法秩序的冲击与清朝严治讼师立法》，《清史研究》2005 年第 3 期；尤陈俊：《清代讼师贪利形象的多重建构》，《法学研究》2015 年第 5 期；尤陈俊：《“讼师恶报”话语模式的力量及其复合功能》，《学术月刊》2019 年第 3 期；[日]夫马进：《明清时代的讼师与诉讼制度》，范愉等（译），载[日]滋贺秀三（等著）：《明清时期的民事审判与民间契约》，王亚新等（编），法律出版社 1998 年版；Melissa A. Macauley, *Social Power and Legal Culture: Litigation Masters in Late Imperial China*, Stanford University Press, 1998.

② （清）潘月山：《未信编》卷之三《刑名上·章程》。他还认为，“讼狱之繁兴也，由乎人情。”同上书卷之四《刑名下·权衡》。

失欢。陆陇其(康熙年间曾任江南嘉定、直隶灵寿等地知县)听讼时,自称往往以此原因劝导双方当事人[①]。

官员对讼案的上述认知模式颇具典型性。贱讼传统限制了乡民通过诉讼途径维护自身利益。官员处置自理词讼,目的主要在于平息争执,维护社会秩序。道光朝后期,李方赤在广东按察使任内向当地发布的告示云:"为劝民息讼,以全身家事。照得安民之道,要在息讼"[②]。董沛亦云:"照得安民必先息讼端"[③]。在贱讼的趋势下,官员连带贱视从事诉讼职业的人员——讼师。正如夫马进认为,如果承认讼师,也就不得不容忍"好讼之风"和"健讼之风"[④]。官员认为,讼案数量增加的主要原因在于讼师教唆词讼、兴风作浪。乾隆年间江西地方官称:"地方词讼之繁多,由讼棍教唆,最为民害,是以例禁甚严"[⑤]。针对词讼起源,有代表性的观点认为,词讼由讼棍人为挑拨。魏锡祚称:

> 狱讼为戕身之事,公门非可入之场。一字误投,九牛莫拔。片词既告,驷马难追。愚贱无知,毋听讼师播弄。泯棼罔觉,常遭棍蠹牢笼口角之争,使尔操刀鼓笔。……票一行,而差役经胥之贿无限诛求,农佃辍耕,经商旷业,终岁常居苦海,贫家称贷,富室消磨。……自今各挽刁风,痛除积习,毋妄投讼棍,毋轻听挑唆,毋戏玩于公庭,毋自罹于法网。[⑥]

清初官员施宏(顺治朝曾任山东学政)指出:

> 然实由城镇村落中惯有一等无赖之人,不务本业,专吃闲饭。在于地方一遇些小之事,无不插身武断。略不遂意,即作祸生灾,或仗义执言,喝令呈告;或挑张拨李,暗代运筹。[⑦]

---

① (清)吴炽昌:《续客窗闲话》,载周红兴(主编):《中国历代法制作品选读》(下册),文化艺术出版社1988年版,第263页。

② (清)李方赤:《视已成事斋官书》卷十一《劝谕息讼示》。

③ (清)董沛:《吴平赘言》卷五《严禁讼棍示》。

④ [日]夫马进:《明清时代的讼师与诉讼制度》,范愉等(译),载[日]滋贺秀三等著:《明清时期的民事审判与民间契约》,王亚新等(编),法律出版社1998年版,第419页。

⑤ (清)凌燽:《西江视臬纪事》卷二《提比邻捕管束贼犯、惩治讼师等款议详》。

⑥ (清)魏锡祚:《魏锡祚告示》,载杨一凡等(编):《中国古代地方法律文献》(乙编第九册),第432—433页。

⑦ (清)施宏:《未信编二集所载告示》,载杨一凡等(编):《中国古代地方法律文献》(乙编第九册),第307—308页。

嘉庆二十五年朝廷发布的通行亦确认类似看法:“民间讼牍繁多,最为闾阎之患。而无情之词,纷纷赴诉,则全由于讼棍为之包谋”①。这则代表朝廷权威的见解显然太绝对了。地方官的类似观点,如“讼之兴,多由讼师光棍唆煽而成。及其成讼,彼则于中渔利,恣意起灭”②。在官方视野中,讼师宛如苏州蛤蟆——南蟾(难缠)。在他们“架词构讼”的操作下,更多潜在的案源不断被他们挖掘出来。不仅如此,讼师还是大量诬告的“生产商”。因此,官员认为,应厉行“查拏讼师以息诬告之源”③。刘衡提出:

> 民间些小事故,两造本无讦讼之心。彼讼棍者暗地刁唆诱令告状。迨呈词既递,鱼肉万端,甚至家已全倾,案犹未结。且有两造俱不愿终讼,彼此求罢,而讼师以欲壑未盈,不肯罢手者,为害于民,莫此为甚。④

综上,讼师的活动增加了呈递到衙门的词讼数量,“制造”了诬告,骗取当事人的财产,破坏了社会稳定。这样的认知程式在官员中颇具普遍性。故而,官府务必严行提防这些“教唆词讼”的讼师。

## 二、讼师“恶行”的刻板形象

在许多官员看来,讼师通过教唆词讼,破坏族众、邻里间的和谐关系,为当事人出谋划策,收取与其活动不相称的大量报酬。为中饱私囊,讼师在当事人之间从中作梗,使诸多词讼未能及时审结。董沛认为:

> 民间每因些小微嫌动辄讦告。推原其故,皆由奸恶棍徒从中播弄。盖愚民忿起一时,情非甚迫,其势尚在得已。一遇讼棍,视为奇货,鼓舌摇唇,多方煽惑。遂至良懦小民中心无主,或离间骨肉,致操同室之戈;或怂恿宗亲,隐起萧墙之祸;或造伪契而侵人产;或藉命案而累无辜;或通窃盗以扳供;或结胥差以敛贿;或借端生事,半出铺张;或捉影捕风,全无踪迹。种种变化不胜缕言,徒使愚民荡产破家,废时

① 《刑案汇览》,载杨一凡(总主编):《〈刑案汇览〉全编》,第2566页。
② (清)潘月山:《未信编》卷之三《刑名上·放告》。
③ (清)雅尔图:《檄示》,载杨一凡等(编):《中国古代地方法律文献》(乙编第十一册),第213页。雅尔图在此文对讼师“伎俩”的批评,同下文所引董沛、李方赤等人的言论近似,此处不再详引。
④ (清)刘衡:《庸吏庸言》卷上《理讼十条》。

失业,该棍徒私囊已饱,为害殊深。[1]

更有甚者,李方赤这样数落讼师:

豺狼为性,鬼蜮为情,把持衙门,武断乡曲,以刁生劣监为羽翼,以奸胥蠹役为爪牙。人或有隙可乘,彼即挺身而入,或谋人财物,或破人婚姻,或败人身家,或误人性命,或与乡邻为敌,或与官府为仇。一谋足以害两家,一人可以唆两造,索谢不遂,反而相攻,毒手既施,转与交好。有时明目张胆,皆惊使笔之如刀;有时匿迹藏形,尽伏射人之暗箭。使其所诉得直,无怪信之而不疑,奈何其事已诬,犹且甘之而不悔,害民莫此为甚。[2]

在有的官员看来,讼师还成为教唆当事人伪造证据的高手。如前文所述,王又槐即持这种观点:"讼师伎俩,大率以假作真"[3]。褚英认为:

州县卯期呈词,批阅最难。除命盗重案随时呈报,有伤痕可验,有形迹可勘,毋庸置议外,所有寻常案件,词中之情节真伪莫辨,事理之谬妄难测。其由代书造作者尚不至于离奇,惟讼棍之刁词,或指东而说西,或将无而作有,或捕风捉影,或空中楼阁,诪张为幻,任意妄指,百奇千怪,难以枚举。披阅之际,宜详细审视,观其意向,着重在于何处,择其要害情理不顺之处,严加驳饬,使知官不能欺。[4]

与代书相比,讼师被认为指导当事人在撰写诉状时,使案件复杂化,大大增加了审案的难度,给官府带来巨大麻烦。牟述人(咸丰年间曾于浙江会稽、安吉等县任知县)发布如下告示:

(讼师)润笔而攫其金,抗颜无愧,下井而投之石,举手何劳。覆为雨而翻为云,共被其诪张之幻。横成峰而侧成岭,自运其变化之神。旗鼓逢用武之时,敌人胆落。刀笔托斯文之末,学者心倾巧出,机关颠倒六州之铁,暗通线索,搜罗两国之金。访有不法匪徒挟其制人之术,

---

① (清)董沛:《吴平赘言》卷五《严禁讼棍示》。
② (清)李方赤:《视已成事斋官书》卷一《访拏讼棍示》。
③ (清)王又槐:《办案要略》,群众出版社 1987 年版,第 70 页。
④ (清)褚英:《州县初仕小补》上卷《批阅呈词》。

长于诱敌之才,用笔墨以结因缘,借扛帮以谋衣食。明于法纪,恃刁生劣监之符,潜入公门,结蠹役玩书为友。记三八收呈之日批语,抄录来索十千润笔之资。谢仪收到,砌词上控,以挟制官府为能。造语飞传,以恐吓乡愚为事。合行出示,访拏为此。示抑前项匪徒知悉:莫作吠尧之狗,甘为助纣之人。……自示之后,如敢仍此不法,实憎其化鸠之目,莫改其见猎之心,按名悉予严拏,照律定行重究。[①]

这份官方告示文采飞扬,历数讼师与衙役勾结,骗取当事人的钱财,舞文弄法,挟制官府造词上控等种种非法行为。此类官方对讼师的固化形象,长期以来成为官员规制讼师的认知前提,表达了官员规制讼师的必行性。讼师被认为挑拨当事人与他人的关系,破坏社会秩序,各种恶劣行为实不胜枚举。康熙年间,山西交城知县赵吉士认为:

积年讼棍田继硕,鼓其刁笔之锋,布成杀人之阵,有以病亡而指称关天人命者;有以债负而架作劫夺公行者,历案可稽也。今朝匿揭刷黄,暗箭流毒,明日捏情列款,含沙射人。兴尺木之风波,幻空中之楼阁,苦我交城父老久矣。[②]

对于负有稳定一方社会、维护一地治安的官员而言,讼师成为众矢之的,理所当然要受到严厉打击。官方视野中的讼师非法收受当事人的酬金,官员对讼师诈取当事人财产的指责,也确实存在事实基础。不少科举不第的知识分子,甚至包括致仕的官员或仕途不畅的举人从事讼师业务,不仅在于该业务有助于他们维持生计,对稍有名气的讼师来说,该职业还将给他们带来巨大利润、发家致富。比如,晚清《清稗类钞》记载湖南著名的廖姓讼棍对一位前来寻求再嫁良方的寡妇"要以多金";苏州的陈社甫讼师向一位王姓当事人索要五百两银子(五百金);讼师袁宝光敲诈一富家子数百金;一位讼师甚至向巡抚索取的报酬高达三千金[③]。但是,如果排除讼师的非法活动,换一个视角看,讼师基于法务市场自由交易获取报酬,与现代律师的法律服务收入并无本质区别。以今天的视野看,理想方式不是对讼师一味指责,或"一刀切式"地禁止讼师业务,而是以充分研究社会需

① (清)牟述人:《牟公案牍存稿》卷一《访拏讼师示》,咸丰壬子西湖公寓开雕本。

② (清)赵吉士:《牧爱堂编》,第 123 页。

③ 徐珂(编撰):《清稗类钞》第三册,中华书局 1984 年版,第 1191—1195 页。

求为前提，考虑如何向社会提供充足而规范的法律服务，这其中，就应当涉及以哪种途径将讼师纳入法制，加以规范。

## 三、讼师教唆词讼与官方态度

乾嘉之际以降，各地衙门（尤其是中国东部与南部省份的衙门）历年承担了积案的重大压力。清代各地州县积案极其严重。这一现象在清人的记述中亦得到印证，如前引包世臣的言论①，以及浙江按察使在乾隆二十一年亦曾描述该省的积案较严重、屡禁不绝②，等等。除却诬告外，不少官员看来讼师与积案之间也有直接联系——“因思积案所以不结者，讼棍之把持，串唆为之也”③。这是因为：

> 各属民情好讼，往往衅起细微。平空架捏，一经准理，动辄数年。其始或不尽由两造之意，而多出于讼师之主唆播弄。两造即欲中止，而讼棍复阴持之，使不敢退。浸至破家亡身，而被累者犹奉讼师之言为圭臬，至死不悟，深堪痛恨。④

当事人再三起诉与上控，可能受讼师唆使，促使积案增加。此种官方观点在司法实例中可找到类似例证。比如黄岩县诉讼档案中，在 20 号诉状，王姓知县斥责呈状人蒋德赠“再三架耸，哓渎不休，明系讼棍伎俩。实堪痛恨”。另外在 16 号诉状附件二，王姓知县指责林云高“今犹一味空言哓哓耸渎，显有唆讼之人，本即究唆，姑宽特斥”。知县斥责当事人受讼棍教唆（或其本人即是讼棍），同当事人多次向县衙起诉不休有关。也有一些讼案被黄岩知县怀疑由讼棍之流教唆引起，如针对 35 号诉状呈状人辛光来的前一份呈词，知县认为其“控词含糊，供词牵混，似其中别有唆弄之人”。在 31 号诉状，知县指责徐罗氏“明系听人唆使，藉端讹诈，借事妄控，显而易见”。

讼师参与诉讼活动确可能催生出更多案件，无疑给衙门带来极大冲击及压力。麦考利提出，这成为官员将包揽词讼者（讼棍）视为夸大指控的一个理由。这些包揽词讼者在言词及法律方面足以娴熟，以致他们能够将一份简单的诉状转变成案件更为复杂、严重的状纸以引起对民事讼案漠不关

---

① （清）包世臣：《齐民四术》，第 246 页。

② 《治浙成规》卷五《犯审结若实在难以先审亦须届期详明请示并轻罪人犯囚粮不许短给》。

③ （清）李方赤：《视己成事斋官书》卷十一《访拏讼棍衙蠹示》。

④ （清）李方赤：《视己成事斋官书》卷八《严拏讼棍示》。

心的官员注意,并促使他们对纠纷作出公断。比如,在1807年福建巡抚曾这样描述该省的"讼棍":甚至平常的户婚田土案件也被说成是案情极其严重,当事人希望通过种途径使得知县听讼并召唤涉案人员受审,我担心诬告因此无法避免[①]。因此,多数官员的统一认识是,打击讼师可大大抑制讼案数量。正如学者所述:中国明清时期,国家以打击、限制"讼师"为贱讼的重要手段,应该说是把握了问题的关键。当然,由于诉讼当事人和诉讼制度上的客观需要,"讼师"不可能被根绝,甚至不可能减少,但这种明令的约束多少会对诉讼有所遏制[②]。

## 第二节　官员规制讼师的方式

### 一、律例规定与官方警告

在上述种种认识下,各级官员被要求查禁与捉拿危害社会的讼师,否则将受到《大清律例》的严厉处罚——"讼师教唆词讼,为害扰民,该地方官不能查拿禁缉者,如止系失于觉察,照例严处。若明知不报,经上司访拿,将该地方官照奸棍不行查拿例,交部议处"[③]。律例似表明,只有"教唆词讼、为害扰民"的讼师方为打击对象。但结合当时政法实践来看,讼师没有合法地位。清代小说中讼师多以负面形象出现[④],朝廷律例规定也贯彻到地方法规中。《治浙成规》(浙江地方法规)在嘉庆八年历数讼师为害于民,表达了对讼师职业的否定态度:"讼师驾词耸听,管准不管审,临审而胜则谓作词有功,不胜则诿之堂供不善。讼师获利,讼者受罪,甚至被唆之人不愿终讼而讼师迫之不使休歇,贻害两造,以供胥役之鱼肉,可恨已极。本部院现在密访查拏,尔等宜早为敛戢,毋蹈刑诛"[⑤]。

对讼师的认定州县官拥有全权。任何为诉讼当事人出谋划策与撰写

---

① See Melissa A. Macauley, "Civil and Uncivil Disputes in Southeast Coastal China, 1723-1820," *Civil Law in Qing and Republican China*, edited by Kathryn Bernhardt, Philip C. C. Huang, Stanford University Press, 1994, pp. 93-94.

② 范愉:《诉讼的价值、运行机制与社会效应——读奥尔森的〈诉讼爆炸〉》,《北大法律评论》(第1卷第1辑),法律出版社1998年版,第172页。

③ 《大清律例》,田涛等(点校),第491页。

④ 相应事例,(清)沈起凤:《谐铎》卷五《讼师说讼》,刘颖慧(注),陕西人民出版社1998年版。

⑤ 《治浙成规》卷八《严肃吏治各条》。

状纸的人，都可能被认定为讼师，潜在的严惩风险随之而来。在同治十二年(1873)，杜凤治审讯据传是"讼棍"的潘峥嵘，由于潘死活不愿招供，"刁健无比"，杜对他"罚跪加重，一吊其手"，前后关了一年多，直到死在狱中[①]。讼师秘本是培养讼师学讼的基本素材，因此规制讼师的另一途径便是查禁一切与讼师秘本有关的书籍。《大清律例》乾隆七年(1742)例文规定：

> 坊肆所刊讼师秘本，如《惊天雷》《相角》《法家新书》《刑台秦境》等一切构讼之书，尽行查禁销毁，不许售卖。有仍行撰造刻印者，照淫词小说例，杖一百，流三千里。将旧书复行印刻及贩卖者，杖一百，徒三年。买者，杖一百。藏匿旧板不行销毁，减印刻一等治罪。藏匿其书，照违制律治罪。其该管失察各官，分别次数，交部议处。[②]

对讼师秘本旧书再次印制与贩卖者，将被处以杖一百、徒三年。这种刑事处罚仅次于流刑，应该说相当重。上述各地官员打击讼师的种种措施，一方面是因为"教唆词讼"律例的相关要求所致，另一方面也是按皇帝发布的"通行"，直接提出的指令行事。嘉庆二十五年七月初九日，皇帝发布上谕：

> 此等刁恶之徒，陷人取利，造作虚词，捏砌重款。具控者听其指使，冒昧呈递，审出虚妄诬告反坐之罪，皆惟控诉之人是问，而彼得置身事外。至被诬之人一经牵涉，业已陷身失业，即幸而审明昭雪，而其家已破，因此伤生殒命者，更不知凡几。在讼棍则局外旁观，自鸣得意。种种鬼蜮情形，实堪痛恨。著通谕直省：审理词讼，各衙门凡遇架词控诉之案，必究其何人怂恿，何人招引，何人为之主谋，何人为之关说。一经讯出，立即严拏、重惩，勿使幸免。
>
> 再，地方官于接收呈词时，先讯其呈词是否自作自写。如供认写作出自己手，或核对笔迹，或摘词中文义，令其当堂解说。其不能解说

① 《杜凤治日》(第六册)，第 2818 页。

② 胡星桥等(主编)：《读例存疑点注》，第 703 页。清代杭州、北京与苏州等地各类非官方编辑的《大清律例》等法律书籍大量出版，see Ting Zhang, "Marketing Legal Information: Commercial Publications of the *Great Qing Code*, 1644 - 1911," in *Chinese Law: Knowledge, Practice and Transformation, 1530s to 1950s*, Li Chen and Madeleine Zelin ed, Brill Press, 2015, p. 249. 打击讼师秘本的律例规定与当时各种法律书籍出版繁荣的背景有关。

者,即向根究讼师姓名,断不准妄称路过卖卜、卖医之人代为书写。勒令供明,立拏讼师到案,将造谋诬控各情节严究得实,一切重罪悉以讼师当之。其被诱具控之人,转可量从宽减。如此探源究诘,使刁徒敛戢,庶讼狱日稀,而良善得以安堵矣。钦此。[①]

上谕视讼师为绝对负面形象,必须痛惩之而后快。在此类法规频繁要求下,地方官员到任后多发布严惩讼师的告示。诸如尹会一警告讼师趁早收手,劝告民众勿轻信讼师唆讼——“是以讼师例禁甚严,尔等百姓切勿坠其术中,捏词诬告,自罹罪戾。为讼师者亟宜改弦易辙,各务本业。倘仍怙恶不悛,严究勿贷”[②]。戴兆佳发布类似告示后声明,对那些屡教不改的讼师及听从讼师教唆的当事人给以严惩——“自示之后,倘敢怙恶不悛,轻听讼师妄肆刁控,除依律反坐外,并严拏讼师党棍,立置重法。本县言出令随,决无宽假,毋贻后悔”[③]。刘衡也劝谕百姓千万不要听信讼师的话——“照得钱债田土坟山及一切口角细故,原是百姓们常有的,自有一定的道理。若实在被人欺负,只要投告老诚公道的亲友族邻替你讲理,可以和息也就罢了,断不可告官讦讼。在讼棍必劝你说他熟识衙门,不消多费可以替你告官出气。若依本县/府看来,这话万万听信不得”[④]。李方赤在江宁府任内对讼棍发布如下告示:

本署府密加查访,其著名者业已访有数人。惟因其尚未犯事,不忍不教而诛。自示之后,若辈果能痛改前非,洗心革面,原不应阻以自新之路。如其仍蹈前辙,轻为尝试,即其诡密多端,亦不能侥逃法网。本署府言出法随,勿谓告诫之不预也。[⑤]

戴杰(咸丰朝曾任山东陵县知县)也发布了警告或以严刑恐吓讼师的类似告示:

---

① 杨一凡(总主编):《〈刑案汇览〉全编》,第2566页。标点著者略有改动。

② (清)尹会一(撰)、张受长(辑):《抚豫条教》卷一《士民约法六条》,畿辅从书本。另见(清)凌燽:《西江视臬纪事》卷四《再禁听信讼师诬告》《谕告状人勿听讼棍哄骗》;(清)潘月山:《未信编》卷之三《刑名上·饬禁刁讼并访拿讼棍示》。

③ (清)戴兆佳:《天台治略》卷之七《告示·一件严禁刁讼以安民生事》。

④ (清)刘衡:《庸吏庸言》卷下《劝民息讼告示》。

⑤ (清)李方赤:《视己成事斋官书》卷一《访拏讼棍示》。李方赤在广东省任内亦发布了类似告示,《视己成事斋官书》卷十一《访拏讼棍衙蠹示》及卷八《严拏讼棍示》。类似警示,(清)潘杓灿:《刑名章程十则》,载杨一凡等(编):《中国古代地方法律文献》(乙编第九册),第9页。

现已访明惯讼棍徒住址姓名，不忍不教而惩，姑先出示晓谕：尔等具有知识，何事不可营生，奈何澌灭天良，作此忍心事业，纵暂图温饱，亦贻害儿孙，即幸漏刑章，仍难逃天谴。自示之后，务宜洗心涤虑，猛省回头，痛改前非，另图正业。倘仍怙恶不悛，复萌故智，尔之出处踪迹已在本县掌中，尔之罪孽，由备在本县档卷，祸临不测，后悔无追，各宜知戒。①

董沛亦劝谕民众勿信从讼师唆讼，并警告讼师及早收敛："除饬差密访查拏外，合行出示严禁。为此示抑合邑军民人等知悉：尔等务当安分守法，慎勿听唆滋讼，以期各保身家。前项不法棍徒亦宜革面洗心，各归正业，勉为善良。倘敢仍蹈故辙，一经访闻，或被告发，定即按名查办，决不稍宽"②。李方赤升任江苏布政使后，"为榜示恶人，以正人心，以励风俗"，在交通枢纽之处榜列数类"恶人"名单，"存其姓而不列其名者，犹冀其改行以自赎"。其中一类恶人便是五位讼师："孙姓，住上元邀贵井，常住六合；王姓，住江宁南门外三里店；吴姓，住江宁南门外窑湾；李姓兄弟二人，住上元通济门琼花镇。此外讼师尚多，其积惯者，惟有饬县拏办而已"③。方大湜提出，在讼师尚未捕获时，可以先放出风声，在捕获讼师之后将给予严惩，使得讼师闻之畏惧而不敢再入城④。前述李方赤、董沛等人的策略即是如此。

## 二、对讼师的直接打击

根据《大清律例》的规定及官员对讼师负面作用的认识，许多地方官员上任伊始的重要政策，就是严厉打击讼师。除了发布告示，警告或恐吓讼师趁早收敛外，有的官员在政法实践中将查访拏获的讼师锁系衙门，当庭示众。顺治十八年(1661)，黄贞麟"授安徽凤阳推官，严惩讼师，阖郡懔然"⑤。康熙三十年(1691)中进士的陈汝咸授福建漳浦知县，"民好讼，严惩讼师，无敢欺者"⑥。康熙年间，赵吉士对积年讼棍"拟田继硕杖一百，徒

① (清)戴杰：《敬简堂学治杂录》卷三《严拏讼棍示》，光绪十六年刊本。
② (清)董沛：《吴平赘言》卷五《严禁讼棍示》。
③ (清)李方赤：《视己成事斋官书》卷五《榜恶人示》。
④ (清)方大湜：《平平言》卷三《讼师未获须恐以虚声》。
⑤ 《清史稿》卷四百七十六《循吏一》。
⑥ 《清史稿》卷四百七十六《循吏一》。

四年"[①]。雍正元年(1723)蓝鼎元为广东潮阳知县,"尤善治盗及讼师"[②]。道光年间,四川总督琦善称,"据(本省)各州县先后报获讼棍三十案,共犯三十三名,业经分别讯拟,咨题完结。计拟军二十四犯,拟流六犯,拟徒三犯,俱系积惯包揽渔利,唆讼害民,确有案据"[③]。道光二十三年(1843)桂超万擢授江苏扬州知府,"凡衙蠹、营兵、地棍、讼师诸害民者,悉绳以法"[④]。同治四年进士冷鼎亨署江西瑞昌知县,"捕讼师及猾吏数人,绳以法"[⑤]。依据律例要求和现实需要,严厉打击讼师是这些循吏们的重要工作,为其他庸常官员作出了表率。汪辉祖在打击讼师方面颇有心得:

> 向在宁远,邑素健讼。上官命余严办,余廉得数名,时时留意。两月后,有更名具辞者,当堂锁系,一面检其讼案,分别示审,一面系之堂柱,令观理事。隔一日审其所讼一事,则薄予杖惩,系柱如故。不过半月,惫不可支,所犯未审之案,亦多求息。盖跪与枷皆可弊混,而系柱挺立,有目共见,又隔日受杖,宜其惫也。哀吁悔罪,从宽保释,已挈家他徙,后无更犯者,讼牍遂日减矣。[⑥]

作为一代名幕和循吏[⑦],汪辉祖惩治讼棍的方式对其他官员产生了深远影响。比如,刘衡提出地方官应实力稽查,多方察访,并于当堂收诉状及审理讼案时,遇有涉及虚诬的当事人,立即带回内署究明诉状为何人所作、何人教诱,仔细询问教唆者的年貌、住址。随即密出签票,责成衙役严慎查拏。一般在夜阑人静或黎明时,官员亲自围拏,搜查讼师唆讼确据,如呈稿抄批之类。情节严重的讼师照例详办。情节稍轻的则可依照汪辉祖的上述做法给予惩处。刘衡认为,通过这种方式惩办两三名讼师,则其他讼师都将闻风丧胆[⑧]。方大湜也深受汪辉祖的影响,他谈到自己曾采取类似措施:

---

① (清)赵吉士:《牧爱堂编》,第124页。

② 《清史稿》卷四百七十七《循吏二》;(清)陈康琪:《郎潜纪闻初笔二笔三笔》(下),第468页。

③ 《刑案汇览》,载杨一凡(总主编):《〈刑案汇览〉全编》,第2567页。

④ 《清史稿》卷四百七十八《循吏三》。

⑤ 《清史稿》卷四百七十九《循吏四》。

⑥ (清)汪辉祖:《学治臆说》卷下《治地棍讼师之法》。

⑦ 汪辉祖因光辉业绩,其事迹收入《清史稿》卷四百七十七《循吏二》。

⑧ (清)刘衡:《庸吏庸言》卷上《理讼十条》。

> 辨讼师颇不易，余尝依照汪龙庄先生《学治臆说》所载，拏到之后，责惩管押，遇审案时即将该讼师提出锁柱示众，令其鹄立，看本官审案，亦足以昭儆戒。盖讼师在外，每以手段自矜，伤其颜面，则人不信服也。①

受法令及意识形态双重驱使，不少官员通过明查暗访，试图四处拿获讼师。同治五年，杜凤治首任广宁知县前面见知府，对方即叮嘱他“讼棍已革拔贡何瑞图以不干己之事每每上控、善为调处惩办等语”②。同治九年，杜凤治再度就任广宁知县后，为政经验丰富，“下车伊始，……暗访讼棍名姓、寓所，往往出没靡定，不可端倪。昨访得数人，现寓城内者二人，一黄姓不知名，嘉应兴宁生员，寓蓝家祠；一郭姓亦无名，罗定生员，寓林家祠。予昨晚将四更时呼灯复起，自作朱单两纸，派严澄带值日总役谢吉、黄标、陈高及头役数名赴蓝家祠拿黄姓，派梁升带值日总役陈雄、邱庆及头役数名赴林家祠拿郭姓”③。《清稗类钞》记述如下案例：

> 袁宝光者，讼师也，一日为某家作讼词，事毕，夜已阑，急返家。半途，适州牧巡夜至，喝止之，问为谁，袁答曰：“监生袁宝光。”问：“深夜何往？”曰：“作文会方回。”牧久耳其善讼之名，追问曰：“何题？”曰：“君子以文会友。”曰“稿何在？”曰：“在此。”乃将讼词稿呈上。牧遂令卒提灯照阅，袁睨其方展开时，直前攫之，团于口中，曰：“监生文章不通，阅之可笑。”牧无如何，释之去。④

尽管偶有官员对讼师的某些行为显示有限的宽容，如晚清于湖北监利县任官的罗迪楚认为：“不拏讼棍，以拏获无据不能办之，反生技节。不如听其作词，且苟其词气清明，亦可为伸冤。惟阅词时细心详察，闪烁者不准，诬者反究”⑤。这种对讼师的有限宽容在整个清代官员群体中较罕见。

## 三、打击讼师扩大化的实例

要求打击讼师的律例及皇帝上谕发挥了怎样的影响？我们据咸丰四

---

① （清）方大湜：《平平言》卷三《讼师已获须伤其颜面》。
② 《杜凤治日记》（第一册），第 101 页。
③ 《杜凤治日记》（第四册），第 1700—1701 页。
④ 徐珂（编撰）：《清稗类钞》（第三册），第 1194 页。
⑤ （清）罗迪楚：《停琴余牍·词讼》。

年巴县“本城邓玉泰告潘明清等饮酒欠钱不给、凶殴伤邓文质”卷宗等实例作一探讨，[①]该案进展如下：

（1）咸丰四年二月，邓文孝（别名“邓玉泰”）告潘明清“率痞”刘太和、郑元合、杨么黄子等在堂弟邓文质馆内饮酒不给钱二百余文，引发殴斗，致邓文质“伤沉卧床，饮食鲜进”，内附诉状草稿一张[②]。

（2）三月初二日，赖联芳、张举山等四人禀称邓文孝“惯于捏词诬告，害良善，出有服约，又有罚帖，均凭审呈。本月内（邓）文孝又平白藉故捏控牵害蚁等，拖累勒要钱二三千文，方肯摘去一名，蚁（肖）元泰已去钱一千二百文摘名，又要蚁（石）正元出钱二千，不允，现将呈词拿获，扭案鸣冤。……服约三纸粘呈，”后附邓文孝向他人诬索钱文的字据三张。

（3）同日，刑房计开审单，据所属文件，邓文孝喊称“（潘明清、肖元太、石正元等）将（邓）文质殴伤沉重，蚁来渝代作呈词投递。有肖元太给蚁钱一千，将伊名取落，又将呈词更换，复有石正元给蚁钱二千，蚁又将正元名字挖补，被伊等来代书铺将蚁抓住。”

（4）三月十三日，邓文质告状一份，内容与邓文孝同，知县批示“已据邓文质控准签唤候唤讯，并究。”

（5）三月十四日，邓文质到庭，供称“（潘明清等人）把小的殴伤沉重，小的才请堂兄邓玉泰（即邓文孝）来渝与小的代作呈词……（县衙）谕令小的自来辕投递呈词。今蒙审讯，小的不应听信堂兄邓玉泰（即邓文孝）妄作呈词，……小的情愿具悔结案就是。”

（6）六月初三日，刑房计开审单，邓文孝被注明“枷犯”。同日，邓文孝供：“小的不应代作呈词，已沐笞内责枷示，今蒙疏枷，小的守候审讯就求施恩”。

巴县等地案件表明，知县极少对钱债等“细故”案件甚至斗殴案件的当事人动刑。但此案中，邓文孝远非职业化的讼师，其主要过错只是代堂弟撰写诉状，及指导堂弟一些诉讼技巧，这种偶发行为，却受到笞刑及枷示重责，令人不可思议。对比前引“上谕”可知，其主要原因在于，邓文孝“事不干己”；邓文孝从肖元太等人处至少勒索三千文钱，档案称其“陷人取利，造作虚词”，但控告属实，因此恐怕谈不上“造作虚词”；邓文孝教唆邓文质具控——“听其指使，冒昧呈递。”据前引上谕，地方官“遇架词控诉之案，必究

① 巴县档案号 6-4-5853。

② “伤沉卧床”之类表达疑为当地官代书或讼师常用语或套话，类似表述，参见咸丰二年十一月初三日刘正隆的状纸，巴县档案号 6-4-5823。另有“被殴伤沉，卧床不起”表述，参见咸丰四年正月二十四日龚和亮状纸，巴县档案号 6-4-5849。

其何人怂恿，何人招引，何人为之主谋，何人为之关说。一经讯出，立即严拏、重惩”，“将造谋诬控各情节严究得实，一切重罪悉以讼师当之。其被诱具控之人，转可量从宽减。”本案中，邓文孝未视作为讼师，其事不干己却代作呈词，勒索他人钱文，基本与讼师行为无异，故被处以重惩，被唆之人未受处罚。这些情节与处罚措施基本与上谕要求一致。但是，潘明清及刘太和等人在邓文质馆内饮酒不给钱，还将邓文质殴伤，以致“伤沉卧床，饮食鲜进”似乎也是事实，当事人至少半个多月以后方能来到县衙自诉，知县对此行为亦未持异议，因此，刘太和等人的行为已远超越钱债“细故”纠纷范畴。但是，现存卷宗里却看不到知县对加害人作任何处罚，亦未代原告追偿相应债务。邓文质被殴伤后，卧床很可能长达半个多月以上，如果没有邓文孝及时代作呈词上告，当事人本人如何可能及时控告？知县却放过凶手，将打击重点置于所谓扰乱司法秩序之人。在晚清律例多趋于废弛的背景下，这则打击讼师的律例“生命力”却颇为旺盛。

杜凤治打击讼师的案例与此有相似之处，但比对律例规定，有明显扩大打击的趋势。同治六年八月初二，杜凤治“审陈亚寿、刘亚哯拐邓传能、宗新妻一案。责讯二人，陈已认奸认拐，刘重责不认。邓传能于（七月）廿三卯递一呈请释，本应早令回家，因予下乡一月未及忆及。呈中言辞不顺，口吻迥异。询以何人代作，供云城外十字街旁住之一江姓。问与钱否？供云与洋两元。立出签严拘讼棍江涵秋，派陈登、杨升、江瑞、吴标等六名前往，片时带到。供称名江润颐，长宁监生，在此作柴生意，作呈是实，系邓弟来求，云兄在差押，拷打狼藉，代为设法求释，并无收洋。邓传能供实与二元，立将伊所穿之夏布大衫剥下与邓传能折洋还之，即令归家。……讯江：‘……（本县）在乡一月，交差小事，偶尔不忆，汝敢出言请问！本奉宪谕严办讼棍，不料今日得汝，甚好！’着暂押值日馆候办。又阅廿八卯呈词，比对笔迹及语言口吻，江润颐作者甚不少”[①]。长期在广宁为人作讼词、刀笔为生的李贞与杜凤治为旧识，要求保释“积匪”谢文礼，说话一时顶撞知县，杜“立时翻脸将李贞严词痛斥，立时收押”[②]。

杜凤治严打讼师实例颇值分析：其一，所谓“讼棍”江润颐，不过一普通监生，杜凤治却派多达六名差衙前往传讯，这一夸张行为足以表达了知县对触及他个人权威的讼师的震怒。直至当年十一月十六日，经江润颐再三

---

① 《杜凤治日记》（第一册），第199—200页。

② 《杜凤治日记》（第一册），第306页。

哭求,方允其保释,此时其已被关押于值日馆长达三个多月[①]。值日馆一般用于收押盗贼,号房收押轻犯[②],可见杜凤治对讼师的严惩。其二,此案加害方为陈亚寿等人,邓传能等为受害者,却因知县下乡催粮忘记,被超期关押长达一个多月,甚至被严刑拷打,江润颐受人之托为邓传能作呈词,只是请求释放受害者,虽属营利行为,但并未"陷(害他)人取利",未"教唆词讼",未"增减情罪",未"造作虚词",若严格据律例规范,江的行为并无违法之处。其三,受害者无理长期羁押,杜凤治的强制行为并无律例依据,"严打"讼师实质上是禁止任何人挑战官员的非法行为,削弱衙门司法恣意的本地约束。有论者批评夫马进关于"讼师……被国家一贯地视为非法的存在","讼师代作状纸被禁止"等观点史料不充分,认为"清代并不存在禁止讼师为委托人代作呈词的法律。也就是说,讼师代作呈词的业务并不违法"[③]。考虑到当时政法实践中对讼师打击日益扩大化,这一见解仅限于对律例文字的意义分析,不符合当时实情,夫马进的观点有实例支撑。光绪年间,杜凤治在老家听闻一无赖七十私自从捕衙逃出,七十的弟弟福禄及米店伙计周某到捕衙看望兄长,被捕衙留下作抵。两名无辜者"押在班房,恶杂臭秽",福禄亲友求助于杜凤治。杜建议宗族绅耆为之联名请保,"如不准则令福禄装病,联禀保病,理无不准。再,你们见官如不准,则同声请改押,并实言班房臭秽难蹲,抑且看役同押人犯讹诈银钱,不允则没法收拾,有性命忧,看官如何说"[④]。杜凤治指导当事人亲友联名保释无辜者,指导当事人装病,这些行为涉及典型的"教唆词讼",恰同官员(包括杜自己)广泛打击的讼师伎俩完全一致。对普通当事人而言,面对"一人政府"的独断权力,这些司法上的策略是维护当事人正当利益的几乎唯一途径。

同样,当事人对案件判决不服而上控,亦是使州县官有所畏惧的途径,这亦常常被视为挑战官威的行径,令知县恼羞成怒。同治七年,杜凤治任广东四会县知县时认为:"初讯时谢(瑶琮)供无其事,宽不深究,令具结,乃

① 十一月十六日杜凤治日记记载释放"讼棍江润顺",《杜凤治日记》(第一册),第348页。据前后文,"江润顺"当为"江润颐"笔误。

② 杜审理冯风祥争继案时,曾将其"前交号房看守本为从宽,今既不识好歹,与贼何异,改收值日馆。"《杜凤治日记》(第一册),第349页。

③ [日]佐立治人:《再论旧中国诉讼顾问之"讼师"的合法性》,魏敏(译),《法律史译评》(第八卷),中西书局2020年版,第330、334页。

④ 《杜凤治日记》(第十册),第5537—5538页。杜还建议有功名的亲友联名保释福禄,"尽请大胆行去。我服官十五年,此等事常有,官不能违众意自说自话也。"同上书第5540页。

延玩日久，胆敢目无官长，非理越控，极宜按律严办，以杀刁风。粤东讼棍众多，案不得直，无论理曲理伸，辄唆本人上控，此风断不可长”①。上控可能招致州县官的仕途风险，就算为了“理伸”，也为州县官痛恨。在同治八年正月，杜凤治阅按察使专信，“为报上控案件多而迟延而未理不报者，已将英德、海阳、连平各州县摘顶，大约此三处总在五起以上”②。同治八年周泰的同伴上控，四会知县杜凤治认为“该生奸刁藐法、目无官长，意谓上控可以嵌制，连叩藩司，此风断不可长”③。但律例并未绝对地禁止当事人上控。讼师以及诉讼之学的正面价值，在于为维护部分当事人的正当利益提供指导，以专业知识质疑基层官府权力行使的正当性，长期而言有利于朝廷统治的长治久安④，却被视作“挟制官府”行径，长期被严厉压制。官僚集团整齐划一地严打讼师，使讼师群体污名化加剧，极大地遏制了约束州县官权力的民间力量，助长州县官专断与枉法，成为官民矛盾日益恶化的风向标。因此，这种看似有理的行为出现了一个悖论：官僚集团依法（律例与圣上指示）打击讼师违法行为，事实上却助长了基层官员肆无忌惮地违法。通常，刑法的目标是减少、预防犯罪行为，但无差别的打击讼师，其结果与刑法目标相反。

《刑案汇览》收录了省级高官与刑部审理的刑事要案。其中有数则涉及惩治讼师的实例，可视作代表当时官方高层权威的司法指引。嘉庆十八年（1813），安徽陈玉田代张鸣玉书写呈词，诬控孙用遂违例取息。“讯系张鸣玉开略嘱写，惟陈玉田先后为人代作呈词六次，应照积惯讼棍拟军例，量减一等，满徒”⑤。嘉庆二十五年，安徽“徐学传代人作词五纸，皆系寻常案件，并无串通吏胥，播弄乡愚，恐吓诈财情弊。应于积惯讼棍军罪上量减一等，满徒。年逾七十，系讼师为害闾阎，不准收赎”⑥。美国法律史学者认为，该案案犯所代写的五份诉状都是关于普通案件的诉状；在代写及提交官府过程中，也没有串通胥吏等错误行为；而且案犯本人已年逾七十，根据法律规定，应享有以钱代罚的权利。但尽管如此，最后对于案犯的处理也

---

① 《杜凤治日记》（第二册），第736页。

② 《杜凤治日记》（第二册），第869页。

③ 《杜凤治日记》（第三册），第1048页。

④ 有论者谓，讼学或讼师秘本传授的核心内容激发人们诉讼热情，对社会结构稳定有极大破坏性。讼学不是建立在权利意识上的法律较量，而是通过渲染情绪博得情理上的同情优势，表现在现实生活中就是缠讼连年不决。龚汝富：《明清讼学研究》，商务印书馆2008年版，第282页。此观点受清代官方主流言论支配。

⑤ 杨一凡（总主编）：《〈刑案汇览〉全编》，第2565页。

⑥ 杨一凡（总主编）：《〈刑案汇览〉全编》，第2565页。

仍然很重,与其他同类案犯一样处罚,且不准收赎。在一个教育尚未普及、相当多的人仍处于文盲状态的社会里,真正了解法律、知道如何通过法律程序保护自己合法权益的人是微乎其微的。他们如果涉及诉讼,需要借助其他受过教育、了解法律的人,帮助他们准备涉讼的必要法律文书。《大清律例·刑律·教唆词讼》律有这样一款:"其见人愚而不能伸冤,教令得实,及为人书写词状而罪无增减者,勿论。"尽管如此,从本案的处理可以看到,在很多情况下,对于代写诉状、代提诉讼请求等行为,官府所关注的不是所提请求是否符合事实,而是该诉状的书写及诉讼请求的提出,是否由他人代行[①]。徐学传代人书写词状,从案例简要信息推论,当无增减等违法情节,年逾七十,却仍处以重刑,在法律适用上明显超越限定,朝廷的这些律外重刑与前述地方官严打讼师一致。

## 第三节　讼师业务与社会需求

### 一、讼师业务与经济、人口因素的关联

官员力图通过规制讼师参与任何诉讼活动,减少词讼数量,稳定社会秩序。然而,这一途径并没有把握问题的根本。讼案大增与社会经济、人口压力区域性变化等现象密切相关。以四川为例,明末清初四川暴发的战乱导致当地"土旷人稀"。在清初,四川省很少有词讼繁多的记载。但这种情况不久就发生了巨大变化。清初统治者针对战后四川"有可耕之田,而无耕田之民"的局面,制定一系列的优惠措施,鼓励各省民众入川落籍垦荒,出现清前期近百年"湖广填四川"的大规模移民运动。随着四川人口大量增长以及土地大量开垦,词讼随之急剧增加。具体而言,雍正五年,时任四川巡抚宪德奏:

> 四川昔年人民稀少,田地荒芜。及至底定,归复祖业,从未经勘丈,故多所隐匿。历年既久,人丁繁衍。奸猾之徒,以界畔无据,遂相

---

① [美]D·布迪、C·莫里斯:《中华帝国的法律》,朱勇(译),江苏人民出版社 1995 年版,第 414 页。另一研究者对徐学传案的评述与此类似,see Melissa A. Macauley, *Social Power and Legal Culture: Litigation Masters in Late Imperial China*, Stanford University Press, 1998, pp. 18 - 19.

争讼。川省词讼，为田土者十居七八，亦非勘丈无以判其曲直。[①]

论者谓，在18世纪各省，因土地与债务而引发的杀人案件中，四川长期最为暴力[②]。乾嘉以降，四川省的词讼数量进一步增大，与"人丁繁衍"有直接关系。在道光朝，刘衡认为，"川省词讼之多甲于他省，且近有京控之案，总由吏治疲玩以致民俗祷张，差役因之舞弊，讼棍由此乘机控案，因而日增"[③]。尽管讼师大量出现是民众诉讼的现实需要，诉讼量剧增绝非根源于讼师。与健讼现象一样，清代较集中的讼师活动范围具有明显的区域性。

在《清史稿》中，清代健讼之风的记载多限于江苏（以苏州府为中心）、江西、福建、湖南、浙江、广东和四川的某些地区[④]。方志远在研究中提出，明清江西、湖广（即今日湘鄂赣地区）为典型的"讼风"核心区域[⑤]。这些健讼之地与讼师活跃区域基本重合。夫马进认为，清代讼师以乡村和城市为活动场所，由乡下的讼师向当事人介绍城里的讼师，由州县城的讼师介绍府城省城的讼师，形成了一个讼师网络。讼师网络的区域至少包括江苏省、浙江省、江西省、湖南省和四川省[⑥]。尽管麦考利分析讼师的区域分布时认为清代讼师在任何一个省都能发现，但是她也承认"恶讼师"主要活动在以人口稠密、有丰厚产出与财富的"核心"区域（尤其是东南沿海）[⑦]。以至某地区的官员认为，本省诉讼或讼师多的原因之一在于同上述区域接壤。如尹会一所云："豫省界联吴楚（即今之江苏与湖北），地多讼棍"[⑧]。《清稗类钞》的《讼师伎俩》一文记录的几乎所有著名讼师活动范围与上述地区大致重合，详情见下表：

---

① 《清史稿》卷二九四《宪德传》。

② Thomas Buoye, *Manslaughter, Markets, and Moral Economy: Violent Disputes over Property Rights in Eighteenth-century China*, Cambridge University Press, 2000, p. 159.

③ （清）刘衡：《庸吏庸言》卷上《禀制宪札询民风好讼应如何妥议章程遵即议复十条由》。

④ 相关记载参见《清史稿》卷二四七《方国栋传》、卷二七六《刘荫枢传》、卷二八九《朱轼传》、卷三三六《张维寅传》、卷三五七《董教增传》、卷三九三《李星沅传》、卷四四八《涂宗瀛传》、卷四七六《廖冀亨传》、卷四七六《陈汝咸传》、卷四七九《冷鼎亨传》、卷四七九《徐台英传》及卷四七九《蒯德模传》等。

⑤ 方志远：《明清湘鄂赣地区的"讼风"》，《文史》2004年第3辑，第107—134页。

⑥ [日]夫马进：《明清时代的讼师与诉讼制度》，范愉等（译），载[日]滋贺秀三（等著）：《明清时期的民事审判与民间契约》，王亚新等（编），法律出版社1998年版，第418页。

⑦ See Melissa A. Macauley, *Social Power and Legal Culture: Litigation Masters in Late Imperial China*, Stanford University Press, 1998, pp. 102 - 105.

⑧ （清）尹会一（撰）、张受长（辑）：《抚豫条教》卷一《士民约法六条》。

表十一 《清稗类钞》所见讼师活动区域表

| 讼师活动区域 | 相关记载 | 资料出处 |
| --- | --- | --- |
| 湖南 | 湖南廖某者,著名讼棍也。 | 《清稗类钞》(第三册)《狱讼类·讼师伎俩》 |
| 江西 | 江右有所谓破鞋党者,讼师咸师事之。 | 同上 |
| 苏州 | 苏州有讼师曰陈社甫 | 同上 |
| 苏州 | 杨某,崇明人也,而居于吴门。 | 同上 |
| 皖南 | 皖南何某以善讼名于时。 | 同上 |

与清代华北、东北、西北及西南地区相比,上述区域沉重的人口压力、生存竞争及社会经济生活高度复杂化,导致民事纠纷大量出现。清代后期健讼现象渐从中国东南等核心区域向其他非核心区域扩散。比如前引清代阿勒楚喀(今黑龙江省阿城地区)副都统上任后即曾抱怨当地的健讼之风①。在诉讼相对高发地区,当事人对法律服务的社会需求自然大大增长,讼师随之大量出现。四川省词讼由简至繁的变化也有力说明,清代官员规制讼师,目的之一是作为减少案件大量积压以至消灭讼案的重要手段,这并非治本之途,背离问题产生的关键因素。正如论者谓,与其说讼师导致了积案,不如说是因为人口增长、经济复杂化和财产观念变化等诸因素累积的结果②。

## 二、当事人对讼师的需求

乾嘉之际以降,数量极为庞大的讼案积压多年,民怨沸腾,给衙门带来很大冲击,影响了社会秩序。为此,衙门的主要措施,便是进一步严格限制当事人将自理词讼递进官府,缓解诉讼压力。如前引包世臣的相应分析③,官员出于对自身前途等利益动机的考虑,将司法裁判的注意力主要集中于刑事重案,于词讼细故纠纷则不甚关心。乾隆年间,浙江杭嘉湖道员亦称:"查州县自理案件,原限二十日完结。只缘州县视为无关考成,任意拖压。一案之事,有迟至数月,甚有迟至二三年并数年不结者。徒令两

① 载东北师范大学明清史研究所、中国第一历史档案馆(合编):《清代东北阿城汉文档案选编》,第95页。

② See Melissa A. Macauley, *Social Power and Legal Culture: Litigation Masters in Late Imperial China*, Stanford University Press, 1998, p. 331.

③ (清)包世臣:《齐民四术》,第252页。

造互相讦告，卷案冗繁”[①]。命盗重案的处理则事关州县官考成，易引起其高度重视。如在同治七年，针对幕友顾小樵“所有命盗应出票稿，久搁不发”的行为，四会知县杜凤治指示书房签押：“此后你专责，不能因师爷脾气大而遂不催，……吃主人饭为主人办事并无错，主人考成攸关，不能怕师爷气大而不言”[②]。那些对族众间的调处失去希望，而坚持通过诉讼维护利益的“细故”当事人来说，“依情直书”然后向官府递交状纸，十有八九会被驳回起诉或积压数年。因此，当事人必须寻求其他诉讼技术，使案件得到官员重视，及时受理。清代绝大部分民众没有受过良好的教育，不谙律例，而在当时诉状书写早已要求技术化、案件内容表述格式化。官员对讼师“严打”，进一步压制了当事人获得专业法律服务的机会，难以通过司法伸冤，社会积怨未能通过司法这一和平方式充分疏导。

如前所述，各地对诉状书写格式与对诉状内容的主要规定大体类似。这些诉讼规则涉及对诉状字数的限制、字体的限制、对字迹清晰程度的规定、对一告一诉的规定、对证人、被告人数的限定等等。官府对自理词讼呈现高度形式化和书面主义审理特色。比如，不少司法官员花在阅读诉讼文书上的精力占十分之七，花在听讼上的精力占十分之三。王凤生曾云：“且州县判断之功在于看卷者十之七，在于听言者十之三。间有供卷不符，是则讼师之播弄乡愚，更不难一鞫而伏矣”[③]。诉讼是具有专门性的技术活动，其认知过程不易为一般民众所接受。当事人参加诉讼时，在文化认知和心理上同诉讼保持相当距离与陌生感。

与其他纠纷解决机制，如族众间的调处相比，诉讼的程序复杂、繁琐，时间持久，专业化强，成本高。由于诉讼所具有的国家强制力和规范性，很大程度上限制甚至排斥了当事人的意思自治和自主性。诉讼的这种特殊性使得没有文化基础不懂律例知识的民众有必要寻求专业人士的帮助。离开讼师的诉讼咨询与技术指导，在官方贱讼传统下，当事人在通过诉讼获得正义的道路上举步维艰。经讼师的指导，当事人将细故案件夸大为命盗重案，以引起衙门的注意与及时审理，结果却导致诬告的产生。正如麦考利认为，讼师、诬告产生的原因在于，官府面对自理词讼之门过于狭小，当事人往往依赖讼师帮助才可能引起知县的注意：当民众起诉时，他们觉得他们必须依赖讼师、代书。讼师告知他们的“细故”不甚重要，然后引导

① （清）万维翰（辑）：《成规拾遗》，载杨一凡等（编）：《中国古代地方法律文献》（乙编第十一册），第589页。

② 《杜凤治日记》（第二册），第525页。

③ （清）王凤生：《亲民在勤》，载（清）徐栋（辑）：《牧令书》卷十八《刑名中》。

他们如何"制作"毫无根据的指控①。

讼师队伍的壮大与当时自理词讼的书面审制度关系密切。律例规定官员"听讼"之责、注重庭审和证据,但稀缺的审判资源供给决定了事实上的"书面优先主义"惯例,且书面叙事要简短而不能冗长。审判官员更多依据诉状叙事效果和氛围裁决,这迫使诉状的书写与内容谋划向"高精尖"发展。虽然衙门通过"考定代书",确定代书为当事人提供诉状书写服务。但是受到严格管制的代书远不能满足当事人的下述要求:出谋划策、打通衙门上下关系,核查对方当事人违背律例的依据,利用既有律例或地方通行规则规避法律,或钻律例的漏洞,或找出州县官违法判决的律例依据,以求胜诉。即使有的代书具有非同寻常的诉讼技能,但是,代书作为公开化、合法化的职业,他们必须持有官府颁发的执照营业,在衙门登记在案。代书职业的特征使得其进行其他非法的法律服务面临各种约束与显而易见的风险。代书无法如讼师那般因不具有合法地位而灵活地"地下活动",难以躲避官方追查以致为所欲为。黄岩县诉讼档案以及巴县等地诉讼档案均表明,绝大部分诉状均盖有代书戳记,诉状无代书戳记者往往不予受理。同时,黄岩诉讼档案所附《状式条例》有多处条款规定了对违法的代书严惩,在司法实践中也有不少违规的代书受到知县斥责。

此外,由于涉及"细故"的自理词讼不易得到衙门准理。尽管《大清律例》规定为人撰写词状时,必须如实叙述,不得增减情罪诬告他人,否则将受到刑事处罚。比如,《大清律例》律文"教唆词讼"专门对付教唆词讼者:

> 凡教唆词讼,及为人作词状,增减情罪诬告人者,与犯人同罪。若受雇诬告人者,与自诬告同;受财者,计赃,以枉法从重论。其见人愚而不能伸冤,教令得实,及为人书写词状而罪无增减者,勿论。②

律例要求词状内容与案件事实一致、毫无差错。这种规定在实践中几乎难以兑现。如前引夫马进的研究见解——清代许多代书书写的质朴无华的诉状导致衙门"多置勿理""徒令阅者心烦,真情难达"③。官方的标准

---

① See Melissa A. Macauley, "Civil and Uncivil Disputes in Southeast Coastal China, 1723 - 1820," *Civil Law in Qing and Republican China*, edited by Kathryn Bernhardt, Philip C. C. Huang, Stanford University Press, 1994, p. 94.

② 《大清律例》,田涛等(点校),第 490 页。

③ [日]夫马进:《明清时代的讼师与诉讼制度》,范愉等(译),载[日]滋贺秀三(等著):《明清时期的民事审判与民间契约》,王亚新等(编),法律出版社 1998 年版,第 405—406 页。

化诉状并未在明末或清代得到广泛的推行。主要原因当是这种朴实无华、据事直书的标准化诉状缺乏文采，难以引起官员有限的注意力，难以激发官员的共鸣，同时无法以短短篇幅叙明纠纷复杂的案件。这使得原告、被告都明知违法，但为了使案件得到受理和胜诉，不得不寻求讼师等人的帮助，借助讼师秘本作为写作指南，将一般的民事争讼描述成耸人听闻的事件，以吸引知县的注意。在司法实践中，有的官员也不得不承认一些讼师确能规避当时制度约束，成功地为当事人撰写吸引审案官员注意力的诉状——“百姓有冤抑，欲求上伸则告。告者只许言其紧要，恐字多则易入无情之词，故宜定以字格。然刀笔作者颇能于简练之中装点埋伏，使看者遽信为真”[①]。在乾隆朝初期，江西按察使发布的公文指出：

> 好讼棍徒，率听讼师愚弄，凭私诬妄，明识虚情，止希耸准。迨水落石出，犹信奉不疑。宁甘反坐，而不肯将做状之人供出。不云过路算命之人，则称不识姓名撞遇之客。虽严究讼师，历奉定例，而究出惩治者，百不得一。[②]

有意思的是，这份文件与前引嘉庆二十五年的通行所指出的“即向根究讼师姓名，断不准（当事人）妄称路过卖卜、卖医之人代为书写”类似。在嘉庆十七年（1812），刑部议覆官员奏准定例亦规定：“凡审理诬控案件，不得率听本犯捏称倩过路不识姓名人书写呈词”[③]。同治年间，杜凤治审讯禀称失窃、失单妄开多物的莫亚量，“问伊禀系何人代作代写？何人为你出主意？初言过路人，连喝掌嘴，踟蹰半响，供云井头樊鹏程代作代写”[④]。一旦官府要求当事人供出做状人（讼师）真实身份，以便施以打击时，部分当事人往往以路人、算命先生或江湖郎中等搪塞，宁愿自己被处以反坐的风险，也要“保护”讼师。这至少侧面表明，一些讼师的诉讼技巧和职业道义确赢得了当事人的依赖、尊重或敬意，这种推论并非空穴来风。论者引用幕友王有孚在《一得偶谈》中的言论，指出从中发现讼师产生的部分社会基础，为民众对诉讼纠纷的解决急于寻求法律援助，而官府的代书却不能满足这种需求。这部分讼师参与的诉讼行为可以概括为“良讼”。而那些“拨弄乡愚，恐吓良善，从而取财”之辈，则为“恶讼”“讼棍”。这种称呼的差

---

① （清）潘月山：《未信编》卷三《刑名上・准状》。

② （清）凌燽：《西江视臬纪事》卷二《关提人犯、惩治讼师、事主捏赃等款议详》。

③ 胡星桥等（主编）：《读例存疑点注》，第 704 页。

④ 《杜凤治日记》（第一册），第 316 页。

别反映民众对讼师参与诉讼行为的是非良窳，成败利害，心中自有判断。这与官府对讼师“囫囵吞枣”式的凛然打击，存在若干背离。民间对讼师以及讼师秘本某种程度的接受和依赖，成为讼师和讼师秘本在民间长期存在的群众基础①。

## 三、讼师的职业道义与专业技能

官员试图规制一切讼师活动，将讼师作为非法职业予以取缔，是建立在将讼师作为纯粹消极和负面的对立物认识上。对于一些熟读诗书、遵循义理的讼师来说，他们却有自己遵守的某些基本道义。如《清稗类钞》记载了一位名叫宿守仁的讼师就是遵守某些基本原则，在协助当事人参与诉讼过程中立于不败之地：

> 光绪时，某邑有宿守仁者，讼师也，善刀笔，一生无蹶蹶。尝语人曰：“刀笔可为，但须有三不管耳。一，无理不管。理者，讼之元气，理不胜而讼终吉者未之前闻；二，命案不管。命案之理由，多隐秘繁赜，恒在常情推测之外，死者果冤，理无不报，死者不屈，而我使生者抵偿，此结怨之道也；三，积年健讼者为讼油子，讼油子不管。彼既久称健讼，不得直而乞援于我，其无理可知，我贪得而助无理，是自取败也。”②

宿守仁的职业道德是为有理者伸张正义，维护理直者的正当利益。宿守仁不接长年健讼之徒的案件，也许正与“守仁”二字名符其实，正所谓“盗亦有道”。这与主流认识中的讼师形象有很大差异。另一位名叫吴墨谦的讼师也在为当事人办理业务过程中留下了良好声誉：“雍正时，松江有吴墨谦者，通晓律例，人倩其作呈牍，必先叩实情，理曲，即为和解之，若理直，虽上官不能抑也”③。尽管在绝大部分记载中，负有道义感的讼师为数甚少。其原因之一在于，当时社会不可能存在特定讼师公开言论被记载及合法出版的渠道，大部分讼师负面形象的记录来自官员文集或官方文件，官员的刻板认知影响了整个知识阶层的看法。明清时期指导讼师学讼的最主要“教材”——讼师秘本却提出，不到万不得已，当事人和讼师不应轻启讼端；讼端既启，当事人（包括讼师在内）也不应虚妄指控，而应尽量合乎情理。

① 孙家红：《走近讼师秘本的世界——对夫马进〈讼师秘本“萧曹遗笔”的出现〉一文若干论点的驳论》，《比较法研究》2008 年第 4 期。

② 徐珂（编撰）：《清稗类钞》（第三册），第 1190 页。

③ 徐珂（编撰）：《清稗类钞》（第三册），第 1047 页。

清代流行的讼师秘本《两便刀》提出："凡兴讼，务宜量力而行，不可安置异说枉法前。民一时告状，容易他日受刑难当。如果冤不伸，乡都莫分曲直，毕竟要鸣府县，须待高明作为有理词状。凡作状词之人，甚不可苟。商一时润笔之资，飘空望砌，妄隐生灵，致两家荡业结仇，大小惊惶……。"讼师代人作状词时"不可混浊不洁，不可繁枝粗叶，不可妄控招非，不可中间断节，不可错用字眼，不可收后无结，不可失律主意，不可言无紧切，不可收罗襍砌，不可妄控扯拽"①。《萧曹遗笔》亦云："词讼者，心不平之鸣也。凡举笔必须情真理真，然后量事陈情。不可颠倒是非，变乱曲直，以陷人于非罪也。天鉴在兹，不可不慎"②。论者谓，明清时期的讼师秘本《折狱明珠》《词讼指南》等的编辑目标是分析个别案件的"事理、情势"，注重法律条文的"律意"，配合能真正打动法官理解与同情当事人冤屈的"文词"，而不是乱套罪名夸张状词、"徒取刁名，无益于事"③。讼师秘本中包括了一定的职业道义感，不能排除讼师受之影响而培养出司法正义感④，这一切与官方对讼师及讼师秘本的负面评价有很大出入。

因此，在这种职业伦理下，有可能培养一些具有职业道义的讼师。比如，清末民初讼师顾佳贻为一死者家属打抱不平，代写诉状敦促官府严惩凶手；某地发生灾情，乡民在请求县署救济遭拒后，请讼师杨瑟严草拟一份委婉恳切、真挚动人的自诉状，迫使官府允准⑤。麦考利认为讼师具有如下正面作用：讼师主要是建议当事人选择应付讼案的最佳途径。最坏，他们也只是建议当事人采用夸张的措辞技巧引起知县注意。每年每省成千上万递交诉状的城乡民众几乎不可能获得讼师网络的服务。然而，他们要求有人为之制作、修饰诉状，获得在衙门中应如何表现、预期的意见，并试图克服处在知县及诉讼当事人之间的衙门下属的刁难⑥。这一分析有力说明，讼师职业有正当性的一面，其长期存在也与强烈的社会需求有关。因此，讼师及其活动的负面性并不像有的学者论述的那样绝对：他们实际

① 分别参见《萧曹雪案校正两便刀》卷一《兴讼人明要决》及卷一《法门箴规》。

② 《洗冤使览萧曹遗笔》卷一《词家体要》，上海广益书局发行（民国四年）。

③ 邱澎生：《真相大白？——明清刑案中的法律推理》，载熊秉真（编）：《让证据说话——中国编》，台北麦田出版公司2001年版，第155页。

④ 如有论者谓，讼师秘本《法家须知》中讼师反复强调事主不要逞强好讼，遇事要冷静，在重大事情面前不诉诸官府不足以解决问题，则一定要告状，不得诬告他人，陷人于非命。龚汝富：《明清讼学研究》，商务印书馆2008年版，第199—200页。

⑤ 王法政等（编注）：《新注刀笔菁华》，中国文史出版社1991年版，第133—136页。

⑥ See Melissa A. Macauley, "Civil and Uncivil Disputes in Southeast Coastal China, 1723-1820," *Civil Law in Qing and Republican China*, edited by Kathryn Bernhardt, Philip C. C. Huang, Stanford University Press, 1994, p. 119.

上不为社会所需,只是社会的赘疣,只有否定和消极的意义,只是社会中腐败的一面,大体亦不具有何种建设性的意义[①]。这种刻板的结论主要受官员文集及官方话语的支配所致。

一些讼师之所以获利,参与诉讼活动并得到当事人认可,表明他们确实有常人力所不能及的智慧与专业技能。《清稗类钞》记载讼师杨某“阴险而多谋,凡讼事,他人所不能胜者,必出奇以胜之”[②]。该书还记载湖南一位廖姓讼棍:

> 每为人起诉或辩护,罔弗胜。某孀妇,年少欲再醮,虑夫弟之掯阻也,商之廖,廖要以多金,诺之。廖为之撰诉词,略云:“为守节失节改节全节事:翁无姑,年不老,叔无妻,年不小。”县官受词,听之。又有某姓子者素以不孝闻里中,一日殴父,落父齿,父诉之官。官将惩之,子乃使廖为之设法。廖云:“尔今晚来此,以手伸入吾之窗洞而接呈词,不然,讼将不胜。”应之。及晚,果如所言,以手伸入窗洞,廖猛噬其一指,出而告之曰:“讯时,尔言尔父噬尔指,尔因自卫,欲出指,故父齿为之落,如是,无有弗胜者。”及讯,官果不究。[③]

廖某为某不孝子提供的诉讼策略,或受当时流行的讼师秘本启发。比如讼师秘本《两便刀》收录了一份针对告继子不孝的告词,其相应的诉词即包含了与廖姓讼棍相类似的应对方式。该告词云:“逆天杀父事。原身无子,继立族弟Δ次子为嗣。恩抚长大,嫖赌乱为。嗔身诫谕,扭身殴打。打落门牙几死,彼幸妻救……。”诉词云:“乞拨冤诬事。扑灯之蛾,显按明死。原父继身为子,协力创家。后娶庶母生嗣,枕边谗言,正因失裙小故,捉身毒打。以手楸发,用口咬。时透骨痛极,误挑落牙。母心嫉妒,唆父告……”[④]。方大湜的《平平言》曾记载明代讼师用类似诉讼技巧为当事人解难:

> 冯梦龙《智囊补》云,浙中有子殴七十岁父而堕其齿者,父取齿讼诸官。子惧甚,迎一名讼师问计,许以百金,师摇首曰:“大难事。”子益

---

① 梁治平:《寻求自然秩序中的和谐——中国传统法律文化研究》,中国政法大学出版社1997年版,第305—306页。

② 徐珂(编撰):《清稗类钞》(第三册),第1192页。

③ 徐珂(编撰):《清稗类钞》(第三册),第1191页。

④ 《萧曹雪案校正两便刀》卷二《告继子》,第9页。

金固请,许留三日思之。至次日,忽谓曰:"得之矣。"避人耳当语若,子倾耳相就。师遂啮之,断其半轮,血污衣。子大惊。师曰:"勿呼是,乃所以脱子也,然子须善藏,俟临鞫乃出。"既庭质,遂以父啮耳堕齿为辩。官谓:"耳不可以自啮,老人齿不固,啮而堕,良是。"竟是免夫殴父大逆也。[①]

同样的计策又为清末著名讼师谢方樽所运用[②]。由此,不同时期不同版本的讼师秘本与业务传承着相似的法律专业知识与智慧。《大清律例》查禁讼师秘本,成为官方规制讼师的一个重要途径。普通人不具备讼师的这种智慧与专门的诉讼技术。讼师规避法律或以合法手段为当事人谋取利益,迎合了当事人的多元化需求。美国的法律史学者谓,在处于农业社会阶段的中国,因为没有形成被正式承认的法律职业,所以就出现一些替亲戚、朋友或别的委托人代写诉状的角色。在一个文盲高达总人口80%的社会里,没有那些受过教育的人的帮助,很难想象普通老百姓能够得到法律正义。但在政府看来,"讼棍"却是一帮制造麻烦的人,他们会为了一点蝇头小利而挑起事端,愚弄纯朴的乡村百姓[③]。通过诉讼寻求公平正义、维护自身利益是当事人倚重的不可或缺的途径。讼师向当事人提供状纸撰写指导,以使词讼得到受理;熟悉诉讼程序,以便同衙门打交道;识别官员的裁决是否有律例依据,以便提出上诉应对,在必要时越诉甚至京控。因此,在那些社会经济生活复杂化及词讼繁多的城乡,社会需求足以维系讼师的长期存在。

## 第四节 规制讼师的反思

### 一、官方规制讼师的深层原因

在州县层级,对案件事实的认定,对与案件相关法律的解释和适用,判决结果的确定,都是对本地政法事务全权负责的正印官独享的权力,他人不得染指其间。州县官高度集权,司法过程中不允许民间存在任何与"一

① (清)方大湜:《平平言》卷三《讼师可畏》。

② 王法政等(编注):《新注刀笔菁华》,第173—174页。

③ [美]D·布迪、C·莫里斯:《中华帝国的法律》,朱勇(译),江苏人民出版社1995年版,第180页。

人政府"相抗衡,甚至可能约束官员审判案件的角色——讼师在衙门面前分庭抗礼或躲在当事人背后出谋划策。论者谓,清代"刁生劣监"("刁衿劣监")深受官僚厌恶,因为他们帮百姓诉讼,甚至直接越级告状,挑战地方官员话语权,可能使官员威风扫地。其实,这恰恰反映了士绅利用其信息、知识和民间力量能够对官员的权势产生某种制衡力。长期而言有利于消化潜在的冲突因素,使之在萌芽状态中得到解决,而不致累积成为大问题,实质上既有利于基层,也有利于国家能力[①]。但是,讼师打破了"法无二解""以官为尊"的局面。前引讼师吴墨谦"若理直,虽上官不能抑",客观上挑战了在位者的至尊权威,这样的"子民"难以获得"父母官"群体的容忍。论者谓,随着从明至清出现诉讼社会的区域范围逐渐扩展,官方愈发希望能够借助于这种"贪利讼师"形象生产和再生产的话语机制,对讼师这一助讼群体进行整体污名化,以有助于达到遏制总体上趋于扩大的词讼规模之现实目的[②]。

有些讼师势力一旦壮大,有可能从两方面把持捏造、挟制官府。多数情况下,讼师直接利用诉讼智谋与法律技艺,对官员在司法上的恣意与枉法裁决形成一定的约束,或借以打击官员,限制其为所欲为。如县令韦承志查访贪财兴讼的王惠舟。后者怀恨在心,利用一纸告示,捏造罪名,妄控被告,以对抗圣旨和借水灾之机发国难财为名,指控知县犯了"大不敬"之罪,导致知县受革职处分[③]。在少数情况下,讼师通过向官员提供法律服务,形成官员对讼师的依赖直至挟制官府。清代名讼师谢方樽曾先后收取知县方一舟和李某的重金,为其代写诉状,向上司申诉以开脱罪名[④]。对州县官而言,不允许权力的对立面有任何存在的可能。诉讼当事人需要得到法律职业者的帮助,但是,州县官未能主动向当事人提供较充足的法律服务,无法降低社会对讼师的需求。

整体而言,讼师起了什么样的作用呢?作为一个群体,他们利用掌握的律例专业知识或熟悉衙门的司法流程,寻找州县官批示在律例依据方面可能存在的漏洞,提出质疑,或指示当事人根据司法流程提出应对措施,为当事人上控出谋划策。讼师传播讼学和诉讼技艺,有利于抑制官员司法独断,协助当事人利用诉讼规则谋求利益,对官员独断专行产生抑制,促使官

---

① 龙登高、王明、陈月圆:《论传统中国的基层自治与国家能力》,《山东大学学报(哲学社会科学版)》2021 年第 1 期。

② 尤陈俊:《清代讼师贪利形象的多重建构》,《法学研究》2015 年第 5 期。

③ 王法政等(编注):《新注刀笔菁华》,第 195—196 页。

④ 相应案例参见王法政等(编注):《新注刀笔菁华》,第 153—154、165—166 页。

员听讼时更加审慎地分析处理纠纷，完善诉讼规则和程序，甚至局部校正司法机制。这些做法按照官员的表述，可能会“挟制官府”。讼师难免教唆词讼，“制造”更多诉讼，但这不是大量诉讼产生的根本原因。地方官对各类案件事实上拥有极大权限和垄断性的司法权威，讼师利用专业技能质疑其裁决，或指导当事人潜在上控为威胁，让州县官知所畏惧，这可能是民间自生的对官员少有的专业制约力量，是对州县官司法恣意的有益校正，限制他们违法司法。相反，如果没有这些人士以专业知识去质疑、抗衡、制约、挑战潜在威胁，州县官将成为恐怖的杀人机器、酷刑折磨者和专断的司法恣意者，无论是张集馨还是杜凤治的私密文献，对此类事例均有充分记录。讼师以其专业知识与沉重的肉身，质疑司法脱离律例的轨道，整体而言成为上级司法监控失灵时的替代，有利于地方长期稳定、社会公正甚至朝廷长治久安，讼师时常遭受多数官员切齿痛恨与模式化的贬斥，对这类职业群体打击的扩大化与整体“污名化”，预示着县衙权力进一步专断与社会矛盾愈加激烈。

（图十一　“妇女拶指”，源自 The Punishments of China，1801，陈利教授供图。拶指是针对妇女的酷刑，堂审时如何使用、何种条件下使用州县官说了算，在缺乏任何律例专业人士质疑的前提下，各类酷刑的使用具有随意性。）

既然讼师的存在有益于朝廷的长期治理，那么为何朝廷与地方官对讼师持有共同的恶感？州县官是皇权在地方的代理人，基层权力与皇权具有同质化，如果容许讼师存在，讼师在基层“挟制官府”——以民间自生专业力量制衡州县官司法，其逻辑往前扩展就是讼师在京城亦可“挟制皇权”，这最终与“一权独大”的皇权理念产生根本矛盾。这点正如论者指出：单一皇权统治的政治主导建立在消除任何独立竞争阶层的基础之上，并且受到高度集中化的官僚机器的支持，这二者都限制了自主的公民团体的成长。一个正式和自主的法律专业群体，在竞争制定和解释规则的权利方面形成了对帝国独裁的潜在威胁①。

## 二、讼师业务增加的制度背景

棚濑孝雄以交通事故赔偿的社会机制为例，探讨现代日本社会对律师的需求相对较低所作的分析，对我们理解这个问题很有启发：日本的交通事故损害赔偿体系主要是在行政机关的努力下，通过强制保险制度的扩充和免费法律咨询的普及来进行。这得到了国民的评价，并较充分地反映在关于损害赔偿的社会机制形成过程中，而律师方面则处于守势。律师没有充足的力量来对抗形成具有“不用律师也行”这一性质的社会机制，说服人们相信法的纠纷处理应该交给律师，并创造出使人们发生了问题不得不找律师的社会条件。因此，日本人对律师的社会需求远远低于其他发达国家②。清代官员除了将努力付诸消灭讼师以致消灭诉讼本身外，绝少有官员尝试创造一个“不用讼师也行”的社会机制。

乾嘉以降，面对大量诉讼纷至沓来，衙门只是向当事人提供了极其有限的正式制度（比如代书制度），社会对制度需求则相对增大，大量催生讼师这种非正式法律服务以满足社会需要。但是，这种非正式服务一经产生，其与正式机制并不仅仅呈现功能上的互补，而且还存在着日益复杂的矛盾与对抗。有的学者曾对此作过一些假设，当时能否存在官方通过增加正式制度的供给来减少对非正式制度的需求，从制度上消除讼师存在的可能，比如增加处理纠纷的官员；把幕友以至胥吏、衙役等都纳入行政的正式编制；明确规定各种诉讼费用或手续费的种类和金额等等③。很显然，制

① 马德斌：《中国经济史的大分流与现代化：一种跨国比较视野》，徐毅等（译），浙江大学出版社2020年版，第71页。

② ［日］棚濑孝雄：《纠纷的解决与审判制度》，王亚新（译），中国政法大学出版社2004年修订版，第324—330页。

③ 王亚新：《社会变革中的民事诉讼》，中国法制出版社2001年版，第409页。

度上的变化取决于官方对诉讼观念的根本革新，这种革新又以王朝统治目的的改变为前提——统治并不仅以社会秩序的强制性稳定为追求，还应在诉讼中积极关注、保护当事人各项权利，正视民众物质利益，这需要调整“天理”与“人欲”对立两极的固化观念，这在传统政治权力结构下无法实现。

在通过贱讼方式，追求无讼理想的政法世界中，对于许许多多官员而言，少一份案件就少一份负担，他们对部分诉状通过吹毛求疵，达到不予准理的目的。要在这样的政法体系下告状，即使粗通文墨者也未必胜任。依照《状式条例》的要求与司法实践来看，诉状仅仅严格达到《状式条例》的各项要求远远不够，还必须逻辑前后一致，符合官员事后的情理要求，提交确凿的证据，以及具有引人注目的情节，让州县官确信除了及时听讼之外，当事人别无解决纠纷的渠道，等等，以便在成百上千份诉状中脱颖而出。在呈状被受理后，当事人还得找寻有效途径贿赂书吏与差役，以减少他们在幕后制造麻烦，或令案件的审理有利于己。很显然，对于大部分当事人而言，如此高度“专业化”的诉讼凭一己之力无法顺利完成。因此，这种诉讼制度事实上造就了社会对讼师的大量需求，便于协助当事人在诉讼中渡过难关。官方以为《状式条例》提高诉讼门槛，打击讼师，减少了诉讼，但这些策略使当事人更为依赖讼师，加剧“健讼”。

## 三、中英法律职业群体政治功能的简要比较

清代讼师的身份与活动未能合法化，作为社会需求的产物，讼师又实际存在于社会。在官员的严厉规制之下，讼师仅能作为非法职业，秘密地或半公开地存在于民间。律例未使讼师的正当活动规范化，讼师业务无法可依，这促使讼师活动向多极化发展。一些讼师遵守某种道义精神，真诚地为当事人提供法律服务；一些讼师则是在接受当事人委托之后，企图规避法律，欺上瞒下，诈取当事人的财产，这种现象直至王朝的终了。讼师一定程度以肉身阻止州县官违背律例司法，因此，正式场合取缔讼师职业的结果是，官员和当事人之间没有法律专业人士作为缓冲，州县官的独断权力与支配性作用几乎不受任何专业人士辩难与质疑，法外酷刑、长期羁押、司法恣意、超额需索或案件尘积等负面因素，对当事人形成暴风般的冲击。

同治年间，四会知县杜凤治记载：“（广宁绅士严凤山）结保伍亚法，武营误拿，已押二年余，家有老娘，如后有事，惟伊是问，予允之。又为李聂氏控黄姓赖婚一事，断黄出洋百元存库，现案已调和，问百元何在，告以已入

交代,即去”①。伍亚法被武营误拿,错误关押长达两年多时间,知县的错误决定及严重失责却没有任何本地社会力量质疑。李聂氏控黄姓赖婚,当属户婚细故,黄姓却变相被衙门处罚银洋高达百元,同样没有律例根据。杜凤治审理“陈奇彰控堂叔陈齐贤、进贤、步贤措赎伊承继长房田亩,曾经雷前任判断陈齐贤补出田底银二十两归奇彰了案,田归齐贤,事延一年仍然互控,闻陈齐贤不肯出银。断得田本应归奇彰,姑念雷任已断田归齐贤,可谓便宜之极矣,乃一年之久竟不付银,实属刁玩,限三日缴银廿两付奇彰并罚出银二十两修包公祠,三人并收土祠,奇彰候讯”②。此案杜知县明知前任雷达夫错判——田应归陈奇彰,却判归陈齐贤,仍将错就错;杜知县强制被告支付原告二十两银子,另罚款二十两修包公祠,诉讼成为衙门获利或减少自身经济支出的途径;事涉婚田细故,性质严重程度远非命盗案件可比,当事人却被关押。在这样的司法过程中,当事人不存在任何合法抗辩权的行使,无法正式获取法律专业人士的援助。这种非对抗性的司法模式使当事人之间的纠纷直接演变为官民间矛盾,长此以往,加剧了当事人对衙门的失望感,这当是理解朝廷统治危机日益恶化的线索之一。

麦考利分析清代讼师为何无法向近代律师转型时,以16—19世纪西欧与清代中国律师与讼师的差异为例提出,政权/民族国家的形成(state building)是理解清代讼师的历史发展与欧洲律师经验差异的途径。16—17世纪英国分散的下层律师(他们的身份地位与清代的讼师有些类似)为从伦敦的中央法院到全国各阶层的诉讼者提供服务。下层律师成为王室法庭提供法律服务的重要渠道时,他们自发地促成这些法院的合法化。这有助于中央法院战胜其他权力(当时英国存在各种类型的法庭)。这些律师打破了社会(权力)的多样性与弹性,从而顺利地为国家确立单一的规则。欧洲律师创建与维护了国家中央集权化的大厦,是近代欧洲转型最重要的支柱。清代中国不存在与法庭对抗的制度性竞争者。(在讼师协助下当事人)便利地到衙门起诉,在政治上并不因此促成政权合法化,在制度上也并不因此提升司法效率。讼师没必要去促成衙门(法庭)的合法性。缺

① 《杜凤治日记》(第二册),第584页。

② 《杜凤治日记》(第二册),第587页。杜后来“恐其叔侄结仇,劝导一番,将所罚之二十金发还。”同上书第617页,表明知县罚款极具随意性。杜致仕返回家乡后,与族人讨论惩治不孝子孙时,其对策为:“一请家长、房长聚议将其活钉,一则老实呈官请为永远瞰禁,不能为此二者,尚何言乎?”同上书第十册第5205页。这些酷刑对策源自杜为官时的经历。

乏协商型的政权意味着不需要讼师创建或支撑民族国家形成所依持的法律与行政大厦。这是中、欧讼师/律师向不同方向发展的重要原因[①]。这一比较分析对于我们理解清代讼师的发展结局很有帮助。

① See Melissa A. Macauley, *Social Power and Legal Culture: Litigation Masters in Late Imperial China*, Stanford University Press, 1998, pp. 7－10.

# 第八章 裁判的模式

传统司法的性质受到海内外著名学者高度关注和激烈争论。有法律史专家谓，古代主审官在处理纠纷和案件——尤其是所谓“州县自理”案件时，法律的确定性是不存在的。州县官可以依据每个具体案件不同情势作出不同判决，无须顾及不同判决间所确立规则之间的连续性和逻辑的一贯性①。这一见解后来被概括为传统中国属于“卡迪司法”模式。张伟仁认为，大致而言，中国传统司法者处理案件时，遇到法有明文规定的事件都依法办理；在没有法或法的规定不很明确的情形，便寻找成案，如有成案，便依照它来处理同类案件。许多地方档案及地方官的审判记录都可证实此点，极少见到弃置可以遵循的规则不用，而任意翻云覆雨的现象②。与之类似，黄宗智指出，经验证据表明清代县官把自己描述为一个通过言传身教统治、通过教谕调解平息纠纷的高度道德主义的地方官，但他们在实践中更像严格适用制定法并遵循常规化程序的官僚来行事③。高鸿钧认为，中国传统司法基本属于“卡迪司法”，尽管贺卫方关于古代法官“任意翻云覆雨”的措辞有些夸张，但他关于“卡迪司法”的判断是基本成立的④。围绕这个主题，近年来其他学者展开诸多争论，并成为法律史研究领域持续的热点⑤。相关争论很有进一步研究的必要。本章首先以黄岩知县的实

---

① 贺卫方：《司法独立在近代中国的展开》，载何勤华（主编）：《法的移植与法的本土化》，法律出版社 2001 年版，第 44 页。

② 张伟仁：《中国传统的司法和法学》，《现代法学》2006 年第 5 期。

③ ［美］黄宗智：《学术理论与中国近现代史研究——四个陷阱和一个问题》，载［美］黄宗智（主编）：《中国研究的范式问题讨论》，社会科学文献出版社 2003 年版，第 125 页。

④ 高鸿钧：《无话可说与有话可说之间》，《政法论坛》2006 年第 5 期。

⑤ 汪雄涛：《明清诉讼中的“依法裁决”》，《开放时代》2009 年第 8 期；汪雄涛：《“情法两尽”抑或是“利益平衡”?》，《法制与社会发展》2011 年第 1 期；徐忠明：《清代中国司法裁判的形式化和实质化》，《政法论坛》2007 年第 2 期；徐忠明：《明清时期的“依法裁决”：一个伪问题?》，《法律科学》2010 年第 1 期。黄宗智同已故日本著名法律史学者对此问题（转下页）

践为视角，探讨州县官裁决的概况；其次分析案件受理的基本模式及其逻辑；再次，探讨纠纷解决与规则之治的差异；最后是对官员裁决模式的反思和总结。

## 第一节　黄岩县诉状裁判的概况

### 一、知县裁判的概况

据学者的分类，经整理出版的黄岩讼案主要分为如下七类：户婚案件、田宅案件、钱债案件、斗殴案件、盗窃案件、保释案件及要求存案的诉状[①]。这 78 份状纸批示结果与理由详见下表：

**表十二　黄岩知县批示结果与理由表**

| 诉状号 | 主审知县 | 批示结果 | 批示理由 |
| --- | --- | --- | --- |
| 1 | 郑姓知县[②] | 派役查理或邀人调解 | 张乘鳌殊出情理之外；以免讼累 |
| 2 | 郑姓知县 | 要求提供证据 | 虚实不明 |
| 3 | 郑姓知县 | 不准 | 姜善交或可原情释放，亦应静候本县核夺 |
| 4 | 郑姓知县 | 不准 | 无耻已极，犹敢哓渎，深堪痛恨 |
| 5 | 郑姓知县 | 不准 | 随时投保查禁，不必立案 |
| 6 | 郑姓知县 | 不准 | 事隔多日，犹复哓渎不已，显系有意逞讼 |
| 7 | 郑姓知县 | 邀原调解人理明 | 不必衙门处理 |
| 8 | 王姓知县 | 不准 | 情节扭捏欠明，碍难率准提讯 |

(接上页)的激烈交锋，参见[美]黄宗智：《清代的法律、社会与文化：民法的表达与实践》，上海书店出版社 2001 年版，"重版代序"第 6—9 页；[日]滋贺秀三：《清代诉讼制度之民事法源的考察——作为民事法源的习惯》，载[日]滋贺秀三(等著)：《明清时期的民事审判与民间契约》，王亚新等(编)，法律出版社 1998 年版，第 74 页。

① 王宏治：《黄岩诉讼档案简介》，载田涛等(主编)：《黄岩诉讼档案及调查报告》(上卷)，第 51—62 页。

② 据《黄岩县志》"大事记"，光绪三年黄岩知县为郑锡滜，参见严振非(总纂)：《黄岩县志》，三联书店上海分店出版社 1992 年版，第 14 页。在黄岩诉状中，郑姓知县共主审了自光绪元年至光绪二年间 7 份诉状，自光绪四年第 8 份诉状始为王姓知县受理。

续　表

| 诉状号 | 主审知县 | 批示结果 | 批示理由 |
| --- | --- | --- | --- |
| 9 | 王姓知县 | 自行处理 | 自无他患 |
| 10 | 王姓知县 | 自妥为理明 | 毋庸肇讼 |
| 11 | 王姓知县 | 准以释放 | 无 |
| 12 | 王姓知县 | 姑准存案 | 无 |
| 13 | 王姓知县 | 持批邀族众劝理 | 毋得率请示谕 |
| 14 | 王姓知县 | 不准 | 非传谕申斥所能了事 |
| 15 | 王姓知县 | 不准 | 情节有诈 |
| 16 | 王姓知县 | 不准 | 一味架耸，显见刁健、可恶已极 |
| 17 | 王姓知县 | 不准 | 呈词含混，无宗图呈核 |
| 18 | 王姓知县 | 不准 | 同室操戈，诬陷亲属，袒护外人，不顾大局 |
| 19 | 王姓知县 | 不准 | 控情支离，又无帐据 |
| 20 | 王姓知县 | 不准 | 呈词支离，再三架耸，哓渎不休，明系讼棍伎俩 |
| 21 | 王姓知县 | 邀房族理处 | 毋讼 |
| 22 | 王姓知县 | 着检税票借据呈核 | 证据不足 |
| 23 | 王姓知县 | 不准 | 显系有心滋讼，然图泄忿 |
| 24 | 伍姓知县 | 不准 | 择继听其自便 |
| 25 | 伍姓知县 | 不准 | 不明 |
| 26 | 伍姓知县 | 赴盐场呈请核办 | 灶田之事非衙门管理 |
| 27 | 伍姓知县 | 不准 | 呈词有隐情 |
| 28 | 伍姓知县 | 令梁发棠自行理明 | 词不近情，殊难取信 |
| 29 | 伍姓知县 | 准以保释 | 无 |
| 30 | 欧阳知县 | 不准 | 被焚之契系何项产业，词内并不叙明，无从稽核 |
| 31 | 欧阳知县 | 不准 | 明系听人唆使，藉端讹诈，借事妄控 |
| 32 | 欧阳知县 | 不准 | 徐景洪如有重伤，应亲身来案，听办验讯 |
| 33 | 欧阳知县 | 另呈候示 | 呈词陈述不明 |
| 34 | 欧阳知县 | 着再自行清理 | 毋庸肇讼 |

续　表

| 诉状号 | 主审知县 | 批示结果 | 批示理由 |
|---|---|---|---|
| 35 | 欧阳知县 | 持批投绅查明理处 | 控词含糊，供词牵混，似别有唆弄之人 |
| 36 | 欧阳知县 | 邀亲族理明 | 将媳嫁卖，对方争财礼，均惟利是图，毫无志气 |
| 37 | 欧阳知县 | 从实声叙听办 | 显有隐饰别情 |
| 38 | 欧阳知县 | 自行查明 | 显系饰词耸听 |
| 39 | 欧阳知县 | 不准 | 殊难取信 |
| 40 | 欧阳知县 | 不准 | 须从实声叙，方为准理 |
| 41 | 欧阳知县 | 不准 | 前后两歧，显有隐情 |
| 42 | 欧阳知县 | 不准 | 张大其词，希图耸听 |
| 43 | 欧阳知县 | 检同票据遵饬另呈 | 呈词殊属含混 |
| 44 | 欧阳知县 | 不准 | 同室操戈，区区小事犹敢率请究惩，实属荒缪 |
| 45 | 欧阳知县 | 遵饬另呈办示 | 呈词无凭核实 |
| 46 | 欧阳知县 | 再邀鲍子章等理清楚 | 毋遽肇讼 |
| 47 | 欧阳知县 | 自行邀同向讨 | 既有票据给执，又有抱还之人，毋庸遽请饬追 |
| 48 | 欧阳知县 | 不准 | 向讨欠款人之常情，岂能反颜相加，无此情理 |
| 49 | 欧阳知县 | 着仍自邀理 | 恐无如此情理，毋庸涉讼 |
| 50 | 欧阳知县 | 持批邀同亲族理明 | 无 |
| 51 | 欧阳知县 | 不准 | 伤不请验，据不呈送，无从查核 |
| 52 | 欧阳知县 | 不准 | 事无证据，难保非藉词图霸伊夫遗产起见 |
| 53 | 欧阳知县 | 不准 | 先后矛盾不符，又不当时呈究，显有捏饰。 |
| 54 | 欧阳知县 | 不准 | 装点砌饰，意图耸听 |
| 55 | 欧阳知县 | 不准 | 显系抹煞原情，任意混渎 |
| 56 | 欧阳知县 | 邀亲族理明 | 无 |
| 57 | 欧阳知县 | 听办原理房族公理 | 无 |
| 58 | 欧阳知县 | 不准 | 词不近情 |

续 表

| 诉状号 | 主审知县 | 批示结果 | 批示理由 |
|---|---|---|---|
| 59 | 欧阳知县 | 不准 | 应请缉追，不应但求存案 |
| 60 | 欧阳知县 | 遵饬另呈 | 呈词含混不明 |
| 61 | 欧阳知县 | 检同地契，遵饬另呈 | 呈词均不叙明，殊属含混 |
| 62 | 欧阳知县 | 不准 | 例载："继子不得于所后之亲，准其别立" |
| 63 | 欧阳知县 | 邀房族理处 | 遵照听理，毋伤亲亲之谊 |
| 64 | 欧阳知县 | 不准 | 不遵批清理，率行续呈，实属健讼，词不盖戳 |
| 65 | 欧阳知县 | 遵饬另呈 | 该山若为公业，不应仅该贡生一人出控 |
| 66 | 欧阳知县 | 不准 | 呈词显有隐情 |
| 67 | 欧阳知县 | 不准 | 亲族自有公议，不得率请提讯，致干名义 |
| 68 | 欧阳知县 | 邀同蔡贤登理处 | 使周克礼自无遁饰 |
| 69 | 欧阳知县 | 不准 | 时隔数十年之久，户粮延不过割，属咎有应得 |
| 70 | 欧阳知县 | 自行妥理清楚 | 无据空言，希图耸听 |
| 71 | 欧阳知县 | 候着检宗谱呈核 | 无 |
| 72 | 欧阳知县 | 不准 | 无据空言 |
| 73 | 欧阳知县 | 自行邀同理论 | 无 |
| 74 | 倪姓知县 | 准以饬缉究追 | 无 |
| 75 | 倪姓知县 | 准以严缉究追 | 无 |
| 76 | 倪姓知县 | 准以饬缉究追 | 无 |
| 77 | 欧阳知县 | 不准 | 情节枝离，显有饰捏 |
| 78 | 欧阳知县 | 不准 | 契票被毁，应即自向重立，存案无益 |

至于具体理由与方式，大约有 4 份诉状知县直接以超出、变更或替换当事人诉讼请求作出批示，计总数的 5.1%。如 59 号诉状涉及窃牛案，针对当事人杨时济提出存案的诉讼请求，欧阳知县认为理应更为缉追案犯，故批示："既然被盗，应请缉追，何以但求存案，其意何居。不准。"14 号诉状知县批示"如果属实，亟宜治以家法，否则尽可呈请提究，非传谕申斥所能了事也。"78 号诉状知县批示"契票被毁，应即自向重立，存案无益。"大

约有30份诉状知县以当事人案情陈述可疑、不合情理或证据不足为由拒绝继续审理案件，占总数的38.5%。如48号诉状欧阳知县批示“向讨欠款人之常情，岂能反颜相加，无此情理。着遵前批所讨不得饰词耸听，着图朦准。”大约有8份诉状知县斥责当事人“健讼”或要求其不得肇讼为由作出批示，占总数的近10.3%。有12份诉状知县作出批示时未给出任何理由，占总数的15.4%。另有4份诉状知县以涉及名分、道德、亲族之谊为由作出批示，占总数的5.2%。在剩下的其他批示依据中，知县具引律例作出批示的仅有一例，即62号诉状知县以例载：“继子不得于所后之亲，准其别立”为由驳回诉讼请求。

## 二、个案的普遍性问题

结合本书所引晚清龙泉县知县讯断案件的情况可知，有很大比例的初呈会被知县直接驳回。这一状况及其背后的思路，褚英的如下言论具有代表性：

> 再呈再驳，迨被告呈诉到案，两情比较，可以得其大概，方可婉批：“本当不准，姑念控关有因，准传讯究办。”其似有情理者，亦当择其欠顺之处，挑剔数语驳饬，仍转语曰：“姑准传案讯究。”凡双方呈词固不可一概批准，致滋拖累，亦不可俱为批驳，转生事端。盖民情好讼，若遽予批准，诈伪百出，刁风日炽，良懦何以聊生？若全行驳饬，一再不准，被告者难免不逢人称快，扬言得志，在原告已有愧忿之心，加以被告揶揄，必将寻隙斗殴，恐致酿成巨案。要在因时制宜，看事体之缓急、情理之真伪，推情度理，既不可偏执己见，尤不可格外苛求。……总之，务当不即不离，一经批准，即应传讯人证到齐，即应设法完结。不惟案无积滞，抑且百姓感激。①

褚英认为，应以中庸之道驳准状纸——既不能将状纸全部驳回，也不能全部受理状纸，使诉讼保持在一定数量。如全部驳回，会让被告称快；若全部受理，则滋生拖累。案件受理与否，以官员视其重要性、必要性（“事体之缓急”、“情理之真伪”）为主要衡量原则。但是，这种考量具有很强的官员主观判断，对当事人而言，案件能否受理具有不可预测性，促使当事人趋于夸大案件的严重性，成为清代诉讼诬告成风的缘由之一。“姑念控关有

① （清）褚英：《州县初仕小补》上卷《批阅呈词》。

因,准传讯究办”之类的知县批示在巴县、淡新档案中的诉状中常见,案件受理似乎成为官员赏赐,而非执行律例规定。不过,黄岩知县的做法及褚英的建议有违上级官员及时审理积案的指令及律例严禁“告状不受理”的要求。乾隆五年,河南巡抚雅尔图要求本省地方官针对“自理事件,当随到随审,庶小民不致废时守候。且就事审结,则无节外生枝。今各属准理词讼,动隔数月,一任经承捺搁,州县官从不查催,以致胥役勒索,原被守候,且事久生变,牵缠不清,愈难完结,往往一讼方完,原被俱已家破”①。雅尔图的批评与褚英的看法相左。

## 第二节 案件受理与批示逻辑

### 一、“官批民调”及其制度缺陷

不少黄岩诉状表明,知县受理自理词讼前,一般要求当事人自邀族众调处,即学者所谓“官批民调”,作为案件受理的“必经前置程序”,只有当事人声称民事纠纷转化为严重殴斗时,知县才更有可能直接受理案件。具体而言,共有十份诉状,知县明令当事人邀同亲友、族众或绅士调处;有七份诉状,知县批示当事人自行妥理,或自己邀同理论。如 13 号诉状涉及水塘淡水分配引发的彭正汉与彭利富两家纠纷。黄岩县靠海,可供农业及生活使用的淡水少,咸水多,淡水成为稀缺资源,此案后经族人调处无效。彭正汉提出以“吃水塘凡属遇旱,即以半塘之上悉听车戽为准,半塘有恃”的方案,请求知县以衙门名义予以公告。在清代,存在衙门以勒石、禁碑、晓谕、谕示等方式将具有强制效力的公告开示于民众的方式。本案彭正汉的诉讼请求相当于希望从县衙获得类似的批示,以作为日后分配淡水的法律依据。巴县档案也曾收录类似的公告,如《道光元年十月十日巴县悬牌》:“案查字水书院佃户李维举等,因拖欠租谷退佃前来。今本县已传该书院斋长等,公同协议,减去押佃银二百两,只取银二百四十两,合行悬牌晓谕。为此,牌谕合邑人等知悉。如愿承佃耕种者,即会同约保,一同赴县具认纳

① (清)雅尔图:《檄示》,载杨一凡等(编):《中国古代地方法律文献》(乙编第十册),第 510 页。

租。速速须牌”[①]。

但是,王姓知县并不理会当事人的诉讼请求及此前调处无效的事实,他批复当事人“持批再邀族众劝令听理,毋得率请示谕”,仍令当事人邀族众调处。在淡新档案中也出现过类似情况,学者认为,民事讼案未先和解、调解则官府拒绝受理。淡新档案所有非刑事诉讼案例中,调解是地方官员们所偏好的一种途径。如果双方当事人没有说明他们已经力图通过和解解决其纠纷,此类案子就可能不会被官员受理判决[②]。与此类似,据道光三年六月巴县“太平坊行户王瑞丰具告刘照来行买取货物欠钱掣骗鲸吞不给等情一案”,在当年四月十四日的诉状知县批示:“刘照负欠货银延不清给,尽可凭众理讨,毋庸涉讼。”据四月二十九日王瑞丰第二份诉状,其“遵仁宪批示,执持簿据向其理讨”不果,“刘照等睹控未准,愈为横暴,不惟不给,反行贿[③]禀差唤,云称伊有银两,情原当堂缴还,使蚁除去讼费,不能全收等语”。王瑞丰称“刘照计骗客,又逼索,蚁实情有万不得已之势,是以迫叩作主,赏准拘案讯究追银法治掣骗,以安商旅”。至此,知县方才批复为“准唤讯察追”,并于五月初六日发出传票[④]。据同年九月巴县“直里一甲颜荣兴以蚁伙贸掣银入手匿账不算,理讨反被凶伤等情控余永寿一案”,九月十二日颜荣兴的告状称,其于八月二十五日以“套制凶吞事”控案,知县同样批示:“凭众理论,毋庸涉讼”,调处无果,当事人以“藐批凶殴、奔叩验究事”再呈交告状,知县方裁决“准验讯”[⑤]。

早年有论者认为,调处息讼培养的是传统的道德伦理观念。移风易俗,化干戈为玉帛,防止民间细故酿成命盗大案,调处息讼是实现理想的社会价值观念的有力的、行之有效的一种司法制度。掌握专制权力的统治者提倡调处息讼,被统治的人民一般来说也乐于接受它(或者说无更好的选择)。调处息讼是与其存在的社会相适应的,通过它来保持社会安定——实行法制,有利于这个社会在既定制度内的发展,尽管它所维护的秩序未必尽合理性[⑥]。但是,至少从黄岩、淡水和龙泉县等地的纠纷及其批示来

---

① 四川省档案馆等(编):《清代乾嘉道巴县档案选编》,第 44 页。另参见“广西巡抚部院沈示碑”及“毕节禁止捕厅擅受民词碑记”,杨一凡等(主编):《中国珍稀法律典籍续编》(第十册),张冠梓(点校),黑龙江人民出版社 2002 年版,第 159 页。

② See Mark A. Allee, *Law and Local Society in Late Imperial China: Northern Taiwan in the Nineteenth Century*, Stanford University Press, 1994. pp. 229 - 230.

③ 原文为“睹”,据上下文意改正。

④ 巴县档案号 6 - 3 - 9843。

⑤ 巴县档案号 6 - 39853。

⑥ 郑秦:《清代司法审判制度研究》,湖南教育出版社 1988 年版,第 225 页。

看，乡保和族众等人调处存在自身的许多欠缺。调处中立性容易受到多方面影响，使得调处结果公正性容易受到当事人怀疑。正如麦考利认为，官员与族长或地方绅士不同，在地方上的财产债务纠纷中是中立的态度。这些纠纷中所需要的正是一位超然于这些纠纷之外的人，同时其具备相应的权威，这就是知县①。

黄岩等地诉讼档案表明，一些调处人碍于情面不愿出头调处，如35号诉状当事人向知县陈述调处人“杨旦以顺官寄唤未到，兼有情面，不便出理”。这使得知县令当事人寻求“杨旦查明理处”的批示成为一纸空文。民间调处由于亲属身份的尊卑，宗族支派的远近，门房的强弱，嫡庶的差别以及姓氏大小，人口多寡，财产状况，文化教育，与官府权势的结交等情况都会造成当事人在调处中的地位不平等，调处可能的偏袒性甚至强制性是显而易见的②。另外，黄宗智认为当纠纷双方的权力地位大致相当时，调解妥协最为有效；但是对于恃强凌弱，它就显得无能为力。在这种情况下强调妥协事实上可能就是为邪恶势力开脱③。乾隆初年，江西按察使就对这类“官批民调”提出如下批评：

> 小民控告，强半皆户婚田土之事。庸猥之地方官每视为无关紧要，混批乡保地邻，以为省事。不知州县所视为无关紧要者，皆小民痌痛迫肤，奔驰守候者也。究之乡保地邻，各袒所亲，扛帮捏覆之，弊生而案情淆乱牵累，益多所谓省事者安在？地方佐杂且不得发以民词，而保邻则公行批发，亦非所以重民务也。④

这一批评道出没有制度支持与程序规范的“官批民调”，存在许多欠缺。民间调处成为州县官减轻自身负担的途径。参与调处的族众无法保证与有争议的事实和利益没有千丝万缕的联系，民间调处不存在严格的回避制度。调处无法保证对任何一方当事人不存在歧视或偏爱。缺乏制度与程序的规制，调解人的偏见会妨碍他公平对待各方当事人及公平处理纠纷，从而影响民间社会对公正的追求。另外，调解结果一般只是确立双方

① See Melissa A. Macauley, “*Civil and Uncivil Disputes in Southeast Coastal China*, 1723 - 1820.” *Civil Law in Qing and Republican China*, edited by Kathryn Bernhardt, Philip C. C. Huang, Stanford University Press, 1994, p. 94.

② 郑秦：《清代司法审判制度研究》，湖南教育出版社1988年版，第35页。

③ [美]黄宗智：《清代的法律、社会与文化：民法的表达与实践》，上海书店出版社2001年版，第67页。

④ (清)凌燽：《西江视臬纪事》卷二《汇催各属上行案件并造报日理事件议详》。

当事人大致的权利义务分配方案，并不包括对该方案的执行效力。即，调解缺乏司法裁判所具有的强制性。

黄岩等县衙强行将大量案件交由族众调处。这些调处缺乏稳定的国家强制力为后盾，当事人指责对方调处后翻悔，易导致调处无效、当事人再次控诉，实际上增加了双方当事人与衙门的诉讼成本。如7号诉状“徐增培呈为拂赊毁殴求提究追事”，徐增培指控王曰元经张河清等调处后翻悔前议。49号诉状“张汝嘉呈为忿理毁殴求提讯究事”，张汝嘉“投诉局绅，秉公理处”，但对方当事人“炳扬主硬，既理得翻。”这意味着，在调处之外仍需要具有强制与公正性的司法过程为民事纠纷提供替代的解决方案。

黄岩某些民事纠纷调处的无效性，还与当地社会变迁有关。在晚清黄岩社会人口流动加快、商品化潮流和宗族分化加速等因素影响下，村族已经无法一如既往地成为稳固维系社会安定的主要因素，族长的权力与威信大大削弱。族众对民事纠纷的调处或处理无法具有足够的强制效力。黄岩县衙既未能在制度上强化宗族对成员的惩戒权力，在调处过程中也没有成为宗族权威的潜在后盾。数任知县一而再、再而三地将族众调处作为启动诉讼的必经“前置程序”，甚至指望族众调处直接取代知县对自理词讼的裁判，他们没有意识到或不愿面对的是，宗族权威逐渐衰弱，民间调处缺乏强制力，调处者往往没有足够的能力解决纠纷。

著者所见嘉庆、道光时期顺天府宝坻县一些土地钱债案件多由乡保、族长或亲友介入调处获得成功，最后自行请求县衙销案。[①] 这种情况应与清代南北民风的巨大差异有关——北方人较为淳朴，双方当事人容易达成和解。如袁守定谓：

> 南方健讼，虽山僻州邑，必有讼师。每运斧斤于空中，而投诉者之多，如大川腾沸，无有止息。办讼案者不能使清，犹抱川流者不能使竭也。若北方则不然，讼牍既简，来讼者皆据事直书数行可了。即稍有遮饰，旋即吐露。此南北民风之不同。[②]

陶正靖（雍正年间进士）亦称：“北省俗醇而事简，赋少而易输，州县治事，自辰迨午，则案无留牍矣。南方俗漓而事繁，赋多而易逋，讼师衙蠹，奸

① 嘉庆二十二年五月监生张成光等禀状，顺天府档案号28－2－95－132；嘉庆二十二年四月监生袁怡等禀状，顺天府档案号28－2－95－134；道光四年五月民人王祥生等禀状，顺天府档案号28－2－96－012。

② （清）袁守定：《听讼·南北民风不同》，载（清）徐栋（编）：《牧令书》卷十七《刑名上》。

弊百出,自非精敏强力之吏,鲜有不困者”[①]。雍正、乾隆朝名臣陈宏谋称:江苏人诡计多端、好争吵,福建人非常不诚实,陕西人则民风十分简朴,不狡猾,不好争论[②]。万维翰认为:“北省民情朴鲁,即有狡诈亦易窥破;南省刁黠最多,无情之辞每出意想之外,据事陈告者不过十之二三”[③]。论者谓,早在元代人们就普遍对江南地区的风俗抱有较为负面的印象和评价,认为江南“俗薄”而江北“淳质”。在有些场合,江南之人甚至因此而受到区别对待,如当时御史台选拔掾属“必不产于荆、扬者始与其选”,“盖疑其荆、扬之人轻狡险黠,未易制御,故摈斥不用”。实际上,对江南风俗的负面评价在元代之前就已经十分常见[④]。

另外,“官批民调”纠纷解决的成功比率有多大,其实也是个问题。黄岩县 23 号诉状当事人阮仙培遵照知县批示自邀族人阮官楷、阮一清、周登等代为理算,对方当事人阮宗标(阮仙培的侄子)却“目无尊长,不惟匿簿不算,尤敢出言不逊,逞强咆哮,有心吞噬”。侧面反映宗族调处非但无效,而且族长在晚辈中失去了应有权威,尽管其中不乏阮仙培(或在讼师协助下)有夸大其词的嫌疑。知县围绕这一霸管公田纠纷所作的系列批示反映,他无意出面解决当事人的纠纷。在之前阮宗标的呈词中,知县指责其“显系捏有别嫌,希图讼累,殊属刁健。据阮仙陪以尔吞公捏控,不为无因”。知县似乎是要肯定阮仙培的案情陈述。但在后来(即十一月廿八日)阮仙培的呈词中,知县却指责阮仙培“察阅呈词,显系有心滋讼,然图泄忿”,对双方“各打五十大板”了事。

当事人的陈述反映,双方针对公产收益展开了激烈的争夺,他们之间的争讼无非是求得知县对利益分配做出权威裁判。而知县只是以叔侄之谊为由令二人邀族调理,“以全体面”。但是,叔侄围绕同一纠纷多次构讼。从其呈词来看,两人至少向县衙递交了五次诉状。阮仙培甚至还愤而指控“逆侄”阮宗标“扬言了培性命”。若指控属实,则阮宗标的行为已涉嫌“十恶”,双方恩断义绝、早无叔侄之谊!然而,黄岩知县对此种指控既不派差役调查,也不对纠纷亲加审判,只是以邀族众调处一推了事。“以全体面”成为知县一意拒绝审理讼案的“挡箭牌”。

有的纠纷即使经调处平息,也并不意味着当事人从心理上认可、接受

---

① (清)陶正靖:《吏治因地制宜三事疏》,贺长龄(辑):《皇朝经世文编》,第 632 页。

② [美]罗威廉:《救世:陈宏谋与十八世纪中国的精英意识》,陈乃宣等(译),中国人民大学出版社 2016 年版,第 58 页。

③ (清)万维翰:《幕学举要·总论》(不分卷)第 3 页。

④ 郑鹏:《文本、话语与现实——元代江南“好讼”考论》,《中国史研究》2018 年第 1 期。

了调处的结果，而是有可能考虑到寻求其他解纷方式的成本太高，不得已屈就这种方式。族众调处纠纷无效，促使当事人必须寻求更高权威。对他们来说，衙门自然是唯一首选。黄岩县第13、37、40、44、60、70号诉状反映，当事人多抱怨族众调处无效——“族理罔济”“邀理罔济”，为此不得不将民事纠纷转化为诉讼过程，寻求公权力的裁判，说明一些民间调处事实上无效。这种状况并非黄岩县的个例。研究者考察了《巴县档案》70个重庆行帮公产纠纷，大部分案件都经过了两次以上的诉讼，而且越到较晚的光绪、宣统时期，缠绵难断的案件越多。一些纠纷调解失败的重要原因之一为调解者缺乏震慑双方的威信。在清代重庆府巴县，民间力量常常不拥有普通民众所信服的权威；作为一个移民社会，许多流动人口难以分享这个城市的调解资源；作为一个商业化程度日益提高的城市，越来越多复杂而激烈的商业纠纷难以通过调解的方式解决[①]。

研究者指出，自明初《教民榜文》和里老人制确立和发展起来后，明朝反复重申户婚、田土、钱债等“细事”类诉讼必须先由老人、里长断决。若当事人反悔，再到官府呈控。明中期以后，里老人为首的乡村教化体系废弛，民人将“细事”类案件直接向县衙“越诉”的现象也逐渐增多。保甲、宗族和乡约等调处民人纠纷均属非法定的解纷性质。既然调处结论不具有约束力，部分“细事”类案件可以不经过乡族，直接涌向县衙，这势必加大县衙审查案件的工作量。于是，“官批民调”才有了发展的空间。“官批民调”的普遍适用又带来另一个问题，就是越来越多的当事人被迫走回头路，陡增讼累[②]。

州县官指令乡约、地保或客长等人勘验案情或调处纠纷，或直接批示双方当事人自己协商与息讼，主要原因包括：个人私利考量，审案能力的限制，差役人手有限，知县无暇审理，减少衙门经费支出，管控差役向当事人索诈钱物。衙门强调大量纠纷必须经调处程序，或强行令大量纠纷经调处结案，甚至拒绝受理案件，无形中限制甚至取消了司法权力在纠纷解决中的应有作用。清代个别有识之士曾对官方拒绝受理自理词讼可能带来严重社会后果作过深刻分析：

窃照听讼乃无讼之基，积案即兴讼之渐。民间雀角细故，有司随

① 周琳：《产何以存？——清代〈巴县档案〉中的行帮公产纠纷》，《文史哲》2016年第6期。

② 俞江：《论清代“细事”类案件的投鸣与乡里调处——以新出徽州投状文书为线索》，《法学》2013年第6期。

时听断,别其曲直,则贫懦有所芘而足以自立,凶强有所惮而不敢滋事。若经年累月,奔走号呼,有司置之不理,是始既受气於民,终更受累於官。则其憾无所释,构怨泄忿,於是纠众械斗者,有乘危抢劫者,有要路仇杀者,有匿名倾陷者,并有习见有司疲玩,不以告官,径寻报复者。此皆以积压小案而酿成大狱,并使人心风俗日趋刁悍之实在情形也。[①]

包世臣认为,及时公正审案,及时为双方当事人确立利益的各自边界,是化解纠纷与恩怨的重要途径。然而,这种对诉讼罕见的正视与解纷观念在当时不占主导地位。在清代整体解纷架构中,自理词讼的当事人不易将司法途径作为其最后的要价与维护利益的后盾,利益的界定有赖于当事人自身或宗族的力量。衙门不加具体分析地滥批民间调处,没有考虑到调处人可能受更多干扰性因素的影响,导致调处结果显失公正或因为不具有强制力而无效。因此,一个超乎于民间的公共权力出现在诉讼当事人之间,乃整个社会的需要,否则,社会将陷入"丛林法制"——"纠众械斗、乘危抢劫、要路仇杀、匿名倾陷"等等,致生严重的社会紊乱。

学者认为,调解抑制了权利观念的形成。传统社会的调处息讼排斥以等价交换原则为基础的平等的民事权利观念,因为不讲重义轻利就无从讲调处。现代民法、民事诉讼法的根本点就是权利的平等,人权以及物权的平等,而在公开申明超经济的等级身份的社会里,民事法律规范难以有长足的发展[②]。官方正式司法机制之下,诉讼途径过于狭窄,带来许多不良社会后果。如前所述,为了使自理词讼得到衙门受理,当事人往往夸大其词、伪作冤情,将普遍讼案夸大为命盗重案,以引起官员的注意。当此种方式更为行之有效时,则大部分诉状不得不向衙门声称"重大冤情",这种被时人指责为"希图耸听"、带有诬告成分的争讼,进一步紊乱了司法秩序,增加了衙门的工作量。

以巴县道光、咸丰年间案件的差异化处理为例。据道光三年十月"太平坊陶世才告李疤四叠次来店食欠钱向讨反被凶骗案",陶世才称其子向李疤四讨钱反被刘成宗朋伤。对殴伤案,知县一般均批示"准念讯究"。但是,知县签发传票指定刑仵前去验伤,后经验陶世才等人"并无伤痕"[③]。

① (清)包世臣:《齐民四术》,第246页。
② 郑秦:《清代司法审判制度研究》,湖南教育出版社1988年版,第245页。
③ 巴县档案号6-3-9856。

据道光三十年(1850)十一月熊开武呈交的状纸,熊开武以“套骗凶伤、叩验唤究”为由起诉,称因钱债纠纷遭对方凶殴,知县随即批示“候质讯”[①]。如果是单纯的钱债纠纷,知县态度则有所不同。咸丰元年二月巴县发生一起财产纠纷,谭瑞龙以“谭艳照等蓦卖生意银两不清”为由起诉对方。收到告状后,知县批示:“谭艳照有无霸吞蓦卖情事,应邀同中证族众自行理处,毋庸呈据取累”。同年二月,谭瑞龙再次呈状称“蚁遵批仍凭族证理处,(谭)艳照募卖属实,和兴畏退不买,无如(谭)艳照藐批未准,复将脚力生理转卖谭桂林,族众再三理说,(谭)艳照仗秀棠为符,欺蚁忠朴,横恶莫何。父遗之业不得管业……是以抄粘各约,再叩唤讯究追。”据此,知县批示:“姑候唤讯,抄粘附”,并于同年二月二十四日以“藐批难理”为由签发传票,指令差役将被禀、词内、族证、原禀相关人等逐一唤齐赴县以凭审讯[②]。时任知县指令当事人寻求族证理处,但理处并未收到效果,知县不得不令差役传唤相关人等,将争讼纳入正式审讯阶段。同样在巴县,咸丰元年十二月,杨兴荣“以支妻同子凶伤民等情”几度控告曾光亮。该案双方因三千文的钱债纠纷,引起曾光亮妻及子殴打杨兴荣,知县批示“再凭证理处,毋以钱债细故涉讼”[③]。知县似乎并不相信纠纷中有殴打行为,只是要求当事人不得以钱债小事涉讼。这一做法与黄岩县知县近似。知县对两类案件的差异化态度,潜在地“诱导”后续当事人普遍将“自理词讼刑事化叙述”。

## 二、知县批示的逻辑

黄岩讼案的批示还表明,知县对当事人纠纷的解决持消极的态度。比如,有的知县故意拖延时日,最后以案发多日为由驳回诉讼请求。这种方式以郑姓知县对 6 号诉状所作裁判最为典型。当事人郑丙松半年多前被葛普怀等人殴打后向知县起诉[④],当时知县裁定当事人“着投局绅理息”。纠纷经调处后对方翻悔且反诉郑丙松。为此郑丙松随即应诉。至此,知县再次裁决当事人“仍邀原理息事”。第二次调处依然无效,郑丙松第三次呈交诉状,并请求知县“饬差提讯究办”对方当事人。该案拖延数月之后,郑姓知县即直接斥责郑丙松“事隔多日,犹复晓渎不已,显系有意逞讼”,驳回其诉讼请求。在此前其他地方的州县官,同样表达了对当事人连续呈状的

① 巴县档案号 6-4-5789。
② 巴县档案号 6-4-5790。
③ 巴县档案号 6-4-5805。
④ 据 6 号诉状可知,涉及此案的初呈当在纠纷事发后不久,即光绪元年八月廿七日提交,6 号诉状提交时间为光绪二年二月二十三日。

厌恶。如乾隆五十三年五月谭彭氏的状纸上,知县批示:“候讯,毋渎”[①]。

知县裁决驳回争讼或不予受理案件的理由、方式多种多样,往往视当事人案情陈述内容的变化采取灵活策略,竭尽全力地排斥受理纠纷。以65号诉状的裁判为例,65号诉状案涉张鸿业祖坟旁的林木被人盗砍,张鸿业请求县衙追究盗砍林木的张仙春、仙土、仙林、阿六等人。在之前的初呈中,欧阳知县要求当事人呈交证明张仙春等人盗砍的证据、证人,同时要求绘图检契呈验。在第二次呈交诉状时,张鸿业提供目击证人胡守庆、山地完粮凭证、祖坟所在山域地图。不过,这一次欧阳知县发现了其他破绽。他对作为族产的山地何以张鸿业一人出头起诉表示疑问,并追问:“该户钱粮究有几房轮完?该山是否公业?因何仅该贡生一人出控?”据此批示张鸿业先将这些情况弄清后再行呈控。

44号诉状涉及案情为石联渠与石映霞因相邻房屋起衅,石联渠于是将房屋租给石安凤。石安凤挑猪粪从石映霞中堂进出受其所阻,以“出入未便”要求石联渠协助前往排除妨碍。由此引发了石联渠与石映霞间的争讼。在此前的二月十八日,知县针对石联渠呈上的诉状批示:“该监生亦应邀公正族戚妥为调理。乃率请提究,实属荒谬。”驳回当事人要求提究惩治石映霞的诉讼请求。石联渠在光绪十一年三月再次提交的诉状中,声明已经按照知县“饬应邀公正族戚妥理”的要求,诉诸于原理士绅及族长石金水、石陈贵等处。但石映霞“执迷听唆,足迹不来。即监愿甘受曲几分无从可理。”至此,围绕该纠纷所呈交给县衙的诉状至少已经有5份[②],欧阳知县似乎已经很不耐烦,不再坚持惯常批示双方以邀族众调处的方式结案,而是生气地指责双方当事人“同胞兄弟同室操戈,本县叠次批斥。为区区小事犹敢率请究惩,实属荒缪。此后如再哓渎,定将具呈者先行惩治以儆□□□□。”知县以潜在的责罚相威胁,试图迫使双方当事人终结纷争。

就此案而言,知县缺乏认真付诸实际行动以解决纠纷的意图。在十九日对石映霞诉状的批示中,欧阳知县可能并没有理解双方争执何在,只是指责其兄弟争产同室操戈,驳回诉讼请求。因此在二十三日的诉状中,石映霞表示并非兄弟争产而是另有它故。至此,欧阳知县似乎找到了更充分的理由,严厉斥责双方乃为挑粪细事竟然操戈同室,互相肇讼,甘心匍匐公庭,实属不知自爱。在二月十八日石联渠呈交诉状时,知县直接以当事人应自邀族众调理为由将该案一推了之。待到当事人声明自邀族众调理无

① 四川省档案馆(编):《清代巴县档案整理初编·司法卷·乾隆朝》(二),第174—175页。
② 分别为石联渠两份、石映霞两份、石安凤一份诉状,参见44号诉状“附件一”。

效时，知县的容忍似乎已经到了极点，干脆以责罚威胁当事人不得再次呈交诉状。欧阳知县的批示表达了如下特色，那就是尽一切可能地寻找各种理由和方式驳回、抑制当事人向县衙提交诉讼请求。据现有资料，该案或许就此不了了之。

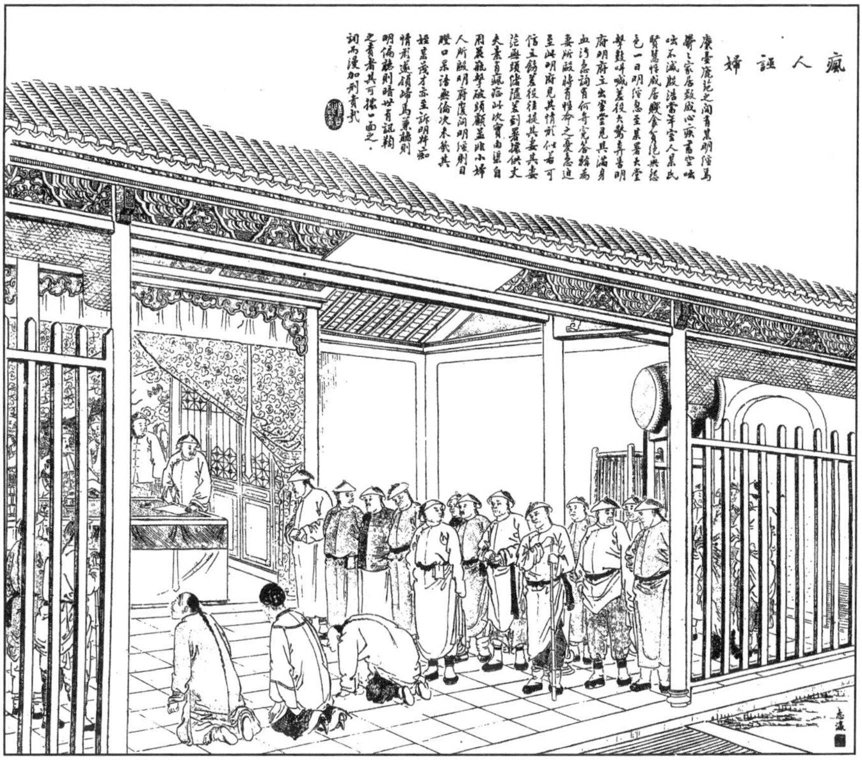


（图十二　“疯人诬妇”，源自晚清上海《点石斋画报》，尤陈俊教授供图。清代当事人打官司时，匍匐公庭有失体面，妇女涉讼，有伤风化，这成为当事人诉讼受限的理由之一。）

结合上述分析及其余诉讼文献可知，黄岩知县的批示显示出如下基本方式：如果当事人未提供证据，或者在某一方面未达到黄岩《状式条例》的规定，知县一般以此为由不予受理。比如，《状式条例》规定：“不另纸写粘历次批语者，不准。”48 号诉状当事人徐永宁首次提交呈纸时，欧阳知县裁决“既有亲笔帐单，尽可自向取讨，”令当事人自行取回帐款。当事人第二次呈交状纸时，他发现其未将初次批语粘附于诉状，则裁决“此案初呈先于何处，应即寻着汇为一起。兹据徐永宁呈称粘有字据等语更不能散失。”当事人第三次呈交诉状时粘附前次批语。至此，知县不再提及批语之事，而是直接批示“遵前批所讨，不得饰词耸听”，驳回当事人的诉讼请求。而当事人声称的“沐批着自行向相讨”，对方却心存吞赖，“毫无仰体宪恩之至意”，但这并不在知县考虑范围。

如果当事人初呈即提供了必备的人证或物证，并且在其他方面符合《状式条例》的规定，则知县往往直接以批示当事人自行邀请族众调处、毋遽肇讼为由驳回诉讼请求，如 46 号诉状、47 号诉状。这种批示反映出知县的机会主义——一种没有原则的尽最大可能抑制争讼的裁判倾向。这种倾向基本上由上述黄岩五任知县一以贯之。知县自由增设受理案件的条件阻碍当事人纠纷的正常解决。这种无穷无尽地寻找诉状破绽，对诉讼持怀疑主义的态度，很难说知县认真考虑了当事人的诉讼请求、是否以及如何究办不法者，更不用说维护当事人的利益。

类似消极态度并非仅见于黄岩县，杜凤治致仕返回浙江山阴县后，为不肖族人盗卖鸡山澄公祭田而禀本县知县，请求县衙出示示谕禁盗卖等情。针对“为蓉山公墓山名合柱背请示禁止盗卖侵占砍伐等事”禀稿，幕友以知县名义作的批示为：“两代祭产共坐一图，准即照单核明注册（杜认为此处不通，脱节），示禁有伤族谊，殊可不必，粘单附。”杜认为“请示即有伤族谊”，不可思议。针对“为保城盗卖澄溪公祭田进禀请严拘惩办、并出示谕禁盗卖等情”禀稿，幕友以知县名义作出的批示为：“公请示禁系为保全祖坟起见，杜巽即保城因何怫然不允？是否此项产业其中尚有轇輵，着公同列名押另呈核夺，粘单姑附。”杜认为此批更是荒谬[①]。为此，杜后来不得不面陈知县，试图使县署满足其诉求。

## 第三节　律例功能与官员的考量

### 一、制定法在听讼中的作用

首先，我们分析黄岩县一件与私和人命有关的钱债纠纷。31 号诉状当事人徐罗氏的丈夫徐仁富因欠郑祖焕债务，郑祖焕领人到家强索，导致双方殴斗。郑家将徐罗氏的丈夫打伤致死后，郑祖焕许诺出银 400 元私了，后实际仅付 14 元。对此，徐罗氏请求官府作主，为其讨回欠钱。由于此项纠纷关涉人命大案（人命私和），若审理不当，知县将受上司惩处，因此

① 《杜凤治日记》（第十册），第 5395、5399、5409 页。

引起欧阳知县的高度重视。知县批词长达300字左右，几乎与诉状字数接近，在黄岩诉状中绝无仅有。欧阳知县仔细查阅呈词后，对该案提出如下疑问：徐仁富将银租押与郑祖焕在什么时间？钱既未收，为何先付其票据？后来徐仁富向郑祖焕续借米洋少一元，究竟实借洋银多少？银洋何时借来何时付还？郑祖焕同弟弟郑起蛟等到徐家搜查米及棉花目的为何？在争夺中徐仁富被郑家脚踢拳殴，究系伤及何处？当时如何认付，是否郑祖焕认付搜去之物，还是徐仁富认付欠洋？上述疑问在呈词中既没有说明清楚，也与当堂讯问所供述的情况不相符。如果徐仁富被殴受伤，当时为何不赴案请求验伤[1]？后实因伤身死，为何不立即呈报，以便拘传验讯，而竟辄自贿和？

对这些疑问的解答，是确定案情事实以便付诸正当裁判的关键。徐罗氏的呈词与堂讯似乎未能解答这些疑问。本当人命案大案，何以转为"勒休负噬等情"？"私和人命"与儒家经典宣扬的"杀父之仇不共戴天"的理念背离，故为律例所严禁。欧阳知县对此保持高度警惕，直觉认定当事人"明系听人唆使，藉端讹诈，借事妄控，显而易见"。知县进一步比照律例："查私和人命，例载治罪明文，诬告有反坐之条。据呈论罪，该氏得必居其一。"对于私和人命案，《大清律例》"尊长为人杀私和"律文规定："凡祖父母、父母、及夫若家长为人所杀，而子孙、妻妾、奴婢、雇工人私和者，杖一百、徒三年"[2]。知县批词说是"例载治罪明文"，当与乾隆二十八年(1763)刑部议驳湖南按察使五纳玺所奏定例规定："凡尸亲人等私和人命，除未经得财者仍照律议拟外，如有受财者，俱计赃准枉法论，从重定罪。若祖父母、父母被杀，子孙受贿私和者，无论赃数多寡，俱拟杖一百、流三千里"[3]。

综上可知，知县以律例将徐罗氏陷于进退两难境地：徐罗氏所控若属实，达成受财四百元银元的和解方案，则犯私和人命罪——"杖一百，流三千里"；若虚，则当诬告反坐。至此，欧阳知县再以"本先将该氏研讯严究，姑念妇女无知，从宽驳斥。"对其"网开一面"，直接将该案驳回。也就是说，就算人命私和真的发生，知县竟然违背律例要求，无意追究当事人的法律责任，通过施以巨大压力，迫使当事人不再控诉。清末樊增祥曾痛批陕西省渭南县知县余绍侨"凡有命案，俱令私和，可恨之至"[4]，实为违律以息讼。其逻辑与黄岩县知县近似，原因何在？论者谓，州县官上详每宗大案，

① 徐罗氏在诉状中声明当时"氏夫无力请验而止"。
② 《大清律例》，田涛等(点校)，第441页。
③ 马建石等(主编)：《大清律例通考校注》，第814页。
④ 樊增祥：《樊山政书》卷四《批渭南县民王虎儿呈词》。

都意味着其银钱负担。把大事化小,符合自己的利益。杜凤治在审理案件时,当事人常捏造对方抢劫、掳掠、奸拐、伤杀、挖坟等情节,如都按律例反坐就判不胜判,杜凤治在多数案件中都只是把反坐作为迫使诬控者具结的手段[①]。诸如雍正年间的湖北麻城案,一方当事人杨同范、杨五荣藏匿杨氏长达五年,诬告杨氏丈夫涂如松杀妻,造成涂如松等人多次被严刑拷打、两任原审知县革职这种严重后果,杨同范方被处以斩立决、杨五荣处以绞监候[②]。除了此类"惊天大案",地方官对大量诬告或夸大其词的现象并不严格依据律例,加以"诬告反坐"的惩处,而是尽可能大事化小,这在事实上默许或纵容了更多诬告现象,反过来加剧官方对诉讼的厌恶。

再分析57号诉状,此案涉及侄妇李王氏与堂叔李金固因相连田地引发纠纷。当事人李金固指控李王氏"不分皂白,恶声詈骂",在李金固退避内房后,李王氏及子李永凤竟敢逞凶殴李金固之妾。尤其是李永凤"胆敢抹却尊长名分,犯上倒诬,抗不遵理,家法国法概等弁髦。"如果李金固指控属实,则李王氏及李永凤明显属干名犯义之例,甚至可能要处徒刑三年。辱骂及殴打尊长,《大清律例》"骂尊长"律文规定:"若骂兄、姊者,杖一百;伯叔父母、姑、外祖父母,各加一等。并须亲告乃坐"[③]。"殴期亲尊长"律文称:"凡弟妹殴兄姊者,杖九十、徒二年半;……若侄殴伯叔父母、姑,及外孙殴外祖父母,各加一等"[④]。针对严重的刑事指控,知县无动于衷,不以为然,没有派差役查清案情事实的计划。欧阳知县在李金固呈交诉状之前(二月十三日)的李王氏呈词上裁决"伤已验明,即使所控尽实,事亦甚微,着遵批自邀房族查理可也。"说明双方当事人之间确实有过肢体争执,则卑幼(李王氏及子李永凤)犯尊长(李金固及妾)一事当属实。知县也不具引律例。具引律例对李金固有利,则知县不得不提讯李王氏母子,甚至得将此案逐级向上审转覆核,若拟判有瑕疵,难免给自己带来仕途风险。论者谓,嘉庆二十年(1815),直隶宁津知县陈鸿猷就因对迟孙氏殴打公爹迟孙礼这样的逆伦重案率意和息,甚属昏聩糊涂,非一般出入罪名可比,除革职外,加重发往新疆效力赎罪[⑤]。黄岩知县仅批示"尔既未违抗,着遵李永凤呈批听办原理人公理,呈复核夺。"将涉及干名犯义伦理纲常的刑事案件

① 邱捷:《晚清官场镜像:杜凤治日记研究》,社会科学文献出版社2021年版,第232页。

② 史志强:《冤案何以产生:清代的司法档案与审转制度》,《清史研究》2021年第1期;郑小悠:《清代的案与刑》,山西人民出版社2019年版,第22页。

③ 《大清律例》,田涛等(点校),第471页。

④ 《大清律例》,田涛等(点校),第462页。

⑤ 郑小悠:《清代的案与刑》,山西人民出版社2019年版,第96页。

(57 号诉状加批为"刑")强行交由族众调处,对李金固提出惩处对方当事人,"以肃名分"的诉讼请求置之不理。这说明宁津与黄岩知县对类似案件和息的思路大体一致。

这种状况正如王植在乾隆年间所述:"无如各州县,往往律例高阁,罔知讲读,复不肯阅卷。临时仅恃节略问头,为当堂应付之计。至所问情节有变,则茫无主见,凭意剖决,甚者严刑以逼供,喝詈以杜口。况如两造所有之契据,存房应查之册卷,又焉肯当堂面阅,一一虚心查核,以得其确然之情伪乎哉?此不明之由也。而不明更由于不公,不公则中有所私"①。在他看来,地方官听讼多是应付心态,对契据、证照的查核,并无多少耐心。州县官的裁判不是以严格依法、守法为鹄的,也不是追求保护当事人的正当利益,而是以法律的惩罚性后果作为威胁筹码,迫使当事人撤诉、自行妥理或交给族众调处,减少大量讼案紊烦官府。如在乾隆三十年二月,巴县知县批复朱辉明的禀状:"尔卖娼已干严例,姑不深究。差查唤讯,乃不静候,尤敢逞刁……殊为可恶,候并究"②。知县的批示说明,其对朱辉明的严重违法行为完全心中有数,但并无依法惩处之意,却对其未能静候审讯、逞刁渎讼这类可能破坏司法秩序的行为而给予严厉批评。对知县而言,法律不是因为崇高、威信或其他原因得到遵守,而是因其附带的惩罚性后果受到知县关注。在裁判过程中,法律因为其对知县"有用"、值得"遵照",即知县听讼以律例作为威胁当事人的潜在工具,最大限度地实现抑制争讼,息事宁人。在南部县,论者同样谓,"本应依律、姑念宽免"之逻辑,显示出律例更多成为州县说服告状人接受审断结果的工具,故律例常选择性地出现于审断之中,与其说审断是为了适用律例,不如说是为了结审断而援引律例,律例存在的意义更多在于威慑,而非具体的适用③。

## 二、法律工具主义的路径

这种法律工具主义存在的原因何在?以前引徐罗氏"诬告案"为例再作分析,如果依法定罪量刑,则知县必须下乡勘验尸体,坐实徐罗氏诬告,或证实对方打死人命,然后将案件申详上级复核,解送人犯至省城再审,这一方面增加衙门的巨额财政负担,另一方面则增加了上司批驳的风险。州

① (清)王植:《条谕州县》,载杨一凡等(编):《中国古代地方法律文献》(乙编第九册),第 586 页。

② 四川省档案馆(编):《清代巴县档案整理初编·司法卷·乾隆朝》(一),第 184 页。

③ 里赞:《晚清州县诉讼中的审断问题:侧重四川南部县的实践》,法律出版社 2010 年版,第 129 页。

县官的收入有着典型的“包干”制特色——其从乡民中催征各类赋税及法外所得被视为县衙的收入,向上级解运额定的税收,支付衙署、堤围等的维修等各类公务开支、幕友、差役、书吏和家人的报酬以及向各上级的馈送后[①],剩下的就是自己的净收益。

地方财政包干给州县官带来巨大的财政亏空风险。据当时惯例,州县钱粮亏欠、无法报销的开支由州县官赔补。以杜凤治的为政实践为例,其自广宁县离任,“共应摊赔银四千四百十三两零七分”[②]。杜凤治在四会县的前任雷达夫每年赔累四五千两银子[③]。杜凤治致仕返乡,路遇江西大庾县典史钱亮祖,钱称:“每年不有敷缴用,纵不大赔,必须赔百金或七八十金。京中血本,除捐大四成典史外,有千金携来,均赔尽矣”[④]。杜凤治致仕后曾与他人忆及:“戊寅(1878 年)三月卸南海时立意不决,迩时若退尚可余剩二万两数。那时宪眷未衰,精力亦可,宦兴尚盛,以致佛冈小赔,罗定大赔,省城年余大开公馆,凑缴南海部款八千余金”[⑤]。杜凤治听说堂侄杜菊人“有调高要之信,此信如真,势必陷粤东矣,为此缺者无一人不累数万金,一生洗不清也。……(高要)所亏皆地丁征存,以前亏空之员历历可数,如孙慕颜、许慎初、刘伯士是也。许、刘且褫职矣”[⑥]。杜凤治后来还对人称:“外直省各缺十有九累”[⑦]。光绪年间杜凤治回忆其广东任官时,“广宁、四会,仅足有敷延,南武号称金穴,犹是四十年前声价,然尚不失为中稔。予前后任无不亏负万金以去,揣其故,类皆奢侈糜费所致。予两任五年,淡泊持躬,依然书生本色,俸廉俭积,稍获羡余”[⑧]。对州县官而言,捕匪与听讼均耗资不少,正如杜凤治记载:“总役伍元、卢广由顺德将谢单支手带回,费去花红洋百六十元,……为拿伊(劫匪谢单支手)及二匪,械斗时两次带勇驻扎(广宁县)石苟文通书院月余,花钱真不少也”[⑨]。因此,财政

① 包干制叙述,魏光奇:《有法与无法——清代的州县制度及其运作》,商务印书馆 2010 年版,第 344 页。杜凤治在南海县任上向各上司馈送的名目与金额,邱捷:《晚清官场镜像:杜凤治日记研究》,社会科学文献出版社 2021 年版,第 361—362 页。杜凤治在广宁县任上支付上司“三节两寿”及个人支出等各项费用统计,张研:《清代县级政权控制乡村的具体考察——以同治年间广宁知县杜凤治日记为中心》,大象出版社 2011 年版,第 305—323 页。

② 《杜凤治日记》(第二册),第 541 页。

③ 《杜凤治日记》(第二册),第 520 页。

④ 《杜凤治日记》(第十册),第 5055—5056 页。

⑤ 《杜凤治日记》(第十册),第 5158 页。

⑥ 《杜凤治日记》(第十册),第 5220 页。

⑦ 《杜凤治日记》(第十册),第 5231 页。

⑧ 《杜凤治日记》(第十册),第 5382—5383 页。

⑨ 《杜凤治日记》(第二册),第 569—570 页。

包干制的亏空风险严重影响州县官积极办案热情。

论者谓，清朝虽然规定了俸禄和养廉银这些合法收入来源，但其个人收入与办公经费常常难以分开，造成其收入的模糊性，进而也导致了财产合法性的模糊[①]。程栋在乾隆三十九至四十一年间(1774—1776)任甘肃皋兰县知县，期间侵冒银十万余两，其资产却不到四万两。据其供称，其他巨额花销包括："除自己驿站大小流差费用外，所有院司道府各衙门铺垫执事等项，俱是县内按时更换，并有总督每年进贡亦均帮银三千二千两不等。至各上司有去任者除送盘费三百五百不等外，一切骡价以及差役护送支给盘费，俱是县内办理"[②]。财政包干制一是诱导州县官强化催科及获取法外收入的动力，二是想方设法减少各项支出，增加盈余。据此，州县官没有太多动力将命盗案件上报，上解狱囚，这些事项对加强上下级人脉关系于事无补，反而可能增加上级批驳的风险，消耗大量经费。在这些机制的共同作用下，黄岩县知县的这种裁判逻辑遍及不同时期的各地州县，而非仅限一时一隅。

直到今日，虚假诉讼(类似本书所谓"诬告")被认为是个典型的"中国问题"。不仅因为虚假诉讼在西方国家诉讼实践中出现的频率不高；而且因为这一问题在我们熟悉的大陆法系民事诉讼理论脉络中基本上不成为问题。虚假诉讼往往体现为当事人或其他诉讼参与人在诉讼中的种种不诚信行为，民事诉讼中的虚假诉讼一般包括捏造事实诉讼；冒名诉讼，即原告不具有起诉资格，为了实现非法目的冒充适格原告提起诉讼；伪造证据进行诉讼。根据2021年11月发布的《最高人民法院关于深入开展虚假诉讼整治工作的意见》界定：单独或者与他人恶意串通，采取伪造证据、虚假陈述等手段，捏造民事案件基本事实，虚构民事纠纷，向人民法院提起民事诉讼，损害国家利益、社会公共利益或者他人合法权益，妨害司法秩序的，构成虚假诉讼。我国刑法对于虚假诉讼的界定开始于《中华人民共和国刑法修正案(九)》，据之规定，为谋取不正当利益，以捏造的事实提起民事诉讼，妨害司法秩序或者严重侵害他人合法权益的，构成虚假诉讼。论者谓，法院通常在诉讼程序中对于虚假诉讼的审查较为消极，一是虚假诉讼的线索不易发现。二是虚假诉讼的证明非常困难。如果案情比较复杂，当事人又做好了充分准备，法官即便心生疑惑，要想证实自己的怀疑也相当困难。

① 云妍、陈志武、林展：《官绅的荷包：清代精英家庭资产结构研究》，中信出版社2019年版，第374页。

② 云妍、陈志武、林展：《官绅的荷包：清代精英家庭资产结构研究》，中信出版社2019年版，第214—215页。

三是法官自身工作繁重，无暇他顾。在办案压力很大的情况下，法官本能地倾向于抓紧结案，而不是节外生枝。如果怀疑当事人搞虚假诉讼但又一时无法确证，上述心态有可能驱使法官选择忽略怀疑，按照正常流程结案①。

进入21世纪以来，一系列打击虚假诉讼的文件出台，比如2015年《关于人民法院推行立案登记制改革的意见》规定："对虚假诉讼、恶意诉讼、无理缠诉等滥用诉权行为，明确行政处罚、司法处罚、刑事处罚标准，加大惩治力度。"2016年《最高人民法院关于防范和制裁虚假诉讼的指导意见》要求"努力探索通过多种有效措施防范和制裁虚假诉讼行为。"2017年《最高人民法院关于进一步保护和规范当事人依法行使行政诉权的若干意见》提出："正确引导当事人依法行使诉权，严格规制恶意诉讼和无理缠诉等滥诉行为。"在2021年11月《最高人民法院关于深入开展虚假诉讼整治工作的意见》公布的新闻发布会上，最高人民法院称2017年至2020年，全国法院共查处虚假诉讼案件1.23万件。现代中国虚假诉讼大增，令人禁不住有时光倒流之感。在清代，尽管律例对诬告有严厉规定，诸如巴县、黄岩县等地的状纸事先预制当事人"如虚坐诬"字样②，但州县官对大量诬告者多从宽处置，其背后的机理与当代法官当有近似之处。州县官若针对虚假诉讼逐一审查，必将消耗大量经费，对于财政包干制下的官员而言无疑得不偿失。

在其他地区，法律工具主义的裁判逻辑时有呈现。陆陇其的听讼方式反映出类似倾向：

> 每传原被告到案，曲为开导曰："尔原被非亲即故，非故即邻，平日皆情之至密者，今不过为户婚、田土、钱债细事，一时拂意，不能忍耐，致启讼端。殊不知一讼之兴，未见曲直，而吏有纸张之费，役有饭食之需，证佐之亲友必须酬劳，往往所需多于所争，且守候公门，费时失业，一经官断，须有输赢，从此乡党变为讼仇，薄产化为乌有，切齿数世，悔之晚矣。"即如此案，某人故薄待某人，即检律例指示之，曰："罪应笞

---

① 吴泽勇：《民事诉讼法理背景下的虚假诉讼规制》，《交大法学》2017年第2期；纪格非：《民事诉讼虚假诉讼治理思路的再思考——基于实证视角的分析与研究》，《交大法学》2017年第2期。

② 《最高人民法院关于深入开展虚假诉讼整治工作的意见》要求人民法院审理涉嫌虚假诉讼的案件，在询问当事人之前或者证人作证之前，应当要求当事人、证人签署保证书。保证书应当载明据实陈述、如有虚假陈述愿意接受处罚等内容。这同清代"如虚坐诬"字样的预先警告非常接近。

杖，但国法不加有礼之人。某合与某叩首服理，即回去静思三日，倘彼此豁然，来投结可也。”往往感激涕零，情愿当堂具结，和好如初。[①]

在这种司法过程中，陆陇其将法律附带的惩罚性后果作为威胁双方当事人、迫使他们服从官员强行息讼止争的工具。这样的司法过程并不是为了实施法律及维护其权威，而是为了解决问题，平息争讼，实现地方稳定。如本书一开头所述，对当事人而言，听讼是州县官为维护其特定利益而提供的最重要的“公共服务”，但是陆陇其这样的名吏，不仅未致力于优化司法流程，反而以衙门各种弊端（“吏有纸张之费”“役有饭食之需”）作为理由劝阻当事人涉讼，这种老套的理由相沿甚久。与上述情况相比，从黄岩讼案草草的案件受理过程及简短批语来看，除了知县竭力地追求贱讼、抑讼外，很难从批示中感受到知县致力于贯彻儒家仁政思想、体民之情及履行听讼职责等努力。他们在处理案件时，遇到法有明文规定的事件时，未必依法办理；在法的规定不很明确时，亦未颇费心思地寻找成案或惯例作为处理同类案件的依据。黄岩诉讼档案及地方官的审判记录说明，弃置可以遵循的规则不用的行为并非鲜见。这种司法的方式，在一些扎实的研究中也可得到确证。

比如，曹培的早期研究认为，在民事审判中所依循的是法律条文背后的纲常礼教原则，而不是一板一眼地依据法律条文。法律条文规定应打的，可以不打，应罚的可以不罚；条文没有规定要打、要罚的，也可以打、罚，全凭审判官本人对于纲常礼教的理解。法律条文无法顾全的情况，全凭审判官的儒学造诣、道德准则和办案时的机智来加以维护和充实[②]。不过，清代的刑事审判也很难说就是一板一眼地依据法律条文。岸本美绪研究明清时期典卖妻女的大量案件时发现，在地方官的告示里，照律严禁买妻或卖妻，或预告将重刑处断者而在多见。但在实际的地方裁判里，承认双方合意的卖妻、典妻的契约效力，完全不言及律令的“买休卖休”等规定而命令属行契约之例者也很多。明清时代，特别是在明末清初的判语里，可看到许多似乎完全无视于“典雇妻女”条和“买休卖休”条的存在，承认典妻、卖妻契约的例子。即使在清代后期，在知道判决结果的案件中，其处理办法几乎都是既意识到“买休卖休”律的规定，但同时也在了解案情之后实

---

① (清)吴炽昌:《续客窗闲话》，载周红兴(主编):《中国历代法制作品选读》(下册)，第263页。

② 曹培:《清代州县民事诉讼初探》，《中国法学》1984年第2期。

际上追认卖妻契约的做法[①]。

赵娓娓研究南部县档案中的“买休卖休”案例后认为,州县对之的理断并未严格受到《大清律例》的约束。与上述“细事”的审判类似,对于在传统上视为“重情”的奸拐罪行,同样未严格比照《大清律例》进行审断。樊增祥在审理类似的案件时,其所断处罚有的并无律例的依据[②]。这种审理方式与各州县审判资源极其有限之间存在密切关系。在康熙年间,即有官员撰文指出:

> 徒罪详臬司,驿传道定驿原差批解,取该管官收管申覆,流罪详抚院达部。其路费有出本犯者,有出里递者,各处不一。解役须于原差之外,再添一名赍批同行,此系长解,不可独累一人。须令合役议出贴费,大约于各役工食中扣给为便。[③]

早期文献表明,当时押解人犯的经费要么出自罪犯本人,要么出自罪犯所在村庄,甚至由衙役集体承担。也就是说,清王朝对地方衙门解押人犯的专门经费长期未曾专门拨付,衙门可用于审判的资源(财政及人手等方面)更加有限[④]。具体以巴县为例,论者谓,顺治年间,巴县衙门差役的朝廷额设总人数为 139 人,至乾隆二年(1737),这个额设总人数压缩至 69 人,以减少衙门开支,并且一直沿用到清朝结束[⑤]。考虑到从顺治至清中后期,巴县人口剧增(全国大部分州县类似),69 名差役根本无法在知县领导下应付大量案件。唯一途径就是超过朝廷规定的额设人数,增加差役人手。论者谓,清后期巴县知县张铎向上级的报告称,衙门要完成行政事务与维持治安,至少需要 400 名差役[⑥]。这必然以向当事人增收诉讼费用、增

---

① [日]岸本美绪:《妻可卖否? ——明清时代的卖妻、典妻习俗》,李季桦(译),载陈秋坤等(主编):《契约文书与社会生活(1600—1900)》,“中央研究院”台湾史研究所筹备处 2001 年版,第 248—249、255 页。

② 赵娓娓:《晚清知县对婚姻讼案之审断——晚清四川南部县档案与〈樊山政书〉的互考》,《中国法学》2007 年第 6 期。

③ (清)潘杓灿:《刑名章程十则》,载杨一凡等(编):《中国古代地方法律文献》(乙编第九册),第 93—94 页。

④ 尤陈俊:《清代简约型司法体制下的“健讼”问题研究——从财政制约的角度切入》,《法商研究》2012 年第 2 期。

⑤ [美]白德瑞:《爪牙:清代县衙的书吏与差役》,尤陈俊等(译),广西师范大学出版社 2021 年版,第 238 页。

⑥ [美]白德瑞:《爪牙:清代县衙的书吏与差役》,尤陈俊等(译),广西师范大学出版社 2021 年版,第 243 页。

加全县民众的税负为前提。论者称，额定吏胥无俸禄报酬，工食银两鲜少，制度设计未考虑其劳动报酬，书吏必定通过其他途径设法弥补；额定书吏远远不敷，所有衙门经制之外均招募帮办、清书，定员之外任用白役，书吏实际人数远超规定，清廷以额定事例行之额外编制，自然难以实行[①]。论者谓，康熙年间，朝廷确立四川全省赋税为659000两银子，这一较低的额定赋税终清一朝未再变动。在19世纪巴县人口剧增、可耕种土地数量大增的情况下，巴县额定赋税依然是6781两银子。但地方政务运作所需经费与财政赤字却快速增加[②]。这使得地方衙门不得不超越法律规定增加赋税，以应付更多的案件审判及其他行政开支。但这种行为又带来"非法性"的评判、官员的仕途风险与道德上的指责（所谓"贪腐"或"滥权"）。结合黄岩五任知县批示的基本倾向可知，官员耗费巨大精力，亲自对双方当事人劝解以息讼的描述，要么事属个案而不具普遍性，要么存在夸张或刻意宣传的成分。诸如大量的判牍文集这样的时人有意汇编的文献，或者是官员配合王朝道德教化"普法工作""送法下乡"的政治需要，或者与作者汇编判牍以流芳百世的目的相关，或者作为其他官员司法实践参照的"优秀裁判文书"，与真实司法过程有较大距离。

## 三、听讼与官员功利算计

有学者认为，按照吉登斯的观点，传统社会处于生存性矛盾之中，在刚性财政制度下的汲取能力的有限性及其权威性资源的稀缺，使清王朝审判资源配置只能以命盗刑案为要务而将户婚田债视为细故，并不自觉地偏好于以低成本的刑事手段处理民事案件，导致民事案件刑事化或泛刑事化。[③] 按照这个论断可推导出，受制于客观因素（如审判资源）之限制，州县官受理民事案件方面并不积极，试图以诸种手段抑制当事人启动诉讼。但是，上述见解可能忽略了诉讼的重要参与者——官僚集团的自我利益在法治中的影响。司法过程除了受客观因素制约，官方贱讼还受到自身利益偏好的驱动。

考虑到州县官员政务繁忙，当时官员能否普遍像陆陇其那样，有充分精力、时间、耐心及具备良好道德素养，对原、被告曲为开导，达到令双方

① 范金民：《清代书吏顶充及顶首银之探讨》，《历史研究》2018年第2期。

② [美]白德瑞：《爪牙：清代县衙的书吏与差役》，尤陈俊等（译），广西师范大学出版社2021年版，第286—287页。

③ 张世明：《法律、资源与时空建构：1644—1945年的中国》（第一卷），广东人民出版社2012年版，第23页。

“往往感激涕零，情愿当堂具结，和好如初”的效果，令人怀疑。黄岩诉状的记录表明，知县既无此闲暇，也无如此之高的道德、法律及文化方面的素养，大多数批示未曾虑及对当事人“明加开说”，融情、理于批示过程中。这种草草批示的方式并不仅仅突显于晚清黄岩一地。台湾淡新、四川巴县、顺天府宝坻县等地的州县司法档案表明，大部分官员的批示都是寥寥数字而已，两百字以上的甚为罕见。在清代，法律工具主义的听讼风格与各级官员对讼案的功利心态相辅相成。包世臣指出：

> 查外省问刑各衙门，皆有幕友佐理。幕友专以保全、居停、考成为职，故止悉心办理案件，以词讼系本衙门自理之件，漫不经心。而州县又复偷安，任意积压，使小民控诉不申，转受讼累。臣查案件虽关系罪名出入，然一州县每年不过数起，即或未归平允，害民犹隘；至於词讼，三八放告，繁剧之邑常有一期收呈词至百数十纸者。又有拦舆喊禀及击鼓讼冤者，重来沓至，较案件不啻百倍。若草率断决，或一味宕延，则拖累之害，几於遍及编户。是故地方官勤於词讼者，民心爱戴；明於案件者，上司倚重。……此皆以词讼为无关考成，玩视民瘼；或以既得於上，反恣意朘削其民之故也。是以积弊相沿，州县旧案常至千数。署前守候及羁押者，常数百人。废时失业，横贷利债，甚至变产典田，鬻妻卖子，疾苦壅蔽，非言可悉。近年封疆大吏皆知听讼为恤民之首务，积案为病民之大端，飞檄交驰，饬属清理，又派委员分赴各郡，专驻帮办。然未定以章程明示赏罚，州县词讼无册籍详报可稽，印官委员勤惰能否漫无觉察。故印官奉檄若具文，委员安坐郡城，略不事事。①

清代的中央专制集权是一种层层官僚由上任命、同时也层层向上负责的政治体系。在这种官僚组织体系下，州县官考核的标准首先是征税与维持治安。与仅涉及私人间利益的钱财等“细故”案件相比，对刑事案件的审理成为考查各级官吏绩效的重要指标。这种背景下促成的官员功利计算的心态、法律工具主义及负面的诉讼观，使抑制自理词讼的倾向无法得到根本改变。司法官员针对自理词讼或重大案件呈现的不同心态与司法制度也有密切关系。

在学者的一项个案研究中，一个田土“细故”案件未能引起两任知县的重视，实地踏勘仅走了个形式。此案最后引发五条人命案，后来的县令聂

① （清）包世臣：《齐民四术》，第 252 页。

亦峰也不过是以“大事化小”的方式，将命案当成“细故”案件来办，达到息讼的目的。而非层层审转，上达刑部，减少给自己带来不必要麻烦的可能[①]。在层层向上负责的官僚体制下，公益多为衙门附带职能。只有当王朝私益和社会公益产生密切关联关系时，官吏才可能对相关案件引起高度重视。这可以解释为什么民众对自理词讼也要夸大为刑事重案的原因。通过诉状将“自理词讼刑事化叙述”的方式，促使官员误以为此类案件涉及社会治安与王朝的统治秩序而引起重视。

邱澎生认为，命盗重案的审转与审限对官员带来更大压力，但州县官员审判细事时所面对的审结压力也不能轻估。细事审结的实际压力主要取决于各省司法长官执行每月月初查察结案登销册籍的严格程度[②]。这一论断当高估了彼时制度的执行力。在清代，就算是刑事重案，地方官员都未必有暇顾及、亲自前往查验。如《清朝续文献通考》记载：

> 光绪四年都察院奏言，近来各省控案多有相验迟误，地方官并不亲往者。热河及东三省为尤甚。虽控词未必尽实，要事出有因，人命重案例有定限，本宜迅速往验辨明尸伤，立缉凶犯究办，乃或迟延至数月甚有至数年之久者。正凶多半远飏，致令兽鼠残食，尸体不全，焚毁灭迹，难求证佐。两造各执一词，而差役人等勒索把持于其间，弊窦不可胜言。定案则未免草率，蒸检则弥形惨酷。至佐杂等官例不准，擅受民词，何得轻议民命！[③]

都察院奏报的司法实况远远偏离了当时的司法体制。其对东北等地实况的概括，同清中后期张集馨、杜凤治等人在四川和广东等地的亲见亲闻可相互印证。在这种情况下，更何况数量繁多的自理词讼！美国学者布迪和莫理斯提出的（中国古代的）统治者通过寻求法律及惩罚那些刑事暴力或道德、礼仪不适而违背社会和谐者，试图维护人与自然领域的统一。换句话说，法被看作是维持宇宙和谐的途径的观点[④]，从黄岩知县的批示

① 李启成：《“常识”与传统中国州县司法——从一个疑难案件（新会田坦案）展开的思考》，《政法论坛》2007 年第 1 期。

② 邱澎生：《以法为名：讼师与幕友对明清法律秩序的冲击》，《新史学》2004 年第十五卷。

③ （近）刘锦藻：《清朝续文献通考》卷二百四十四“刑三”考九八七七，浙江古籍出版社 2000 年版。

④ See BODDE and MORRIS, 4, 43 - 48, 561 - 62，转引自 Mark A. Allee, *Law and Local Society in Late Imperial China: Northern Taiwan in the Nineteenth Century*, Stanford University Press, 1994, p. 250.

及清人关于司法记载的一般情况来看,法的运作过程并非维持宇宙和谐,它往往是一种现实主义的、基于衙门自身利益考虑、受限于知县能力的司法实践。

综上所述,以黄岩诉讼档案为代表,至少反映了如下信息,州县官针对自理词讼(甚至命盗重案)很少引用法律为裁判依据。即使存在知县裁判时查照律例的尝试,也极少依据律例做出裁判,摘引某些律例只是知县威胁当事人接受裁判的方式。知县简短的裁决几乎不以律例为依据,也很少如以往学者提及的那样,大量诉诸于礼、法或情理。如郑秦认为,唐以后的民事审判具体依据是"礼",即广义的礼。其著作中所引大量案例、判词以及清人的论述都可以证明这点,州县官审判自理词讼并不具引《律例》条文,而是"准情酌理,判断自如"[①]。著者在阅读台湾淡新档案及巴县档案的总体感觉是,知县很少引用礼、理,而主要是基于事实的直觉断认与灵活、权宜的批示或裁决。

值得注意的是,黄岩诉讼档案是不经意间流传下来的文献。诸如《明公书判清明集》及后来各类判牍文集等时人有意汇编的"优秀裁判文书",此类文献存在较明显的修饰以及作者自我标榜的动机。与公开刊行的各时期判牍文集相比,诸如巴县或黄岩县诉讼档案更接近(尽管不完全)司法的真实状态,并能与诸如《杜凤治日记》等私密文献及包世臣等人的中允批评相呼应。因此,有论者仅依据汪辉祖的自传《病榻梦痕录》所载案件,推导出清代中国的司法裁判属于"形式化"与"实质化"有机结合的类型[②],著者对此持保留态度。

黄岩知县的大部分批示来自知县对诉状直观感觉的断认。正如在42号诉状中,知县裁定蒋金合"钱既不还纵敢恃强肆凶,无此情理,"从而驳回蒋绍奇的指控。这些判断很难说是严格仔细地考虑案情具体情况,或认真基于情、理、法及公众的大致感想,更谈不上到现场调查案情,而更像是知县(在幕友的协助下)的全权独断。对于大部分讼案,黄岩知县全凭"自由心证",对某些事实即"情"(案情)或情理的认定来自主观判断。批示无法表明知县进行深思熟虑的推理,也没有将之诉诸礼、理并作详细的说理过程。听讼更多是一种基于直觉的直接裁判。这种近似"无法司法"的裁判方式夹杂着强烈的贱讼模式,息讼追求,免除衙门为争讼所累。

---

① 郑秦:《清代司法审判制度研究》,湖南教育出版社1988年版,第231页。

② 徐忠明:《清代中国司法裁判的形式化与实质化——以〈病榻梦痕录〉所载案件为中心的考察》,《政法论坛》2007年第2期。

此外，这些批示表明，知县本人几乎无意或无暇参与到当事人的调处中，除了偶尔训斥当事人有心滋讼、不合情理、显系健讼之徒外，并不像陆陇其宣称的那样对当事人进行礼仪教化，曲为开导，促使当事人心服口服地接受知县主持的和解，而是直接强令双方当事人自行邀同族众调处结案。以知县为代表的权力机构成为调处过程的局外人。因此，黄岩知县的听讼行为，既不是现代司法制度参照下的审判，也不是在“教谕式调停”中做家长般的说服调解。黄岩知县们的批示基本贯彻着如下确定的原则——想方设法抑制争讼，裁决绝大部分纠纷交由民众自行解决，这样的裁判方式自然很难令当事人乐观。

## 第四节　纠纷解决与规则之治辨析

### 一、官员关于裁判依据的论述

如本书第一章所述，在司法实践中清代存在自理词讼与命盗案件的分类，在制度上，两者的审理方式及其是否依法判决也存在一定差异。据《大清律例》“断罪引律令”例文：

> 督抚审拟案件，务须详核情罪，画一具题，不许轻重两引。承问各官，徇私枉法，颠倒是非，故出入情弊显然；及将死罪人犯，错拟军流；军流人犯，错拟死罪者；仍行指名参处。至于拟罪稍轻，引律稍有未协、遗错、过失等项，察明果非徇私，及军流以下等罪错拟者，免其参究，即行改正。[①]

就制度上而言，只要命盗案件进行审转复核，通常意味着正式进入了受上级（府道、督抚、刑部、大理院、都察院甚至皇帝）审核、督查的渠道，故而州县官员以至督抚审理案件时，必须严格依法判决，以免使自己承担法律责任。但在实践中并非如此，论者据杜凤治日记认为，如果违反律例、违反事实的判决对自己更有利，又不至于被上司追究，他就不会拘泥于律例与案情[②]，这个时候知县会想方设法使案件免于上详。以同治七年杜凤治

---

① 《大清律例》，田涛等（点校），第 596 页。

② 邱捷：《晚清官场镜像：杜凤治日记研究》，社会科学文献出版社 2021 年版，第 230 页。

任四会县知县时审理江亚华杀死江昆汉(又名江亚汉)一案为例。杜与幕友金楚翘商议:"此案若报出,辗转详解,反令亚华多活,意拟传尸父(江)龙明来,凶犯已确,即速为之用囚笼站死。若按律照办,伊反得往返偷活,而且一刀反觉简捷,令其缓死,再加磨折,多吃些苦,方快人意"①。杜令差役转告江龙明:"亚华如详办出去,必须提府提省,又复发回,往返周折,归入秋审,必待明年冬至时方可处决,倘或一次蒙恩未勾决,又令多活一年。……不如就地严办,或立笼或活钉……。"(江)龙明亦以为然②。杜凤治"原拟令与亚华对质一人独杀无预亚托事,则令龙明具结领尸,可以就地将亚华严办",但死者父亲江龙明却意在借尸图财。杜考虑到"案经多日,出详必遭申诉,无大罣碍,如江龙明婪财无厌,予决意详上,照律按办。""江亚华案老物(指江龙明)意颇叵测,利欲薰心,恐后有变,一准详报矣"③。但后来"武营及同城官纠集银二十两赏之(江龙明),""江亚华重责藤条二百、小板二百,用立笼枷颈发北门示众,……江龙明昨已具结打掌模,领江昆汉尸埋葬并请严办,又具禀哀恳就地严办示众结案,不愿详报",此案最终没有上详④。杜在四会县任上审理梁陈氏子廷榕命案,欲迫使受害者家属快速结案而不愿上详的思路与此近似⑤。

针对江姓被杀案,杜凤治一开始就不打算上详,避免将之纳入审转复核流程,原因有三:凶手往返省城、府城,耗时甚长,所有长途解送成本均由县衙负担,在地方财政日趋紧缺与财政包干制背景下,州县官选择将江亚华就地站笼枷死,实为其理性算计的结果;其二,案件上详,无论是知府、按察使、督抚还是刑部都有可能就其律例适用与事实认定方面挑出错误,上级的指摘容易引发仕途风险,知县与死者父亲多次的私下商讨(由谁纠集多少银两赏之)费时过多,已错过案件审限,至此私下办结此案,对州县官本人而言最为有利;其三,但并非重要原因,及时处决罪犯,不给其更多苟活的时机,从速为死者申冤,符合死者家属的愿望。此类案件的结案方式说明,只要受害人一方同意不上控,案件审决不被上司查知,则无论自理词讼还是命盗重案,往往在州县层级即可"偃旗息鼓"。此时,知县事实上拥有类似于皇帝那般的独断大权。律例强调财产赔偿(经济补偿)主要适用于罪犯不抵命的情况,乾隆六年例文称"殴死同堂大功弟妹、小功堂侄及缌麻侄

① 《杜凤治日记》(第二册),第770—771页。
② 《杜凤治日记》(第二册),第777页。
③ 《杜凤治日记》(第二册),第801、804页。
④ 《杜凤治日记》(第二册),第805页。
⑤ 《杜凤治日记》(第二册),第827页。

孙，除照律拟流外，仍断给财产一半养赡。其大功以下尊长殴卑幼至笃疾，均照律断给财产。惟殴尊长至笃疾罪应拟绞者，不在断给财产之内”。刑部议定的理由是：“殴杀同堂大功弟妹、小功堂侄及缌麻侄孙……止拟杖一百、流三千里，较之本律已减一等，若又不断给财产，不足以蔽辜”[①]。论者谓，命案只有在罪犯未被处以死刑的情况下，法律才要求官员考虑赔偿问题。罪犯未偿命，所以向受害者给付赔偿不被认为不公[②]。此案中江亚华被处死，为及时息案，地方官员筹资二十两银子给江龙明作为经济补偿，虽无律例依据，却足以反映州县官将命案在本地结案的动力与强烈意愿。

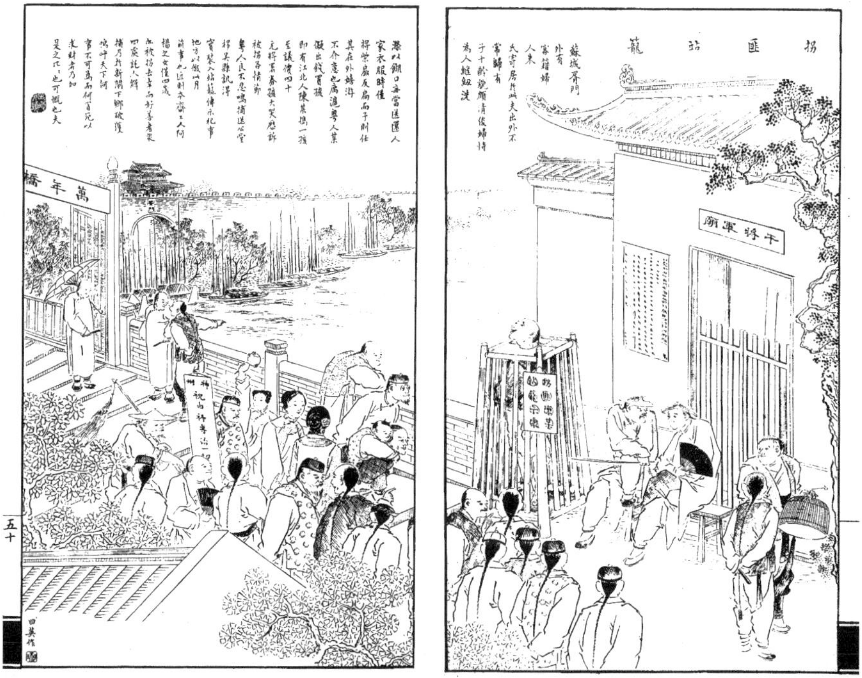


（图十三　“拐匪站笼”，处死拐卖人口的罪犯，罪犯立笼枷颈于干将军庙门口，源自晚清《点石斋画报》。站笼属清代法外酷刑，主要针对重罪案犯，满足了被害人家属与普通民众“实质正义”的朴素观感，但背离律例规定的司法程序。杜凤治在日记中记载常使用此刑。）

如前所述，滋贺秀三、黄宗智以及张伟仁、贺卫方等法律专家就传统中

---

① 马建石、杨育棠（主编）：《大清律例通考校注》，中国政法大学出版社 1992 年版，第 849 页。

② ［法］梅凌寒：《明清法律中的死伤赔偿》，尹子玉（译），《法律史译评》（第七卷），中西书局 2019 年版，第 263、287 页。

国(特别是清代)司法审判是否缘法为据发生了重大争论。州县官司法是否依法而判，基于当时人的看法与实践当更为可靠。对于自理词讼，方大湜即明确提出："自理词讼原不必事事照例，但本案情节应用何律何例，必须考究明白，再就本地风俗准情酌理而变通之，庶不与律例十分相背。否则上控之后，奉批录案无词可措矣"[①]。方大湜的言下之意是，"自理词讼原不必事事照例"为普遍性原则，但为防止当事人因不满裁判结果而上诉，以致受到上司讯问而无词可对，则知县不妨弄明白具体案件应适用何项律例，裁判在依据当地风俗的基础上准情酌理加以变通；细故案件若事事都僵硬照搬法条，而不考察纠纷具体情况和当地风土人情是错误的。结合前述黄岩县司法实例，考虑到《大清律例》事实上没有面面俱到的民商事条文，"自理词讼事事照例"客观上也并不可能。

方大湜的类似观点并非罕见，这种看法大致贯穿于明清时期。比如，明末崇祯年间的讼师秘本《珥笔肯綮》提出："凡告家财，不在干名犯义之例，但情词畅顺即是，不必原求律法"[②]。家财纠纷如不涉及干名犯义("三纲五常"等身份伦理本为国家立法的重点之一)，只要在诉状中案情表达顺畅清楚即可，并不必然以律例作为诉讼请求的依据。秘本作者认识到，当官员裁决此类案件时，直接依据民间通常认可的事理和原则，律例并不是其判决依据。

对于词讼，官方通常并不完全致力于厘清双方具体权利归属，就事论事，保护当事人应得利益，而是想方设法如何平息纠纷，多数情况下律例只是其参考依据之一，无必然的拘束力。只要能解决当事人间的纠纷与冲突，官员突破律例作出裁判并无不可。陆陇其的听讼方式在当时官员中具有一定的正统性与示范意义。前引文献表明，名吏陆陇其经常开导双方当事人，使之往往和好如初[③]。陆陇其劝解当事人处理户婚等诉讼的思路为：从心态上看，当事人因户婚、田土等细事致讼，双方大都是亲邻故旧，理应忍耐；从得失上看，一旦启讼，将耗去大量诉讼费用与机会成本，双方成为仇人，得不偿失；从律例上看，理曲者本当处以笞杖，但如果双方息案和解，则可直接结案，免以处刑。因此，通过令双方当事人对比肇讼与息诉的利害得失，使纠纷得到解决。《纸上经纶》收录的二十八件以自理词讼为主

---

① (清)方大湜：《平平言》卷二《本案用何律例须考究明白》。

② (明)觉非山人：《珥笔肯綮》，邱澎生(点校)，台湾《明代研究》第十三期(2009年12月)，第244页。

③ (清)吴炽昌：《续客窗闲话》，载周红兴(主编)：《中国历代法制作品选读》(下册)，第263页。

的审理记录（谳语），有十三件（占总数的近一半）提及，本应（依律例）严治，念当事人年老、年幼或为妇女或因家穷而宽免，或者声称若当事人再行不法，定行（依律例）重治，或当事人若再次抗延，连带前罪一同并治①。在此，如同黄岩县听讼实践一样，律例主要作用均是指引甚至“胁迫”当事人平息纠纷的工具，而非遵照裁决的依据。

整体上，纠纷解决以结果为导向，以天理、人情等抽象的道德观感为参考，重视情节及当事人的家庭与力量等背景性对比与综合考量，解决方式为常识偏向而非专业偏向，轻视律例条文，程序简便化，在兼顾及当事人双方诉求前提下，注重州县官强制意志主导下的利益妥协性合意。面对社会纠纷与个案诉讼，地方官往往具有双重身份——既是本地社会治理的总负责人，又是唯一合法的审判官，这一双重身份混淆了两个不同领域纠纷解决的职能。司法审判与政务治理本应有差异与相对分工，在州县官身上则时刻融合在一起，导致其在个案审理过程中，天理、人情与律例的程序性规定与实体法内涵混合，教化、调处与参考律例判决融汇在一起，彼此间无明确界线。因此，所谓“依法判决”对涉及自理词讼的处置显非实践中的必要。此种做法与作为亲民的州县官身份有关。如戴兆佳称：“令之职，于民最亲。一邑之利弊，休戚惟令是问”②。州县官员行政事务涉及方方面面，其并非专业化的司法官员。如前所述，州县官职务重点为催科、维持治安与听讼。官员从政务角度的听讼，重点是尽可能经由官批民调等方式，解决纠纷、平息争执、稳定秩序，刚性地诉诸律例恰可能于事无补。

黄宗智认为，诉讼一旦提出，一般都会促使社区／宗族加紧调解的工作。地方官依常规对当事人提出的诉讼、反诉与请求做出某种评断“批词”。这些评断意见被公布、宣读或告知当事人，从而在寻求和解的过程中很有影响。地方官吏对已达成的和解办法一般都予以接受。经此途径形成的和解办法既不应当被等同于正式法庭的裁决，也不应当被等同于非正式的社会／宗族调解，因为他们将正式与非正式的两种司法体制都包括到一种谈判协商的关系之中。地方官吏的审判意见一般是遵从成文法典中制定法的指导，而民间调解者则主要关心如何讲和与相互让步。这两方的相互作用甚至在清代就已实现部分制度化，构成了司法体系中第三领域的重要部分③。黄宗智把民间调解与官员听讼的二分法恐不合适。首先，如

① （清）吴宏：《纸上经纶》，载郭成伟等（点校整理）：《明清公牍秘本五种》，第197—215页。

② （清）戴兆佳：《天台治略》，康熙六十年作者“自序”。

③ ［美］黄宗智：《中国的“公共领域”与“市民社会”？——国家与社会间的第三领域》，载［美］黄宗智（主编）：《中国研究的范式问题讨论》，社会科学文献出版社2003年版，第271页。

本书基于大量实例所述，州县官听讼以律例为依据实属例外。其次，州县官的身份决定了其面对诉讼倾向于纠纷解决，从杜凤治等人的实例中，常常出现州县官迫使双方让步达成妥协，以案结事了，这本质上与调解近似。再次，民间调解（本书所称为“调处”“官批民调”）达成结果后，往往要向州县官请求核准销案，州县官拥有认可调处结果及更改调处结果的权力，因此，州县官对调处事实上拥有支配权力。综上，很难说存在“第三领域”这样的状态。

从现实角度看，如坚持诉讼及严格依法裁判，黑白分明，将增加负担（如派差役下乡传唤当事人），可能激化当事人成为“讼仇”，倾家荡产，本属“细事”的词讼或为恶化当事人关系以致冲击社会秩序的源头，此恰与官员行政治理目标背道而驰。比如，同治年间陈其元初任南汇县知县时，“遇民间讼事，一经控诉，立即提讯，随到随审，随审随结。”刘衡却仅在三八放告日当堂收呈——“小民钱债田土口角，一切细故，一时负气。旁有匪人怂之，遂尔贸贸来城，忿欲兴讼，实则事不要紧，所欲讼者，非亲即友，时过气半，往往悔之。官若随时收呈，则虽有亲邻，不及劝阻，而讼成矣。一经官为讯断，曲直分明，胜者所值无多，负者顿失颜面，蓄忿渐深，其害有不可胜言者。”刘衡的经验后来为陈其元所参照①。对自理词讼甚至部分命盗案件而言，纠纷解决而非形式主义倾向的规则之治，乃州县官实用进路下的不二之选。这一传统，在当代中国仍若隐若现。论者谓，当代中国法官所从事的审判业务基本停留在解决纠纷的层次，其中并不一定蕴含西方法律传统中通过一个个纠纷的处理解决去不断发现、确认和动态地发展规则那样的观念，因而也未能获得与“引导基于规则的秩序生成”这种高度相对应的社会功能及位置②。

大量州县官汇编的判牍文集或各种地方志表明，过继或婚姻类案件（如买休卖休）事涉伦常纲纪，在《大清律例》本有相应规定，甚至以重刑相待，州县官员裁决时也可能征引律例，然而在大部分情况下，就算知县明知律例规定，甚至在判决前威胁性地向当事人宣示律例内容，最后往往也背离律例作出裁决，这在前述岸本美绪、赵娓妮等人的研究中亦有印证。如果诉讼与此无关，如财产类诉讼，则官员或批示民间调处，或趋于直接依据通常事理、公平正义精神裁决，极少征引律例。

① （清）陈其元：《庸闲斋笔记》，第291页。

② 王亚新：《司法成本与司法效率——中国法院的财政保障与法官激励》，《法学家》2010年第6期。

## 二、从官员职位差异看基层司法

基层官员与上司的角色差异导致各自对待同一案件的处理思维存在显著区别。在康熙年间，浙江省天台县县民许善潢控告许善德兄亡收嫂，道台数度责成知县戴兆佳将相关人犯押解至道台衙门亲审，但被戴兆佳多次拒绝，其理由是：天台县“秋收歉薄，荷蒙宪台加意抚绥哀鸿。……今许善潢、许敬五等原系一本周亲，且案内牵累多人，老幼仳离，鸠形鹄面，”尤其是当事人许以集老病龙钟，年逾八十，卢氏有孕，上述人等“一经批解，长途跋涉，情实堪悯。且是案犯证众多，值此隆冬岁暮，谋衣谋食，实所不遑。”经调查，知县认为所控兄亡收嫂实为子虚乌有之事，且双方当事人均愿意和解结案①。

据《大清律例》规定，如兄亡收嫂者处绞刑②。此案若属实，则许善德应处绞刑，若如戴兆佳所称为虚，据《大清律例》，则原告许善潢诬告死罪未决者，杖一百、流三千里，加徒役三年③。据当时法制，此案属重大刑事案件。可是，作为知县的戴兆佳与上司的出发点（依法审理）大不一样，其主要从息事宁人、避免该案牵涉拖累多人、人犯老迈或怀孕，实属可怜等角度考虑，“累累男妇老幼众犯省往来之盘费，并免守候之工夫，俾得各安其所，”试图平息控争，大事化无。戴兆佳亦自称其“任地方，‘抚’字为怀。……无时无刻不以息事宁民为念。”这种认识，正与其作为负有地方治理重任的行政官员角色关系密切，与非亲民官的上层官员的司法理念大相径庭。比如，同样是审理丧娶与收继婚案件，刑部尽可能事事依法而判④。

论者谓，当代中国基层司法官关注的是解决具体问题，关心的是这一结果与当地社区的天理人情以及与正式法律权力结构体系相兼容的正当性。他们具有很强的实用理性的倾向。他们是结果导向的，而不是原则导向的；是个案导向的，而不是规则导向的，他们运用的知识是非规则性的知识⑤。基层法官面临的不仅是如何决定更为公正、更符合规则的问题，而且要考虑决定之后如何才能得到落实贯彻的问题。他不得不尽可能地以某种并不一定符合法律规则和法官的制度角色但能够“化解纠纷”的方式

---

① （清）戴兆佳：《天台治略》卷二《一件逆禁主灭等事》。

② 《大清律例》，田涛等（点校），第209—210页。

③ 《大清律例》，田涛等（点校），第481页。

④ 王志强：《法律多元视角下的清代国家法》，北京大学出版社2003年版，第139—144页。

⑤ 苏力：《送法下乡：中国基层司法制度研究》，中国政法大学出版社2000年版，第186页。

解决[1]。一如清代的州县官员,深嵌于基层社会的初级法院法官,无时无刻不受当地经济发展、本地人脉网络、社会治理或当事人情感等各种因素的影响甚至支配,无法如上级法院的同行一样,与基层社会较为疏远,态度更为超然,往往更倾向于就事论事、缘法而判。

这种不同官员因为职位的差异化而导致对同一案件的不同裁判意见,在清代并非罕见。比如,晚清时任陕西按察使的樊增祥,在评价韩城县知县张瑞玑上报的自理词讼册时,认为词讼册记录的第二案的裁判有欠妥当。此案中卜刘氏夫妇乏嗣,抚卜随儿为子,并定薛智之女为儿媳。卜随儿长大后,行为不轨,经衙门裁判逐令卜随儿归宗,另以卜荆树为嗣,并断令卜随儿与薛女离婚。卜随儿不遵裁断,致使卜刘氏及薛智一齐控案。张瑞玑裁判将卜随儿笞责,断令薛智将女儿另聘,但所得财礼钱必须分给卜随儿一半,使之能从事小本生意以资营生。樊增祥认为这样的裁判体现知县的"仁人之用心,而惜乎未悉今之人格也。"樊增祥认为卜随儿屡次犯窃,拦路夺衣,扬言抢女,由小偷小摸发展到刀匪之域,则作恶基础已成。卜随儿因下流不肖被逐,则不得为卜刘氏之子,自然不得再为薛家将来的女婿。知县却断令薛智分给卜随儿部分礼银,樊增祥认为这是"近於畏其抢亲而以利甜之矣",若此案由他裁判,则非但不断给卜随儿礼银,而且将之久押于县厅,使卜随儿"知法令之严与幽禁之苦",知县对此种人格者施以感恩并不是妥当的办法——"仁於善人,为嘉其善,仁於恶人,则适足以长其恶。"[2]两人之所以出现这种差异化裁决,关键点在于知县致力于维持社会稳定,害怕刚性执法引发卜随儿为恶更剧,于是断令薛智分给卜随儿部分礼银,作为卜随儿服从裁判的补偿。但对于身居一省按察使的樊增祥而言,维持某个州县的社会和谐并非首要的思考点,令违法者知法不可违乃是其思虑所在。

## 三、地方官纠纷解决的思路

基于务实态度与直接面对地方治理的挑战,对州县官员而言,通常只要在方式上有利于解决冲突,结束纷争,保持社会稳定,则没必要严格照规则办事。本节试对此再深析之。道光朝后期,段光清任浙江建德县知县时,邓姓监生的竹子被寿昌县一穷民之子窃去数十株。监生欲抢穷民母猪以作赔偿,穷民羞忿自尽。穷民子"遂宣诬贼逼命,令其弟拽住监生不放

---

① 苏力:《送法下乡:中国基层司法制度研究》,中国政法大学出版社2000年版,第189页。

② (清)樊增祥:《樊山政书》卷十八《批韩城县张令瑞玑词讼册》。

归，己乃赴县喊冤。”段光清谓死者家属：“邓姓之抢猪原有不应，但欲治其罪，必究起事根由，恐邓氏之罪倒轻，尔家之罪更重也。……本恤尔父无辜而死，再加尔极刑，亦觉太惨；……余定两造之罪矣：邓姓革去监生……尔父因子不肖，愧忿自死，子宜何罪？随呼差役，将死者之子锁脚镣，并提监牌收禁，因告之曰：邓姓之罪已定，尔罪再不能免矣。”死者家属求知县超生宽恕。段光清谓：“求我超生，须尔自改供，将从前一切窃案抢案尽行抹去，只言尔父贫苦自尽。邓氏票钱免索，当堂销毁票据，再给尔父安埋斋醮八十千，各具结完案”①。

《大清律例》“威逼人致死”律文乾隆四十八年(1783)改定例文规定：“凡子孙不孝，致祖父母、父母自尽之案，……其本无触忤情节，但其行为违犯教令，以致抱忿轻生自尽者，拟以绞候”②。另据《大清律例》“子孙违反教令”律文乾隆三十四年定例：“凡子孙有犯奸盗，祖父母、父母并未纵容，因伊子孙身犯邪淫，忧忿戕生，或被人殴死，及谋故杀害者，均拟绞立决”③。穷民之子“违反教令”，在外行窃盗，致使生父羞忿自尽，根据上述例文，当处以绞刑。同时，邓姓监生并未直接逼死穷民，实系穷民之子诬告。综此，则穷民之子当依法严惩，并依审转覆核制，将卷宗层层上报至刑部判决。

虽然《大清律例》“威逼人致死”律文另规定：“凡因事(户婚、田土、钱债之类)威逼人致(自尽)死者，(审犯人必有可畏之威)，杖一百。……并追埋葬银一十两。(给付死者之家)”④。然而，我们从文献中很难判定邓姓监生“有可畏之威”。段知县两度指出，穷民“因子不肖”而“羞忿自尽”/“愧忿自死”。因此，穷民并非因为监生“威逼致死”。对监生而言，段知县依法最多量予薄惩(据“不应为律”)，适量追惩埋葬银给死者家属，恐远够不上杖一百的责惩。不过，段知县一方面事先恐吓穷民之子欲处以极刑，提监牌收禁。另一方面，段知县却以免于刑事惩治为条件，违律指令穷民之子改变供述，只说其父亲因“贫苦自尽”，这相当于知县公然让当事人一方虚假陈述。此外，段知县以欲革去邓姓的监生头衔为要挟，迫使邓姓不再追索穷民之子赔偿所窃之竹，同时给穷民之子八十千文埋葬银。至此，双方具结完案了事。

由此案件的处理可知，段知县处置方式表明，其以“和事佬”姿态，以律

---

① (清)段光清：《镜湖自撰年谱》，第23—26页。

② 胡星桥等(主编)：《读例存疑点注》，第610页。

③ 胡星桥等(主编)：《读例存疑点注》，第700页。

④ 胡星桥等(主编)：《读例存疑点注》，第606页。

例的刑事惩罚为要挟,迫使双方当事人互相退让到一个利益折衷点上,让双方当事人两害相权取其轻,两利相权取其重,最后达成大致的一致意见,从而解决纷争。此时律例的功能不在于被严格遵照,而在于成为知县主导的三方主体考量接受什么样的结果时的重要筹码。段知县在处理建德县甲乙坟山争讼时亦采用类似思路①。段光清调任浙江慈溪知县后,处理监生与牧羊童死亡案件时也是采用了纠纷解决的思路②。比如,段光清在浙江建德县知县任内,发生一起穷民自缢案,死者家属将尸体抬至油坊。本地绅士劝完全无辜的油坊主人"稍给钱文以养死者妻母,"此事竟获得知县认可③,唯独规则往往被置之一边。表面上看,这种纠纷解决思路或为州县官带来一时社会稳定。

另比如在1895年巴县一起经济纠纷案中,当陈某打听县官因案件纯属经济纠纷而不愿正式审断之后,增加了对王某谋杀其子的指控(后来陈某承认其子实为病故),以确保陈某的案子在县衙得到审理。陈某并未因诬告而受处罚,王某被迫给了陈某一笔银两以了结此事,陈某从其顽固坚持和非法诉讼中得到了好处。同一年,巴县的李玉亭诉称母亲龙氏被周某打死,仵作的验尸报告却证明龙氏被墙倾轧而亡,知县非但没有因李的阴谋而惩罚他,反而支持李(因穷困)向周某索要两万四千文钱的请求④。诬告成为一方当事人无理寻求经济补偿和图利的工具,往往得到了知县的宽容。

在这种纠纷解决模式下,由于案情、双方当事人的贫富状态和势力对比的差异性,使得每一个个案的处理结果具有"特殊主义"倾向。这正如论者谓,在法律议论中,如果特别强调具体的事实和情理,那么就很容易引起永无止境的语言博弈。其结果是,最后承认或妥协的那一个当事人将决定相互作用的趋势和结局。在这个意义上,解释的当事人主义将导向某种一人一是非、难以作出公断的事态。为终止无穷无尽的语言博弈,及时作出决定和进行整合,必须极端强调职能机关一锤定音的决定性权力,把解释的职权主义侧面不断伸张,最后造成无限制的"超职权主义"态势⑤。州县官掌控这种"超职权主义"后,对任何潜在"挟制官府"的专业势力(比如讼

---

① (清)段光清:《镜湖自撰年谱》,第27—28页。

② (清)段光清:《镜湖自撰年谱》,第30—31页。

③ (清)段光清:《镜湖自撰年谱》,第25—26页。

④ [美]贾空:《谎言的逻辑:晚清四川地区的诬告现象及其法律文化》,陈煜(译),《法律史译评》(第四卷),中西书局2017年版,第301—302、304页。

⑤ 季卫东:《中国式法律议论与相互承认的原理》,载《法学家》2018年第6期。

师)均无法容忍。

另以杜凤治任广宁县知县时的堂审为例,针对江献龙控告黄姓二人抢谷子一案,杜知县对江献龙之子江以左称:"'汝江宅巨富,一乡之望,此等烂匪为乡村害,不得不惩;但极穷可悯,汝家不在此数石谷,归与汝父言,只少看破些。二黄现收押,将来还是汝作好人来请释,释时仍重责以消汝气何如?'(江)以左应允,令去"[①]。这种同情极穷之人,同时又欲重责之以满足被害人(或原告)的思路,与段光清大致近似。杜凤治后来在日记中总结其若干堂判时称:"凡贫富相争,贫者为财,而富者往往为气,贫者亦有为气而财甚于气,富者亦有为财而气甚于财,欲平其争,惟有富者少与体面,贫者少令便宜,庶可息事"[②]。论者谓,中国传统社会的基本特征是特别重视人际关系,具体的、特殊的合意链条构成秩序的基础,两厢情愿的讨价还价和妥协的过程,会使得公与私、对与错的边界比较模糊,也往往变动不居。因此,互惠原则或者合作式的博弈就成为行为规范的黄金律。互惠的本质是在特定场景中对双方有利,利他的契机与利己的契机总是交错在一起,并且不断地重新组合。互惠关系具有很大的不确定性、不稳定性。为了真正实现互惠并使双方理解和满意,必须加强反复的沟通和谈判[③]。这一论断对理解州县官带有强制意味的调解/堂审非常有益。按照律例规定与公平正义原则,双方当事人的对错有较明确的边界。但是,在复杂的人际网络关系中,从州县官急于结案的为政意图而言,对弱者的体恤,于贫民之同情,予老幼的垂怜……使得其往往要求富者退让,强者收敛。在纠纷解决过程中,往往并非依据律例或公平原则定分止争,而是结合每个案件当事人背景与案情特殊性"讨价还价"——不断协商,往返沟通,伴随各种强制、威胁甚至恫吓,最终促成双方大致可接受的方案。

在之后的四会县任上,杜凤治"审结温苏氏、陈苏氏为伊弟苏江秀淹毙控苏本寿致死一案。此案自咸丰八年迄今未结,江秀之死杳渺无凭。判令本寿罚银四十两交温、陈二氏收为江秀子华胜赡养娶妻之费,……本寿一时办不出,限十五日当堂缴,先令温、陈二氏及华胜具遵依结,苏本寿交差,贵德父子亦具结"[④]。此案案发久远,知县明知苏江秀致死之因杳渺无凭,按照传统法理,理应"疑罪从无",知县却命令被指控的苏本寿罚银四十两给死者之子。从公平正义的角度看,这个判决并无充分证据及律例依据,

① 《杜凤治日记》(第一册),第339页。
② 《杜凤治日记》(第一册),第350页。
③ 季卫东:《中国式法律议论与相互承认的原理》,载《法学家》2018年第6期。
④ 《杜凤治日记》(第二册),第625页。

不合理地剥夺了被告的部分财富。这个裁决对江氏有利，却对苏家凭空制造了不公。长远而言，这样的断案结果给更多潜在当事人日后"借尸图赖"（或一方当事人借助自身所谓弱者身份向他人敲诈勒索）作了"生动"示范，此类审结方式实际上制造了更多纠纷。但是，这种非理性的结案方式，从当下结果上看，却有一定合理性：其通过使被告适当受惩，大致满足了原告欲望，得以使这起多年的纷争及时了结①。

纠纷解决的思路在现代中国基层司法仍然存在。比如苏力于20世纪末年对中国基层司法调查后认为，基层法院法官在处理司法问题时一个主要的关注就是如何解决好纠纷，而不只是如何恪守职责，执行已有的法律规则。法官以实用主义为导向，在当地各种条件的制约或支持下，权衡各种可能的救济，然后作出一种法官认为对诉讼人最好、基本能为诉讼人所接受并获得当地民众认可的选择。诉讼根据、法律规定的法官职责、有关法律的程序规定和实体规定都不那么重要，重要的是要把纠纷处理好，"保一方平安"②。当然，法官作出的决定，未必对诉讼当事人最好，而通常是自认为对维系社会稳定、减少双方纠纷最优的选择。

在"纠纷解决"思路之下，对州县官而言，严格遵循规则不一定那么重要。州县官作为亲民官（以及作为其私人法律助理的幕友），自身行政经验使其体验及分享了乡土情感和知识。诸如汪辉祖认为，"幕之为学，读律尚已。其运用之妙，尤在善体人情。盖各处风俗，往往不同，必须虚心体问，就其俗尚所宜，随时调剂，然后傅以律例"③。理想状态下，幕友除掌握律例，还应协助东家对一地的风土人情具有相当了解，以使案件裁决与当地舆情俗尚契合，不致滋生非议，律例往往是最后不得已诉诸的依据。

作为较职业化的司法高官，刑部官员端坐京城，与基层社会保持相当距离，他们审理案件较少受诸如维持一地治安或社会秩序的行政治理目标束缚，也更少受地方文化经济背景或当事人情感影响。诸如《刑案汇览》表明，在皇帝监控的压力下，他们审理案件通常尽可能落实《大清律例》的规

① 杜审结的另一起案件思路与此类似："早堂讯曾李氏、曾其茂控曾云祯、曾汉昭争田案。此案经雷任审结，李氏、其茂手模是真，具结遵依，兹又翻供。谓内有白鹤良田四分余非卖与云祯等，又供以前假卖，伊兄嫂及己并未到场，亦无当堂具结事，刁诈百出，大堪憎恶。将其茂重责，李氏供亦如其茂，亦薄责李氏。供称女流无知，只求恩典，小妇人田卖出后口食无出云云。断李氏寡居贫苦可悯，曾云祯写契漏写白鹤良土名，亦有不是。着曾云祯、汉昭等出银十两与李氏度日，与其茂无干，其茂不得染指分厘，限三日缴银，其茂收押，李氏交差。"《杜凤治日记》（第二册），第667页。

② 苏力：《送法下乡：中国基层司法制度研究》，中国政法大学出版社2000年版，第181页。

③ （清）汪辉祖：《佐治药言·体俗问情》。

定，断罪引律令，按规则办事。在法无明文或情罪不相允协时，依据成案、通行或以比附等方式弥补法条的漏洞。与刑部高官不同，州县官审理案件时，极少分析、讨论所谓“情罪允协”问题。王志强以《刑案汇览》为例，认为刑部官员明确引用、详细说明制定法条文，或在制定法框架内进行一定程度的灵活裁量，论证其判罚的合理性，它重视规则的意义，强调法律推理中相当程度的形式主义以及法律适用中体系完整和谐性[①]。律例是刑部司法裁判的主要依据并深受其制约。从制度上而言，他们本应是律例的“守护神”。由于直接面对皇帝的监控，这些相对专业的司法官员有更多动力或压力在司法中倾向于诉诸律例，而非如州县官员一般，频频罔顾国法解决纠纷。

与自理词讼不同，案件涉及身份伦理或命盗等，法律作为判决依据的重要地位突显出来。循制度而言，官员“断罪引律令”，错判将招致官员“官司出入人罪”。官员审理案件时通常严格依法判决，以免使自己承担法律责任。比如，《珥笔肯綮》作者提出：“律云：继嗣，先尽其亲，次及大功、小功；如无，缌麻亦可。要伦序相应。相应者，侄继叔伯是也；如以侄孙继伯叔祖，则非矣。律云无者，叔伯绝，无侄是也”[②]。继嗣案件涉及纲常伦理，此为传统社会与律例的根基之一。因此，官民对待此类案件须事事以国法为依归。在命盗、强奸重案中，则更是如此。这与前引《珥笔肯綮》作者提出，对不涉及干名犯义的家财诉讼不必原求律法，适成对比。此正如钟体志（同治至光绪年间曾在江西数县任知县）云：

> 事关伦纪及命盗重案，必论如律以惩奸顽。其户婚田土雀角鼠牙，亦例有应得之咎，或尽情剖释，或量予责惩，但剂其平，初不尽绳以法，匪待宽宥愚蒙，抑所以曲全邻谊也。[③]

钟体志强调，命盗等案应论如律，自理词讼根据情况灵活处理，严格依法裁决并不必要。《大清律例》“断罪无正条”律规定：“若断罪无正条，援引他律比附”，并应通过主管上司向皇帝奏闻。相对应例文还规定：“其律例无可引用援引别条比附者，刑部会同三法司公同议定罪名……恭候谕旨遵行”[④]。该律例中的“断罪”涉及当时徒刑以上重罪，方可能由三法司审理

---

① 王志强：《法律多元视角下的清代国家法》，北京大学出版社2003年版，第92页。

② （明）觉非山人：《珥笔肯綮》，第259页。

③ （清）钟体志：《柴桑傭录》“例言”，光绪十六年仲夏刊，澡雪堂藏板。

④ 《大清律例》，田涛等（点校），第127页。

或者有必要向皇帝奏闻。《大清律例》“断狱下”篇涉及针对诸多司法官员违法断罪的规定[1]。其中，“官司出入人罪”律主要针对司法官员违法判决徒刑及以上罪时的惩治，仅有两条涉及因为判决笞杖刑违法受惩；“断罪引律令”例针对督抚审拟案件引用律例时作出限定，据审理程序，督抚审理的案件多为徒刑或以上罪行。

综合“断狱下”全篇，其关于司法官员违法断罪的法条针对的主要都是官员审理徒刑及以上罪行时出现违法行为应受惩治。也就是说，虽然《大清律例》并未明文表述，但裁决时必须引用律文，违法判罪将招致追究法律责任，针对的基本都是徒刑及以上违法行为。对属于笞杖刑范围内的词讼，官员是否应明确具引律例，国法态度其实甚为模糊。而又如前所述，实践中州县官员审理有很大自由裁量权，引法为据实非国法上之必要。论者谓，在中央和地方官府由于刑部的职业化官员、部分法律素养较高的基层官员及专职幕友的存在，各级以官员名义作出的判决意见都是建立在混合式实用主义法律推理的基础之上，并且往往在官方内部相互之间的表达上呈现于法有据的面貌。刑部严格引据律例，但其推理过程中浓厚实用主义色彩与基层的差异并非绝对。因为即使地方听讼的裁判过程也是在职业直觉和制定法二者之间的精致权衡[2]。这种见解将刑部官员与州县官员的司法实践一定程度等同起来，恐不合当时制度与实践上的真实状况。

论者谓，聂亦峰针对两姓因为争夺田土出现“五命八伤”的严重后果，使用了“大事化小”、“以财偿命”的办法，将命案当成“细故”案件来办，达到息讼目的[3]。不过，当时的儒家正统观念、律例和司法体制要求的是一命一抵，或“命债必偿”[4]。地方官这种“常识”与做法固然为官僚群体所共享，但并不为律例、当时司法体制以至皇帝允许。比如，1748 年在澳门发生的李简命案，澳门同知张汝霖将葡人殴打华人致死案篡改做“夜无故入人家”，使元凶逍遥法外，摆脱“一命一抵”的刑律追究。此案由张汝霖上报到广东巡抚，最后直达御前。乾隆帝要求“一命一抵”，并斥责广东巡抚“太

---

① 《大清律例》，田涛等（点校），第 579—602 页。

② 王志强：《法律多元视角下的清代国家法》，北京大学出版社 2003 年版，第 95—96 页。

③ 李启成：《“常识”与传统中国州县司法——从一个疑难案件（新会田坦案）展开的思考》，《政法论坛》2007 年第 1 期。

④ 吴饶竹：《命债必偿：清代谋殴与谋杀共犯归责的机理》，载邓建鹏（主编）：《法制的历史维度》，法律出版社 2020 年版，第 88—123 页。

过软弱”[1]。陈利研究乾隆年间中英因休斯女士号引发的法律冲突时，注意到广东地方官起先试图建议将英国罪犯遣送回国，以安抚在广州的外国人，尽早平息本地冲突。乾隆帝则坚持执行中国法律，惩罚英国罪犯，理由是“尤尚法在必惩，示以严肃”[2]。虽然上述研究针对的是中外法律冲突，但一般性地说明，受制于直接面对维护地方秩序的治理压力，地方官倾向解决纠纷，平息纷争，至于方式与途径则可灵活选择，而非如高层官员偏向于规则之治，维护律例权威。

胡详雨的研究亦说明，刑部受理北京的案件时，明确区分民事与刑事（包括轻微的）案件，并且仅对刑事案件严格依法审判，不管多么微小的刑事案件，都适用清律处刑。自理词讼尽可能由当事人自行解决或寻求社区调解[3]。在地方官的司法实践中，受平息纠纷、解决问题的政务目标影响，对许多轻微刑事案件（甚至命盗案件），州县官都有可能以处理自理词讼的方式解决之。相比之下，刑部更容易趋于严格执法。地方官员倾向于纠纷解决模式，刑部及不用直接面对地方治理的地方高官多选择规则之治。这种情况与诸如现今英美高级法院倾向于规则之治、基层法院一般以解决纠纷（把事情搞定）为导向类似。综上，忽略“词讼”与“案件”的制度与实践差异，讨论传统中国是否依法审判，容易流于空泛。毕竟，法律并非处理诸种诉讼的唯一依据，其在庙堂之高（中央关注的案件）和江湖之远（州县自理的词讼）所起的功能与地位各有千秋。

## 第五节　裁判特征的再思考

### 一、“听断以法”的再思索

《大清律例》中民事立法较有限，“户律”多涉及官府的民事管理，如征收田赋、户口管制等。对于纯粹私人民事交易案件的审理，官员能否“有法

---

① 何志辉：《交涉、较量与嬗变：清前期澳门治理格局中的司法权》，载邓建鹏（主编）：《清帝国司法的时间、空间和参与者》，法律出版社 2018 年版，第 95—98 页。

② 陈利：《法律、帝国与近代中西关系的历史学：1784 年“休斯女士号”冲突的个案研究》，邓建鹏等（译），载邓建鹏（主编）：《清帝国司法的时间、空间和参与者》，法律出版社 2018 年版，第 47—49 页。

③ Hu Xiangyu, “Drawing the Line between ‘Civil’ and Criminal Cases: A Study of ‘Civil’ Cases Handled by the Board of Punishment in Qing China”, *Modern China*, 2014, Vol. 40(1)74 - 104.

可依”,是个大问题。研究者谓,根据《大清律例》规定断罪皆须俱引律例,违者笞三十。但由于调整户婚、田土、钱债等关系的律例之简约和疏略,从而产生律例没有明文的尴尬[①]。讨论州县官司法裁判的特征时,官员自身言行很值得重视。如前引文献所述,方大湜认为,州县官司法裁判时,以“不必事事照例”为原则,但为防止当事人上诉,以致受上司讯问而无词可对,则不妨弄明白具体案件应适用何项律例,裁判在依据当地风俗基础上,准情酌理加以变通[②]。然而,黄宗智引用汪辉祖在《学治臆说》中“听断以法,而调处以情”的言论,推导出州县官是凭法听断[③]。那么,汪辉祖的见解代表了多数州县官的举措,还是说方大湜的言论更有代表性?

首先,方大湜见解绝非个例。刘衡提出:“审案设有错误,亟宜自行改正,以免上控也”[④]。这个见解在当时各级别官员中,亦有体现。樊增祥认为,在陕西一省,“州县终年听讼,其按律详办之案至多不过十余起,中简州县有终年不办一案者。其所听之讼,皆户婚、田土、诈伪、欺愚,贵在酌理准情,片言立断,不但不能照西法,亦并不必用中律”[⑤]。多位不同级别的官员对审理词讼的看法隐含如下共通性:一方面,对户婚、田土等自理词讼,官员不必一一援引法律为准绳,而应据通常的道理与具体案情,经综合考量与衡平之后,加以裁断。另一方面,若在初审时,州县官员有把握制止当事人再次递交诉状或上诉,或当事人甘心接受裁判结果,不再上诉,纠纷平息,那么州县官不必理会及遵照律例,也可以不必在考察当地民俗基础上准情酌理,对案件作出合情、合理、合法的裁判。

日本明清史专家夫马进以同治朝巴县档案中诉讼文书当年所记字号,推算出在同治年间,共13年的平均年诉讼件数为1000件到1400件左右,并认为“这是一个最低限度的数据”[⑥]。在陕西,依据樊增祥的批评,一个县严格依法办案的数量,每年不过十余起。寺田浩明宏观上推论,一个拥有二十万人口的州县,一年新受理的案件约一千件左右,判决数目约三百

---

① 徐忠明:《清代中国司法类型的再思与重构——以韦伯“卡迪司法”为进路》,《政法论坛》2019年第2期。

② (清)方大湜:《平平言》卷二《本案用何律例须考究明白》。

③ [美]黄宗智:《清代的法律、社会与文化:民法的表达与实践》,上海书店出版社2001年版,“重版代序”第6页。

④ (清)刘衡:《理讼十条》,载(清)徐栋(辑):《牧令书》卷十七《刑名上》。

⑤ (清)樊增祥:《樊山政书》卷二十《批拣选知县马象雍等禀》。

⑥ [日]夫马进:《中国诉讼社会史概论》,范愉(译),《中国古代法律文献研究》(第六辑),社会科学文献出版社2012年版,第49—53页。

多件[①]。虽然陕西多数州县无法与经济发达、人口众多的巴县相提并论，但以常识推导，陕西各县平均一年新受理的民刑案件，怎么也得近三百起（参照寺田浩明估算一个县平均一年的最低数量 1000 件的三分之一计算）。据此，陕西省州县官“听断以法”比例仅十分之一。有研究者统计浙江龙泉司法档案晚清四个知县处理的案件，其中，(1)陶霜，在任 1 年，涉案 6 件，讯断 1 件；(2)陈启谦，在任 6 个月，涉案 10 件，讯断 1 件；(3)王某，在任 4 个月，涉案 10 件，讯断 0 件；(4)周深，在任 9 个月，涉案 11 件，讯断 1 件[②]。总计 37 起案件，讯断（未必依律例）的仅 3 起，同样不足十分之一。结合下文所述，此乃当时普遍状态，与“听断以法”的判定差异甚著。

其次，我们以实例中的人命私和案为证。如前引光绪年间黄岩县知县审理一起“人命私和”案件时，告诫徐罗氏，所控若属实，则犯私和人命罪——“杖一百，流三千里”；若虚，则当诬告反坐。然而，欧阳知县以“本先将该氏研讯严究，姑念妇女无知，从宽驳斥，”将该案驳回。官员先向当事人宣示国法（律例），将徐罗氏陷于进退两难境地，然而又表示对其“网开一面”，迫使当事人接受官员“仁慈”的处理结果，从而结案[③]。再比方，光绪二十八年正月，浙江温州黄孝廉（即黄瑄臣）之子在街上驰马，将府中一老衙役撞成重伤而亡。“（死者家属）即将此老抬至黄家，意图滋闹……（黄）瑄臣亦亲至永邑尊秦鹿坪（温州府永嘉县秦知县）处讨情，秦邑尊已回明府宪，饬差弹压。”当地知名士绅张棡认为：“当街驰马伤人致死，例应抵偿，若不从速私和，恐一涉公庭，瑄臣此子难免身罹法网也”[④]。此案中，加害人家属利用人脉资源，将命案私下解决，免于进入正常的司法程序。这种做法，无论是身负审判大权的知县，还是本地士绅，均无不同意见。近年有研究指出，地方官对人命私和的刑事重案睁一只眼，闭一只眼的情况，在其他地方亦存在，[⑤]因此并非仅限于晚清浙江州县衙门。

再次，我们以第三方观察者的记录为证。根据新宁知县聂亦峰之子的

---

① ［日］寺田浩明：《权利与冤抑：寺田浩明中国法史论集》，清华大学出版社 2012 年版，第 361 页。如结合本书“导论”部分统计杜凤治在广宁、四会一年理想状态下所收状纸数量的峰值，寺田一个县一年一千起新收案件的估计可能过高。作为现代数据的参照，著者于 2022 年上半年联系江西崇义县人民法院法官得知，该院平均一年新收民刑事案件约三千起，全县人口的二十万。

② 吴铮强：《龙泉司法档案所见晚清屡票不案现象研究》，《浙江大学学报（人文社会科学版）》2014 年第 1 期。

③ 田涛等（主编）：《黄岩诉讼档案及调查报告》（下卷），第 277—278 页。

④ 《张棡日记》（第二册），第 736—737 页。

⑤ 茆巍：《清代命案私和中的法律与权力》，《社会科学研究》2016 年第 4 期。

记录,同治八年,聂知县处理本地两姓械斗巨案,该案中“余姓死者七百余,李姓死者千二百。”知县“依据事实判断,令余姓给李姓贫苦身死安厝费银五百两,并由余姓另辟一途,以资李姓永远出入,免酿后祸而息争端。”“弥天巨案,公未刑一人,而得了结。惟察其咎之尤者坚锢数年,以资警戒。盖两姓皆惩创已深,不堪再加刑诛也”[①]。知县之子聂伯元分析,“此案当时若遵督令,照匪徒叛乱办理,必至冤杀多人。即照刑事处分,亦必杀首祸两造各数人方能了案。至于兵丁差役之诈索,两方损失更不待言矣。公竟以极和平方法化大为小,使能于短期间就地了结。……督署固先有成见,四次批驳,然按法律亦振有词”[②]。针对这起死亡近两千人的人命大案,聂知县明知有法律规定,且经上级多次严厉批评的情况下,仍然违法处置。其思考的出发点在于,此案已涉人命多起,为最大程度减少损失,快速使本地安定,应弃国法不顾,通过民事赔偿方式,息讼止争。作为循吏,本以奉公守法而著称,狄尚絅针对江西饶州两姓争田,世相仇杀,“(狄)尚絅为判断调和,争端永息”[③],其命案处理思路与聂亦峰近似。

再其次,在判牍文集中,类似裁判结果俯首皆是。如光绪年间,会稽知县孙鼎烈批复周阿幼的诉状时,一方面指出,“私销制钱,罪干斩决,邻佑房主但知情并未分赃者,俱拟杖流”;另一方面认为,周阿幼指控王德荣私销制钱并无确证,“审讯不实,诬告反坐,”知县最后却薄责周阿幼一子,枷示另一子结案,并未贯彻“诬告反坐”的法律原则[④]。同样,论者谓,在 1867 年,巴县县民余步高承认临时起意借两岁的女儿意外死亡而诬告兄长。余步高具结承认女儿死于意外,不应捏词妄控。余步高因诬告被笞责,但同时县令命其兄给他二十两银子。卷宗的最后是幕友的汇报,指出尽管报案之初是命案,但已明实为意外,各方已经具结,毋庸详报[⑤]。研究者在中国国家档案馆与地方档案馆记载的 19 世纪数十起杀子女图赖的案件中发现,严格依律例处罚的,只见两例[⑥]。

韩秀桃认为,在《歙纪·纪谳语》所收录的明朝 155 个谳语中,其中,除杖、徒、刺配、出烧埋银有明确“法律依据”外,其他 70%以上的判罚没有明

---

① (清)聂亦峰:《聂亦峰先生为宰公牍》,第 275—277 页。

② (清)聂亦峰:《聂亦峰先生为宰公牍》,第 277—278 页。

③ 《清史稿》卷四百七十八《循吏三》。

④ (清)孙鼎烈《西四斋决事》,载杨一凡等(主编):《历代判例判牍》(第十册),第 506 页。

⑤ 杜乐:《政策与对策:清代的孝道国策与虚假诉讼》,张田田(译),《法律史译评》(第八卷),中西书局 2020 年版,第 379 页。

⑥ 杜乐:《政策与对策:清代的孝道国策与虚假诉讼》,张田田(译),《法律史译评》(第八卷),中西书局 2020 年版,第 381 页。

确法律依据，傅岩在谳语中直接援引律例条文的情况则更少。韩秀桃另对《纸上经纶》卷四28个谳语统计，认为其中有14个案件属诬告，但没有一起严格按"诬告反坐"律文加以惩处。官员总是能够找到各种借口宽免诬告者。这似乎也印证在民间纠纷处理过程中，屈法尽理、亏法申情现象相当普遍。在上述28个谳语中至少有9个谳语明确提到按律本应如何惩处，但都从宽。说明官员对清律甚为熟悉，但法律只是他们司法裁判中供参照的对象，而非必须适用的法律渊源①。

最后，结合上述司法实例与研究者观点，有必要进一步分析汪辉祖所说的"听断以法"是指裁决时以律例为依据，还是另有内涵？学者认为，基本上，"以法"是指对恶行施以刑罚的意思，至于是否真的用刑则要视情况而定，但总是和犯人的悔悟、悔心联系在一起的。也就是说，正式的审判并不意味着依法判断权利是否明确存在，而是一种将纷争当作"犯罪"案件处理的方式②。"法"在清代司法语境中有多种含义，并不专指律例条文，还有刑罚、惩罚之意义。综上，由"听断以法"难以推导出审判以法律为依据这样的意思。

## 二、伦常纲纪案件的裁判依据问题

"细故"案件对官府的冲击，没有伦常案件或命盗重案那么直接。在司法体例中，严格依法审判并不针对"细故"案件而言。前述知县钟体志指出："事关伦纪及命盗重案，必论如律以惩奸顽"。似乎涉及田土等的案件，州县官"听断以法"比例小，事关伦常纲纪与命盗重案，则州县官当依法裁判。然而，综前所述，就算"人命私和"这类严重刑事重案，只要未进入审转覆核体制，州县官都不必然依法听断，故伦常纲纪案件是否依律例听断，同样值得怀疑。

我们以涉及买卖妻妾类案件审理的重要研究为证。首先，《大清律例》对诸如买休卖休类案件的法律适用有明确规定。对买卖妻妾案，前引岸本美绪认为，地方官对纷争的裁决与其说是依据所定之法来判定可否，不如说是在对弱者的关照和对恶者之惩罚的两极之间，探寻避免纷争的最适当的点。在地方官的告示里，照律严禁买妻或卖妻，或预告将重刑处断者而

① 韩秀桃：《明清徽州的民间纠纷及其解决》，安徽大学出版社2004年版，第166、241—244页。

② [日]寺田浩明：《对清代审判中"自相矛盾"现象的理解——评黄宗智"表达与实践"理论》，海丹（译），载邓建鹏（主编）：《清帝国司法的时间、空间和参与者》，法律出版社2018年版，第243页。

在多见。但在实际的地方裁判里,承认双方合意的卖妻、典妻的契约效力,完全不言及律令的"买休卖休"等规定而命令属行契约之例者也很多①。

其次,苏成捷认为,州县官处理卖妻案件时很灵活。他统计后发现,纠纷在正式庭审前便达成和解,则就算和解结果违法,地方官通常也不反对②。若案件正式进入庭审,地方官得做出判决,但判决结果未必与法律完全吻合③。另一论文以大量州县司法档案为基础,他认为反对"买休卖休"的清律规定本夫、后夫、妻子与交易中人等四类人都应杖刑;妻子与两夫离异、回到娘家;财礼与媒钱皆应没收入官。但在175个堂断里,几乎有一半左右的裁断违背该律,尤其是有三分之一的裁断准许回归后夫,等于追认合法化了非法的卖妻交易;县官几乎从来没有按照律例规定没收财礼,且有80%的案件准许卖主保留卖妻所得的财礼;涉及卖妻交易的四类人全部受到刑罚的仅占全部裁断案件的4%,身体所受刑罚大部分是较轻的"掌责",且实际责罚次数通常低于规定数目④。也就是说,此类案件完全听断以法的比例少之又少。岸本美绪与苏成捷等人的研究虽然所用文献各有千秋,结论略存差异,但总体看法近似。前述涉及"买休卖休"的研究则表明,就算法律条文与纲常伦理有机融合,不同州县官审判此类案件,亦不必然严依国法,更未恪守礼教。

民事实体法条文不足或在裁判中缺乏适用性。一方面,规范民事纠纷的律例大都附有刑事责罚,官员轻易援引责罚,若激化一方或双方当事人矛盾,与稳定社会的行政治理目标相背,律例未必适合在司法中援引以为据。苏成捷指出,知县极少令当事人受到责罚,身体刑罚就算有实施,一般也比律例规定的轻⑤。另一方面,许多州县官明知当事人诉讼时有诸如

① [日]岸本美绪:《妻可卖否?——明清时代的卖妻、典妻习俗》,李季桦(译),载陈秋坤等(主编):《契约文书与社会生活(1600—1900)》,"中央研究院"台湾史研究所筹备处2001年版,第248—249、225—264页。

② Matthew H. Sommer, *Polyandry and Wife-Selling in Qing Dynasty China: Survival Strategies and Judicial Intervention*, University of California Press, 2015, pp. 343-346.

③ Matthew H. Sommer, *Polyandry and Wife-Selling in Qing Dynasty China: Survival Strategies and Judicial Intervention*, University of California Press, 2015, pp. 348-356.

④ [美]苏成捷:《清代县衙的卖妻案件审判:以272件巴县、南部与宝坻县案子为例证》,林文凯(译),载邱澎生等(编):《明清法律运作中的权力与文化》,台北联经出版事业股份有限公司2009年版,第361—367页。

⑤ [美]苏成捷:《清代县衙的卖妻案件审判:以272件巴县、南部与宝坻县案子为例证》,林文凯(译),载邱澎生等(编)《明清法律运作中的权力与文化》,台北联经出版事业股份有限公司2009年版,第366页。

"控情支离"、夸大其词、诬告、男性支使妇人出头起诉、到期不偿债务等各类违法现象,但大都只是以裁决"故宽"(姑且宽容),下次再犯将严惩相威胁而结束诉讼。对大量未进入审转覆核的案件,州县官很少通过形式推理的方式,依据正式法律作出结论。审判类似于英美法系的"事实出发型诉讼"——从案件事实出发来理解和运作诉讼,通过审理的案件发现法以恢复和平秩序,解决纠纷[①]。

各州县衙门压制大量当事人启动的诉讼,将自理词讼甚至命盗重案交当事人自行邀请族众理处。比如,在咸丰二年十月,巴县的周仁和以"奸伙串害"为由,请求知县添唤申洪彰、易兴隆、叶长泰等人,知县批示"集讯自明,毋庸添唤"。周随后又呈交诉状,坚持"非添难明、再恳讯质",知县方勉强批示"既据一再呈恳,姑准添唤易兴隆等到案质讯"[②]。光绪三十四年,浙江龙泉县瞿自旺控瞿长青等持强抢贴案,瞿自旺前两次呈状,知县均批示族内调处,未予批准。再续之词中,瞿自旺以调处无果,请求知县审断,至此知县才签发第一件传票(又叫信票)[③]。同一年,刘绍芳呈控其弟抢夺父亲所遗契据,并殴打母亲,知县一开始要求当事人邀请族亲调处,并未受理案件[④]。这种做法在当时甚为普遍,被学界称为"官批民调"[⑤]。有学者认为,州县官任期很短,49%的知县任期一年以下,46.4%的散州知州任期一年以下,州县官三年以上的任期比例逐渐下降,越到清朝后期,任期越来越短。此前研究认为,整个基层地方官在任尚不足暖席时即已他调[⑥]。学者谓,州县官任期日益缩短趋势负面影响衙门讼案处理能力,当州县官普遍意识到实际任期将相当之短时,他们很容易理讼时责任心不足,采取各种短期行为[⑦]。晚清龙泉县档案显示,知县任期甚至多数不足一年。因此,政务繁忙的官员,以各种理由拖延(实为变相拒绝)受理案件,在案件判决之前即调往他处。

在司法实践中,法律主要是用以压服当事人自行处理纠纷的工具。多

---

① 江伟、邵明、陈刚:《民事诉权研究》,法律出版社2002年版,第179页。

② 巴县档案号6-4-5824。

③ 包伟民(主编):《龙泉司法档案选编》(第一辑·晚清时期),第132—137页。

④ 包伟民(主编):《龙泉司法档案选编》(第一辑·晚清时期),第160页。

⑤ 俞江:《论清代"细事"类案件的投鸣与乡里调处——以新出徽州投状文书为线索》,《法学》2013年第6期;曾令健:《晚清州县司法中的"官批民调"》,《当代法学》2018年第3期。

⑥ 李国祁、周天生、许弘义:《清代基层地方官人事嬗递现象之量化分析》(第1册),台北"行政院国家科学委员会"丛书第七种,"行政院国家科学委员会"1975年印行,第34页。

⑦ 尤陈俊:《官不久任与健讼之风:州县官实际任期对明清地方衙门理讼能力的影响》,《社会科学》2022年第4期。

数州县官的司法裁判不以法律为依据,既使存在官员裁判时查照律例的尝试,也极少依据律例做出裁判。美国法律史学者艾马克(Mark A. Allee)认为,淡新档案表明,即使在作成堂谕的案件中,也极少看到县官在堂谕中援引法律条文,同时也极少阐明判断依据。在他查找淡新档案中所有“民事”案件,仅有四个援引或参考《大清律令》。就算是有关机构参照《大清律例》做出决定的案件,亦未必完全依照律条规定[①]。总体而言,州县官裁判不以严格依法为鹄的,而以法律惩罚性后果作为筹码,或迫使当事人接受裁判,或撤诉转而自行妥理,或交给族众调处,减少大量讼案紊烦官府。在裁判时,州县官并非不知晓相关律例的存在,但这从不意味着官员必然“听断以法”。从第三方观察者记录,到《杜凤治日记》记载的政法实践,均可说明这一点。

## 三、小结

著者试图在两方面提出见解,一是对州县官司法裁判总特征作出判定;二是方法与思路的再反省。

瞿同祖指出,州县官是法官、税官和一般行政官,对邮驿、盐政、保甲、警察、公共工程、仓储、社会福利、教育、宗教和礼仪事务等均负责任,其中的首要职责是维护治安,其次是征税和司法,上级考核官员最重要的指标,则是收税才能[②]。结合学者大数据量化分析可知,造成地方官升调的治绩因素,第一是吏治,第二文教,第三刑名。在刑名方面,基层地方官之治绩均以锄奸除暴(即捕缉盗贼、严惩刁猾)为最多,听断明允次之。造成知县降革的原因中,排名第一的则是钱粮,第二是吏治,第三是忤上官,第四是军务,第五才是刑名[③]。由此观之,催科、吏治及州县官同上级加强人脉关系是保障仕途的核心。反面例子,比如,杜凤治在广宁县的前任王柳渔“六法被弹系‘有疾’二宁,看其鬓眉虽白,尚无疾病,惟耳小背,因与郭云轩抚军(巡抚郭嵩焘)有隙,遂填入大计之内”[④]。杜的同年、广东遂溪县知县承

---

① See Mark A. Allee, “Code, Culture, and Custom: Foundations of Civil Case Verdicts in a Nineteenth-Century County Court,” *Civil Law in Qing and Republican China*, Kathryn Bernhardt & Philip C. C. Huang ed., Stanford University Press, 1994, pp. 125-128. 类似观点,王泰升、尧嘉宁、陈韵如:《淡新档案在法律史研究上的运用——以台大法律学院师生为例》,《台湾史料研究》第22号(2004年)。

② 瞿同祖:《清代地方政府》,范忠信等(译),法律出版社2003年版,第31、60页。

③ 李国祁、周天生、许弘义:《清代基层地方官人事嬗递现象之量化分析》(第1册),台北“行政院国家科学委员会”丛书第七种,“行政院国家科学委员会”1975年印行,第46—49页。

④ 《杜凤治日记》(第一册),第82页。

印“抵任不及半年，与齐道台不合，被蒋中丞撤回，光景甚窘，闲住将一年，又被参骇，何以为情”[①]！因之，刑名事务，尤其是及时公正处理自理词讼与轻微刑事案件，并非影响州县官前途的重要因素。

乾嘉以降，州县官终日忙于各类政务，打点上下关系，应对仕途风险。其极端者，如杜凤治在日记中称：“宦途险恶，神出鬼没，风波时时可虑，实堪畏慎。……耗财费力，心神俱疲，偶见猫犬安卧，心实羡之，叹吾不如，实不愿为此”[②]。面对地方案件积压，官员往往难以应付，有的则以各种理由拒绝受理诉状。如光绪二十九年，龙泉县殷韩氏控廖永年等蓄谋罩占案，殷韩氏第三次呈状方获知县准理[③]。就算个别自诩精英的官员，如熊宾说：“每日堂讯，往往有两三时之久，舌敝唇焦，数年如是，精神大为困惫”[④]。一般州县官并无太多兴趣、更不可能有充分精力听讼。论者指出，州县衙门虽然试图通过缩减放告日的方式，减少衙门收理诉状的总量，但各地衙门仍不同程度困扰于其治下未决积案的压力[⑤]。

因此，只要自理词讼甚至命盗重案不进入上级监控或审转覆核的“射程”，州县官就不必引用法律为裁判依据。偶尔摘引某些律例，为州县官强制当事人接受解决争端的方式。从聂亦峰到黄岩县及陕西各地知县，他们在处理案件时，遇到法有明文规定的事件时，多未依法办理；在法无明文时，更未寻找惯例作为处理同类案件的依据。但是，这并不意味着州县官在司法实践中完全翻云覆雨。

在客观上，残酷现实与国法高调间难以调和，如因贫卖妻现象与严禁“买休卖休”，案件积压与严禁官员“告状不受理”。在州县官的视野下，诉讼肇兴与案件之审理意味着负面因素滋生。作为亲民之“父母”，在县政治理中，息讼止争，压制纠纷，稳定秩序和维护治安，乃官方首要追求。州县官在司法中主要是分清事实与是非，探询双方当事人利益的折中点，以找寻结案捷径，他们在裁判时是否引据律例、情理或参酌其他因素，以是否有益于实现此目标为考虑重点，此乃司法裁判中的确定性因素。无论对自理词讼抑或命盗重案，州县官的处置逻辑并无明显差异。

为此，州县官甚至可以弃置国法，可以罔顾习俗，可以抛弃“情理”，可

---

① 《杜凤治日记》(第二册)，第 837 页。

② 《杜凤治日记》(第一册)，第 233—234 页。

③ 包伟民(主编)：《龙泉司法档案选编》(第一辑·晚清时期)，第 32 页。光绪二十九年吴金氏的诉状也被知县拒绝，同上书第 30 页。

④ (清)熊宾：《三邑治略》，载杨一凡等(主编)：《历代判例判牍》(第十二册)，第 4 页。

⑤ 尤陈俊：《“厌讼”幻象之下的“健讼”实相？重思明清中国的诉讼与社会》，《中外法学》2012 年第 4 期。

以严刑究治。或者相反,他们也可以援法为据,可以重视习惯,可以参酌情理,可以适当宽缓。手段可以不同,方式各有千秋,追求的目标则相对恒定。因此,当学者仅采信某一类文献,只观察到司法的一个侧面,可能得出不同的见解——或判定州县官"听断以法",或认为州县官"情法两尽",或推论法律可有可无,或确信州县官翻云覆雨。

法律史学界出版的重要文献学著作鲜有详论文献与史实考订之关联①。法律史研究,首在求真,在方法上,文献参酌互证,谨慎辨析多样性文献,乃通向此目标之良途。李敖曾经批评胡适的学生们为老师写的传记只有颂扬没有批评,史料处理过于粗疏。他认为,没有受过严格方法训练和史学训练的人,没有学会呼吸新时代空气的人,没有办法给胡适"画像"②。在法律史学界,相关研究表明,史料学训练较为欠缺。学者若直接跨越这一门槛,纵论所谓司法的类型与特征,收获的或非史实,而是些许尴尬。讨论州县官司法裁判的特征,当以完整真实状态下的司法实践为基础,而非仅据个案、司法理念与制度的纸面规定。近年相关研究,使用同质化判牍文集居多。清代循吏(如汪辉祖、李钧及刘衡等人)的判牍文集或官箴书深为学者看重。此类文献展示的个案,或反映理想中的司法过程,或为极少数精英官员的典范,希望读者以他们的司法操守为楷模,实难视作当时州县官的司法常态。

有论者正确指出,刘衡自称在巴县任内做到案无留牍、审不逾限,这在清代属于凤毛麟角③。道光年间,洛阳知府李钧的门人鲍承涛为老师的《判语录存》作序,称颂李知府"每案必判,每判必允。不数月,而疑者释,难者解,积者清。庭有可张之罗,屋无或穿之雀"④。同治年间,刘绎在《槐卿政绩》的序中,称颂已故同学沈衍庆任知县时,"事无大小咸准情酌理,洞烛幽微,能使屈者伸,黠者伏,人人皆革面而悔心"⑤。结合其他文献可知,此类表述,或夸大奉承,或凤毛麟角。夸大奉承,需去伪存真;凤毛麟角,岂可

---

① 比如张伯元:《法律文献学》(修订版),上海人民出版社 2012 年版;高潮、刘斌:《中国法制古籍目录学》,北京古籍出版社 1993 年版。

② 李敖:《胡适评传》,中国友谊出版公司 2000 年版,第 6—7 页。

③ 尤陈俊:《清代简约型司法体制下的"健讼"问题研究——从财政制约的角度切入》,《法商研究》2012 年第 2 期。

④ (清)李钧:《判语录存》,道光十三年版,余承涛"序"。

⑤ (清)沈衍庆:《槐卿政绩》,载杨一凡等(主编):《历代判例判牍》(第十册),第 143 页。有学者研究 20 起土地纠纷的审理,案例源自沈衍庆的文集和宝坻县档案,认为土地案件以既定的司法程序有效解决,案例表明知县是负责任的及有足够能力完成其司法责任。see Linxia Liang, *Delivering Justice in Qing China: Civil Trials in the Magistrate's Court*, Oxford University Press, 2007, p. 173. 对此著者持保留意见。

视作司法日常?

论者认为,在经济学者的故事里,探讨权利的材料,是真实的世界;可是在法律学者的故事里,探讨权利的材料,是一些抽象的理念。经济学者和法律学者差异的根本,也就是"应然"和"实然""实证"和"规范"的差别。实证式的论述,以实际情况、已经发生的事、出现的现象为材料[①]。称经济学者和法律学者对"应然"和"实然"偏好不同,或不可一概而论,但是,近年涉及州县官听讼的一些研究,将某些精英官员的司法理念或理想混同为普遍真实的做法。当代学者追求清代绝对真实的司法实态几无可能,况且这种苛求本不现实,但是,择取多样性文献,依凭"众端参观"之谨慎路径,将最大限度接近当时一般性司法实态。

① 熊秉元:《正义的成本:当法律遇上经济学》,东方出版社 2014 年版,第 79—80 页。

# 第九章　积案与上级监督

乾嘉以降，人口显著增长，民众生存压力大增，争讼繁多，给地方官听讼带来前所未有的冲击。地方积案严重，促使朝廷强化司法监控，试图化解社会的诉讼矛盾。本章以乾嘉之际为重要时间节点，分析朝廷对自理词讼态度的转变；其次，探讨上级监督的实效与不足；最后，从官僚组织机构特征、正统思想和外在客观因素，等等，分析上级司法监控局限的原因所在。

## 第一节　案件积压与制度应对

### 一、皇帝对自理词讼态度的转变

清代命盗案件的审理有严格的逐级上报复审制度，涉及户婚、田土及钱债等纠纷的诉讼，州县官则可自理。自理词讼中存在的积案与枉法，亦日渐引起皇帝的忧心，强化司法监控成为趋势。康熙元年(1662)，江南道御史胡秉忠疏言："臣核议江南审理案件，有沉搁十有余年者，江南如是，他省可知。乞敕直隶各省督、抚将旧案立限清查。凡重大之罪应奏请者，请旨处分，应发落者，即行批结。并饬司、道、府、厅、州县官，凡有词讼，速行结案，使被犯干证免受拖累之苦。"皇帝据此认为："刑名关系重大，如此沉搁日久，其中显有情弊"[①]。康熙帝等一方面要求官员及时审结案件(主要针对刑事重案)，另一方面并不赞同地方官好收词讼，甚至对此类行为屡加批评。毕竟，清朝前期自理词讼积压问题尚不严重。康熙四十二年(1703)，时任浙江巡抚赵申乔受到严厉批评，即是一例。康熙谕大学士等曰：

① 《清实录》(第4册)，中华书局1985年版，第112页。

> 朕临幸杭州，咨访百姓，言赵申乔好收词讼，民多受累。大凡居官，固贵清廉，尤必和平，始为尽善。如果好受词讼，刁民兴讼者必多。纵使即为审理，其被讼之人一家产业，已荡然矣，如此民何以堪？闻阿山亦喜受民词。总之，为督、抚者，以安静不生事为贵耳。①

康熙帝在当年再次对召大学士、九卿等谈话时，重复了对赵申乔的这一批评②。厌烦地方官员好收词讼的思维延续至雍正。雍正四年(1726)，湖南巡抚布兰泰参奏衡山县知县张翼包括不接受民间词状在内的种种不法行为。雍正帝唯独对"不肯接受词状"持异议，理由与其父辈类似："民间词状，虚妄者多，一概接受，必启刁民诬告健讼之端，此风断不可长。若以收受词状之多寡，定属员之贤否，则必致以此相尚，生事滋扰矣"③。至乾隆朝以降，皇帝对地方官"好受词讼"的批评很少再现。相反，皇帝与高官日益催促州县官及时审结自理案件。在乾隆十九年(1754)，陕西巡抚陈宏谋奏称：

> 州县自理词讼，上司无案可查，多致延搁。请通行各省巡道，每到州县地方，即将讼案号簿提查，如有未完勒催，有关积贼、刁棍、衙蠹等弊，立即究治，仍将未完几件，开单移司，再有延宕，详参议处。其知府、直隶州未结词讼，照此办理。④

吏部等部议覆同意了陈宏谋的请求。如前引张经田所述，州县官对命盗案件"加意慎重"，或未必符合所有官员的所作所为，其指出对于自理词讼，官员往往掉以轻心，则有事实基础⑤。自理词讼的积案与枉法现象日益严重，引发京控制度变革。学者指出，在乾隆三十四年，清朝政府再次强调限制户婚田土讼案来京控告，否则治以越诉之罪。但到嘉庆四年(1799)"京控"改革，皇帝要求所有京控案件"俱不准驳斥，清朝京控政策发生重大改变"⑥。这相当于京控向户婚田土等自理词讼开放。

---

① 《清实录》(第6册)，中华书局1985年版，第144页。

② 《清实录》(第6册)，第146页。

③ 《清实录》(第7册)，中华书局1985年版，第689页。

④ 《清实录》(第14册)，中华书局1986年版，第1124页。1755年，陈宏谋调任甘肃巡抚，他发现前任鄂昌在位时诉讼积压令人震惊，[美]罗威廉：《救世：陈宏谋与十八世纪中国的精英意识》，陈乃宣等(译)，中国人民大学出版社2016年版，第98页。

⑤ (清)张经田《励治撮要》，载《官箴书集成》(第六册)，第55—56页。

⑥ 阿风：《清代的京控——以嘉庆朝为中心》，载[日]夫马进(编)：《中国诉讼社会史の研究》，京都大学学术出版会2011年版，第336页。

## 二、积案累累和嘉庆帝的重视

清代皇帝中,嘉庆帝被认为"尤留意刑狱,往往亲裁"①。他在位时对地方官审理自理词讼的重视明显超过其父祖。嘉庆十二年(1807),接到福建巡抚张师诚奏称"民风虽属好讼,如果地方官听断公平,则逞刁挟诈之徒亦不难令其心服等语"一折后,皇帝认为这些表述"尤属正本清源之论,甚得要领。果能实心实力,照此办理,亦何虑积案不清、锢习不改?"与祖辈不同,嘉庆帝没有否定自理词讼的正当性,却指出诉讼弊端源于地方官不能公平听断②。嘉庆帝留意州县官听讼活动,一些省级高官向圣上汇报时,对积案数据多有统计,详情见下表:

**表十三　嘉庆年间各地积案数据表**

| 时间 | 上奏人 | 积案详情 | 信息来信 |
|---|---|---|---|
| 嘉庆五年(1800) | 漕运总督铁保 | 各省粮道及府、卫审讯词讼未结的,共有六百六十余案 | 《清实录》(第28册),中华书局1986年版,第809—810页 |
| 嘉庆十二年 | 江西新任巡抚金光悌 | 本省巡抚衙门未结词讼有六百九十五起,藩司衙门未结的有二百六十八起,臬司衙门未结的有五百八十二起,盐道、各巡道未结的有六十五起。嘉庆帝据此推测省城附近,已有一千六百余起未结之案,则其余府、厅、州、县未结词讼估计不下万余起 | 《清实录》(第30册),中华书局1986年版,第287—288页 |
| 嘉庆十二年 | 直隶新任总督温承惠 | 直隶总督衙门自理词讼未结的有五十七起,藩司、臬司两衙门自理词讼未结的均达二百数十起之多 | 《清实录》(第30册),中华书局1986年版,第375—376页 |
| 嘉庆十二年 | 福建巡抚张师诚 | 本省巡抚衙门未结词讼至少有二千九百七十七案之多 | 《清实录》(第30册),中华书局1986年版,第397—398页 |

① 阿风:《清代的京控——以嘉庆朝为中心》,载[日]夫马进(编):《中国诉讼社会史の研究》,京都大学学术出版会2011年版,第368页。

② 《清实录》(第30册),第397—398页。

续　表

| 时间 | 上奏人 | 积案详情 | 信息来信 |
| --- | --- | --- | --- |
| 嘉庆十三年（1808） | 河南新任巡抚清安泰 | 河南省各衙门未结各案，以藩司衙门最多，计有一百八十案，其余巡抚、司、道等衙门未结案件，自二三十案以至一二案不等 | 《清实录》（第30册），中华书局1986年版，第591页 |
| 嘉庆二十三年 | 不明 | 温承惠接任山东按察使一职时，积案有四千余件之多 | 《清实录》（第32册），中华书局1986年版，第516页 |
| 嘉庆二十三年 | 山东巡抚和舜武 | 山东巡抚衙门积案1374起，臬司衙门积案6080余起 | 《清实录》（第32册），中华书局1986年版，第646页 |
| 嘉庆二十四年（1819） | 山东新任臬司童槐 | 前任臬司温承惠滥禁无辜，案件积压1000余起 | 《清实录》（第32册），中华书局1986年版，第783页 |

上表有的虽仅显示省级衙门的案件积压数量，按嘉庆帝的推测，基层积案当有过之而无不及。嘉庆五年，当皇帝接到铁保奏称后说："因思总漕专司漕务，发审未结事件即有六百六十余案之多，地方有司词讼纷繁，其历年积压者，更不知凡几"[①]。由上表可知，在经济较发达、人口密度大的东部各省，多出现词讼严重积压的记录。其中，山东积案较典型，给嘉庆帝及时任省级官员留下深刻印象。

地方上积案与枉法导致民怨沸腾，不利社会稳定。京控渠道在嘉庆朝愈加开放后，当事人千方百计上京城，直接对皇帝与中央司法部门造成冲击。此如嘉庆十二年皇帝上谕内阁时指出："案件积压，狱讼滋繁，小民等冤屈莫伸，讦告愈炽，是以赴京控案，近更累累，阘茸因循，莫此为甚"[②]。在皇帝看来，当时积案远比司法公正问题更为严重，前者便于量化考核，审判是否公正则需要多重判断，如分析事实、法律适用与价值判断等，积案易引起上层关注。因此，嘉庆帝发布各种督促地方高官监控州县官司法的上谕格外频繁。在咸丰年间，案件是否积压被视为考察州县官业绩的重要指标。咸丰九年，皇帝问新任福建布政使张集馨："考察州县，又是如何？"张认为："刑名案

---

① 中国第一历史档案馆（编）：《嘉庆朝上谕档》（第五册），广西师范大学出版社2008年版，第98页。

② 《清实录》（第30册），第287—288页。

件无积压,地丁杂赋无亏短,民间相安无事,不来上控,便是好官”①。

## 三、及时审结案件的法律规范

皇帝为司法弊端忧心忡忡,推动了国家法制的应对,其集中表现即《钦定吏部处分则例》与《大清律例》新增例文的相应规定。州县官审理自理词讼时的违限处罚在《钦定吏部处分则例》有详细规定:

> 州县自理户婚、田土等项案件,定限二十日完结,仍设立号簿,开明已结、未结缘由,令该管府州按月提取号簿查核督催。该道分巡所至,将该州县每月已结若干、未结若干件,摘叙简明案由,将未结之案汇开一单,饬令该州县按限完结申报,并以一单移知两司,申详督抚查核。如州县官违限不行审结,不及一月者,罚俸三个月;一月以上者,罚俸一年;半年以上者,罚俸二年;一年以上者降一级留任。若州县所立号簿有将自理词讼遗漏未载者,罚俸三个月;不明白开载案由者,降一级调用;系有心隐匿,不入号簿,或将未结之案捏报已结者,俱革职;巡道府州查出揭参者,免议。如不行查揭,州县应降调者,府州降一级留任,巡道罚俸一年;州县应革职者,府州降三级调用,巡道降二级调用。至上司批交州县审讯事件,即责成批审之上司查催,凡有违限不覆者,即指案移司,详报督抚查参。②

该法规要点为:其一,州县官设立自理词讼号簿,由府州按月监督;其二,道员将州县官员审理自理词讼的简要状况汇报给按察使、布政使,并申详督抚,以考查州县司法成效;其三,州县官审案违限,给以相应行政惩罚;其四,州县官审案违法,负有司法监控职责的官员要承担连带责任。上述规定为时人熟知,并在一些著作中被征引③,可见该法在当时有较大影响。官员离任时,必须将所有审理的案件卷宗按要求及时向新任官员交接。《钦定吏部处分则例》规定:

> 凡审理词讼衙门,……遇离任时,将一应已结卷宗造具印册交存外,其未结各案分别内结、外结,及上司批审邻省咨查并自理各案汇录

---

① (清)张集馨:《道咸宦海见闻录》,第260页。

② 会稽沈椒生、山阴孙眉山(校勘):《钦定吏部处分则例》卷四十七《审断(上)·州县自理词讼》,第二十一页,光绪二年刑部新修。

③ 包世臣曾引用上述“处分则例”条款,(清)包世臣:《齐民四术》,第252—254页。

印簿，逐一开具事由，照依年月编号登记，注明经承姓名，造入交盘册内，并将历任递交之案检齐，加具并无藏匿押改甘结，交与接任官。限一个月内按册查对出具印文，将各项件并照造款册申送该管上司核明，详齐巡道、臬司存核，仍由臬司移送藩司，入于交代案内汇详。若造送迟延，照各项钱粮文册迟延例议处。倘不将卷宗粘连，降一级留任；已粘连而不用印者，罚俸一年；其已经粘连用印而失察书吏隐匿添改者，罚俸一年；若未经粘连用印，致书吏滋事舞弊者，降二级调用。[①]

在上述每一阶段，州县官违规均有相应行政处分。除《钦定吏部处分则例》，雍正年间以降朝廷不断议定相关新例，作为清律补充，这在晚清法律大家薛允升的名著《读例存疑》中有详细叙述。雍正元年，刑部议定、奏准新例规定：

各省、州、县及有刑名之厅、卫等官，将每月自理事件作何审断与准理、拘提、完结之月、日逐件登记，按月造册，申送该府、道、司、抚、督查考。其有隐匿装饰，按其干犯，别其轻重，轻则记过，重则题参。如该地方官自理词讼，有任意拖延，使民朝夕听候，以致废时失业，牵连无辜，小事累及妇女，甚至卖妻鬻子者，该管上司即行题参。若上司徇庇不参，或被人首告，或被科道纠参，将该管各上司一并交与该部，从重议处。[②]

前述号簿只是列明案件已结、未结缘由，每月自理词讼清册则必须注明如何审断、准理、拘提、完结月份等更详细的内容，供本省各级上司监督。州县官任意拖延审理自理词讼依前引《钦定吏部处分则例》惩处。雍正七年，刑部议定、奏准新例规定：

州县自行审理一切户婚田土等项，照在京衙门按月注销之例，设立循环簿，将一月内事件填注簿内，开明已、未结缘由，其有应行展限及覆审者，亦即于册内注明，于每月底送该管知府、直隶州知州查核循环轮流注销。其有迟延不结，朦混遗漏者，详报督抚咨参，各照例分别

---

① 会稽沈椒生、山阴孙眉山(校勘)：《钦定吏部处分则例》卷八《离任·词讼交代》，第十五页。

② 胡星桥等(主编)：《读例存疑点注》，第685页。

议处。[①]

循环簿分作甲、乙两簿,每月底,甲簿被州县官送至其直接上司(府或直隶州)审查,同时州县官在乙簿上登记新受理案件,这与下文述及的每月自理词讼清册有所不同。循环簿所载内容与前述号簿近似。乾隆十九年,吏部议定、奏准新例规定:

> 州县自行审理及一切户婚田土事件,责成该管巡道巡历所至,即提该州县词讼号簿,逐一稽核。如有未完,勒限催审,一面开单移司报院,仍令该州县将某人告某人某事,于某日审结,造册报销。如有迟延,即行揭参。……如巡道奉行不力,或任意操纵颠倒是非者,该督抚亦即据实察参,分别议处。[②]

此与前引《钦定吏部处分则例》内容大体相同。上述条例历年来随时添纂,但立法者未能作通盘考虑与修订,因此条文间颇有重复及出入。受这类中央法令影响,乾隆至同治、光绪年间,诸如浙江、江西、山西和福建等地省例对基层官员审理案件时限多有规定[③]。许多地方高官也提出监督州县官司法的对策或细则。比如,陈宏谋任陕西巡抚时,认为要兴利除弊,须先知各州县详情,但若亲自派人调查,成本太大,所呈仅得梗概,不如汇开条款专札,下达各府/州,速即转谕各州县逐一登答。条款之一为:"自理词讼几日收呈,几日批发,几日审结,曾否遵例将已、未完事件造册通报,所造之册有无遗漏"[④]。刚毅拟定了详细的自理词讼月报清册格式,该格式要求府/州/县将自理词讼各案,分别"旧管""新收""开除""实在"四类案件,注明已结、未结,按月开具清折,申送上级查核[⑤]。

综上可知,雍正朝以降,州县衙门必须按月将自理词讼审理情况汇编成册,送本省各上级衙门查考。一省知府、道台、按察使、布政使、巡抚、总督成为监督州县官听讼的六个上级机构,以督促州县官员公正听讼、及时结案。当然,理论上监督州县官处理听讼的机构要远多于六个,诸如中央

---

① 胡星桥等(主编):《读例存疑点注》,第 685 页。

② 胡星桥等(主编):《读例存疑点注》,第 685 页。

③ 王志强:《法律多元视角下的清代国家法》,北京大学出版社 2003 年版,第 149 页。

④ (清)徐栋(辑):《牧令书》卷二《政略·咨询地方利弊谕》。

⑤ (清)刚毅:《牧令须知》卷六《刑房文移稿件式·词讼·词讼月报》。织田万对旧管、新收、开除、实在四类案件作了相应解释,[日]织田万:《清国行政法》,李秀清等(点校),中国政法大学出版社 2003 年版,第 436 页。

派出的御史与其他高官均有权监督州县官包括司法在内的政务活动，不过，前六个机构属于法定常设监督机制。上司必须定期查考州县衙门自理词讼的裁判情况，法律对于上级官员查考州县听讼的规定颇为具体。故而，单从典章制度而言，上级机构对州县官自理词讼的监督甚严，并非听由地方官任意妄为。此如邱澎生认为，固然命盗重案的审转压力与审限罚则对官员带来更大压力，但州县官审判细事时所面对的审结压力也不能轻估。他进而引用汪辉祖在《学治臆说》中的言论，“州县官如琉璃屏，触手便碎，诚哉是言也。一部《吏部处分则例》，自罚俸以至革职，各有专条”。尽管汪辉祖写此段文字是要劝官员有关“失察、迟延”审判与征税期限等“公罪案件，断断不宜回护”。但光由这种“琉璃屏触手便碎”的比方看来，“失察、迟延”指的正是审转与审限制度的加严加密，连带而来的议处，则确实造成当时地方司法官员的压力与难为[①]。因此，制度层面清代基本形成一套涵盖立、审、执以及监管督查较为完整的司法制度链，这是其制度理性的典型表现。但在制度落实上，比如司法实践中多数州县官是否面对制度压力必然及时审结案件，则需要结合多种文献考查。

## 四、法律规范实效的疑问

在时人眼中，针对州县官审理自理词讼所受监督却有另一种声音。包世臣谓：

> 至自理词讼各件，则从无遵例按月册报各上司者。州县交代之时，虽造交代案册申送，然皆仿照前届交代原册，略增数案。各上司收受文册，从不核对驳问，绝不闻有以隐匿遗漏案件揭参之事。及民人上控，亦不提交代案件册，查核此案曾否造入。即州县审结自理各案，亦从不遵例申报，各上司无凭查核。其卷宗除奉文提审之案，从不粘连用印。[②]

以包世臣所述，似乎州县官从未遵法规要求上报自理词讼册，官员离任时也不严格向新任官交接案件卷宗，当事人上控时上级也并不核对申送的词讼册。包世臣的论断似相当绝对，然恐非虚言，当时官方权威言论与

---

① 邱澎生：《以法为名：讼师与幕友对明清法律秩序的冲击》，《新史学》十五卷四期（2004 年 12 月）。

② （清）包世臣：《齐民四术》，第 255 页。

此相呼应。如嘉庆二十年上谕所述:

> 是以向例于州县自理词讼,设有循环印簿,申送上司考覆,以杜积压,乃近日视为具文,不过按月申送一次,全无稽察。不独户婚、田土之件,经年累月,案牍尘积,即命盗重案,亦往往逾限不结,此讼狱所以日滋也。[①]

此份上谕指出司法监控方面近来才被视为具文未必准确,此前此类弊端就已普遍存在。在乾隆年间,浙江省杭嘉湖道员就指出:"州县宁肯自陈其失?是以(自理词讼清册)奉行以来,每将无关轻重事件填册塞责,而驳查往返,徒滋烦碎"[②]。故而,州县自理词讼司法监控的制度文本与实践可能是两个不同世界。那么,上级官员如何开展司法监控?监控实效如何?上级衙门多大程度实施对州县官自理词讼的监督?虽说近年来涉及州县司法实践的研究成为中国法律史领域中的"显学",但是对这个问题的研究并不多见。赵晓华与尤陈俊等的研究涉及清代积案,受主题所限,他们未对州县自理词讼司法监控作专门研究。[③] 李凤鸣据《钦定吏部则例》等论及州县官自理词讼审限及违限责任的制度规定,但未论及实际效果,另外,该书主要详论州县官审理刑事案件方面的司法责任[④]。为此,本章在叙述清朝高层官员以至皇帝对自理词讼的忧心、采取的对策与订立的法制后,将分析司法监控的实效;最后,重点以官僚机构组织特色为视角,探讨弊端长期存在以及司法监控制度落空的原因。

本章所选文献主要源自《清实录》《西江视臬纪事》《樊山政书》《道咸宦海见闻录》《杜凤治日记》与《大清律例》等。首先,《清实录》是详细反映中央高层应对自理词讼问题的权威材料;其次,高层官员专门叙述监督州县官自理词讼的文献,则在《西江视臬纪事》《樊山政书》等有限文献中有集中体现;再次,张集馨于道光至咸丰年间曾在山西、福建、四川、贵州、甘肃等省任知府、道员、按察使和布政使等多种职位,在《道咸宦海见闻录》中,他私自记下对其他官员司法方面的诸多叙述和评价,这些侧面评述比州县官

---

① 《清实录》(第 32 册),第 67—68 页。

② (清)万维翰(辑):《成规拾遗》,载杨一凡等(编):《中国古代地方法律文献》(乙编第十一册),第 689 页。

③ 赵晓华:《晚清的积案问题》,《清史研究》2000 年第 1 期;尤陈俊:《"案多人少"的应对之道:清代、民国与当代中国的比较研究》,《法商研究》2013 年第 3 期。

④ 李凤鸣:《清代州县官吏的司法责任》,复旦大学出版社 2007 年版,第 47—48 页。

自编文集提供了更多未经删节的真实记录;《杜凤治日记》亦记录许多知县司法场域的亲闻亲见;最后,《大清律例》等国家法规是今人理解当时相关监控法制的基础。

如学者所述,地方官僚出版判牍文集的目的是将各种判例留给后来人作为参考,同时记录下自己作为地方官僚的事迹,并夸示自己如何巧妙地解决疑难案件,等等。可以想见,编集判牍时,他们会根据自己的想法进行甄选[①]。官员编选判牍文集时,不大可能对自身司法违规活动"自我揭发"。比如尹会一将自己任河南巡抚时的部分公文汇编成书,宣扬政绩,包括如何督促下属结案等[②]。然而,乾隆四年,山东道御史宫焕文参奏尹会一任河南巡抚三年来,"审谳多有舛错,盗劫渐至频闻。"乾隆亦认可这一点:"尹会一自任豫抚以来,属员怠忽,不知畏惧,其谳狱弭盗,多未妥协,……不胜巡抚之任"[③]。尹会一或有沽名钓誉之家风,其子尹嘉铨奏请将其亡父从祀文庙,引起乾隆帝震怒。尹嘉铨受审时承认自己"平日所做的是俱系欺世盗名,所以我女人也学做此欺世盗名之事"[④]。因此,我们比对高层官员所著文集中对其他官员司法实践的评述,并结合地方官的私下评议,更有可能发现日常实践层面的真相。

## 第二节　上级司法监控的实效

### 一、道员的监督职责及存在的问题

在上述六个机构中,道员首负司法监控重职。学者认为,道设置于省、府之间,是省级政权的派出或办事机构。道员的主要职责是协助督、抚、藩、臬等地方高官管理政务,监督府、县,主监察而无地方专责。道有分守道与分巡道两种,前者由布政司参政、参议演化而来,后者由按察使副使、佥事演化而来。乾隆十八年以后,道员一律为正四品,分守道、分巡道二者

① [日]山本英史:《健讼的认识和实态——以清初江西吉安府为例》,阿风(译),载《日本学者中国法论著选译》(下册),中国政法大学出版社 2012 年版,第 598 页。

② (清)尹会一(撰)、张受长(辑):《健余先生抚豫条教》卷一《饬速结案》。

③ 《清实录》(第 10 册),中华书局 1985 年版,第 566 页。

④ 云妍、陈志武、林展:《官绅的荷包:清代精英家庭资产结构研究》,中信出版社 2019 年版,第 172—177 页。

合而为一，仅名称不同，实质上没有区别①。道员有巡视、监察所辖州县的职责，前引《钦定吏部处分则例》《大清律例》等法规均有重点提及。乾隆二十九年(1764)，吏部议定、奏准新例规定：

巡道查核州县词讼号簿，如有告到未完之案，号簿未经造入，即系州县匿不造入，任意迁延不结。先提书吏责处，并将州县揭报督抚，分别严参。其有事虽审结，所告断理不公，该道核其情节可疑者，立提案卷查核改正。②

道员监督州县官的司法审判涉及两方面：是否及时结案以及判决是否公正。道员核对号簿所载案件以及到州县直接处理词讼，比对号簿是否完全载录案情，以分析州县官是否匿案不报。再如前文引乾隆十九年吏部等部议覆陕西巡抚陈宏谋奏称，要求各省分巡道每到州县地方，即将讼案号簿提查，并将具体情况向按察使汇报。分巡道既有督办之责，如果瞻徇怠玩，总督、巡抚据实参处。然而，至少自明后期始，道员即有失职守。吕坤在嘉靖年间巡抚山西时指出：

守、巡两道，非止为理词讼设也。一省之内，凡户婚田土、赋役农桑，悉总之布政司。凡劫窃斗杀、贪酷奸暴，悉总之按察司。两司堂上官，势难出巡，力难兼理，故每省计近远，设分守巡道，令之督察料理。所分者总司之事，所专者一路之责。……本院做秀才时，曾见本道经历吾邑，民间疾苦，不问一声，邑政短长，不谈一语。留州县茶坐，则沾沾煦煦，皆虚夸色笑之言。批州县文书，则婉婉曲曲，无切问直驳之语，下司无不感激，以为盛德，盖嘉靖末年时事。③

按照吕坤的说法，由于事务烦忙等因素，诸如按察使、布政使这样的省级高官几乎不可能将访查州县官司法作为常规政务，故设道员，分担两司职责。但在实践中，道员巡视州县时往往与州县官打成一片，收受好处，不再以指摘地方司法弊端为本分。明清道员职责有异，但清代道员同样基本未恪守职责。雍正八年，皇帝指出，

---

① [日]织田万：《清国行政法》，李秀清等(点校)，中国政法大学出版社2003年版，第246—250页；朱东安：《关于清代的道和道员》，《近代史研究》1982年第4期。

② 胡星桥等(主编)：《读例存疑点注》，第686页。

③ (清)陈宏谋(辑)：《从政遗规》，载《官箴书集成》(第四册)，第248页。

四川所属州县，刑名钱谷等事，竟直详藩、臬，该道并不与闻，若有处分，则将该道一并参罚，甚为屈抑，且非设官本意。著吏部行文四川巡抚，令该省四道于所属州县，每年巡历一周。如有亏空、挪移、讳盗等事，即咨牒两司，详报巡抚，确查题参。其地方词讼，该道亦得听受审断。凡各州县案件，俱从该道申转，以专守巡之职。[①]

雍正对四川州县将案涉钱谷的自理词讼越过道员直至上详按察使或布政使，令本有稽查自理词讼审判权限的道员形同虚设一事，甚为不快。然而他要求道员审断地方词讼、申转案件的上谕后来依旧成为一纸空文。乾隆二十九年，两广总督李侍尧向皇帝提议分巡道负责提号簿查覆时曾指出：

今州县率多任意延搁，或将号簿藏匿，种种蒙混拖累，皆由巡道不实力稽查所致。应如所奏，责成巡道于所到各属，查提催结。如有前项弊端，照疲玩参处。徇情枉断者，按所犯轻重，指参严处。巡道徇庇者，照例降调。[②]

李的建议虽得到朝廷批准，侧面却反映道员监督州县官处理自理词讼的职责名存实亡。迄至晚清，薛允升指出当时巡道“均系有巡历之名，并无巡历之实，亦具文耳，而此官不几成虚设乎”[③]！

## 二、道员监督州县官清讼的效果

由于道员巡历州县成为具文，当时制度虽要求州县官设立循环簿，由巡道提验以应对积案难以落实。乾隆二十六年(1761)，江西按察使石礼嘉奏称：

州县自理词讼，多拖延不结，请按季参处等语。查未完案件，例于每月底汇奏。恐日久渐弛，应再行各督、抚，饬该州县，务将每月循环号簿造送府、州查核，并令巡道提验。如逾限不结，移司详报督抚咨

① 《清实录》(第 8 册)，中华书局 1985 年版，第 248 页。
② 《清实录》(第 17 册)，中华书局 1986 年版，第 1009 页。
③ 胡星桥等(主编)：《读例存疑点注》，第 686 页。

参。仍勒限速结，于下月册内查销。该管道、府不查催开参，督、抚分别参处。①

至乾隆四十一年(1776)，吏部议准大理寺少卿江兰奏称："嗣后州县自理词讼除责成道员按例稽查外，应并饬令该管知府、直隶州实力查催。倘州县任意稽延，该管府州漫不查催，即令巡道揭参议处"②。这一规定把知府、直隶州一并纳入监督州县审理自理词讼的上级范围，并且道员有权参奏司法监督不力的府、州官员。然而州县官并不及时呈上循环簿以供检验，巡道也并不仔细查核。朝廷多次饬令道员严守本职，乃该制度基本失效的反映。道光五年，在收到御史贺熙龄的奏称后，皇帝认为：

州县词讼，向有按月循环簿，送该管官查核，巡道有提查州县词讼号簿之责。著各督、抚遇府、州、县词讼案件，责成巡道赶紧审讯，如有延搁枉断，据实揭参。或该道有心徇庇，该督抚即据实参处。自此次申谕之后，务各实力实心，勤求民瘼，用副朕政平讼理之至意，毋得日久生懈，视为具文。③

后任皇帝一再饬令道员实心查核州县词讼循环簿，侧面反映道员疏于职守一事依旧延续。以具体实例而言，如张集馨于道光十九年接任山西雁平道道员一职，发现"历来前任从不问案，尘牍甚多"④。包世臣指出：

州县自理词讼例载："按月摺报，由道员查核是否依限断结。"从前各州县积案繁多，并不遵例摺报，止于交代时造案件交代册，由道员核送臬司，转送藩司，入于交案。其册内开载，寥寥数件，久成具文。⑤

包世臣认为州县官离任时，只在交代册内开载数起案件，如道员查核的制度徒有空名，综合其他文献来看，包的言论确非虚言！

---

① 《清实录》(第17册)，第258页。

② 《清实录》(第21册)，中华书局1986年版，第598页。

③ 《清实录》(第34册)，第426页。

④ (清)张集馨：《道咸宦海见闻录》，第45页。

⑤ (清)包世臣：《齐民四术》，第241页。瞿同祖叙述了道员对州县官司法审判的监察，瞿同祖：《清代地方政府》，范忠信等(译)，法律出版社2003年版，第193—194页。瞿的研究主要基于文本，而非实况。

## 三、樊增祥的监控词讼清册实例与问题

上司监控州县官司法的另一制度为上报每月自理词讼册，但是，上报自理词讼册也存在诸多问题。嘉庆十五年(1810)，皇帝接到御史对下情奏报后指出：

> 向来州县审理词讼，无论案情大小，定例俱有限期。近日各省不能实力奉行，州县承审大案，于通详时报有起限日期，尚知虑干参处，不敢迟延。其自理词讼，多不详报起限，往往任意延搁。……著照该御史所请，嗣后各省州县自理词讼，将所收呈词每月造报该管道、府，按例起限。其前报各案已结未结，俱于续报册内陆续声明。即责成道、府依限督催，于年底具结申报藩、臬两司查核。如各州县延搁案件及该管道、府有纵容徇庇等情，即当据实严参，以示惩儆，将此通谕各省知之。①

这份关于州县官未及时上报词讼册("不能实力奉行")的上谕，是否指出了当时中国一般现象？以著者目力所及，特定州县上报每月自理词讼清册的详情，在《樊山政书》有集中反映。《樊山政书》作者樊增祥仕途经历丰富，他是光绪三年(1877)丁丑科进士，光绪十年，任陕西省宜川县知县，后又到咸宁(今西安)、富平、长安等县任知县，光绪十八年，再任咸宁知县，1893年2月赴渭南任知县，后曾至他省任职，至1901年6月任陕西按察使，同年8月任陕西布政使，1902年任甘肃布政使，光绪三十年调任江宁布政使，宣统二年护理两江总督。《樊山政书》共二十卷，收录的公牍为樊增祥自1901年在陕西按察使至1910年江宁布政使任上所为。其中，第一卷前一部分为他在陕西按察使任内所作，其余部分至第十九卷为在该省布政使任上所作，剩余为江宁布政使任内所为，因此本书涉及的每月自理词讼册主要源自陕西②。

按察使俗称臬司，统辖一省刑名，凡有人命、强盗、邪教、聚众、勒索、滥拿、越狱、潜逃等案，皆由其随时查察，督饬下属缉拿。各类刑案除经核定无误，而予审转督抚外，上控案件或由臬司自行审理，或饬令本管道府亲

---

① 《清实录》(第31册)，中华书局1986年版，第22页。

② 樊增祥著述还有《樊山批判》《樊山公牍》等判牍文集。

讯,或另委贤员重审。每年省内秋审,则充主稿官,会同藩司及道府拟妥呈院[①]。关于按察使的职务,据《清史稿》称:"按察使掌振扬风纪,澄清吏治。所至录囚徒,勘辞状,大者会藩司议,以听于部、院。兼领阖省驿传,三年大比充监试官,大计充考察官,秋审充主稿官"[②]。《清史稿》未明确说明布政使有审理案件的权限[③],但在其他权威文献有提及,如乾隆四十九年(1784),皇帝上谕"藩、臬为通省钱谷、刑名总汇,……如有赴上司衙门控告者,其距省较近地方,该督抚即应亲提人证卷宗至省,发交藩、臬,亲率秉公审办"[④]。布政使应督抚要求,可审理上控的民刑案件。近代学者如织田万谓:一省户婚田土裁判,固属布政使所掌。……凡裁判事件,止徒罪者,府州县衙门行之。而民人有不能服者,则上告按察使。按察使受理其上告而审判之。但户婚田土案件,布政使审判之[⑤]。按察使与布政使均负有监督州县听讼的职责,核查州县每月自理词讼册是樊增祥监督下级理讼的重要途径。

欧中坦(Jonathan K. Ocko)认为,到19世纪30年代,登记及上报自理词讼册变得如此累赘以致被忽视、不存在,而且在同治期间地方官抵制进一步的改革和恢复登记,即使地方官的上级倾向于不断重申皇帝的训诫,弹劾误期的地方官,他们也可能是无证可查[⑥]。由《樊山政书》可知,除战乱地区,如太平天国占领区外,当时登记并上报自理词讼册制度依然存在,欧中坦的这一论断不完全符合史实。《樊山政书》共一百零四份公牍涉及作者对本省各府州县厅上报自理词讼册的批复与评价。樊增祥接任陕西布政使后,他批评州县上报每月自理词讼数量太少:"各属月报册大抵三两案居多,本司是过来人,岂不知某州某县每月当有若干案"[⑦]?这意味着,陕西各州县每月上报的自理词讼平均为三起案件左右。

---

① 按察使职务详细说明,张伟仁:《清代法制研究》册一,"中央研究院"历史语言研究所1983年版,第275页;张伟仁:《清代的法学教育》,载贺卫方(编):《中国法律教育之路》,中国政法大学出版社1997年版,第191—192页;[日]织田万:《清国行政法》,李秀清等(点校),中国政法大学出版社2003年版,第244—245页。

② 《清史稿》卷一一六《职官三》。

③ 《清史稿》卷一一六《职官三》。

④ 《清实录》(第24册),中华书局1986年版,第68—69页。

⑤ [日]织田万:《清国行政法》,李秀清等(点校),中国政法大学出版社2003年版,第244—245页。

⑥ [美]欧中坦:《千方百计上京城:清朝的京控》,谢鹏程(译),载高道蕴等(编):《美国学者论中国法律传统》,中国政法大学出版社1994年版,第496页。

⑦ (清)樊增祥:《樊山政书》卷十二《批石泉县词讼册》,类似说法另见该书卷十《批临潼县李令自理词讼月报清册》。

清律“告状不受理”例文规定，除一些特殊时期外，在每年的四月初一至七月三十，户婚田土等案件不予受理[①]。因此，冬季为官员受理自理词讼的重要时刻。樊增祥在陕西省数地长期担任知县，对于某州某县每月当有若干案件洞若观火。诸如宁羌州赵牧上报的自理词讼册，尽冬月一月，却仅有稀松平常的一案。樊增祥指责该州赵知州“懒于坐堂，并懒于相验”[②]。樊增祥将此事“登报俾知愧厉”，以斥责及督促赵牧。自理词讼月报册少报案件并非仅见于宁羌州一地，樊增祥指责临潼县李令所报“自理词讼大率类列两三案塞责”[③]。

陕西州县官在词讼册中少报案件的情况在其他地区同样存在。青海西宁府循化厅同知于光绪三十三年九月呈西宁府自理词讼清册，记载新收两起自理词讼，当月审结[④]。第二年四月，循化厅同呈西宁兵备道自理词讼清册，亦记载新收两起自理词讼，同样当月审结[⑤]。同一地区不同时间收案数量和结案数量均为两起，不合常态。此如晚清徽州知府刘汝骥称：其所辖各县“词讼简明册，每月所报者不过四五起，皆一堂断结，其实隐匿漏延，在所不免。即人人清献，亦未必只有此数。拟请宪台一并申明例限，违即详惩，或牧令有所儆惕，不敢以虚言尝试”[⑥]。但是，刘的请求似有多此一举之嫌。据前述典章制度规定，未及时上报词讼，官员即应受到惩处。

### 四、词讼册机制个案到一般的推导

以樊增祥的实例探讨州县司法的种种弊端，可能会被认为以偏概全，毕竟，陕西与清代中国是两个不同的地理概念。但是，诸多前引文献可佐证陕西的弊端具有一般性，而非地区特例。比如光绪四年御史董俊翰奏称：“各省呈控案件，亟应迅速审结，以清庶狱。近来各州县，遇有命盗重案，不能消弭，即故意留难。其寻常词讼，辄置不理，以致小民含冤莫伸”[⑦]。同治年间杜凤治二度任广宁知县，收到侄儿的来信提及：“《词讼积案功过章程》现拟改议，较旧时加严，……中堂于此件极为认真，……自拟清厘章程十二条，札司通饬照办，并饬臬司委蒋守在臬署设局总办。屡看

① 《大清律例》，田涛等(点校)，第479页。清代中后期这种时间限制日渐减少。

② (清)樊增祥：《樊山政书》卷十一《批宁羌州赵牧自理词讼月报清册》。

③ (清)樊增祥：《樊山政书》卷十《批临潼县李令自理词讼月报清册》。

④ 青海省档案馆藏，档案号18384-463001-07-3606(9-12)，序号分别为：顺序号、档案馆代号、全宗号、案卷号、页号。

⑤ 青海省档案馆藏，档案号18390-463001-07-3607(12-15)。

⑥ (清)刘汝骥：《陶甓公牍》卷十《禀详·徽州府禀地方情形文》。

⑦ 《清实录》(第53册)，中华书局1987年版，第181页。

文书不见有广宁词讼册，如无上控案照章亦应按月通禀，倘竟置之，上司无从查考，定委员往催或记过，何苦乃尔？此等章程日久必成具文，但目下上峰新定，志在必行，不可大意”[①]。这表明当地州县官未严格申送词讼册，各上级官员亦时常未严格监督州县衙门听讼。光绪六年(1880)，皇帝谕内阁：“广东各州县，延搁词讼，已成痼习。著该督抚实力查察，如有积压稽延等弊，即行据实严参，以苏民困”[②]。圣上对广东的上谕表明，杜凤治侄儿基于官场逻辑，即可准确预测上级官员所拟章程迟早成为具文。刚毅亦认为：

> 州县自理词讼，不过户婚、田土，视为无关紧要，而小民身家即关于此。常见一纸入官，经旬不批，批准不审，审不即结。及至审结，仍是海市蜃楼，未彰公道。徒使小民耗费倾家，失业废时。[③]

不同文献表明，州县官自理词讼时积压稽延，为规避上级查处，在每月自理词讼清册中少报案件乃普遍现象。此亦反映历年各级上司对州县审理自理词讼的监督效果有限。樊增祥起初审核州县官上报的自理词讼清册时，发现大部分州县官每月罗列少量案例塞责，这种情况在此前其他地区也同样存在。如乾隆年间江西按察使发布的文件指出：“州县自理事件，虽有每月造报之例，不过择其已结者开报二三件。其已准而不审，已审而不结者，究竟无凭查核。且竟有全不具报告者，则直视为具文矣。”然而，在清代江西这种人口众多经济较发达的地方，诉讼量自然不少。按察使接着指出：“本司伏查州县准理民词，每月约不下百十件，少亦不下五六十件”[④]。江西的州县官与他们后来在陕西的同行一样，均敷衍了事。不过，江西按察使要求州县官及时上报自理词讼册的指令，效果也不明显。在之后的一份文件中，按察使曾提及：“虽定例自理案件立法稽查，按月造报院司……乃各属中仍多衰如充耳，半年以来仍有杳不造报者”[⑤]。

在司法实况中，州县官平均每月受理的自理词讼数量大约是多少？据夫马进统计，同治年间(1862—1874)，巴县每年诉讼案件为1000至1400

① 《杜凤治日记》(第四册)，第1878页。

② 《清实录》(第53册)，第594页。

③ (清)刚毅：《牧令须知》卷一《听讼(附告示)》。

④ (清)凌燽：《西江视臬纪事》卷二《汇催各属上行案件并造报日理事件议详》。

⑤ (清)凌燽：《西江视臬纪事》卷三《通札各府饬勤案件并造报自理》。

件，年均合计约1098件[①]。根据1907年至1909年该县知县呈交的报告称，巴县衙门在此期间年均受理民事新案为633起，不过，这个平均数很可能要比其实际受理的民事讼案数低，出于政绩考虑，县官习惯于向上少报其受理的讼案数量[②]。这样算来，巴县在同治与道光年间，每年新收案件大致1000起，平均每月收案85起左右。虽说巴县县域广阔，乃川东经济、政治与文化中心，非其他普通州县可比，但陕西各州县官每月上报仅两三起案件，明显不合常理。

嘉庆十年前后，高廷瑶在安徽六安州任知州时，称十个月内审结案件1360余起[③]，平均每个月审结大约130余起案件，则每月受理的案件至少不小此数。光绪朝后期任山东登州府莱阳县知县的庄纶裔在给上司登州知府的公文中提及："卑职到任已将五载，审结词讼案件不下数千起"[④]。"数千起"若以最少两千起案件估算，则每年至少审结案件四百起，庄知县平均每月审结案件也得在三、四十起以上。宣统年间徽州知府刘汝骥称每月受理的案件不下二十余起[⑤]。乾隆十六年(1751)，福建道御史李友棠奏："江浙地方词讼，繁难州县，日约二三百件，简僻者亦不下百件。专心办理，尚虞竭蹶，偶尔公出，恒多壅滞"[⑥]。这里所说的"二三百件"，当指诉状，某一案件往往涉及若干诉状，但每日收受两三百份诉状已甚为惊人了。

道光十三年(1833)，据湖广总督讷尔经额奏称，阮克峻"在襄阳县任内，审结自理词讼四百余起，承审前任内结、外结、命盗、奸拐、窃杂及上控委审等案二百三十起，自理词讼一百八十起。"道光帝认为，"阮克峻在襄阳任内，将及两载，核计所结自理词讼，每日审理不及一案，并不为多，"因此下令撤销对阮克峻的奖励[⑦]。湖北的这位县令在任内将近两年，审结本人任内的自理词讼以及前任自理词讼共计五百八十余起，则一年近三百起，每月审结案件近三十起，这一数量皇帝却认为并不算多。陈其元在同治六年任江苏南汇县知县时，三月内"除寻常自理之案外，审结历任积案三百八

---

① [日]夫马进:《中国诉讼社会史概论》，范愉(译)，《中国古代法律文献研究》(第六辑)，社会科学文献出版社2012年版，第50页。

② See Bradly W. Reed, *Talons and Teeth: County Clerks and Runners in the Qing Dynasty*, Stanford University Press, 2000, p. 205.

③ 高自称："忝牧斯土十阅月矣，检词讼簿经断结者，凡千三百有六十余宗。"(清)高廷瑶:《宦游纪略》卷上，同治十二年成都刊本。

④ (清)庄纶裔:《卢乡公牍》卷一《上登州府宪吴论上控情弊虚实禀》。

⑤ (清)刘汝骥:《陶甓公牍》卷十《禀详·徽州府禀地方情形文》。

⑥ 《清实录》(第14册)，第124页。

⑦ 《清实录》(第36册)，第434—435页。

十余起”[①],则月均审结案件一百余起以上。综上所述,清代每个州县每月新受理的自理词讼至少平均在三十起以上。这表明,现实中许多州县未依照法律规定每月向上级悉数汇报自理词讼详情,而仅上报极少量案件的审理情况。

樊增祥认为各州县少报或不报案件,不过是以下原因:州县官员自己不能动笔书写案情与裁决,幕友亦不怎么能代劳;要每月上报所有词讼,可能因“言多必失”受上司斥责;一些州县所断之案有愧于心,不堪示人。因此,州县每月审案虽多,可示人者却很少,故而尽量少报。他发现一些庸猾州县臆度他公事烦多,如果不上报词讼亦无力察及,上报案情则担心遭受上司挑拨。因此,有的州县不但少报,甚至根本不予上报自理词讼。有些州县为了防止上司对其案情审理不当给予驳斥,故意将一些纠纷极为细微、易于审结的案件汇编成册上报,令上级无由挑拨。故而樊增祥发出感慨:

> 查各属月报,自理词讼大率类列两三案塞责,事皆极没要紧之事,问案者易了结,造册者亦易申叙。若情节稍多,供诞较繁,即不造报。盖幕友文理平常,叙事不能清晰,更恐判断未允,致干驳斥。庸幕庸吏不望褒奖,但求免于训责,此月报所以半属具文也。[②]

从樊增祥的经历可知,清代后期各州县不遵例上报自理词讼册的现象较普遍。樊增祥本人有长期在州县理讼的经验,他对州县官上报每月自理词讼册时可能出现的掩饰行为有深入了解。《批三原县六项月报清册》是樊增祥在按察使任内所为的公牍,也是《樊山政书》中最先出现的针对州县自理词讼清册作出的批复。在查阅三原县上报的词讼清册时,樊增祥发现在四月份该县有十六起上控案件,无一起自理案件。他质疑该县民众一整月怎么可能不打官司,或是因为该县令缺乏听讼能力而民众不屑告状。樊增祥警告三原县令以后倘再如此率意填写,定行详撤不贷。而在五月份,县令每五日之中必报自理一案,不少不多,不合常情。樊增祥追问此系何等劣幕所为,并要求知县即日驱逐出署,免致自身受累[③]。对州县官的训诫取得了一定效果。此后,该省一些州县每月上报的自理词讼数量增多。

---

① (清)陈其元:《庸闲斋笔记》,第291页。

② (清)樊增祥:《樊山政书》卷十《批临潼县李令自理词讼月报清册》。

③ (清)樊增祥:《樊山政书》卷一《批三原县六项月报清册》。

如樊增祥特意赞扬咸宁、长安“两首县近在同城，向不造送月报清册，今亦虚心就正”[①]。当樊增祥谴责上述各州县官时，与省城近在眼前的两个知县“向不造送月报清册”，反映此前包括道员在内的六个监督机构严重失职。陕西省许多州县在樊增祥接任按察使/布政使一职前，向来不造送月报清册，违法官员未依据《钦定吏部处分则例》等受到任何处分。此刻仅因樊增祥的临时督促方有所改观，背后体现当时司法监控为典型的人存政举特色。这意味着，当类似于樊增祥这样的官员调离，一切或终将依旧。

律例规定州县官必须按时上报每月自理词讼册，有的学者据之认为，两造的“上诉”与“月报”备案制度依然具有某种司法管理和司法监督的作用。这意味着地方司法官员不得任意妄为，置法律于不顾。如果违反“月报”制度，州、县法吏就有可能受到相应的处罚。由此可见，律例仍然是司法官员必须认真对待的问题。故而法律并非无关紧要的裁决依据[②]。事实上，州县衙门总是尽量以各种方式不报、少报每月自理词讼册，以规避上司的查处。当司法腐败与上级监管不力常态化后，纸质上的完美规定不过是漂亮的表面文章，难以落到实处。正如清代的一份文件记载：

> 州县承审案件例限虽严，而疲玩成风，往往以查传证据研究犯供为词，多未能依限完结，该管上司以其事出因公，皆未深究，所有各审命盗等案，未归汇奏以前，其题本内功扣审限，大半以套语匀派处分，支词掩饰，若延至三年以外，接扣为难，因而案悬不结，甚至案内犯证全行拖毙，始以案死余犯，遂归外结，在各直省州县中，岂遂无勤于听断尽心民瘼之人。而怠惰性成，专预从事者实居多数，以致无辜之拖累，每瘐毙于牢中，有罪之拘囚得迁延于法外。[③]

在光绪朝，福建各州县连命盗等重案的缉捕或审理亦存在不报、少报情况，以规避上司查处。光绪六年三月，台湾府淡水县衙转抄福建按察使的一份文件称：

> 照得各属通报命盗、抢窃各案，节奉院宪行司饬令各营县上紧设法拿办，当经议立章程，将一月内应办几起，或无报获，于下月初旬禀

---

① (清)樊增祥:《樊山政书》卷十四《批咸长两县词讼册》。

② 徐忠明:《明清刑事诉讼“依法判决”之辨证》,《法商研究》2005年第4期。

③ 顺天府档案号28-1-54-047。该文件颁布的具体时间不明，据目录上的标题知其属于“刑部等关于颁布词讼案例、司法裁判、刑律及司法统计等问题的文件”之一种。

报一次。如有报案最多犯无一获之员,即行详请揭参,仍将历任内应缉各犯先行造具清册六本,呈送察查。历经由司屡次迭札严催,暨委员驰往督促督办,稽今日久,任檄频催,案犯杳无获办,而造册禀报者亦甚属寥寥,实不成事体。除尽札严催造送外,合再委催,札到该员,立即遵照札指,尅日亲赴台湾各府属营县,省令赶紧将历任内案犯若干起先具清册六本,送司察核详办,一面协同营县上紧严缉,务期悉获通详究办。①

至光绪八年(1882)二月,台北府奉福建按察司转发福建巡抚的公文再度称:

闽清等七县造送命盗抢劫案逃犯未获清册,先行呈送,详请分咨缘由。……仍由司一面委员,严催各属按季造册送司详咨毋迟。此缴册有送等因。奉此,当经由司转饬各府州,选派干员克日驰赴各营县,将应造光绪七年秋季分清册二十六本送司,以便汇核详咨在案。无如各营县任檄催,案犯查无弋获,而造册仍属寥寥。仅据仙游、晋江、长奉、平和、龙溪、永安、浦城、崇安等八县造具秋季分清册到司,其余各营县视为具文,延不造送,以致司中莫能汇详。②

从台湾府下属各县到福建本土其他州县,均说明上级要求地方各级上报词讼清册的指示并未得到普遍执行,随后的文件再度说明这种情况:

经本部院照案分咨饬缉,并批司饬催各在案。查命盗抢劫各逃犯均关紧要,亟应饬属……现在分咨饬缉季期早逾,尚未据办送,殊属任延。……详奉抚宪批查折内,仅据仙游等六县造册到司,其余各县任催不造,……无如各营县视为具文,漫不经心,任催不造,以致司莫能汇详,实属泄玩。③

命盗案件也往往未依法按期审理,以致按察使对之无可奈何。光绪七年八月台北府转发刑部咨福建司并下发的指令中说:“查闽省各属承审命

---

① 淡新档案号 31204-I.6.7。
② “台北府正堂陈札新竹县”(光绪八年二月三十日札),淡新档案号 31204-I.45.46 之 1。
③ “钦命布政使御署福建按察使司叶　为饬催赶办事”,淡新档案号 31204-I.49 之 1。

盗等案并不依限审办，及至逾限。即诿诸翻供，又不照例明晰声扣，实不成事体”[1]。类似指示短短数年内接连发出，公文徒成空文，并未发挥什么效果。诸如《陶甓公牍》和《樊山政书》表明，通过上控途径被揭示出来的案件只不过是清代众多案件的冰山一角，更多的案件被州县衙门压制或草草裁判了事。

## 五、上级对自理词讼册的评判

作为陕西按察使／布政使，樊增祥审查与评价各州县自理词讼册提供的案情及判决结果，是其监督州县官听讼的重要途径。自理词讼判案妥当的官员常受到樊增祥的赞扬[2]，如樊增祥认为山阳县令案件审理均属持平，亦将案情及审理结果刊于报章，作为其他州县民事裁判的模范[3]。他还赞扬长武县知县李焕墀的初审甚为妥当，尤其是其上报的词讼册第四案，特将此案登于《秦报》以志欣赏[4]。不过受到批评的州县官要远多于被表扬的。樊增祥对那些初审明显欠妥的州县官予以斥责和警告。樊增祥通过对词讼册的评阅与批复，并将一些处理结果刊于报章，向下级传达了他对基层官员听讼结果的看法，督促州县官采取相应修正。这种上下级的互动影响了州县司法实践，有助于减少州县官民事裁判任意性倾向与裁判欠妥的比率。如前引法律规定，州县官员违法裁判，出入人罪，应受惩罚。樊增祥除了警告相关官员，很少给予实质惩罚。

在祝自申控杨邦兴一案中，杨邦兴乘杨万朋出外借宿其家，与郭姓争奸互殴，经杨万朋投约讲理，杨邦兴自知理曲并认罚钱二十三串交乡约。数月后杨邦兴又到该村与杨万朋相遇，并对杨万朋逞刁辱詈，祝乡约禀控到留坝厅厅衙。樊增祥看来，此案裁判应将逞刁辱詈的杨邦兴重打一顿、递籍管束。与他设想不同，留坝厅厅丞却重责祝自申，革其乡约一职，薄责杨邦兴，免除对其递藉管束。厅丞的理由是：“乡约籍端私罚，其为人已无疑。”但樊增祥认为，祝自申身为乡约，杨万朋以奸殴重情请其讲理调处，这本在祝乡约管理范围之内。当时杨邦兴恐怕被送进官衙治罪，所以才自愿认罚，同众评理，也就谈不上是祝乡约私自责罚。在双方当事人没有谁控

---

① 淡新档案号 31204－Ⅰ.33 之 2。

② 比如樊增祥对临潼县李县令上报的自理词讼月报册的听讼结果甚为赞同，（清）樊增祥：《樊山政书》卷十《批临潼县李令自理词讼月报清册》。参考前文所述杜凤治任四会知县时平均每个放告日收到的诉状数量，此词讼册只罗列六个案件，远少于当时正常数额。

③ （清）樊增祥：《樊山政书》卷十一《批山阳县自理词讼月报清册》。

④ （清）樊增祥：《樊山政书》卷十八《批长武县李令焕墀词讼册》。樊增祥对知县的裁决表达认可的还包括该书卷十九《批富平县李令嘉绩禀》、卷十一《批凤翔府禀》等。

告祝自申侵吞钱款的情况下，厅丞却说他为人可疑，过于武断。为此樊增祥警告厅丞以后倘再犯此等糊涂颠倒之病，“勿怪本司不情也”[①]。

《樊山政书》收录了樊增祥在江宁布政使任内对泰兴（今江苏）县令上报案情的批复。此案中张廉泉向陆小相购买墓田，陆小相的墓田买自章益善，章益善同时又将已出卖的部分墓田重复卖给孙长庚，致张、孙两姓争坟互讼。泰兴知县判令孙长庚迁坟别葬，章益善地价充公。但孙长庚三代拒不具结，为此泰兴知县请求樊增祥给予指示。樊增祥认为章益善重复出卖墓田，应令章益善将原得地价交还孙长庚，孙长庚已葬之坟迁出，如其再不具结，则原价充公。虽然樊增祥对泰兴县令的裁判基本赞同，但对泰兴县令仅因原告孙长庚不愿具结，遂将张廉泉交吏房看押持异义。他担心如果孙长庚永不具结，或因此上控，则张廉泉将终老于吏房，樊增祥指示泰兴县令迅速释放张廉泉。“典卖田宅”律条规定：“若将已典卖与人田宅，朦胧重复典卖者，以所得（重典卖之）价钱，计赃，准窃盗论，免刺，追价还（后典买之）主。田宅从原典买主为业”[②]。国法要求重复出卖田宅的所得应还给后一顺序的买主。泰兴县令将章益善重复出卖所得充公、关押张廉泉均违背了清律，不过，樊增祥并没有对之责罚[③]。

陕西澄城县杨县令审理一桩婚姻纠纷案，在此案中，刘祥儿于光绪二十三年(1897)聘郑学有之女郑银娃为室，因循未娶。后刘祥儿于荒年出外，于今五年杳无音信，郑刘两家禀请县衙立案另许配于他人。但是县衙却断令两家重新访查刘祥儿下落，再等二年若无音信后方可别嫁。樊增祥指出，《大清律例》“出妻”例文对此有明文规定：“期约已至五年，无过不娶，及夫逃亡三年不还者，并听经官告给执照，别行改嫁。亦不追财礼”[④]。樊增祥质疑县令裁决当事人必须等待七年、刘祥儿两年内仍下落不明方可再嫁不合律例。他认为如果要女方必守从一之义，则终身不得嫁与他人，若遵再嫁之条则两年前就可另聘，县令未能仔细斟酌案情，裁判过于随便，实乃“人情、例案两欠”[⑤]。

华州上报的词讼册有一案涉及郑英杰的继女郑桂英招罗六女为婚，言明财礼六十串，罗六女仅给钱八串二百文后不久外出，数年不归，突于今年

---

① (清)樊增祥:《樊山政书》卷十二《批留坝厅词讼册》。

② 《大清律例》,田涛等(点校),第198页。

③ (清)樊增祥:《樊山政书》卷二十《批泰兴县详》。樊增祥对其他知县裁决的批评,另参见卷一《批白河县文童彭金鳌呈词》、卷十三《批临潼县词讼册》。

④ 《大清律例》,田涛等(点校),第214页。

⑤ (清)樊增祥:《樊山政书》卷十四《批澄城县杨令词讼册》。

四月纠人将郑桂英抢去，幸受阻而挡回，以致双方结讼。华州牧裁判罗六女向郑家出钱三十串后将郑桂英领回，否则郑桂英仍由继父养育，等到第二年如罗六女无钱支付，准许郑英杰另行择婿。樊增祥认为此裁判殊欠公允：罗六女所出财礼不足原定的十分之二，辄敢纠人刁抢未婚之女，纯属无赖行为，按理应令郑英杰向其返还钱八串二百文，郑桂英另行择配。罗六女纠伙抢人未果，州牧反而裁判减去应出的财礼二十二串，又再宽以一年的期限。樊增祥认为，如果此例一开，那么凡是那些负欠财礼而未能成婚的人都乐得而抢之。州牧没有考虑到女性出嫁必须及时，像罗六女这样的无赖订婚后外出，业经耽误郑桂英八年，且再令郑桂英多待一年。不过，尽管樊增祥认为州牧初审极不合理，但考虑到“案已断结，无复翻之理，本司特论其理耳”[①]，并无改判和纠正司法不公的意思。

对于这个案件解决的方式，华州知州与樊增祥有显著差异，前者无视双方已订婚约，自作主张令双方各退一步，平息纷争；后者则认为应以双方的婚约原则为准据。出现这种差异，除了是因为不同层级官员对律例、人情的把握各有不同外，还在于两者所处的位置影响了他们的司法实践。作为基层官员的州县官而言，平息纠纷、解决问题是他们听讼的首要目标，因此，官员往往要求一方或双方当事人相互退让、委曲求全，恪守原则并非其裁判时的重点。对樊增祥这样的省级高官而言，摆脱了直面地方治理的压力，遵循规则之治往往是他们监督下级官员的标准。这种司法思维的差异性也出现在其他诸多案件。

在郃阳县党丰娃借尸图诈案中，党丰娃的弟弟党零娃在秦双喜风框铺帮工，因其他原因投井自尽，知县裁决由秦姓出钱十串给党丰娃。樊增祥指示咸宁县将原案送阅后，认定党零娃系死由自尽、党丰娃藉命讹钱。为此，樊增祥斥责党丰娃“依捏情妄控，实属可恶万分”，指示咸宁县传唤党丰娃到案，勒令遵断回家[②]。原审知县亦明悉党零娃系死由自尽、党丰娃藉命讹钱，却“念尔远来，令秦姓帮钱十串”，这种“格外加恩”的处理方式一方面毫无道理地增加无过错方秦姓的负担，另一方面这种息事宁人、过分追求解决纷争而忽略法律原则的司法思维并未达到目的，反而激起党丰娃变本加厉的上控。

知县的听讼与樊增祥的辩析再度表明，州县官听讼主要不是首先为了维护当事人的利益，而是片面追求止息争讼，这种价值取向在清代各衙门

① (清)樊增祥：《樊山政书》卷十四《批华州褚牧词讼册》。

② (清)樊增祥：《樊山政书》卷四《批郃阳县民党丰娃呈词》《加批郃阳县民党丰娃呈词》。

蔓延。与省级高官不同,州县官直面社会治理压力,以维持社会安定为目标,常要求有理一方作适当退让,以满足对方部分无理要求,息事宁人,而非如高层官员那样更倾向于刚性地诉诸法律。在这种推来挤去的生存竞争压力中,大事化小、利益综合衡量的裁判方式很可能令老实人(或理直者)吃大亏、让狡诈者占便宜、破坏法制。咸宁县自理词讼月报清册涉及的两案亦是州县衙门对这一裁判传统的典型表现①。西安府审理的张张氏与张倅之间的亲族教唆案中,地方官未依据双方当事人的是非作出权利义务明确的裁判,而是劝令被讹一方忍让以全骨肉,对诬告一方酌断财产以恤贫寡,其结果是"无理者薄责而厚赉,有理者受累而折财"。该案先后由数任官员批令同乡调处和由被讹一方出钱了事,反造成诬告方变本加厉,以致讼案没完没了②。

长安胡县令详报李郁芳、李刘氏争继一案中,樊增祥指责县令将清律"爱继""应继"概念误作"爱孙""应孙"。县令错判"著记大过一次,永远不准在首县发审"③。这是樊增祥少有的对州县官员直接予以惩治的例子,亦见于以下案件。山阳县刘县令因错判受到上司责罚后上书辩解,招致樊增祥大为不满,指责"无才无识而犹怙过不悛"的刘县令不但不自咎责,反而悻悻求胜,"候即日移请藩司会详撤任"④。刘县令除不自咎责、触怒上司外,还因为此案初审错判有违妇女名节,导致石氏一嫁再嫁,未能从一而终,破坏了传统社会的纲常名教。在赵鼎五亡故后妻妾争财构衅案中,樊增祥命令蒲城县现任知县遵照指示提讯宋氏及赵堃五等到案,把他的裁判当堂吩谕明白,勒令具限营葬完案。对"专打官话不体人情"的前任知县,樊增祥认为应详记大过一次⑤。

但是,樊增祥某些做法却颇令人匪夷所思。镇安县陈善禄生前欠祝隆炽等人钱款,被差役及祝隆炽派遣的铺伙罗汉文追索,陈善禄失足溺亡。陈善禄弟弟陈善祥报案请验。该案本与罗汉文等人无关,但镇安县前任姚县令未验尸即管押罗汉文等人。差役石贵、陈善祥向祝隆炽等索钱到手后,姚令应陈善祥的请求免除验尸,却不放被关押的罗汉文等。姚令后来因迫于外界压力佯装追责差役。但所追究的书役并不是索取钱财的人,索

① (清)樊增祥:《樊山政书》卷六《批咸宁县刘令自理词讼月报清册》。

② (清)樊增祥:《樊山政书》卷十《批西安府详》。

③ (清)樊增祥:《樊山政书》卷十八《批长安县详》。

④ (清)樊增祥:《樊山政书》卷五《批商州张护牧家骥详》《批山阳县刘令禀》。

⑤ (清)樊增祥:《樊山政书》卷五《批蒲城县陈令禀》。对该案初步探讨可参见张小也:《"吃醋始知酸,有妾始知难"——清代一夫多妻家庭的矛盾与狱讼》,《中国社会历史评论》第四卷,商务印书馆 2002 年版,第 146—150 页。

取钱财的书役却未受责罚，同时仍不准许罗汉文等人取保。直到祝隆炽再次请熊、蔡二位乡绅向县衙讲情，姚县令才将罗汉文等人陆续释出。对于明显错判的姚令，樊增祥却认为他能读中国传统书籍千卷，有记诵之长，尤为可贵，故“稍宽其审判之短”，免除责罚①。

樊增祥的处理结果再度表明，清代司法裁判即使在省级高官处亦呈多样化状态，官员有时讲究按规则办事，有时突破法律按一己之意擅断。多层级的司法监控一方面或有助于维护司法公正，另一方面却可能制造更多擅断与不公。上司对州县官听讼的监督与处理影响州县官日后听讼。地方上的擅断与枉法，一定程度也是与上司监督互动的结果。

## 六、上级监督州县官听讼的局限

樊增祥上述监督方式基于地方呈报的词讼册。如果州县官一方面枉法裁判或不及时结案，另一方面却在幕友协助下，将词讼册精心制作、巧于包装，使之看似天衣无缝，则司法监督流于表面。比如，针对申送给刑部的命盗重案，论者谓，据“承问失入”“承问失出”二例，部驳议处中以承审官，即州县责任最重；审转官，即直隶州、府、道等第二次审转的官员次之；臬司又次之；督抚最轻。刑案部驳及随之而来的官员议处给地方法司带来很大压力，迫使地方官对报部刑案给予极大重视。随着乾嘉时期承审处分的日益深密，地方官应对之策也越来越高明圆滑。道咸以后，“移情就例”“移情就案”问题变得非常严重。在一些地方官看来，与其在部驳后迎合驳审意见，不如在初次具题时就把案件供看设计得天衣无缝，使案件情节看起来与所引例、案吻合，令刑部欲驳而无从下手②。案件审理的文字处理以及申送上司的文件往往由幕友代劳。张集馨任雁平道道员一职时，甚至发现前任“口钝言涩，狱不能折。斯幕（幕友斯为盛）伪作点单，捏写供词，具详完结”③。这时，受理当事人上控案件成为省级高官监督州县官听讼的另一重要渠道。与官员披阅自理词讼清册不同，受理上控案件可以让上级有机会直接接触案件实情，而非仅仅审阅经幕友语言修饰、包装的文本。户婚、田土等案件虽称自理词讼，但只要当事人不服裁决，即可上控至府、道、司、院。上级官员受理上控案件，比对上控人所在州县官此前呈送的词讼册，是发现州县官是否在词讼册弄虚作假的重要途径。

---

① （清）樊增祥：《樊山政书》卷十七《批镇安县刘令禀》。

② 郑小悠：《“部驳议处”制度下的清代刑部与地方法司》，《文史》2019年第4辑。

③ （清）张集馨：《道咸宦海见闻录》，第45页。

如陈宏谋所述:“赴上控告者,……已告而未审者,上司察核月报册内,如捏造已结,立即指名行提县承究处。如原造未完,即发签勒限十日内审结,于该月自理词讼内登覆‘某日完结’字样通报”①。乾隆时期著名幕友万维翰认为,官员批发词讼如“持论偏枯,立脚不稳”,就算案件当事人“不至上控,造入词讼册内,亦难免驳查”②。因此,上司受理上控案件,一定程度成为制约州县官司法恣意的途径,这使州县官在处理自理词讼时,面对上司监督造成潜在心理压力。但是这种对恣意的限制,取决于上司能否实力奉行监督与认真审理上控案件。

与田土、钱债案件不同,对于涉及纲常名教的立继争产婚嫁等上控案件有可能受到上司关注,同时官员更有可能引法为据。如针对李令于朱张氏和朱维保、朱维有兄弟觊业霸继一案所作的裁判,樊增祥指示富平县李令“凡觊产争继、欺孤蔑寡之案,专照争继之例”③。单纯的钱债纠纷常被官方视为细故,官员未必对此作出是非曲直分明的裁判。前述官员因严重错判受到谴责,错判的案件大都与立继争产婚嫁有关。此类案件直接关系到传统社会伦理纲常名教的维护。正如清人所言:“词讼涉于伦常者,最须加意,盖风化之原系之矣”④。徽州知府刘汝骥“遇有关风化案件,必反复批示,至数百言而后已”⑤。此类案件不仅法有明文,也深受儒家文化浸淫的官员重视,这些案件受到樊增祥高度关注当属情理之中⑥。

对于纯粹的钱债纠纷,樊增祥往往驳回上控,或仅批令县衙重新查处,很少作出裁判意见,更少因州县官员错判而对之给予责罚。比如,他先后驳回紫阳县马家骏为买卖田地钱财而提起的上控⑦、定远厅李张氏为买卖田地的上控⑧、白河县民潘裕后为数十串钱引起的上控⑨、渭南县李世德为田土官司提起的上控⑩。此如何士祁(道光年间曾任江苏元和县令)指出,

① (清)徐栋(辑):《牧令书》卷十八《刑名中·越告》。

② (清)万维翰:《幕学举要·总论》。

③ (清)樊增祥:《樊山政书》卷十九《批富平县李令嘉绩禀》。

④ (清)王景贤:《牧民赘语》,载《官箴书集成》(第九册),第651页。

⑤ (清)刘汝骥:《陶甓公牍》卷十《禀详·徽州府禀地方情形文》。

⑥ 另外,涉及白河县彭金鳌、彭贵玉立继争产案的《樊山政书》卷一《批白河县文童彭金鳌呈词》、涉及长安县逐夫夺产的卷四《批长安县民曹发有控词》、涉及婚嫁纠纷的卷七《批咸宁县民闵福成呈词》及卷七《札十二府州》、涉及家族争产的卷十《批西安府详》、涉及绝业争继的卷十《批渭南县详》等案,樊增祥都不同程度地指责原审官员误判或错判,并且提出详细处理意见。

⑦ (清)樊增祥:《樊山政书》卷一《批紫阳县民马家骏控词》。

⑧ (清)樊增祥:《樊山政书》卷一《批定远厅民妇李张氏控词》。

⑨ (清)樊增祥:《樊山政书》卷一《批白河县民潘裕后控词》。

⑩ (清)樊增祥:《樊山政书》卷三《批渭南县民李世德控词》。

不同案件类型在官员心中的轻重缓急存在着显著差异："词讼无论烦简，皆甚丛杂，而其紧要者不过数端：一为上控之案，一为伦常重案，一为斗殴伤重之案，一为近于局诈之案与命案盗案而已。命盗案例有限期，势难迟缓，其他案则见官之勤惰焉"①。

在一上控案件中，樊增祥虽对"此等极没要紧案件"未予以驳回，除对州县官员未妥善结案而引发上控表示不满外，只是指令西安知府督促三原县令及时断结，并不亲自作出裁判，亦未依据律例对知县作出相应惩治②。对上控人而言，上控本是通过上级官府施压下级衙门，实现诉求的途径。但对大部分钱债等上控案件，上级衙门并不亲自审理，通常指令原审机构再审。其结果要么原审机构维护前此判决，要么石沉大海。此如乾隆初年河南巡抚尹会一称："本都院披阅各属案件命盗等事，例限綦严，尚知黾勉办理。至于外结事件，一详之后，累月不覆，则州县自理词讼更可知矣"③。乾隆四十九年，皇帝指出：

> 乃近来民间词讼，经州县审断后，复赴上司衙门控告者，该督、抚、司、道等往往仍批交原审之府、州、县审办。在该州县等，心存回护，断不肯自翻前案。即派委邻近之府、州、县会办，亦不免官官相护，瞻徇扶同。④

因此，上级衙门受理上控案件以监督州县官司法亦长期流于形式。

## 第三节　监督失效的多维分析

从制度上而言，州县官听讼面临多层级监督及巨大压力⑤。多层级监督对积案与枉法形成一定制约，似有正面作用。然而当皇帝及其他高官(诸如尹会一、张集馨和樊增祥等)一再斥责州县官听讼不力、要求地方官清理积案时，表明多层级司法监控并未带来应有效果，方能解释诸如陕西

① (清)徐栋(辑)：《牧令书》卷十八《刑名中・词讼》。

② (清)樊增祥：《樊山政书》卷七《批三原县民刘扶九呈词》。樊增祥对三原县民苏学三的上控所作裁判与之相同，参见卷四《批三原县民苏学三呈词》。

③ (清)尹会一(撰)、张受长(辑)：《健余先生抚豫条教》卷一《饬速结案》。

④ 《清实录》(第24册)，第68—69页。

⑤ 中国法官审判时亦面临诸如终身错案追究制、人大监督司法审判、舆论监督、检察监督和上级监督等多种压力，多层级监督是否能有效消除司法弊端，值得思考。

及全国各州县官上报自理词讼清册仅有寥寥数案等弊端。

那么,何以如此?

## 一、委托—代理关系及其影响

有学者指出,滋贺秀三、黄宗智等人有关清代“民事诉讼审理性质”的研究,关注民事裁判的法律渊源与审理逻辑问题,仅集中在法律裁判与法律体系本身,某个程度上忽略了法律文化与整个社会脉络的关联,未能适当考察法律文化与国家的地方治理以及社会经济变迁的关联。而合适的研究应关照清代各地方社会下的法律与政治、经济体系之间的多重互动关系[①]。探索官僚任命及考核机制是弥补上述美、日法律史专家研究重大欠缺的一把“钥匙”。学者认为,中国古代逐级发包的任务最后落实到最基层的承包方具体实施,而它之上所有发包方都只是在传递指令和监督执行;只有基层的县官是管事的,县官之上的官员都是管人的。上级和下级政府的事权是层层发包和监督、职责高度重叠和覆盖的关系[②]。地方高官的日常政务多有近似:向下层层传达朝廷关于清理积案、维护司法公正的上谕,以及层层向下监督官员的听讼实况。在司法层面则如清人所谓:“万事胚胎皆在州县,至于府、司、院,皆已定局面,只须核其情节,斟酌律例,补苴渗漏而已”[③]。

《清史稿·职官志》谓:“知县掌一县治理,决讼断辟,劝农赈贫,讨猾除奸,兴养立教。凡贡士、读法、养老、祀神,靡所不综。”简而言之,知县有权管理一县之内任何事务。朝廷每任命一位州县官员,相当于一次性将所有地方权力委托给了州县正印官,这实质上构成(皇帝)委托—(州县官)代理关系,导致州县“一人政府”的高度集权模式[④]。但是朝廷的理念与举措中,委托—代理机制天然存在悖论:(1)代理人不应是自私的(存天理),这是应然(制度与意识形态要求)层面而言;(2)代理人多数是自私的(存人欲),这是实然层面而言。正如现代经济学假设人们的行为是追求私利的,从清代事实上看,这是多数州县官的常态。乾嘉之际的名士洪亮吉论及官员风气变化时说:

① 林文凯:《清代到日治时代台湾统治理性的演变:以生命刑为中心的地方法律社会史考察》,《“中央研究院”历史语言研究所集刊》第九十本第二分,2019年6月,第320页。

② 周黎安:《转型中的地方政府:官员激励与治理》,格致出版社2008年版,第54—72页。

③ (清)万维翰:《幕学举要·总论》。

④ “一人政府”概念见瞿同祖:《清代地方政府》,范忠信等(译),法律出版社2003年版,第334页。

往吾未成童，侍大父及父时，见里中有为守令者，戚友慰勉之，必代为之虑曰，此缺繁，此缺简，此缺号“不易治”，未闻及其他也。及弱冠之后、未入仕之前二三十年之中，风俗趋向顿改。见里中有为守令者，戚友慰勉之，亦必代为虑曰，此缺出息若干，此缺应酬若干，此缺一岁之入己者若干，而所谓民生吏治者，不复挂之齿颊矣。于是为守令者，其心思知虑，亲戚朋友、妻子兄弟、奴仆媪保于得缺之时，又各揣其肥瘠。及相率抵任矣，守令之心思不在民也，必先问一岁之陋规若何？属员之馈遗若何？钱粮税务之赢余若何？而所谓亲戚朋友、妻子兄弟、奴仆媪保者，又各挟谿壑难满之欲助之以谋利。……其间即有稍知自爱及实能为民计者，十不能一二也。此一二人者，又常被七八人者笑以为迂、以为拙、以为不善自为谋。[①]

洪亮吉指出，以他成年后的亲见亲闻，每当州县官赴任时，亲朋即帮他算计“此缺一岁之入己者若干”，这可与本节后文所引《儒林外史》中严贡生计算广东高要潘知县一年收入有万金的表述相互佐证，亦可与杜凤治的亲身经历相佐证。同治五年，杜凤治被委任为广东广宁知县，“广宁缺上游、同寅无不同声说为广省中上之地，玉翁亦言缺尚无累，……（广东）长宁（县）民情强悍，向不完粮，瘠苦异常，人皆视为畏途。（长宁前任知县宋）西堂极有才干，两年钱粮收至三年之多，而且宽猛兼施，民颇畏爱，（广东布政使）星翁奖赞至再至三，此人不日必为广东红阔州县”[②]。同治七年，杜凤治初任四会知县，巡抚问他比较四会与广宁两县的收益，杜答：“四会一年呆出息有三千金，一切办公私用度都从此出，广宁可计万金，若无意外事，安静平平过，可稍余羡，否则亦可持平”[③]。这些私密文献记录的官僚言论中，只见对职位的功利算计，无点滴“天理”之讨论。乾嘉以来，地方官赴任的普遍目的之一为实现个人利益，其所作所为甚至具有商人气质。如张集馨初任四川按察使时，称民众纳粮时被迫听任官员鱼肉、勒折浮收，“监司大员行同市井，何以表率僚属”[④]？代理人的目标之一是“中饱宦囊”。大量官员为此获取巨额收入，在同治年间，广东四会知县杜凤治“与纪石、仁

---

① （清）洪亮吉：《守令篇》，载（清）贺长龄、魏源等（编）：《清经世文编》（上册），中华书局 1992 年版，第 515 页。道光十六年，内阁奉上谕时引用山西巡抚的表述：“州县莅任之始，不问地方之利病，先问缺分之肥瘠。”《钦定训饬州县规条》第三页。此与洪亮吉在弱冠之后的听闻一致。

② 《杜凤治日记》（第一册），第 74 页。

③ 《杜凤治日记》（第二册），第 471 页。

④ （清）张集馨：《道咸宦海见闻录》，第 85 页。

山谈及高要之梁蒲贵，……宰昭文(任江苏昭文县知县)，有万余金寄归。”杜凤治的“旧日寅好”张子鸿“王补帆中丞(曾任广东布政使)最所奖拔，嗣署理增城，调署东莞，……甚能作官，名利丰收，卸东莞即假一差使归，渠自言到家，共有十万金以外。”杜凤治致仕返乡途经江西玉山，张子鸿在家乡面告：“我东莞卸事足有实现银五万两，不敢要一意外钱，均系银米羡余。得归侍奉数年，实为万幸”[①]。“尺巢大哥(杜凤治堂兄，曾任安徽泾县知县)引疾归田，除陆续用去外，实有六七万金”[②]。杜凤治写给广东盐运使周叔芸的信中道及他的部分财产：“惟一钱辅，本银二万六千元，及与姚宅伙开半当本钱九千串”[③]。杜在该信中还提及：“楚南辰沅道缺最佳，陆心农六年之久，腰缠岂止十万”[④]。当时俗语云：“千里当官只为财”，地方官普遍有着“营利性代理人”特色。

为调和及抑制委托人—代理人的利益差异，长期以来，作为委托方的皇帝及监管方的上级官员在公开场合/出版物及法制规范中，倡导“存天理、灭人欲”及儒家君子和小人的“义利之辩”等意识形态，颁发州县官为政手册[⑤]。此类观点得到了主流学者的认可和进一步的阐明。论者谓，新儒学主要包括程朱等学派。在明清时代，程朱学派既是一种有生命力的思想运动，又是国家的官方意识形态。某些清代学者把“物欲”作为受之于天的本性加以辩护，但是他们的意图仅是为了阐明天理的地位，而不是为了证明私欲。例如，陈乾初论证“道”“天理”必须在人的物欲之中方可理会。当一个人知道并发现人的物欲恰是正当的，这就是天理。黄宗羲在给陈的信中，坚持认为物欲和私欲不能如此区分，并且重申正统的新儒学观点：天理和人欲是严格对立的。陈乾初给黄宗羲的回信表明了自己的悔悟。与此相似，戴震认为，物欲是人受之于天的德性的一个方面，但戴震的目标是“仁”，并且理所当然地认为成“仁”意味着不堕入私欲[⑥]。另有论者指出，黄宗羲认为，“人欲之私”和“天理之公”是绝对对立关系，他毫不含糊地主张政治的目的是“存天理，灭人欲”。他所谓的纯粹至善的“天理之公”，从内在方面来说，就是“内圣”，即所谓无我、无私、无欲，一切都按照人当然的

---

① 《杜凤治日记》(第二册)，第632页；同上书第十册，第5075、5080页。

② 《杜凤治日记》(第十册)，第5123页。杜称自己获取的收入“仅及其三之一耳”，过于“自谦”。

③ 《杜凤治日记》(第十册)，第5440页。

④ 《杜凤治日记》(第十册)，第5442页。

⑤ 比如(清)田文镜：《钦定训饬州县规条》。

⑥ [美]墨子刻：《摆脱困境——新儒学与中国政治文化的演进》，颜世安等(译)，江苏人民出版社1996年版，第50、161—162页。

至善状态进行。因此，黄宗羲的理论没有显示出他把人的“私利”作为政治追求的当然目的[1]。陈宏谋的文章中大量充斥着新儒学“理”的概念，他与同时代的其他人一样拥护理学，把中国精英的社会道德——儒家的社会道德，变成绝对必要的事情。而理学传统倾向于把情和理、人性分离开来，认为情在人类生活中具有有害和诱使堕落的作用[2]。

“理学是一种学圣人的思想运动”[3]。这种过于“高尚”的道德追求，在任何时代，只适合极少数理想高远的精英人士。其具体要求向民众推而广之，必将形成思想的桎梏，行为的镣铐，欲望的禁锢，人格的分裂——社会充斥满嘴仁义道德、满腹男盗女娼的“假道学”。作为代理人的州县官，其正当情欲（正常物质利益）始终没有得到正式认可，也未得到法制保障，这在当时低俸禄制方面表现得最为典型。但是，常人情欲满足是一种客观的普遍存在，人为压制并不意味着消灭了情欲，而是促使官员普遍具有两面性。在诸如张集馨或杜凤治的私密文献中，追逐情欲的话语触目皆是，但在官方出版物与公开场合中，官员的言说与朝廷的宣传保持高度一致。在朝廷正统意识形态压制下，代理人只能私下通过超越典章制度的非常手段，满足个人与家庭成员的情欲，并且随着皇帝或上级官员管控能力放松而变本加厉。

论者谓，委托—代理关系中最大的问题是信息不对称问题和由此引起的隐蔽行为问题[4]。皇帝把地方治理全权委托给州县官，但无力对全国近一千五百名州县官的政务全面监督，全面下放权力的同时，意味着权力可能被全面滥用。从历史事实考察，地方官僚群体多少均存在个人逐利倾向，也即其本性有着自私的一面。此乃人性使然，却导致委托人与代理人的利益并不一致。鉴于州县政务信息不对称和地方官僚同朝廷利益的差异化，朝廷为确保长治久安，必须对此问题作出应对。方式之一是增加监督层级、监督力度及惩罚机制（比如无限连带责任[5]），以避免州县官隐蔽

---

① 张师伟：《崇公抑私：黄宗羲政治思想的主旨》，载刘泽华等：《公私观点与中国社会》，中国人民大学出版社 2003 年版，第 153—154 页。

② ［美］罗威廉：《救世：陈宏谋与十八世纪中国的精英意识》，陈乃宣等（译），中国人民大学出版社 2016 年版，第 118—119、138 页。

③ 姜广辉：《走出理学：清代思想发展的内在理路》，辽宁教育出版社 1997 年版，第 1 页。

④ 周雪光：《组织社会学十讲》，社会科学文献出版社 2003 年版，第 52 页。

⑤ 比如在道光十六年，圣上针对四川广元县典史董秉义擅受呈词一事，要求“所有失察之总督、藩、臬及该管各上司，均著查取职名，交部照例议处”。《清实录》（第 37 册），第 424 页。在光绪朝，浙江涉及审理“杨乃武与小白菜”案近百名官员因“官司出入人罪”承担连带责任，see William P. Alford, “Of Arsenic and Old Laws: Looking Anew at Criminal Justice in Late Imperial China”, 72 *Calif. L. Rev.* 1180(1984).

其真实政务信息。方式之二是设定激励机制,对政务业绩突出的州县官给予各类奖励。

包括司法监督在内的多层级监督成为中央避免地方权力滥用及枉法的机制。表面上看州县官面临多重监督的巨大压力,前述邱澎生引用汪辉祖所谓"州县官如琉璃屏,触手便碎"就是这个道理。这些严密的管控制度,易使今人信以为真。郑秦认为,清代地方设四个或五个审级,在逐级复审中,还常因故驳审、发审,增加了审转的次数。另外还有许多特别管辖,使得管辖制度更为复杂化。审级过多的直接原因是地方行政、司法合一的政权体制所为。有一级政权,甚至于有一个衙门(如漕、盐)便有一级审判,各类地方官均把断狱作为自己的职责。导致其办案效率低,案犯深受拖累[①]。委托人自己无力直接考察代理人的政务活动,因此,只能委托大量监察官员观察州县官可能的隐蔽行为,这又一次构成了委托—代理关系。为了解决监察官员在监察下级官员的过程中也可能出现隐蔽行为,产生了委托另一群监察官员的机制。多重委托—代理关系产生了巨大的行政成本。

烦琐的司法监控与叠床架屋式的监督无人负责、相互推诿、流于形式。正如学者所论:那种认为多一道控制环节便更有助于决策质量改进的观念大可质疑。多一道控制也可能意味着增加一次犯错误的机会,因为没有人能够证明或确保监督者一定比被监督者更高明、更富于道德感。监督环节的增多会带来这样的需求,即需要设置为数更多的对监督者进行监督的机制,因为监督者本身也可能犯错误,也是不可靠的。如果对每一个监督者再设置一个或多个监督者,则成本巨大,没有制度可以承受[②]。比如,杜凤治治下有周友元上控知县浮收案,本省各上级部门意见歧出,令杜凤治无所适从,感慨"小官真不可作,此事再四更变,朝令暮改,何适而可?且现在上司中堂(两广总督)与臬(广东按察使)为一路,中丞(广东巡抚)与藩(广东布政使)为一路,而周友元案,藩台郭要严办,臬台蒋要宽办,今忽中丞要宽办,中堂要严办,真不可思议也"[③]。多层级监督消耗朝廷宝贵的经费,加剧地方司法经费的不足,加重编户齐民的负担,案件处理歧见还引发了另一个问题:谁来监管监管者?如何走出多层级监管情结,探索更合理的制度建设,是历史留给今人的重要思考。

---

① 郑秦:《清代地方司法管辖制度考析》,《西北政法学院学报》1987年第1期。

② 贺卫方:《司法的理念与制度》,中国政法大学出版社1998年版,第135页。

③ 《杜凤治日记》(第一册),第266页。

户婚、田土及钱债案件虽号称州县官“自理”，但从制度要求和理论上而言，他们裁决自理案件有至少六个上级机构监控。多层级监控降低审判活动的效率，司法监控行政化强化了级别越高的官员对州县官审判拥有更大的支配权。致使下级官员对上级产生依赖，增加审判的随意性与复杂化。为避免司法风险，州县官甚至直接请示上级就个案判决作出指示，如赵鼎五亡故后妻妾争财构衅案，蒲城知县向樊增祥请求指示[①]。具有行政隶属关系性质的司法监控易制造更多擅断与枉法。

## 二、利益诉求与地方官僚的合谋

清代地方司法是具有主体思维和利益考量的官员支配的行为实践。地方官既不完全代表地方上的利益，也不完全代表朝廷（虽然他们受朝廷委派）利益，他们首先是具有强烈自我利益诉求的主体。在利益实现方面，清代肩负司法职责的地方官整体上处于什么样的状态呢？早在康熙年间，徽州有读书人在日记里私下评价其老师张绶时说：“少年作宰，举止老成，清廉方正。初莅任，甚不要钱，不徇情面……凡遇公事下乡，自办支应，不取百姓一文供给……最不可及者，一切人命、贼情，并不干连无辜，必曲为解脱。”作者特别指出：“吾邑宰官见若此者亦罕矣”[②]。这或反面表明当时一般情况是，州县官下乡办公事，费用多由百姓摊派，一旦案涉人命、贼情等，则易牵连无辜。地方官普遍向民众索取钱财，既有其个人道德品性方面的因素，更与当时财政制度欠缺及财富公私不分的特点存在密切关系。比如，在1774年年初，盐商的捐输占到清廷向四川提供的军需开支的一半还多，大盐商就像朝廷的投资经理和现金奶牛一般[③]。论者谓，陈宏谋有一个令人极不高兴的习惯就是他总将自己的“养廉”补贴用于公共事业，并且希望他的下属也这样做[④]。作为应对，军事费用和本地公共开支，地方官员都有可能被迫向民众摊派[⑤]。这使得知县获取法外收入具有一定的必要性和正当性，因之成为常态。嘉庆初年，洪亮吉指出：

---

① （清）樊增祥：《樊山政书》卷五《批蒲城县陈令禀》。

② （清）詹元相：《畏斋日记》，《清史资料》（第四辑），中华书局1983年版，第248页。

③ ［美］裴德生（编）：《剑桥中国清代前中期史》（上卷），戴寅等（译），中国社会科学出版社2020年版，第275页。

④ ［美］罗威廉：《救世：陈宏谋与十八世纪中国的精英意识》，陈乃宣等（译），中国人民大学出版社2016年版，第105页。

⑤ 比如在光绪二十一年五月，陕西兴安府饬紫阳县奖励捐资筹措军饷，张若筠（主编）：《清代紫阳县档案汇编》（上），西北大学出版社2021年版，第65—67页。

> (各省级高官)出巡则有站规、有门包,常时则有节礼、生日礼,按年则又有帮费。……以上诸项,无不取之于州县,州县则无不取之于民。钱粮漕米,前数年尚不过加倍,近则加倍不止。督、抚、藩、臬以及所属之道、府,无不明知故纵,否则门包、站规、节礼、生日礼、帮费无所出也。州县明言于人曰:"我之所以加倍加数倍者,实层层衙门用度,日甚一日,年甚一年。"究之州县,亦持督、抚、臬、道、府之威势以取于民,上司得其半,州县之入己者亦半。[①]

洪亮吉的描述与晚清小说《官场现形记》几可互相印证——"向来州、县衙门,凡遇过年、过节以及督、抚、藩、臬、道、府六重上司或有喜庆等事,做属员的孝敬都有一定数目;甚么缺应该多少,一任任相沿下来,都不敢增减毫分。此外还有上司衙门里的幕宾,以及什么监印、文案、文武巡捕,或是年节,或是到任,应得应酬的地方,亦都有一定尺寸。至于门敬、跟敬,更是各种衙门所不能免"[②]。同治年间,杜凤治因周友元上控案来省城了解按察使、布政使、巡抚及总督衙门对上控案的指示,"此番来省各宪门包即不轻,现带六百金来省,罄尽无存,尚令李芳向广聚银号暂借二百金"[③]。杜凤治路遇广东前任布政使,禀见布政使之前,其"门上大索门包各费",杜与前任布政使"谈毕珍重数语送出。门上辈又来噪聒"[④]。杜凤治初任四会知县时,罗列到任规礼的详单,涉及送道、府、三节送道署师爷、府署师爷等银两数目[⑤]。同理,本州县下属、吏役等也必须对新任州县官馈送到任规。这与卫三畏的评论大致近似:官员全都把人民看作自己利益的来源,每人都要来榨这块海绵,他们的总目标是一致的,不过程度有所不同。他们虽然出身于人民大众,但思想上没有一点点考虑到公共利益[⑥]。

太平天国之后,陈康祺曾在京城遇一位自称"作幕二十年,作官三十年,游历九行省"的老吏,指出太平天国以前各省官员索要钱物——"当时知府、知县,幸不甚知;知则劫富民,噬弱户,索土产,兴陋规,百姓更不堪命。巡抚、巡道,幸不常巡,巡则搅驿道,折夫马,斥供张,勒馈赆,属吏更不勘命,仍苦百姓耳"。陈康祺认为这个老吏观点偏激,但他只能列举袁枚等

---

① 《清史稿》卷三百五十六《洪亮吉传》。

② 李宝嘉:《官场现形记》,第 720 页。

③ 《杜凤治日记》(第一册),第 266 页。

④ 《杜凤治日记》(第二册),第 468—469 页。

⑤ 《杜凤治日记》(第二册),第 462 页。

⑥ [美]卫三畏:《中国总论》,陈俱(译),上海古籍出版社 2014 年版,第 315 页。

个别清官作为反证[①]。地方官获取的种种“法外收入”，部分用于弥补本衙门公务经费缺口，部分则用于个人挥霍和孝敬上级。乾隆四十五年，因贪腐而受审的原云贵总督李侍尧供认收受过前云南按察使汪圻、题升迤南道庄肇奎、降调通判素尔方阿、临安府知府德起、原署东川府知府张珑银共一万六千两[②]。李侍尧贪腐目的之一是为了向皇帝进贡精美礼品。从官员获利体系观之，每级官员必须层层向上分润，最大及终极的“贪污犯”即是皇帝本人。乾隆三十六年(1771)李侍尧向圣上进贡物品的礼单极其震憾，在皇帝贪欲的“感召”下，全国掀起进贡热潮[③]。论者谓，乾隆本人好大喜功，贪婪奢靡，却又一味追求所谓“仁政”，花钱似流水，还大搞蠲免，打造仁君形象，而与此同时，国库存银仍节节增高[④]。因之，单纯批评官僚群体腐败并不公正。帝国大家长以身体力行的方式，为官僚群体贪腐作了生动示范。论者谓，清廷提倡理学，作为取士立教的根据，理学成为统治者奴化人们思想的工具。理学的“理欲之辨”立下了一个违反人类生活常规的尺度，成为尊者迫害卑者的工具。理学家标榜一种无情欲的人生哲学，要人们去过类似苦行僧的生活，可是他们自己却不能率身作则[⑤]。官僚群体的公开言说(大公至正)与真实举措(贪婪无耻)之间存在两面性，这再次启示研究者：仅限于判牍文集、官箴书及典章制度的研究，以及在研究中完全无视司法能动者主观意图的深远影响，难以全面触及真实的司法世界。

官员的上述普遍行为与当时家产官僚制组织的特征关系密切。有学者认为，参考韦伯的理论，清代地方治理是一种奠基于家产官僚制组织的传统统治理性。这种组织虽然形式上有科层组织，并有法律典章试图规范成员的行动逻辑，但实际上这些典章的规范监督力较薄弱，组织成员(州县官甚至衙役、书吏等人)普遍把组织中的职位当作个人家产，私相授受公家职位与资源，不断利用权力寻租。官僚间的个人非正式关系往往比起正式职位关系更为重要。这类组织中，表面上组织成员有其规定的固定薪俸收入，但实际上却默许成员透过职务收取各类远高于正式收入的非正式规费。行政成本与收益主要由个人支出或者收取，收益扣除支出的多余部分

① (清)陈康祺：《郎潜纪闻四笔》，中华书局1990年版，第416—417页。

② 云妍、陈志武、林展：《官绅的荷包：清代精英家庭资产结构研究》，中信出版社2019年版，第117—118页。

③ 参见张宏杰：《饥饿的盛世：乾隆时代的得与失》，重庆出版社2016年版，第219—229页。

④ 葛焕礼、林鹄：《乾隆三十年的意义与不完全财政的奥秘》，《中国史研究动态》2021年第5期。

⑤ 姜广辉：《走出理学：清代思想发展的内在理路》，辽宁教育出版社1997年版，第329、339页。

留作自己的职位收入[①]。官员视官职为一份家产，拥有相应职位就意味着每年可从中获得相应收益。因此，《儒林外史》作者借严贡生的口吻称，在富裕的县，知县一年可获取万两银子收入——“我这高要，是广东出名县分，一岁之中，钱粮、耗羡，花、布、牛、驴、渔船、田房税，不下万金。”“像汤父母（现任汤知县）这个做法，不过八千金；前任潘父母做的时节，实有万金”[②]。

有学者指出，在这种家产式官僚体制之上，“大家长”（皇帝）有着至高绝对的权力，即皇帝有着干预官僚体制任何层次和过程的“专断权力”。国家规模使得家长制（家长统领）支配形式转化为家产制，即通过官僚制的官员代理皇帝掌管各地事务。而家长通过各种组织措施如科举选拔、流动、任期等来约束和确保官员的忠诚。体制的核心是“向上负责制”，体制内的官员受皇帝委托，在各地代皇帝执政。官吏表现、赏罚、任命、晋迁在很大程度上依赖其上司的评判。这种官僚体制特点意味着，组织内部的非正式关系有着极为重要的作用，其核心是由上下级间的忠诚、信任、庇护关系交织而成的向上负责制。因此，上司和下属间有着庇护关系，而这种庇护关系与各种非正式的人际关系交融起来。官员强化上下级间私人关系以降低风险，在出现问题时可以得到庇护，这些做法以官僚体制的正式制度为代价[③]。论者谓，在这个结构中，在庇护者与被庇护者的关系中负担的义务比他们在政府工作中通常承担的要多一些。这种官僚组织特色使得下级官员重在发展与上级的人际网络关系[④]，而非积极听讼或提供其他“公共服务”。

比如，杜凤治在京时曾与京官潘祖荫（曾任工部右侍郎等职务）交往密切，同治五年，杜凤治离京赴广东任知县前，与潘祖荫道别，潘告诉杜“凡出京官宰，无不索上游八行（即推荐信）去者，……况予与蒋芗泉中丞、张西山方伯（广东布政使）、郭毓六廉访（广东按察使）皆深有交谊……均可作信托

① 林文凯：《清代到日治时代台湾统治理性的演变：以生命刑为中心的地方法律社会史考察》，《“中央研究院”历史语言研究所集刊》第九十本第二分，2019年6月，第336页；林文凯：《清代法律史研究的方法论检讨——“地方法律社会史”研究提出的对话》，载柳立言（主编）：《史料与法史学》，“中央研究院”历史语言研究所会议论文集之十七，2016年，第341—342页；林文凯：《晚清台湾开山抚番事业新探——兼论十九世纪台湾史的延续与转型》，《汉学研究》2014年第2期。

② （清）吴敬梓：《儒林外史》，第46页。

③ 周雪光：《运动型治理机制：中国国家治理的制度逻辑再思考》，《开放时代》2012年第9期。

④ 周雪光：《运动型治理机制：中国国家治理的制度逻辑再思考》，《开放时代》2012年第9期。

之;将来荐信时必道及足下高才大雅、精明练达、夙所钦佩”①。杜与京官及广东省级高官的人际关系是他后来渡过仕途难关的重要因素。同治五年至六年(1866—1867),广东十多名州县官因为催科不力等因素,被摘去顶戴或撤任勒追②。相比之下,杜凤治“一年年大案迭出,目下又复罢考,情事重大,闻者皆为吐舌,省中来信均谓无不撤之理,‘办理不善’四字无所逃罪,乃蒙宪札严饬绅士从重查办,参撤教官,而予惟略带二语,宪恩何如是之厚哉!惟不要钱、不徇情、不酷不惰,到任告示之数语奉行到今。上游耳风甚长,中堂、中丞、藩宪、首府、本道府均无不深悉,得此脸面,实深感戴”③。包括杜凤治自己在内,均认为其比已撤任的州县官应承担更严重的行政责任,却成为官场不倒翁,甚至一跃为首府首县南海知县,与其说是因为他自认为“不要钱、不徇情”等因素,还不如说他一直与京官、大部分省级高官与府道官员保持极为良好的人际关系,特别是一直得到广东学政兼同乡与族人杜莲(联)大力支持。与杜关系不好的广东按察使曾面斥其:“你本来广宁公事就办得乱,语言负气,就要撤的。蒋抚台因杜学台(即杜莲)在此,不无情面,得改四会”④。在同治六年,杜莲即将调离广东学政一职时,杜凤治写信请求其“去时祈为于西狩(两广总督)处及新节(新任巡抚)处郑重吹嘘”⑤。

家产官僚制存在行政关系人缘化特色——不同层级的官员密切往来通过非正式方式强化人缘关系。论者谓,坐省家人是清代地方政治运作中不可或缺的一部分,他们的任务为致送礼物、侦探情事、打点关系、代理日常杂项事务等。他们利用与省城各衙门人役熟识这一便利条件,结交各种关系。清代地方官员升迁降调多出于上司之好恶,考课之法使地方官“但知奉上,而不肯恤下。”甚至造成守令“工于奉上而无意为民”或“知有上司而不知有民”的状态。既然命运操之于上司,地方官当然需要花大力气巴结,于是设立坐省家人专门打点迎合上司⑥。雍正朝官员王植认为:“即在直隶州大县所用不过七八人,……不用坐省之人”⑦。这至少在清中后期

① 《杜凤治日记》(第一册),第45页。

② 《杜凤治日记》(第一册),第358—359页。

③ 《杜凤治日记》(第一册),第359页。

④ 《杜凤治日记》(第二册),第519页。

⑤ 《杜凤治日记》(第一册),第408页。杜凤治拜见广东布政使时,对方“首询莲衢(即杜莲)是一家,辈分何如?又谓名字甚熟,闻留京多年,想必常见名片。”同上书第二册第506页。其从杜莲处得到极大助益。

⑥ 江晓成:《清代的坐省家人》,《中国史研究》2018年第3期。

⑦ (清)徐栋:《牧令书》卷四《用人·家人》。

已不大现实。谢振定（乾隆朝后期进士，曾任御史）认为："凡牧令事无轻重，必由道府转申，中途阻隔[1]，累月经年，且紧要事必与首府首县商通办理，往往变幻失真，串谋蒙蔽，上司殊难觉察。而外州县必有坐省家人与院司吏役及首府首县家人沟通探听，凡大宪言语、喜怒、升迁、降调，事未举而通省皆知，弥缝夤缘，无所不至，此贤否所以难辨，而错置未易允当也"[2]。谢振定的言说表明，当时坐省家人想方设法为主人打听上司及官场的一切重要细节，成为沟通上下、促成官场人际网络关系的重要节点。

以杜凤治的坐省家人为例，他在同治六年腊月二十八日收到布政使宣布将他调任四会知县的正式公文，在此前的二十一日，他曾往乡下（森洞）催科，坐省家人黄俊专差来到森洞，告知他十九日省城已公开调任信息[3]。坐省家人负责打点关系、致送礼物实例，如同治五年十月初八日，杜凤治拜见上司未带门包等小费，"叫坐省家人来订定初九全付，（上司的看门家人）始上手本禀辞"[4]。为加强同知府的关系，杜凤治设有坐府长班（家人），职能与坐省家人同[5]。杜凤治经常收到坐省家人寄来的省级官员升降等重要信息[6]。杜凤治到府城肇庆时，坐府家人伍忠迎接[7]。同治七年，广东布政使对杜凤治的政绩考核刚成初稿准备送往巡抚衙门，坐省家人黄俊即获取此秘密信息，并送信告知杜"大计已蒙卓异，保荐考语'实心任事、奋勉奉公'八字"[8]。延昌（光绪五年曾选补浔州府知府）所著地方官指导手册《事宜须知》中，将注意事项按在京、起程、到省、莅任分为四类。在《到省》条目下专门列有"分别送礼""坐省幕宾""坐省长班"等。地方官到任后除了给本省长官的见面礼，平时年节礼物需要委托专员在省城办理——"此节万不可少。亦视缺分何如耳，请定奉送关书，按月寄送修金。所有省城年节贺禀信件等事，即可拜托一并办理。"该书还称："各府俱有坐省长班。每日辕门抄，按期寄到。一切礼节，渠辈无不熟悉。初到省时，彼即迎出数里。并可令其看定公馆，伊必有一番布置。我待之如长随，不过加以词色。每月赏项，分别酌给"[9]。这与前引洪亮吉的论述一致。

---

① "隔"原文写"格"，引者据前后文意改。

② （清）徐栋：《牧令书》卷二十三《宪纲·饬吏八则》。

③ 《杜凤治日记》（第二册），第 436 页。

④ 《杜凤治日记》（第一册），第 93 页。

⑤ 《杜凤治日记》（第一册），第 134 页。

⑥ 《杜凤治日记》（第一册），第 342 页。

⑦ 《杜凤治日记》（第二册），第 485 页。

⑧ 《杜凤治日记》（第二册），第 833 页。不过后来杜未获"卓异"考评，当坐省家人错误理解所致。同上书第 836 页。

⑨ （清）延昌：《事宜须知》，载《官箴书集成》（第九册），第 14 页。

州县官与上级建构起这种稳定的社会网络关系，这种关系网可能是物质层面的(如“三节两寿”的馈赠)，也可能是精神道义层面上的(如官场相互声援)，这种关系网推动了“情欲”的实现。虽然情欲在当时的主流社会话语、国家律例与监察机制中不被认可，缺乏合法性、正当性。以“天下奉一人”的皇帝，在公开话语中往往将自己打扮成仅存天理的人物。雍正在亲自主持编定的《大义觉迷录》中称：

自古帝王之有天下，莫不由怀保万民，恩加四海，膺上天之眷命，协亿兆之欢心。……盖德足以君天下，则天锡佑之以为天下君。未闻不以德为感孚，而第择其为何地之人而辅之之理。……我国家肇基东土，列圣相承，保乂万邦，天心笃祐，德教弘敷，恩施遐畅，登生民于衽席，遍中外而尊亲者，百年于兹矣。[①]

乾隆帝自称“我列祖受天明命，抚绥万邦，颁行《大清律例》，仁育义正，各得其宜。圣祖仁皇帝至仁如天，化成久道，德洋恩溥，涵浃群生。皇考世宗宪皇帝际重熙累洽之运，振起而作新之”[②]。乾隆元年(1736)，大臣傅鼐在“奏请修定律例疏”中称颂道：“世宗宪皇帝义尽仁至之心，我皇上善继善述之政，接钦恤之传，而养万年之福等语”[③]。然而，情欲是常人的本能需求，皇帝们在现实行为中并不都是“至仁如天”“仁育义正”，远远没有达到所谓“德足以君天下”。比如，前述云贵总督李侍尧虽贪腐严重，但其贪腐目的之一是为了向皇帝进贡精美礼品，故乾隆帝认为其“最为见长且最用心”，将和珅等人拟议的“斩立决”改为“斩监候”，李侍尧后来很快被起用。两年前因私贩玉石而获罪、被抄出“极好”玉器的大臣高朴在乾隆眼中则是个反例——“高朴每次所进玉器不过九件又俱甚平常，今乃以佳者留藏家内，即此一端亦可见其天良尽丧矣”[④]。

同治年间，杜凤治在北京同一些京官及吏部、刑部、兵部的办事官员和书吏建立了交情，在广东任职时与他们保持密切往来，时有馈赠。比如在同治七年正月，“前户部右待郎宏德殿行走李兰荪同年(晚清重臣李鸿藻)、工部右待郎潘伯寅师(潘祖荫)、罗訏庭同年，均有贺年禀、信。书禀房写作，予后各自加一单片，有任事并送炭敬。……叔云(杜致仕后曾任广东盐

① 《大义觉迷录》，《清史资料》(第四辑)，中华书局 1983 年版，第 3—4 页。

② 《大清律例》，田涛等(点校)，“御制序文”第 4 页。

③ 《大清律例》，田涛等(点校)，“奏疏”第 15 页。

④ 云妍、陈志武、林展：《官绅的荷包：清代精英家庭资产结构研究》，中信出版社 2019 年版，第 121—126 页。

运使）信中托其于各峰（京城各衙署主官）处通殷勤，并往拜李、潘二君言事。……送潘伯寅师炭敬八十两，送李兰荪同年炭敬六十两，送罗訏庭同年炭敬三十两，送周叔云同年炭敬三十两”[①]。这种关系成为他重要的人脉资源，如杜凤治称同治年间广东新宁县卸任知县王宝铭（字厚山）“已派京饷差带引见，……桂峰即谓后山（指杜凤治）留京十三年，各署科房极熟，厚山即求作函托之，予允之”[②]。甚至上司也要托他打通北京的关节，杜凤治记载，“王道（王道台）告郑（郑心泉，曾任副将、总兵）谓予部中甚熟悉，故托予去写信打点”[③]。杜凤治得知督抚把自己列为调补广东首县南海知县的候选人后，立即疏通活动，顺利得到吏部的同意。在广东，杜凤治同两广总督瑞麟的亲信方功惠建立了交情，得到瑞麟信任[④]。

论者谓，在非私人的制度中掺进私人关系，这一趋势在社会交往中的各个方面都有所表现。这种趋势在行政和公务中至少都被认为是发挥效率的潜在障碍，而从最坏的方面说它被视为腐化的根源。这样结合起来的私利能够破坏行政中的公益或者商业企业中的集体利益。招权纳贿、任人唯亲、裙带关系以及所有馈赠和小恩小惠，是中国官场的通病[⑤]。多数州县官基于利益动机，想方设法同上级官员建立人际关系，化解仕途风险，致司法监控效果有限[⑥]。蒲松龄（生活于顺治、康熙朝）在《聊斋志异》中叙述范生被贪暴的卢龙县令赵某杖毙，永平府名士张鸿渐应范生诸同学之请，代作上控部院的诉状草稿。“赵以巨金纳大僚，诸生结党被收，又追捉刀人。”张鸿渐被迫逃亡，数年后偷偷返乡，向妻子问及当年讼狱，“始知诸生有瘐死者，有远徙者”[⑦]。经典文学的这一叙事亦表明，基层官员司法专横可能受到当事人或亲友上控的风险，但是，官员以大量钱物同上级建立紧密的私人联系（“巨金纳大僚”），不仅免除上级监管的责罚，甚至愈加司法

① 《杜凤治日记》（第二册），第455页。杜致仕后忆及在任时，每年送潘伯寅千两银子（“每年送伊千金耳”），参见上书第十册第5219页。

② 《杜凤治日记》（第一册），第249页。

③ 《杜凤治日记》（第二册），第568页。

④ 邱捷：《晚清官场镜像：杜凤治日记研究》，社会科学文献出版社2021年版，第28—29页；张研：《清代县级政权控制乡村的具体考察——以同治年间广宁知县杜凤治日记为中心》，大象出版社2011年版，第103—104页。

⑤ ［美］费正清等（编）：《剑桥中国晚清史》（上卷），中国社会科学院历史研究所编译室（译），中国社会科学出版社1985年版，第107—108页。

⑥ 反面事例，同治年间杜凤治与按察使蒋超伯关系不好，“为积案不理事，臬司又记予大过三次。”《杜凤治日记》（第一册），第347页。

⑦ 参见（清）蒲松龄：《聊斋志异选》，李伯齐、徐文军（选注），人民文学出版社2006年版，第295—298页。

专横。

学者认为，就每一级政府官员命运而言，直接上级而不是最高层有决定权和处置权，这种安排容易导致相邻的行政层级之间串谋，便于他们共同对付上级，加大上级监督的困难。因此，实际上州县官拥有巨大的权力[①]。具体而言，州县官虽由朝廷初始任命，天高皇帝远，日后决定地方官升降奖惩的信息来源却由其所在地方的上级提供。如瞿同祖指出，在所有省份，每三年一次"大计"，对地方官的政绩进行评估，均由其直接上司——知府、直隶州同知或分巡道写出，呈交给布政使和按察使，二者再附上他们的评语后呈交给总督或巡抚，督抚将核定后的评估意见上交给吏部[②]。论者谓，各省巡抚既是现任行政首长，又是考评官。他们拥有推荐官员出任本省具体职位的特权，甚至对于按行政法规定在他们举荐范围外的领域，他们也会为扩张自己的任命而努力，因为这种权力对他们建立个人的权力庇护网络至关重要。《大清会典事例》表明，从道台到知县的所有职位中，至少有百分之三十是可以由他们推荐而得到任命的[③]。

有研究者以乾隆十六年至十七年各省督抚的人事申请为例指出，督抚的申请合计105件，其中涉及知县"就任、调动、升任的员缺"的为五十七件。乾隆皇帝支持督抚的事例有三十八件，令吏部审议后上奏的事例有六十二件。在第一历史档案馆所藏的吏部题本以及《明清档案》所收的题本中，可以发现针对督抚的《规定》人事、破例人事的申请所提出的题本总计三十三件。其中批准督抚申请的有二十四件，反对的有八件。而对该吏部题本的乾隆皇帝的硃批，督抚及吏部的意见一致，乾隆皇帝也予以支持的事例为十八件。若督抚的申请与吏部的意见对立，乾隆皇帝支持督抚的事例有四件，支持吏部的事例也是四件。地方官人事中吏部可涉及的部分在变少，督抚和皇帝两者间决定的地方官人事的比例在增高[④]。由此可见，督抚对州县官的仕途影响极其重要。论者谓，从雍正年间起，清初的铨选规则改为以督抚保举具题为主。尤其是冲繁要缺的选拔，督抚的发言权极大。而临时的差委署印，更由督抚全权指派。相对于道府一级的官员，州县官在一省之内工作的时间更长，对本省上司的依附性更强。除了地方

① 周黎安：《转型中的地方政府：官员激励与治理》，格致出版社2008年版，第65—66页。

② 瞿同祖：《清代地方政府》，范忠信等（译），法律出版社2003年版，第60页。

③ [美]孔飞力：《叫魂：1768年中国妖术大恐慌》，陈兼等（译），上海三联书店1999年版，第259—260页；邱捷：《晚清官场镜像：杜凤治日记研究》，社会科学文献出版社2021年版，第109页。

④ [日]山本一：《从督抚人事任命看清王朝统治的一个侧面》，孟烨（译），《法律史译评》（第八卷），中西书局2021年版，第359—361页。

官、幕两系统都存在上下一气、人身依附性过强的问题外,清代议处制度设计的连带性过强,也容易造成地方官内部上下遮掩,官官相护的局面[①]。

这种机制使得地方相邻级别官员多基于自我利益而合谋。这方面的事例甚多,比如道光二十七年(1847)林则徐升任云贵总督时,仅收下张集馨送的贺礼。林与张交往甚密,林私下向张泄露其不久必升迁的机密信息,因为"去年密考,余曾切实言之矣。"两个月后,张果然升任四川按察使[②]。张集馨与四川总督琦善颇有交情,道光二十九年琦善回复军机大臣关于对四川布政使陈士枚的考察时,认为陈士枚在清理款项方面才能不如张集馨,事后,琦善将此密奏私下向张泄露[③]。相反的事例,比如《官场现形记》叙述江西玉山前任知县"性情却极和平;惟于听断上稍欠明白些。因此上宪甄别属员本内,就轻轻替他出了几句考语,说他是:'听断糊涂,难膺民社。惟系进士出身,文理尚优,请以教谕归部铨选。'本章上去,那军机处拟旨的章京向来是一字不易的,照着批了下来"[④]。如果地方官员依法办事,不打算在上下级的人际关系中投入足够精力和物力,很难在官场生存。《儒林外史》也有类似生动实例。比如杜少卿家里,"到了他家殿元公,发达了去,虽做了几十年官,却不会寻一个钱来家。到他父亲,还有本事中个进士,做一任太守,——已经是个呆子了:做官的时候,全不晓得敬重上司,只是一味希图着百姓说好;又逐日讲那些'敦孝弟,劝农桑'的呆话。这些话是教养题目文章里的词藻,他竟拿着当了真,惹得上司不喜欢,把个官弄掉了"[⑤]。官员努力强化同上级的人缘关系,则有助于晋升。

地方官僚群体共同合谋,造成了向上传递的信息不对称,其之所以成功,在于地方官僚群体并不对辖下民众负责。包世臣讨论地方官对命盗与词讼不同态度时深刻指出:"州县莫不以获上为心,常有上司指为能员,而民人言之切齿者。"[⑥]这一深刻洞见道出官僚组织机制的常态,挑战了现代法律史专家一厢情愿对地方官"公平"或"爱民"的假设。除了官员"激变良民"之类的极端事件,辖下民众纵然掌握了地方官僚群体真实的州县政务信息,如酷刑、枉法或违例催科等,但这些真实信息并无有效上传至皇帝的常规渠道。就算当事人成功京控,将案件呈送御前,案件大概率仍被发回

---

① 郑小悠:《"部驳议处"制度下的清代刑部与地方法司》,《文史》2019年第4辑。
② (清)张集馨:《道咸宦海见闻录》,第85页。
③ (清)张集馨:《道咸宦海见闻录》,第107页。
④ (清)李宝嘉:《官场现形记》,第76页。
⑤ (清)吴敬梓:《儒林外史》,第328页。
⑥ (清)包世臣:《齐民四术》,第252页。

本省重审，再次被置于本地官僚群体的掌控范围之内。因此，民众对官僚群体在仕途方面的升降奖惩基本上不产生什么影响，更无力优化诉讼制度。皇帝“以一人治天下”，官僚群体层层向上、最终向皇帝一人负责。只要地方官的负面政务信息不被层层揭发，官僚群体间合谋的做法就可以长期持续，皇帝是唯一受骗者，受害者则是民众。就算因为一些极端事件或特殊原因，皇帝揭开官僚群体合谋的冰山一角，他也只能选择性地惩处个别官员，无力鉴别所有政务信息，惩处所有违法官僚。在地方官僚群体上下级间共谋作用下，下级可以获得超越典章制度的更多激励，减少依据典章制度带来的惩处风险。这种趋势缺乏有效阻断的方式，地方社会治理必然日趋恶化。

### 三、官僚组织的惰性与制度优化动力的缺乏

根据国家典章制度，州县官面临各上级官员的监督考核机制，这个机制带来未来仕途升降的高度不确定性。新入仕的官员未来仕途要顺风顺水，就必须模仿官僚群体中“成功”的行为与做法。模仿的前提是宦海风险极其巨大，为减少这种不确定性，效仿那些“成功”官僚的做法，成了州县官为政的重要主题。严厉的处分则例和连带责任为州县官隐瞒地方真实政法信息提供了反向“激励”。论者谓，清代在推行逐层审转时，对于官员的问责有类似连坐一样的严苛要求。审转链条上各级官员一旦出现错案都须承担责任。清代通过连带机制，追究审转程序相关责任人的法律责任，起到了加强监督的作用，但同时一荣俱荣，一损俱损，如果被追究范围缺乏合理界定，则难以避免出现上下级间相互回护与逃避责任的现象[①]。在信息不对称的前提下，拥有基层真实政法信息的州县官同本省各上级官员合谋，可以有策略地损害皇帝的政治利益，比方过度催科、枉法裁判或拒绝听讼以满足私利，代价是影响地方社会稳定，直至导致朝廷统治的终结。在州县官的各类政法信息中，有的比较容易量化和评估，比如催科，且直接关系国家机器能否正常运行的物质基础，因此易成为州县官为政的优先事项。但多数司法活动不易量化评估，或难以被朝廷觉察其中的问题（比如是否及时依法审结案件）。就算一定时间内出现了诸如积案现象，也不会导致国家机器马上停止运转。朝廷虽然不断呼吁地方官要及时处理积案，但并未洞见问题背后的社会原因，无优化制度的任何动力，司法领域之弊病日积月累。

① 史志强：《冤案何以产生：清代的司法档案与审转制度》，《清史研究》2021 年第 1 期。

家产制官僚制导致监督者的监督易被虚置，本省不同级别官员甚至通过集体违法实现“集体安全”。比如道光二十八年，四川犍为县已撤县令朱在东被查出亏空款项达九万余两白银，其扬言历任将军、院、司、道、府等均收受馈送，且手握证据，欲以此京控，致总督琦善无从下手，最后仅以降职从轻处分[①]。嘉庆五年，皇帝再次饬令各地官员及时审结自理词讼时认为，“地方有司词讼纷繁，其历年积压者，更不知凡几。州县惟知以逢迎交结上司为急务，遂置公事于不问。……而督、抚、司、道等亦只知收受属员规礼，并不随时督察，上紧严催”[②]。皇帝对官员上下利益结盟与合谋的缘由洞若观火，面对整个官僚组织的积习却无可奈何。

嘉庆十二年，在接到金光悌奏称江西积案现象严重后，皇帝认为巡抚、两司大员受其委任，今吏治疲玩，应示以惩儆。该省高官除景安、温承惠、张师诚等或未经到任，或到任未久，不必惩处外，秦承恩在该省巡抚任内最久，先福久任布政使，又屡维护巡抚，二人均应交吏部议处。秦承恩与先福是相邻层级官员相互串谋的典型。皇帝饬令“每督、抚莅任伊始，即将该省未结之案，通行详细查明，究有若干起。一面设法赶办，及早清厘，据实具奏，以便酌核办理”的要求难以见效，原因在于新任督、抚上报本省前任未结案件时，不得不考虑自己在其他省任职时同样可能存在积案问题。为避免彼此相互“揭短”、一损俱损，官官相护成为最优选择。皇帝又指出：“但该督、抚等又不可因江西省现因查出积案太多，各罹处分，遂不核实奏明，以多报少，更蹈欺饰重咎”[③]。恰表明皇帝的隐忧不无道理。同年，嘉庆帝在上谕中指出：

> 温承惠到直隶省后，查明直省积案甚多，将藩臬两司奏闻参处。而其前在福建巡抚任内，本衙门即有未结之案。现经张师诚奏查，将来亦应惩处。……张师诚既知查明旧时积案，设法清理，务当言与行符，……切不可始勤终惰，徒托空言，以致将来尘案累累，久而愈积。一经后任查奏，又为温承惠之续也。[④]

至嘉庆二十四年，温承惠终于被新任山东臬司童槐奏报滥禁无辜，清

① （清）张集馨：《道咸宦海见闻录》，第103—104页。
② 《清实录》（第28册），中华书局1986年版，第809—810页。
③ 《清实录》（第30册），第287—288页。
④ 《清实录》（第30册），第397—398页。

理积压案件严重不力，温承惠因此被革职，发往伊犁效力赎罪①。查处者被他人查处，他们的教训启示其他地方高官相互隐匿司法弊政，跨省司法监控难有收效。道光十九年，给事中袁玉麟奏称，近来外省于上控各案，延不亲提，以致纷纷京控，原因在于官员间碍于情面，甚且收受陋规，为所挟制。江西广信府向有提案规礼，各下属每年馈送本府自一千两至数百两不等，一受此规，遂碍于提审控案，州县自理词讼，本有填注环簿，呈送府、州查销及巡道稽核之例，各省全不奉行。为此，道光帝下令江西等省督抚查核。事后，江西巡抚奏称不存在上述事情，遂不了了之②。

上级监控州县官司法审判不力，同下级承担连带责任，如前文所引《钦定吏部处分则例》，州县官所立号簿将自理词讼遗漏未载、不明白开载案由、有心隐匿、或将未结之案捏报已结等情况，巡道、府州如不查揭，应受到行政处罚，这易使地方官僚集团整体规避法律。此如学者所述，清律规定，捕役诬良为盗，上至州县、督抚都要负责任，此种规定甚严，一旦动辄得咎，整体性的回护规避不可避免③，多层级司法监控的制度设计常常落空。论者以“叫魂案”为例，乾隆即位一开始，力图从各省获得秘密的人事评定。如果督抚们因害怕引起不满而不愿在公开的渠道对自己的下属做实事求是的评价，或许通过宫廷奏折提出秘密报告，会使他们感到更安全。但地方高官现场勾结共谋同样败坏了机要报告制度。乾隆发现他的行省官僚们在考评属下时会碰头会商，以弥合异见，这样就剥夺了他本人获知不同意见的机会④。再以具体官员仕途经历为例，如前引文献所述，道光至咸丰年间，张集馨在山西、四川（特别是在遂宁、仁寿、犍为、金堂、南川等县）等地发现大量州县官听讼时严重违法违规。但是，张集馨除了年谱中私下批评这些违法者外，作为上司他极少依职权给予惩处，亦未依法律要求向上级揭发⑤。而作为按察使，监察、纠举违法下属本属其职责。

同样，虽然樊增祥曾多次谴责州县官在词讼册中故意少报案件、胡乱判案，但他从未依据诸如《钦定吏部处分则例》提请中央惩处州县官。如前所述，现实中存在串谋的激励机制，州县官讨好相邻上级（以此类推）。有时情况相反，下属对上级的评价也有可能影响上级的升迁。比如，咸丰帝

① 《清实录》（第32册），第783页。

② 《清实录》（第37册），中华书局1986年版，第1146—1147页。

③ 李凤鸣：《清代州县官吏的司法责任》，复旦大学出版社2007年版，第202—203页。

④ ［美］孔飞力：《叫魂：1768年中国妖术大恐慌》，陈兼等（译），上海三联书店1999年版，第264—265页。

⑤ （清）张集馨：《道咸宦海见闻录》，第45、95—97、98—100、101、104、112、114页。

问新任福建布政使张集馨:“道府贤否,问他所管属员必不肯说实话,汝等何以知之?”张提出的方案是:“全在多问,问此人,又问彼人,互相印证,再考察其公事之是非勤惰,即可知其大概”[①]。这种政绩考核机制进一步促使相邻上下级官员结成利益共同体。输送陋规,下级官员对上级官员的“三节两寿”表达“心意”,成为决定仕途晋升的关键。同治年间广东四会知县杜凤治记载,“道台官太太初一生日,府官太太十二日,拟后日差潘升上府,两处俱送礼”[②],称“遣陈坤赴府送新府尊蒋到任礼。又带去方道宪十六日太太生辰礼”[③]。杜凤治在日记中记录甚多类似细节,并获得巨额回报——他成为广东官场少有的“不倒翁”。作为常态,上级官员庇护下属,甚至应州县官请求,将上控案发回原审,以免影响其官声。

州县官与其上司之间并非没有紧张关系,但是这种紧张并没有导致体制变革,其原因如瞿同祖所述:所有这些集团都在现行体制下获得了最大回报,惟一例外是普通百姓[④]。普通民众摆脱困境的最佳办法,就是脱离百姓阶层进入仕途,向上攀升,在现行体制下获得最大收益,同时转化为支持与维护现行体制的稳定力量。地方官僚组织特征决定了州县诉讼制度的优化长期缺乏内在动力。如果放宽视野,将发现包括州县官在内的官僚群体,有着很强的惰性。论者谓,道光帝认为中英南京条约签订是“永绝后患”的方法;没有一个军机大臣为变革起过非常必要的促进作用;一些沿海总督全都对改革漠不关心;这种政治—制度上的惰性也表现在沿海省份的巡抚和高级军事将领们身上[⑤]。因之,对优化基层诉讼制度这种时人或视作“鸡毛蒜皮”般的细节,官僚群体不可能有改革的动议。

在司法监控方面,虽然清代诸多皇帝早已洞察其中的问题,却又无可奈何。社会精英不断加入这个体制,为之源源不断地注入新鲜力量。这种缘于官官相护结成的利益团体在中央要求彻查自理词讼的弊端时,大事化小,小事化无。相反,那些严格遵照中央政令、突破陋习清查积案的官员,因危及官员集体利益而易成被攻击对象。比如,前述嘉庆年间山东按察使童槐在任一年,审结此前二十余年积案千余起,并审结本任内积案一千八百起。此后这位按察使招致中外忌嫉,最后在通政使司副使任内被旧属攻

① (清)张集馨:《道咸宦海见闻录》,第 260 页。

② 《杜凤治日记》(第二册),第 665 页。

③ 《杜凤治日记》(第二册),第 952 页。

④ 瞿同祖:《清代地方政府》,范忠信等(译),法律出版社 2003 年版,第 338—339 页。

⑤ [美]费正清等(编):《剑桥中国晚清史》(下卷),中国社会科学院历史研究所编译室(译),中国社会科学出版社 1985 年版,第 153 页;茅海建:《天朝的崩溃:鸦片战争再研究》,生活·读书·新知三联书店 2014 年版,第 546—574 页。

击，吏部议处降四级调用[①]。

巡抚或总督这样的地方高官被要求派出监督者，如派分巡道考核州县官听讼实情，或朝廷委任新的监督者，比如派御史考查巡抚或总督监督州县司法的效果，或直接派钦差大臣到地方审案，其随行人员所有公私开销无不需要地方衙门支付，随从甚至对民众的需索无穷无尽，成本极其惊人。道光十九年，张集馨叙述刑部尚书隆云章等前往山西审案时称："向来钦使将次到省，首府即出具领结，赴司请借办公银二万两，事毕摊派各属归款，大约每次摊派俱在三五万金。近来星使皆不肯受盘费，俟到京后会兑送宅，历来如此"[②]。道、府衙门委派人员下县监督州县官，同样给基层官员增加经济负担。如道员、知府委派陈教授查清杜凤治处理本县士绅闹考一案，知府衙门写信给杜，称"陈老师系道、府特委之员，火烛、程仪务恳从丰"[③]。杜凤治苦不堪言，在写给广东学政的信提及："账房如洗，若委员来又须大费，务乞矜全"[④]。针对上司委派人员查办闹考，杜认为："委员络绎，闻道宪奉委亦要来，予又费去不赀，两俱受累，何苦乃尔，心甚恨恨"[⑤]。陈教授回府时杜送其程仪四十元、看卷干脩廿元[⑥]。其结果，便是朝廷（或各上级衙门）只是选择性地惩治那些司法监控严重不力的某些官员，并持续下发各类催促地方官公正审案、清理积案的上谕（或告示）。这种上谕（告示）是否能够收到效果，最后皇帝本人也深表怀疑。嘉庆帝在位时多次发布饬吏治而清庶狱的上谕，但是就算是他也无可奈何地感慨这些上谕到了"督抚衙门，一览了事，束之高阁。予可欺，天可欺乎"[⑦]？

面对广土众民，朝廷不易获取地方司法方面的信息以监督州县官。乾嘉以降，皇帝逐渐开放京控渠道，目的之一为"以达民隐"，获取地方官真实治理政绩及监督其及时依法结案。虽然朝廷受理京控可能得悉民隐，但是民众京控各有诉求，并不会刻意迎合皇帝的政治目的，夹杂于其间的，是数不胜数的夸大其词、诬告或者纯粹的子虚乌有。要从京控中剥离出那些足以传达"民隐"的信息，作为正式司法监控制度失灵后的替代，则大大增加中央九卿的工作负担，就算是这样也无法实现皇帝初衷，于是中央只好限

---

① 文献称其"自此招中外忌嫉，……被旧属诬讦，吏议降四级调用矣。"（清）陈康琪：《郎潜纪闻初笔二笔三笔》（下），第341页。

② （清）张集馨：《道咸宦海见闻录》，第48页。

③ 《杜凤治日记》（第一册），第354页。

④ 《杜凤治日记》（第一册），第364页。

⑤ 《杜凤治日记》（第一册），第367页。

⑥ 《杜凤治日记》（第一册），第381页。

⑦ 《清实录》（第32册），第67—68页。

制京控。与命盗重案有异,自理词讼当事人上控或京控,其结果大都不外乎发回原审机构或原审机构上级(府、道、司、巡抚、总督)再审,这使当事人的行动失去价值。综此,清中后期皇帝希望通过开放京控渠道以达民隐,侧面监控地方官司法,效果有限。

清代司法监控并非基于上级官员法律知识的权威,而是基于长官的行政权威,这种监控行政等级特征明显。州县官司法活动深嵌于行政管理体制,与行政不存在职能分工,行政管理体制在衙门履行司法职能时起决定性作用。作为行政事务的一部分,上下级审判时存在着行政意义上的隶属关系,即指导与被指导、监督与被监督。上级衙门对州县自理词讼的监督呈现浓厚的"人存政举"特色,监督是否有效取决于某一特定上级官员的治理能力、责任心、自身素养等个性因素。因此,司法实践的良性发展与某一清官或"能吏"密切相关(如樊增祥)。

在清前期,皇帝对地方官好收词讼的批评以及对京控渠道的压缩,其自身直面京控的压力有限,督促地方高官监控州县官司法的力度不大。清中后期,司法弊端加剧最高统治者自身合法性的危机感。嘉庆十五年,皇帝接到御史关于州县司法奏报后指出:"迨负屈小民屡次呈催,犹复辗转悬牌,拘传守候。致胥役从中讹索,人证等被累无穷,实为怠玩恶习"[①]。皇帝扩展京控渠道"以达民隐",强化作为天子的统治正当性,关注地方司法的及时与公正。京控渠道的扩张以致压力增大,迫使皇帝督促地方高官监督州县官及时审结自理词讼。

地方官僚群体存在专断权力(突破制度规定的权力行使)和常规权力(依据律例限定行使权力)行使之间的张力。专断权力,比方对当事人施加酷刑,向当事人索取过多陋规,有的时候完全抛弃律例规定而擅断,等等。这种权力的行使突破了律例底线,打破了常规权力的应有模式,粉碎了当事人的预期,可能给州县官带来当事人上控风险,上级谴责的风险,革职的风险或其他严厉惩处的风险。为规避这些风险,引发了地方官僚群体间的正式制度和基于非正式制度的行为之间的张力。正式制度规范了上级对下级官员的监察、考核职责与具体内容,规范了地方官僚的应尽义务。但是,一些正式制度不切实际,比如官员俸禄过低,差役法定收入根本无法养家糊口,额定差役人数难以完成政法公务的执行,州县官无法在有限时间内审结所有案件,等等,取而代之的是地方官僚群体间的非正式社会关系(如上下级间的人际网络关系)与非正式行为(如诉讼费用的存在)高度制

---

① 《清实录》(第31册),第22页。

度化、普遍化，成为地方官僚体制的组成部分，这种非正式制度日渐被强化。

从法制上而言，地方司法运行受不同上级层层监督，多层监督强化了上司对下级官员的支配压力。地方官僚群体增强社会网络关系，采取各种方案应对中央法令或更高层级官员的监督，以彼此间的人际关系消解正式制度（监管机制与法律规范）带来的压力。如前引洪亮吉所述，该群体在地方上获取利益后，同上级官员层层分润，以获取他们的政治庇护。上级官员多网开一面，在监督州县官司法实践等方面流于形式，法律规定多成具文。缘于官官相护结成的利益团体，在面对中央要求彻查地方司法弊端时，地方高层大事化小，小事化无。论者谓，清代地方官司法严格责任，使地方官员动辄得咎，导致他们规避司法责任，以“讳盗不报”与“捏饰事实”之类的举措应付中央权力的监控，并使他们寻求上下级非正式人际关系的庇护。上级的庇护在关键时刻确能起到重要作用，如针对晚清河南王树汶冤案，刑部指责河南巡抚李鹤年等“明知王树汶冤抑，不能据实平反，徒以回护属员处分，朦混奏结”。这种地方官员的消极懈怠或刻意回避助长了盗贼的猖獗横行[①]。

早在康熙三十六年(1697)，皇帝发布上谕指出，“国家举行大计，原期黜陟幽明、大法小廉，以为安民生之本，所关甚重。比年以来，督、抚等官视为具文，每将微员细故填注塞责，至确实贪酷官员有害地方者，反多瞻徇庇护，不行纠参，以致吏治不清，民生莫遂”[②]。清朝建立伊始，官僚考核即有形同虚设的倾向。康熙亲政后，当时的刑科左给事中魏象枢提出：“窃惟计典，三年一举，关系吏治，实为重大。矢公矢慎，责在抚按藩臬诸臣矣。臣见顺治七年，查出大计册本，矛盾乖谬，情弊多端。各注一官，而贤否互异者有之；各具一册，而洗改不同者有之；甚至大贪举为卓异，小吏挂入弹章；虽经驳参，成何计典”[③]？有清两百六十多年，官场腐败日益体现到地方司法实践中。多数官员在司法领域逐渐漫不经心，应付了事，致生大量积案甚至枉法、酷刑以及背离律例裁决，逐渐成为地方司法中的常态，官场普遍存在逆淘汰，官员在包括司法等各方面行政治理业绩平庸化。

① 徐忠明：《晚清河南王树汶案的黑幕与平反》，《法制与社会发展》2014年第2期。

② 《钦定台规》，载张友渔等（主编）：《中华律令集成》，吉林人民出版社1991年版，第515页。

③ （清）魏象枢：《寒松堂全集》，陈金陵（点校），中华书局1996年版，第14—15页。

## 四、案件尘积的外部制约因素

皇帝发布饬令各省督抚监督州县官及时结案的上谕时，极少考虑到诸如清代两百多年来生齿日繁、纠纷增多以及司法经费有限等诸种客观制约因素[①]。学者谓，有清二百多年，财赋主要仰赖小农经济的状况未发生根本改变，随着人口压力迅速增大，为更好地安排并有效发挥王朝刑名体系，在压低成本的前提下维持较高水平的社会治安，清王朝设计了自认为齐整而高效的理想刑名体系。但这样的制度设计更多是王朝一厢情愿的理想状态，嘉道以后随着社会矛盾尖锐、州县经费不足、政权控制力下降等问题的加剧，刑名体系中地方部分率先异化，各省积案累累，人民京控不断[②]。前引包世臣分析地方官对无关考成的自理词讼漫不经心[③]。包世臣认为，命盗案件需要经过一系列审转覆核机制，地方官的审判将受到上司监督，相关评价与考核影响其仕途升降。自理词讼仅由地方官每月向上级申报词讼清册，他们有诸多机会瞒报、少报甚至不报，审结自理词讼并非决定仕途升降的重要因素。

在实践中，前引光绪九年湖北按察司发表的文件亦说明[④]，州县官处理命盗案件的审转尚顾及不暇，左支右绌，遑论自理词讼。学者谓，清代没有专门地方财政，凡是解往府、省的徒流死刑犯人，每案所用费用巨大。这些费用多系官员捐俸，或是补役、解差垫补。是以，州县中不论官、吏，出于经济考虑，也很不乐意生事，命案常嘱贿和，大盗改为偷窃。且既然需要衙役补贴公费，州县官对衙役的管理监督就要大大松懈，甚至纵容他们勒索事主，以致地方积案累累[⑤]。论者亦指出，中央要求执行审转递解以保证国家司法的正常运转，却并没有国家的正项财政支出中预留相应的款项以供专门使用，而是直接将递解执行的费用责任推向州县地方，要求地方官在州县财政内以耗羡、捐廉等方式筹措递解费用。州县将费用转嫁到了人犯等相干人等的身上，却同时付出了制度成本的代价：由于解费短缺导致递解执行中解役短缺等违例递解的行为，并因此出现人犯的脱逃事故；或

---

① 赵晓华认为造成积案问题的客观性因素有战争、人口增长等，赵晓华：《晚清的积案问题》，《清史研究》2000年第1期。本书不再详论，但她未注意到皇帝基本对这些外在制约因素视而不见。

② 郑小悠：《清代法制体系中“部权特重”现象的形成与强化》，《江汉学术》2015年第4期。

③ （清）包世臣：《齐民四术》，第252页。

④ 《清臬署珍存档案》第1册，第3页。

⑤ 郑小悠：《同级集权与纵向监督：清代法制体系的设计、权变与评价》，《天府新论》2015年第1期。

者解役在解费的筹措中上下其手，干扰司法公正，严重为害吏治；或者州县迟迟不启动案件的审理或匿报，规避了递解却导致了人犯壅滞，案件积压[①]。当时一些文件对此已有阐述，如江苏北部一带远途提解人犯质证，

> 一切舟车饭食，及到省旅费，无不仰藉有司支结。在有司不胜赔累，或至化大为小，将就完结。而邻证虑恐贻害，又必遇事调停，私和匿报，刁风日长，民困难苏。[②]

清代诉讼与司法制度虽然被迫在细节处有所调整，如清中后期出现发审局这样的新机构，但其主要是按察使职责的复制品，为督抚处理省内重大案件往来[③]，并非应对州县官清理自理词讼积案的产物。高层官员应对积案并非完全无所作为，如曾国藩注意到细化案件呈报制度，他创设了一种自认为可以"朗然在目"的案件呈报格式[④]。但这些细枝末节的点滴改革从未创造一个优化基层诉讼机制的新时代。

有清两百六十余年，人口大大剧增。人口史学家们提供了较为准确的数据：清入关不久（1650），中国人口在1.2—1.6亿人之间；嘉庆年间（1800），人口增至3亿，到道光三十年（1850），人口突然增至约4.3亿[⑤]。两百年间中国人口增加了三倍多。另有论者谓，18世纪末中国共有厅、州、县——直接与人民打交道的衙门1603个。平均一个父母官要管理20万百姓。州县的数量在清代没有什么变化，而人口却在18世纪从1亿增加到3亿[⑥]。在18世纪这一百年里，清代人口增长最为迅猛。论者谓，18世纪的经济变迁显著地加深了市场化及史无前例的人口暴增，导致土地与

① 李明：《清代审转制度运行的司法困境》，载《中西法律传统》（第13卷），中国政法大学出版社2017年版，第177—178页。

② See Thomas Frances Wade, *WEN CHIEN TZU-ERH CHI*（文件自迩集）, *A Series of Papers Documentary Chinese*, Kelly and Walsh, Limited, 2end edition, 1905, p. 146.

③ 张世明：《法律、资源与时空建构：1644—1945年的中国》（第四卷），广东人民出版社2012年版，第428—560页。

④ 赵晓华：《晚清的积案问题》，《清史研究》2000年第1期。

⑤ 何炳棣：《明清社会史论》，中华书局2019年版，第280页；曹树基、陈意新：《马尔萨斯理论和清代以来的中国人口》，《历史研究》2002年第1期；王跃生：《18世纪中后期中国人口数量变动研究》，《中国人口科学》1997年第4期。

⑥ ［日］上田信：《海与帝国：明清时代》，广西师范大学出版社2014年版，第389页。每个州县平均20万人口只是粗略统计，萧公权据官方文献认为1749年大约平均10万人口，1819年每州县平均人口增至25万，see Kung-Chuan Hsiao, *Rural China: Imperial Control in the Nineteenth Century*, University of Washington Press, 1967, p. 5.

劳力两个关键因素价格的相对转变,刺激了民众对土地的争夺与确权。这些条件使得土地边界与水权的纷争长期恶化,并与18世纪诸如抗租、赎回典卖的土地及逐佃等紧张的问题白热化息息相关[①]。正是自乾嘉之际以降,州县官面临积案压力的记载大量出现[②]。令人不可思议的是,乾隆帝在任时并非不知人口数量飞长。《清史稿》记载:"高宗谕内阁曰:'朕查上年各省奏报民数,较之康熙年间,计增十余倍。承平日久,生齿日繁,盖藏自不能如前充裕。且庐舍所占田土,亦不啻倍蓰。生之者寡,食之者众,朕甚忧之'"[③]。但君臣上下似从未考虑扩张拥有听讼权限的地方官数量,未曾给基层社会配备更多的司法资源。

论者谓,18世纪晚期的乾隆末年起,敏锐的观察家如有中国马尔萨斯之称的洪亮吉(1746—1809)、龚自珍(1792—1841)及汪士铎(1802—1889)都见证了一个明显的变迁趋势:快速下滑的生活水平和紧绷的生活压力在太平军爆发时达到顶点[④]。合法拥有案件初审权的州县官始终保持在一千五百位左右,这导致制度供给与审判资源供给严重不足。因此,绝大部分州县官及时结案日愈成为不可能完成的任务。审判资源有限又与当时的财政经费限制密切结合在一起,清后期多数州县财政状况急剧恶化。同治五年,杜凤治被委任为广东广宁知县后,提及"广省州县十有九累,大作不得"[⑤],"广东省份在京计料,以川省为第一,广东次,江南又次之。今则始知七十余州县中十有九累,不得缺则已,一经接印竟有终身挂碍不克清厘者,肇郡属下惟一广宁无累,潮郡无一不累,下数府更无论,宦海险恶,洵可危也"[⑥]。同治六年,杜凤治阅广东布政使札文,谓"年谷丰登,征收必旺,乃司库收解寥寥,明系有心观望。将欠解最多之乐昌县刘大镛、永安县阳景霁、和平县樊希元、恩平县罗德辅、东安县吴福田、西宁县倪沄、惠来县徐殿兰、新安县吴滨、始兴县常维潮等九员详请奏参,摘去顶戴,并先将刘大镛、吴福田、阳景霁、倪沄、吴滨、常维潮撤任勒追"[⑦]。同治七年,杜凤治

---

① Thomas Buoye, *Manslaughter, Markets, and Moral Economy: Violent Disputes over Property Rights in Eighteenth-century China*, Cambridge University Press, 2000, p. 5. 该书还指出,在18世纪日益复杂的经济商业化的乡村中国,地方衙门官员执行裁决的能力有限,伦理规范被侵蚀,使得许多纠纷以悲剧性的杀人而告终。参见上书第229页。

② 另有论者谓,嘉庆初年江西普遍存在积案弊端,这种现象在道光年间后成为全国通病。龚汝富:《明清讼学研究》,商务印书馆2008年版,第258—259页。

③ 《清史稿》卷一百二十《食货一》。

④ 何炳棣:《明清社会史论》,中华书局2019年版,第281页。

⑤ 《杜凤治日记》(第一册),第74页。

⑥ 《杜凤治日记》(第一册),第86页。

⑦ 《杜凤治日记》(第一册),第358页。

由广宁调任四会县，他认为："此缺劣于宁邑（广宁），每年钱粮、兵米上稍有赢余约计三千金，一切公私缴用均自此出，一西席、一厨房二事，非有二千五六百金不可，赔累定矣。宁邑岁入赢余可及万金尚不敷用，况此地乎"[①]。有论者谓，在乾隆末年，国家行政能力的削弱已经变得非常明显。地方政府机构急于获得更多的资源，开始提议对税收制度进行各种调整，希望能缓解日益枯竭的财政状况。更糟糕的是，白莲教起义迫使朝廷从1796年到1804年投入了大约2亿两军费。清朝在18世纪后期享有的所有财政上的余裕到1805年全部消失。朝廷对这些需求侧的压力的反应大多以削减成本形式出现：朝廷精简官僚职能，尽可能地削减开支，并将大量地方行政工作外包给乡镇和宗族组织[②]。大致在这段时间以降，多数州县财政紧缺，案件尘积与"官批民调"盛行一时。

## 五、既判力缺失与矛盾的最后消解

学者认为，既判力的基本含义指的是判决确定以后，判决中针对当事人请求而作出的实体判断就成为规定当事人之间法律关系的基准，此后当事人既不能再提出与此基准相冲突的主张来进行争议，法院也不得做出与此基准矛盾的判断。换言之，所谓既判力就是确定判决在实体上对于当事人和法院都具有的拘束力或通用性[③]。在清代"唯以一人治天下"的皇帝专制集权理念下，不可能存在任何既判力这样的概念，由于上下级官员的行政隶属关系，下级官员的裁决不能约束上司，特别是对皇帝没有拘束力。所有判决结果的约束力往往由于某方当事人向上级的不断抗争而降低。判决对审理者而言缺乏约束力，新任州县官可以依据自认为合适的理由，改动前任的几乎任何判决。同理，任何一位上级官员受理上控案件时也可以这样做。就算是皇帝定下的裁决，下一任皇帝也可以轻易推翻。

民事诉讼法学者指出，"司法的终局性是司法的固有特征之一。民事诉讼在各种纠纷解决方式中之所以具有不可替代而又举足轻重的地位，最重要的原因之一正在于其判决的最终性和权威性。判决的终局性促进了司法制度的可预测性和一致性"[④]。然而，终局性这样的概念在清代司法

---

① 《杜凤治日记》（第二册），第477页。

② 张泰苏：《对清代财政的理性主义解释：论其适用与局限》，《中国经济史研究》2021年第1期。

③ 王亚新：《对抗与判定：日本民事诉讼的基本结构》，清华大学出版社2002年版，第338页。

④ 齐树洁：《再审程序的完善与既判力之维护》，《法学家》2007年第6期。

体制与实践中不可能存在,如果赋予州县官或其他地方官僚终局性的司法裁判权,则意味着包括皇帝在内也要受其约束,这直接与皇帝独揽大权、一人独享生杀予夺大权的思维严重冲突。论者谓,州县听审如果不能"以理服人",上控或京控则不可避免。在官僚体制下,上司的权力优越性使他既可以支持州县判词,也可以推翻,不存在必须尊重州县判词的限制。现代司法中的既判力理论,是与司法独立、审级制和审判程序相联系的。明清州县官以地方行政首领的职权审理细故,不具有独立性,没有上诉期限的限制,当然不具有"判决的确定力"[①]。理论上,包括自理词讼在内的所有诉讼,最终都可能呈交给皇帝审理或改判。在实践中,出现过前任皇帝判定的案件,被继任者逆转。例如,针对雍正时期发生的曾静谋反案,乾隆继位后,立即推翻已故父皇的判决,指令湖南地方官捕获曾静,送往北京处决,同时要求毁灭父皇曾指令天下士人必读的《大义觉迷录》,严禁大众诵读[②]。清代司法缺乏终局性的理念,州县官的裁判缺乏既判力,任何一方当事人或后任州县官都可能轻易动摇裁判的确定力,依确定裁判形成的交易秩序和生活秩序由此可能紊乱,破坏法的安定性。

州县官的裁判往往是基于双方当事人的力量对比、退让和利益的综合衡量,未必为非黑即白式的依法判决。这些缺乏既判力的司法机制,使得当事人总是指望改变双方力量对比,家庭处境的变化,屡断屡翻或屡屡上控,长期养成相应思维和行为惯性,相当于纵容了一些当事人寄希望于滥讼、渎讼或缠讼,不达目的不罢休。乾隆初年,江西按察使的一份文件指出:"其事属细故,架题越渎;或事经久结,捏旧翻新;以及砌捏谎词,希图耸听者"[③]。在另一文件中,该按察使提及他每次逢公外出,就会有数十人哀吁他受理诉状,"及至收阅,率系田产细故,殴角微嫌,或经官断而违断渎呈,或经批结而翻新刁告"[④]。为监督州县官可能存在枉法行为,府、道、司、院等各上级机构被赋予不分时限、不分次数重新审理上控案件的权力,这实质上给官僚群体带来巨大工作量,使判决"终局性"观念没有存在基础,也是特殊司法体制"制造"积案的原因之一,助长当事人投机心态,难以

---

① 俞江:《明清州县细故案件审理的法律史重构》,《历史研究》2014 年第 2 期。

② See Jonathan Spence, *Treason by the Book*, Viking Penguin Press, 2001, pp. 239 - 247;邓建鹏:《清代"依法裁决"问题的再研究》,《四川大学学报(哲学社会科学版)》2021 年第 2 期。

③ (清)凌燽:《西江视臬纪事》卷三《禁刁告》。

④ (清)凌燽:《西江视臬纪事》卷三《禁拦舆混呈》。

养成州县官裁决的权威，适与晚清英租威海卫的司法体系成反比①。

为防止州县官司法恣意，制度上设计了多层次监督。具体以康熙朝循吏赵吉士的司法实践为例。赵时任山西交城知县，在审理一起“劣衿蠹役表里作奸事”时，同时向巡抚、布政使、按察司、督学道、太原府共计五个上级衙门汇报初审结果，并等待上级衙门的批示②。在另一起“斩蠹安民事”案件中，赵吉士共七次向按察使衙门请示案件裁判意见，四次向巡抚衙门请求裁决指示，方才结案③。晚至咸丰年间，觉罗乌尔通阿仍指出：“凡申上之文，有详有禀，有验有呈，其类不一。州、县职司民牧，申报之件，难以枚举，无论巨细，均为上司所寓目，最宜慎重”④。这种汇报案情的繁琐模式体现朝廷防止州县官专擅的高度理性，但却造成重大问题：审判资源巨大浪费；审案时间大大延长；为任意一个上级干涉司法留下空间；为诱导当事人日后上控推翻州县官裁决留下各种机缘。

这一诉讼传统在当代中国依然若隐若现。论者谓，新中国的四级两审终审制是由1954年《中华人民共和国人民法院组织法》确立。但1991年民诉法大大推动和强化对再审程序/审判监督程序的依赖，对审级制度造成严重冲击，甚至使“两审终审”名存实亡。这种状况使当事人心存侥幸，刺激他们寻求“管官的官”影响司法并期望通过重新审判而获得不同结果。更为严重的是，再审程序对司法终局性和权威性的巨大破坏已威胁到整个社会对司法的信心，从而从根本上动摇着司法的正当性⑤。上述负面法制传统对观察现代中国诉讼体制提供启示与比较对象。

依前引唐仕春的数据统计，民国北洋政府时期，全国地方厅结案率很高。这表明，清代长期困扰官僚集团的基层积案问题，至此时竟然基本一

---

① 以英租威海卫1911年一起屡屡控诉的极端案件为例，林家院村民将温泉汤河床土地所有权纠纷提交给行政官，代理行政官庭审后驳回诉讼；第二年此案诉至庄士敦，庄士敦拒绝干涉代理行政官的裁决，但建议村民可上诉至高等法庭；第三年村民上诉至高等法庭，法官认为原告证据不充分；失望的村民诉请庄士敦再审被拒；1914年村民呈请另一官员(Bourne)审理，该官员以此案已结为由拒绝受理；1915年，村民将诉状邮寄至上海英国代理法官；当年12月威海卫行政长官为此严厉批评村民滥用司法体系。See Carol G S Tan, *British Rule in China: Law and Justice in Weihaiwei 1898 - 1930*, Wildy, Simmonds & Hill Publishing, 2008, p. 209. 1913年英租威海卫当局修定“再审条例”，对再审案作严格限定。同上书，第214页。不同官员严格遵循规则，抑制村民屡断屡翻的投机心理，压制滥讼与渎讼，与清代司法程序适成对比。

② (清)赵吉士:《牧爱堂编》，第134—135页。

③ (清)赵吉士:《牧爱堂编》，第127—133页。

④ (清)觉罗乌尔通阿:《居官日省录》卷之四《申报》。

⑤ 傅郁林:《我国民事审级制度的历史考察与反思》，《华中法律评论》(总第2卷)，华中科技大学出版社2008年版，第43—68页。

扫而光!自晚清法制改革之后,西式法律正式确立诉讼正当性,官方贱讼价值取向成为无本之木,当事人得以正常诉讼,不必刻意通过健讼的"行径"使案件得到审理。同时,诉讼体制上设定三审终审制,既判力的概念得以形成,司法独立理念得到确立①,帮审员或专审员审理案件,县知事不再苦于自己一人审案,受理案件时间也不再仅限于三、八放告日等因素。至此,"贱讼与健讼"这对矛盾性结构大致被消解。但是,在晚清法制改革之前,基层司法制度从未曾革新,朝廷几乎唯一措施,不过是发布督促地方高官厉行司法监控的上谕,这些努力最后被官场内在组织结构连同外在客观制约因素消解于无形。作为官僚群体,他们多无太多动力针对诉讼中的痛点提出实质性的优化方案,比方增设听讼的官员,自理词讼两审或三审终审,超过固定时限绝不受理案件,没有充分依据绝不改变前任官员的判决。清代诉讼实践方面的成败,涉及地方官僚群体的共谋。他们面对健讼之风的各种应对和策略调整,使群体利益始终能维持大致平衡的状态。因此,除了大量的普通当事人之外,他们从中获得最大回报。统治阶层制定各种法律、发布种种上谕,似乎表达了强化司法监控的意愿,却历来忽视外部制约因素,更不可能革新官僚任命与考核机制,这或如王亚南所论:"一切官僚社会都是讲形式的,许多法律往往不是为了实行,而是为了装饰或掩饰"②。

---

① 清末《大理院审判编制法》第六条规定"司法裁判,全不受行政衙门干涉",初步确立司法独立观念。类似原则另见《法院编制法》第一百二十一条,邓建鹏:《中国法制史》,北京大学出版社 2015 年第 2 版,第 356 页。

② 王亚南:《中国官僚政治研究》,中国社会科学出版社 1981 年版,第 126 页。

# 第十章　诉讼结构的再思考

官方贱讼举措与理念对基层诉讼产生了直接影响，一定程度促成了健讼之风。地方官僚群体自身利益及当时主流意识形态是理解贱讼长期存在的重要途径。但是，无论古今，诉讼均有着内在价值与正当性，这注定了官方“无讼”的终极目标只能是梦想。大致同一时期，英国诉讼实践这一“它山之石”或可进一步呈现清代诉讼实践的特质，并为当今制度优化提供些许思考。本章对清代基层诉讼结构进行概括与总结，首先探索官员贱讼的考量与诉讼正当论的思考；其次分析形塑清代诉讼体制的主要因素；最后总结本书研究路径。

## 第一节　贱讼考量与诉讼正当性理念

### 一、贱讼存续的主客观因素

州县官的贱讼举措与主流意识形态的支配有关。论者谓，在古代中国的观念世界中，向来只有公、私两个领域。这种将“公”和“私”的观念分别归之于“理”和“欲”，并与“义”和“利”的分别、“是”和“非”的判别相关联的说法，在明清之际已经相当普遍。所谓“公”强调的是社会秩序的合理性，这种合理性是无需论证的普遍真理。当人们把这种真理引入生活世界，评骘并处置每一件具体的行为、思想与语言的时候，它对于“私”的压抑，就否定了私人情感和私人话语的存在空间。这一看上去相当高尚的思想一方面以“公”的名义对这种真理权力的滥用，特别是由于皇帝、政府以国家和秩序名义滥用权力，另一方面是处于“私”的个人对这种真理的悬置，人们常常要想方设法逃避这种不堪承受的沉重。看似高尚的绝对真理挤压着其他话语的存在空间。任何其他思想话语都被彻底剥夺了合法性与合理性，整个社会被一整套空洞、教条但是又绝对、高调的真理话语笼罩①。思想史学者的上述分析提示我们，“公”对“私”的压制，“义”对“利”的制约，使得公开言说中难以存在对情欲追求的正当表达。判牍文集和官箴书之类的公开出版物被这种高调道德话语所裹挟，官员在政法实践中的真实举措与功利意图被迫在教条式话语中雪藏，只能存在于私下交流或私密文献中。为压制当事人正当情欲，贱讼在这种意识形态支配之下固化，成为地方官僚群体司法工作上的“思想武器”。诸如“圣谕广训”向民众历数争讼之害，以劝民息讼②，《刑案汇览》中严厉打击参照律例危害性也很有限的讼师，这些足以表达了上级官僚同样的真实用意——贱讼。绝对真理的强制束缚了君臣上下的思维，导致诉讼体制长期僵化，无法与时俱进。

综前所述，州县官的贱讼举措另与客观条件的制约有关，比如，办案人手有限，多数司法经费必须官员自筹，证据鉴定技术的局限，财政包干制的影响，同时受官方自利因素的驱动——多数争讼主要涉及私人之间的利益纠纷，与官府及州县官个人并无直接利益关系。一旦诉讼与政治利益有关，如对于严重影响统治秩序的命盗重案，统治者的态度则截然相反。《大清律例》例文规定：

> 每年自四月初一日至七月三十日，时正农忙，一切民词，除谋反、叛逆、盗贼、人命及贪赃坏法等重情，并奸牙铺户骗劫客货，查有确据者，俱照常受理外，其一应户婚、田土等细事，一概不准受理；自八月初一日以后方许听断。若农忙期内，受理细事者，该督抚指名题参。③

据律例，在农忙季节，官府多不处理自理词讼，但是，若有人告谋反、叛逆，官员不受理、掩捕罪犯的话，则杖一百、徒三年。以上恰如论者所述，古代中国崇尚“无讼”、不喜狱讼，历代对于控告、起诉之事均有限制。然而，每当事关统治者的根本利益时，法律非但不限制诉讼，反而加（百姓）以控告和（官府）受理之强制性义务，从而显示出一种国家政治秩序高于一切的价值取向；而其间有关诉讼时限的规定更是进一步强化了这种价值取向④。官方功利的考虑直接影响官民对自理词讼的不同态度。

---

① 参见葛兆光：《中国思想史》（第二卷），复旦大学出版社2019年版，第349—350页。

② 《圣谕广训：集解与研究》，第24页。

③ 《大清律例》，田涛等（点校），第479页。

④ 胡旭晟：《中国传统诉讼文化的价值取向》，《中西法律传统》（第二卷），中国政法大学出版社2002年版，第175页。

贱讼抑制民众参与诉讼的热情，扩大了官方理念与民间需求的差异。不过，其实效未必如官方设想的那样。如论者谓，对于"命盗"等重大案件的片面强调，可能激励诉讼人采取"谎状""缠讼"等"小事闹大"的上控策略，从而加剧信息的紊乱。当事人往往通过"架词设讼"的方式，将原本的细故案件包装成沉冤大案，以达到"耸动"上级官府与威胁基层官吏的目的[①]。另有论者称，尽管律例中对"诬告"规定了严厉的处罚，但各级官员为了避免诉讼人的缠讼，往往采取息事宁人的调停结案，以至于诬告者在实际中几乎不再受罚，从而更刺激了"诬讼"的增多[②]。当事人健讼之举因官方贱讼而激化，反映了民众为自身利益斗争的积极方式，本质上是升斗小民对生存利益的维护或争夺，注定无法因官府单方面贱讼取向而消失。

有的诉讼行为确如官吏斥责的那样，或由无赖所为，或经讼棍教唆，或是当事人一时冲动所致，待到当事人忍过片刻，这些一时兴起的争讼自然风平浪静，因此真正值得审理的案件为数不多。但从历史长期性看，不可能总是如此。乾嘉之际，伴随人口压力增大，民众对生存资源及其他利益的激烈竞争日渐成为社会常态，诉讼数量之爆发势所难免。论者引用18世纪前期一位学者的观点，认为18世纪早期的中国人口已经超出了帝国的吸纳能力，如果政府支持的行业不能扩张，那就无可救药了。1740年，在持续一个世纪的关于如何解决流民问题的大讨论的早期阶段，大批山东饥民背井离乡，南下福建逃荒，这一事实令乾隆吃惊不已[③]。论者谓，在19世纪，大多数为钱财杀害子女的父母，在他们的供词中，"贫苦难度"等字样频繁出现。农村穷人在面临人口过剩和土地规模缩小带来的日益增长的压力时，为确保自己和家人有出路，以致杀子孙图赖人者，以此谋利，成为自保和家族生存的出路之一[④]，这意味着升斗小民的生存纷争加剧。这些个案研究并非个别现象。作为第三方观察者，1793年来到中国的英国马戛尔尼使团发现，中国百姓始终缺乏足够的工作，人口太多，超过劳动所能供养，国内各省往往出现局部饥馑[⑤]。有学者提出，尽管清代官僚们把产生"健讼之风"的一个重要原因归结为讼师的存在、讼师的教唆和包揽诉

---

① 胡震：《清代京控中当事人的诉讼策略和官方的结案技术》，《法学》2008年第1期。

② 于明：《司法审级中的信息、组织与治理——从中国传统司法的"上控"与"审转"切入》，《法学家》2011年第2期。

③ [美]裴德生(编)：《剑桥中国清代前中期史》(上卷)，戴寅等(译)，中国社会科学出版社2020年版，第243页。

④ 杜乐：《政策与对策：清代的孝道国策与虚假诉讼》，张田田(译)，《法律史译评》(第八卷)，中西书局2020年版，第384页。

⑤ [英]马戛尔尼：《马戛尔尼使团使华观感》，第33页。

讼,我们却不得不说这是极大的估计错误[①]。一些官员指望"无讼之化可坐而致也"[②]只是不切实际的空想。

以当时具体案件为例,乾隆二十九年七月冯斌诉状称:本年四月妹夫亡故,其接妹妹回家,六月以徐子文夫妇为媒,嫁于宋源,"徐琳(已故妹夫的弟弟)事后图索不遂,初七捏以'扛抢服妇'控分主,蒙准未讯。……复纠(刘)邦贵架以'扛抢定婚',亦控于左堂"[③]。此案中,冯斌妹妹夫亡仅仅两个月,即另行出嫁,冯氏之兄、亡夫的弟弟等人为争夺冯氏再嫁的财礼而发生多次争控,知县对冯氏在为前夫服丧期间违例再嫁竟也无异议。再据乾隆四十年(1775)八月王忠胡等禀文,王氏在丈夫赵文柳亡故仅八个多月,即被父亲抢去,主持定婚,收取聘礼,议定服满之后嫁给谭国钦[④]。谭国钦于同月呈交的告状称,其计划娶王氏为妻,"王登荣(王氏之父)父子主许,王氏亲受银饰手圈一对,重一两六钱,发庚无异,议定服满迎娶。"知县在其状纸上批复:"孀妇改嫁,例得翁姑并父母主婚。今王氏既系其父主嫁,潘大虽属母舅,何得混行措阻?仍俟服满迎聚"[⑤]。而据王登荣(王氏之父)同月呈交的诉状称,"母舅顾序爵……欲将女(即王氏)伙嫁与谭国乡为婚,获钱分吞"[⑥]。两则案例主要当事人(冯氏之兄、冯氏亡夫的弟弟、王登荣及顾序爵等人)无论是据当时儒家道德伦理与国家法制,还是依现代道德标准来看,都极其无耻无德。当时包含儒家道德伦理内涵的律例对当事人甚至州县官都没有什么约束力[⑦],当生存资源的竞争已然极为激烈,升斗小民逐渐完全不顾及廉耻。

随着时光流逝,这种状况日益恶劣。同治年间,四会知县杜凤治认为:"广东风俗恶劣,视财如命,不重廉耻,故抢劫夺杀事多。凡遇命案,尸亲往往置正凶于不问,而闻正凶兄弟伯(不必同胞)之有钱者,串同差役构之累之,一索再索,事至决裂犹然叮定指控,正凶远扬不问。"杜审理江亚华杀江亚汉案时,死者父亲江龙明即"专心在财,具结迟疑,似同挟制"。[⑧] 杜在一

---

① [日]夫马进:《明清时代的讼师与诉讼制度》,范愉等(译),载[日]滋贺秀三(等著):《明清时期的民事审判与民间契约》,王亚新等(编),法律出版社 1998 年版,第 418 页。

② (清)蓝鼎元:《鹿洲公案》,第 74 页。

③ 四川省档案馆(编):《清代巴县档案整理初编·司法卷·乾隆朝》(二),第 16—17 页。

④ 四川省档案馆(编):《清代巴县档案整理初编·司法卷·乾隆朝》(二),第 42 页。

⑤ 四川省档案馆(编):《清代巴县档案整理初编·司法卷·乾隆朝》(二),第 43 页。

⑥ 四川省档案馆(编):《清代巴县档案整理初编·司法卷·乾隆朝》(二),第 45 页。

⑦ 清律规定:"妻妾居夫丧而身自主婚嫁娶者,杖一百。……若居父母、舅姑、及夫丧,而与应嫁人主婚者,杖八十。"《大清律例》,田涛等(点校),第 206—207 页。

⑧ 《杜凤治日记》(第二册),第 800—801 页。

份判词中再度提及:“本县历任宁、会两邑,就所见而言,凡遇命案,尸亲往往付正凶于不问,而于凶手家族之近而有财者千方百计挤之、揹之、控之、劫之,书差助之,官之不讯者亦有听之。彼畏亡身破家,将钱买命,既遂其欲,凶犯办不办不知矣”[①]! 前引岸本美绪和苏成捷等人关于清代“买休卖休”的研究,亦可进一步佐证这种状况绝非个例。论者谓,清代中国1736—1896年间73216件婚姻家庭类刑科题本案件中,涉及买卖妻妾价格、寡妇再嫁财礼、正常婚嫁财礼信息的案件共有3119个。三千多个案件表明,在灾荒时期,妻妾易被用作避险资产而出售[②]。

论者谓:“无讼”思想实际上主要体现在中国传统文化的大传统里面,它主要代表着官方与士人阶层的宇宙观念和政治社会理想。在某种意义上,它是官方与士人阶层“话语”建构的一个反映[③]。贱讼价值取向下的无讼、息讼或厌讼理念与行动,实为官方刻意构建的语境,反映了官方对待诉讼行为的基本态度,并不等同于社会普遍厌讼或无讼的事实。在朝廷采取各种手段强势推行恐吓与教化之下,以及受儒家“无讼”意识形态影响,某些民众有可能被塑造出厌讼或贱讼的心理而远离司法领域。比如,出生于晚清的史家钱穆述及先母回忆其亡夫在日,常言生平惟一憾事,乃与诸伯叔为义庄涉讼。稍可赎歉疚于万一者,自问存心无一毫私图耳[④]。但是,当事人参与诉讼表达了对“利”的维护与争夺。这种“争权夺利”的行为直接关系到时人的生存与发展,很难仅凭州县官贱讼,道德教化而受到抑制。

自雍正朝以降,不论是身负监督职责的上级官员,还是历任皇帝,对怠于听讼的地方官,多给予斥责。这似乎表明,州县官才是贱讼的主体。但是,圣上及高级官员除发布催促州县官及时结案、积极听讼的公文外,并未在人、财、物方面给予实质性支持,亦从未认真思考州县审判资源供给与当事人诉讼需求间的矛盾。因此,我们不得不认为,这些数量繁多的公文,不过是些官样文章,表达了上层督促州县官及时审结案件的姿态而已。

## 二、贱讼与调处

论者谓,就有关诉讼的话语来看,当明清时期简约型司法体制在“制度资源”方面逐渐无法有效应对讼案日增的社会情势变迁之时,那种由宣扬

① 《杜凤治日记》(第二册),第896页。

② 陈志武、何石军、林展、彭凯翔:《清代妻妾价格研究——传统社会里女性如何被用作避险资产?》,《经济学(季刊)》2019年第1期。

③ 徐忠明:《法学与文学之间》,中国政法大学出版社2000年版,第104页。

④ 钱穆:《八十忆双亲　师友杂忆》,生活·读书·新知三联书店1998年版,第28页。

“无讼”的话语和谴责“健讼”的话语共同汇流而成的“贱讼”话语,就越来越被作为一种压制诉讼需求产生的话语资源,以用来弥补和维系其司法体制的正当性[①]。清代地方官贱讼趋势的极端表现是,将无讼作为对待处理讼案的终极目标。贱讼姿态体现官方对当事人积极参与讼案一味排斥,通过规制讼师,切断当事人获得“法律援助”的重要途径;大比例的税收解运中央,僵化的“薄赋敛”的意识形态与税收政策,导致地方衙门司法能力的局限;制度上衙门被禁止收取讼费,实际上则放任高昂讼费普遍存在,以此为契机,在舆论宣传中倒逼当事人放弃诉讼[②],等等,甚少根据具体案情权衡双方利益,以判定是否受理及作出裁决。

作为贱讼的配套机制,衙门批示大量纠纷交由村社与族长调解处理,取代司法过程下的诉讼渠道。然而,主持纠纷解决的族长并非超然于地方利益群体的中立机构,其易受到强势当事人施加的压力影响。比如,《儒林外史》记载严监生遗孀赵氏与严贡生争讼,汤知县批复“仰族亲处复”。族长严振先平日最怕严贡生,负责调处纷争时只说道:“我虽是族长,但这事以亲房为主,老爷批处,我也只好拿这话回老爷。”赵氏的两位舅爷坐着就像泥塑木雕的一般,赵老二、赵老汉才要开口说话,被严贡生睁开眼睛,喝了一声,又不敢言语了[③]。在黄岩诉状中,亦存在不少知县“官批民调”却无果而终的实例。论者另称,黄宗智将非正式调解与官方介入的连接称为“第三方领域”,但此类解决方式面对所有纠纷时并不总能成功,并且可能危及州县官的权威。如州县官过分依赖社区直接参与,他可能冒着权威被让渡给地方精英的风险。此外,在“第三领域”解决纠纷并未解决执行的问题,这使得众多纠纷通过暴力杀人这种“第四领域”的方式解决[④]。

当然,调处也有诸多成功的案例。研究者谓,在 1899 年,当温州瑞安人举行龙舟节庆时,沈岙村和岩下村在龙舟比赛中发生了激烈的械斗,造成沈岙村 13 位村民丧生。知县允许张棡进行调处。最终,他用了大概一个月的时间完成调处,并给死者家属发放了全数的赔偿金[⑤]。在杀人案

① 尤陈俊:《“案多人少”的应对之道:清代、民国与当代的比较研究》,《法商研究》2013 年第 3 期。

② 邓建鹏:《清末民初法律移植的困境:以讼费法规为视角》,法律出版社 2017 年版,第 27—28 页。

③ (清)吴敬梓:《儒林外史》,第 69 页。

④ Thomas Buoye, *Manslaughter, Markets, and Moral Economy: Violent Disputes over Property Rights in Eighteenth-century China*, Cambridge University Press, 2000, p. 215.

⑤ 郭威廷:《争讼人生:〈张棡日记(1888—1942)〉所见清末民国时期地方社区调解人的生活》,张一民(译),《法律史译评》(第五辑),中西书局 2017 年版,第 290—291 页。

中，县官依规定需将案件上报以便做进一步审查。把罪犯押送给上级官员的成本太高，拟审不当可能遭到上级批驳，加上司法积案问题日益严重，县官通常采取更经济更安全的解决办法。表面上，张棡试图避免官方介入杀人案件的做法与律例相违背，但是，这样的做法正中地方官下怀。只要能够有效恢复秩序同时减少当事人的不满，对县官来说就是可取做法。县官下令调查案件，有时可能是因为案子被报上来，或者衙役试图借此收取陋规银。但是一旦县官出面，便更能促进双方谈判，同时也增强了审讯后调处的正当性，让调解人介入解决纷争的机会大幅增加。基于此，调解人可以在重案与非重案等纷争与县官合作，尽管调解做法无可避免地改动了某些正式的规则①。温州瑞安的张棡与清末著名大学者孙诒让及清末进士黄绍箕交往密切，经常获得这两位德高望重的本地大儒支持，并长期与县令保持良好关系。因此，张棡在瑞安拥有很高声望、人脉关系及无形的“权力资源”。他多次调处成功，很大程度上依赖于这些私人关系与资源，他的调处结果拥有某种强制力和权威。综前所述，多数普通调处者远不具备张棡这种得天独厚的优势，其调处能否成功，调处结果是否能得到双方当事人的遵从，则很成问题。

明代前期里甲、老人负责乡村纠纷“初审”，这些官方指定的特定群体在本地拥有一定的权威。在清朝中后期，当村族纽带趋于松散时，负责调处的族长威信更是大打折扣。同时，国家几乎未对调处过程中应遵守的程序性规范等方面提供完备的配套制度。因此，乡保、亲邻或族长等人参与调处过程与实现的效果、调处结果公正与否容易呈现随机性与不可预测性。这是导致当事人屡经族众调处之后仍然强烈要求官府给予裁决、或更多当事人直接寻求诉讼渠道的重要原因。清代社会大量民事纠纷发展为诉讼，说明存在诸多纠纷无法依据私人调处而终结，即使经调处而平息了的纠纷，也并不意味着当事人从心理上认可、接受了这种调处的结果，而是有可能考虑到寻求其他解纷方式的成本太高，不得已屈就这种方式。尽管社会上其他非官方的解纷方式有其合理性及优越性，但若过分强调民事纠纷必须经族众调处结案甚至将之推到极致，无形中取消了公共权力的司法职能在社会中的应有作用。在这种解纷架构中，当事人参与诉讼的途径过于狭窄，很难成功地将司法途径作为其最后的要价，以此作为支撑私人利益救济的后盾，导致私人利益在这种格局中进一步难以界定。

---

① 郭威廷：《争讼人生：〈张棡日记（1888—1942）〉所见清末民国时期地方社区调解人的生活》，张一民（译），《法律史译评》（第五辑），中西书局 2017 年版，第 291 页。

潜在的司法审判与规则之治所具有的强制性、规范性和可预期性是双方当事人调处息讼的重要后盾。当调处不成时,衙门的审判流程及时介入,“运送正义”,成为事结案了的终局性制度支撑。衙门在纠纷解决过程中应处于核心地位,而非置身事外,否则将造成当事人缠讼或讼累。调处多为非正式的、关系型的纠纷解决模式,衙门的司法审判更具有正式的、规则导向的纠纷解决模式[①]。非正式的、关系型的纠纷解决模式中,每个纠纷往往要考量双方当事人的人际关系、力量对比或处境遭遇等综合因素,这种纠纷解决多具有特殊主义气质。对于州县官这一审判者而言,日常会话或者讲故事的修辞学比法律推理和法律解释的技术更重要。审判结论的生成往往基于当事人之间的人际关系和特定场域。审判适用的依据必须把“原则与例外”“此规则与彼规则”“律例与习惯”的互动关系纳入视野中。观察与判断司法过程的视角始终是多重的,恰当的审判结论往往是相对的,可因地制宜,因时制宜,因人而异[②]。它在人口较少、流动性较有限的熟人社会尚可应付自如(如直隶宝坻县),一旦在人口流动性强、纠纷频发的大都市(如四川巴县),面对大量争讼将疲于应付。

在紧缺财政背景下,受制于财政包干与成本核算压力,州县官重视民间调处等非正式的纠纷解决手段。一些较负责任的官员主要将婚田、山场、水塘或口角等案件委托给明确指定的族人、绅士或乡保等人踏勘、理明与调处,最后州县官核准是否销案,减少了调处随意性,衙门强制力的潜在介入提升调处结果得到执行的可能,有益于防止纠纷日后再起波澜。同治年间,广宁知县杜凤治审理“冯黄氏控冯彩纶争牛刎死伊庶妾李氏,外间自相和息,两造及各姻亲共具甘结,谓黄氏误听挟嫌指控彩纶,愿息事销案。”但杜凤治并未同意双方销案,他认为,“冯黄氏一女流,前则控之,后忽情甘自认,疑似误听妄控,恐有情弊。先录各供候详细查阅,明日再讯结案”[③]。杜凤治任四会知县时,审理“邝、陈二姓为门口种竹有碍风水涉讼,经本地

① 这参考了经济学家对20世纪90年代东亚经济“奇迹”的分析模型,该模型比较分析“基于关系的治理”边际成本递增、边际效益递减,“基于规则的治理”边际成本递减、边际效益递增的差异,see John Shuhe Li, “Relation-based versus Rule-based Governance: an Explanation of the East Asian Miracle and Asian Crisis”, *Review of International Economics*, 11(4), pp. 651 - 673, 2003.

② 如论者谓,官吏总在“本该”“本应”“罪当”等严格执行律例条文的面孔下,拿出“姑念”“念及”等情怀。同是讼产,可能判给当事人一方,也可能均分,还可能判给寺产、祠产、义田、义庄甚至无关的靖节堂等。同样是伤害赔偿,既可能罚戏罚酒,也可能对换物产。龚汝富:《明清讼学研究》,商务印书馆2008年版,第162页。

③ 《杜凤治日记》(第一册),第348页。

绅士调处呈请销案，当堂传讯，令各具结查销”[①]；“讯萧昌邦控谢大隆起田措勒顶价，致荒早造，断令到该处邀同绅耆地保速将田招佃耕种，毋误秋时，谢大隆恃老不惧具结遵依，押土祠”；“绅耆叶荣光、王金盛、曾士诚为胡六、胡八、胡日茂等与叶茂育讼屋一案，已调处，明日携同叶茂育递呈请销案”[②]；“堂讯东门外杂果店张亚楷、李亚带控同伴卢捷能背人潜将重货搬移入家肥己，……判令街正李方鉎会同街副将伊等账目清厘，应着落何人，迅速禀复再行核断”[③]；“讯顾棣儒与黎灿英搭伙开铺，寻分拆，顾讼黎入伊榨油房窃物，……兹事前由绅耆调处，令黎灿英出银六两补回顾棣儒，不言赔账赃，亦非赔礼，意图息事。棣儒……以银少窃多不允。兹当堂将顾所为非理及交匪类听唆、定行访拿严办等词大声呵斥，仍照前绅耆调处”[④]；“为严辛氏控李氏众妇女口争闹，……着李方鉎调处和息，口角小事，不得遽兴讼端”[⑤]。而不那么负责任的官员（如黄岩县知县）则多将其推给当事人自己找人解决，衙门几乎置身事外。这类纠纷解决模式多忽视了审判的合理化与形式化，出现衙门审判的非正式主义倾向及多数案件朝调处蜕变，未使正式的司法运作与非正式的纠纷解决流程适当区隔。

与上述“零售正义”模式不同，司法强制与“规则之治”倾向于就事论事、就法论法及类案类判，倡导“普遍主义”精神。这种“批发正义”模式的机制在面对人口大增、诉讼量增多时，具备规模效应与类案的社会示范与指引的优势。但是，州县官听讼的重点是针对个案给予恰当的解决，无意使裁决成为普遍适用的规则，供本州县或全国其他类似案件参照适用，每一个案件最终的解决总可能存在自身独特性。这样的基层裁决对其他同类型案件几乎无任何参照价值，难以为后续类似案件提供快速处理的标杆，以减少讼累。

## 三、官员听讼的必要性

虽然在解决纠纷方面诉讼并非万能，如学者所述，并非一切纠纷都适合法院解决，适合法院解决的纠纷也未必要由法官躬亲。国家从司法政策角度考虑，不应让法官大包大揽，而应将诉讼作为解决纠纷的“最后一手”。某些纠纷通过法院“依法解决”并非是最佳的方案。这不仅在于诉讼需耗

---

① 《杜凤治日记》(第二册)，第 575 页。
② 《杜凤治日记》(第二册)，第 624 页。
③ 《杜凤治日记》(第二册)，第 648 页。
④ 《杜凤治日记》(第二册)，第 648—649 页。
⑤ 《杜凤治日记》(第二册)，第 649—650 页。

费大量时间和金钱,而且“一刀两断”式的依法裁决,不利于在当事人间形成实体上的利益衡平[①]。但是,公共权力支撑下的诉讼存在诉讼之外的重大意义:诉讼可以强化其他解纷手段的适用效果。一方面,相当一部分纠纷,惟有通过以国家暴力强制为后盾的诉讼方能真正得到解决。诉讼与其他解纷手段在适用上的前后相继性,保证了纠纷在不能以其他方式解决时,通过诉讼程序加以排解的终局性——此即“司法最终解决”原则。当事人双方确知在没有官府司法强制力的干预,但有可能通过官府指导,并可以得到官府对协议的承认和确定的情况下,达成和解或协议的重要性。相当数量的民事纠纷在呈递官府之前,就由当事人双方协商解决了,这种人所共知的“在法律庇护下的讨价还价”现象说明了诉讼对于和解的积极意义。也就是说,诉讼的存在现实地提高了其他解纷手段的适用机率和适用效果;没有诉讼,其他解纷手段也将是苍白无力[②]。因此,一个超乎于民间的公共权力为当事人提供潜在的诉讼途径、作为民事纠纷的最终裁决者,同样是中国传统社会所必需的。

此外,诉讼的重要价值,如学者所述,其对民事法律的发展具有决定性影响。民事法律的“内部生命”首先是由民事审判程序来表现的。民法学界一般认为,古代欧洲的民事法律都是所谓一元化的“诉权法体系”,程序法、实体法之分只是近代法学的区分[③]。因此,王朝对待自理词讼的一贯态度直接决定了民事法律体系的难产。

州县官必须对大量诉讼作出相对合情合理合法的判决(虽然此种判决数量有限)。它有如下现实原因,首先,官府不能长期放任民众一方任意侵害另一方。明初皇帝朱元璋处理福建沙县罗辅案时曾发表一段议论:

> 人皆说人君养民,朕观之,人君宫室、服食、器用皆民所供,人君果将何以养民哉?所以养民者,在申古先哲王之旧章,明五刑以弼五教,使民知五常之义,强不得凌弱,众不敢暴寡;聚兵积粮,守在四夷;民能从化,天下大安,此人君养民之道也。[④]

---

① 何兵:《纠纷解决机制之重构》,《中外法学》2002年第1期。

② 章武生(主编):《民事诉讼法新论》,法律出版社2002年版,第11—12页。

③ 郭建:《中国古代民事法律文化基本特征概述》,《法律史论集》(第2卷),法律出版社1999年版,第53—54页。

④ (明)朱元璋:《御制大诰续编》,载刘海年等(总主编):《中国珍稀法律典籍集成》(乙编第一册),第159页。

很大程度上，王朝存在的正当性是提供“养民之道”，为社会定分止争供给制度，稳定秩序，使民众“强不得凌弱，众不敢暴寡”。州县官对大量讼案视而不见，将导致社会秩序紊乱，影响本地治安，进而威胁王朝存续。民众间利益相互侵犯同样意味着王朝整体利益受损失。美国大法官波斯纳曾分析最高统治者把针对某个私人公民的暴力行为视为对自身的冒犯，一个可能的理由是，最高统治者实际上是向公民们出售保护，交换他所征的税。一个更坚实的、基于经济学理论的理由是，杀人或伤害减少了最高统治者从受害者那里可能征收的税入，因此给最高统治者增加了一种费用。这个最高统治者在他的臣民中有一种利益，而这些减少臣民财富的行为损害了这种利益。因此最高统治者建立了一个刑事惩罚体系①。

官府若对纠纷放任自流、坐视不管，或因其提供的“司法服务”低效、腐败而大打折扣，将迫使民众寻求各种解决方案，如小事闹大，私力救济，复仇，私下和解或京控，等等，进一步恶化社会秩序。乾隆初年，江西按察使指出：

> （冤抑之民）其初不过鼠牙雀角、户婚田土细事，控之于官。官果即准即审，随断随结，应踏勘者，即行踩看；应查丈者，即为查丈。遵照例限，秉公完结，则曲直既分，讼冤即解，争角无由，又何致酿成人命？前因江省州县中之怠忽自恣者，率以不准民词，为之息事。更或混批佐杂乡保，今日一批，明日一覆，经年累月，不审不结……而不能求官一审，以断讼根。②

纠纷由起初的鼠牙雀角，最后演变为人命剧案，主要原因莫过于州县衙门未能“遵照例限，秉公完结。”江西按察使的见地洞若观火。这有相关实证为例。明代永乐至清朝道光年间，福建漳州地区械斗之风甚强，“其先由于控诉到官，不能伸理，遂自相报。彼杀其父，此杀其兄，并迁怒杀其同社，以致结成不解之仇。订日互斗，大姓则合族相帮，小姓则合帮相助，本村壮丁不足，则于外间招募，总以必死为能”③。福建地方官员对争讼持敷衍态度，无力提供司法正义，使社会秩序进一步恶化。从上述事例，及晚清黄岩、龙泉等地的司法实例可知，州县官听讼不积极或无力及时听讼、混批

---

① ［美］理查德·波斯纳：《正义/司法的经济学》，苏力（译），中国政法大学出版社 2002 年版，第 210—211 页。

② （清）凌燽：《西江视臬纪事》卷三《通札各府饬勤案件并造报自理》。

③ （清）张集馨：《道咸宦海见闻录》，第 61 页。

佐杂、乡保及亲邻调处纠纷的做法比较常见。一旦讼案的解决普遍缺乏权力机构的有效约束、管制与规范,将演化成更多的暴力性事件,从基层亲民官至天子,作为整体他们将因此丧失“为民父母”的威信,王朝统治将失去存在的正当性。

有清两百六十余年,屡见不鲜、屡禁不止的健讼行为侧面说明,官方通过道德教化之类以息讼止争的举措,不过是“剃头担子一头热”——一厢情愿。《清史稿》记载的116位循吏身故后,多半在任职当地得以入祀名宦祠,正面形象深入本地民心。比如,白登明顺治十年(1653)任江南太仓知州时,在当地“雪诸冤狱”,死后入祀名宦祠①。赵吉士康熙七年(1668)为山西交城知县,“日暮寝陶穴中听讼,”死后祀交城名宦祠②。张埙康熙十七年(1678)为登封县知县,当地“有小争讼,辄于阡陌间决之。”康熙二十二年(1683),张埙离任时,“民遮道哭,立祠于四乡,肖像祀焉”③。张瑾康熙十九年(1680)授云南昆明知县,“一省疑狱辄付瑾治,屡有平反。居三年,病卒。士民图其像藏之,请祀名宦祠”④。而其之所以获得清誉,在于他们曾及时断狱,或积极受理词讼,或平反冤狱,“送法下乡”,为本地传输正义,维护了当事人的利益。

如果当地官员能及时公正审案,反而有助于地方稳定,诉讼量下降。如雍正年间,王时翔授福建晋江知县。针对本地民众健讼之风,王时翔“曲直既判,令两造释忿,相对揖,由是讼者日衰”⑤。同样在漳州,嘉庆年间,知州李赓芸面对本地“俗悍,多械斗,号难治”的民风,他问乡约、里正为何民众私斗而不告官,乡约、里正回答:“告官,或一二年狱不竟,竟亦是非不可知,先为身累。”李赓芸向民众承诺:“今吾在,狱至立剖,有不当,更言之,无所徇护。为我告乡民,后更有斗者,必擒其渠,焚其居,毋恃贿脱。”李知州言出必行,诉讼当事人“至则立平之释去。即案前书狱词,无一钱费。民皆欢呼曰:‘李公活我’”⑥!道光十七年(1837),姚柬之任贵州大定知府,“俗好讼,柬之速讯速结,不能售其欺,期年而讼稀”⑦。

有学者分析明末清初江南一带出现“打行”(一种为他人提供私力救济“服务”的打手组织)的原因时认为,中国古代民间纠纷主要通过法律裁断、

---

① 《清史稿》卷四百七十六《循吏一》。
② 《清史稿》卷四百七十六《循吏一》。
③ 《清史稿》卷四百七十六《循吏一》。
④ 《清史稿》卷四百七十六《循吏一》。
⑤ 《清史稿》卷四百七十七《循吏二》。
⑥ 《清史稿》卷四百七十八《循吏三》。
⑦ 《清史稿》卷四百七十八《循吏三》。

邻里调解和暴力慑服等手段进行解决。以律以理不能服人，则走向以力服人。面对频繁而激烈的争讼，由于地方政府无力也不愿受理这些案件，而“乡土社会”中普遍采用的调解方式在这里又失灵，于是许多争讼只好诉诸暴力。当时出现的许多雇佣打手解决民间纠纷的例子与此密切相关①。在现代中国，当事人由于某些司法机构低能与腐败而绕开司法，出现舍弃正式法律途径去寻找按法律本该得到的公正(比如找具有社会威望的中央电视台“焦点访谈”节目主持人)的现象②。因此，官府过于强调批示争讼双方自行调处或压制诉讼，将促使一些争讼者以暴力实现私力救济，使社会秩序恶化，琐事酿成大祸。

## 四、诉讼正当论的声音与“诉源治理”

与官方普遍贱讼思维不同，崔述(乾隆朝曾任福建上杭、罗源等地知县)曾对诉讼正当性价值作过精辟分析：

> 今不察其曲直而概不欲使讼，陵人者反无事，而陵于人者反见尤，此不惟赏罚之颠倒也，而势亦不能行。何者？人之所以陵于人而不与角者，以有讼可以自伸也；不许之讼，遂将束手以待毙乎？抑亦与之角力于蓬蒿之下也？吾恐贤者亦将改行而孤弱者势必至于结党，天下之事从此多而天下之俗从此坏矣。……民之好斗，岂非欲无讼者使之然乎！逮至近年，风俗尤敝，里巷之间别有是非，反经悖律而自谓公；以斗伤为偶然；以劫夺为小事；立后则疏族与同父无殊；争田则盗买与祖业不异；推此而论，不可枚举。至于姑残其媳，弟侮其兄③，窃田禾，毁墓木，尤恬不以为怪。诉之宗族，宗族以为固然；诉之里党，里党以为固然。彼固不识字，即识字亦不知律为何物也；不得已而讼之于官，则官以为好事而里党亦共非之。是以豪强愈肆而良善常忍泣而吞声，无讼则无讼矣，吾独以为反不如有讼之犹为善也。④

据崔述的宏论，无讼实质上等同于赏罚颠倒，并且不切实际。诉讼是以和平方式解决纠纷，应认可其正面价值。陈宏谋从公共安全角度认为，

---

① 郝秉键：《晚明清初江南“打行”研究(之一)》，《清史研究》2001年第1期。

② 夏勇：《舍法求法与媒体正义》，《环球法律评论》2005年第1期。

③ “兄”原文作“师”，著者据上下文意改。

④ (清)崔述：《崔东壁遗书》，顾颉刚(编订)，上海古籍出版社1983年版，第701页。崔述反“息讼”思想研究，陈景良：《崔述反“息讼”思想论略》，《法商研究》2000年第5期。

社会纠纷如不由法庭作出判决,则只有通过私人武力甚至是大规模的“械斗”来解决;处理民讼也是一种政治行为,它使民众在日常事务中感受到国家的存在;民讼过程有至关重要的示范性,民众的是非观和法律意识正是在政府解释法律、为地方判案的过程中逐渐形成的①。包世臣认为听讼是去讼的基础,若衙门对讼案放任不管,往往导致当事人采取暴力手段维护自身利益②。方大湜也论及听讼的正面效用:随到随审,可结便毋令拖累日久,以致荡产倾家,即此便是养民。惩一儆百,即此便是教民。鲁庄公曰:“大小之狱虽不能察,必以情。”曹刿曰:“忠之属也,可以一战。”可见听讼之效甚③。同时,方大湜从诛凶惩暴以正国法的角度提出,官员听讼时应注意审限:审理大小案件均有限期。若不熟悉审限,便不知轻重缓急,必至任意搁延人证,久候既无以恤民情,凶暴稽诛,又无以伸国法,正不仅关系考成已也④。一些自诩具有仁爱之心的官员则从私人利益角度主张,及时听讼、解决私人利益纷争有助于避免小民废时失业。如刘汝骥对县民朱禀“两次拦舆泣诉,察其情形,既老且贫形同乞丐”,因此“为之恻然”。他认为“官之所谓小事者,即民间所谓大事,”要求“歙县立即遵照前批迅速办理结案”⑤。这种对待讼案的态度与方大湜类似。

遗憾的是,上述“诉讼正当论”在清代社会缺乏普遍影响,没有足够司法资源支持,“诉讼正当论”转换为日常司法实践障碍千万重。在大部分官员普遍认识与司法实践中,诉讼或争讼是人心不古、世风日下的表现。贱讼很大程度建立在官方对健讼起源(如“人心不古”)的判断上。在乾隆朝以降,官员治理诉讼的对策,重在推行道德教化,开展“普法工作”,提高编户齐民的道德水准,训令其安分守己。各地官府尤其重视宣讲国家律令、上谕、乡约等“普法工作”,令民众安分守法。康熙年间,赵吉士称:

> 自宪台莅任,善政善教既布四方,仁言仁声不遗下邑。每次宪示远颁,恳切淋漓,虽至愚读之,无不悔悟;即顽者听之,罔不感动。卑职每奉一示,除张挂外,尤恐未遍。随即发刊装刷成帙,凡乡耆里保人等,各给一本,使之父教其子,兄教其弟。每逢朔望,卑职率绅士亲为

① [美]罗威廉:《救世:陈宏谋与十八世纪中国的精英意识》,陈乃宣等(译),中国人民大学出版社2016年版,第434页。

② 参见第八章所引(清)包世臣:《齐民四术》,第246页。

③ (清)方大湜:《平平言》卷二《得民在听讼》。

④ (清)方大湜:《平平言》卷二《审案期限》。

⑤ (清)刘汝骥:《陶甓公牍》卷三《批判·户科》“歙县民人朱聚禀批”。

讲劝。迄今载余，风渐移俗渐易。①

雍正帝要求刑部推动各省地方官“讲法律以儆愚顽”：

将《大清律》内所载，凡殴杀、人命等律，逐条摘出，疏解详明，尔部可通行各省，令地方有司刊刻，散布于大小乡村，处处张挂，风雨损坏，仍复再颁。俾知斗殴之律尚然如此，则故杀、谋杀罪更可知。父兄子弟互相讲论，时存提撕警戒之心，以化其好勇斗狠之习，庶命案可以渐少，以副朕好生慎罚之至意。②

徽州地方官依据当时政法精神推动“普法运动”：

严饬乡约以肃遵行事。照得乡约之设，所以勤宣圣谕，劝诲一方。使游手之徒，尽知耕作；浇顽之习，渐返淳良，即古遒人木铎之意，责任綦重。本县莅任之始，他务未遑，首先举行乡约，一以尊朝廷，一以醇民俗，甚盛典也。每逢朔望，在城则以某处为约所，本县召集僚佐绅衿，亲诣督率，依期宣讲。在乡则命尔等各于附近公所，实力奉行，立有循环簿二扇，定限每月初二日，将前月讲约处所乡约姓名并听讲人数，填簿倒换，以备稽查。③

此种普法传统历史悠久，如成书约在战国前后的《周礼·地官·族师》就提出：“月吉，则属民而读邦法。”但是，州县官推动乡约，宣讲圣谕，能否“正人心”，有效减少纠纷和诉讼？令人狐疑。论者谓，康熙朝推动的《圣谕十六条》宣讲，至雍正初年，圣上已怀疑《圣谕十六条》成虚文，于是有推行《圣谕广训》的动议。宣讲《圣谕》是利用儒家道德教化以维持社会稳定的一种努力。但在18世纪，暴力犯罪数量飞增与贫穷状况的恶化，破坏了支撑每月宣讲的道德价值基础。至乾隆朝，转变社会的方式经历了从以教化愚民的乐观政策，快速转移到严厉震慑犯罪的政策。在这种状态下，经济上一无所有的乡下穷人经常陷于绝望的、暴力性的生存策略中。因此，以教化转变社会的理想主义不得不让位于通过立法震慑犯罪就令人毫不奇

① (清)赵吉士:《牧爱堂编》,第141页。

② 马建石等(主编):《大清律例通考校注》,第374页。

③ (清)吴宏:《纸上经纶》,载郭成伟等(点校整理):《明清公牍秘本五种》,第218—219页。

怪了[①]。萧公权指出,官僚及数任皇帝不断抱怨宣讲乡约流于纯粹的形式,19世纪西方观察者发现乡约并非有效机制。乾隆在1740年的一份冗长上谕中指出,每半月宣讲一次的乡约只是个形式。几年后他在另一上谕中称,极少有人实践《圣谕》及《广训》的内容。总之,大多数官僚及多位皇帝对乡约实践效果表达了失望[②]。

通过教化,减少或疏导纠纷与诉讼的思路,在当代被称为"诉源治理"。"法院的诉源治理就要为群众的纠纷解决开放渠道,以亲民助民的姿态提升司法服务水平,实现与行政执法、仲裁、公证、调解、和解等多元化纠纷解决方式的有机协调与及时衔接。此时,法院不是在行使司法权,而是以司法的智力资源参与社会治理;法官也不是在行使裁判权,而是以国家机关工作人员的公仆身份投身于群众服务"[③]。"诉源治理"有三个层次的涵义:一是从深化社会基层治理的层面,避免和减少纠纷的发生,使纠纷止于未发、止于萌芽;二是从减少纠纷进入诉讼案件量的层面,避免已出现的纠纷形成诉讼,促进纠纷向诉讼外其他解决方式有效和顺畅分流;三是从诉讼解纷的层面,通过各种诉非衔接的渠道,优质高效化解已经形成诉讼的纠纷[④]。清代"诉源治理"实质是州县官运用非诉化的方式实现衙门的行政性治理。论者谓,在当代社会,诉源治理的初衷是衔接司法治理与社会治理,缓解法院"案多人少"的矛盾,守护司法"终端防线"的立场[⑤]。州县官集行政长官与司法长官于一身,司法治理与社会治理之间并无区分。在政法实践中,州县官把工作重点前置于社会治理(道德训化与行为约束),轻视司法治理(听讼)。诉源治理增加了州县官与潜在的当事人之间的接触机会,使现代法治社会以司法作为解决纠纷的"最后一道防线",在清代

① See Thomas Buoye, "Ideology and the Legislative Turn in Eighteenth-Century Chinese Criminal Justice", *Frontiers of Law in China*, Vol. 15 March 2020, No. 1, pp. 26、36. 对18世纪的州县官而言,经济变迁导致的财产权利纷争摧毁了乡村共享的伦理规范,如双方当事人视经济机制的变化为不公,无论州县官多么有策略,暴力均难以避免,也更不可能得到调解,see Thomas Buoye, *Manslaughter, Markets, and Moral Economy: Violent Disputes over Property Rights in Eighteenth-century China*, Cambridge University Press, 2000, p. 218.

② see Kung-Chuan Hsiao, *Rural China: Imperial Control in the Nineteenth Century*, University of Washington Press, 1967, pp. 195-197.

③ 曹建军:《诉源治理的本体探究与法治策略》,《深圳大学学报(人文社会科学版)》2021年第5期。

④ 郭彦:《共建共赢　内外并举　全面深入推进诉源治理》,载《人民法院报》2016年12月28日,第008版。

⑤ 曹建军:《诉源治理的本体探究与法治策略》,《深圳大学学报(人文社会科学版)》2021年第5期。

则成为"最前沿的防火墙"。在这个过程中,州县官并非中立角色,其重视诉前阶段的教化治理与非正式纠纷解决(如"官批民调"),大量挤占诉讼阶段正式的规范化纠纷解决资源,或者说两者原本就混合在一起。民国时期,法哲学家吴经熊称:

> 将争讼的本身当作不道德的勾当,那是一桩非常危险的事情。争讼是社会上免不得的自然现象;一则用不着人们来鼓吹,二则也不是道德上的教训所能根本拨除的。既是不能拔除的,那么最便宜的方法是利用这个自然现象平心静气地来演出若干解决争讼的原则。法学的昌盛,法治精神的发达,都是以争讼为基础的。没有争讼,就不会有真理,也不会有公道。法律以争讼为发源地,以公道为皈依处。①

结合历史事实,据吴经熊的不刊之论,争讼乃社会不能去除的自然现象,压制诉讼,使民族易处于心理上被压迫的状态。压制越厉害,反作用将越严重。强制化民息讼,使民众容易伪善,结果道德更加败坏。真正的和平往往出自争讼,法律之学即是争讼的艺术和科学。清代法学精英主要致力于注释律例,推动法律适用。当时社会极少法律家致力于对争讼现象、诉讼制度及相关社会问题的深入研究。面对日益复杂的社会经济生活,诉讼制度应对层出不穷的健讼之风时,显得日益捉襟见肘,缺乏从根本上解决健讼与贱讼这对矛盾的法学智慧支持。清律学未能就解决诉讼问题提供有效制度对策或学理智慧。对官方而言,诉讼本属应去除或压制的对象,因此,法学研究无法借助诉讼发达起来,在正统意识形态支配下,官员更无兴趣为民间财产等利益的保护提出各种立法建议。

## 第二节 支配诉讼体制的因素

### 一、司法权多元与体制优化的它山之石

对讼案的审理不是清代地方官府控制社会,以实现利益最大化所倚重的手段。州县衙门审判资源远不能适应社会需要,以健讼为标志的私人间利益竞争和以贱讼为典型的衙门抑讼趋势成为对立面。这一矛盾性结构

① 吴经熊:《法律哲学研究》,清华大学出版社2005年版,第64—65页。

长期存在,同当时政治结构的特征密切相连。清王朝是单一权力政治体系,这种单极体系的安排首先按照王朝利益最大化进行设置。受此支配和影响,地方官僚对与官方群体无关痛痒的诉讼兴趣有限。

与此不同,中世纪以降英国存在权力多元的社会实体。同国王力量相匹敌的利益集团包括教会、贵族以及后来所形成的法律职业阶层(主要是以普通法的法官和律师为代表的法律共同体)。与上述多元权力相对应,英国中世纪存在王室法庭、教会法庭、庄园法庭、地方法庭等。地方法庭主要包括郡法庭(county court)和百户区法庭(hundred court),它们都是中世纪英格兰重要的地方行政和司法机构,由郡长或其副手主持,在当时的社会生活中扮演了重要的角色①。为了实现对社会的控制,这些多元司法权力展开相互竞争。其中,司法管辖权是各种权力机构实现对社会控制的重要途径。

当时,司法权是一笔财富,谁掌握了法庭,谁就能获得收益。因此,争夺司法(管辖)权成为多元权力竞争的重要领域。欧中坦初步谈到中西司法的差异:与17、18世纪欧洲竞争性的各类法院极力追求扩大其司法管辖和财政收入不同,清朝的法律制度追求的是限制法庭的权限②。英国多元法院间司法管辖的冲突与竞争,使得那些程序粗糙、审判不公、执行不力的法院面临被淘汰的命运。这迫使各类法院努力优化自己的审判程序以在竞争中脱颖而出。梅特兰曾使用生物学中成长的隐喻来描述12世纪和后来英国司法中所发生的关于诉讼形式的变化:“我们的诉讼形式……各自过着自己的生活,有着自己的奇遇,享有或长或短的茁壮、成材和盛名之年,然后可能在孤独无友的风烛残年倒下。少数几个流产,一些没有子女,另一些则活到高龄,能够看到他们子女和子女的子女。他们之间的生存斗争激烈,只有适者才能生存”③。

在竞争中,王室法庭不断拓展司法管辖权,并最终在众多法庭的竞争中取得压倒性优势。王室法庭胜出的重要原因在于,与其他法庭相比,它为整个社会提供了一套更优良的民事诉讼制度,更有助于私人权利的保

① 李红海:《普通法的历史解读——从梅特兰开始》,清华大学出版社2003年版,第98页。

② [美]欧中坦:《千方百计上京城:清朝的京控》,谢鹏程(译),载高道蕴等(编):《美国学者论中国法律传统》,中国政法大学出版社1994年版,第503页。

③ [美]哈罗德·J·伯尔曼:《法律与革命——西方法律传统的形成》,贺卫方等(译),中国政法大学出版社1993年版,第101页。梅特兰上述原话,see Frederick Pollock and Frederic Willam Maitland, *The History of English Law before the Time of Edward I* (Volume Ⅱ), Cambridge University Press, 1968, p. 561.

障。以权利之诉为例[①]，在庄园法庭进行的权利诉讼是一种有浓厚形式主义色彩的诉讼，原告起诉要遵循严格的程式，说固定的套话，然后要将自己的权利尽可能地追溯到最为久远的过去，且要代代相连，不能间断。但无论原告如何精心地策划准备和费尽心机，最终被告的答辩都可以是一个简单的概括："不"。接下来就是依据双方进行决斗的结果裁断土地的归属。所以权利诉讼对原告来说过于苛刻。后来王室法庭规定，在庄园法庭进行权利诉讼的被告可以在决斗断讼（trial by battle）和王室法庭提供的咨审团（grand assize）裁断之间作出选择，如果选择后者，则该诉讼就要从庄园法庭移送到咨审团去审理。咨审团审理的特点是将争议的焦点和证据交由当事人的邻人裁断。组成咨审团的一般都是当地有一定名声和威望的人，作为当事人的邻人，他们熟悉当地熟人社会中的日常情况，因此他们对土地权利状况的演变有着外人（包括法官）所无法比拟的发言权，这与传统的裁断方式相比要理性得多。因此，王室法庭（主要是郡法庭）最后成为人们解决地产权利纠纷的主要场所[②]。

王室法庭自身的完善是王室获得司法管辖权的重要举措，王室法庭在程序、裁判者、证据的审查方式、判决的执行等方面相对地方法庭、教会法庭、领主法庭为当事人提供了更为优化的制度，它通过竞争而不是靠强制与后者展开管辖权的争夺[③]。这种类似于英国中世纪权力多元下的法律/法庭多元也出现在当时的欧洲大陆。如学者所述，在 11 世纪以后长达数百年的时间里，欧洲社会同时为一些不同的法律所统治。这些法律各有其渊源，并由不同的权威机构、组织或团体负责其实施。它们在争夺管辖权的斗争中此消彼长[④]。清代官僚群体一方面在公开言说中表达了崇高的道德理念追求（比方"爱民如子"），另一方面多不屑于对诉讼的社会问题深入研究，提出具体制度优化建议，为个案输送正义。

另外，在晚清英租威海卫，欧洲人构成的行政官无力审结大量案件，当地村庄老人（村董）组成的"理事会"成为重要补充，这种老人一村一名，被行政长官书面正式授予相应权力，负责在村里处理细微民事纠纷与刑事案件，当事人不满"村庄法庭"处理，可诉至行政官处。在 1903 年，威海卫当

① 李红海：《普通法的历史解读——从梅特兰开始》，清华大学出版社 2003 年版，第 111 页。

② 李红海：《普通法的历史解读——从梅特兰开始》，清华大学出版社 2003 年版，第 111—112 页。

③ See Frederick Pollock and Frederic Willam Maitland, *The History of English Law before the Time of Edward I* (Volume I), Cambridge University Press, 1968, p. 138.

④ 梁治平：《在边缘处思考》，法律出版社 2003 年版，第 17 页。

局要求英国殖民部从香港任命一位专职法官因为费用昂贵而被拒[①]。到1903年中期,英国殖民当局在香港新界为管理十万人而支付的警力成本是一万英镑一年,相比之下,威海卫多达十五万人口,警力支出仅为九百五十镑一年[②]。1906年威海卫解散了唯一的军队华勇营,至1910年威海卫总共有55个巡捕和3个巡查[③],负责执行司法公务与维持治安。英国采取最小代价治理威海卫,政府中欧洲文职人员编制不超过12人,其中只有4位属行政部门和法院[④]。在清代中国其他州县,据瞿同祖提供的保守数据,公务繁多的县有百名以上的书吏,公务相对轻松的县也需要几十名书吏。大县衙役一般千人以上,小县也有数百人[⑤]。相对于英租威海卫,清代中国州县司法等公务执行系统的人员数量极其巨大。面对十五万本地人口及有限行政官和警察,"村董—总董—行政官"的治理机制保证了英国当局在威海卫极简治理[⑥]。与英国不同,清代不存在与州县官府争夺管辖权的平行司法机构。单极权力之外,整个体制不许可其他多元实体与之展开对社会控制的竞争,官府对社会的控制主要不是通过司法过程,尤其是受理与其自身利益不直接相关的私人纠纷实现。州县官对社会的控制往往是通过受理讼案之外的其他途径,如对社会实施礼义教化、兴办学校、征税、户籍控制等实现。这是清代中国与西欧诉讼制度迥异的重要原因。

## 二、州县官高度集权的固化影响

作为"一人政府",州县衙门包括听讼在内的权力始终被固化,司法分权为上峰及律例严禁。这导致正印官其他僚属不能合法参与审案,分流州

---

① See Carol G S Tan, *British Rule in China: Law and Justice in Weihaiwei 1898 - 1930*, Wildy, Simmonds & Hill Publishing, 2008, pp. 88 - 89、pp. 95 - 97、p. 123.

② See Carol G S Tan, *British Rule in China: Law and Justice in Weihaiwei 1898 - 1930*, Wildy, Simmonds & Hill Publishing, 2008, pp. 122 - 123.

③ [英]庄士敦:《狮龙共舞:一个英国人笔下的威海卫与中国传统文化》,刘本森(译),江苏人民出版社2014年版,第59—60页。

④ 刘本森:《清末民初英国在中国租借地威海卫的乡村管理》,《江苏社会科学》2013年第2期;[英]庄士敦:《狮龙共舞:一个英国人笔下的威海卫与中国传统文化》,刘本森(译),江苏人民出版社2014年版,第67页。英租威海卫约十五万人口,每年判决的民事案件一千多例,但极少有严重的刑事犯罪。参见上书第69—70页。这个人口规模和诉讼量与当时普通州县具有可比性。

⑤ 瞿同祖:《清代地方政府》,范忠信等(译),法律出版社2003年版,第69、100页。

⑥ 从1903—1911年,英租时期威海卫巡捕人数少则15名,最多则59名。刘本森:《东鸣西应:英租时期威海卫警察制度的建立与调适》,《城市史研究》(第38辑),社会科学文献出版社2018年版,第72页。Carol G S Tan, *British Rule in China: Law and Justice in Weihaiwei 1898 - 1930*, Wildy, Simmonds & Hill Publishing, 2008, p. 137.

县官的审案压力。巡检作为知县属官，掌管训练军队，巡逻、捕盗。清代在镇市、关隘等地，设置巡检分治。巴县在东部距县城遥远的木洞区设有分司巡检。巡检成为木洞地区民事讼案的初审官员，在巴县档案中出现不少相应实例。如据乾隆三十五年五月王胡氏告状，“胡宾顺本年正月廿九以逆孙抗养等情，捏首氏孙王仕辉于木洞。徐主票差张俸、张玉行拘，”于是王胡氏“上控”于巴县衙门①。据乾隆二十九年七月冯斌状纸，徐琳“图索不遂，……复纠(刘)邦贵架以‘扛抢定婚’，亦控于左堂”②。乾隆五十四年八月，据林庆堂禀状，其曾与犹吉章因天池官塘放水救禾苗发生纠纷，(他)“控左堂，恶(即犹吉章)等控蚁捕府”③。知县在批示这份状纸时对此事并未表示异议，侧面反映县丞(“左堂”)和典史(“捕府”)被正印官默许部分审案的权力。道光五年八月，张明远、黄文郎向巴县知县称：“唐正遂控唐成华等木洞。……被木洞差罗福、谭升等锁押蚁等在店滥食勒揾，不释不审”④。道光六年六月，据民人杨仕魁、萧应贵向知县告称，杨子鉴因土地纠纷将两人控于木洞，被差役周刚、潘顺行“锁押白姓店内，差等吼称要钱二十千，始释锁押”⑤。同年八月，骆正现因债务纠纷控魏礼连一案，“控至木洞，骆正现捏架谎词，……断将骆正现责惩”⑥。

正印官乃基层唯一合法听讼者。虽有论者谓，佐杂官从事司法活动不仅不是非制度性的变通之计，反而正是国家明确授予的合法权限。以往学者往往将佐杂官的地位视作无关紧要，其中一条极为重要的依据就是根据清代的律令条文，佐杂官作为非正印官，很难合法地参与到“刑名钱粮”这些重要活动中。无论从官方政典还是地方司法实践，似乎佐杂受理词讼并非总是受到限制，有相当数量的事例证明这种司法行为还曾得到官方认可，基层社会佐杂从事刑名案件介于制度合法与民间认同之间⑦。著者对这一见解持保留意见。佐杂参与司法审判，多源于正印官的默许，无论是国家律例，还是皇帝以及中央官员的一再声明，对佐杂无授权的情况下擅受民词均持否定态度，所谓“制度合法性”恐无从谈起。雍正年间，代表皇

① 四川省档案馆(编)：《清代巴县档案整理初编·司法卷·乾隆朝》(二)，第132—133页。

② 四川省档案馆(编)：《清代巴县档案整理初编·司法卷·乾隆朝》(二)，第16—17页。

③ 四川省档案馆(编)：《清代巴县档案整理初编·司法卷·乾隆朝》(二)，第184—185页。

④ 巴县档案号6-3-6129-1。

⑤ 巴县档案号6-3-6153-1。巴县衙役经常争夺案源，以向当事人勒索钱财，详细研究，see Bradly W. Reed, “Money and Justice: Clerks, Runners, and the Magistrate's Court in Late Imperial Sichuan”, *Modern China*, July 1995, pp. 345-382.

⑥ 巴县档案号6-3-6160-4。

⑦ 胡恒：《皇权不下县？——清代县辖行政区与基层社会治理》，北京师范大学出版社2015年版，第188—189页。

帝意志的《钦颁州县事宜》即要求州县放告“不可批发衙官……若批发衙官，则恐徇情枉断，受贿行私”[①]。针对四川佐杂官员擅自审理案件的行为，道光十六年，圣上谕内阁：

> 前据给事中朱逵吉奏，川省佐杂擅受民词，差役唆讼勒索，当降旨交汤金钊等查明惩办。兹据奏称：四川广元县民人黄大贵因赌博被控，该县典史董秉义接受呈词，致差役诈赃酿命，该县知县春明已有失察之咎。嗣经尸亲受财私和，又复率准拦验，实属溺职。春明著即革职，董秉义擅受滥差，致酿人命，著即革职。该管各上司于此等命案，漫无觉察。现经汤金钊等饬查，复有三台县等州县佐杂擅受被控三案之多，可见该省积弊相沿，未能尽除。……各省佐杂人员，官职较小，流品不一，例不准擅受民词，致开藉案讹诈之渐。其所设差役，例有定额，不准挂名滥充，原以防见事生风，藉端勒索。今四川一省如此，恐他省亦所不免。著各直、省督、抚通饬所属地方官：凡有词讼，概不准批发佐杂衙门审讯。佐杂微员，亦不准私行擅受。倘有前项弊端，由该管道、府认真查察，有犯必惩，从严参办。至州县及佐贰等官，于额设差役外，如有滥设挂名差役，即行查明裁汰，免滋扰累。[②]

道光帝明确“凡有词讼，概不准批发佐杂衙门审讯。”他一再下旨，要求对擅受民间词讼的佐杂给予处分，一再指令四川及其他省的道府等上级官员严格监督执行[③]。依据律例和圣上旨意，县丞、巡检或典史等人擅受民词属违法行径。但是，包括巴县在内，州县官不得不对佐杂审理民事案件睁一只眼，闭一只眼。另据杜凤治日记，诸如广东南海县等地的巡检等佐杂分享州县官司法权乃常见之事。杜凤治返乡后，在光绪年间阅读《申报》，该报恭录的上谕有“南海县江浦司巡检鲁元杰擅受民词，不安本分。”鲁元杰曾是杜任南海县知县时的僚属，对佐杂擅受民词，杜认为“家家卖私酒，不破是好手”[④]。其言下之意，佐杂擅受民词司空见惯，只要不被上司揭发、查处即是高手！在庙堂上，为顺应律例与君主类似僵化思维，光绪四

① （清）田文镜：《钦颁州县事宜》，第九页，道光八年刊本。该书雍正年间初版，内容与《钦定州县训饬规条》同。

② 《清实录》（第37册），第424页。

③ 道光十九年皇帝再度下达类似旨令，《清实录》（第37册），第1076页。

④ 《杜凤治日记》（第十册），第5389—5390页。

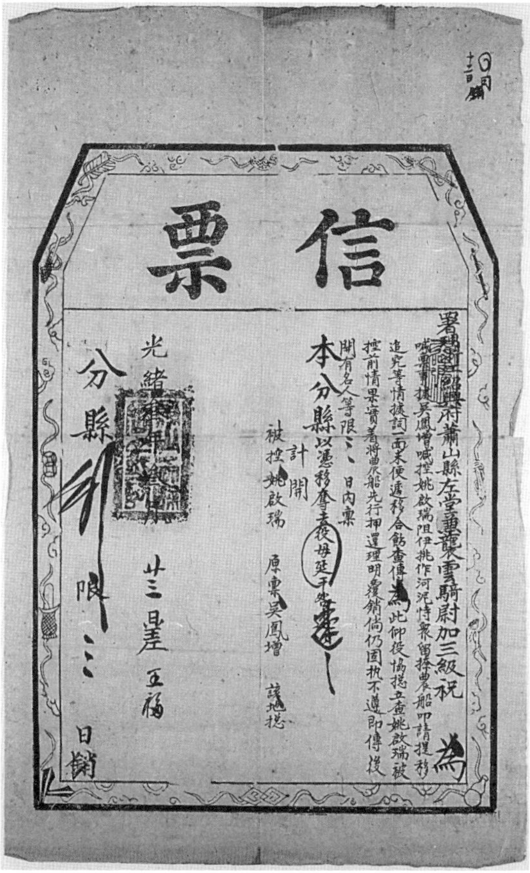
信票
署理紹興府蕭山縣左堂……雲騎尉加三級祝 為
……吳鳳增喊控姚啟瑞阻伊挑作河泥恃衆留搶曲尺船叩請提移
追究等情據詞一面未便遽移合飭查傳 為此仰役協地保立查姚啟瑞被
控前情果實着將曲尺船先行押還理明覆銷倘仍固執不遵即傳後
開有名人等限三日內稟
本分縣以憑移奪 去役毋延干咎 速
計開
被控 姚啟瑞
原稟 吳鳳增
該地保
光緒……
分縣……限三日銷
王福

（图十四　光绪三年署理浙江绍兴府萧山县左堂签行的信票。信票是传集原被告到堂、遣差勘查案情等的公文正本，京都大学藏。县丞与知县同衙办公，位居衙门之左，故名“左堂”。本信票表明代理县丞审理案件，当违背“佐杂擅受民词”的禁令。与信票不同，司法档案中传世的差票多为草稿，学者称为“稿票”，多有涂改[①]。）

年都察院仍奏言，“至佐杂等官例不准，擅受民词，何得轻议民命”[②]！晚至

---

① 信票格式各地大致相同，类似款式见《山东调查局民刑诉讼习惯报告书》“刑事诉讼习惯·第二章·丙”；张若筠（主编）：《清代紫阳县档案汇编》（下），第211—219页；尹伊君：《故纸遗律：尹藏清代法律文书》，北京大学出版社2013年版，第14页。宝坻县信票样式及尺寸详述，see Linxia Liang, *Delivering Justice in Qing China: Civil Trials in the Magistrate's Court*, Oxford University Press, 2007, p. 82. 稿票的研究，于帅：《清代诉讼文书中的稿票考释——以浙南诉讼文书为例》，《历史档案》2020年第2期。

② 刘锦藻：《清朝续文献通考》卷二百四十四“刑三”考九八七七。

宣统二年,统治者仍指出:“前署秦川司巡检试用县丞黄之华违例受词”[①]。有论者谓,州县分防佐杂官缺的司法权限,从雍正年间到清末,通过督抚奏请、吏部等部门复议、皇帝谕旨“依议”的程序,取得朝廷授权。一些州县分防佐杂官缺经授权后获得合法的司法审理权,可以审理除命盗重案外的经济、治安类案件[②]。但是,这些经由正当程序被合法授予司法审理权的佐杂数量有限,终清一朝,并未成为普遍制度。

清代州县“一人政府”模式与宋代地方官“分权思维”不同,与明代里甲、老人被赋予民事案件“初审权”的机制也不同。终清一朝,“一人政府”下的正印官集权长期高度固化,铁板一块。如美国的中国法权威柯恩(Jerome Alan Cohen)在早年的研究中指出,不管纠纷性质如何,一旦呈交给州县官,清律禁止乡村族长、里甲处理,并禁止私下和解,州县官被允许授权族长、里甲调查并向他汇报案情,但州县官有听讼义务,并对任何纠纷作出裁决,否则应受处罚[③]。论者谓,晚至光绪五年,巴县知县向上级转交本土士绅呈交的禀文,请求专设机构以监督捕役可能违法对待被判枷号的囚犯。收到这份禀文后,四川总督丁宝桢训斥知县,要求“一切应由该令主持办理”[④]。晚清在华传教士认为,县令“一个人管辖着一个区域广大,人口众多的地方,在这里,他同时担任民事、刑事司法官,又是行政官员、保安官员、验尸官、财政长官和税务长官。如果一个人要同时处理这么多事务,他当然不能细致入微,明察秋毫。无论从体力上还是心理上说,这些都是要超负荷运转的。即使这样,所有的事情也都不能处理得妥当”[⑤]。诸如杜凤治一方面感慨忙于下乡催科,一方面感慨“署中尚有应审案件,解回之犯亦须过堂,一人一身作数处用,劳劳者所为何事而不能释手不为”[⑥]?另外一种极端,则如黄岩等地知县一般,私下将多数案件强制“官批民调”。在清代集权理念下,任何权力均不可旁落。朝廷赋予正印官催科、治安与听讼等全权,同时也带来巨大听讼压力,最终成为不可承受之重。州县官的司法审判类似超职权主义模式,正印官代表的国家权力极其强大,当事人的力量则异常弱小。正印官全权独任制审判,无法建立司法权的竞争机

① 《清实录》(第60册),中华书局1987年版,第693页。

② 傅林祥:《清代州县佐杂官司法审理权探析》,《史学月刊》2019年第9期。

③ Jerome Alan Cohen, “Chinese Mediation on the Eve of Modernization”, 54 *CALIF. L. REV.* 1209-1210(1966).

④ [美]白德瑞:《爪牙:清代县衙的书吏与差役》,尤陈俊等(译),广西师范大学出版社2021年版,第374—375页。

⑤ [美]明恩溥:《中国人的性格》,陶林等(译),江苏文艺出版社2018年版,第173页。

⑥ 《杜凤治日记》(第一册),第322页。

制，推动司法制度的优化。

## 三、高调道德理想主义

乾嘉之际，在社会经济快速发展、人口剧增的背景下，利益纷争加剧，促使民众大量涌向官府提交诉状。这种时人称之为“健讼”的行为，反映民间寻求“公共权力”以更主动、更积极的姿态主持裁决私人纠纷，而不是在小农社会三纲五常、亲亲尊尊等固有道德原则下，“和乡党以息争讼”，你谦我让，继续将个体间利益模糊化。这种诉讼竞争冲击了传统农业社会既有道德秩序，其挟带的界定私人权利及功利算计的意图，与封闭的小农秩序及主流意识形态格格不入。与大部分官员将民众健讼成因归结于民风刁悍、讼师教唆等不同，清后期程含章任山东巡抚时，曾将导致本地民风刁蛮的原因指向官方：

> 州县之患，莫患乎上下隔绝而情意不通，情意不通，而不思所以通之。动曰民刁民蛮，而严刑峻罚以随之，则愈刁愈蛮不可复治矣。且亦思民之刁，孰使之刁？民之蛮，孰使之蛮也哉？况乎其未必尽刁且蛮也，曾不自反而专以责民，夫岂情理之平？山东吏治民风之坏，其弊正在于此。[①]

程的指责颇有见地，但是如何将这种单纯的深刻反省转化为诉讼制度革新的动力，则是另一个大问题。在单极权力结构之下，少有官员像程含章一样从官僚内部视角反思官僚集团自身存在的致命缺陷，而从社会变化的外部角度，提出优化地方诉讼体制的官员则几乎不存在。因此，僵化的社会治理理念与诉讼体制日益难以应付“健讼”的社会。论者谓，清代“健讼”之风，更是“大半起于田土”。虽说相关土地诉讼“十无一实”，但此类涉及家庭财产官司的增加，不能不说是“好讼”社会的真实反映[②]。健讼原因之一是人口增多，对生存资源的竞争日益激烈。这种变化当时并非无人知晓。研究者称，当时许多有识之士已经注意到了人口危机。早在1793年洪亮吉就提出，近百年来清朝人口“不啻增二十倍焉”，但可以耕种的土地

---

① 载（清）徐栋辑：《牧令书》卷一《治原·与山左属官书二》。

② 陈宝良：《“乡土社会”还是“好讼”社会？——明清“好讼”社会之形成及其诸面相》，载［日］夫马进（编）：《中国诉讼社会史研究》，范愉等（译），浙江大学出版社2019年版，第237页。

“亦不过增一倍而止矣,或增三倍五倍而止矣”[①]。

但是,官僚集团长期忽视制度变革应对社会变化的必要性,君臣醉心于儒家意识形态下以德治国之类的话语叙事,期望品德高尚、能力超强的官员带来良好的司法治理。长期以来,这种思维的生命力极其顽强!官僚精英陈宏谋坚信“治人”胜于“治法”,对统治者而言,治天下时,一个出色的官员(“得人”)要比法律和组织机构更重要[②]。论者谓,嘉庆帝时期,时任巡抚金光悌深知清理积案的艰难,提出了设立专门机构以清积案。该建议却被御史否决,理由是“外省民间控案,全在督抚饬令地方官随时速为审理”。皇帝认可御史的否决意见,认为清理各省积案,“惟在该督抚等力行何如耳”,不必另设机构。学者谓,不同皇帝多次指出,“为治之道,首重得人”;“国家设官分职,首重得人。”皇帝的目的就是通过“公而忘私”“视国事如家事”的大臣来管理国家[③]。在康熙年间,徽州的读书人阅读邸报刊载的湖广总督郭某上疏陈提学考试之弊时发表评论:“天下事非不可为,大要在乎得人耳。郭公虽言之恳恳,苟无其人,则虽申明禁令,仍为具文故套而已。试看吾师张公鹏翮,不须烦文而清白若此,可知”[④]。道光年间,山西巡抚卢坤称:“亲民之官得其人,则百废兴,不得其人,则百弊兴。所谓人存政举,有治人无治法也”[⑤]。论者指出,“同治中兴”期间的重臣曾国藩信奉:不道德的社会归根到底一定要由有德之士来纠正;树立正确的道德准则和态度必须成为首要的目标,经世致用之术不管多么重要,必须处于从属地位[⑥]。此类“重治人”“轻治法”的思维,长期流行于君臣上下,泛滥成灾,致使基层司法领域无法出现制度上的改革动议。

“重治人”(寻找道德高尚、能力超强的人担任官员)的理念固化于公私阶层,其巨大的负面作用是,对去除听讼等政法领域存在的官场弊端,官僚群体不是从制度革新角度提出建议,而是道德攻心式的:上级官员应加倍勤于监察,下级官员应更加尽心。如果积案太多,或者官员未能及时公正

---

① [美]罗威廉:《言利:包世臣与19世纪的改革》,许存健(译),社会科学文献出版社2019年版,第2页。洪亮吉关于百年间人口增长二十倍的见解来自个人感性认识,与现代学者科学研究数据存在出入。

② [美]罗威廉:《救世:陈宏谋与十八世纪中国的精英意识》,陈乃宣等(译),中国人民大学出版社2016年版,第428页。

③ 阿风:《清代的京控》,载[日]夫马进(编):《中国诉讼社会史研究》,范愉等(译),浙江大学出版社2019年版,第342、350页。

④ (清)詹元相:《畏斋日记》,第201页。

⑤ (清)田文镜:《钦颁州县事宜》,第五十六页,道光八年刊本。

⑥ [美]费正清等(编):《剑桥中国晚清史》(上卷),中国社会科学院历史研究所编译室(译),中国社会科学出版社1985年版,第476页。

审结案件，那是因为审理者心术变坏。多数人认为，及时审结案件的关键是官员能振作精神，廉洁奉公。似乎只要出现这种能吏，一切问题均迎刃而解。这种思维在处理特定地方偶发事件或许能收到成效，但对长期出现的、普遍性的问题，则无能为力。指望官僚群体提升道德水准、纪律约束，而不能正视制度建设与疏导化解纠纷与诉讼，结局是顾此失彼，而其出发点，又与紧缺财政（或所谓“不完全财政”）下成本最小化有关——在基层无力增设更多听讼官员的前提下，纪律管控与提振官僚道德水平成为常规化的路径依赖。当诉讼与司法领域的积弊愈严重，皇帝（及同声附和的高层官僚）对地方官的道德谴责就愈厉害，“有治人”的呼声就愈高，对“治人”的过度期盼，反过来消减了为政者对制度变革的思索。

皇帝重在“得人”，忽视了一个普遍性的问题：逐利乃正常官员的人性，委托人（皇帝）的要求与代理人（州县官）的追求并不完全一致，完全奉公守法的官员并非没有，但世所罕见。此“治人”思路直接支配了官员面对争讼时的治理理念和本能反应。乾隆年间，陈宏谋“清理积案不下数千件，反复推究，始知狱讼繁多，良由人心渐习于浮薄，或因一念之差，或因纤毫之利，或系一时之忿，戾逐至激而成讼，展（辗）转纠葛，株连日众。有司承谳，虽悉心体察，极意平反，及曲直分而身家已破矣。……因念与其矜恤于狱之既成，何如化导于讼之未起？夫刑所以弼教，非竟以刑为教也。司土者平时未尝教之而遽以刑之，父母斯民之义，其谓之何？”为此，他采择前人各种教化的言论，汇为《训俗遗规》一书，指望地方官：

> 苟能持此以化导，或就事指点，或因人推广，而士民众庶翻阅之余，观感兴起，父诫其子，兄勉其弟，莫不群趋于善而耻为不善之归。将见人心日厚，民俗日淳，讼日少而刑日清，用以仰副圣训于万一，是固日夕期之而不敢不自勉者也。①

作为当时颇受圣上赏识的一代名臣，陈宏谋的言论代表了高层主流认识——狱讼繁多，根本原因在于人心“习于浮薄”，贪图小利，逞一时之忿。因此，地方官针对好讼之风的社会治理，主要在于勤于教化，使“人心日厚，民俗日淳”，争讼自然减少。争讼因官方视野下的“纤毫之利”等因素而起，“纤毫之利”即当事人的利益，也即“情欲”，通过教化，去除“情欲”，没有利益纷争，风俗淳厚，才能回复到和谐状态。这种言说实际是回归到宋明理

---

① （清）陈宏谋（辑）：《训俗遗规》“序”，乾隆七年刊，培远堂藏板。

学家“存天理、灭人欲”的老路。论者谓,如果人们普遍同意选择“天理”作为追求的目标,那么,由此类推,他将不得不承认,“人欲”就是应当背弃的,因为私人的欲望和感情的缺乏节制的泛滥,在某种意义上会把“个人”膨胀起来,构成对社会秩序的蔑视或破坏,这就是所谓的“公”与“私”的分别。按照儒家的理解和解释,人们应当不断克制自己的一己私欲,追求大公无私的境界,这就叫作“存天理灭人欲”①。这类重在“得人”的僵化思维,相当于认为地方官僚群体如棋盘上的棋子,毫无自主思考、自我利益,可以根据圣上宏伟战略,任意摆放与安置。事实上,官僚群体对朝廷的政策总有不同的应对,因此,破除“情欲”,仅存“天理”,认为“得人”便能产生预期政策目标,不过是圣上及众多附和者的自以为是。考虑到乾隆自己就是贪污犯的“最佳表率”,那么我们不得不指出,这种官方言论充满了虚伪和自欺欺人。

论者谓,在这种思路中始终不能解决一个问题,即如何使人的情欲成为正当的情欲,或者如何判定情欲是正当的情欲,从何来引导正当情欲。如何瓦解“理”与“情”“天理”与“人欲”之间这种纠缠对立,使社会拥有一个真正适用而又不违背人性和人情的规则,并在这种规则上重新建立一个合理的社会生活秩序?由于传统世界中缺乏对理性的常识或规则的确认,在古代中国思想史上,对于“天理”的肯定常常变成“绝对”的崇拜,而对“情欲”的肯定又常常会成为对“放纵”的鼓励。在二元对立的语境中,“个人”不是一个独立的价值个体,而是自私的本原②。贱讼本质上是用天理压制了情欲,官方极少考虑当事人正当情欲有获得公正保护的必要。这至少导致了两重矛盾:一是律例与官员举措间的背离——虽然律例禁止“告状不受理”,但是君臣上下贱讼(包括各类劝民息讼的说教、宣传),使压制诉讼及不受理诉讼具有普遍的正当性;二是“社会话语”与“私人话语”的巨大偏差,出于和天理保持一致,“社会话语”普遍流行高调的道德表态,诸如“一秉大公”“爱民如子”之类的叙事充斥于各类公开出版物,作为另一极端及鲜明对比,诸如张集馨年谱等“私人话语”则充斥着官场腐败、背离律例审判的记载,特别是作者醉心于获取各种法外收入的满足感,或充满对同僚攫取巨额财富的艳羡。比如,杜凤治多年交往的朋友周叔芸补授广东盐运使,杜感慨:“运使缺每年十两万必可得也,……叔芸从此阔矣,倘得作三四

---

① 葛兆光:《中国思想史》(第二卷),复旦大学出版社2019年版,第367页。

② 葛兆光:《中国思想史》(第二卷),复旦大学出版社2019年版,第371—372页。

年，捆载归来，绍城（即绍兴）又添一大财主矣”[1]。

但是，受高调的“社会话语”压制，人欲被扭曲、被纹饰，无法正当发声，导致社会各领域存在种种矛盾之处。杜凤治在日记中有如下叙事：“今天下有三反：国用日促而士大夫相戒以理财足食为讳，目之曰言利，一反也；公卿以至泮林秀士，人人亡廉丧耻，灭理渎伦，而彼此又复俨然以理学自命，靡然同声，大言不惭，二反也；重臣大帅，侵蚀饷需，盗没厘金，拥资动辄数十百万，而道府之节寿礼、州县之盐当规，则一一禁革，三反也”[2]。自朝廷至基层，普遍面临财政紧缺的状态，官僚却耻“言利”；官僚与知识精英普遍缺乏廉耻，却自命为理学中人；高官拥有非法的巨额财富，却主张革除地方官员的额外收入。这三重矛盾正是当时高调的“社会话语”与“私人话语”矛盾的真实反映。高调言论远远背离人心、人性与官僚的真实举措，在强势意识形态支配下，造成官员普遍人格分裂，没有解决包括诉讼在内的诸多重大问题，无助于法制的优化，而且使大量问题在这种话语下被掩盖。

论者又谓，以宋代理学为核心的主流政治意识形态提出的这种高调的道德理想主义，混淆了知识阶层标榜的理想境界与普通民众实际的生活世界，把士人的超越追求当成了民众的普遍要求，形成了一种极其严酷的道德标准。以“理”的名义对人性形成了过分苛求，以“天理”的名义压抑着所有“私欲”。特别是在理学不再处于民间立场，而是政治权力建构的道德话语，这种在“天理”名义下控制社会的高调道德理想主义，就越发失去指导私人生活的能力，私人生活在这种道德教条压力下流入无所底止的沉沦之中，构成了社会生活与私人生活的分裂[3]。这种天理上升到永恒的、绝对的、至上的高度，注定了私人的情欲无法在正统意识形态中获得认可，情欲背后的个人利益正当性，自然也无法被官僚群体所接纳。因此，在晚清法制改革之前，因个人利益而起的诉讼只能一直处于被压制的状态。

因之，地方司法机制只能日益僵化。健讼却对此不断提出两个要求：一、增加专业司法官员；二、容忍当事人自由出入官府大门。但这对官方带来两大挑战：一是官方既有司法制度、贱讼态度、社会治理思维与道德话语都必须彻底改变，比如调整儒家“义利之辨”的意识形态，收缩“天理”对私人生活压制的限度，适度认可人之欲望的正当性；二是官僚集团

① 《杜凤治日记》（第十册），第5404页。

② 《杜凤治日记》（第二册），第686—687页。

③ 葛兆光：《中国思想史》（第二卷），复旦大学出版社2019年版，第378页。

必须对与其直接利益关系不大的事务投入大量经费。但是，朝廷不可能调整早已固化的道德高调，扩张地方审判资源，比如增加税收，扩大司法机构设置，增加司法人员数额，改变有限官员普遍无法接纳数量庞大的诉讼的现状；在西法东渐之前，君臣普遍未曾考虑过调整固有意识形态与贱讼举措，未能承认诉讼正当性，因此无法通过设立法定诉讼费用，部分抑制过于琐碎的案件呈交至衙门及抑制当事人屡断屡翻①，部分支撑司法人员的俸禄，同时完全向民众敞开诉讼大门。若在国家制度中设立讼费，无异于承认诉讼的正当性（以及诸如诉权的法律保障），一个典型的"僵局"就此出现。

## 四、"薄赋敛"的儒家意识形态

论者谓，清代无论社会经济情况发生怎样的变化，均不得突破经制所规定的支出范围和额度。这种不能因事设费、在制度上存在支出缺口的财政体制，我们称之为"不完全财政"。"不完全财政"主要表现为官吏薪俸低微、地方公费缺乏和军费开支不足。导致官员在施政过程中贪污行贿、额外苛索。制度性缺陷催生出官员普遍腐败②。朝廷宣布以康熙五十年（1711）的人丁为常额，以后"滋生人丁，永不加赋"，然后又实现摊丁入亩，田赋成为地税与丁银的合称。在这种今人看来不可思议的理念固化下，清朝田赋收入从顺治年间的两千一百多万两到嘉庆年间的三千两百多万两银子，赋粮则从六百四十多万石降到四百三十多万石。康熙二十五年（1686）以后，地方存留经费被控制在岁入财政的20%以内，清廷还往往将

---

① 作为比较，英租威海卫一开始诉讼免费，没有放告日限制，民众事无巨细均毫不犹豫提起诉讼。由于成本极低，诉讼成为最受村民"欢迎的消遣"。1907年前后，庄士敦每天上午九点开庭，傍晚六点结束。法庭工作令他疲惫不堪，他每晚除散步就是阅读卷宗。1910年，诉讼费设定为两美元，以阻止琐碎案件呈送法庭，1913年讼费增加至三美元，积案增加使讼费在1917年增加到十美元，有效抑制诉讼量增长。See Carol G S Tan, *British Rule in China: Law and Justice in Weihaiwei 1898－1930*, Wildy, Simmonds & Hill Publishing, 2008, p. 184、pp. 188－190. 庄士敦认为，威海卫引入讼费制度并非阻止百姓向法官进行合理投诉，而是鼓励他们到法院前尝试用更符合中国传统的做法解决争端，以阻止日益增多的当事人涌入法院。［英］庄士敦：《狮龙共舞：一个英国人笔下的威海卫与中国传统文化》，刘本森（译），江苏人民出版社2014年版，第74页。

② 何平：《清代不完全财政体制引发的危机》，《人民论坛》2020年第2期，第142—144页。作为对比，威海卫的土地税（主要税源）翻倍，另有各种执照费和杂乱捐税，但在民众看来，这些不利被其他优势抵消，包括不再受中国衙役频繁勒索、地方贸易兴隆及兴办益民工程等。［英］庄士敦：《狮龙共舞：一个英国人笔下的威海卫与中国传统文化》，刘本森（译），江苏人民出版社2014年版，第66页。

一些本应由中央政府支出的项目责成地方垫办[1]。这种“永远固定税额制”，有论者称之为“清朝统治第一个百年中最不幸的经济和政治活动”[2]。

雍正应地方官的奏请，曾经推行过“耗羡归公”，为地方行政所需资金来源规范化。研究者综合周健、陈锋等人的观点指出，雍正实行火耗归公，实际上就是在不触动通过赋役全书构建的田赋体系的前提下，财政收入规模的重大调整。乾隆继位后，大幅裁减各省火耗。高宗为一己博取宽仁之虚名，完全不考虑这对地方财政造成的巨大负面影响。更有甚者，他借清查、整顿地方政府的火耗支出为名，制定《耗羡章程》，直接将一部分火耗收归中央财政。而仍留在各省手中、名义上可以支配的耗羡，又被纳入了极其严格的奏销体系。从乾隆三十年到咸丰、同治间的第二次火耗归公，其间近百年，清朝统治者一直没有采取有力度的调整举措，最根本的原因，是出于维护清朝统治合法性的政治需要，恪守“永不加赋”的祖训[3]。论者谓，清政府这种合法性的维持，裁撤地方的必要经费，又强化了地方政府运行中对陋规等灰色权力租金的依赖，影响到了有清一代的基本制度[4]。

乾隆帝认为“耗羡归公”等政策与他祖父康熙“永不加赋”的誓言及他本人追求的以轻徭薄赋为特点的仁政理想背道而驰[5]。此类见解可上溯至孔子。论者谓，孔子的财政思想之一为反对重税，即所谓“聚敛”，任何增加赋税的办法，不论增加多少及其客观需要如何，他都指为“聚敛”而加以反对，坚持要敛从其薄。儒家经典《大学》作者反对“聚敛”的态度较孔子更为严厉，甚至把“聚敛”指责为盗窃。在这种“薄税敛”固化思想的支配下，长期以来日趋繁重的赋税发展趋势，不必体现在税率的提高上。明清时期田赋税率一般比较低，人民所苦赋税之重，是由于规定税率之外的附加税太多，统治阶级宁愿采取巧立名目方式以榨取田赋收入，却不愿采取最简

① 倪玉平：《从国家财政到财政国家：清朝咸同年间的财政与社会》，科学出版社 2017 年版，第 31—39 页；梁方仲（编著）：《中国历代户口、田地、田赋统计》，上海人民出版社 1980 年版，第 424—427 页；陈锋：《清代中央财政与地方财政的调整》，《历史研究》1997 年第 5 期。

② ［美］裴德生（编）：《剑桥中国清代前中期史》（上卷），戴寅等（译），中国社会科学出版社 2020 年版，第 181 页。

③ 葛焕礼、林鹄：《乾隆三十年的意义与不完全财政的奥秘》，《中国史研究动态》2021 年第 5 期。

④ 彭凯翔：《明清经济史中的国家：一个对话的尝试》，《中国经济史研究》2021 年第 2 期。

⑤ ［美］罗威廉：《救世：陈宏谋与十八世纪中国的精英意识》，陈乃宣等（译），中国人民大学出版社 2016 年版，第 64—65 页。

单的提高土地税率方式,就是不敢轻易触犯“薄税敛”传统教条[①]。长期以来,学界过多从收入角度讨论清朝国家权力正当性,太过强调“轻徭薄赋”这一财政理想,而忽略了国家权力正当性在很大程度上需要在支出方面去体现[②]。

清朝地方财政的先天不足,也同清朝高度集权于中央的理财理念关系密切。长期以来地方存留都在二成以下,中央起运在八成以上,二八分成机制是清朝中央集权政治的产物。这导致了清朝低存留的地方财政,并源于清朝集权政体下的低赋税政策,而低赋税则基于国家财政建立在儒家治国的思想体系上,即轻徭薄赋历来是传统政治向往的盛世目标。在这一思想体系下建立起来的官僚政治,其制度缺陷为清朝国家治理埋下难以解决的隐患。因为低存留的财政体系无法满足地方政府正常的行政所需,更无法应对各项紧急支出。这决定了低税财政依然是一个无解之题。乾隆到嘉庆的过渡时期,在人口与物价双重增长的压力下,还面临着战事频仍、河患不断、漕运改道等事项有增无减的财政支出缺口。因此,官员的俸禄、养廉银被挪为公用、摊捐公项成为常态。由官员低俸甚至是无俸带来的政治风险,导致官场腐败的加剧与国家钱粮的不断流失[③]。

除了太平天国运动及其后续时期以外,清朝在大部分时间里都具备实施大幅加税的行政能力。清朝在 1870 年至 1901 年之间的行政能力要强于 1901 年之后。而在 1850 年之前,清朝的行政能力可能还要更强。换句话说,19 世纪早期或晚期的清朝执政者们在行政上或政治上,似乎极不可能无法去实现在 1900 到 1911 年期间由那些被大大削弱的继任者们得以基本成功实施的增税行动[④]。但是,多数皇帝受儒家教条或祖宗成法影响,主观上首先刻意压低正式税率,并非行政能力有限导致了低税,这是造成长期以来地方审判资源有限的重要原因。同治年间,杜凤治在日记里记录:“方今大吏纷纷以减钱粮、裁陋规为便民第一事,不知最谬。诸君未尝不自知其谬,大都上以固宠,下以市恩,而初不计及国家之大局也”[⑤]。越

---

① 胡寄窗:《中国经济思想史简编》,中国社会科学出版社 1981 年版,第 47、51 页;胡寄窗、谈敏:《中国财政思想史》,中国财政经济出版社 1989 年版,第 598 页。

② 和文凯:《财政制度、国家权力正当性与国家能力:清代国家能力的再考察》,《中国经济史研究》2021 年第 1 期。

③ 刘凤云:《由钱粮亏空看康雍乾时期财政制度创设中的因果关系——兼论清朝官僚政治的制度缺陷》,《史学集刊》2022 年第 1 期。

④ 张泰苏:《对清代财政的理性主义解释:论其适用与局限》,《中国经济史研究》2021 年第 1 期。

⑤ 《杜凤治日记》(第二册),第 687 页。

至清后期,审判资源有限与诉讼量暴增之间的矛盾越发严峻。虽然当时有个别官员谈及政财的重要性。论者谓,包世臣较突出的特点是以“言利”自居,至于讲求漕运、盐政和钞法,更是言利之大者。在儒家讳言财利教条的束缚下,能数十年如一日地以“言利”自居,殊非易事①。包世臣认为立国的根本分为三个方面:夫维以德、养尊以威、合众以财,其中,没有强大的财政基础,“德”“威”都没有多大意义②。但是,包世臣作为低级官员,长期为幕,其观点在当时的影响力甚为有限,更谈不上对优化国家制度的实质促进。

研究者指出,在清初为取得统一战争的胜利,采取了集聚财力于中央的严厉措施,一方面大量裁扣地方存留银两,上解中央以充军费,另一方面在赋役合一运动中各种差役折银也纳入起运的范围。这种中央和地方在经费使用方面所形成的格局并没有随着战争的结束而有所改变。中央政府反而将其作为经制沿袭下去,影响到此后各个时期。地方官员有各种行政事务和中央各部所差派的事项必须办理,但均缺乏相应的财政经费安排,形成很大的缺口。不完全财政对清朝政府的行政来说造成两方面的后果。一方面地方官为了完成职守,应付各方面的支应,谋求非法的经费筹措途径,对中央政府的有关法律条规形成冲击。财政的不完全特性助长了加派浮收的泛滥,并使清政府在政策上对这种不合法的行为作出让步,人民的实际负担由此一层一层地累积起来。另一方面,由于各级官吏向人民私行巧取,耗尽百姓的脂膏,使百姓无力完纳国家正赋,赋税征收失控,国家财政陷入困境,国家政权与基层百姓交受其困。乾隆中期以后,在赋税定额化的条件下,由于物价上涨,清政府财政支出缺口更是加大。不仅原已存在的俸薪、地方公费和军费供给不足更趋严重,而且原来财政支出充足的部分也因物价上涨、经费有常形成新的缺口。嘉庆以后,清廷中央税收从未按时按数征足③。

中央财政中的起运与存留比例的严重失调相当惊人,而存留于地方公用的财政支出去向同样值得我们关注。曾小萍认为,清初山西省所有供地方使用的地丁钱粮中,超过84%是用在了主要关乎中央政府利益的支出上。山西省的钱粮额居于全国地丁钱粮额中间水平,因此具有代表性④。

---

① 胡寄窗、谈敏:《中国财政思想史》,中国财政经济出版社1989年版,第626页。

② [美]罗威廉:《言利:包世臣与19世纪的改革》,许存健(译),社会科学文献出版社2019年版,第47页。

③ 何平:《论不完全财政体制对清代社会的破坏机制》,《学术研究》2004年第6期。

④ [美]曾小萍:《州县官的银两——18世纪中国的合理化财政改革》,董建中(译),中国人民大学出版社2005年版,第29、32页。

清代地方存留的数额本已非常有限。在这有限的数额中用于支付衙役、书吏的薪水所占财政比例少之又少。这种情况在整个清朝均未得到改善,在清朝后期则有恶化的状况。论者谓,在晚清试图向财政国家(或“税收国家”)转型的过程中,汲取的加强并未带来公共福利的改进,国家能力实质上很可能是削弱了①。道光年间,张集馨在山西朔州府任上给本省按察使与布政使的报告中指出,该府“额设捕役八名,每年役食共四十余两,且有从中剥削易钱发给者,是捕班之役食为最少,老弱未免滥竽;而捕班之用项为最多,隶役安能枵腹”②?捕役需要承担繁重的责任,一年的正式收入最多平均仅五两银子。论者指出,晚清四川南部县工食银民壮每年为 8 两,门子、皂隶、马快、伞扇轿夫、仵作、禁卒、更夫、捕役、斗级、仓夫、铺司兵、膳夫为 6 两,随学仵作最少,每年工食银为 3 两,总共 484 两③。根据光绪十三年(1887)的一份档案记录,陕西紫阳县的十五名皂隶,半年的工食银共计三十八两五钱;仵作一名,半年的工食银二两五钱;禁卒八名,半年的工食银二十两五钱④,这与道光年间山西大致近似。

书役等人正式收入低,依赖这点有限经费无法维护生存。中央不仅对州县司法审判始终没有给予专项财政补助,书役甚至有时得自筹办案经费。迟至光绪九年,湖北按察司仍声称:“闻因(书役)解案一起,需钱百数十千,难以筹备。并闻原役筹费,或于本案或别案牵累无辜,使之帮助解费。每致良善倾家。”针对该省书役等人向当事人索取开笼等费,每案至数十千文的现象,按察司只是“合行谕饬禁革、不准再有开笼等项名目”⑤。至于囚犯解役饭食等项,按察司要求州县官员“自行捐廉发给。”没有财政上的配套支持,高层官员发布这种政令,近似于站着说话不嫌腰疼,显然不能解决什么问题。四川一些州县在晚清时期设置“三费局”机构,针对命盗等重大案件,由三费局向差役等人支付捕费、解费与棚费。三费局通过税费加捐的形式获取经费来源,但该制度仅见于四川,并在晚清法制改革时期被取消⑥。综上,清代中央财政权力高度集中,但不是财

① 彭凯翔:《明清经济史中的国家:一个对话的尝试》,《中国经济史研究》2021 年第 2 期。

② (清)张集馨:《道咸宦海见闻录》,第 35 页。巴县、淡新等地书差等人低廉的工食银金额,邓建鹏:《清末民初法律移植的困境——以讼费法规为视角》,法律出版社 2017 年版,第 34 页。

③ 万海荞:《晚清四川的州县经费研究——以南部县为中心的考察》,《中国经济史研究》2019 年第 5 期。

④ 张若筠(主编):《清代紫阳县档案汇编》(上),第 33—34 页。

⑤ 《清臬署珍存档案》第 1 册,第 7—8 页。

⑥ 邓建鹏:《清末民初法律移植的困境——以讼费法规为视角》,法律出版社 2017 年版,第 46—50 页。

政责任集中——其对地方财政承担极少义务。从财政经费支付的视角观之，皇帝及官僚集团的“爱民”“仁政”言说与真实举措间存在巨大背离。

刚性的税收定制与恪守祖制的顽固思维构成皇帝们的思想障碍——这种僵化的财政制度无法有效应对人口增长数倍之后的时代。论者谓，清代财税制度几乎从明代全盘照搬下来。而明代财税管理中，由于低税政策，思维偏见，责任感僵化，行动范围分割，官吏俸给过低，政府工作人员不足，公共投入不足，最终，纳税人不得不缴纳更多，特别是那些无法抵制的额外派征更是如此。当时能够认识到低税政策危害的人极少[①]。清朝从明朝继承的财政制度中，绝大多数地方官员所遇到的开支，没有相应的预算种类。地方官员面临着维护或修建城垣、道路、堤坝、桥梁及渡口等任务，不得不寻找可替代的经费来源。最为有害的是，这一体系极为有效，以致中央政府看不到国家法定财政体制已经失灵——恰恰是它导致了非正式经费体系的产生[②]。

学者的个案研究显示，有的衙门将诉讼保持在一定数量，有其功利考虑。有论者谓，同治十二年巴县知县王麟飞处罚朱有臣一案表明，即对于负责审案的衙门组织来说，十分需要有人来打官司，尤其欢迎可以任其敲诈的“好案”。至少在州县一级衙门内心希望诉讼能够保持一定的数量，如果有需要，他们自身甚至不惜主动“挑起”，或将民间人“诱入”诉讼。造成这种情况的重要原因之一无疑是统治者的贪欲，而官僚制度中的某些畸形的薪俸制度规定，乃至衙门的组织结构也导致他们希望将诉讼保持在一定数量之上[③]。王麟飞对朱有臣处以“掌责”和“罚银五百两”，作为巴县东川书院经费。清代的刑罚体系是以“五刑”，即“笞、杖、徒、流、死”构成的。以“罚银五百两”来处罚“功名不实”或“假冒职官”，至少在《大清律例》中找不到相应的法律依据，属于在地方衙门司法实践中屡见不鲜的法外用刑，特别是在处罚某些轻微犯罪时常常使用[④]。与此类似，在同治五年，“讼棍江润顺押已多日，年老孤客，家有老母，本拟罚伊交监狱棉袄百件方释，因伊

---

① 黄仁宇：《十六世纪明代中国之财政税收》，阿风等（译），生活·读书·新知三联书店 2001 年版，第 420、427 页。

② [美]裴德生（编）：《剑桥中国清代前中期史》（上卷），戴寅等（译），中国社会科学出版社 2020 年版，第 209—210 页。

③ 伍跃：《必也使有讼乎——巴县档案所见清末四川州县司法环境的一个侧面》，《中国古代法律文献研究》（第七辑），社会科学文献出版社 2013 年版，第 401 页。

④ 伍跃：《必也使有讼乎——巴县档案所见清末四川州县司法环境的一个侧面》，《中国古代法律文献研究》（第七辑），社会科学文献出版社 2013 年版，第 400 页。

哭求实无此力,家中老母无人赡养,未知存亡,在押多日,口粮亦时不续"[①],杜凤治只好作罢。所谓充作书院经费或修理衙署经费,其结果都难免知县自行支配、使用,或本应公费开支,却由私人承担,为知县"开源节流"。同一年,杜凤治还听闻广东"永安、海丰、遂溪均为向来大缺,数年来不敷缴用,全杖桌面(即在诉讼中牟利)"[②]。在杜凤治后来的司法治理中,对当事人处以罚款有常态化趋势。在同治七年,杜凤治任四会县知县时认为谢瑶琮"非理越控,……罚令出银贰百两充公,以为修理学署及包公祠、改葺西门之用。谢瑶琮等三生遵依,当将银缴清释之"[③]。同一年,杜对罗文来与罗王氏调奸一案,"候罗元华等禀复后拟罚伊千金充公"[④]。后来杜查知此案"经罗元化等禀请销释。奸本无据,以其事出有因,拟罚城工修费省释"[⑤]。这种调奸无据,以"莫须有"方式处以罚款,可谓殊出律例、情理之外。同治九年,杜凤治再度任广宁知县时,复讯冯毓瑞、惠瑞与陈昌言地产互控案,"至冯氏兄弟以沉浮尾区区之地,妄思占沉浮坑,故谓谭木之屋在伊地,又先抢控,殊属非是。昨日[⑥]堂讯不候具结擅自回家,传不即到又不受差带,在外咆哮,极应责惩押办。姑念岁已将暮,为日无多,令将溢田承领外,又从宽仅罚伊捐修衙、庙费二百元,速缴速释,毋得自误致干久押。陈已具结,冯、谭交差照断遵办"[⑦]。同治十一年(1872),杜凤治在广东南海县审理罗玉鼎、潘鸿儒互控案,两造承认诬告,杜谕令"二人所为倘从轻发落,将来恐人效尤,不可不薄罚以示惩儆。罗玉鼎罚银千两,潘罚银二百两充公,作为修理衙署、监狱之费,限十日呈缴"[⑧]。案件以罚巨款了事,其批示并无律例依据,实为知县创收之途。

受前朝财税制度与儒家意识形态深层影响,清代"量入为出"与"轻徭薄赋"的财政政策被视为美政,这类观点甚至曾支配现代中国诸多史学教

① 《杜凤治日记》(第一册),第 348 页。

② 《杜凤治日记》(第一册),第 86 页。衙门私下收取诉讼收费在当时为常态,杜退休返回家乡,撰写"为蓉山公墓山名合柱背请示禁止盗卖侵占砍伐等事,又为保城盗卖澄溪公祭田进禀请严拘惩办、并出示谕禁盗卖等情"禀稿,两份禀稿呈交山阴县衙,"须费用两三千文,将来发出告示,亦须费用十余元。"《杜凤治日记》(第十册),第 5395、5399 页。后来这两项"请禁告示"发布,杜耗费十三元,同上书第 5433 页。

③ 《杜凤治日记》(第二册),第 736 页。

④ 《杜凤治日记》(第二册),第 851 页。

⑤ 《杜凤治日记》(第二册),第 957 页。

⑥ "昨日"原文写为"日昨",著者据上下文意改正。

⑦ 《杜凤治日记》(第四册),第 1802—1803 页。

⑧ 《杜凤治日记》(第五册),第 2367 页。同治六年,杜凤治听闻门人郎庆"陈、曾假命案断结罚修庙宇一事,外间都说郎门弄钱,缘其罚款系郎为说合也。此件有人曾向予说过,亦疑之,曾经面斥。"同上书第一册第 340 页。

科书。当时地方上存在各类“浮收”“折色”，民众交付的钱粮远超过法定数额，表面上朝廷获得美名，实质上反映的是朝廷对待地方官刻薄寡恩——乾隆初年以降，清政府挪移原为各省所专用作为地方财政急需缓冲的耗羡盈余，中央视地方财政需要为一成不变，在此情况下，地方政府或增加陋规以应付公共支出（比如司法经费）及私人收入的需要，但这大大增加了地方官的法律风险与处罚风险，最终，多数官员仅以敷衍塞责的消极态度照章办事，俾免纪律处分。

因此，面对健讼现象，虽然州县官被要求积极受理案件，事实上州县官多“官批民调”，诉讼分流，限制或禁止私人自由进出向官方呈递诉状的渠道，以贱讼姿态直接作为健讼对立面，试图从整个社会塑造出人们在观念、态度和意识上害怕以致远离诉讼的心理状态。在晚清法律改革之前，面对当事人的健讼行为，历任皇帝受高调的道德治国理念支配，无非是提倡地方官洁身自好，督促胥吏、差役勤政敬业，在日趋僵化的诉讼制度和“诉讼爆炸”的社会中疲于奔命。其结局，贱讼与健讼成为官—民二元社会在诉讼中的直接映射，超越时空，成为有清两百多年来长期存在的矛盾性结构。

## 第三节　诉讼结构研究的思路总结

### 一、法制评价标准与“西方中心主义”

近年，学者关于清代诉讼研究的主流范式之一，是把清代中国法制放在与“近现代西方法制”及西方各类理论模型对比模式下，观察中国法制的特征与不足。使用这种评判标准或方法分析的学者，多将注意力集中在与“近现代西方法制”相比，清代法制缺少什么，存在什么不足，或清代法制为何不像西方那样[①]。比如，激烈地争辩西方近现代存在“规则型的法”，清代中国则是“非规制型的法”。又比如，清代中国“情法两尽”类型与现代西

① 林端：《中西法律文化的对比——韦伯与滋贺秀三的比较》，《法制与社会发展》2004年第6期；Bradly W. Reed, “Bureaucracy and Judicial Truth in Qing Dynasty Homicide Cases”, *Late Imperial China*, Volume 39, Number 1, June 2018, pp. 67-105. 寺田浩明将西欧近代“法—权利”型审判作为对清代州县司法评判的参考，［日］寺田浩明：《权利与冤抑：寺田浩明中国法史论集》，王亚新等（译），清华大学出版社2012年版，第238、248页。

方“依法裁决”看起来处在对极位置[①]。黄宗智认为，“滋贺他们研究法制的方法，主要是德国传统的法理学，要求抓住一个法律传统，甚至于是整个社会和文化的核心原理”[②]。寺田浩明则认为，黄宗智无意识地把西方近代的市民法模型作普遍的发展模式引入清代，给他贴上一个“近代主义”或“西方中心主义”的标签相当容易[③]。但是，双方均难以摆脱这种理论预设。寺田浩明曾反省：“要说在研究过程中容易陷入近代或西洋中心的偏差，意思好像很清楚，然而这种偏差的大部分其实往往在不知不觉之间已溶进了我们的认识框架”[④]。这种研究容易忽略清代法制自身如何构成，如何在不同时期产生流变，如何运行，什么因素塑造了其内在结构与运行特点。

以“近现代西方”评判“清代中国”，属于不对称时间上的比较研究，无意中潜藏着以“西方法制”标准作为终极目标，对“清代中国”司法实践提出要求，其合理性值得探讨，却一直缺少反思。不应随意与西方简单比较，以聚焦于对主题的专注，这是获得理性研究环境的需要。有论者谓，方法论意义上的“欧洲中心主义”导致绝大多数的“阐释性比较”都把传统中国作为首要的关注对象。这些比较研究把重点放在大量的中国档案之上，但是在欧洲方面，则仅仅搜集既已存在的二手资料，因此，二者之间实质上根本不存在比较的可能。因为许多参与比较的研究者做不到学贯中西，他们对中国的部分更熟悉一些，于是就关注得更多[⑤]。这种急于同近现代西方法制的比较，缺乏对西方诸国（具体如英国、法国、德国或荷兰）特定历史文献的深刻把握，研究者只能将“西方法制”高度抽象／假设为某一简单模型，比较重点多限缩于静止状态的清代法制特征，或简单反思清代法制为何如此，为什么不像西方法制那样？这种追问，看起来就如问为什么河马长得不像老虎。简单比较与追问转移了一些更有价值的深度思考，比方清代诉讼社会内部矛盾何以产生？清代法制体系后来为何被迫改弦更张？这种

---

① 徐忠明：《清代中国司法类型的再思与重构——以韦伯“卡迪司法”为进路》，《政法论坛》2019年第2期。

② ［美］黄宗智：《中国法律制度的经济史·社会史·文化史研究》，《比较法研究》2000年第1期。

③ ［日］寺田浩明：《清代民事审判：性质及意义——日美国家学者之间的争论》，《北大法律评论》（第1卷第2辑），法律出版社1998年版。

④ ［日］寺田浩明：《权利与冤抑：寺田浩明中国法史论集》，王亚新等（译），清华大学出版社2012年版，第310页。

⑤ 张泰苏：《超越方法论的欧洲中心主义：比较中国和欧洲的法律传统》，高仰光（译），《法律史译评》（第六卷），中西书局2018年版，第258页。

诉讼体制存在严重的缺陷吗？以及，如果存在内在欠缺，对现代中国制度优化能提供什么启示？相关尝试性回答，对居于中国立场的学者而言更有独特价值。

面向现代的法律史研究超越了海外学者“纯学术”的精神追求，或只是实现研究者评职称的个人需要①。从法律史学科发展角度而言，这些追问是摆脱长期“自娱自乐”“自说自话”学风，避免“法律史学”朝“法律死学”堕落的重要途径②。高鸿钧曾指出，某些海外华人学者和本土“海归学者”长期生活在中西文化的夹缝，对故土文化怀有天然的“恋母情结”。这使得他们对传统文化魂牵梦绕般的难以割舍。在他们对这种传统和文化研究时往往理解与同情多于反思与批判，否定自己的研究对象无异于否定自己学术领域的重要性，至少从谋生角度，他们也要努力发掘中国传统文化和制度的优点③。该论断有一定事实基础。费正清认为，西方汉学家有一种职业病，大概出于“第二爱国”或“爱中国”心理，不肯暴露他们所研究对象的坏处④。中国传统司法的宏观研究近年蔚然成风，研究者择取若干文献，流于简单梳理和归纳理想中的司法**观念**或制度**文本**，这类研究缺乏深刻的问题意识，或挖掘问题的意识。因此，高鸿钧的论断亦值得此类研究者参考。

所谓“西方法制”评判标准，其实很值得追问：这种用以比较或评判标准的法制，是英国近代法制，还是现代法制？是法国法制，还是德国法制？是英美法制体系？还是欧陆法制体系？为什么以近现代西方法制而非中世纪西方法制为比较对象？存在一个铁板一块的所谓“西方法制”吗？现代“西方法制”与近代“西方法制”是一样的吗？沿用本书“导论”提出的批评，如果存在一个所谓的统一的“西方法制”，那必定是完全无视西方近三四百年来法制的巨大时空差异，是一种极端抽象化的法制评价标准，这种标准只是存在于学者的理论构建中，过于偏离实际。国外法律史专家树立的西方法制参照系／评价标准，近年来影响甚至潜在地支配着国内不少学

---

① 邓建鹏：《中国法律史研究思路新探》，《法商研究》2008 年第 1 期。

② 学者称，学术圈存在某种空洞、粗浅、无趣、虚伪，简言之“虚假的中国问题”。徐昕：《无罪辩护：为自由和正义呐喊》，清华大学出版社 2019 年版，第 11 页。这值得法律史学者深思。

③ 参见高鸿钧：《无话可说与有话可说之间》，《政法论坛》2006 年第 5 期。

④ 参见［美］费正清：《费正清论中国：中国新史》，薛绚（译），台湾正中书局 1994 年版，“余英时序”第 1 页。黄宗智认为，许多汉学家也许更多是喜爱和认同他们研究的主题，而不是诋毁他们研究的主题。参见［美］黄宗智（主编）：《中国研究的范式问题讨论》，社会科学文献出版社 2003 年版，第 113 页。

者。但是,这种比较实质上是对清代州县诉讼及司法实践提出苛刻要求与标准,最后可能迷失于“西方中心主义”的比较陷阱。有学者中英比较时,先明确两者可比较性:在地理上,中国不同地域存在巨大差距,将英格兰与中国所有区域比较并无实际意义,因而着重两处相对发达区域——江南与华北,在时间上集中选取英格兰16—17世纪与中国清末民初时期。在相近经济发展水平阶段上进行比较,英格兰与中国都自认为在即将进入工业化前已存在高度商业化的经济;都以农业为主且自给自足,同时也触及一些海上贸易;二者都通过法律与习惯法保护私有财产。没有这些相似性比较不可能进行。18世纪早期海外贸易占据英格兰经济更大部分,很难与中国任何地域比较①,以上思路为比较法律史研究提供更恰当的示范②。

## 二、“就中国论中国”的研究思路

清代的法制运行不可能存在通行各国的模式,与其用西方法制模型追问清代州县诉讼与司法实践,不如将之置于政治、经济、人口和文化思想等社会背景中。抛弃简单以西方作为参照物,或潜在以西方作为比较标准,结合多样化文献,以中国本土历史为出发点,有助于深化理解清代社会内部影响诉讼的各类动因与结构化矛盾。这一研究思路,著者称之为“就中国论中国”。“就中国论中国”不是为了颠覆(更非急不可耐地反驳)西方学者对传统中国研究的某一见解(如“法律东方主义”“白银资本”或“大分流”),而是要求把研究重心高度聚焦于中国社会内部。清代诉讼社会史并非同一时代的(尤其是近现代)西方诉讼社会史延续。清代州县诉讼研究的思路架构必须按照本土官僚制、经济与文化思想的特质来单独设计,而非直接套用西式法制模型。著者在本书个别地方简单尝试了制度与实践的古今中西比较,但终极目的不过是为了进一步把握清代诉讼与司法实践的特质。

“就中国论中国”强调州县诉讼进程中不同对立面之间相互影响,各种因素互相刺激下的发展与流变。在这一思路中,著者提倡研究的“内部视

---

① 张泰苏:《前工业时代中英社会等级与财产习惯法的形成》,张升月(译),《复旦大学法律评论》(第三辑),法律出版社2016年版,第352—353页。

② 另外,学者研究同治(1864—1874)初年的巴县档案,并选择19世纪末司法改革前的近代英格兰作为比较参照系,王志强:《官方对诉讼的立场与国家司法模式——比较法视野下清代巴县钱债案件的受理与审判》,载[日]夫马进(编):《中国诉讼社会史研究》,范愉等(译),浙江大学出版社2019年版,第526页。

角”,通过对本土多样化文献深刻把握,解析州县诉讼多元参与主体自身的思考与行动。从诉讼参与主体角度,理解正印官、当事人、讼师、官代书、佐杂和差役等人的考量、利益动机与行为偏好,这些“制度中的行动者”的主观动因如何被当时限制性条件所影响与塑造,以及参与主体之间如何交缠影响。诉讼与审判乃伴随高度对抗的行为实践,这种内部视角使关注重点置于“事物的内在矛盾”[①],探索清代州县诉讼主体动感的、冲突的、抗争的、妥协的……复杂状态,解析其间的矛盾如何产生,造成了什么影响,为解决矛盾,时人作出了什么努力,效果如何,为什么产生这样的效果。法律史专家急于同西方法制比较,迫切与西方著名社会科学学者对话,却几乎完全忽略诉讼参与主体的思考与行动,或只是将州县官推论为没有“偏私”的主体,从“公平”立场出发[②]。乾隆的贪欲如此“生猛”,考虑到官场上行下效,州县官是官僚组织中的行动者,对他们的这种假设怎么说也不合历史事实[③]。经济学家谓:“行动的概念是对人的研究中最显著最关键的特征……人的行动非常鲜明地与那些从人的角度观察到的无目的性的运动区分开来……不行动,不做有目的性的行为的东西,就不能再归为人类了”[④]。因此,忽略诉讼参与主体意图的诉讼史研究是一个重大缺陷。查理·芒格指出,美国大多数心理学入门教材没有正确处理一个基本问题:心理倾向为数众多,而且它们在生活中会产生相互影响。但那些教材的作者通常对如何弄清楚相互交织的心理倾向造成的复杂后果避而不谈[⑤]。一些法律史专家对重要因素及其交互影响采取类似回避态度,令人遗憾。一些富有影响力的学者的研究,多局限于历代典章制度或理想化法理念的梳理,远离法制实践,无法揭示真问题,令人堪忧。

为实现“就中国论中国”,需要努力把握与州县诉讼相关的不同文献,进而理解州县诉讼背后的复杂环境——人口增长、审案官员人手有限、审判资源严重不足、纠纷不断增多、积案压力巨大、向上负责制的官僚任命与

---

① “把握事物的矛盾”源于香奈尔前CEO莫琳·希凯的启示,参见[美]莫琳·希凯:《深度思考:不断逼近问题的本质》,孔锐才(译),江苏凤凰文艺出版社2018年版,第183页。

② 有学者受此影响认为至少从已有证据看,州县官通常公正作出裁决,他基于彻底调查,事实建立在证据基础上,在大部分裁决中律例是关键,see Linxia Liang, *Delivering Justice in Qing China*: *Civil Trials in the Magistrate's Court*, Oxford University Press, 2007, p. 248. 综合本书研究,此见解有失偏颇。

③ 指陈皇帝的贪欲并非绝对地否认最高统治者存在维护司法公正的举措,而是要说明这种缺乏克制的倾向腐蚀了司法机器。

④ [美]穆雷·N. 罗斯巴德:《人,经济与国家》(上册),董子云等(译),浙江大学出版社2015年版,第99—100页。

⑤ [美]彼得·考夫曼(编):《穷查理宝典》,李继宏(译),中信出版社2016年版,第461页。

考核模式……。设身处地从诉讼参与者的立场,面对种种外在制约条件,理解清代州县诉讼程序与结构化矛盾普遍而长期存续的支配性因素。这要求研究者尽可能放下前见,如西方法制评价模型,阶级斗争理论,静态历史观,唯典章制度论,分析思路简单化,等等,从当时当地参与主体的处境出发。“就中国论中国”把研究的重心引向清代诉讼社会史的内部因素,对结构化矛盾作同情之理解——民众的健讼之风,多为当事人适应官方贱讼的互动过程,是多数当事人面对贱讼不得已而为之的应对;官方贱讼举措,实为儒家意识形态(如“君子喻于义、小人喻于利”)、紧缺财政、审判人员有限、官僚群体自我利益考量等诸因素共同作用的结果。清代诉讼社会史由成千上万不同的参与主体推动,内涵多样,在不同时空下流变,但是,却大致可以在“贱讼”与“健讼”这对命题下统筹起来。近年传统司法制度或正面理念的宏观梳理似一度成风①,这种未细致比对正反两面文献的抽象论说与宏大叙事,要调和其理想的司法制度(或观念的表述)同复杂实践细节间的巨大张力,尚需学人付诸巨大努力。基于特定时期,比如从乾嘉之际人口剧增、财政紧缺与地方官僚组织模式等细致入微的角度考查常态化司法实践,有益于避免一些抽象叙事给今人造成幻觉。

## 三、超越差异化因素的法律史研究

如前所述,基于诉讼案例的研究,必须面对两百多年来“清代中国”内地十八省巨大时空差异及参与者等差异化因素的挑战。该挑战使得此类研究无论采用多少案例,数量上却似乎总是不够,代表性方面总会留下令人质疑的可能。这意味着,案例研究面临着如何有效突破时空要素障碍的问题——几棵“树木”何以代表及解释成片“森林”的复杂性及多样性?这个问题多年来困挠了许多同行,也影响了美日法律史专家静态研究的学术价值。

对于“命题”的关怀,以之作为研究的导向,打破社会史、法律史、人口史、财政史和儒家意识形态等领域的界线,有利于调动诸多学术门类的研究路径与资源,实现多学科交叉结合。以统一的“命题”为中心,组织各类历史文献与研究思路,是跨越学科界限、使多学科融通的有效举措。本书尝试三方面的突破:一是从多样化文献中提炼普遍持续存在的矛盾化结

① 参见张中秋:《传统中国司法文明及其借鉴》,《法制与社会发展》2016 年第 4 期;张中秋、潘萍:《传统中国的司法理念及其实践》,《法学》2018 年 1 期;王世友、周少元:《中国古代司法秩序中的衡平原理》,《中国政法大学学报》2021 年第 3 期;汪雄涛:《“平”:中国传统法律的深层理念》,《四川大学学报(哲学社会科学版)》2021 年第 6 期。

构——贱讼与健讼，使之成为讨论的轴心；二是深度解析诉讼程序规范及其演变，这些程序性规则与运行实践虽然难免有着历时性／空间性特点——因时间不同而出现流变，因地域不同而略有差异，但其核心内容、价值观及受其形塑的行为模式却长期相对恒定；三是深入分析地方官僚群体的任命、考核奖惩机制及紧缺财政背景等，这是直接支配官员听讼举措与司法决策的制度背景，它们决定了地方官均是特定机制下的行动者。虽然本书多以宝坻县、黄岩县、巴县、淡水与新竹县等地的诉讼案件或杜凤治等有限地方官作为重点关注对象，但清代稳定的制度特征与制度缺陷塑造出不同时空下地方官具有司法实践的共性。

# 结　论

在 20 世纪 80 年代开始的二十多年里，清代法律史的重要研究多限于典章制度的梳理[①]，甚至在较长时间，一些学者将制度规范潜在地视同为司法实践，或将少量精英官僚的听讼视作司法常态。早期学术成果多为“文本上的研究”，较少与法的运行结合。18 世纪定型的《大清律例》传承了上千年成文法文明，与同时代法国或英国法制相比，具备明显的制度理性，比如规定“断罪引律令”，限定自理词讼结案时间等等[②]。多数律例条文表达了立法者的谨慎思考与周全设计。但典章制度规定得再好，落实与执行却日益乏力，在实践中逐渐被各类非正式制度取而代之[③]。本书开头指出，不少清代官员强调听讼对当事人的重要意义，但“知道与做到”之间，却有遥远距离。21 世纪初年以来，州县司法档案的进一步开放、大量档案整理出版及美国与日本学术风范对国内同行带来巨大触动，清代基层诉讼与司法跃升为法律史研究的重心。两国法律史专家在文献应用与理论思考方面作出巨大贡献与示范，但其研究并非完美无缺。法律史专家忽略了司法实践在不同时空的流变和对主体的精细考量，呈现静态研究和缺乏诉讼“参与主体”这一能动者，潜藏的“西方中心主义”又使研究成色打了些许折扣。

研究清代两百六十多年的法制与诉讼实践，应高度关注其与社会经济变化、文化思想和官僚组织结构等所产生的影响及互动。具体因素至少涉及：儒家意识形态影响下轻徭薄赋的税收政策，层层向上负责的官僚任命与考核方式，乾嘉之际人口数量的爆发式增长及普通民众生存资源的激烈竞争，以及州县官、当事人及讼师等群体受客观因素形塑的行为程式，等

① 早期代表性研究，那思陆：《清代州县衙门审判制度》，文史哲出版社 1982 年初版。

② 邓建鹏：《清代“依法裁决”问题的再研究》，《四川大学学报（哲学社会科学报）》2021 年第 2 期。

③ 乾嘉以降，州县司法实践呈现对司法体制 / 律例规范的巨大偏差，邓建鹏：《清代州县司法实践对制度的偏离》，《清史研究》2022 年第 2 期。

等。忽略上述核心要素，研究对象被视同“温室中的花朵”，远离与之息息相关的“土壤与气候等综合社会环境”。若以假定的理想模式或静止状态为前提，恐怕并非“真实的司法世界”。

论者谓，“无讼”的结果，无疑不可能通过禁止诉讼或压制诉求来实现，而只能通过合理的风险预防和治理机构，以及在纠纷发生后的及时有效运行的协商和调解等非诉讼解纷机制，减少对国家权力以及强制性、对抗性和高成本诉讼程序的依赖。历史经验表明，在避免两种理念之极端的同时，将二者辩证地建构为一种多元化理念是可欲和合理的，即在承认诉讼的积极价值、最大限度地保障司法救济的同时，承认诉讼的局限性并且对其加以必要的限制；在提高司法在法律解释、确认规则、参与利益分配等方面的重要社会功能的同时，将纠纷解决功能向非诉讼机制分流；提倡协商、自治、理性的解纷方式，形成诉讼与非诉讼程序相协调的多元化纠纷解决机制。这两种理想类型的重要交叉点是国家与社会自治的关系[①]。

遗憾的是，“国家与社会自治的关系”在清代无由产生。黄宗智等法律史专家的“国家”与“社会”二元对立源自近代西方的理论模型，清代中国是典型的“官—民”二元社会[②]，在统治者的视野及律例框架中，“社会自治”及“国家和社会二元关系”这样的概念或近似内涵并不存在[③]。为社会控制需要，国家权力可随时进入民众之间。遗存至今的大量清代官箴书（如《得一录》）、地方法律文献（如《西江视臬纪事》《治浙成规》）及诸如皇帝统治意志的表达（如《圣谕广训》《钦定训饬州县规条》[④]）中，展现了国家权力对民众大量的、全方位的约束与禁令，比如禁健讼、禁赌、禁迎神赛会、禁妇

---

① 范愉：《诉讼社会与无讼社会的辨析和启示——纠纷解决机制中的国家与社会》，《法学家》2013年第1期。

② 参见邓建鹏：《财产权利的贫困：中国传统民事法研究》，法律出版社2006年版，第5—8页。秦汉以降诸朝，抽去贵族这个中间环节，社会矛盾简化为“君—民”（或曰“官—民”）二元对峙。汉制特色是皇权直辖庶人，朝廷（官府）—民众二元结构与周制天子—贵族—庶民多级结构大相径庭。参见冯天瑜：《百代皆行汉政法》，《华中师范大学学报（人文社会科学版）》2022第2期。

③ 学者批评罗威廉关于汉口城市史的研究时指出，以“市民社会”与“公共领域”置于传统中国语境是不恰当的。[美]魏斐德：《市民社会和公共领域问题的论争——西方人对当代中国政治文化的思考》，载[美]黄宗智（主编）：《中国研究的范式问题讨论》，社会科学文献出版社2003年版，第139—171页。

④ 《钦定训饬州县规条》由总督田文镜、李卫领衔编定，于雍正八年颁行，奉圣上之意颁赐给各州县官遵循，代表朝廷正统意志。该书与《钦颁州县事宜》内容同。学者认为该书由皇帝审定，比其他为政手册承载更高的权威，因此《牧令书》作者将之视同为法律。See Linxia Liang, *Delivering Justice in Qing China: Civil Trials in the Magistrate's Court*, Oxford University Press, 2007, p. 9.

女入茶馆、禁溺女婴、禁聚众、禁入庙烧香或禁宰杀耕牛,等等[①]。今天来看,这些禁令有一定的正当性,但这些内容广泛甚至“肆无忌惮”的约束表明,传统法理念中没有官府权力不可干涉的领域,更没有民众自治的法定空间。国家权力介入程度与范围视其社会控制能力大小及实际需要而定(有时也迎合了部分乡绅的意愿)。州县衙门固化权力(如催收钱粮),减少责任(如官批民调),有时给今人以幻象,误认为清代社会存在“乡村自治”或“第三领域”,以致推导出国家与社会的二元分类。其实,州县官委托乡保或士绅查明案情,勘验现场,调查纠纷,甚至促其调处,绝非意味着衙门司法权力下放,而是不愿(主观上)及无力(客观上)承担更多法定义务,以减少衙门在司法领域的资源配置,保障官员收益。

参考当时公共基础设施与公益事业的兴建主体,我们对此将有更深刻的理解。学者称,民间力量在公共基础设施与公益事业中有重要地位与影响。清代津渡桥梁领域的研究成果显示,明确见于记载的官修、民修、主体不明等三类桥梁渡口之比,无论是湖北还是桂东南,官修的桥梁渡口均远少于民修的,其他地区如19世纪安徽道路津渡几乎全是民间兴建;可考证的四川义渡、福建龙岩州义田修筑桥梁、嘉庆广东大埔义渡、湖南醴陵县渡口全为民修。19世纪中央政府公共工程经费仅150万两,基层公共设施主要由民间承担。民间组织在基层经济与社会生活层面发挥各自作用,成为大一统政权低成本维系基层统治的基础[②]。不过,如果说州县衙门审判资源在客观上绝对匮乏,其实未必正确[③]。有研究称,包世臣敏锐地指出:19世纪危机背后的根本问题不是清朝自然资源的减少,不是人口快速增长,而是因为各种制度带来的积弊,导致财富被自私自利的中间阶层“中

---

① 学者枚举乾隆至光绪年间“浙江永嘉县禁碑分析表”,衙门依据上谕圣旨、知县意愿及乡绅请求等,对范围极其广泛的行为示禁,包括禁砍伐树木、禁买补仓谷、禁水利私开、禁江湖恶丐、禁丐匪强索、禁丐匪窃害、禁聚赌恶丐、禁书役浮征钱粮、禁恶棍扰害、禁浮勒钱粮、禁赌博花会、禁偷砍竹木、禁网税积弊、禁掘毁水利、禁阻挠疏浚水利、禁盗赌、禁寺产归学,等等。敕谕禁碑是地方官府禁碑及地方绅民议定并经官府批准的“奉宪”自治禁碑的规范依据或指导原则。李雪梅:《法制“镂之金石”传统与明清碑禁体系》,中华书局2015年版,第177—178页。

② 龙登高、王正华、伊巍:《传统民间组织治理结构与法人产权制度——基于清代公共建设与管理的研究》,《经济研究》2018年第10期。

③ 相比之下,更为高效、成本更低、支付陋规风险更少的英租威卫司法体系受到当事人极高认可,see Carol G S Tan, *British Rule in China: Law and Justice in Weihaiwei 1898–1930*, Wildy, Simmonds & Hill Publishing, 2008, p. 269. 这一切是建立在警力更少、警力成本有限及当地民众同样好讼基础上。

饱”，从而掠夺了国家和民众所需的资源[①]。

当时体制积弊造成了“两头受累，中间吃饱”。有学者对晚清正式收入（通常纳入政府经费）与非正式收入（通常被官员移作他用或个人所有）的比例作了大致估算：19 世纪 90 年代初，包括正式税收和非正式额外税收在内的厘金收入总额的下限估计为每年约 3000 万两，比正式报告的 1300 万至 1400 万两的收入高出一倍以上，上限的估计上升到 4000 万至 5000 万两。19 世纪 90 年代正式盐税每年为 1200 万至 1300 万两，但非正式税收可能使实际征收额达到近 3000 万两。杂税的征收也往往带有非正式税收，在总量上或多或少与正式税种相当。在厘金税的征收中，非正式税收和正式税的比例可能高达 2∶1，而大多数估计认为这一比例在农业税中约为 1∶1[②]。地方衙门对民众赋税的汲取能力与动力多数处于强势，在收益包干制下，大量经费（非正式额外税收）中饱私囊，否则“三年清知府，十万雪花银”的俗语无从谈起。张集馨任陕西粮道前，借贷白银 17000 余两，仅任粮道一年，不但本利清偿，还寄回老家 10000 多两银子，单这两项就 30000 两左右[③]。学者统计，杜凤治从广东带回家乡的财产至少值白银 45000 两，约合当代的 513 万美元[④]。论者以乾隆四十三年（1778）江宁布政使陶易家产为例，认为以寒素之家起身，且为官清廉、仕宦多年后财产却能累至近四万两，可以想见当时所谓“升官发财”之流行语绝非虚言[⑤]。

作为常态，地方官僚群体无意将过多财政资源（包括法外索取的收益）配置于听讼，具体如下乡勘验与上详案件等，不愿承担太多义务，以减少支出，提高“收益”，避免财政亏空。州县官强行推动的“官批民调”，虽没有律例依据，不易获得高层官员许可，却有其深层经济考量，“官批民调”实为州县官变相推卸听讼责任的方式。在各地流行的这种“土办法”要求下，如论者谓，《巴县档案》中，出现了大量“凭团理剖”或类似表述。譬如乾隆二十八年的案件中，地主向衙门控诉，佃户不仅不交租，还殴打自己，知县下批示，命令立定租佃契约的中间人调查并提出报告。对此，中间人的回答是

① ［美］罗威廉：《言利：包世臣与 19 世纪的改革》，许存健（译），社会科学文献出版社 2019 年版，第 188 页。

② 张泰苏：《对清代财政的理性主义解释：论其适用与局限》，《中国经济史研究》2021 年第 1 期。

③ （清）张集馨：《道咸宦海见闻录》，第 8 页。

④ 邱捷：《晚清官场镜像：杜凤治日记研究》，社会科学文献出版社 2021 年版，第 378—379 页。

⑤ 云妍、陈志武、林展：《官绅的荷包：清代精英家庭资产结构研究》，中信出版社 2019 年版，第 163 页。

“蚁等遵委,即邀同两造理剖”,要求佃户缴纳欠租,并劝地主放弃诉讼。之后大约一个月,原被告双方提出结状,“经乡邻秉公剖明,各愿遵依”。同治年间出现了“投街邻理说”“凭团绅粮、与他理讲众剖”“投街邻理剖”“投理街邻剖”“凭执街邻理讲息讼”“投族理剖”“投鸣团理”“凭众理剖”“投理众斥”“投团集剖”“投帮(米帮)集理众斥”等表现,此外,还有省略的“理剖”“众剖”“投理”等语,频繁出现在诉状中①。

当时官方未曾普遍确认诉讼的积极价值,其结果是,无法避免贱讼和健讼的两种极端行为长期并存。律例这样的国家规则逐渐成为州县官面对当事人时用以息事宁人的“议价工具”——在律例的“树荫”下讨价还价,刚性的律例规定与官员解决争讼的手段之灵活相映成趣。“规则之治”缺乏社会基础,一些当事人“小事闹大”,获取不当利益。这造就一批诬告、胡搅蛮缠者“屡断屡翻”。在纠纷解决思路之下,弱小、贫穷、无知、愚蠢、迈拙或女性身份都能成为应予以照顾、迁就的理由。然而,息事宁人导向的纠纷解决方式为其他人提供了获取不当利益(或捍卫自身利益)的生动示范,长远来看这刺激更多心存侥幸者和更多纠纷——不达目的就一直缠讼下去。规则在多数纠纷中并未援引为据,原本遵循规则的人也被裹挟进健讼之途,这类不道德行为反过来强化了州县官贱讼的决心,直至对诉讼普遍心生厌恶。

对民众健讼之风的批评亦是案件尘积困境下的官方话语策略。当州县官处理不了大量问题(积案),就趋于处理“制造”问题的人——抑制当事人涉讼和打击讼师。通常,现代民事诉讼是当事人之间的“斗争”与“妥协”,但在清代的司法实践中,拥有裁决与事实认定全权的州县官却与双方当事人处在对立两端。在命盗等重案中,拥有基层审判全权的州县官与案犯更是处于对立的两极。这些对立的诉讼结构由于官方不遗余力地严打讼师,当事人或案犯缺乏专业的法律协助者,加剧了官民之间在诉讼结构矛盾的恶化。

虽然律例的修订多少有些与时俱进的意味,但主要是实体罪名的增删,在诉讼程序方面,官僚集团尤拙于制度建构。高调而僵化的正统道德和意识形态严厉束缚了官僚集团的视野,“重义轻利”的长期思维配合了贱讼策略,使基层司法不可能以保护当事人的权利为主旨,也不可能设立法定讼费,因为这将客观上承认诉讼的正当性,以减轻衙门财政负担,阻吓过

---

① [日]夫马进:《清末巴县“健讼棍徒”何辉山与裁判式调解“凭团理剖”》,瞿艳丹(译),《中国古代法律文献研究》(第十辑),社会科学文献出版社 2017 年版,第 411—413 页。

于琐碎的诉讼呈交至衙门（如英租威海卫那样）[①]。君上独享生杀予夺大权，因此不可能确立官员司法的“终局性”，这为任何一位上级官员及同级新任官员无时间限制、无次数限制地再审案件留下程序缺口，潜在地养成当事人屡断屡翻的投机心理。这种体制与正统思维的内在缺陷无法依靠官僚集团自身克服。

健讼之道德评判掩盖了地方官僚治理能力的不足、偏私的为政倾向和制度僵化的缺陷，将司法上的困境归咎于民风道德败坏，将问题的解决方式转向对民众的道德教化。因之，面对当事人的健讼行为，官员不是斥责讼民道德败坏、无理取闹，就是指责下属无能，却很少考虑社会变化需要相应制度与之相适应。法制作为规范社会、控制社会的重要途径，前提是国家必须面对现实，通过分析矛盾产生的社会基础适度调整，疏导与解决纷争，而非绝对性地限制、打压与排斥诉讼。比如，主要体现官方意志的证据规则，尽管是衙门回应当事人健讼行为的制度产品，但是，这种制度供给毋宁说是官方法律思维“石化”的结果，主要反映官方解决民众利益纷争时的退缩与自我封闭，无助于化解矛盾，而且使衙门在健讼风潮中陷于被动。

贱讼与健讼是清代州县诉讼中存在的基本结构，尽管这一结构在前朝已初具雏形，但随着人口增加，纷争不断，州县官听讼权力更为集中，这一结构性矛盾在乾嘉以降至为明显。论者谓，《淡新档案》表明当地社会非常粗暴，民事纠纷往往伴随着暴力行为，与《巴县档案（同治朝）》受理的案件给人的印象完全相同。在巴县这样的移民社会，自始就充满了这种粗暴风气，巴县变成了一个缠讼和渎讼的世界，这与百年前的乾嘉时期大相径庭[②]。诉讼制度与审判资源供给未随着人口数量剧增进行相应调整，州县衙门不得不限制大量当事人诉讼。当时诉讼制度面对社会巨变日益僵化，朝廷不断下达禁止佐杂受理案件的指令即是典型表现。衙门主观上从自我利益角度出发，限制当事人启动诉讼，并塑造出诉讼负面的道德形象。受压制的当事人不得不想方设法将案件呈送到衙门。综此，官方强化贱讼，健讼之风愈加浓厚，贱讼与健讼交互影响、相互促成，恶性循环。

官方贱讼体现在各类诉讼规则、代书制度、诉讼代理制度以及司法实践和意识形态的宣传中。诉讼受到官府的压制日趋严苛，当事人对利益诉

---

① 讼费制度对诉讼数量增减具有调节器的作用，如果设立法定讼费制度，那就意味着民事诉讼是正当性——缴纳讼费，衙门就不能贱讼。参见邓建鹏：《清末民初法律移植的困境：以讼费法规为视角》，法律出版社 2017 年版，第 82—83 页。

② ［日］夫马进（编）：《中国诉讼社会史研究》，范愉等（译），浙江大学出版社 2019 年版，第 110—111 页。

求的强烈维护,积极采取种种举措,比如当事人书写诉状参照讼师秘本、寻求讼师协助、伪造证据,直至夸大其词与诬陷对手,向州县官表达自己诉讼的正当性与迫切性,以使案件得以受理。违背官方正统道德与法律标准的“行径”被官方视为健讼,而实为贱讼环境下的“制度化”回应。因此,贱讼与健讼成为清代长期稳定存在的结构化矛盾。在这对命题中,贱讼是主导性的,健讼是被动性、反应性的。一旦前者烟消云散,则后者基本土崩瓦解。典型实例就是民国北洋政府时期,随着法制确立了诉权正当性与合法性,贱讼作为官方普遍举措不复存在,在官僚群体的叙事中,健讼之风大大减少。作为健讼社会的副产品和典型的风向标,曾经的地下出版物——各类教人以夸张的方式撰写诉状的讼师秘本在民国北洋政府时期曾公开发售,一度大量翻印。至民国南京政府时期,此类传统时代的读物走向了没落。

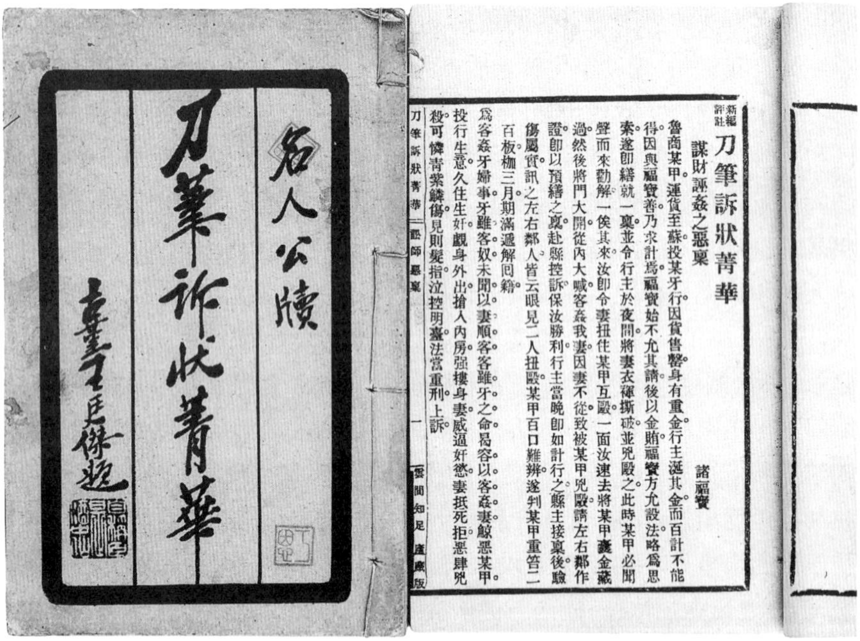


(图十五　民国十八年版《刀笔诉状菁华》。从“谋财诬奸之恶禀”,可见这仍是传统时代讼师秘本的语言范式,“恶禀”作者诸福宝据称是晚清四大讼棍之一。但在新时代,此类读物已没有太多社会需求,逐渐没落。)

在清代存续的两百多年间,这对矛盾并非一成不变。从定量角度而言,从清前期至中后期,人口增加三倍以上,合法拥有案件初审权的州县官数量基本不变，导致中后期官员听讼压力猛增。州县官在审判资源大致给定不变的情况下，只能是限制诉讼启动。从定性角度而言，清前期存在大量州县官对民事案件消极懈怠的叙事，至中后期，针对大量命盗剧案，也出现地方官无暇勘验、审理及向上汇报的广泛批评。综上，贱讼与健讼间的矛盾随着时代流变而显著加剧。论者指出，清政府在社教建设及公营事业等基本不见政府财政支持的踪迹，国家财政更多的是承担着维护社会稳定的职能。清朝前中期的财政治理，坚持量入为出的农业型财政管理模式，财政收入除了用于军费、行政开支外，余剩的部分只能勉强维持基本的救灾、赈济和水利工程开支。19世纪后半期的清朝，较大程度地提高税收，获取了许多额外的财政收入[①]。但在向民众"运送正义"方面，地方衙门并未作出更多贡献。对民众而言，大量未能及时依法审结案件的官员当以"离心离德"的状态存在吧。作为整体，这样的诉讼体制及地方官司法举措无论如何也是令多数当事人失望的，这可作为清王朝走向终结的一个注解。研究者尝试为更宏大的问题提供有解释力的回答，也许，将更有意义。

① 倪玉平：《"大分流"视野下清朝财政治理能力再思考》，《中国经济史研究》2021年第1期。

# 附录一

## 作者发表的本主题相关论文

① 邓建鹏:《健讼与贱讼——两宋以降民事诉讼中的矛盾》,《中外法学》2003 年第 6 期。(修订稿:《健讼与息讼——中国传统诉讼文化的矛盾解析》,《清华法学》第四辑,清华大学出版社 2004 年版。)

② 邓建鹏:《宋代的版权问题——兼评郑成思与安守廉之争》,《环球法律评论》2005 年第 1 期。

③ 邓建鹏:《清代讼师的官方规制》,《法商研究》2005 年第 3 期。

④ 邓建鹏:《讼师秘本与清代诉状的风格》,《浙江社会科学》2005 年第 4 期。

⑤ 邓建鹏:《清代健讼社会与民事证据规则》,《中外法学》2006 年第 5 期。

⑥ 邓建鹏:《清代州县讼案的裁判方式研究》,《江苏社会科学》2007 年第 3 期。

⑦ 邓建鹏:《清代诉讼费用研究》,《清华大学学报(哲学社会科学版)》2007 年第 3 期。

⑧ 邓建鹏:《清代州县讼案和基层的司法运作》,《法治研究》2007 年第 5 期。

⑨ 邓建鹏:《清代民事起诉的方式》,载《中国文化与法治》,社会科学文献出版社 2007 年版。

⑩ 邓建鹏:《清朝官代书制度研究》,《政法论坛》2008 年第 6 期。

⑪ 邓建鹏:《清朝诉讼代理制度研究》,《法制与社会发展》2009 年第 3 期。

⑫ 邓建鹏:《从陋规现象到法定收费:清代讼费转型研究》,《中国政法

大学学报》2010年第4期。

⑬ 邓建鹏:《清代民事法研究的回顾与思考》,(韩国)《亚洲研究》(2010年5月刊)。

⑭ 邓建鹏:《清朝〈状式条例〉研究》,《清史研究》2010年第3期。(修订稿:《清代审前程序的规则控制——〈状式条例〉研究》,载邓建鹏主编:《清帝国司法的时间、空间和参与者》,法律出版社2018年版。)

⑮ 邓建鹏:《词讼与案件:清代诉讼分类及其实践》,《法学家》2012年第5期。(修订稿:Jianpeng Deng, "Classifications of Litigation and Implications for Qing Judicial Practice", translated by Li Chen, in *Chinese Law: Knowledge, Practice and Transformation, 1530s to 1950s*, Li Chen and Madeleine Zelin ed, Brill Press, 2015.)

⑯ 邓建鹏:《清帝国司法的时间、空间和参与者》,《华东政法大学学报》2014年第4期。

⑰ 邓建鹏:《清末民初法制移植与实效分析——以讼费法规为切入点》,《华东政法大学学报》2015年第6期。

⑱ 邓建鹏:《"化内"与"化外":清代习惯法律效力的空间差异》,《法商研究》2019年第1期。

⑲ 邓建鹏:《清代州县词讼积案与上级的监督》,《法学研究》2019年第5期。

⑳ 邓建鹏:《清代"依法裁决"问题的再研究》,《四川大学学报(哲学社会科学版)》2021年第2期。

㉑ 邓建鹏:《文献多样性与清代地方司法研究》,《史学理论研究》2021年第4期。

㉒ 邓建鹏:《清代州县司法实践对制度的偏离》,《清史研究》2022年第2期。

㉓ 邓建鹏:《清代知县对差役的管控与成效——以循吏刘衡的论说和实践为视角》,《当代法学》2022年第2期。

㉔ 邓建鹏:《清代循吏司法与地方司法实践的常态》,《文史》2022年第3辑。

㉕ 邓建鹏:《论清代州县诉讼结构的成因》,《四川大学学报(哲学社会科学版)》2024年第2期。

# 附录二

## 参考文献

**历史文献**

清代南部县档案，四川省南充市档案馆馆藏。
清代顺天府档案，中国第一历史档案馆馆藏。
清代巴县档案，四川省档案馆馆藏。
清代循化厅档案，青海省档案馆馆藏。
清代淡新档案（缩微胶卷），美国哥伦比亚大学东亚图书馆馆藏。
北京顺义县民国司法档案，美国斯坦福大学东亚图书馆藏复印件，黄宗智与白凯原藏。
《唐律疏议》，刘俊文（点校），中华书局 1983 年版。
（唐）李林甫（等撰）：《唐六典》，陈仲夫（点校），中华书局 1992 年版。
（宋）朱熹：《三朝名臣言行录》，上海涵芬楼借海盐张氏涉园藏宋刊本影印。
（宋）马端临：《文献通考》，中华书局 1986 年版。
《名公书判清明集》，中国社会科学院历史研究所宋辽金元史研究室（点校），中华书局 1987 年版。
《宋会要辑稿·刑法》，马泓波（点校），河南大学出版社 2011 年版。
《宋刑统》，薛梅卿点校，法律出版社 1999 年版。
（宋）李元弼：《作邑自箴》，民国二十年商务印书馆四部丛刊景刊宋淳熙本。
《大元圣政国朝典章》，中国广播电视出版社 1998 年版（影印元刊本）。
《元代法律资料辑存》，黄时鉴（辑点），浙江古籍出版社 1988 年版。
《通制条格》，方龄贵（校注），中华书局 2001 年版。
《至正条格》，韩国学中央研究院（编），Humanist 出版社 2007 年版。
《大明律》，怀效锋（点校），法律出版社 1998 年版。

(明)佘自强:《治谱》,明崇祯十二年呈详馆重刊本。
(明)吕坤:《新吾吕先生实政录》,明末影钞本。
(明)兰陵笑笑生:《金瓶梅》,王汝梅、李昭恂、于凤树(校点),齐鲁书社1987年版。
(明)蒋廷璧:《璞山蒋公政训》,明崇祯金陵书坊唐氏刻官常政要本,载官箴书集成编纂委员会(编):《官箴书集成》(第二册),黄山书社1997年版。
(明)吴遵:《初仕录》,明崇祯金陵书坊唐氏刻官常政要本,载官箴书集成编纂委员会(编):《官箴书集成》(第二册),黄山书社1997年版。
(明)觉非山人:《珥笔肯綮》,邱澎生(点校),《明代研究》第十三期(2009年12月)。
(清)潘月山:《未信编》,康熙二十三年刊本,陆地舟藏板。
(清)黄六鸿:《福惠全书》,康熙三十八年金陵濂溪书屋刊本。
(清)鄂海(辑):《本朝则例全书》,宽恕堂藏版,康熙五十五年(1716)刊本。
(清)戴兆佳:《天台治略》,康熙六十年作者"自序",活版重刷本。
(清)张我观:《覆瓮集》,雍正四年夏镌,本衙藏板。
(清)李钧:《判语录存》,道光癸巳刊本(道光十三年)。
《治浙成规》,不著撰者,道光十七年刊本。
(清)周石藩:《海陵从政录》,道光十九年刊本,家荫堂藏板。
(清)白云峰:《琴堂必读》,道光二十年嘉平月镌,芸香馆藏板。
(清)李方赤:《视己成事斋官书》,道光二十八年刊本。
(清)徐栋(辑):《牧令书》,道光二十八年刊本。
(清)觉罗乌尔通阿:《居官日省录》,咸丰二年刊本。
(清)牟述人:《牟公案牍存稿》,咸丰壬子(咸丰二年)西湖公寓开雕本。
(清)张修府:《谿州官牍》,同治四年刊本。
(清)甘小苍(编):《从政闻见录》,焚香山馆藏板,同治六年刻印。
(清)霍为棻、王宫午(等修),(清)熊家彦(等纂):《巴县志》,同治六年刊本。
(清)刘衡:《庸吏庸言》,同治七年楚北崇文书局刊本。
(清)余治:《得一录》,同治八年苏城得见斋刊本。
(清)汪辉祖:《佐治药言》,同治十年慎间堂刻汪龙庄先生遗书本。
(清)汪辉祖:《学治臆说》,同治十年慎间堂刻汪龙庄先生遗书本。
(清)高廷瑶:《宦游纪略》,同治十二年成都刊本。
(清)田文镜:《钦定训饬州县规条》,光绪元年仲夏月湖南省荷花池书局刊行。
《钦定吏部处分则例》,光绪二年刑部新修,会稽沈椒生、山阴孙眉山(校勘)。
(清)潘江:《咸平记略》,序光绪六年。
(清)董沛:《吴平赘言》,光绪七年刊本。
(清)褚英:《州县初仕小补》,光绪十年森宝阁排印本。
(清)董沛:《晦闇斋笔语》,光绪十年刊本。
(清)董沛:《南屏赘语》,光绪十二年刊本。
(清)董沛:《汝东判语》,光绪十三年刊本。
(清)钟体志:《柴桑傭录》,光绪十六年仲夏刊,澡雪堂藏板。
(清)戴杰:《敬简堂学治杂录》,光绪十六年刊本。
(清)方大湜:《平平言》,光绪十八年资州官廨刊本。
(清)万维翰:《幕学举要》,光绪十八年浙江书局刊本。
(清)王又槐:《办案要略》,光绪十八年浙江书局刊本,及群众出版社 1987 年版。
(清):刚毅《牧令须知》,光绪十八年京师刊本。
《刑幕要略》,不著撰者,光绪十八年浙江书局刊本。
(清)丁日昌:《抚吴公牍》,光绪年间刊本。
(清)罗迪楚:《停琴余牍》,百甲山堂丛书,光绪庚子(光绪二十六年)年刊本。
(清)庄纶裔:《卢乡公牍》,(序)光绪三十年。
《西江政要》,清刊本,具体刊行时间不明。
(清)尹会一(撰)、张受长(辑):《抚豫条教》,畿辅从书本。
《大清光绪新法令》,商务印书馆宣统元年印行。
(清)樊增祥:《樊山政书》,宣统二年金陵刊本。
《山东调查局民刑诉讼习惯报告书》,山东省调查局法制科第一股,手稿本(据前言判断,完成时间约在 1910—1911 年,中国社会科学院法学所图书馆馆藏)。
《调查川省诉讼习惯报告书》,四川调查局编,李光珠(辑),稿本 1 册。中国社会科学院法学所图书馆馆藏(据称光绪三十四年八月四川调查局开局办事,张勤、毛蕾:《清末各省调查局和修订法律馆的习惯调查》,《厦门大学学报(哲学社会科学版)》2005 年第 6 期,本书完成时间当在 1908—1911 年间)。
石孟涵(辑):《广西诉讼事习惯报告书》,国家图书馆普通古籍,铅印本,广西调查局,清宣统二年(1910)。
《政刑大观款约》,刘邦翰彦威父选辑,清刊本,具体时间不明,每页中注明

"汇贤斋"版。
卧龙子(汇编):《萧曹致君术》,本衙藏板,清刊本,具体时间不明。
《湘间补相子原本新镌透胆寒》,大业堂梓行,清刊本,具体时间不明。
《中华民国法学全书》,法学书局石印,印行时间约为民国初年。
华亭地方审判厅(编):《华亭司法实纪》,民国元年六月出版,上海时中书局印行。
《民刑诉状样本》(计十六种),司法部制,无出版年代,据文中"民事诉讼条例"字样估计当由民国北洋政府时期出版,中国社会科学院法学所图书馆馆藏。
《新刻校正音释词家便览萧曹遗笔》,上海广益书局发行,民国四年校正。
《洗冤便览萧曹遗笔》,上海广益书局发行(民国四年),著者不明。
《萧曹雪案校正两便刀》,上海广益书局发行,民国四年校正。
黄荣昌(编):《最近修正大理院法令判解分类汇要》第三册《民诉之部》,上海中华图书馆 1926 年版。
(清)方苞:《方望溪全集》,世界书局 1936 年初版。
(清)李宝嘉:《官场现形记》,张友鹤(校注),人民文学出版社 1957 年版。
(清)吴敬梓:《儒林外史》,张慧剑(校注),人民文学出版社 1958 年版。
(清)段光清:《镜湖自撰年谱》,中华书局 1960 年版。
《大清法规大全》,考正出版社 1972 年版(影印)。
贺长龄(辑):《皇朝经世文编》,台湾文海出版社 1972 版(影印)。
盛康(辑):《皇朝经世文编续编》,台湾文海出版社 1972 年版(影印)。
赵尔巽等撰:《清史稿》,中华书局 1976—1977 年版。
(清)张集馨:《道咸宦海见闻录》,杜春和等(点校),中华书局 1981 年版。
《大义觉迷录》,《清史资料》(第四辑),中华书局 1983 年版。
(清)詹元相:《畏斋日记》,《清史资料》(第四辑),中华书局 1983 年版。
(清)陈康琪:《郎潜纪闻初笔二笔三笔》,中华书局 1984 年版。
徐珂(编撰):《清稗类钞》,中华书局 1984 年版。
《清代四川财政史料》(上),鲁子健(编),四川省社会科学院出版社 1984 年版。
(清)蓝鼎元:《鹿洲公案》,刘鹏云、陈方明(注译),群众出版社 1985 年版。
《清实录》,中华书局 1985、1986、1987 年版。
《韩非子》,上海书店出版社 1986 年版。
(清)姚雨芗(原纂)、胡仰山(增辑):《大清律例会通新纂》,台湾文海出版社有限公司 1987 年版(影印)。

司法部法学教材编辑部(编审):《民事诉讼法资料选编》,法律出版社 1987 年版。
(清)王又槐:《办案要略》,华东政法学院语文教研室(注译),群众出版社 1987 年版。
周红兴(主编):《中国历代法制作品选读》,文化艺术出版社 1988 年版。
四川省档案馆、四川大学历史系(编):《清代乾嘉道巴县档案选编》,四川大学出版社 1989 年版。
(清)陈其元:《庸闲斋笔记》,杨璐(点校),中华书局 1989 年版。
刘宁颜(总纂):《重修台湾省通志》,台湾省文献委员会 1990 编印。
李鹏年等(编著):《清代六部成语词典》,天津人民出版社 1990 年版。
(清)邗上蒙人:《风月梦》,华云(点校),北京大学出版社 1990 年版。
(清)五色石主人:《快士传》,上海古籍出版社 1990 年版。
《日本国大木干一所藏中国法学古籍书目》,田涛(编译),法律出版社 1991 年版。
《新注刀笔菁华》,王法政、刘耀华、邓继烈(编注),中国文史出版社 1991 年版。
四川档案馆(编):《清代巴县档案汇编》(乾隆朝),档案出版社 1991 年版。
(清)吴坛:《大清律例通考校注》,马建石、杨育棠(主编),中国政法大学出版社 1992 年版。
(清)贺长龄、魏源(等编):《清经世文编》(上册),中华书局 1992 年版。
楚雄彝族文化研究所(编):《清代武定彝族那氏土司档案史料校编》,中央民族学院出版社 1993 年版。
陆林(主编):《清代笔记小说类编·案狱卷》,黄山书社 1994 年版。
刘海年、杨一凡(总主编):《中国珍稀法律典籍集成》(乙编第一册),杨一凡、曲英杰、宋国范(点校),科学出版社 1994 年版。
胡星桥、邓又天(主编):《读例存疑点注》,中国人民公安大学出版社 1994 年版。
东北师范大学明清史研究所、中国第一历史档案馆(合编):《清代东北阿城汉文档案选编》,中华书局 1994 年版。
(清)魏象枢:《寒松堂全集》,陈金陵(点校),中华书局 1996 年版。
《福建省例》,台湾大通书局有限公司 1997 版。
(清)延昌:《事宜须知》,官箴书集成编纂委员会(编):《官箴书集成》(第九册),黄山书社 1997 年版。
(清)张经田《励治撮要》,清钞本,自序嘉庆庚午年(1810),载官箴书集成编纂委员会(编):《官箴书集成》(第六册),黄山书社 1997 年版。
(清)陈宏谋(辑):《从政遗规》,载官箴书集成编纂委员会(编):《官箴书集成》(第四册),黄山书社 1997 年版。
(清)王景贤:《牧民赘语》,义停山馆集本,载官箴书集成编纂委员会(编):《官箴书集成》(第九册),黄山书社 1997 年版。
(清)刘衡:《州县须知》《蜀僚问答》,载官箴书集成编纂委员会(编):《官箴书集成》(第六册),黄山书社 1997 年版。
(清)沈起凤:《谐铎》,刘颖慧(注),陕西人民出版社 1998 年版。
《大清律例》,田涛、郑秦(点校),法律出版社 1998 年版。
郑秦、赵雄(主编):《清代"服制"命案》,中国政法大学出版社 1999 年版。
《明清公牍秘本五种》,郭成伟、田涛(点校整理),中国政法大学出版社 1999 年版。
(清)沈之奇:《大清律辑注》,怀效锋、李俊(点校),法律出版社 2000 年版。
刘锦藻:《清朝续文献通考》,浙江古籍出版社 2000 年版。
(清)包世臣:《齐民四术》,潘竟翰(点校),中华书局 2001 年版。
青岛市档案馆(编):《中国司法印纸目录》,中国档案出版社 2001 年版。
杨一凡、田涛(主编):《中国珍稀法律典籍续编》(第十册),张冠梓(点校),黑龙江人民出版社 2002 年版。
(清)汤斌:《汤斌集》,中州古籍出版社 2003 年版。
金人叹、吴果迟(编):《清代名吏判牍七种汇编》,海峡文艺出版社 2003 年版。
田涛、许传玺、王宏治(主编):《黄岩诉讼档案及调查报告》,法律出版社 2004 年版。
陈刚(主编):《中国民事诉讼法制百年进程》(清末时期第一卷、第二卷),中国法制出版社 2004 年版。
杨一凡、徐立志(主编):《历代判例判牍》,中国社会科学出版社 2005 年版。
(清)蒲松龄:《聊斋志异选》,李伯齐、徐文军(选注),人民文学出版社 2006 年版。
《圣谕广训:集解与研究》,周振鹤(撰集)、顾美华(点校),上海书店出版社 2006 年版。
杨一凡(总主编):《〈刑案汇览〉全编》,法律出版社 2007 年版。
汪庆祺(编):《各省审判厅判牍》,北京大学出版社 2007 年版。
《万承诉状》,王昭武(收集)、韦顺莉(整理),广西人民出版社 2008 年版(整理者将本书命名为"万承诉状",著者认为内容接近讼师秘本手抄本)。

(清)全士潮、张道源等(纂辑):《驳案汇编》,何勤华等(点校),法律出版社2009年版。
杨一凡、刘笃才(编):《中国古代地方法律文献》(乙编),世界图书出版公司2009年版。
[日]三木聡、山本英史、高橋芳郎(编):《伝統中国判牘資料目録》,東京汲古書院2010年版。
杨一凡(主编):《历代珍稀司法文献》(第十一册),社会科学文献出版社2012年版。
包伟民(主编):《龙泉司法档案选编》(第一辑·晚清时期),中华书局2012年版。
(清)聂亦峰:《聂亦峰先生为宰公牍》,梁文生、李雅旺(校注),江西人民出版社2012年版。
四川省档案馆(编):《清代巴县档案整理初编·司法卷·乾隆朝》(一)、(二),西南交通大学出版社2015年版。
(清)赵吉士:《牧爱堂编》,郝平(点校),商务印书馆2017年版。
杨一凡(主编):《清代判牍案例汇编》(甲、乙编),社会科学文献出版社2019年版。
《张棡日记》,温州市图书馆(编),张钧孙(点校),中华书局2019年版。
张若筠(主编):《清代紫阳县档案汇编》(上、下),西北大学出版社2021年版。
《杜凤治日记》,邱捷(点注),广东人民出版社2021年版。

## 学术论文

阿风:《清代的京控——以嘉庆朝为中心》,载夫马进(编):《中国诉讼社会史の研究》,京都大学学术出版会2011年3月版。
[日]岸本美绪:《妻可卖否?——明清时代的卖妻、典妻习俗》,载陈秋坤、洪丽元(主编):《契约文书与社会生活(1600—1900)》,李季桦(译),“中央研究院”台湾史研究所筹备处2001年版。
白阳:《论讼师秘本对清代诉状的影响》,载邓建鹏(主编):《法制的历史维度》,法律出版社2020年版。
[美]步德茂:《“淆乱视听”:西方人的中国法律观——源于鸦片战争之前的错误认知》,王志希(译),《法律史译评》(2013卷),中国政法大学出版社2014年版。
曹建军:《诉源治理的本体探究与法治策略》,《深圳大学学报(人文社会科

学版)》2021 年第 5 期。
曹培:《清代州县民事诉讼初探》,《中国法学》1984 第 2 期。
曹树基、陈意新:《马尔萨斯理论和清代以来的中国人口》,《历史研究》2002 年第 1 期。
陈锋:《清代中央财政与地方财政的调整》,《历史研究》1997 年第 5 期。
陈高华:《元朝的审判机构和审判程序》,载陈高华:《元史研究新论》,上海社会科学院出版社 2006 年版。
陈利:《法律、帝国与近代中西关系的历史学》,邓建鹏、宋思妮(译),载邓建鹏(主编):《清帝国司法的时间、空间和参与者》,法律出版社 2018 年版。
陈利:《帝制中国晚期的法律专家与地方司法运作》,白阳、史志强(译),邓建鹏(校),载邓建鹏(主编):《清帝国司法的时间、空间和参与者》,法律出版社 2018 年版。
陈利:《史料文献与跨学科方法在中国法律史研究中的运用》,《法律和社会科学》(第 17 卷第 1 辑),法律出版社 2019 年版。
陈灵海:《〈抱冲斋诗集〉所见清代刑官生涯志业》,《学术月刊》2018 年第 11 期。
陈景良:《元朝民事诉讼与民事法规论略》,《法律史论集》(第 2 卷),法律出版社 1999 年版。
[马来]陈玉心:《清代健讼外证——威海卫英国法庭的华人民事诉讼》,赵岚(译),《环球法律评论》2002 年秋季号。
陈智超:《史料的搜集、考证与运用——介绍陈垣的治学经验》,《人民日报》1980 年 3 月 27 日第 5 版。
陈智超:《宋代的书铺与讼师》,载陈智超:《陈智超自选集》,安徽大学出版社 2003 年版。
陈志武、何石军、林展、彭凯翔:《清代妻妾价格研究——传统社会里女性如何被用作避险资产?》,《经济学(季刊)》2019 年第 1 期。
董长春:《罪刑法定:传统中国的立场与平衡》,《法治现代化研究》2018 年第 1 期。
杜乐:《政策与对策:清代的孝道国策与虚假诉讼》,张田田(译),《法律史译评》(第八卷),中西书局 2020 年版。
杜金:《故事、图像与法律宣传——以清代〈圣谕像解〉为素材》,《学术月刊》2019 年第 3 期。
方志远:《明清湘鄂赣地区的“讼风”》,《文史》2004 年第三辑。
范愉:《诉讼的价值、运行机制与社会效应——读奥尔森的〈诉讼爆炸〉》,

《北大法律评论》(第1卷第1辑),法律出版社1998年版。
范愉:《诉讼社会与无讼社会的辨析和启示——纠纷解决机制中的国家与社会》,《法学家》2013年第1期。
范金民:《清代书吏顶充及顶首银之探讨》,《历史研究》2018年第2期。
冯天瑜:《百代皆行汉政法》,《华中师范大学学报(人文社会科学版)》2022第2期。
傅林祥:《清代州县佐杂官司法审理权探析》,《史学月刊》2019年第9期。
傅郁林:《我国民事审级制度的历史考察与反思》,《华中法律评论》(总第2卷),华中科技大学出版社2008年版。
[日]夫马进:《讼师秘本〈萧曹遗笔〉的出现》,载杨一凡(总主编):《中国法制史考证》(丙编第四卷),郑民钦(译),中国社会科学出版社2003年版。
[日]夫马进:《清末巴县"健讼棍徒"何辉山与裁判式调解"凭团理剖"》,瞿艳丹(译),《中国古代法律文献研究》(第十辑),社会科学文献出版社2017年版。
高恒:《论中国古代法学与名学的关系》,载杨一凡(总主编):《中国法制史考证》(乙编第三卷),中国社会科学出版社2003年版。
高鸿钧:《无话可说与有话可说之间》,《政法论坛》2006年第5期。
葛焕礼、林鹄:《乾隆三十年的意义与不完全财政的奥秘》,《中国史研究动态》2021年第5期。
[法]巩涛:《失礼的对话:清代法律和习惯并未融汇成民法》,邓建鹏(译),载邓建鹏(主编):《清帝国司法的时间、空间和参与者》,法律出版社2018年版。
[日]宫崎市定:《宋元时期的法制与审判机构——〈元典章〉的时代背景及社会背景》,载杨一凡(总主编):《中国法制史考证》(丙编第三卷),姚荣涛(译),中国社会科学出版社2003年版。
郭润涛:《〈办案要略〉与〈刑名一得〉的关系及其相关问题》,《文史》2014年第1辑。
郭威廷:《争讼人生:〈张棡日记(1888—1942)〉所见清末民国时期地方社区调解人的生活》,张一民(译),《法律史译评》(第五辑),中西书局2017年版。
[日]谷井阳子:《清代省例则例考》,载杨一凡(总主编):《中国法制史考证》(丙编第四卷),中国社会科学出版社2003年版。
[日]谷井阳子:《清代省例的基本特征和对于工程的适用》,载 *Chinese Handicraft Regulations of the Qing Dynasty: Theory and*

*Application*, edited by Christine Moll-Murata, Song Jianze, Hans Ulrich Vogel, München, 2005.

和文凯:《财政制度、国家权力正当性与国家能力:清代国家能力的再考察》,《中国经济史研究》2021 年第 1 期。

何平:《论不完全财政体制对清代社会的破坏机制》,《学术研究》2004 年第 6 期。

何平:《清代不完全财政体制引发的危机》,《人民论坛》2020 年第 2 期。

何敏:《从清代私家注律看传统注释律学的实用价值》,载梁治平(编):《法律解释问题》,法律出版社 1998 年版。

侯欣一:《清代江南地区民间的健讼问题》,《法学研究》2006 年第 3 期。

侯欣一:《学科定位、史料和议题——中国大陆法律史研究现状之反思》,《江苏社会科学》2016 年第 2 期。

胡旭晟:《中国传统诉讼文化的价值取向》,《中西法律传统》(第 2 卷),中国政法大学出版社 2002 年版。

胡铁球:《"歇家"介入司法领域的原因和方式》,《社会科学》2008 年第 5 期。

胡震:《清代京控中当事人的诉讼策略和官方的结案技术》,《法学》2008 年第 1 期。

黄艺卉:《诉讼人口比与清代诉讼实态——以巴县为例》,《法律和社会科学》(第 17 卷第 1 辑),法律出版社 2019 年版。

霍存福:《唆讼、吓财、挠法:清代官府眼中的讼师》,《吉林大学社会科学学报》2005 年第 6 期。

纪格非:《民事诉讼虚假诉讼治理思路的再思考——基于实证视角的分析与研究》,《交大法学》2017 年第 2 期。

季卫东:《中国式法律议论与相互承认的原理》,载《法学家》2018 年第 6 期。

[美]贾空:《谎言的逻辑:晚清四川地区的诬告现象及其法律文化》,陈煜(译),《法律史译评》(第四卷),中西书局 2017 年版。

江晓成:《清代的坐省家人》,《中国史研究》2018 年第 3 期。

蒋铁初:《伦理与真实之间:清代证据规则的选择》,《中外法学》2008 年第 5 期。

孔学:《〈名公书判清明集〉所引宋代法律条文述论》,《河南大学学报(社会科学版)》2003 年第 2 期。

李启成:《"常识"与传统中国州县司法——从一个疑难案件(新会田坦案)

展开的思考》,《政法论坛》2007 年第 1 期。
李明:《清代审转制度运行的司法困境》,《中西法律传统》(第 13 卷),中国政法大学出版社 2017 年版。
李明:《试论清代律学与经学的关系》,《清史研究》2020 年第 5 期。
李浩:《民事证据的若干问题——兼评最高人民法院〈关于民事诉讼证据的司法解释〉》,《法学研究》2002 年第 3 期。
里赞:《刑民之分与重情细故:清代法研究中的法及案件分类问题》,《西南民族大学学报(人文社科版)》2008 年第 12 期。
里赞:《中国法律史研究的方法、材料和细节》,《近代法评论》(总第 2 卷),法律出版社 2009 年版。
林端:《中西法律文化的对比——韦伯与滋贺秀三的比较》,《法制与社会发展》2004 年第 6 期。
林端:《中国传统法律文化:"卡迪审判"或"第三领域"》,《中西法律传统》(第 6 卷),北京大学出版社 2008 年版。
林乾:《讼师对法秩序的冲击与清朝严治讼师立法》,《清史研究》2005 年第 3 期。
林文凯:《清代到日治时代台湾统治理性的演变:以生命刑为中心的地方法律社会史考察》,《"中央研究院"历史语言研究所集刊》第九十本第二分,2019 年 6 月。
林文凯:《清代法律史研究的方法论检讨——"地方法律社会史"研究提出的对话》,载柳立言(主编):《史料与法史学》,"中央研究院"历史语言研究会议论文集之十七,2016 年。
林文凯:《晚清台湾开山抚番事业新探——兼论十九世纪台湾史的延续与转型》,《汉学研究》2014 年第 2 期。
柳立言:《宋代的社会流动与法律文化:中产之家的法律?》,《唐研究》(第十一卷),北京大学出版社 2005 年版。
刘凤云:《由钱粮亏空看康雍乾时期财政制度创设中的因果关系——兼论清朝官僚政治的制度缺陷》,《史学集刊》2022 年第 1 期。
刘本森:《清末民初英国在中国租借地威海卫的乡村管理》,《江苏社会科学》2013 年第 2 期。
刘本森:《东鸣西应:英租时期威海卫警察制度的建立与调适》,《城市史研究》(第 38 辑),社会科学文献出版社 2018 年版。
龙登高、王正华、伊巍:《传统民间组织治理结构与法人产权制度——基于清代公共建设与管理的研究》,《经济研究》2018 年第 10 期。

龙登高、王明、陈月圆:《论传统中国的基层自治与国家能力》,《山东大学学报(哲学社会科学版)》2021 年第 1 期。

罗志田:《见之于行事:中国近代史研究的可能走向》,《历史研究》2002 年第 1 期。

卢晖临、李雪:《如何走出个案——从个案研究到扩展个案研究》,《中国社会科学》2007 年第 1 期。

孟烨:《幕友与明清州县裁判——从"副状"文书出发》,《交大法学》2021 年第 3 期。

孟烨:《明代地方纠纷解决模式的历史变迁——以徽州裁判文书为考察对象》,《复旦学报(社会科学版)》2021 年第 5 期。

[法]梅凌寒:《刑科题本的拟成:以宝坻县档案与刑科题本的比较为依据》,《中国古代法律文献研究》(第十一辑),社会科学文献出版社 2017 年版。

[法]梅凌寒:《明清法律中的死伤赔偿》,尹子玉(译),《法律史译评》(第七卷),中西书局 2019 年版。

南玉泉:《狱讼程序辨析及告制探源》,载《中国法律传统与法律精神》,山东人民出版社 2010 年版。

欧阳静:《治理体系中的能动者结构:县域的视角》,《文化纵横》2019 年第 2 期。

[美]欧中坦:《千方百计上京城:清朝的京控》,谢鹏程(译),载高道蕴、高鸿钧、贺卫方(编):《美国学者论中国法律传统》,中国政法大学出版社 1994 年版。

倪玉平:《"大分流"视野下清朝财政治理能力再思考》,《中国经济史研究》2021 年第 1 期。

彭凯翔:《明清经济史中的国家:一个对话的尝试》,《中国经济史研究》2021 年第 2 期。

齐树洁:《再审程序的完善与既判力之维护》,《法学家》2007 年第 6 期。

邱澎生:《真相大白?——明清刑案中的法律推理》,载熊秉真(编):《让证据说话——中国篇》,(台北)麦田出版公司 2001 年版。

邱澎生:《以法为名:讼师与幕友对明清法律秩序的冲击》,《新史学》2004 年第十五卷。

邱澎生:《国法与帮规:清代前期重庆城的船运纠纷解决机制》,载邱澎生等(编):《明清法律运作中的权力与文化》,(台北)联经出版公司 2009 年初版。

任海涛:《中国古代"礼情司法"模式及启示——以清代基层司法判牍为材

料》,《兰州大学学报(社会科学版)》2012 年第 6 期。
[日]山本英史:《健讼的认识和实态——以清初江西吉安府为例》,阿风(译),载《日本学者中国法论著选译》(下册),中国政法大学出版社 2012 年版。
[日]山本一:《从督抚人事任命看清王朝统治的一个侧面》,孟烨(译),《法律史译评》(第八卷),中西书局 2021 年版。
[日]寺田浩明:《中国清代的民事诉讼与"法之构筑"——以〈淡新档案〉的一个事例作为素材》,李力(译),《私法》(总第 6 卷),北京大学出版社 2004 年版。
[日]寺田浩明:《对清代审判中"自相矛盾"现象的理解——评黄宗智"表达与实践"理论》,海丹(译),载邓建鹏(主编):《清帝国司法的时间、空间和参与者》,法律出版社 2018 年版。
石泉:《浅谈史料学》,载陶德麟、梁西、刘涤源等著:《思维空间・切入点・构筑——学术论文写作指导》,武汉大学出版社 1986 年版。
史志强:《冤案何以产生:清代的司法档案与审转制度》,《清史研究》2021 年第 1 期。
[美]苏成捷:《清代县衙的卖妻案件审判:以 272 件巴县、南部与宝坻县案子为例证》,林文凯(译),载邱澎生等(编):《明清法律运作中的权力与文化》,(台北)联经出版公司 2009 年版。
苏荣誉:《清代则例的编纂、内容和功能》,载 *Chinese Handicraft Regulations of the Qing Dynasty: Theory and Application*, edited by Christine Moll-Murata, Song Jianze, Hans Ulrich Vogel, München, 2005.
孙家红:《走近讼师秘本的世界——对夫马进〈讼师秘本"萧曹遗笔"的出现〉一文若干论点的驳论》,《比较法研究》2008 年第 4 期。
谭家齐:《晚明判牍与小说资料所示的刑讯原则及效用争议》,载陆康、孙家红、柴剑虹(主编):《罪与罚:中欧法制史研究的对话》,中华书局 2014 年版。
[日]唐泽靖彦:《清代的诉状及其制作者》,牛杰(译),《北大法律评论》(第 10 卷第 1 辑),北京大学出版社 2009 年版。
汤维建、陈巍:《〈关于民事诉讼证据的若干规定〉的创新与不足》,《法商研究》2005 年第 3 期。
万海荞:《晚清四川的州县经费研究——以南部县为中心的考察》,《中国经济史研究》2019 年第 5 期。

王世友、周少元:《中国古代司法秩序中的衡平原理》,《中国政法大学学报》2021年第3期。

王泰升、尧嘉宁、陈韵如:《淡新档案在法律史研究上的运用——以台大法律学院师生为例》,《台湾史料研究》第22号(2004年)。

王亚新:《民事诉讼与发现真实——法社会学视角下的一个分析》,《清华法律评论》(第1辑),清华大学出版社1998年版。

王亚新:《司法成本与司法效率——中国法院的财政保障与法官激励》,《法学家》2010年第6期。

汪雄涛:《"平":中国传统法律的深层理念》,《四川大学学报(哲学社会科学版)》2021年第6期。

[法]魏丕信:《明清时期的官箴书与中国行政文化》,李伯重(译),《清史研究》1999年第1期。

[法]魏丕信:《止争与训民:19世纪判牍文集中的几个例子》,徐小薇(译),载陆康、孙家红、柴剑虹(主编):《罪与罚:中欧法制史研究的对话》,中华书局2014年版。

吴饶竹:《命债必偿:清代谋殴与谋杀共犯归责的机理》,载邓建鹏(主编):《法制的历史维度》,法律出版社2020年版。

吴铮强:《龙泉司法档案所见晚清屡票不案现象研究》,《浙江大学学报(人文社会科学版)》2014年第1期。

吴英姿:《"调解优先":改革范式与法律解读——以O市法院改革为样本》,《中外法学》2013第3期。

吴泽勇:《民事诉讼法理背景下的虚假诉讼规制》,《交大法学》2017年第2期。

伍跃:《必也使有讼乎——巴县档案所见清末四川州县司法环境的一个侧面》,《中国古代法律文献研究》(第七辑),社会科学文献出版社2013年版。

徐忠明:《清代民事审判与"第三领域"及其他》,《法律史论集》(第3卷),法律出版社2001版。

徐忠明:《明清刑事诉讼"依法判决"之辨证》,《法商研究》2005年第4期。

徐忠明、杜金:《清代司法官员知识结构的考察》,《华东政法学院学报》2006年第5期。

徐忠明、杜金:《清代诉讼风气的实证分析与文化解释——以地方志为中心的考察》,《清华法学》2007年第1期。

徐忠明:《清代中国司法裁判的形式化与实质化——以〈病榻梦痕录〉所载

案件为中心的考察》，《政法论坛》2007 年第 2 期。

徐忠明、姚志伟：《清代抱告制度考论》，《中山大学学报（社会科学版）》2008 年第 2 期。

徐忠明：《台前与幕后：一起清代命案的真相》，《法学家》2013 年第 1 期。

徐忠明：《清代中国司法类型的再思与重构——以韦伯“卡迪司法”为进路》，《政法论坛》2019 年第 2 期。

徐忠明：《写诗与读律：清代刑部官员的法律素养——与〈“抱冲斋诗集”所见清代刑官生涯志业〉作者商榷》，《上海师范大学学报（哲学社会科学版）》2019 年第 3 期。

杨红伟、张蓉：《晚清循化厅民间“细故”的审理与调解》，《中国边疆史地研究》2020 年第 4 期。

杨一凡：《对中华法系的再认识——兼论“诸法合体，民刑不分”说不能成立》，载倪正茂（主编）：《批判与重建：中国法律史研究反拨》，法律出版社 2002 年版。

［日］有高岩：《元代诉讼裁判制度研究》，载内蒙古大学历史系蒙古史研究室（编）：《蒙古史研究参考资料》第 18 辑（1981 年）。

尤陈俊：《清代简约型司法体制下的“健讼”问题——从财政制约的角度切入》，《法商研究》2012 年第 2 期。

尤陈俊：《“厌讼”幻象之下的“健讼”实相？重思明清中国的诉讼与社会》，《中外法学》2012 年第 4 期。

尤陈俊：《“案多人少”的应对之道：清代、民国与当代的比较研究》，《法商研究》2013 年第 3 期。

尤陈俊：《司法档案研究不能以偏概全》，《中国社会科学报》2015 年 1 月 19 日。

尤陈俊：《清代讼师贪利形象的多重建构》，《法学研究》2015 年第 5 期。

尤陈俊：《“讼师恶报”话语模式的力量及其复合功能》，《学术月刊》2019 年第 3 期。

尤陈俊：《中国法律社会史研究的“复兴”及其反思——基于明清诉讼与社会研究领域的分析》，《法制与社会发展》2019 年第 3 期。

尤陈俊：《官不久任与健讼之风：州县官实际任期对明清地方衙门理讼能力的影响》，《社会科学》2022 年第 4 期。

俞江：《论清代九卿定议——以光绪十二年崔霍氏因疯砍死本夫案为例》，《法学》2009 年第 1 期。

俞江：《论清代“细事”类案件的投鸣与乡里调处——以新出徽州投状文书

为线索》,《法学》2013 年第 6 期。
俞江:《明清州县细故案件审理的法律史重构》,《历史研究》2014 年第 2 期。
于明:《司法审级中的信息、组织与治理——从中国传统司法的“上控”与“审转”切入》,《法学家》2011 年第 2 期。
于帅:《清代诉讼文书中的稿票考释——以浙南诉讼文书为例》,《历史档案》2020 年第 2 期。
于帅:《清朝官代书的戳记与写状职能再探——以浙南诉讼文书为中心》,《清史研究》2021 年第 5 期。
曾令健:《晚清州县司法中的“官批民调”》,《当代法学》2018 年第 3 期。
张小也:《从“自理”到“宪律”:对清代“民法”与“民事诉讼”的考察——以〈刑案汇览〉中的坟山争讼为中心》,《学术月刊》2006 年第 8 期。
张中秋:《传统中国律学论辩》,载《中国法律文化论集》,中国政法大学出版社 2007 年版。
张守东:《城隍神的构造原理:法律与宗教互动的古代中国经验》,《财经法学》2020 第 2 期。
张师伟:《崇公抑私:黄宗羲政治思想的主旨》,载刘泽华、张荣明等:《公私观点与中国社会》,中国人民大学出版社 2003 年版,第 153—154 页。
张泰苏:《前工业时代中英社会等级与财产习惯法的形成》,张升月(译),《复旦大学法律评论》(第三辑),法律出版社 2016 年版。
张泰苏:《超越方法论的欧洲中心主义:比较中国和欧洲的法律传统》,高仰光(译),《法律史译评》(第六卷),中西书局 2018 年版。
张泰苏:《对清代财政的理性主义解释:论其适用与局限》,《中国经济史研究》2021 年第 1 期。
张伟仁:《清代的法学教育》,载贺卫方(编):《中国法律教育之路》,中国政法大学出版社 1997 年版。
张伟仁:《学习法史二十年》,《清华法学》(第四辑),清华大学出版社 2004 年版。
张伟仁:《中国传统的司法和法学》,《现代法学》2006 年第 5 期。
张伟仁:《良幕循吏汪辉祖——一个法制工作者的典范》,《中西法律传统》(第 6 卷),北京大学出版社 2008 年版。
张伟仁:《中国法文化的起源、发展和特点(下)》,《中外法学》2011 年第 1 期。
张研:《清代知县杜凤治对于三件命案的审理——读〈杜凤治日记〉之三》,

《清史研究》2010 年第 3 期。
张中秋：《传统中国司法文明及其借鉴》，《法制与社会发展》2016 年第 4 期。
张中秋、潘萍：《传统中国的司法理念及其实践》，《法学》2018 年 1 期。
章光园：《传统社会中的健讼规制及其当代启示》，《法律适用》2020 年第 8 期。
赵晓华：《晚清的积案问题》，《清史研究》2000 年第 1 期。
赵娓妮：《晚清知县对婚姻讼案之审断——晚清四川南部县档案与〈樊山政书〉的互考》，《中国法学》2007 年第 6 期。
郑鹏：《文本、话语与现实——元代江南“好讼”考论》，《中国史研究》2018 年第 1 期。
郑鹏：《“轻罪过”与“重罪过”：元代的诉讼分类与司法秩序》，《江西社会科学》2019 年第 1 期。
[日]滋贺秀三：《清代州县衙门诉讼的若干研究心得》，载刘俊文（主编）：《日本学者研究中国史论著选译》（第八卷），姚荣涛（译），中华书局 1992 年版。
郑小悠：《“部驳议处”制度下的清代刑部与地方法司》，《文史》2019 年第 4 辑。
周雪光：《运动型治理机制：中国国家治理的制度逻辑再思考》，《开放时代》2012 年第 9 期。
周琳：《产何以存？——清代〈巴县档案〉中的行帮公产纠纷》，《文史哲》2016 年第 6 期。
[日]佐立治人：《〈清明集〉的“法意”与“人情”——由诉讼当事人进行法律解释的痕迹》，载杨一凡（总主编）：《中国法制史考证》（丙编第三卷），姚荣涛（译），中国社会科学出版社 2003 年版。
[日]佐立治人：《再论旧中国诉讼顾问之“讼师”的合法性》，魏敏（译），《法律史译评》（第八卷），中西书局 2020 年版。
左卫民、陈刚：《民事诉讼证明责任的法理与反思》，《清华法律评论》（第 1 辑），清华大学出版社 1998 年版。

## 学术著作

阿风：《明清时代妇女的地位与权利》，社会科学文献出版社 2009 年版。
[美]白德瑞：《爪牙：清代县衙的书吏与差役》，尤陈俊、赖骏楠（译），广西师范大学出版社 2021 年版。

[美]本杰明·卡多佐:《司法过程的性质》,苏力(译),商务印书馆 1998 年版。
[美]D·布迪、C·莫里斯:《中华帝国的法律》,朱勇(译),江苏人民出版社 1995 年版。
戴建国:《宋代法制初探》,黑龙江人民出版社 2000 年版。
戴炎辉:《清代台湾之乡治》,联经出版事业公司 1979 年版。
戴炎辉:《中国法制史》,三民书局 1987 年版。
[美]丹尼尔·卡尼曼:《思考,快与慢》,胡晓姣、李爱民、何梦莹(译),中信出版社 2012 年版。
邓建鹏:《财产权利的贫困:中国传统民事法研究》,法律出版社 2006 年版。
邓建鹏:《中国法制史》,北京大学出版社 2015 年第 2 版。
邓建鹏:《清末民初法律移植的困境:以讼费法规为视角》,法律出版社 2017 年版。
邓建鹏(主编):《清帝国司法的时间、空间和参与者》,法律出版社 2018 年版。
邓建鹏(主编):《法制的历史维度》,法律出版社 2020 年版。
邓小南:《祖宗之法:北宋前期政治述略》,生活·读书·新知三联书店 2014 年版。
丁守和等(主编):《中国历代奏议大典》,哈尔滨出版社 1994 年版。
杜维运:《史学方法论》,北京大学出版社 2006 年版。
攀崇义(主编):《证据法学》,法律出版社 2001 年版。
[葡萄牙]费尔南·门德斯·平托等:《葡萄牙人在华见闻录》,王锁英(译),海南出版社 1998 年版。
[美]费正清、刘广京(编):《剑桥中国晚清史》(上、下卷),中国社会科学院历史研究所编译室(译),中国社会科学出版社 1985 年版。
[美]费正清:《费正清论中国:中国新史》,薛绚(译),台湾正中书局 1994 年版。
[日]夫马进(编):《中国诉讼社会史研究》,范愉、赵晶等(译),浙江大学出版社 2019 年版。
高潮、刘斌:《中国法制古籍目录学》,北京古籍出版社 1993 年版。
高浣月:《清代刑名幕友研究》,中国政法大学出版社 2000 年版。
[日]高桥宏志:《民事诉讼法:制度与理论的深层分析》,林剑锋(译),法律出版社 2003 年版。
葛兆光:《中国思想史》(第二卷),复旦大学出版社 2019 年版。

郭东旭:《宋代法制研究》,河北大学出版社 1997 年版。
韩秀桃:《明清徽州的民间纠纷及其解决》,安徽大学出版社 2004 年版。
何炳棣:《明清社会史论》,中华书局 2019 年版。
贺卫方:《司法的理念与制度》,中国政法大学出版社 1998 年版。
胡恒:《皇权不下县?——清代县辖行政区与基层社会治理》,北京师范大学出版社 2015 年版。
[美]黄仁宇:《十六世纪明代中国之财政税收》,阿风等(译),生活·读书·新知三联书店 2001 年版。
[美]黄宗智:《清代的法律、社会与文化:民法的表达与实践》,上海书店出版社 2001 年版。
[美]黄宗智:《法典、习俗与司法实践:清代与民国的比较》,上海书店出版社 2003 年版。
[美]黄宗智(主编):《中国研究的范式问题讨论》,社会科学文献出版社 2003 年版。
[美]黄宗智、尤陈俊(主编):《从诉讼档案出发:中国的法律、社会与文化》,法律出版社 2009 年版。
胡寄窗:《中国经济思想史简编》,中国社会科学出版社 1981 年版。
胡寄窗、谈敏:《中国财政思想史》,中国财政经济出版社 1989 年版。
江伟、邵明、陈刚:《民事诉权研究》,法律出版社 2002 年版。
姜广辉:《走出理学:清代思想发展的内在理路》,辽宁教育出版社 1997 年版。
[英]乔治·马戛尔尼、约翰·巴罗:《马戛尔尼使团使华观感》,商务印书馆 2013 年版。
[美]孔飞力:《叫魂:1768 年中国妖术大恐慌》,陈兼、刘昶(译),上海三联书店 1999 年版。
李凤鸣:《清代州县官吏的司法责任》,复旦大学出版社 2007 年版。
李国祁、周天生、许弘义:《清代基层地方官人事嬗递现象之量化分析》(第 1 册),“行政院国家科学委员会”1975 年印行。
李录:《文明、现代化、价值投资与中国》,中信出版社 2020 年版。
李雪梅:《法制“镂之金石”传统与明清碑禁体系》,中华书局 2015 年版。
里赞:《晚清州县诉讼中的审断问题:侧重四川南部县的实践》,法律出版社 2010 年版。
连横:《台湾通史》,广西人民出版社 2005 年版。
梁聪:《清代清水江下游村寨社会的契约规范与秩序——以文斗苗寨契约

文书为中心的研究》,人民出版社 2008 年版。
梁方仲(编著):《中国历代户口、田地、田赋统计》,上海人民出版社 1980 年版。
梁慧星:《裁判的方法》,法律出版社 2003 年版。
梁治平:《清代习惯法:社会与国家》,中国政法大学出版社 1996 年版。
梁治平:《寻求自然秩序中的和谐——中国传统法律文化研究》,中国政法大学出版社 1997 年版。
林端:《儒家伦理与法律文化》,中国政法大学出版社 2002 年版。
刘俊文:《唐律疏议笺解》,中华书局 1996 年版。
刘荣军:《程序保障的理论视角》,法律出版社 1999 年版。
[美]罗威廉:《救世:陈宏谋与十八世纪中国的精英意识》,陈乃宣等(译),中国人民大学出版社 2016 年版。
[美]罗威廉:《言利:包世臣与 19 世纪的改革》,许存健(译),社会科学文献出版社 2019 年版。
马德斌:《中国经济史的大分流与现代化:一种跨国比较视野》,徐毅、袁为鹏、乔士容(译),浙江大学出版社 2020 年版。
[美]明恩溥:《中国人的性格》,陶林等(译),江苏文艺出版社 2018 年版。
[美]墨子刻:《摆脱困境——新儒学与中国政治文化的演进》,颜世安等(译),江苏人民出版社 1996 年版。
[美]穆雷·N·罗斯巴德:《人,经济与国家》(上册),董子云、李松、杨震(译),浙江大学出版社 2015 年版。
[美]莫琳·希凯:《深度思考:不断逼近问题的本质》,孔锐才(译),江苏凤凰文艺出版社 2018 年版。
那思陆:《清代州县衙门审判制度》,中国政法大学出版社 2006 年版。
倪玉平:《从国家财政到财政国家:清朝咸同年间的财政与社会》,科学出版社 2017 年版。
[法]佩雷菲特:《停滞的帝国——两个世界的撞击》,王国卿等(译),生活·读书·新知三联书店 2013 年版。
[美]裴德生(编):《剑桥中国清代前中期史》(上卷),戴寅等(译),中国社会科学出版社 2020 年版。
[日]棚濑孝雄:《纠纷的解决与审判制度》,王亚新(译),中国政法大学出版社 2004 年修订版。
[美]彼得·考夫曼(编):《穷查理宝典》,李继宏(译),中信出版社 2016 年版。

钱穆：《中国史学名著》，生活·读书·新知三联书店2018年版。
邱捷：《晚清官场镜像：杜凤治日记研究》，社会科学文献出版社2021年版。
瞿同祖：《清代地方政府》，范忠信等（译），法律出版社2003年版。
[日]上田信：《海与帝国：明清时代》，广西师范大学出版社2014年版。
[日]寺田浩明：《权利与冤抑：寺田浩明中国法史论集》，王亚新等（译），清华大学出版社2012年版。
[英]斯当东：《英使谒见乾隆纪实》，叶笃义（译），上海书店出版社2005年版。
孙家红：《关于"子孙违法犯教令"的历史考察：一个微观法史学的尝试》，社会科学文献出版社2013年版。
苏力：《送法下乡：中国基层司法制度研究》，中国政法大学出版社2000年版。
田涛：《第二法门》，法律出版社2004年版。
田涛：《被冷落的真实——新山村调查手记》，法律出版社2005年版。
王亚南：《中国官僚政治研究》，中国社会科学出版社1981年版。
王亚新：《社会变革中的民事诉讼》，中国法制出版社2001年版。
王志强：《法律多元视角下的清代国家法》，北京大学出版社2003年版。
魏光奇：《有法与无法——清代的州县制度及其运作》，商务印书馆2010年版。
韦庆元：《档房论史文集》，福建人民出版社1984年版。
[美]卫三畏：《中国总论》，陈俱（译），上海古籍出版社2014年版。
吴吉远：《清代地方政府的司法职能研究》，中国社会科学出版社1998年版。
熊秉元：《正义的成本：当法律遇上经济学》，东方出版社2014年版。
徐昕：《无罪辩护：为自由和正义呐喊》，清华大学出版社2019年版。
徐忠明：《案例、故事与明清时期的司法文化》，法律出版社2006年版。
徐忠明：《情感、循吏与明清时期司法实践》，上海三联书店2009年版。
叶德辉：《书林清话》，辽宁教育出版社1998年版。
尹伊君：《故纸遗律：尹藏清代法律文书》，北京大学出版社2013年版。
云妍、陈志武、林展：《官绅的荷包：清代精英家庭资产结构研究》，中信出版社2019年版。
周黎安：《转型中的地方政府：官员激励与治理》，格致出版社2008年版。
[日]织田万：《清国行政法》，李秀清、王沛（点校），中国政法大学出版社2003年版。

章武生(主编):《民事诉讼法新论》,法律出版社 2002 年版。
张伯元:《法律文献学》(修订版),上海人民出版社 2012 年版。
张宏杰:《饥饿的盛世:乾隆时代的得与失》,重庆出版社 2016 年版。
张世明:《法律、资源与时空建构:1644—1945 年的中国》,广东人民出版社 2012 年版。
张伟仁:《清代法制研究》,“中央研究院”历史语言研究所 1983 年版。
张维迎:《市场的逻辑》,西北大学出版社 2019 年版。
张研:《清代县级政权控制乡村的具体考察——以同治年间广宁知县杜凤治日记为中心》,大象出版社 2011 年版。
郑秦:《清代司法审判制度研究》,湖南教育出版社 1988 年版。
郑秦:《清代法律制度研究》,中国政法大学出版社 2000 年版。
郑小悠:《清代的案与刑》,山西人民出版社 2019 年版。
[美]曾小萍:《州县官的银两——18 世纪中国的合理化财政改革》,董建中(译),中国人民大学出版社 2005 年版。
[日]滋贺秀三等:《明清时期的民事审判与民间契约》,王亚新、梁治平(编),法律出版社 1998 年版。
[日]中岛乐章:《明代乡村纠纷与秩序:以徽州文书为中心》,郭万平、高飞(译),江苏人民出版社 2010 年版。
周雪光:《组织社会学十讲》,社会科学文献出版社 2003 年版。
[英]庄士敦:《狮龙共舞:一个英国人笔下的威海卫与中国传统文化》,刘本森(译),江苏人民出版社 2014 年版。

**英文文献**

Ann Waltner, “From Casebook to Fiction: Kung-an in Late Imperial China,” *Journal of the American Oriental Society*, Vol. 110, No. 2 (Apr. - Jun., 1990).
Bradly W. Reed, “Money and Justice: Clerks, Runners, and the Magistrate's Court in Late Imperial Sichuan,” *Modern China*, July 1995.
Bradly W. Reed, “Bureaucracy and Judicial Truth in Qing Dynasty Homicide Cases,” *Late Imperial China*, Volume 39, Number 1, June 2018.
Conner Alison Wayne, *The Law of Evidence During the Ch'ing Dynasty*, Cornell University, PH. D dissertation, 1979.

Carol G S Tan, *British Rule in China: Law and Justice in Weihaiwei 1898 – 1930*, Wildy, Simmonds & Hill Publishing, 2008.

Grant Alger, "Regulatory Regionalism during the Qing: River Transport Administration in the Fujian Shengli," *Chinese Handicraft Regulations of the Qing Dynasty: Theory and Application*, edited by Christine Moll-Murata, Song Jianze, Hans Ulrich Vogel, München, 2005.

Hugh T. Scogin, Jr, "Civil 'Law' in Traditional China: History and Theory," *Civil Law in Qing and Republican China*, edited by Kathryn Bernhardt, Philip C. C. Huang, Stanford University Press, 1994.

Hu Xiangyu, "Drawing the Line between 'Civil' and Criminal Cases: A Study of 'Civil' Cases Handled by the Board of Punishment in Qing China," *Modern China*, 2014, Vol. 40(1).

Janet Theiss, "Elite Engagement with the Judicial System in the Qing and Its Implications for Legal Practice and Legal Principle", *Chinese Law: Knowledge, Practice and Transformation*, 1530*s to* 1950*s*, Li Chen and Madeleine Zelin ed, Brill Press, 2015.

Jerome Alan Cohen, "Chinese Mediation on the Eve of Modernization", 54 *CALIF. L. REV.* 1201(1966).

John Shuhe Li, "Relation-based versus Rule-based Governance: an Explanation of the East Asian Miracle and Asian Crisis," *Review of International Economics*, 11(4),2003.

Jonathan Spence, *Treason by the Book*, Viking Penguin Press, 2001.

Kathryn Bernhardt, "Women and the Law: Divorce in the Republican Period," *Civil Law in Qing and Republican China*, edited by Kathryn Bernhardt, Philip C. C. Huang, Stanford University Press, 1994.

Kung-Chuan Hsiao, *Rural China: Imperial Control in the Nineteenth Century*, University of Washington Press, 1967.

Li Chen, "Legal Specialists and Judicial Administration in Late Imperial China, 1651 – 1911," *Late Imperial China*, Vol. 33, No. 1, June 2012.

Li Chen, "Regulating Private Legal Specialists and the Limits of Imperial Power in Qing China," *Chinese Law: Knowledge, Practice and*

*Transformation, 1530s to 1950s*, Li Chen and Madeleine Zelin ed, Brill Press, 2015.

Linxia Liang, *Delivering Justice in Qing China: Civil Trials in the Magistrate's Court*, Oxford University Press, *2007*.

Matthew H. Sommer, *Sex, Law, and Society in Late Imperial China*, Stanford University Press, 2000.

Matthew H. Sommer, *Polyandry and Wife-Selling in Qing Dynasty China: Survival Strategies and Judicial Intervention*, University of California Press, 2015.

Mark A. Allee, *Law and Local Society in Late Imperial China: Northern Taiwan in the Nineteenth Century*, Stanford University Press, 1994.

Melissa A. Macauley, *Social Power and Legal Culture: Litigation Masters in Late Imperial China*, Stanford University Press, 1998.

Nancy E. Park, "Corruption in Eighteenth-Century China," *The Journal of Asian Studies*, Vol. 56, No. 4 (Nov., 1997).

Rosser H. Brockman, "Commercial Contract Law in Late Nineteenth-Century Taiwan," *Essays on China's Legal Tradition*, edited by Jerome Alan Cohen, R. Randle Edwards and Fu-mei Chang Chen, Princeton University Press, 1980.

Robert M. Marsh, "Weber's Misunderstanding of Traditional Chinese Law," *American Journal of Sociology*, Vol. 106, No. 2, September 2000.

Thomas Buoye, *Manslaughter, Markets, and Moral Economy: Violent Disputes over Property Rights in Eighteenth-century China*, Cambridge University Press, 2000.

Thomas Buoye, "Ideology and the Legislative Turn in Eighteenth-Century Chinese Criminal Justice," *Frontiers of Law in China*, Vol. 15 March 2020.

Ting Zhang, "Marketing Legal Information: Commercial Publications of the *Great Qing Code*, 1644 - 1911," in *Chinese Law: Knowledge, Practice and Transformation, 1530s to 1950s*, Li Chen and Madeleine Zelin ed, Brill Press, 2015.

T'ung-tsu Ch'u, *Local Government in China Under the Ching*, Harvard

University Press, 1962.

Wetting Guo, "Social Practice and Judicial Politics in 'Grave Destruction' Cases in Qing Taiwan, 1683 - 1895", in *Chinese Law: Knowledge, Practice and Transformation, 1530s to 1950s*, Li Chen and Madeleine Zelin ed, Brill Press, 2015.

William P. Alford, "Of Arsenic and Old Laws: Looking Anew at Criminal Justice in Late Imperial China," 72 *Calif. L. Rev.* 1180 (1984).

Zhiqiang Wang, Case Precedent in Qing China: Rethinking Traditional Case Law, *Columbia Journal of Asian Law*, Vol. 19, No. 1, Spring 2005 - Fall 2005.

Yasuhiko Karasawa, "Between Oral and Written Cultures: Buddhist Monks in Qing Legal Plaints," *Writing and Law in Late Imperial China: Crime, Conflict, and Judgment*, edited by Robert E. Hegel and Katherine Carlitz, University of Washington Press, 2007.

Zhuang Liu, "Does Reason Writing Reduce Decision Bias? Experimental Evidence from Judges in China," *The Journal of Legal Studies*, Volume 47(1), January 2018.

**图书在版编目(CIP)数据**

贱讼与健讼:清代州县诉讼的基本结构/邓建鹏著.—上海:上海三联书店,2024.9
ISBN 978-7-5426-8204-8

Ⅰ.①贱… Ⅱ.①邓… Ⅲ.①诉讼-法制史-研究-中国-清代 Ⅳ.①D925.02

中国国家版本馆CIP数据核字(2023)第160067号

# 贱讼与健讼:清代州县诉讼的基本结构

著　　者 / 邓建鹏

责任编辑 / 张静乔
装帧设计 / 徐　徐
监　　制 / 姚　军
责任校对 / 王凌霄

出版发行 / 上海三联书店
(200041)中国上海市静安区威海路755号30楼
邮　　箱 / sdxsanlian@sina.com
联系电话 / 编辑部:021-22895517
发行部:021-22895559
印　　刷 / 上海颛辉印刷厂有限公司

版　　次 / 2024年9月第1版
印　　次 / 2024年9月第1次印刷
开　　本 / 710mm×1000mm　1/16
字　　数 / 490千字
印　　张 / 28
书　　号 / ISBN 978-7-5426-8204-8/D・598
定　　价 / 98.00元